Saggi

VITTORINO ANDREOLI

Ciascun uomo può cambiare

Breviario per riscoprire la nostra civiltà

SOLFERINO

SOLFERINO

www.solferinolibri.it

ISBN 978-88-282-1677-3
Prima edizione: settembre 2025

Indice

Introibo

Il termine «crisi», se associato a «società», assume un significato strutturale. Non solo perché nell'arco della storia non si è mai potuto raccontare di una società in un equilibrio perfetto, ma soprattutto perché una comunità deve tendere a un miglioramento continuo, considerare tutte le componenti, che costituiscono i bisogni del singolo uomo e dei gruppi sociali.

Esiste una dinamica tra «bisogni» e «desideri» che si caratterizza per la trasformazione dei desideri in bisogni. Là dove l'uomo usa l'immaginazione e la fantasia, tende a proiettarsi al di fuori dello status quo abituale. Lo arricchisce di un qualcosa che vorrebbe e che, proprio perché non ancora attuato, finisce per diventare un *bisogno* da raggiungere.

Pensando agli *imperativi* descritti da Charles Darwin (l'alimentazione, il territorio entro cui sentirsi difesi, i contatti tra generi per far proseguire la specie), necessari affinché il singolo e la società si adattino all'ambiente (al mondo), vanno intesi come *bisogni della sopravvivenza*.

Ma la società umana ha mostrato di lottare non solo per vivere, ma per migliorare la *qualità dell'esistenza*. E il termine «qualità» ha una dimensione indefinibile e senza limiti.

Vi è sempre un distacco tra condizione attuale e quella che, in un dato momento dell'esistenza, appare ideale e proprio per questo, diventa un possibile progetto da realizzare. Inevitabilmente una volta che lo si raggiunga e venga stabilizzato, assume la dimensione dello status quo e lascia lo spazio a nuove prospettive.

I termini «attuale» e «ideale» già erano stati indicati da Sigmund Freud per l'io, ma certamente valgono anche per i gruppi sociali e per una società intera.

Se la dimensione attuale è conosciuta in quanto è vissuta, quella ideale è solo immaginata e desiderata. L'uomo ne ha una visione mentale che fa parte dei desideri, persino dei sogni: funzioni della mente che spingono a programmi per realizzarli ma, fino a che ciò non accade, costituiscono un qualcosa che manca. E per lo più, il termine «crisi» ha, come contenuto, una mancanza.

Ne deriva che una società senza crisi è, per paradosso, malata e riporta alla condizione di specie non umane, come gli insetti sociali, che rispondono a istinti e pulsioni. Le termiti o le formiche sono società attive, considerate perfette, e al contempo immobili in quanto tutto ciò che svolgono riporta agli imperativi darwiniani.

Le società umane sono sempre in crisi e per questo si trovano nella condizione di continuare a vivere nella crisi.

Nel mondo classico Esiodo aveva introdotto l'*età dell'oro*, in cui gli uomini vivevano in pace tanto da non venire distinti dagli dèi immortali, se non per il fatto che erano destinati alla morte: una notte si addormentavano e non si svegliavano più, senza avvertire rifiuto o dolore.

Le società del tempo presente si mostrano particolarmente in crisi, proprio per le prospettive di un benessere che, sempre più, si allontana dalle condizioni di vita attuale. I desideri sono esplosi e non si parla più di adattamento del singolo e dei gruppi all'ambiente geografico e sociale, le società sono in continua evoluzione e persino la natura muta, per un divenire geologico e ambientale, ma soprattutto perché vi contribuiscono l'uomo e le specie viventi. Ed è evidente che adattare due termini in continua variazione, configura uno dei temi cruciali, da risolvere persino sul piano concettuale, fino a rappresentare una vera «congettura» che non sembra avere soluzioni.

A indicare uno soltanto dei paradigmi dell'esistenza, il nodo più importante è dato dalla *salute*, definita come l'insieme del benessere fisico, psichico e sociale. Un paradigma che muta continuamente già sulla dimensione fisica, poiché presenta una longevità sempre più lunga, quindi un desiderio di resistere il più a lungo possibile. Il benessere psichico deve tener conto dei desideri e dei vissuti, individuali e mutevoli e non è certo definibile in termini di quantità. Altrettanto si può dire per il *benessere sociale*, che comprende una variabilità che lascia sempre fuori qualcosa. Si potrebbe anche parlare di *malessere sociale* come condizione dominante, proprio per quella imperfezione strutturale umana, a cui abbiamo accennato.

Le stesse considerazioni si applicano anche alla dimensione materiale, al corpo, di cui ogni parametro è suscettibile di miglioramento. E pertanto, richiede una sanità che offra a tutti le cure e gli interventi, che effettivamente contribuiscono al benessere somatico. Ci si rende conto così di quanto il tema della salute costituisca un punto critico per definizione, e che l'uomo, in ciascuna delle fasi della vita, può migliorare i parametri del proprio stato di salute.

Non sorprende, che la chirurgia estetica sia carica di richieste e che sia nata una medicina estetica, che prevede una serie di interventi clinici per poter raggiungere la *bellezza*. Un capitolo che apparteneva tradizionalmente a discipline come la filosofia (nel grande capitolo dell'Estetica), ed è entrato oggi nel settore della medicina.

Ne deriva che questo nuovo bisogno, trasformato nell'ambito economico, ha posto la salute in perpetua crisi, come un ambito che non deve più solo curare le malattie (per togliere il *male*), ma addirittura promuovere il bello (che è anche *bene*). E non si tratta di un richiamo concettuale o filosofico, ma richiede una disciplina che operi in maniera pratica, per seguire una configurazione somatica che diventa visibile e palpabile. Caratteristiche che mancano alle idee, ma non al corpo.

Che la bellezza abbia un riferimento per la salute è fuori discussione. Un corpo piacevole aumenta la *stima di sé* che incide sulla operatività e persino sulla affermazione sociale. La stima di sé attiva il sistema immunitario che è preposto alla difesa da agenti infettivi, ma anche a quella moltiplicazione disordinata e anomala di cellule, che è propria della patologia tumorale.

L'esempio più significativo è dato dalla depressione, che comporta un blocco delle attività abituali per un vissuto di rifiuto della propria dimensione umana, fisica, psichica e sociale. In questa grave psicopatologia, il sistema immunitario non protegge e conseguentemente si ha un aumento della frequenza di patologie.

L'umano

Il termine «crisi» per l'uomo e la società è dunque parte strutturale dell'uno e dell'altra. La sua percezione è soprattutto legata alle funzioni psichiche, che derivano dal processo evolutivo, distinguendo nettamente dagli altri viventi l'uomo, con la bella espressione di «animale umano» (*So Human an Animal* è il titolo di un'opera di René Dubos del 1968).

Che si possa parlare di un effetto della evoluzione, lo si deduce dai reperti archeologici che mostrano come circa 2,4 milioni di anni fa si sia staccato dagli australopitechi un ramo che, da allora, ha visto un lento e progressivo sviluppo della capacità cranica di contenere il cervello e, oltre a regolare funzioni innate, ha reso possibile lo sviluppo di una sua parte capace di modificarsi sulla base delle esperienze, favorendo così l'adattamento.

Da una evoluzione rigida, che ricorda la metafora della chiave/serratura per cui l'adattamento avviene quando le caratteristiche di una specie, «la chiave», entrano nel mondo naturale, «serratura», rendendo possibile soddisfare il bisogno di sopravvivenza, la specie umana, grazie alla parte *plastica* del cervello, diventa capace di apprendere comportamenti che facilitano questa combinazione, con il risultato di aprirsi a una vita più ricca.

Staccatasi dagli australopitechi, la nostra specie si caratterizza come *Homo habilis*, legata a crani di due milioni di anni fa. Una definizione che bene esprime l'*abilità*, una caratteristica che prevede soluzioni diverse a seconda dei cambiamenti ambientali, all'opposto del termine «meccanica», con comportamenti automatici che invece ne sono privi.

Nella classificazione si incontra, dopo circa 700.000 anni, l'*Homo erectus*: una definizione che va nella stessa direzione. Basta immaginare come il muoversi, avendo liberi gli arti superiori e godendo della stazione eretta, abbia permesso di usare strumenti che facilitano le modalità adattative. Con un bastone è possibile raggiungere un frutto sull'albero, mentre diventa inutile nella posizione quadrupede.

Circa 150.000 anni fa compare sulla scena l'*Homo sapiens*. Un termine sconvolgente perché, alla grande capacità di usare gli arti superiori che diventano le mani compiendo con il pollice un movimento oppositivo che rende possibile la prensione, si aggiunge la modificazione dell'area buccale, con la realizzazione di movimenti vocali, che hanno enormemente facilitato la comunicazione del gruppo. E a tali modificazioni somatiche si associa il comprendere, il passaggio di informazioni da un individuo all'altro, che rende possibile l'apprendere, l'imparare.

Serve una pausa per mettere in risalto come l'evoluzione occupi tempi lunghissimi che, tuttavia, segnano un *fil rouge* che va nella stessa direzione. E fa pensare a un *finalismo*, che stride con i principi del darwinismo che rimandano, invece, a *mutazioni casuali*.

Certo il finalismo comporta l'ipotesi di una creazione, che scientificamente non emerge dalla paleontologia, ma non rende nemmeno possibile attribuire al *caso*, in un tempo enorme, la progressione evolutiva e addirittura la costituzione di quel sapiens, che riporta a una psiche in fieri. Forse, ancor meglio, a una *evoluzione della plasticità*.

Tra 40.000 e 35.000 anni fa, si fa partire il Paleolitico superiore, che si caratterizza per un aspetto straordinario, legato a reperti pittorici, che testimoniano la capacità di simbolizzare il mondo in cui l'uomo vive. Una figura rappresentata esprime un processo mentale straordinario, in cui l'oggetto perde la consistenza fisica e diventa immagine e prodotto della mente. L'*Homo sapiens* merita un secondo *sapiens*. Incomincia una fase che si caratterizzerà sempre per ciò che egli è in grado di fare, nel senso non di agire sulla natura, ma di rappresentarla, il che significa averne una copia mentale. È proprio di un cervello, capace di svolgere questa interiorizzazione, in grado di produrre le funzioni che oggi chiamiamo *psichiche*.

Nelle grotte di Lascaux, riferite a circa 17.000 anni fa, vi è una scena di caccia con figure umane che lanciano frecce verso la preda, colpendola. Una condizione anticipatoria che serviva a vincere la paura, attivata dalla caccia contro grossi animali, talora causa di morte del cacciatore. Non solo il cervello plastico ha reso possibile immaginare un evento non ancora presente, ma esprime la consapevolezza di un pericolo che genera paura e che, attraverso il rito delle immagini, dà al cacciatore maggiore abilità nell'affrontare le emozioni dell'esperienza concreta.

L'umano si identifica con lo psichico, che non lega più la vita esclusivamente al mondo esterno; diventa importante il vissuto del mondo, che è «dentro» l'uomo. Sono le condizioni perché, a poco a poco, sia possibile parlare di *civiltà*, intesa come dimensione psichica del mondo naturale e sociale.

Rispetto al periodo del Paleolitico superiore, bisogna attraversare il Mesolitico e giungere al Neolitico, che inizia circa 10.000 anni fa.

Civiltà

Intorno a 10.000 anni fa avvengono alcuni cambiamenti che segneranno in maniera particolare il comportamento sia del singolo, che delle società umane. Si passa dal nomadismo, fondato sulla raccolta e sulla caccia, all'agricoltura e alla addomesticazione, che hanno come caratteristica la *stabilitas loci*, quindi l'insediamento permanente dell'uomo sui territori.

Il nomadismo teneva insieme piccole comunità, che si spostavano continuamente alla ricerca di aree in cui raccogliere i frutti che crescevano spontaneamente ed erano fonte esclusiva di alimentazione per molta parte del corso dell'antropologia, almeno fino a quando, con la stazione eretta, si utilizzarono protesi per uccidere le prede, permettendo così un'alimentazione anche animale.

Ciò fu reso possibile grazie a uno sviluppo mascellare, capace di consumare le carcasse animali, che talora erano legate alla morte spontanea, ma per lo più erano costituite dalle prede cacciate.

La *stabilitas loci* si è legata a territori fertili, dove si potevano coltivare le piante e promuovere un rapporto con gli animali, utili ad aiutare nell'attività agricola. La scena si concentra pertanto in quelle aree ricche d'acqua che, ben presto, venne riconosciuta come elemento necessario alla coltivazione delle terre. Geograficamente, l'inizio di questa nuova epoca si situa in Mesopotamia, una regione in cui convergono i due grandi fiumi del Tigri e dell'Eufrate. E non lontano, scorre il Nilo, che attraversa il Sudan e si estende fino all'Egitto.

Una zona chiamata «mezzaluna fertile», che accoglierà popolazioni diverse e sempre più numerose. Le capanne, che servivano per trascorrere le notti in brevi periodi delle soste nomadiche, si trasformano in strutture più resistenti, che richiedono anche utensili sia per l'alimentazione, sia per il mantenimento degli animali da lavoro. Proprio in questa regione nascono le prime città, territori che vengono difesi per proteggere le coltivazioni, ma anche per garantire che la proprietà non venisse invasa da nemici.

Come si riesce facilmente a immaginare, la strategia esistenziale cambia totalmente, poiché le comunità hanno bisogno di un ordinamento che si prenda cura della popolazione, nelle sue diverse esigenze, a seconda della fase d'età.

Chi si ammalava e mostrava quindi difficoltà a seguire il gruppo mobile, nel nomadismo veniva abbandonato. Ciò colpiva in particolare l'infanzia e la vecchiaia. Ora si percepisce in maniera forte il legame non solo delle madri nei confronti dei figli, ma si costituiscono i primi gruppi familiari. Ed è appunto in questo periodo che l'uomo scopre il legame tra il generare e il coito, mettendo così in relazione la causa generante rispetto all'effetto, che comporta la nascita ben nove mesi dopo. Gli antropologi ipotizzano che ciò sia avvenuto presso la comunità dei Natufiani. Certamente vi ha contribuito l'osservazione degli animali che vivevano a contatto continuo con gli agricoltori, rendendo possibile seguirne i cicli generativi.

Da tali semplici annotazioni si nota come questo «passaggio» attivi i processi conoscitivi, ma stimoli anche le reazioni emotive e affettive. Ed è convinzione diffusa che, proprio attorno ai 9-10.000 anni fa, le società acquistino caratteristiche che vengono denominate «civiltà».

Se le *società*, rispondono a scopi di sopravvivenza e sono legati quindi alla concretezza, le *civiltà* forniscono il significato che le azioni, i gesti assumono e dunque del come vengono interpretati e rappresentati nei vari sistemi mentali.

È in questo periodo che si distingue nettamente il mondo pratico da quello astratto, dove acquistano particolare rilievo il pensiero e l'affettività. Non ci si limita a osservare o a usare gli oggetti, ma li si interpreta; nascono bisogni e concezioni che non corrispondono alle necessità del corpo, ma a vere *visioni del mondo* (intendendo con questo termine il *come* vengono percepiti e vissuti). Ed è una netta differenza rispetto a come sono concretamente.

Nell'agricoltura le stagioni acquistano un significato del tutto particolare, la primavera ne possiede uno contrapposto all'inverno, l'acqua viene riconosciuta come parte della vita e di conseguenza la pioggia acquista la dimensione di una necessità, tanto che la sua mancanza può produrre il blocco della crescita e quindi della raccolta del prodotto agricolo.

È il periodo di un primo Rinascimento *ante litteram*, nel senso che si percepisce l'importanza che ha il lavoro dell'uomo, sia pure entro quel luogo. E in queste condizioni la Natura, nella divisione di terra e cielo, viene caricata di significati nuovi.

L'osservazione delle stelle porta a intravedere delle figure che sembrano avere una relazione con quanto accade nella fertilità del terreno. Non solo la pioggia è elemento essenziale, acquistano un rilievo anche il sole, la luna... Ed è così che nasce una vera trascendenza, un mondo caricato di significati per la vita dell'uomo.

Le civiltà pertanto sono fatte di pensiero e di affetti, di legami non solo tra persone, ma anche tra realtà che vengono ritenute vive, poiché sono caratterizzate dal movimento. A poco a poco, si scoprirà che il cielo nel suo insieme si muove, che è fatto di oggetti che percorrono ampi tratti quotidianamente, apparendo e scomparendo. Se le società erano tese alla soddisfazione dei bisogni corporei, alla sicurezza e alla procreazione, le civiltà sono costruzioni della mente, visioni del mondo.

Le prime civiltà sono mesopotamiche. Questo termine nella lingua greca mette insieme le due radici di *mésos* (stare nel mezzo) e *pòtamos* (fiume). Le civiltà dei Sumeri, dei Babilonesi, degli Assiri, dei Persiani, estendendosi nel vicino Oriente, arrivano a comprendere le aree che, oggi, includono la Siria, l'Iran, l'Iraq, la Turchia, l'Arabia Saudita, il Kuwait. Sono comprese entro la mezzaluna fertile, confinano con l'antico Egitto che si estende lungo il Nilo e da una parte confina con il Sudan, dall'altra con il delta sul Mediterraneo e ha come centro Alessandria.

In questo teatro si svilupparono le grandi civiltà. Ed è qui che si susseguirono, fino al nascere di quella ebraica.

I riferimenti della Bibbia trovano radici in queste aree, a partire da 4-5000 anni prima dell'era cristiana.

Il Testo sacro è però composto a partire dal VI-VII secolo a.C. La versione masoretica si conclude nel III-IV secolo dell'era cristiana. Si situa nel territorio della Palestina, e il Genesi ha capitoli che richiamano fortemente la transizione dal nomadismo alla *stabilitas loci*. Il conflitto drammatico tra Caino e Abele, i figli di Adamo ed Eva, si conclude con un omicidio che nell'interpretazione ha come origine l'invidia di Caino verso Abele, perché ai suoi occhi risulta essere stato preferito: Jahvè ha apprezzato il sacrificio di Abele con l'offerta di un «agnello opimo» e rifiutato quello di Caino con le «bionde messi». Un'immagine che rimanda a un Caino agricoltore e a un Abele legato alla tradizione, pastore di greggi.

Tale episodio porrebbe in luce proprio il contrasto tra nomadismo alla ricerca di possibili pascoli e l'insediamento stabile per la coltivazione della terra, propria dell'agricoltura, tra innovazione e conservatorismo. Oltre al Genesi, nel Pentateuco si pone l'Esodo, che racconta il periodo in cui gli Ebrei furono schiavi in Egitto e la modalità entro cui misero in pratica la fuga, raggiungendo la «terra promessa» in Palestina.

La dimensione delle comunità del nuovo corso è segnata dalle grandi città mesopotamiche, come Ur (città sumerica), Uruk (sumerica e poi babilonese), Babilonia (capitale dell'impero fondata nel 2300 a.C.), Assur (città assira).

Da queste prime grandi civiltà si giunge a quella della Grecia antica, che rappresenta la radice del mondo occidentale. La si fa iniziare nel VII secolo a.C. e si ricordano i protagonisti, come Anassimandro posto tra i presocratici e successivamente, i tre grandi filosofi Socrate, Platone, Aristotele. Vi si devono aggiungere i grandi tragici: Eschilo, Sofocle, Euripide.

Una civiltà su cui si inserisce l'apporto di una Roma antica e, successivamente, del cristianesimo.

Sono le tre componenti che definiscono la civiltà occidentale in cui si situa il nostro Paese, che nelle regioni del Sud vide sorgere importanti colonie greche, ma rimase territorio romano, poiché Roma assurge a *caput mundi*, oltre che a sede della religione cristiana.

Una civiltà greco-romana-cristiana, descritta soprattutto attraverso idee e costumi, con la trascendenza dominante (che, come la metafisica, sta a significare «oltre» la materialità). E sarà proprio la *visione del mondo* a caratterizzarla. Il centro diventa non l'uomo concreto, ma l'«umano».

Dobbiamo a Giovanni Battista Vico la netta distinzione tra «società» e «civiltà».

Usando il termine «età» egli definisce tre tappe attraverso cui, da una società tesa a risolvere i bisogni del corpo, si arriva all'età *civile*.

Tutto inizia con l'età del *senso*, che esprime bene nella sensorialità il rapporto con le cose, con il mondo. Il mondo è lo spazio entro cui ci si muove e si percepisce l'altro. La seconda è l'età della *fantasia*. Si tratta di una facoltà che appartiene questa volta alla mente, che permette di andare oltre i sensi, di immaginare ciò che non si vede, non si tocca. L'eroe, in questa dimensione, è un uomo che vive e agisce nell'immaginario. La terza è l'età della *ragione*, che rappresenta una facoltà della mente, capace di dare un ordine, un significato, fino a stabilire dei principi che, partendo dalle cose e dall'esperienza quotidiana, arrivano a organizzare una visione dell'esistenza. Quest'ultima età è centrata sul pensiero.

In un'altra delle espressioni, attribuite alla evoluzione della storia dell'umanità, la prima è anche chiamata «età della barbarie», la seconda «età degli eroi», la terza «età della civiltà». Vico scrisse *La scienza nuova* a partire dal 1725, la concluse nel 1744, distinguendola in prima, seconda e terza. La seconda viene completata nel 1730, ma ripresa nel *De mente heroica*.

Ed è un riferimento bibliografico, che permette di sottolineare non solo il concetto di «mente», ma anche l'idea di un'evoluzione nell'antropologia. E anticipa Darwin.

Sostiene persino che nel procedere delle diverse età, la fase precedente non viene cancellata dalla successiva, ma si stabilisce una sovrapposizione, permettendo così uno sviluppo ma anche una regressione. Vico sostiene la possibilità non solo di separare la società dalla civiltà, ma anche di un blocco evolutivo e persino, di un tornare indietro. Vi è implicita quindi la fine, la morte di una civiltà.

La prima età è quella degli istinti ed è tesa alla sopravvivenza. La seconda, sempre usando il nostro linguaggio, è già espressione della psiche (della mente). Vico specifica che si tratta di una mente fantastica, che sa immaginare anche ciò che non cade sotto i sensi, come la mente fosse uno strumento per vedere l'invisibile, per ascoltare ciò che non si ode.

Una funzione del cervello che viene superata, ma non cancellata, dalle funzioni del pensiero razionale.

Oggi è stata legata al *cervello plastico*, alla possibilità quindi di variazioni e anche di contrapposizioni.

L'età del comportamento istintuale e degli imperativi darwiniani è regolata dal genoma, dai geni (Dna) che costruiscono un codice deterministico, fissato.

Le due età successive psichiche fanno invece riferimento alla *parte plastica* del cervello. Come abbiamo ricordato, ha anch'essa un legame biologico e un riferimento alla genetica, ma non abbiamo ancora una conoscenza che vada al di là della scoperta che la combinazione dei geni permette comportamenti che non danno una sommazione di effetti, ma una qualità nuova, e inoltre che i fattori ambientali sono in grado di modificare l'azione specifica di un determinato gene (epigenetica).

Siamo nella direzione di poter pensare a una *genetica della plasticità cerebrale*.

Per ora è solo possibile affermare che le funzioni plastiche, tra cui la comprensione, l'intuizione, l'elaborazione scientifica, sono un risultato legato al singolo uomo, il quale può mutare idee e visioni del mondo.

Se la psiche è certamente un derivato evolutivo, è da escludere che le concezioni siano parte di un bagaglio genetico trasmesso da una generazione a un'altra: ciò vale per gli istinti, non per la fantasia, né per le elaborazioni razionali.

Se la società, il cui scopo è di rendere possibile la vita a un gruppo, è fondata sulla meccanicistica certezza degli istinti, il pensiero e l'affettività sono il riferimento per la civiltà e rappresentano, invece, un prodotto del cervello, espresso dalla psiche, che non viene biologicamente tramandata. Semmai, fa parte di ciò che è trasmesso e quindi acquisito.

Le società, come organizzazioni per sopravvivere e continuare la specie, non muoiono, mentre le civiltà che si riconoscono e si caratterizzano per la forza del pensiero e degli affetti persistono soltanto se il sapere passa attraverso l'insegnamento, la comunicazione dai padri ai figli, dai nonni ai nipoti, da una generazione alle successive.

Si giunge alla considerazione drammatica che una civiltà, che si costruisce proprio attraverso la continuità nello sviluppo del pensiero, possa finire. Basterebbe considerare il cammino della scienza (fondata sulla razionalità), per renderci conto di come una civiltà possa finire, se i principi non vengono trasferiti direttamente da una generazione alla successiva. A sottolineare questo aspetto, è possibile ricordare che la tecnologia, oggi molto importante se si fa riferimento al computer digitale, è in grado di cambiare una società, ma non può incidere sui principi che costituiscono ed esprimono una civiltà.

Per riferirsi a un'altra apparente contraddizione, i mezzi di trasporto, che permettono di superare distanze fino a poco tempo fa impossibili, cambiano l'economia che fa parte di una società in quanto dà risposta ai bisogni, ma non ha un significativo impatto sulla civiltà.

A cambiare una civiltà, sono le *visioni del mondo*, le regole che guidano il comportamento. Nella civiltà c'è l'immagine degli dèi. L'affermazione di Nietzsche che «Dio è morto», non incide sulla società, ma trasforma profondamente una civiltà. Se una società, che riguarda dunque la soddisfazione dei bisogni, può entrare in crisi in quanto si attivano meccanismi differenti, ma continua, *la civiltà può invece entrare in agonia e cessare.*

La dimostrazione più evidente si trova proprio nel corso della storia a partire dal Neolitico, in cui si sono succedute diverse civiltà (da noi ricordate), che sono scomparse dopo una fase di splendore, senza impedire che le società in cui si erano sviluppate continuassero.

La civiltà occidentale (greco-romano-cristiana)

Ci troviamo all'interno di una civiltà, che si fa nascere in Grecia. Intorno al VII secolo a.C., era una società con una economia della sopravvivenza, legata in particolare a quanto era possibile cogliere dal mare e a una agricoltura estensiva in cui dominava l'ulivo. Avviene un fenomeno migratorio di popolazioni asiatiche, provenienti soprattutto dalla vicina Mileto e dalla Turchia.

Ed è come si accendessero stimoli per una nuova visione del mondo. Una costruzione, che crea il gruppo dei presocratici, con Anassimandro in particolare, che elaborano una vera catena di idee che rappresenta il primo costituente della nostra civiltà. È qui che sorge il *pensiero razionale* e permette di definire il tempo, secondo una linearità con un prima (la causa) e un dopo (l'effetto).

Il secondo apporto di civiltà è la visione che la Grecia antica disegna sugli dèi, immaginando che vi fosse tra uomo e trascendenza, tra la terra e l'Olimpo dove erano posti, un legame mediato da una entità invisibile: l'anima.

Una visione, dunque, che mette sulla scena legami con personaggi eterni che, a differenza dell'uomo, non sono mortali. Questa innovazione ideativa muta totalmente la percezione del tempo e inventa un'anima, che sopravvive alla morte.

Ma, oltre al mondo degli dèi e al pensiero razionale degli uomini, vi è una terza straordinaria idea che Platone chiama «felicità». Così viene definita una tendenza dell'uomo, che non tocca i bisogni primari della sopravvivenza, ma scopre che l'uomo aspira a una condizione che riguarda invece la psiche: una esistenza senza affanno. Questo mi sembra il contenuto che l'antica Grecia ha dato alla civiltà a cui apparteniamo.

Si inserisce quindi l'apporto della seconda componente, quella della Roma antica. Inventa il *diritto*, come regola del rispetto di un uomo verso un altro uomo e come radice della giustizia, un principio pratico, poiché riguarda la modalità di renderla efficace attraverso le leggi. Il centro diventa l'uomo che, al di là dei bisogni, è guidato a raggiungere una condizione di felicità.

Questo orientamento del pensiero, centrato sul valore attribuito alla vita dell'uomo, genera un altro grande elemento di civiltà: il principio della *cura*. Ippocrate, era interessato alla fisiologia nel senso di una analisi degli elementi che generano la vita, con i romani il tema si volge a curare il male. Il protagonista diventa Galeno, l'attenzione al benessere del corpo è espressa in modo straordinario dalle terme, dove è possibile sperimentare l'effetto del calore e di quei fanghi, nascosti nel sottosuolo, che producono effetti terapeutici. Il concetto di «terapia» trasforma la percezione di ciò che l'uomo può fare, toglie la visione di dèi, un po' capricciosi, che il mondo greco aveva esasperato poiché a loro era concessa la facoltà di cura, ma anche da loro proveniva il male.

Come si noterà, non abbiamo citato la capacità dei Romani di costruire strade, ponti, acquedotti, poiché sono elementi che incidono tutti sulla società, ma non sui vissuti, che generano pensiero e sentimenti, i due grandi contenitori psichici.

La terza componente è costituita dal *cristianesimo*. Generalmente si riferisce a un apporto ebraico-cristiano, poiché Gesù di Nazareth era ebreo. Ma tra cristianesimo e la religione di Mosè, sul piano della civiltà occidentale vi è una enorme differenza. Gli ebrei negano che Gesù sia il Messia, lo hanno condannato a morte, mentre svolgeva la propria missione in Palestina, e anche se entra nell'ebraismo come un profeta, non ha certo la forza di un Isaia o di un Tobia.

Gli apporti fondamentali del cristianesimo come componente della nostra civiltà vedono, come primo punto, la relazione che il Dio cristiano stabilisce con ciascun uomo. Dio non ha un *popolo eletto*, ma è legato a ciascun uomo. È questa un'idea sconvolgente e al contempo straordinaria, poiché ha un effetto psicologico capace di dare speranza e di elevare l'uomo a figlio di Dio.

Il secondo elemento è dato dalla parola «mistero», che ha certamente un'origine nella civiltà greca. Basti l'esempio dei misteri eleusini, ma nella classicità greca e romana il mistero aveva il senso del segreto, che ha bisogno di essere svelato, poiché appartiene agli dèi e ingloba il *fato*, come l'incomprensibile. Il mistero rappresentava quindi una domanda senza risposta. Nel cristianesimo il mistero è una risposta, ed è nel mistero che si trova la soluzione dell'incomprensibile.

Se la ragione che si fa scienza ha la capacità di conoscere tutto quanto riguarda le cose, quindi la materialità, il mistero è invece fede, come risposta certa, indiscutibile alle questioni derivanti dal pensare e dal sentire (sentimenti).

Si crea così una distinzione tra ragione e mistero. La prima studia il mondo, la seconda contiene la dimensione dell'anima: l'amore tra gli uomini, e con la trascendenza, che sono all'origine della *religio*. Una modalità di esprimere questa dualità tra ragione e mistero è quella usata da un antropologo tedesco: Rudolf Otto che, nel 1917, pubblica il saggio *Il sacro* e pone, accanto alle categorie kantiane che fondano l'uso della razionalità, delle categorie del sacro, che mediano il legame con tutto ciò che non è razionale, ma trova risposta nel mistero.

L'agonia della civiltà

Il termine «crisi» viene applicato sovente anche alla civiltà, ma se, parlando di società, la crisi acquista un significato che appartiene alla dinamica attraverso cui la comunità cerca di raggiungere equilibri e posizioni, soddisfacenti per i *bisogni dell'esistenza* nella sua riduzione al corpo, per la civiltà (che abbiamo legato al pensiero e alla affettività), il riferimento va ai *principi primi* e all'insieme delle funzioni mentali che oltrepassano la dimensione corporea, fino a giungere alla trascendenza.

Nella civiltà occidentale e nei suoi 2700 anni di storia, si è assistito al richiamo continuo ai suoi fondamenti, per una rinascita, legata a uomini che sono ricordati proprio per il ruolo di mantenerne la presenza, attraverso la parola o gli scritti, e persino il sacrificio, quando i loro richiami disturbavano il potere che voleva distruggerli.

Giunti al tempo presente, risaltano periodi in cui il significato del termine «crisi» più propriamente era quello di *agonia della civiltà*, poiché si intravvedeva l'ombra della sua fine. Una previsione che non ha nulla da condividere con le apocalissi, e in particolare con quella dell'evangelista Giovanni, che descrive una scena di giudizio universale, con la morte quindi di tutti gli uomini. La fine delle civiltà permette comunque alla specie umana di continuare. Sia pure osservando una regressione per indicare un percorso inverso a quello evolutivo che riporta gli uomini a organizzazioni comunitarie precedenti. E sempre seguendo Giambattista Vico, all'età della barbarie, a quella degli eroi. In cui l'uomo continuerà a muoversi su questo pianeta.

I «segni» dell'agonia della civiltà sono rappresentati dalla morte di qualcuno di quei principi primi, che caratterizzano la nostra visione del mondo. Sono invisibili, come quando viene colpita la libertà individuale, il rispetto reciproco, il legame d'amore, quello con la trascendenza.

L'agonia si presenta sempre con le guerre e in particolare oggi in quanto, oltre all'uso di armi ordinarie e al possesso di quelle atomiche con un potenziale distruttivo che può cancellare intere nazioni, prevede una guerra economica, colpendo i mercati con l'embargo dei prodotti di scambio.

Le società, che oggi si reggono sul denaro e sulla produzione di oggetti distribuiti dappertutto, possono essere distrutte, colpendole indirettamente sui profitti. Il più significativo è costituito dai prodotti energetici, in primis dal petrolio. Se la guerra diviene mondiale, ogni nazione soffre dei danni prodotti indirettamente, ponendo in crisi l'economia di ciascun Paese.

Al di là di questi aspetti la guerra, comunque venga combattuta e indipendentemente dai luoghi, cancella alcuni dei principi primi, a fondamento della civiltà. È sempre una dichiarazione «contro» il rispetto, che l'uomo deve ricevere e dare a un altro uomo. Impedisce le relazioni umane, creando il nemico che non ha una consistenza temporanea e individuale, ma si estende a nazioni intere, e passa di generazione in generazione, poiché i morti testimoniano che sono stati uccisi per sopraffazione e odio. La guerra coinvolge persino gli dèi. La guerra uccide anche gli dèi. E Dio, come abbiamo detto, è parte della civiltà occidentale.

È esplicativo il paradosso di una espressione come «civiltà del nemico», poiché il principio della civiltà è semmai l'amicizia e la cooperazione, ma è significativo in quanto sta a indicare che, senza rispetto l'uno dell'altro, non è possibile parlare di età civile, fondata sulla ragione e sull'affetto.

Tecnologie e problemi sociali nella crisi di civiltà occidentale del tempo presente

Una particolare attenzione va rivolta alla tecnologia, ritenuta da sempre un elemento capace di modificare le società, ma non la civiltà come prodotto invece della psiche. Il computer digitale come un oggetto che inizialmente si poneva su un filone teso a ordinare, a calcolare funzioni produttive, economiche e scientifiche. I numeri sono una rappresentazione simbolica (o astratta) delle cose. In una società che produce oggetti, la contabilità è fondamentale e lo diventa in modo particolare, quando le industrie producono profitti che si misurano in denaro, come riferimento economico e finanziario di un'unica società. Il computer iniziale è meccanico, poi elettrico, quindi elettronico, fino a quello attuale, digitale. Ed è in costruzione il computer quantico.

L'elaborazione attraverso i numeri, proprio per come li abbiamo definiti, è una funzione mentale. Nella storia della tecnologia, il computer diventa così la prima protesi che facilita un esercizio psichico mentale. Si tratta di una piccola parte del complesso processo della razionalità.

Lo sviluppo tecnico del digitale ha via via espresso funzioni che più intrinsecamente facevano parte della mente. E ben presto, si è usato il termine di «intelligenza artificiale». Il riferimento da subito è apparso eccessivo poiché, nell'albero della vita di Darwin, la nostra specie occupa il punto più alto dell'evoluzione proprio per l'intelligenza, a indicare l'impossibilità che una macchina contabile possa esprimerla.

Sono nate le *generazioni* dei computer digitali, distinte in base al grado di capacità intellettiva. Il computer di quinta generazione cominciava ad attivare percorsi logici, elaborando algoritmi che si avvicinavano alle regole della razionalità.

Nel 2023 nasce Chat GPT, un software che rende possibile l'interazione tra uomo e macchina, seguendo la conversazione tra la chat e l'uomo che le pone domande. Le risposte ottenute non solo sono corrette, ma addirittura vengono riconosciute come particolarmente intelligenti e utili.

Sono certamente possibili errori, ma anche questo aspetto riporta alla razionalità, male applicata. Oltre alla conversazione, si può chiedere a Chat GPT di elaborare un argomento, che non costituisce più una risposta, ma una ricerca che conduce a un documento. E lo si può richiedere di diversa lunghezza, su un tema specifico.

Per comprendere il senso di questa breve e incompleta descrizione, va detto che la più nota rivista scientifica, «Nature», ha sollevato un problema editoriale di grande portata in quanto molti articoli, proposti per essere accettati, oltre a nomi di ricercatori, indicavano anche Chat GPT. Un'aggiunta adeguata, poiché aveva avuto un ruolo non distinguibile dal contributo dei diversi autori. Allo stesso tempo, si trattava di un prodotto dell'intelligenza artificiale, proveniente da una macchina caricata di miliardi di dati per poterli organizzare con grande velocità e mostrava l'utilità dei riferimenti, evidenziando aspetti che erano sfuggiti al gruppo umano di ricerca. La questione di «Nature» era se fosse accettabile un articolo che, almeno in parte, non proveniva dalla mente umana.

Passando a un riferimento non scientifico, occorre segnalare che questo software ha permesso a una testata giornalistica di licenziare la maggior parte dei giornalisti, avendo dimostrato che Chat GPT componeva editoriali e approfondimenti, in cui risultava indistinguibile se provenissero dalla componente umana o dal computer.

Analogamente è difficile distinguere se un romanzo, che ha una componente fantastica, sia scritto da un letterato oppure dal computer. E ora domina il dubbio, se il nome dell'autore sia uno pseudonimo di Chat GPT o si tratti di uno scrittore di qualche Paese lontano, tradotto nella propria lingua. È scontato aggiungere che le traduzioni da una lingua all'altra vengono operate da specifici software, con una velocità sovrumana, poiché bastano pochi minuti per tradurre un romanzo di 400 pagine.

Un'altra estensione del computer digitale, ben oltre la contabilizzazione numerica, è Internet. Il termine riporta a una rete (*net*), formata da più parti connesse tra loro e in tal senso, rimanda al tema delle comunicazioni, in particolare a *come* trasmetterle in maniera rapida e precisa tra due individui (simbolizzati da due *nodi* della rete) oppure tra due gruppi che, lavorando su uno stesso settore, desiderano scambiarsi dati ed elaborazioni.

Quest'ultimo riferimento è diventato storico, poiché Internet nasce tra gli studenti del MIT (Massachusetts Institute of Technology) e successivamente diventa parte del Cern, il noto centro di ricerca nella fisica delle particelle di Ginevra che, proprio per la dimensione internazionale, aveva bisogno di un sistema di comunicazione sui temi e sui risultati di questo straordinario settore della fisica subatomica. È il Cern che, da proprietario di Internet, lo rende pubblico a titolo gratuito cedendo la sigla ormai nota a tutti del www (World Wide Web).

Ma non è tanto il campo delle comunicazioni a entrare nel tema della civiltà, sia pure sottolineando che la comunicazione interumana è più esplicita e che il linguaggio verbale è un vero motore della dimensione che caratterizza la nostra specie. Ciò che è ben più importante a questo proposito, è la nascita della virtualità.

Oggi è entrato nel vocabolario il termine di «mondo o mondi virtuali», a indicare che il computer digitale è in grado di presentare immagini di una realtà che, a differenza di quella concreta, non esiste. E proprio perché usa il linguaggio grafico, rende possibile costruire spazi, oggetti, persone, che sembrano esserci, ma non ci sono.

Il tema riguarda particolarmente l'*umano*, poiché l'immaginazione è una delle funzioni della psiche. E la letteratura è un dominio per rappresentare storie con personaggi inventati. La *fiction* comprende il genere dei racconti su *mondi che non ci sono*, e forse Peter Pan e l'isola che non c'è (di James Matthew Barrie) ne sono l'elemento più esplicito.

Vi è però una sostanziale differenza tra il mondo della fantasia, che ha sorgenti dentro la singola persona umana e in maniera più generale dentro l'umanità, e i mondi virtuali che vengono costruiti da macchine. Sia pure capaci di interessare e di attrarre, sono intrinsecamente lontani dalla fantasia e dal sogno che, per le psicologie, esprimono in modo mascherato, quindi da decodificare, bisogni e desideri dell'uomo. L'argomento che dà forza a questa considerazione è la possibilità che usando Internet si stabiliscano rapporti con oggetti o persone inesistenti, che staccano quindi dai rapporti concreti, con una sostituzione tra mondo reale e un mondo che non c'è.

E dall'uso della virtualità, attraverso le immagini di un video, si è giunti al metaverso che riguarda sempre la costruzione di mondi virtuali, a cui però non solo si assiste, ma vi si partecipa. Ci si identifica con un avatar e ci si trova quindi *dentro* il mondo che non c'è. In questo caso non è più *fingere* uno spazio o degli oggetti, ma si trasforma il proprio essere concreto in uno «inesistente».

Si tratta di una vera «scissione dell'io», in cui la proiezione assume dimensioni tali, da rendere non più capaci di riconoscere l'identità reale, naturale, biologica.

Dai social network, che diventavano luoghi alternativi a quelli della concretezza, ma rispettavano un io che poteva transitare da un mondo vero a uno falso, si è passati a un avatar in cui ci si identifica, che compie operazioni, incontra altri avatar in discoteche del metaverso, e promuove così una vera dissociazione. E ciò riporta al campo della psicopatologia, della follia.

In questi rilievi, legati alle tecnologie che hanno come fondamento il computer digitale, non si vuole esprimere un giudizio sommario di negatività. Significherebbe condannare la ricerca scientifica, di cui il computer digitale è uno dei derivati tecnologici. Ciò che è stato criticamente rilevato, sono le applicazioni di questa tecnologia ad ambiti che comportano il rischio di usarli in contrasto con i principi, che abbiamo posto come caratteristica dell'umano.

È facile, del resto, evidenziare che l'applicazione anomala del computer digitale è giustificata dai grandi interessi economici che produce, al punto da richiamare, per analogia, la produzione e il commercio di sostanze stupefacenti che causano dipendenza, e quindi una perdita della libertà. E ciò attraverso un meccanismo che produce all'inizio piacere, ma in poco tempo impone un uso coattivo, poiché l'interruzione delle droghe produce una astinenza fisica e mentale, tale da sconvolgere il comportamento e la stessa visione della realtà, in cui ci si trova a vivere.

Una delle prime droghe stupefacenti è stata la morfina, che è peraltro il risultato di una ricerca chimica e farmacologica di grande significato. La condanna è dovuta quindi alla distorsione delle indicazioni che si volgevano alla cura del dolore e che ancora oggi si applicano in caso di dolori acuti, ad andamento cronico.

Ma l'esempio, forse più noto storicamente, riguarda la fissione nucleare che permette di fornire energia a una enorme quantità di attività umane. Nel 1945, ad Alamogordo nel New Mexico, è stata provata la forza distruttiva che poteva avere come bomba atomica, e la si è applicata poco dopo a Hiroshima e a Nagasaki, causando ecatombi. L'azione si esprimeva anche sul patrimonio genetico, producendo così anomalie nei figli, nati da chi era stato colpito dal materiale atomico ed era sopravvissuto.

La fissione nucleare è un grande capitolo della storia della fisica, ma il progetto Manhattan, che aveva come scopo l'uso di un'arma che avrebbe posto fine alla Seconda guerra mondiale, ha costituito una decisione che non condanna una scienza, ma l'uso che gli Stati Uniti d'America avevano programmato. Molti scienziati che erano entrati nel progetto si ritirarono, come Oppenheimer, altri si pentirono di aver dedicato il proprio sapere alla distruzione, come Enrico Fermi.

Esiste un altro aspetto legato alle caratteristiche di funzionamento dei computer digitali e in particolare alla loro velocità d'azione e alla straordinaria capacità di elaborare contemporaneamente una enorme quantità di dati. I *big data*, che danno risposte e soluzioni a livello di microsecondi, richiederebbero, secondo la velocità delle funzioni mentali, tempi che superano l'intera vita di un uomo. E mentre l'uomo non mette al riparo da errori, il computer sicuramente li evita. Una esperienza che modifica la *percezione del tempo* che l'uomo ha abitualmente.

La dimensione del tempo aveva interessato la cultura greca antica, sottolineando la distinzione tra un tempo *passato*, depositato nella memoria del cervello, un tempo *futuro* che riporta al post mortem e alla trascendenza come luogo immaginario per continuare a essere, e un tempo *presente* del qui e ora.

Il tema del tempo mantiene un fascino non solo storico, ma fattuale. E ciò vale per la fisica, ma anche per le psicologie, che hanno inventato un tempo *vissuto*, che risente delle emozioni e dei sentimenti. Il tempo della gioia corre con maggiore rapidità rispetto a quello della malinconia o della depressione, in cui un secondo può risuonare come eterno. Altrettanto accade per il tempo consumato all'interno di una relazione d'amore, oppure quando si consuma in un sentimento di inimicizia e di odio. Il tempo cronologico, battuto sugli orologi, non si adegua alla psiche. Del resto, già lo avevano capito i greci dell'antichità che, accanto a *chrónos* lineare, avevano introdotto il *kairós*, un tempo che ritorna in modo circolare, rendendo difficile separare l'inizio e la fine.

Sant'Agostino è affascinato dal tempo e dà l'idea di *eterno*, come un infinito privo di tempo, in associazione a una vita eterna, assieme a un Padre celeste che dura da sempre e nel legame con Dio che è *da sempre e per sempre*, diviene un presente senza tempo. E Agostino va ricordato come premessa al presente, poiché aveva intuito che il passato, nel momento in cui viene ricordato, diviene presente e persino il futuro, che non c'è ancora, influisce nel qui e ora.

Il computer ha invece cancellato sia il passato che il futuro, come *macchina del tempo reale*, di ciò che si sperimenta nel fare o nel subire. La capacità straordinaria di elaborazioni ha obbligato a racchiudere il ventaglio dell'esistenza nell'attimo concreto, che si consuma lasciando spazio a un attimo successivo, non legato al precedente. Scompare completamente la *durée* (durata) che, nell'esperienza ordinaria, unisce le frazioni battute dal tempo, rendendole un continuum lineare.

L'esempio forse più esplicito è l'attesa, che ha la dimensione di un presente, ma continua in uno spazio riempito dall'accadimento atteso. Si tratta di una funzione psichica fondamentale, che è alla base della previsione, dell'azione consapevole, della progettualità, per cui si vede già ciò che ancora non c'è, ma che si sta facendo. L'attesa è stata uccisa dal tempo reale. I computer digitali non attendono.

Per analogia si pone il ricordo che, paradossalmente, diventa una *durée* invertita, in quanto vi è un ritorno a un già accaduto, a un qualcosa che è stato, ma non è più. È un gioco tra ciò che non c'è e si sta compiendo, e ciò che non c'è ed è stato consumato.

Il tempo *reale* è nemico anche del *desiderio* che, per coerenza, può essere definito ciò che si vorrebbe fosse, e forse non sarà. Si è uccisa una dinamica della vita psichica, che è la capacità di *immaginarsi domani diversi da come si è oggi.*

Sul piano della vita quotidiana, il tempo reale ha generato un *empirismo assoluto*, per cui si vive come in un attimo separato dall'altro, senza la necessità di una coerenza, in una vita ridotta al meccanismo di stimolo-risposta, caratterizzato dal fatto che la risposta è solo una necessità. Uno stimolo non può mancare di risposta, richiama infatti gli automatismi, il servo-meccanismo per cui, a ciò che accade, segue in continuità la risposta. Se si avvicina la mano al fuoco, ritirarla consegue all'averla avvicinata.

Se mettiamo insieme gli effetti che il computer digitale ha promosso e fortemente condizionato, l'immagine che se ne ottiene è di un vero terremoto della psiche.

Se, come abbiamo detto, le società sono sempre in crisi ma non interrompono mai la vita, le civiltà possono entrare in agonia e persino finire. E i tempi necessari a questo percorso di morte sono rapidissimi poiché, se i principi vengono distrutti e non vengono trasmessi con forza da una generazione all'altra, la civiltà regredisce e il mondo appare sempre più legato all'età degli eroi o a quella della barbarie.

Gli eroi sono ritornati, nonostante un grande drammaturgo come Bertolt Brecht, avesse gridato: «Beati i popoli che non hanno bisogno di eroi». E, oggi, sono gli eroi della ricchezza, di chi possiede così tanto denaro da far perdere il senso della quantità e ogni suo significato. Sono gli uomini che Noam Chomsky ha definito «I padroni dell'umanità».

Vi si aggiungono gli eroi della paranoia: i grandi tiranni, che riescono a dare al potere la maschera di una democrazia, con parlamenti che rappresentano solo dei megafoni per un delirio di onnipotenza e di gesta eroiche.

Anche i barbari sono ritornati e la loro presenza è diventata violenza e distruttività. Alla prima si risponde con la legge «occhio per occhio, dente per dente», con la seconda si proclama di possedere le donne con la forza, di applicare il bullismo per mettere in ridicolo i deboli, esaltando la forza bruta dei muscoli e la volgarità della predazione. La barbarie dell'accumulare ricchezze inutili, mentre gran parte degli uomini manca del necessario. La barbarie di una società in cui il sapere, l'apprendere, sono diventati *vizi* rispetto alle *virtù* dell'ignoranza, della sopraffazione, del delinquere, come rapida via del piccolo e del grande potere. Persino gli dèi sono abbandonati, nei templi sacri i sacerdoti, nascosti in abiti ordinari, non tengono più omelie e rimasti in pochi, vivono morti. Ecco una *civiltà in agonia* e la necessità di riproporre quei principi, che oggi sono persino dimenticati.

Uno di questi è l'*esodo* che caratterizza questo terzo millennio. Intere popolazioni, animate dal desiderio di lasciare la terra in cui sono nati ed erano insediati, vogliono raggiungere luoghi dove l'esistenza si svolge su criteri molto diversi, ma vantaggiosi per continuare a vivere. La direzione è l'Europa e, al di là dell'oceano Atlantico, gli Stati Uniti d'America. Si tratta di un fenomeno che dura da qualche decennio, e non lo si può aggiungere agli eventi acuti. È anche molto difficile attribuirvi un significato che sia intrinsecamente *contro* la civiltà, ma è indubbio che, oltre alle difficoltà di organizzazione sociale, tale fenomeno ha riflessi su quegli stessi principi, che fondano il pensiero della civiltà occidentale.

La distinzione è netta rispetto ai fenomeni migratori della prima parte del Novecento, che erano sostenuti dalla ricerca di un lavoro verso Paesi che mostravano un grande progresso. L'esodo dei lavoratori, e in molti casi delle loro famiglie, era considerato una tappa transitoria. Si partiva con il progetto di un ritorno, perché era molto forte il legame con la nazione, in cui si era radicati per nascita e identità. Il racconto della emigrazione italiana in Germania o negli Stati Uniti va letto proprio in tal modo, nel dolore di lasciare i luoghi d'origine e il sogno persistente del ritorno. Il motore dell'esodo era la povertà.

Nel terzo millennio la partenza è determinata dal bisogno di scappare da una terra che, confrontata con l'Europa, diventa inaccettabile e quindi la si rifiuta. In questa situazione il confronto è facile, perché i mezzi di comunicazione di massa e Internet arrivano ovunque, nei più lontani villaggi africani, in cui manca perfino l'acqua e ogni possibilità di sviluppo industriale, ma dove il mercato dominante riesce a vendere gli smartphone.

Non si tratta di un piano transitorio, con una nostalgia e il bisogno di ritornare, e non è nemmeno considerata la capacità di svolgere un lavoro, che era invece la caratteristica dell'emigrazione del Novecento, quando ognuno portava con sé una specifica capacità di svolgere i lavori, che venivano richiesti.

Forse la differenza sostanziale sta nel fatto che l'accettazione degli emigranti era allora controllata da uno Stato che li riceveva, mentre nel terzo millennio ha le caratteristiche di una clandestinità, che non può che alimentare il malaffare e un vero traffico di uomini, donne e bambini.

Sono queste alcune note per dare una fisionomia al fenomeno che, da anni, è diventato il problema fondamentale dell'Europa, in quanto da una parte c'è questa pulsione a partire, incuranti persino del rischio di morte, dall'altra il rifiuto di accogliere persone che non hanno alcuna qualifica. E che rappresentano un peso sociale.

Se poi guardiamo questo fenomeno sul piano dei fondamenti della nostra civiltà, ne risulta una forte contraddizione, che riguarda proprio i principi. Il rispetto della vita, il bisogno di considerare l'altro allo stesso modo di sé stessi, vengono messi in forte difficoltà; si è passati addirittura all'odio contro lo straniero, riattivando temi ancestrali sulle razze e sulla paura di contaminazioni.

Talora il conflitto si traduce in espressioni di vera inimicizia, che si manifesta come lotta e soprattutto con l'evitamento. Le differenze, che indubbiamente esistono e continuano a esistere, l'accettazione *obtorto collo* a seconda della provenienza dei migranti, hanno riattivato gerarchie di umani fino a forme di superiorità, che vanno contro il principio dell'uguaglianza. Quando vengono usati come lavoratori, la tentazione è di pagarli con salari lontanissimi dalle regole vigenti per i lavoratori del posto. In molti casi, vengono gestiti da «capi» che lucrano su una condizione che sa di schiavitù.

Non si può disconoscere che, in alcuni casi, soggetti e gruppi dell'esodo si sono inseriti nel lavoro. Si è persino notato il fenomeno della riattivazione di attività che erano cessate, in quanto considerate a grave rischio della salute e che ora hanno ripreso attraverso la gestione di immigrati, diventati i *lavoratori dell'esodo*. Uno degli esempi è dato dalle concerie, dove vi è un tipo di lavorazione che prevede l'uso di sostanze acide e che non funzionava più, nonostante il grande uso di pelli richieste dal settore calzaturiero, in quello dell'arredamento e della moda. Rischi ritenuti proibitivi per i lavoratori europei, ma nemmeno considerati per quelli dell'esodo, facendo una differenza che, certamente, non rispetta i principi dell'uguaglianza.

Altrettanto importante è l'occupazione in mansioni che invece gli europei rifiutavano a causa delle turnazioni e di un lavoro che continuava nel fine settimana. Di particolare rilievo è il settore delle «badanti», termine infelice per indicare il compito di accudire le persone anziane, sia nelle loro abitazioni, sia nei ricoveri, ribattezzati residenze sanitarie per anziani.

Vi sono esempi nel nostro Paese, in cui la lavorazione delle carni porta a un prodotto di grande rinomanza, come il prosciutto che richiama subito le città di Parma e di Reggio Emilia. Luoghi che vedono in questa funzione di grande professionalità prevalentemente occupati gli uomini dell'esodo.

Esempi di un *inserimento* possibile per indicare condizioni di lavoro paritarie. Si tratta di gruppi di famiglie, inserite nel lavoro, ma senza un allargamento, una osmosi tra i cittadini e uomini o donne stranieri.

Ma non basta, bisogna promuovere l'*integrazione*. Una condizione, in cui si costruisce una partecipazione emotiva e affettiva, che risponderebbe alla configurazione della nostra civiltà. E la condizione che si misura dai matrimoni misti. Con l'inserimento, aumenta l'uso della lingua italiana; i figli dell'esodo frequentano le scuole e diventano i migliori maestri per insegnare ai genitori la nostra lingua, ma si tratta di un numero invisibile e insufficiente per la costruzione di una cultura multietnica, che risponderebbe al principio del rispetto della vita, per cui nell'altro si vede sé stessi, e del rispetto verso gli dèi, anche se appartengono ad altre Chiese.

Il principio della civiltà è rivolto a Dio, non alle Chiese, che si sono costituite in suo nome. Per ribadire ancora la differenza tra società e civiltà, Dio è termine di civiltà, mentre le Chiese sono istituzioni sociali. Si è assistito persino alle guerre tra il Dio dell'Occidente e quello della maggior parte dei clandestini che si riferiscono per lo più all'Islam, oppure ispirati a fedi animistiche, che rimandano alle religioni primitive della natura.

E ne risulta che il tema dell'esodo non è contrario a una soluzione di civiltà, ma richiede un'elaborazione culturale per preparare chi arriva e vivrà in Europa a una relazione, che implica convivenza e integrazione.

Ritornare umani

Credo che, dopo questo rapido viaggio dentro la condizione della nostra civiltà, sia molto espressivo e adeguato il termine «agonia». Devo ammettere di non essere interessato, e per questo non particolarmente preoccupato, alla crisi delle società, declinata nelle molte forme: dalla politica alla sconvolgente povertà. Non sono certo insensibile al dilagare della violenza, al fallimento dell'educazione.

Da psichiatra, mai come in questo momento, avverto l'inadeguatezza di una disciplina a dare risposte forti per la cura della sofferenza psichica.

Domina in me la profonda convinzione che i temi della crisi attuale della società, che addirittura si estende a ogni funzione dell'esistenza collettiva, debbano essere affrontati soltanto con la forza dei principi costitutivi di una civiltà. Se questa entra in agonia, l'uomo rimane senza una bussola che possa orientare il comportamento nella direzione dell'umano e dell'umanesimo.

Temo molto per la civiltà. E il mio distacco dalle crisi sociali esprime, forse, la convinzione che le leggi non toccano i principi e non potranno risolvere le crisi della società, mentre sarà la rinascita dei principi a dare un contributo decisivo nell'orientare verso un miglioramento della vita sociale.

Non so fermare una guerra. Non so sconfiggere un virus che, forse, circola ancora e che ha attivato comunque effetti che si prolungano nel tempo. Non so fermare la follia digitale che, come abbiamo detto, non significa cancellare una tecnologia che ha potenziali straordinari, ma indicarne l'uso coerente con l'umano. Uno strumento, per creare ricchezza ed eliminare l'enorme povertà. Non so come risolvere il fenomeno dell'esodo, non solo per sedare la pulsione di chi lascia la propria terra, ma nemmeno per dare una possibile risposta al mancato inserimento e integrazione al 10 per cento della popolazione straniera, che vive in Italia.

Ho solo una certezza, che riguarda ciascun uomo preso singolarmente, ed è che può cambiare radicalmente in poco tempo. Basta che siano rispettati i principi dell'umanesimo. So che perfino un povero può avere una visione del mondo umana, se trova nel principio del rispetto degli dèi l'immagine di un futuro in qualche parte del cielo. So che, se il dolore viene condiviso da qualcuno che ti considera e ti vuole bene, si avverte una relazione che rende partecipi al dolore, mitigandone l'intensità. So che un uomo che abbia compiuto il male, avrebbe potuto, in condizioni diverse, fare il bene. E conosco nel profondo della psiche umana un io ideale, che è rivolto al bene. So che la violenza è fatta di paura, di presunzione, che possono sciogliersi sostituendo all'ignoranza la cultura, che ha come proprio contenuto solo i principi primi della civiltà. Al contrario, una pseudocultura della società è al servizio del potere e dell'arroganza e dunque, per paradosso, è una cultura ignorante.

Credo che, per arginare l'agonia della nostra civiltà, ciò che può fare un uomo, che sogna di poterla curare e darle vita entro i limiti del desiderio e persino del sogno, sia di inventare un modo perché un altro uomo, svegliandosi il mattino, ricordi i principi che stanno per essere cancellati.

Sono convinto che sia utile richiamarli anche alla sera, quando si chiude un giorno segnato dal buio che sovrasta la luce. È utile per prendere sonno. E sperare che, domani, qualcosa di diverso o di antichissimo si respiri nell'aria. Un rito che permetta di tenerli presenti nella propria mente, in qualsiasi maniera si muova il corpo e il gruppo sociale a cui si appartiene.

Ciò che posso fare è raccontare delle brevi storie, come rappresentazioni e applicazioni dei *principi primi dell'umanesimo*. Serve a mostrare come i principi nascono dentro la psiche, siano i veri coordinatori delle azioni, oggi e domani dentro il futuro, che deve cambiare. Forse, se tutti i singoli uomini ricordassero i principi e li vedessero incarnati dentro storie brevi o lunghe, l'agonia di una civiltà non anticiperebbe la sua morte.

Mi dà consolazione sapere che la società, il *noi*, è composta da tanti io, con la mente mossa dagli stessi principi di civiltà. E per questo, pur con i limiti, non mi sembra inutile occuparsi della «salute» dei principi.

Del resto, ho speso gran parte della mia vita occupandomi della salute della psiche, e non mi ero reso abbastanza conto che non servivano tanto le teorie o i grandi psichiatri, quanto porre attenzione e dialogare sulla vita della civiltà.

Per organizzare questo mio impegno seguirò uno stile che, nel ricordo dell'antico monachesimo, chiamerò *breviario esistenziale*.

Breviario esistenziale

Il breviario esistenziale si compone di due parti: una fissa e la seconda variabile. Si possono usare anche i termini di «ordinaria» per la prima, poiché rimane identica durante tutto l'anno e di «propria» per l'altra, poiché cambia ogni giorno. Riporta a una concezione del tempo che ha comunque un andamento circolare, con dei ritorni che seguono ritmi fissati.

Il termine «breviario» certamente rimanda alla liturgia del monachesimo, che ha una sequenza scandita dalle ore e per questo si definisce anche «liturgia delle ore». Il significato in questo ambito è quello della preghiera, che diventa l'alimento necessario per una vita ascetica, per distaccarsi dal mondo concreto e proiettarsi in quello futuro, che è trascendente e che prevede la presenza di Dio.

Il «breviario esistenziale» si situa invece nella esistenza concreta, quella in cui c'è un impegno sociale e pertanto, diventa compatibile con i compiti della quotidianità. Non è forse nemmeno possibile usare la parola «meditazione», ma non la esclude, poiché il breviario esistenziale è teso a ricordare e a considerare il significato dei principi di civiltà, in modo da porli come cornice e come senso all'impegno professionale di qualsiasi natura. Non è dunque un legame se non con sé stessi, per mettere in moto quei principi che, se sono in agonia, lo sono probabilmente dentro ciascun uomo e ciascuna donna.

Il tempo occupato dal breviario non richiede le formalità di una regola monacale. L'importante è chc vi sia un tempo, per quanto limitato, rivolto ai principi che abbiamo richiamato e che, attraverso il breviario quotidiano, diventano operativi, nel significato di attivarne la presenza nel pensiero e nell'affettività. Uno stimolo che li porti alla consapevolezza, attivandone il desiderio e animando l'intera giornata.

Sono previsti due momenti, per cui potremmo definire il ritmo del breviario, «binario». Diventa consigliabile leggerne una frase al risveglio, in modo che la giornata inizi nel segno del Mattutino e ogni giorno si ripete una identica parte del breviario, in cui semplicemente vengono ricordati i principi primi.

Il secondo momento, Compieta, riporta alla sera, alla fine della giornata, quando è possibile dare un senso alla luce che si nasconde nel buio della notte. Ma è anche possibile dedicare questa seconda attenzione al breviario, in qualsiasi momento libero della giornata, vuoto da altri impegni, oppure se viene richiamato da condizioni psicologiche, di tristezza o di gioia. E in questa occasione si legge una pagina, propria di quel giorno, poiché il breviario dedica ogni mese una particolare attenzione a un tema particolare. Questa parte, oltre a essere variata, occupa un tempo un poco maggiore.

E si passa così dal ricordare i principi, a leggere una qualche storia o evento, che diventa esemplare per una vita che si svolga all'insegna della civiltà.

Il Mattutino risulta, quindi, composto stabilmente dalla elencazione di tutti i principi primi. Ed è come ci si svegliasse, entrando nel segreto del *sancta sanctorum* della vita umana, che è fatta anche di mistero, ha le caratteristiche della sacralità.

In Compieta, il breviario propone una lettura che ha un ciclo annuale proprio, in quanto cambia il tema e anche lo stile del racconto giorno per giorno, e quindi tiene conto della sequenza dei mesi.

Mattutino

Principi primi della civiltà

1. Rispetto della vita, dalla sua sorgente, tra l'esserci e il nulla si pone un abisso.

2. Rispetto della propria vita, poiché contiene un valore che è al di sopra di ogni stile esistenziale.

3. Rispetto della vita dell'altro, non per quello che rappresenta socialmente o per il come appare, ma per il fatto di essere.

4. Rispetto della natura e degli animali di specie diversa dall'uomo. Del mondo senza il quale la vita non sarebbe possibile. Una natura che ha le caratteristiche affinché l'uomo vi si adatti. Il rapporto io-mondo è l'insieme per esistere. Non rispettare la natura significa compiere già gesti di autodistruzione. Gli animali sono natura, parte di un sistema ecologico che si riflette sulla vita umana. Non esistono animali buoni o animali cattivi, anche se ciascuno può diventare predatore dell'altro. È ampiamente dimostrato che è possibile non solo la domesticazione, ma la convivenza.

5. Il principio fondamentale della vita è la relazione, che include l'uguaglianza e non la lotta competitiva.

6. Il principio della conoscenza è il motore della vita psichica, che si rivolge al conosci te stesso come base *per relazionarsi all'altro.*

7. Deve dominare in una civiltà la dimensione del *noi*, poiché è soltanto in questo plurale che il singolo può esistere come corpo

e soprattutto come psiche (mente). Si può parafrasare, dicendo che l'esistenza è conoscenza dell'altro.

8. Il rispetto dei morti è il principio che trasforma il singolo in una piccola storia, che mette in scena anche i trapassati. Il rispetto dei defunti attribuisce senso alla morte.

9. Dio è necessario, non ha importanza se esista e in quale forma possa venire raffigurato, la trascendenza è parte della biologia, da cui è emersa la mente umana. Occorre tenere distinta l'*humanitas* dalla *divinitas*, rendersi conto che la seconda trova le proprie radici nell'umanesimo. Uccidere Dio significa uccidere la civiltà, Dio non è in alcun modo condizionato dalle Chiese. Nella centralità dell'uomo, si trova l'idea, l'aspirazione, a una rappresentazione che manca dei limiti che sono propri dell'uomo.

10. Dal punto di vista psichico, la caratteristica principale dell'essere umano è la fragilità, vista come percezione dei propri limiti, del bisogno dell'altro. Va nettamente distinta dalla debolezza che ha come antitesi la forza, mentre la fragilità esprime la condizione umana che porta a comportarsi avendo bisogno della fragilità dell'altro e paradossalmente due fragilità insieme creano la condizione per vivere meglio.

11. Se le società si reggono sul potere, in qualsiasi modo venga rappresentato ed espresso, le civiltà si fondano sulla fragilità e considerano il potere una vera e propria patologia sociale, poiché tende all'egocentrismo, ai narcisismi, fino ai deliri di onnipotenza, a quadri della patologia come la paranoia che giunge a credere di potersi paragonare a un dio. La divinità come immagine del potere è pericolosa. Il Dio della civiltà è invece un Dio che si relaziona con l'uomo, in un rapporto che pone il divino come amore, come un legame di aiuto.

12. La caratteristica strutturale della civiltà non è il potere ma l'autorità, che manca della voglia di imporsi e di comandare, ma

soprattutto non è una imposizione obbligata, ma un riferimento, una scelta individuale.

13. La civiltà nasce dentro la testa, è il lento raggiungimento di principi che emergono dal cervello, attraverso la psiche che è l'insieme delle funzioni di questo organo che nell'uomo ha caratteristiche del tutto speciali. Nella psiche, da una parte c'è il pensiero che contiene anche la razionalità e dall'altro gli affetti, che contengono le emozioni e i sentimenti. La razionalità è indirizzata a capire, a dimostrare e per questo è anche la componente metodologica della ricerca scientifica; l'affettività si esprime nel sentire che non ha un fondamento razionale. Non è possibile tradurre l'affettività in razionalità, le risposte ai sentimenti presuppongono talora il mistero. E il mistero non è una domanda ma la risposta.

14. Una delle parole che si può elevare a simbolo della civiltà è bellezza. Altri termini che sanno di civiltà sono la pietà, la gentilezza, il perdono, la dignità, l'autenticità.

Compieta

Letture quotidiane

Gennaio: *Le idee*

1. La massima socratica originariamente scritta sul frontone del tempio di Apollo a Delfi, «Conosci te stesso», va completata, aggiungendovi *per poter meglio relazionarti con l'altro.* L'invito portava alla percezione della propria singolarità, ma oggi sappiamo che l'io si configura all'interno e nell'incontro con l'altro. Emerge nella co-presenza, attraverso un confronto che permette all'interno del *noi*, di percepire la propria dimensione personale. Una considerazione che pone il *noi* come primario e definisce l'io nella condizione esistenziale che non è nemmeno immaginabile si possa chiudere nel singolo. Allargando questa cognizione, si può giungere a definire l'uomo una piccola storia, a cui appartengono altri. Ognuno può sperimentare le innumerevoli volte in cui pronuncia nel quotidiano il pronome io e considerare che, per lo più, si tratta di un errore grammaticale.

2. La distinzione tra autorità e potere è da tempo stabilita, ma nella pratica si è colpiti dal potente e non dall'autorevole. Ciò dipende dalle caratteristiche intrinseche ai due termini: il potente ha un ego gonfiato, ama non solo mostrarsi, ma imporsi. La persona autorevole non si propone mai, si tiene nell'ombra e percepisce l'*umiltà* (un'espressione stupenda la cui radice etimologica è *humus*, «terra») da intendere come lo strato fertile entro cui

cade il seme e germoglia un fiore. Occorre aggiungere un altro termine, «modestia», che è però una maschera del potere e non condivide nulla della saggezza dell'umiltà. Definisce un uomo che si sente importante quindi potente, ma è disposto ad abbassarsi, mettendosi sul piano dei tanti *nessuno*. La forza della civiltà sta nell'umiltà.

3. L'invidia è certamente il vizio più diffuso nel tempo presente. E ciò implica che si valutano le persone, seguendo modelli gerarchici di distinzione. In ogni gerarchia, e ne esistono prototipi in strutture come quella militare, sacerdotale, ogni elemento della piramide è definito sulla base di quello che sta sotto e di colui che sta sopra. In questa categorizzazione, domina l'invidia, che porta ciascuno a desiderare di avere qualcosa che appartiene a colui che lo sovrasta. Un obiettivo obbligato, che non permette certo di domandarsi se si tratti di una caratteristica adeguata, coerente alla propria personalità.

Si costruiscono così persone fatte di tanti «pezzi», per salire faticosamente nella scala gerarchica, senza mai giungere poiché c'è sempre un gradino ancora da salire. Una dinamica che riporta a Sisifo, un personaggio della mitologia greca, condannato a spingere una pesante pietra sulla sommità di una collina e una volta raggiuntala, quel masso rotola a valle. Sisifo deve riprendere a spingerlo, ogni volta, nuovamente verso la cima. La metafora permette di rappresentare ogni gradino gerarchico come un inutile sforzo: ritrovarsi a desiderare qualcosa che appartiene agli altri, mentre non si riesce mai a chiedersi che cosa veramente sarebbe utile alla propria dignità, al proprio significato nel mondo.

4. Secondo l'astrofisico Stephen Hawking, l'*origine dell'universo* è dovuta a un evento che ha innescato un processo di trasformazione dell'energia nelle particelle subatomiche della materia. Viene comunemente chiamato Big Bang (termine coniato da Fred Hoyle nel senso di «grosso botto»). È possibile immaginare che vi fosse una condizione di equilibrio energetico (alte temperature) e

che, per un evento, si fosse inserita una resistenza, che lo ha interrotto, portando con grandissima velocità alla produzione di particelle che, combinandosi, hanno dato origine agli atomi, quindi alle molecole, poi a sistemi, trasformati in oggetti dell'universo. Una descrizione che deriva dal complesso sistema, costituito dal Campo di Higgs e dai bosoni, che questo fisico aveva ipotizzato come prime particelle (la «particella di Dio»), e dalla formula di Albert Einstein, secondo il quale l'energia si trasforma in massa.

Il Big Bang sarebbe accaduto 13,7 miliardi di anni fa. I primi segnali della vita sarebbero seguiti a distanza di dieci miliardi di anni: un periodo in cui l'universo era fatto di «pietra». Questo racconto scientifico, che ha la dimensione delle teorie e delle ipotesi (distinte quindi dalle dimostrazioni), se lo si confronta con il Genesi della Bibbia ebraica, in cui tutto accade in sei giorni, fa subito percepire due dimensioni contrapposte e rende difficile persino il tentativo di attribuire la differenza alle due forme del racconto. È curioso, infatti, che non sia mutato in nulla il significato dell'origine del mondo, nemmeno della figura di un Dio che, esistendo da sempre, ha ritenuto di porre nello spazio infinito un universo. Hawking, per spiegare il Big Bang, ha chiamato in causa il *caso*. Occorreva insomma ipotizzare il perché, in un equilibrio eterno, si fosse inserita quella resistenza. E, inventando il caso, non si era forse accorto che era semplicemente un nuovo nome per significare Dio. Anche se vi è ancora nell'uomo una resistenza a inginocchiarsi davanti al caso. Un nuovo termine per indicare Dio, rimanda a quell'insegnamento che comandava di *non nominare* il nome di Dio, poiché di fronte al mistero non serve la parola, ma il silenzio. Se proprio si vuole parlare, allora bisogna dire che Dio ha creato il caso. Ecco perché, tra il Big Bang e la creta del Genesi, non vi è paradossalmente alcuna differenza.

5. Il narcisismo è la più diffusa malattia psichica del nostro tempo. Nota fin dalla classicità, se si tiene conto che il mito di Narciso appartiene all'antica Grecia. La versione oggi più seguita è quella di un uomo che non sa guardare agli altri ed è centrato

solo su di sé. Come il suo sguardo fosse diretto sempre al proprio corpo e anche in presenza dell'altro, ritenesse che tutti lo debbano guardare. Un difetto grave, in quanto va contro l'esistenza e la stessa biologia dell'animale umano che tende alla relazione con l'altro. Ve ne sono vari gradi.

Nei narcisismi parziali, c'è chi ritiene di avere un bel viso, altri capelli stupendi o un intuito che permette di capire in anticipo i fenomeni della storia, chi soffre di narcisismo da ricchezza. Sempre la convinzione è di voler apparire in modo che attiri l'attenzione. Tenendo conto che il narcisismo è contro ogni principio della civiltà, è utile guardarsi, magari di corsa, il mattino allo specchio non solo per rimanere alla superficie della propria corporeità, ma per entrare dentro la psiche e scoprire che la vita non è la storia di un corpo che si trasforma dalle dimensioni del bambino fino a quelle del vecchio, ma conoscere le forme della propria mente. Il corpo è ciò che appare immediatamente e colpisce la sensorialità, ma un corpo senza mente, con una dinamica psichica confusa, non riesce a vivere. Nella relazione il corpo non basta.

6. La parola «anima» ha una lunga storia, anche se ha assunto significati molto diversi. Per Aristotele si poteva distinguere un'anima *vegetativa*, una *sensoriale*, e l'anima *razionale*. Cartesio distingueva nettamente l'anima immateriale e immortale. Parlava di *res cogitans* e *res extensa*, che si univano in un punto specifico alla base del cervello, nella ghiandola pineale e solo nella morte si separavano.

Oggi, l'attenzione è rivolta alla psiche, nella concezione che sia l'insieme delle funzioni che emergono dal cervello plastico e che dunque termini, quando quest'organo del corpo umano si ferma nella morte. Le funzioni si modificano fortemente quando il cervello viene colpito da un trauma o è affetto da una malattia. Le facoltà straordinarie del comprendere, della formazione delle idee, dell'immaginazione e della creatività sono legate a questa meravigliosa fonte della *fabrica humani corporis*. Si parla di psiche o di mente, non come due *res* separate. Non è però escluso che il termine «anima» abbia ancora un proprio profondo significato e mantenga le caratteristiche della immaterialità e della eternità. In tal caso l'anima riporta non al cervello, ma a Dio. Questa risposta non è «oggetto» della scienza ma della *trascendenza*, e rimane uno dei principi dell'umanesimo e della civiltà. La scienza non è compatibile con l'anima eterna, poiché si occupa di cose materiali, ma non ha alcuna forza per negare una visione che riguarda il mistero del trascendente.

7. Non è facile separare il corpo dalla psiche, del resto la psiche emana dal cervello, che è forse la parte più umana dell'organismo. Vi sono però funzioni che permettono di avvertirne la distanza. E certamente, il piacere ne rappresenta il vissuto più esplicito: c'è un piacere del corpo e un piacere della psiche. Alcune pratiche dell'eros promuovono il piacere che si può ottenere attraverso gesti, azioni che si riferiscono alle aree della sessualità. Il piacere della mente si può legare a una immagine, persino a un'idea. Esiste un piacere straordinario in un momento di una lunga ricerca scientifica, quando si raggiunge una conclusione che sembra finalmente rendere comprensibile un fenomeno oscuro. È indubbio che questo piacere è esclusivamente umano ed è prodotto dalle funzioni della psiche. In questa dimensione, mi pare che il legame più stretto sia quello con la bellezza. E la bellezza è piacere. La natura è certamente composta da oggetti, ma vi sono bellezze in natura, associate a un tramonto, a una notte stellata.

Nelle agiografie, si legge del piacere che i santi hanno provato durante la meditazione, nell'estasi, attraverso immagini celesti: un piacere che trasforma la corporeità fino a non avvertirla più, una bellezza talmente astratta da non avere più alcun riferimento con il corpo. Una bellezza che dà piacere, ma manca delle sensazioni che sono invece parte sostanziale del piacere fisico. In queste considerazioni che potrebbero continuare, sempre mantenendo la percezione di una incompletezza su qualche aspetto che sfugge, ciò che appare persino assurdo è la modalità con cui oggi tutto si riduce alla bellezza delle cose, arrivando persino a stabilire dei modelli come indicatori.

È sconvolgente considerare che molti lottano per trasformare il proprio corpo e renderlo bello, come fondamento per essere piacevoli. Non si tratta di un fenomeno adolescenziale o di una vecchiaia non accettata tentando di rivestirla di giovanilismo, riguarda tutte le età, nella convinzione che la bellezza sia riducibile a misure, al peso, al colore dei capelli. Non vi è dubbio che la bellezza come parte della civiltà sia invece legata all'evoluzione della psiche, quindi di un cervello che permette funzioni tipicamente umane. Nella storia dell'uomo ha avuto il predominio la funzionalità, quella integrità che permetteva di adattarsi all'ambiente per sopravvivere. Solo più tardi emerge nella storia il piacere come bellezza. Ecco la differenza: non è la bellezza la sorgente del piacere, bellezza e piacere psichico costituiscono un insieme. Se questa ne è la lettura, allora il dramma della corporeità e i criteri di una bellezza misurata in centimetri sono un errore che può portare talvolta alla follia, alla lotta contro il proprio corpo.

8. Dio è parte di un mondo che è *oltre* l'esperienza della vita ordinaria. Un'immagine che serve a vivere. Rappresenta il richiamo, quando si ha l'impressione di gridare nel deserto perché nessuno ti ascolta. Ci si rivolge a Dio, anche quando si ritiene che nessuno possa aiutare a superare una difficoltà, che si presenta come un drago dalle sette teste. Non importa considerare se Dio ci sia, oppure sia una immagine dell'uomo. Mi pare fondamentale ritenere che si tratta di una presenza vissuta, che serve all'esistenza in momenti in cui sembra che la vita si stia spegnendo. E non meraviglia che nell'approssimarsi della fine, si delinei ancora meglio questa figura di Padre onnipotente. In tale percorso che si svolge dentro la mente, mi pare sia assurdo pensare a un Padre che giudichi, che si descrivano pene divine, entro un fuoco eterno o comunque nel dolore. Un Padre eterno sa comprendere il peccato e sa trasformarlo in un bisogno di aiuto mancato.

9. La differenza tra principi e leggi è a fondamento della distinzione tra *civiltà* e *società*. I principi primi sono l'insieme costitutivo non solo di una visione del mondo, ma di un comportamento nel mondo che si possa definire umano. Sono principi stabili e costitutivi della civiltà, e non possono essere legiferati. Non si può legiferare la vita e nemmeno promulgare una legge sulle relazioni interumane, al cui interno vi è il legame d'amore.

I principi sono la caratteristica di una civiltà, le leggi sono utili per la soluzione di problemi storici e per far seguire certi comportamenti. I principi sono sempre gli stessi, le leggi mutano. I principi sono pochi, le leggi sono innumerevoli e contraddittorie. È possibile trasgredire una legge ed è comprensibile che si introduca una pena con l'intenzione di promuoverne il rispetto: una punizione *educativa*. Non ha alcun significato ritenere «peccato» l'andare contro i principi primi. A sostenerlo è il nonsenso della pena, poiché è implicita nell'azione, in quanto andare contro la civiltà equivale ad andare contro sé stessi. Se non si rispetta l'altro, ci si punisce, poiché l'altro a propria volta non rispetterà chi non lo rispetta. E così il «peccatore» rimane solo, e questa solitudine è incompatibile con la vita. Negare o uccidere l'umano, significa impedire di esprimere i propri bisogni psichici e dunque ciò che è umano. L'esempio che dà forza a queste considerazioni è quello del suicidio. Non è possibile punire, perché si è applicata la pena più atroce: quella di non rispettare la propria vita, che abbiamo posto come principio primo.

10. La pace è intrinseca ai principi che costituiscono la civiltà ed è il derivato del rispetto della vita e di una atmosfera che deve evitare l'inimicizia. Non va considerata un'utopia, ma come la migliore economia esistenziale. La guerra è l'antitesi della pace. Ma anche le contrapposizioni interpersonali, che riguardano le relazioni soggettive, hanno pesanti costi attraverso sistemi di lotta (le armi) sia per attaccare che difendere e si riflettono sul piano mentale. Interrompono infatti la serenità, attivano la paura, inducono il sospetto, possono giungere persino ai deliri: di *perse-*

cuzione, in cui si percepiscono ovunque dei persecutori o di *grandezza*, in cui si è portati ad attaccare tutti, convinti della propria onnipotenza.

Il fare la guerra invece che coltivare la pace segna un vero trionfo della morte, si capovolge la percezione del senso stesso dell'esistere, poiché ci si comporta come se, invece che a vivere, si aspirasse a morire. Nelle psicologie, proprio per questo comportamento che sembra in favore della guerra si è parlato di «pulsione di morte», creando una delle contrapposizioni che sanno di assurdo, in quanto non è sovrapponibile biologicamente il desiderio di vivere con un contemporaneo desiderio di morte. E ritorna il concetto di «economia», dove non è contemplato impegnarsi per ottenere un profitto e nello stesso tempo organizzarsi per perdere. Analogamente si presenta l'assurdo di chi affronta una sfida per gioco, e ne viene al contempo sconfitto. Se la pace in una società è il bisogno primo, nella civiltà seguendone i principi primi non si pone la pace come tema, ne è una implicita conseguenza.

Parlare di «guerra civile» è un assurdo, ma aiuta a sottolineare in modo ancor più chiaro la diversità tra civiltà e società. Creare eserciti per la pace è uno dei tanti ossimori in cui entra anche il termine di «guerra preventiva», come riempire gli arsenali di armi atomiche, nell'idea che un enorme potenziale distruttivo sia garanzia di pace. E si dimentica che l'energia atomica è stata già utilizzata per la guerra, come dimostrazione che nel caso uno Stato si trovi vicino alla sconfitta, ricorrerà alle testate atomiche, dichiarando di averle impiegate anticipando quelle nemiche. La guerra è un esplicito di come la razionalità e l'affettività (che sono sezioni della mente) possano essere poste dentro lo smarrimento di una società, che ha completamente dimenticato i principi della civiltà.

Vi è una sola modalità per impedire la guerra e i costi economici che comporta, sia di denaro che di umanità: ritornare ai principi primi, al rispetto della vita e dell'altro, che è fondamento delle relazioni insieme all'amore.

La Grecia antica esprimeva nel *destino* una entità posta non solo *sopra* agli uomini, ma persino agli dèi, mostrando il grande limite dell'esistenza e degli esseri viventi, collocati sia sulla terra che nell'Olimpo. Fin da allora, il destino lo si percepiva come un incomprensibile, necessario per togliere all'uomo e agli dèi il senso della onnipotenza, ma anche quello della libertà, intesa come la possibilità di guidare totalmente la propria vita. Sono convinto che il destino possa essere letto nel significato di *strutture di biologia* dell'uomo. Il fatto stesso di esserci significa incorporare un destino dentro le proprie ossa, la propria mente, che sono fatte e dipendono dall'organizzazione della materia, con cui si è realizzato il corpo umano. Il destino si fonda proprio sulla costruzione del vivente. Per l'uomo è mancare della possibilità di volare, funzione che è propria degli uccelli dell'aria.

Secondo la fisica delle particelle la materia, presente nell'universo e nell'uomo che ne è una espressione, obbliga a essere «oggetti», con una resistenza fisica e una sensorialità. È possibile immaginare un uomo formato esclusivamente di neutrini. Il corpo manterrebbe la consistenza propria di questa particella subatomica, ma avrebbe le caratteristiche di non essere visibile e di muoversi con una velocità pari o leggermente inferiore a quella della luce. Saremo uomini differenti, invisibili. La materia di cui parliamo correntemente, che al contempo è però la stessa che caratterizza l'equazione di Einstein e ha un rapporto equivalente in energia, rappresenta il 5 per cento della materia di cui è formato l'universo e quindi anche l'uomo. La rimanente parte, il 95 per cento, è costituita da *materia ed energia oscura*: un tema di grande impegno nella ricerca, che rimane ancora nell'ignoto.

Eppure, nella capacità immaginaria l'uomo ha descritto gli spettri, gli spiriti del bene e del male, gli angeli, gli arcangeli e le dominazioni. E nell'Apocalisse, Giovanni descrive una resurrezione che non è certo fatta di carne, ma di immagini vuote che mantengono la individualità. Ci dimentichiamo del destino poiché siamo dotati della capacità di fare, persino di progettare. E il progetto richiede un pensare, un immaginare ciò che verrà realizzato. Si parla della nostra età come quella dell'*Homo faber*, ma è evidente che è un agire all'interno del destino, entro i limiti della nostra costituzione.

11. Guardando alla storia dell'umanità, la *libertà* appare come l'idea guida dell'uomo. Fin dalle origini della società occidentale è sorto il potere, come segno di chi può fare, assieme alla distinzione tra libero e schiavo, tra chi può decidere e chi invece deve subire. Il desiderio più forte, consapevole o inconsapevole, è la libertà, come facoltà che permette di decidere. E su questo desiderio individuale si sono informate anche le comunità, per ottenere la libertà eliminando il dittatore o cambiando la struttura della società.

Una libertà assoluta, intesa come *faccio ciò che voglio* e *aspiro a poter fare tutto* per essere completamente libero, non è un principio di civiltà ma un sogno, che mette al centro o un individuo malato di onnipotenza o un popolo che si ritiene superiore a ogni altro. L'esempio storicamente più resistente è espresso dal popolo ebraico, come il preferito da Dio. La libertà, semmai, è sempre relativa, indica una libertà da qualcosa, ma al contempo appartiene a un sistema regolato da limiti e da norme. Il termine diventa quindi un paradosso poiché la libertà relativa da qualcosa definisce contemporaneamente il vincolo a una condizione esistenziale di non libertà. Anche la libertà non è un principio di civiltà, basterebbe ricordare come i sentimenti siano legami, in antitesi alla libertà assoluta. Un legame d'amore costituisce un contratto affettivo entro il quale una persona tiene conto dell'altro, in ogni sua decisione fino alla perdita del proprio io che si confonde con l'altro, e lo trasforma in un *noi*. La libertà non ha nulla di psichico, proprio perché tende a relazionarsi come una pulsione vitale: si coniuga al singolare, non è possibile usare questo termine al plurale.

Una civiltà tende al rispetto dell'altro che rende semmai possibili azioni e comportamenti limitati e, per questo, non liberi.

«Libertà» è un termine che, per un poco, dovrebbe essere cancellato dai dizionari, per capire che occorre dimenticarla come desiderio e considerare invece la grandezza dell'insieme, che riduce la libertà quanto più è vasto, mentre aumenta la sicurezza, diminuisce la paura, fa respirare un clima di vero legame. Una libertà impossibile genera lotta e timore. E l'assurdità di tale prospettiva, la si può rappresentare, guardando i potenti della terra che si muovono in auto blindate e vivono circondati da guardie del corpo, pronti a sparare a chiunque si avvicini a quegli uomini che in base al potere dovrebbero aver raggiunto la libertà assoluta. Se la libertà viene contraddetta dal legame d'amore, la libertà del potere è contraddetta dalla schiavitù di non poter nemmeno camminare liberi, all'interno del palazzo.

12. L'uomo e la donna sono due costituenti naturali e necessari, sia per una civiltà sia nella visione dei temi che costituiscono una società. Nella prima visione sono due elementi *complementari* e non solo per la procreazione, in cui la donna svolge un ruolo che le è permesso anatomicamente. La gravidanza va dal concepimento fino al parto e la vita del feto è legata a una anatomia e fisiologia certamente femminili. Non è così il concepimento, che è l'insieme di due cellule differenziate il cui incontro avviene nella congiunzione, a cui il maschio contribuisce con uno spermatozoo e la femmina con una cellula uovo. Un'operazione che dura in entrambi qualche minuto. La gravidanza riguarda esclusivamente la donna e dura nove mesi. Non c'è la possibilità vicariante di scambiare questa funzione.

La complementarietà tra uomo e donna ha però una dimensione anche psichica, poiché distingue le caratteristiche proprie della femminilità rispetto alla mascolinità. Nella donna risalta la funzione mentale dell'accoglienza e una capacità speciale di attesa, che si può legare alla pazienza. Nell'uomo si è evidenziata storicamente la forza, che è propedeutica all'azione, importante per l'imperativo darwiniano dell'adattamento all'ambiente. E proprio il termine «complementarietà» indica una unidirezionalità nella coppia delle rispettive caratteristiche e funzioni. Sono considerazioni che permettono di arricchire l'idea del *noi*, già come necessaria all'integrazione tra funzioni psichiche maschili e femminili.

Nella civiltà, domina la storia della coppia come stile di vita impostato per continuare la specie umana. La complementarietà non è compatibile con nessuna forma di violazione, proprio perché fa riferimento alle funzioni sostanziali diverse e non a comportamenti che possono essere espletati dall'uno o dall'altro componente. Nell'ambito delle società questo rilievo non è stato rispettato né quando la tendenza è stata di rendere la donna dipendente dall'uomo, né quando in maniera opposta si è sostenuta una completa parità. Ci si è dimenticati della complementarietà, andando contro la visione fondata sui principi della civiltà. Nel tempo presente, dopo molti secoli di dominio dell'uomo sulla donna, grazie a movimenti che vi si opponevano si è giunti alla definizione delle *pari opportunità* con riferimento a tutte le funzioni abitualmente esclusive dell'uomo. Si è chiesto che, per giustizia, fossero eliminate tutte le barriere e i divieti. Esempi significativi sono quelli delle donne soldato, con il diritto di andare in prima linea e di usare tutte le armi, con modalità fino a quel momento esclusive del maschio. In un settore meno estremo, quello dell'attività imprenditoriale e della conduzione delle aziende si è giunti a una diffusa presenza femminile ai vertici operativi e finanziari. Non si è ancora arrivati al 50 per cento ma rimane una richiesta indiscutibile. Lo stesso principio è applicato per i ruoli amministrativi della politica, non è più sorprendente trovare esempi di donne a capo del governo e dello Stato. Inevitabile che, in nome della parità, stia per scomparire quello della complementarietà. Nonostante una serie rilevante di servizi, nati allo scopo di delegare le funzioni della maternità, come asili nido e scuole materne, vi è una convinzione sociale della funzione *vicariante* materna al padre e per analogia di quella paterna alla madre.

Dal punto di vista psicologico, nella storia naturale le funzioni tipiche della femminilità sono ritenute tali, non per invenzione o scelta, ma perché fondate su precise caratteristiche del corpo e della psiche. E conseguenze della comparazione tra una fase della separazione dei compiti rispetto a quella di parità, si riscontrano nella diminuzione demografica, nella crisi della famiglia e soprattutto nella *fatica di crescere* delle nuove generazioni. Il concepimento, separato da quello della gravidanza, rimane distinto anche sul piano della educazione. Non nel senso della distinzione di un genere rispetto all'altro ma, anche qui, per una complementarietà, che riconosce nella madre gli aspetti di comprensione, di vicinanza affettiva, nel padre l'autorità, il rispetto delle regole sociali e delle leggi. Occorre, invece, ricordare che le caratteristiche psicologiche hanno un fondamento nella biologia. Il problema dell'educazione dei figli è continuo, e oggi è difficile definire persino il concetto di «maturità». Risulta in maniera chiara che non è possibile legiferare senza tenere conto di una serie di elementi e di principi che non appartengono alle idee innovative, alla immaginazione, ma rientrano nella realtà, legati alle caratteristiche distintive sia sul piano anatomico che psichico. Vi sono donne che possono scegliere di dedicarsi alle attività aziendali, alla vita politica in luogo delle *opportunità* biologiche. Può essere questa una visione per raggiungere i propri desideri. Le parità sociali sono per l'uomo e per la donna una opportunità, non un obbligo.

13. La distinzione tra *società* e *civiltà* è un tema su cui molto discutiamo. E merita di riprenderlo, proprio per non lasciare in agonia i principi primi che reggono una civiltà.

Occorre però ribadire che non si tratta di due termini necessariamente in contrapposizione, in una sorta di dualismo tra bene e male, tra errore e verità. Si intende più semplicemente dare significato a due temi, che devono affrontare i bisogni dell'esistenza. Allo stesso tempo è necessario riferire i principi di civiltà, come fondamenti dell'esistenza umana e far sì che la dimensione sociale, che ha proprie tecniche di organizzazione e funzionamento sia pure entro un ampio spettro, debba rispettarli.

I principi non sono certo legiferabili. Costituiscono una cornice, un «prima», per l'organizzazione di una società, a cui riferirsi sempre, nella consapevolezza che sono necessari per disegnare una storia fondamentalmente umana. Pulsioni, desideri di potere, sarebbero altrimenti spinte a riportare all'indietro, a quelle fasi dell'evoluzione, che Giambattista Vico ha chiamato l'«età della barbarie», a cui segue l'«età degli eroi». Un passato antropologico che può rimanere lontano, depositato nella memoria, a patto che vengano osservati e persino celebrati i principi della civiltà. Una regressione è possibile, poiché in una evoluzione a fasi non si cancellano le età precedenti, ma semplicemente vengono controllate. Senza la difesa della civiltà, il ritorno a guerre, sopraffazioni, dominii, ricomincerà a guidare l'esistenza.

14. Il denaro ha assunto la funzione di *personaggio* dominante della società del tempo presente. Una dimensione che non solo dà il valore delle cose, ma è giunta a misurare quello dell'uomo, quasi fosse un oggetto che si può vendere, acquistare, deprezzare o esaltare.

È stato introdotto nella Grecia antica per favorire il commercio, fondato fino a quel momento sul baratto, sullo scambio cioè, di oggetti e di animali. Ma con la diffusione della navigazione e l'ampliamento dei commerci, era diventato una forma difficile da praticare se non impossibile. Il denaro diventava così il rappresentante del valore dell'oggetto e non era più necessario lo scambio con un altro, di valore analogo. In cambio, si poteva ricevere una moneta come rappresentazione simbolica del valore: si trattava di monete di un metallo pregiato, oro e argento.

Oggi, il denaro è ridotto a una banconota di carta, senza valore proprio, garantito da organizzazioni bancarie che hanno la struttura di società private e traggono vantaggio dalla gestione di un mondo cartaceo.

Negli ultimi decenni, di fronte a un fallimento di qualche banca, l'impero del denaro è stato scosso, dimostrando la propria inconsistenza. Un impero più insicuro e debole di qualsiasi monarchia, legata ad antiche storie di grandezza e di potere. Basta una notizia per sconvolgere questo mondo cartaceo. E mentre da questo schematico richiamo ci si dovrebbe aspettare un disinteresse verso tutto ciò che si sostiene sul valore in denaro, si osserva che, al contrario, è il termine più usato nel quotidiano, né si riesce a indicare qualche zona della società che ne sia staccata. Persino le Chiese, che si occupano di un mondo sistemato nel cielo, dove non vi è notizia di banche celesti, ne sono dipendenti e, ormai persino i santi e il Padre eterno hanno una quotazione in denaro, come le banche e la Borsa valori. Il dato forse più sorprendente è che persino gli «straricchi», nello sforzo di aumentare la propria ricchezza, anche se così elevata da non poter trarne alcun vantaggio, sono fissati sul denaro.

Non è quindi esagerato parlare di una «dipendenza», analoga a quella indotta da una sostanza chimica stupefacente, che condiziona e impoverisce le funzioni del corpo, ma soprattutto quelle della psiche. Il denaro non solo preoccupa chi non ce l'ha, per le difficoltà che incontra nell'ottenerlo, ma è un peso altrettanto forte per il ricco, che vive nel rischio che perda valore e nella spinta a possederne sempre di più. Un accumulo inutile.

Il denaro, come personaggio, sembra evocare sulla scena la figura del demonio, a cui nella storia si è assegnato il solo scopo di impedire il bene e seminare il male ovunque, di giorno, ma soprattutto la notte.

Sempre alla ricerca di associazioni, si può giungere a richiamare una strana divinità, un dio-denaro, ma è veramente bestemmiare Dio, riducendolo a mercante. Non sorprende che il denaro si associ a comportamenti contro le leggi, che non vengono applicate in quanto anche i giudici si possono corrompere. Così aumentano i falsari e gli imbroglioni.

Si deve ritornare alla civiltà, centrata tutta sui valori dell'umano: l'amicizia, l'amore che ha come misura i sentimenti, l'aiuto, la donazione di sé all'altro. Il valore della comprensione e del perdono. Il valore del limite, come misura della fragilità dell'essere umano. Il significato dell'umano non incontra il denaro, non è traducibile se non nell'insieme di quei principi che rendono l'uomo, questo strano animale, capace di sviluppare una psiche, per potersi inserire meglio nella natura e con gli altri uomini, circondati dal mistero dell'esserci.

Esiste una *economia della civiltà*, poiché sono molti i valori, ma non diventano depositi di banca, bensì strumenti per vivere serenamente e persino, nella dizione platonica, «felici».

15. Parlando della vita umana il termine che entra con maggior forza è quello di «identità». Deve avere un'antica origine, poiché il fenomeno più evidente all'uomo primitivo doveva essere l'osservazione della enorme trasformazione di un neonato, poi bambino, che con la pubertà muta in maniera ancor più rapida il suo aspetto, in una continuità che porta alla vecchiaia e infine alla morte. L'immagine è quella dell'arco della vita che comprende l'inizio e la fine. E certamente si è posto la domanda sul contrasto tra cambiamento e identità.

Non si tratta di un esperimento solo sull'altro da sé, ciascun uomo e donna lo osserva nel percorso che compie, cambiando ma rimanendo identico. Questo doppio fenomeno ha portato nel tempo a molte elaborazioni e interpretazioni ed è nata l'ipotesi della identità, come caratteristica che permane, pur cambiando completamente l'apparenza. In questo filone si è posta la sovrapposizione tra *essere* e *apparire*, un'espressione di duplicità che però lascia ancora insoddisfatti.

Dal punto di vista biologico, se tutto dipendesse dalle cellule e dalla loro complessa costruzione di una forma corporea nella rappresentazione delle sue diverse fasi, in alcuni momenti critici vere e proprie metamorfosi, si dovrebbe concludere che, quando cambiano gli elementi compositivi dell'organismo, cambia anche l'identità. Se si mettono vicine la fotografia alla nascita e quella della vecchiaia, il termine «identità» appare errato. Non è una condizione molto diversa, se si guarda un bruco e poi la farfalla, che ne è la trasformazione. Che sia apparso difficile mantenere il termine «identità», lo ha capito il grande Aristotele che ha pensato di legarla a un'anima addirittura eterna. E ciò include l'immodificabilità.

L'identità, pertanto, è un invisibile che si esprime nella variabilità. Si giunge ai paradossi, agli ossimori, alla fantasia, in cui si immaginano gli invisibili e anche i mostri.

Nella seconda parte dell'Ottocento sono nate le psicologie proprio con il compito di delineare la struttura e i meccanismi della psiche. Freud ne inventa una anatomia e una fisiologia, trovando un'istanza persino nell'inconscio. Occorre ricordare che un altro studioso del tempo, Pierre Janet ne dà una anatomia differente. Ma la grande scoperta è la plasticità del cervello, per cui la psiche emerge dall'unico organo, che risente in maniera rilevante dell'ambiente, ed è quindi a propria volta mutevole. Più corretto è, quindi, dire che non esiste un'identità individuale o comunque, se si vuole usare il termine «io», lo si dovrebbe definire mutevole. Il che sembra renderne inutile la stessa definizione.

Per rendere breve una lunga storia, si mette in luce come non esista un'identità fondata sulla dimensione dell'identico e come vi sia invece una grande disponibilità (*disposizione*), diretta dalla presenza dell'altro che diventa per così dire l'ordinatore del comportamento. Di conseguenza le cosiddette identità sono costruite *a specchio*, sulla dinamica dell'imitazione che è facilmente osservabile in tutte le specie viventi, con immagini diventate esemplari negli studi di Konrad Lorenz sugli anatroccoli, ma valgono anche per gli uccelli sulla costituzione degli stormi. La plasticità dei lobi frontali fa sì che emerga una psiche, capace di una immaginazione sconfinata, ma anche di una imitazione e dipendenza estreme, per cui l'io si forma nell'ambiente e, sulla base delle esperienze relazionali, tende a organizzarsi in maniera simile non a ciò che è, ma alle esperienze in cui è posto. Non è possibile, pertanto, parlare di identità, ma di conformazioni che promuovono azioni e comportamenti che nulla hanno di fissato, e vengono supportati dall'insistenza e dalla ripetizione. L'ambiente finisce per essere lo scultore che plasma la creta e all'apparenza costruisce identità, ma in realtà sono rappresentazioni mobili, legate alle esperienze possibili, grazie a una *plasticità* che nega un io intrinseco strutturale.

Riportando queste osservazioni all'enorme differenza rilevata tra i principi della civiltà e le leggi di una società confusa, sperduta nell'ambiente, si rileva quanto siano importanti i principi per fondare l'umanesimo, per plasmare il comportamento dell'uomo. Diventano la *forma*, nella consapevolezza che l'io non si lega alla psiche, ma esprime l'individualità che muta nell'ambiente. E questa affermazione serve a sottolineare l'importanza dell'altro, del noi, come campo della educazione che non solo serve a vivere, ma a dare di ciascun uomo una composizione strutturalmente possibile, la cui definizione spetta alle esperienze. I riferimenti per l'animale umano sono i principi dell'umanesimo.

16. L'attenzione che l'uomo pone alle vicende che riguardano la propria specie, lo distoglie non solo dalla natura vegetale ma anche dagli animali non umani, che vivono nel nostro pianeta. Non si rende, così, conto di come stia cambiando rispetto a un passato recente, il comportamento delle specie animali. Basterebbe il confronto con i cosiddetti animali «da compagnia». Una inimicizia zoologica era quella tra cani e gatti, si parlava di istinti che li allontanavano come animali competitori, entrambi carnivori. Era frequente vederli talora aggressivi, talora in difesa di una specie in confronto dell'altra. E poiché gli istinti appartengono al bagaglio deterministico, ritenuto esclusivo di tutti i viventi non umani, l'idea era di una immodificabilità dei comportamenti.

Oggi, in molte famiglie, sono presenti sia il cane che il gatto e non solo si constata un vero rapporto di cooperazione, ma li si vede insieme nel gioco, un comportamento non guidato dai bisogni della sopravvivenza. Non solo, ma spesso si osserva un gatto che stabilisce un rapporto con la cucciolata di un golden retriever. E anche l'esatto inverso. Non entrando nelle spiegazioni dotte degli zoologi, l'impressione è che, raggiunte le soddisfazioni alimentari e la sicurezza del territorio a loro garantite dall'uomo, le due specie non abbiano più l'unica forza degli istinti. E l'adattamento all'ambiente umano in cui vivono, non prevede più lotta ma una vera amicizia.

Tutto quanto si può affermare sulle due specie più accettate e amate dall'uomo, lo si estende anche ad altre, tanto da poter concludere che la cosiddetta distanza tra *preda* e *predatore* si è modificata al punto da poter osservare le relazioni più strane. La diffusione dello smartphone che, tra le tante funzioni, ha anche quella di permettere di fotografare e fare riprese video, che poi si postano sulla grande rete di Internet, permette di avere a disposizione un laboratorio sperimentale di strani comportamenti zoologici. Uno dei più recenti è dato dall'amicizia tra un cane e una mucca, nata in un casolare di campagna, in cui si vedeva il cane sostare a lungo nella stalla, con la difficoltà addirittura di staccarlo. Quando il contadino decise di vendere la mucca a un centro di macellazione, il cane la seguì nello spostamento e vi rimase, sia pure al di fuori del luogo in cui avevano sistemato la mucca, in attesa del suo ritorno. L'episodio può essere accostato alla letteratura, in cui viene raccontato di un cane che segue il feretro del proprio padrone e rimane bloccato in attesa davanti all'ingresso del cimitero, mostrando che il legame «affettivo» era prevalente sull'istinto della fame.

Si possono sempre trovare dati nuovi in una rete così vasta, un vero «laboratorio». Si vedono i cosiddetti animali feroci, come leoni e tigri, che stabiliscono legami con esemplari che erano tradizionalmente prede. Se in questo zoo, dove si ha un'inaspettata combinazione inter-animale, aggiungiamo anche l'uomo, si possono raccontare storie di legami tra un bambino e un coniglio, oppure di una persona matura con una tartaruga. E nascono mode, per cui entrano in casa uno scoiattolo, un riccio, persino uccelli che svolazzano al di fuori delle tradizionali gabbie. Si è arrivati a tenere serpenti e, addirittura, coccodrilli. A quest'ultimo proposito non si può dimenticare che, nella storia evolutiva, il coccodrillo è posto tra le specie che hanno un cervello così primitivo da rispondere automaticamente, vere macchine, completamente dedite alla alimentazione e alla procreazione. Fanno parte di quelle specie che hanno imparato a vivere anche al di fuori del loro ambiente acqueo.

Paul Donald MacLean (un neuroscienziato degli Stati Uniti vissuto fino al 2007) ha descritto lo sviluppo del cervello umano, immaginando la sovrapposizione di tre cervelli: il primitivo rettiliano viene sovrastato dal cervello dei mammiferi inferiori e quindi da quello dei mammiferi superiori, al di sopra dei quali si pone il cervello dell'uomo. Una teoria scientifica del *cervello trino*, che risale al 1962. Anche per queste ragioni, si rimane esterrefatti nel vedere dei coccodrilli in una condizione non solo di non aggressività, ma di vera compagnia con l'uomo. Immagini che si accostano ai casi in cui, invece, un bagnante nell'oceano perde un arto tra la dentatura di un coccodrillo. Si dovrebbero richiamare anche i risultati incredibili di ammaestramento, anzi di insegnamento. A tale proposito si dovrebbe parlare della danza dei ragni. Affascinati da questo teatro e senza le preoccupazioni della metodologia di analisi scientifica, si è portati a immaginare un regno animale, sistemato sul nostro pianeta con la scomparsa della aggressività. Questo termine è specifico proprio per indicare la *predazione* tra specie e viene distinto dalla *violenza* che invece riguarda la lotta che l'uomo esprime nei confronti di un altro uomo: *homo homini lupus*. Il rimando è a un Eden non perduto, ma potenzialmente ancora situato nella natura e condizionato dalla soluzione degli imperativi della sopravvivenza.

È possibile disegnare una pace tra le specie viventi e naturalmente, quella tra l'uomo e gli altri esseri viventi. Se tutto questo può essere posto tra le utopie, non è certo utopico il dato a sostegno di come non solo l'uomo, ma anche gli altri viventi, potrebbero modificare un comportamento definito istintivo, meccanicistico, e di conseguenza immodificabile. Si tratta di uno spunto per poter credere che l'aggressività e la violenza siano condizioni storiche, e non è pura fiction pensare a una fase in cui l'aggressività non c'era, e persino illudersi che sarebbe ancora possibile ritrovarla.

17. La prima parola di un vocabolario della civiltà è «fragilità». Da qualche decennio, ha trovato una nuova importanza nella nostra lingua e ha acquisito il significato di descrivere la condizione umana. Per questo, va nettamente distinta da «debolezza» che, avendo come opposto la forza, si colloca tra i difetti, perlomeno tra i sintomi che limitano l'uomo e che la medicina cerca di togliere.

La fragilità non è un sintomo e si presenta semmai con caratteristiche diverse, legate alle fasi del ciclo esistenziale. Il bambino ha una fragilità che differisce da quella dell'adolescente oppure dalla fragilità dei vecchi. In questa condizione, va declinata in modo diverso anche a seconda del genere, maschile o femminile. Alla stessa maniera per cui non è descritta come negativa, non può nemmeno essere esaltata come un bene. Si tratta semplicemente della condizione umana, e pertanto non si dà uomo che non sia, in quanto umano, fragile.

L'esempio, per sottolineare questa caratteristica, mi porta ai vetri di Murano che rendono possibile soffiare il vetro al massimo grado, ottenendo così uno spessore sottile, adatto a assumere le meravigliose forme dei grandi lampadari della Venezia settecentesca o i vasi che, toccati dalla luce, danno riflessi e colorazioni sorprendenti. Sempre per parlare di vetro, si può ricordare quello di Boemia che ha uno spessore consistente, con cui si fanno oggetti che sembrano durare in eterno, tanto sono pesanti e stabili. Il vetro di Murano, capace di dare gli effetti della leggerezza, è delicatissimo e va facilmente in mille frantumi. Ciò significa che questo limite è intrinseco alla bellezza di quel vetro soffiato in un modo che permette di raggiungere effetti straordinari. Sono oggetti fragili, serve attenzione sia nel toccarli che nel trasportarli.

È questa l'immagine della fragilità umana che si caratterizza per i limiti che richiedono di aver bisogno dell'altro, di un'altra fragilità che nell'insieme dà sicurezza e persino gioia. E prevede che più fragilità insieme trasmettano la capacità di dare e ricevere aiuto. L'io ha bisogno del *noi*. Nel noi, si rende possibile separare e individuare l'io, come risultato di un'analisi, non come il rilievo di una realtà. La condizione umana è fondata su limiti, che generano amore (etimologicamente secondo alcuni «mancanza di morte»), e solidarietà (che contiene la radice «solido»). Un altro paradosso, promosso dall'insieme di più fragilità.

18. Dio e le Chiese sono due paradigmi delle religioni del passato e anche di quelle che hanno fondazione recente. Nessuno può mettere in dubbio che Dio, considerato come una realtà o una immaginazione dell'uomo, sia *uno e uno solo*. Le Chiese sono numerosissime. In Inghilterra negli anni Settanta del Novecento esistevano duecento luoghi, uno diverso dall'altro, ma tutti erano frequentati come luoghi di Dio. Il più colonialista dei Paesi europei aveva permesso libertà di religione e accettato ogni Chiesa, costruita in nome e per la devozione a Dio. L'Inghilterra doveva tener conto della Chiesa d'Inghilterra, sorta con Enrico VIII che, separandosi dal Papa di Roma, si nominò *pontifex* di quella di Inghilterra: il dato storico forse più espressivo, per rendersi conto della grande differenza tra Dio e le Chiese di Dio.

Non vi è dubbio alcuno che, sia pure in nome e talora su mandato di Dio, le Chiese siano una creazione, un'invenzione dell'uomo. La Chiesa cattolica, frequentata da oltre un miliardo di persone, è stata costruita dai primi cristiani e in particolare da Paolo di Tarso e da Pietro, quest'ultimo uno degli apostoli. La Chiesa islamica trova la sua fondazione nel profeta Maometto e con i suoi adepti ne ha superato sia pure di poco il numero.

Il termine «Chiesa», in questa riflessione si riferisce alla comunità dei fedeli e va nettamente distinto dallo stesso termine, quando si intende come luogo, con caratteristiche architettoniche e una precisa liturgia comportamentale. In questo caso, il tempio costituisce il riferimento pratico, in cui si può incontrare Dio e intrattenersi con lui, insieme agli altri fedeli. E che corrisponda a un bisogno dell'uomo, è dimostrato dalla numerosità dei templi e dalla loro frequentazione. Se Dio non può, per un principio di civiltà, avere identità separate, non vi è dubbio che i luoghi dove i fedeli si radunano, le abbiano.

I templi del cristianesimo sono spesso di una bellezza che attrae come piccoli musei, testimoniano la fede vissuta ma anche il potere che le Chiese hanno esercitato nel mondo. Se si guarda al *pontifex maximus*, si ha l'impressione di transitare da una monarchia a un'altra, seguendo una vera gerarchia di potere che si declina in nome di Dio e giunge ad attribuire al pontefice il potere stesso di Dio. Quando il Papa di Roma parla *ex cathedra*, è come fosse Dio a parlare, e l'unica possibilità per accettare questa identificazione onnipotente è che sia Dio a suggerirne le affermazioni, con una tale forza da non poterle contraddire: significherebbe andare contro Dio stesso.

Questa relazione di identità, un vero doppio tra capo della Chiesa e Dio, esisteva prima dell'esempio di Roma. Mosè porta al suo popolo le Tavole della legge, gli imperativi dell'esistenza, ricevute da Jahvè sul Monte Sinai. Per sostenere questo straordinario evento, si è giunti ad affermare che Dio ha dettato in ebraico i dieci comandamenti che gli ebrei devono seguire. Analoghi esempi si trovano nelle moschee. Ma anche negli imperi degli uomini: nell'antico Egitto, il faraone era ritenuto discendente diretto (nel senso della paternità) da Dio. Si potrebbe definirlo un Dio sulla terra, dotato persino di immortalità. Le grandi piramidi sono le residenze in cui continuava a vivere il faraone, anche dopo una morte apparente.

Ancora oggi, sia pure con minore enfasi rispetto al passato, si ritiene che l'imperatore del Giappone abbia una discendenza divina. Ed è certamente improbabile che gli incontri tra Dio e l'imperatore non si svolgano in una lingua (con una struttura completamente diversa dall'ebraico), in quanto i caratteri, i *kanji*, sono degli ideogrammi che contemporaneamente esprimono una cosa e un'idea. Se le lettere dell'alfabeto ebraico sono ventidue, gli ideogrammi sono cinquantamila, quelli recentemente usati (valutazione del 2010) sono stati limitati a 2136.

Il riferimento alla lingua è lo spunto per indicare il procedimento che porta le Chiese a differenziare il proprio Dio da quello delle altre. Ci troviamo di fronte a Dio, nel cui nome si creano le Chiese, e continuando il percorso, altre Chiese smembrano Dio, contraddicendo il concetto indiscutibile di un solo Dio. La storia ha mostrato che le Chiese, come istituzioni gerarchiche con a capo un uomo, interprete di Dio e potendolo talora sostituire, sono diventate nemiche e difendendo il potere, hanno provocato il più grande scandalo sul piano dei principi: creare un politeismo, in cui gli dèi combattono l'uno contro l'altro. I tentativi di unità delle Chiese rappresentano illusioni, poiché sono guidate dagli uomini, che dovrebbero rinunciare al potere, che fondano proprio su Dio. Se lo si immaginasse realizzabile, per la stessa ragione diventerebbe possibile che il mondo fosse amministrato da un solo uomo. La grande difficoltà che subito si coglie in questo dualismo tra Dio e Chiese in nome di Dio è che sia la divinità, sia i templi, esprimono due bisogni dell'esistenza umana: da una parte la ragione richiede un Dio unico, mentre la paura, la frustrazione, il dolore hanno bisogno delle Chiese.

19. Negli anni Ottanta del Novecento è nata l'idea di dare vita ai *monasteri dei non credenti*. L'idea si lega al tema dell'esistenza di Dio e alla contrapposizione tra credenti e atei: i primi credono in Dio; i secondi, come deriva anche dalla loro definizione, ne negano l'esistenza. Ateo significa infatti «senza dio» (dal greco *alfa* privativo e *teòs*). Il tema nel cristianesimo era complicato dai teologi che, sul pensiero di Tommaso d'Aquino, ritenevano importante dimostrare razionalmente l'esistenza di Dio. Una concezione inaspettata, se si tiene conto che per gran parte del Medioevo la fede era considerata un dono di Dio, un sentimento, e non aveva un fondamento nella razionalità.

San Tommaso, un monaco domenicano che vive tra il 1225 e il 1274, è il principale esponente della Scolastica ed è venerato come un santo, con l'aggiunta di *doctor angelicus* dal 1567. Se si può attraverso la ragione dimostrare Dio, nasce la corrente opposta che razionalmente lo nega. E si scatena una contrapposizione che è di natura filosofica e riporta ai criteri aristotelici. Fino a san Tommaso, il credere è un dono che proviene da Dio, il quale ha una relazione con ogni singolo uomo. Con Tommaso crolla il principio secondo cui l'etica è divina, già presente nella tradizione ebraica, in cui è Dio che consegna le regole etiche nei Comandamenti, come imperativi comportamentali.

Riportando questa tematica alla fine del Novecento, cercando una maniera per interrompere una lotta di pensiero insolubile, si è giunti a introdurre una distinzione tra *credenti* come coloro che hanno incontrato Dio, *atei* che ne negano la possibilità, e *non credenti* che, pur non avendo incontrato Dio, ritengono possibile che esista e qualora ne avessero esperienza, da non credenti passerebbero a credere. Che questo possa accadere lo sostengono molti esempi. Il primo è quello di Paolo di Tarso, che combatte i cristiani, considerati oppositori degli dèi romani, e sulla via di Damasco sente dall'alto, proprio mentre andava a chiedere il permesso di ucciderli, una voce che gli chiede: «Perché mi perseguiti?». In questa esperienza Paolo scopre Dio e cambia completamente la sua vita, da persecutore di Cristo ne diventa il difensore e sarà lui a contribuire a creare la Chiesa di Roma.

Tutte le agiografie raccontano come uomini che hanno sperimentato Dio, si siano a lui dedicati fino alla santità. Per citare un altro esempio, Alessandro Manzoni, non credente, entra casualmente nella chiesa di San Rocco a Parigi e ne esce, esprimendo una visione del mondo al cui interno c'è Dio. La sua opera letteraria ne sarà permeata.

Nella distinzione tra credenti, non credenti, atei, è chiaro che il non credente ha grande rispetto per i fedeli di Dio, non condivide la posizione degli atei ed è invece alla ricerca di quella particolare situazione in cui si viene trasformati dalla relazione con Dio. Che si tratti di un dono, è efficacemente raccontato dalla pericope delle «vergini stolte»: Dio viene, ma avendo consumato l'olio delle lampade, al buio non lo possono riconoscere. Il non credente crede possibile l'incontro con Dio, è vigile e in un atteggiamento di attesa. E allora, perché non creare un monastero dei non credenti, un luogo di solitudine, una cella, nei momenti in cui questa possibile metamorfosi venga avvertita particolarmente. Si entra in monastero per qualche giorno, per rimanere in meditazione. Non è il monastero in cui ogni momento è speso nel legame con Dio, ma un luogo del distacco temporaneo dal mondo, dove aspettare e forse incontrare Dio.

Nel tempo presente, in cui spesso le chiese sono chiuse, i monasteri vuoti, e sembrano dominare la paura, il disagio, lo smarrimento inquieto, sarebbe utile riprendere quell'idea degli anni Ottanta del Novecento e destinare i monasteri abbandonati a *luoghi per i non credenti.*

20. Descrivendo il mondo, risalta sempre la percezione che si muova, che muti continuamente. Le stesse stagioni ne sono un esempio forte, ma basta guardare il cielo per comprendere che è l'universo intero a muoversi nello spazio illimitato. E nelle società, si nota un altro tipo di movimento, favorito dalle tecnologie; persino le relazioni hanno una storia talora tumultuosa, che ne indica il mutamento, addirittura il consumo.

La percezione non cambia, quando volgiamo l'attenzione a noi stessi e tentiamo di definire il nostro stato d'animo, per stabilire il come e il perché in quel momento siamo tristi e non invece contenti. Una parte del nostro cervello sappiamo che è mutevole, non appartiene a quei viventi guidati esclusivamente dagli istinti com'è il caso di molti insetti che, almeno all'osservazione esterna, richiamano le macchine funzionanti sempre allo stesso modo che, per non muoversi, contemplano solo di rompersi. Diventa facile affermare che la persona è un continuo mutare, riporta ad aforismi come quello che definisce l'uomo una «canna sbattuta dal vento», o viene in mente Eraclito il grande filosofo dei presocratici, nato a Efeso nel VI secolo prima dell'era cristiana, con il *panta rei* (nel significato di «tutto scorre, tutto si muove»). A lui è attribuito anche il frammento «uno è per me diecimila», è il filosofo del divenire, in contrapposizione a Parmenide che, nello stesso periodo storico, sosteneva che l'essere è immobile, incorruttibile.

La percezione di come siamo in un momento particolare è di grande utilità, poiché l'*umore* (di Ippocrate) è una condizione che incide fortemente nel nostro comportamento, nelle azioni del singolo ma soprattutto nei coinvolgimenti sociali. E anche se è difficile definire e dare un senso al mutevole, rimane utile essere attenti a ciò che sembra caratterizzare un momento particolare. È più utile percepirlo, rispetto al voler sempre trovare la risposta al *perché* o *che cosa* possa aver indotto quel nervosismo, quella inquietudine.

Anche la terminologia, che cerchi di usare le parole più adatte, è imprecisa o così appare in quella specifica situazione. L'esistenza sfugge alle formule matematiche e persino al comportamento delle molecole o dei sistemi biologici, di cui siamo costituiti. Se solo si pensa al cervello come a una rete di ottanta miliardi di cellule interconnesse, abbiamo l'immagine di tale complessità, che pone una vera sfida alla scienza di poter andare oltre a pure *congetture*, che mescolano l'immaginazione ai dati positivi rilevati con particolare cura. Ciò nonostante, diventa fondamentale cercar di monitorare questo indefinibile, vincendo il proposito di una impossibile precisione. Dei tanti termini creati in questo ambito dalla psicologia, di particolare utilità risultano i termini di «gratificazione» e dell'opposto «frustrazione», che hanno la capacità di esprimere un'azione e persino un movimento. Il gratificare implica la relazione: essere grati implica riconoscere ciò che l'altro ha promosso o compiuto. L'altro termine, «frustrazione», che ne è l'antinomia, riporta invece a un dissenso, descrive un *noi* come nemici o comunque ipotizza che, qualcuno tratti, ingiustamente, male l'altro. Questo paradigma si collega poi a un sistema più biologico che psicologico, quello del *piacere* o del *dolore*. Un'alternativa che, riferita alla corporeità, è impiantata nella vita animale attraverso i sensi, che fanno da sensori di una macchina per cui un tipo di evento genera dolore, un altro tipo piacere. Così funziona anche nella gratificazione o frustrazione, in cui i sensori emergono dalle funzioni della psiche. La gratificazione è un segnale di benessere, mentre la frustrazione indica l'opposto; si possono considerare una «misura», ma non la definizione di uno status. E utilizzare il binomio gratificazione-frustrazione porta anche a conoscersi un poco meglio sull'invito della massima socratica.

21. Considerare la musica come una modalità per passare il tempo o un divertimento che promuove il piacere dei sensi e in particolare dell'udito, è una riduzione errata, anche se sono le principali motivazioni che ne promuovono l'ascolto e la produzione. La musica vocale ha accompagnato, e forse preceduto, lo sviluppo del linguaggio parlato. Intonazioni vocali che già appartenevano all'espressione musicale. Ma è forse necessario partire dalla lallazione del bambino, ricordare poi le voci bianche, che permettono l'emissione di suoni con timbro e armoniche che attribuiscono al canto un significato sacro. Vi si aggiunge la musica strumentale, a partire dalla semplicità di un tubo che si ricava dal bambù e, via via, si è arricchito fino ai violini della liuteria di Stradivari.

Si dovrebbe considerare la musica come una modalità complementare al linguaggio verbale, che esprime idee e si riferisce alla sezione del cervello che produce pensiero, mentre la musica si riferisce all'altra sezione, quella dell'affettività, che raccoglie emozioni e sentimenti. Non vi è dubbio che la razionalità è fortemente inadatta a esprimere questa funzione, mentre la parola è necessaria a comunicare il pensiero. Ognuno di questi due settori ha un proprio linguaggio. D'altro canto, è impossibile spiegare i teoremi matematici, usando il pianoforte. Né spinge a provarci la convinzione, sostenuta fin dall'antichità, che la musica sia riducibile ai numeri, sia pure caricati del mistero che vi attribuivano i pitagorici.

Viene da pensare che nel nostro Paese, in un tempo come quello presente in cui la musica è poco usata (e risulta già dal confronto con il passato), la mente umana si trovi amputata nella possibilità di esprimere le proprie dinamiche, valendosi della traduzione in musica.

Oltre alle differenze già accennate nelle varie espressioni musicali, in rapporto agli strumenti che possono venire raggruppati in vere orchestre, si devono anche considerare i diversi stili compositivi e osservare come si siano susseguiti nella storia e si rinnovino anche nel presente. Solo per esemplificare, un grande peso l'ha avuto la musica jazz, che si caratterizza per l'origine degli autori di cultura africana. C'è la musica techno, centrata soprattutto sugli strumenti a percussione e combinata con voci che spingono, al limite delle possibilità, l'emissione dei suoni. È probabile che un tipo di musica sia più idonea a esprimere i sentimenti, un altro a liberare le emozioni. A questo proposito, è sufficiente considerare da una parte i *Notturni* di Chopin, dall'altra la musica rap che appare idonea a liberare la protesta e, sempre per esemplificare, attribuire al jazz una grande capacità di esprimere il dolore.

Già da questi accenni, ci si rende conto che la musica permette distinzioni comunicative fondamentali. Esiste la musica sacra, che non va intesa nel significato religioso, ma come modalità per esprimere musicalmente il mistero e rivolgersi a Dio con i suoni e non con le parole. È esperienza comune, pur considerando la musica come un insieme, rendersi conto che un brano musicale può cambiare la condizione mentale di un momento della propria esistenza. La tristezza può trasformarsi mentre si ascolta una musica, e allo stesso tempo ci si può accorgere che promuove gioia. Un rilievo che già dovrebbe sostenere l'importanza del linguaggio musicale per l'equilibrio di una personalità, osservando come le parole possano trasmettere insicurezza e persino paura, mentre nella musica si possono trovare soluzioni all'una o all'altra.

Nel campo delle psicologie la psicoanalisi ha introdotto l'importanza della parola come strumento terapeutico e si è dimostrato come sia in grado di modificare strutture biologiche, alla stessa maniera in cui una molecola può diventare psicofarmaco e sedare una condizione ansiosa. La relazione psicoanalitica è una vera tessitura che si costituisce tra le parole del paziente e quelle del terapeuta. Ci si concentra talora sulla parola non detta che, quando trova espressione, genera un cambiamento psichico. Se si accetta l'inconscio come deposito o promotore di spinte comportamentali, diventa chiaro come molte letture della metodologia psicoanalitica riportino alla linguistica. L'efficacia di questo procedimento non si è esteso, *mutatis mutandis*, al linguaggio musicale, che è in grado di attivare cambiamenti emotivi e affettivi.

Nella tradizione del cristianesimo, con differenze legate anche alla distribuzione geografica oltre che a interpretazioni molto diverse di contenuto, il canto e la musica hanno accompagnato la liturgia, la ritualità religiosa. E la Messa che ha il suo fondamento nella eucarestia, come il continuarsi nel tempo della morte e resurrezione del Cristo, da sempre è fatta di parole, come quelle che trasformano il pane e il vino nel *corpo e nel sangue del Redentore*, e trova l'accompagnamento nella musica.

Johann Sebastian Bach è un compositore sacro, Wolfgang Amadeus Mozart ha musicato diciotto Messe, Beethoven due. Ma al di là dei grandi nomi, si deve ricordare una vera istituzione come quella del maestro di cappella che, nelle corti monarchiche importanti ma anche all'interno della gerarchia ecclesiastica, aveva il compito di creare musica per le celebrazioni liturgiche, innovando continuamente la ricchezza espressiva delle festività.

È difficile raccontare la liturgia senza parlare di musica ed è un *topos* così forte d'aver immaginato cori angelici e canti di beati, per esprimere la gioia di trovarsi nei cieli per l'eterno. Dante descrive una musica celeste che esce dagli oggetti che brillano nel cielo.

Questi brevi appunti musicali dovrebbero servire a promuovere il linguaggio vocale e strumentale, e darvi un compito strutturato nella vita di ciascuno e in quella della comunità. Si perderebbe così il dominio della parola, che finisce per essere un contaminante del quotidiano, fino al rischio di parole che diventano vuote, e quando si ascoltano, prendono un significato diverso da quello con cui sono state usate. La musica, come linguaggio complementare, potrebbe incidere sulla condizione affettiva, che oggi è al centro dell'insoddisfazione Se il legame tra parola e spiegazione è un dato indiscusso, il senso della musica va considerato come *linguaggio degli affetti*. Diminuirebbe, forse, l'insensatezza di voler chiarire i sentimenti con il vocabolario, e magari si prenderebbe una canna di bambù per soffiarvi dentro le proprie emozioni.

22. Le ideologie sono morte. È questa una recente sentenza che si fonda sul confronto con i secoli passati in cui, a dominare, sono state proprio le ideologie. Persino la politica, che delle ideologie è stata la fonte – basti pensare al comunismo marxista o all'idealismo crociano –, oggi è ridotta a un empirismo tra partiti che non si costituiscono più su un progetto innovativo, ma sulla continua contrapposizione. Ciò significa che, se uno dice *a*, l'altro sosterrà *b*, un terzo *c*.

È l'Ottocento il secolo delle grandi ideologie, ma la vera nascita va collocata alla fine del lungo periodo medievale, che si è caratterizzato per il dominio di una ideologia, che non doveva scontrarsi con altre: il *teocentrismo*. Esprimeva la visione di un uomo e di una intera società che dovevano agire sapendo che il proprio senso era unicamente legato a Dio. Con la fine di questa lunga epoca storica, si inserisce l'*umanesimo*, che al teocentrismo, oppone la centralità dell'uomo, a cui spetta dare il significato alla propria vita e persino al mondo, a cui appartiene. Da questo momento, nella società del nostro Paese, si parla di Rinascimento per indicare come l'ideologia dell'uomo creativo sia di tale potenza da dare origine alle arti, di cui la pittura diventa quella più realizzata. Se fino ad allora i templi erano nudi per concentrarsi sull'invisibile, ora si riempiono di tele che esprimono, accanto e prima del senso religioso, la grande capacità dell'artista che firma le proprie opere. È il segno che si tratta dell'uomo e delle sue grandi capacità creative a compierle, senza mediatori e ispiratori. Due posizioni che non sono co-presenti, ma si succedono nel tempo; rappresentano più delle *visioni del mondo* (delle *Weltanschauungen*), mentre le ideologie finiscono per essere dei programmi legati al tempo, senza l'impronta di una visione al di sopra della storia.

Nell'Ottocento, si giunge alla lotta o quantomeno, a contrapposizioni, che devono confrontarsi trovando dei compromessi sia nel campo del potere di governo, sia all'interno della dimensione economica. Si inventa il termine «dialettica», per indicare un modo di pensare che giunge, sia pure per opposti, all'accordo. La dialettica hegeliana trapassa nel marxismo, che la propone come una via per la gestione degli opposti. Il confronto è certamente con i Dialoghi platonici, che si svolgono non partendo dal conflitto ma dal dubbio, ed è il maestro a scioglierlo, proponendo una conclusione che rappresenti per tutti la risposta. Nell'Ottocento la filosofia hegeliana pone, invece, nella *dialettica* la possibilità di giungere a una sintesi degli opposti, che pertanto non vengono abbattuti o sovrastati e costituisce un sistema di pensiero come tentativo di impedire la guerra tra ideologie.

Nel Novecento, le ideologie diventano settoriali e vengono annacquate per farle accettare, a prezzo di una qualche modifica. Le si trasforma in comportamenti «da bottega» e, attraverso una fase nichilista, si giunge all'empirismo. Non solo muoiono le ideologie, ma non si parla più di idee, solo di problemi pratici. Secondo questa tendenza tutto viene frammentato, come se non vi fosse nulla al di là dell'*hic et nunc*, e qui fossero situati i problemi. A poco a poco, l'uomo diventa un pragmatico, che sa cogliere al volo l'attimo fuggente, che poi diventa l'affare. La morte delle idee e l'empirismo hanno contribuito anche all'*agonia della civiltà*. L'empirismo ha fatto dimenticare i principi primi, che sono il vero fondamento per la vita umana. Ed è questa la condizione più drammatica, perché ha superato persino il nichilismo che ne aveva, almeno, consapevolezza.

23. Se l'*istinto* è un motore di azioni e di comportamenti biologici, il *desiderio* si può definire come spinta a compiere azioni e scelte che appartengono alla psiche. Si potrebbero chiamare comportamenti «liberi», purché, a questa espressione, si attribuisca un significato limitato. Certamente esistono desideri possibili e altri impossibili, in quelli impossibili rientra per l'uomo, il desiderio di volare come un uccello: Icaro ha cercato di farlo ed è precipitato.

Il legame tra desiderio e psiche è forse il connubio più espressivo dell'insieme di funzioni che emergono dal cervello e che risentono dei limiti di questa struttura. Risulta chiaro che la caratteristica dell'umano sta proprio nella percezione dei limiti e il desiderio, che si può anche definire come capacità dell'uomo di *immaginarsi domani, diverso da come si percepisce ed è oggi*, ha una straordinaria importanza esistenziale. Se si considerano le frustrazioni come fonte di dolore mentale, il desiderio si presenta subito come una prospettiva per vincerlo, qualsiasi sia la sua origine. Si crea così una catena di positività, poiché il desiderio è sostenuto a propria volta dalla speranza. Ecco il modo in cui l'essere reale si trasforma nell'essere secondo il desiderio. E ciò che è desiderato può giungere all'*ideale*, e disegnare di sé una immagine gratificante. Vi si lega la *progettualità* che aiuta a realizzare ciò che si desidera nel mondo, con un impegno che lo renda possibile e lo trasformi in realtà.

L'aspetto, già positivo, del desiderio è disegnare una *visione di sé e del mondo*, che cerca la soluzione, anche quando è solo immaginata. I desideri hanno bisogno della *dimensione del futuro*, riportano alla crescita, quando un bambino o un adolescente sono consapevoli del cambiamento in atto, ma è necessario saper attendere e agire in maniera progressiva. Si entra così in una cascata di termini, associati a «desiderio». Vi entra l'*attesa*, che non descrive affatto una fase passiva, ma l'attività della immaginazione che permette di «lavorare» sul futuro. Ecco perché il tempo diventa un grande sostegno, per far sì che ciò che oggi manca, sia possibile *averlo domani*, o per dare più importanza all'essere, per *essere domani quello che oggi ancora non sei, ma vorresti essere*. Si tratta di una dinamica fondamentale che l'uomo ha a disposizione grazie al raggiungimento evolutivo, che ha reso possibile la psiche. Si ottiene così l'immagine dell'uomo in movimento, nella espressione di Eraclito del *panta rei*, per cui non si può mai definire in senso assoluto la vita umana, che muta continuamente non solo per la biologia, ma soprattutto per il motore psichico del desiderio.

Parlando dell'uomo non è mai possibile dire: «Non c'è nulla da fare». Rappresenta un errore enorme, che ha il senso di non aver compreso l'*umano*, presente anche in chi si è reso responsabile di un male, di un'azione che, per le sue conseguenze, appariva esclusa dalla condizione umana. In ciascun uomo, c'è sempre un capitolo, che non è stato ancora scritto.

24. Non esiste comunità, situata nei più diversi e lontani luoghi della terra, in cui non si incontri l'uomo che prega. La preghiera, e non importa a chi si rivolga, è una costante della specie umana. Ed è possibile nell'antropologia, ipotizzare i periodi in cui ne è diventata una espressione. Era il segno più evidente della fragilità, che si volge all'altro per attivare un incontro, una relazione di aiuto. Etimologicamente, contiene la radice *prex*, nel significato di «voce», che riporta al richiamare l'attenzione di qualcosa che aiuti.

Fin dai tempi più antichi, la preghiera era accompagnata da una posizione delle braccia tese, per accogliere qualcuno che venisse in aiuto. Da una parte la voce chiama con insistenza, dall'altra l'atteggiamento corporeo è pronto ad abbracciare: un gesto in cui il proprio corpo sente di essere parte di un altro corpo: un'altra descrizione del bisogno di un *noi*.

La preghiera è associata abitualmente alle liturgie, che caratterizzano il legame dell'uomo con un trascendente e, comunque lo si definisca, si riferisce a un luogo che ha un potere superiore a quello dell'esperienza terrena concreta. Ne è un esempio il culto degli antenati che, con il viaggio (il funerale) salgono in alto, in un luogo che trascende la terra e per questo, acquisiscono un potere maggiore di quello che esprimevano nella vita. Il funerale è certamente il comportamento che vede la nascita della preghiera con cui si invita, gridando, il defunto a ritornare, e lo si attende con le braccia aperte. Nelle religioni, la preghiera è rivolta al cielo che, nella fantasia, è lo spazio in cui si trovano gli antenati, situati ora vicino agli dèi. È indubitabile che la preghiera si lega anche a questa terra, ed è possibile vederlo nel concreto quando un uomo si esprime con un silenzioso abbraccio verso un altro uomo, e avverte la commozione, le parole tacciono ma si liberano le emozioni, e ci si accorge di una metamorfosi, perché scompare la paura e si avverte il desiderio di dare, di fare: è questo il significato dell'amore. È ingiusto relegare la preghiera nell'ambito delle religioni, è un gesto che indica un bisogno degli affetti che, su questa terra, si esprimono attraverso il corpo. Manca, invece, nella trascendenza, verso cui si distinguono diversi tipi di preghiera: *rogatoria* per chiedere un aiuto specifico, una grazia; *acclamatoria* per esaltare la grandezza di una persona, ma in particolare di Dio, il più grande in assoluto; *corale* che si compie nei templi, nei monasteri, e infine *solitaria*, quella di ogni uomo.

Nelle memorie di Francesco d'Assisi, si narra che un giorno il frate fosse triste, perché non riusciva a pregare e dalla sua bocca usciva solo «ba ba ba», quasi si trattasse di un bambino. È forse una delle preghiere più vere e persino gradite, mentre si è finito per trasformarla, sia sulla terra, sia rivolgendola al cielo, in richiesta di aiuto per qualcosa di impellente, che preoccupa. Se si raggiunge un luogo noto, un santuario, si viene colpiti dai segni *per grazia ricevuta*. Rivolgendosi al Dio della cristianità che stabilisce un rapporto personale con ciascun uomo, bisogna credere che egli sappia tutto, che conosca il fedele più di quanto egli si conosca. La preghiera sta nel chiamarLo, non nella formulazione della richiesta, che è un'ammissione inconsapevole di essere sconosciuti e di dover esprimere con tutti i dettagli ciò che nella preghiera si chiede. La preghiera contiene la voce che chiama e le braccia che attendono; è il gesto, non il contenuto a rappresentarla. Ed è la stessa che usa la madre che aspetta il figlio, che non vede da tanto tempo, e ha solo bisogno di abbracciarlo. Così è per un figlio, che vuole ritornare per sentire la presenza fisica, corporea, del proprio padre.

La preghiera, come gesto e come voce che chiama, è una delle più belle immagini che l'uomo possa rappresentare nel difficile teatro dell'esistenza.

25. Domina l'abitudine di definire le persone con cui si viene a contatto, indipendentemente dal tempo di conoscenza. Ma il tempo, pur non essendo garanzia di una progressiva scoperta dell'altro, è certamente importante. Tra *definizione* e *giudizio*, anche se non sempre la separazione è netta, va fatta una differenza. Il giudizio ha di solito il riferimento a qualche caratteristica della personalità, mentre una definizione tende a includere aspetti diversi. Differente è ancora la *critica*, che è guidata più dal rilievo delle mancanze: i cosiddetti difetti. Questi semplici richiami sono a sostegno non solo della difficoltà, ma della impossibilità di conoscere l'altro.

Si potrebbero raccontare storie di legami lunghissimi, in cui ci si accorge di aver colto un aspetto che prima non si era evidenziato. Non è questa una percezione pessimistica, se si pensa a quanto sia difficile conoscere sé stessi seguendo la famosa massima socratica. Conoscere l'altro, riporta al tema della fisica quantistica in cui si è scoperto che già l'azione del misurare modifica la realtà che si vuole definire.

La visione dell'altro dipende anche dalle caratteristiche di chi esprime la valutazione: il rilievo infatti dipende dalla sensibilità, dall'intuizione, e persino dalle aspettative di trovare qualcosa che, magari, manca. È utile aggiungere il riferimento alla ricerca scientifica: lo scienziato che deve analizzare un «oggetto», una realtà deve esprimere una ipotesi che guidi l'attenzione e richiede elementi specifici e, solo a seguito di un esperimento, può giungere a ritenere quell'ipotesi corretta oppure errata. Qualsiasi sia la conclusione, non si può sostenere di conoscere quell'oggetto analizzato, poiché possiede una quantità di elementi costitutivi che l'ipotesi finisce per ignorare. E nel caso l'ipotesi non trovi sostegno, si formula un'altra ipotesi, ricercando un'altra proprietà di quell'oggetto.

Nel caso della conoscenza del quotidiano e di un «oggetto» così complicato come l'uomo, ogni valutazione finisce per non aver visto una gran parte di ciò che gli appartiene. Anche qui, si potrebbe parlare di ipotesi, nel senso che solitamente ci si accorge di ciò che si immaginava ci fosse. Nonostante queste e molte altre variabili che, nell'uomo, sono moltiplicate proprio dal cambiamento relativo alla struttura corporea, ma ancor più alla personalità che inserisce la dimensione psichica, la tendenza è quella del definire, del giudicare, di rigide affermazioni come: «Io lo conosco bene». E nasce una terminologia del giudizio: «normale» invece che «originale», «sincero» invece che «falso», «preparato» o «improvvisatore», «profondo» o «superficiale», «intelligente», «una volontà di ferro». Vi si aggiungono attributi che riguardano i sentimenti, come «amabile», «detestabile», «creativo» invece che «banale», «onesto» o «imbroglione». Tra tutti i termini che si potrebbero aggiungere, non si trova mai l'uso di una parola come «autentico», che appare cancellata dal vocabolario e che, pur nei limiti che ogni termine ha nel poter sintetizzare un uomo, è la meno incompleta e la più sostanziale. Un uomo autentico, una donna autentica. Se si guarda ai sinonimi, è possibile entrare ancor più nel segreto di questa parola: «autentico» richiama a «vero» e soprattutto a «genuino», un termine pieno di fascino perché contiene la radice *genio* e riporta alla creatività. L'autenticità, come condizione per la creatività, forse la dote più straordinaria dell'uomo rispetto a tutte le altre specie. Anche i contrari: «artefatto», «menzognero», «ipocrita», permettono di darvi forza. L'autenticità non è un principio primo della civiltà, ma va considerato come una delle derivazioni.

26. Esiste una profonda differenza tra l'*apocalisse* e la *fine di una civiltà*. Il primo termine è presente nel nostro tempo, in particolare dopo la Seconda guerra mondiale, da quando con la fissione nucleare si era giunti alla possibilità di creare armi con un potere distruttivo, inimmaginabile fino a quel momento. Una conoscenza che ha modificato uno degli assunti allora dominanti, e cioè che l'apocalisse fosse nelle mani di Dio e non in quelle dell'uomo.

Oggi è certo che gli Stati Uniti d'America, la Russia, la Cina, l'India (e vi si aggiungono altre piccole nazioni), posseggono un arsenale atomico e razzi vettori in grado di provocare la fine della vita sulla terra. È questo il significato del termine «apocalisse», dalla radice *apó* (particella negativa) e *kalypto* (nascondere, coprire, perdere). L'apocalisse del pianeta che si distingue dall'Apocalisse di Giovanni, riferita al mondo intero, in un evento per cui scompare tutto ciò che Dio ha creato.

Nel Genesi tutto incomincia dalla separazione delle acque di sopra da quelle di sotto, e dalla comparsa degli oggetti del firmamento. Per il momento, la dimensione dell'universo che risulta formato da cento miliardi di galassie, ognuna delle quali contiene centinaia di miliardi di oggetti (stelle, pianeti, buchi neri) è ancora nelle mani di Dio. La terra – così è previsto – scomparirà con tutti gli «oggetti» che contiene, compresi i viventi, fra due miliardi di anni quando il sole avrà consumato la propria energia e, spegnendosi, ridurrà la terra a una pietra, che si muoverà inutile nel cielo. Una previsione che non preoccupa più tanto, perché risulta più lontana rispetto all'apocalisse del nostro pianeta, prodotta dalle ogive atomiche. Ed è noto che i capi degli Stati che le possiedono, possono attivarle nel giro di 15 minuti.

Nessuno parla di *morte della nostra civiltà*. Una fine che dipende dal dimenticare i principi primi che ne sono a fondamento, e che appartengono proprio alla psiche, alle funzioni della comunicazione, all'apprendimento. La civiltà è legata alla evoluzione non biologica, ma della psiche. E vi vengono riconosciuti i *principi primi*, per vivere in pace, fino a negare significato alla lotta, alla guerra, e alle armi, incluse quelle dell'apocalisse del nostro pianeta. La lettura che è possibile fare sui disastri delle società attuali che giungono persino al limite di una guerra nucleare, rende evidente che i principi di civiltà non vengono applicati. Forse dimenticati, nascosti da leggi e da visioni che spostano l'attenzione e l'azione verso il successo, la ricchezza, il potere, un egocentrismo mai sazio. Si tratta di crisi e di anomalie, mentre esiste la via della civiltà e le direzioni che devono essere prese per la sua vitalità. È stato sostenuto che una civiltà in atto, che non viene comunicata, partecipata, e anzi è alterata e dimenticata, entra subito *in agonia* e finisce nel giro di una generazione. Si attiva un processo regressivo, che annulla, come non fosse mai esistito, ciò che invece ha rappresentato un percorso lungo per raggiungerla. È la fine per ignoranza e mai come in questo caso, ne emerge il significato. Il non sapere si traduce in un cancellare ciò che era prima a disposizione.

Nel momento presente non solo domina l'ignoranza, ma è premiata, poiché rappresenta una semplificazione, coinvolge anche l'etica, negando così che si può e si deve rispetto a ciò che è proibito, in quanto è di danno a sé stessi e alla propria comunità. Occorre preoccuparsi della fine di una civiltà che riporta alla barbarie, al dominio di chi è più forte e più stupido. L'immagine che se ne ottiene è quella delle città ricche di storia e di bellezza, in cui si muove l'uomo *incivile*, che non riesce nemmeno a comprendere lo splendore della basilica di San Marco a Venezia: una sintesi di culture diverse tra Oriente e Occidente. Ominidi che guardando la *Pietà* di Michelangelo a San Pietro, forse riconoscono che si tratta di una pietra con la specificità del colore bianco. Vien da pensare anche a via Montenapoleone a Milano o a via Condotti a Roma, vere esposizioni della grande moda raffinata, realizzata con tessuti e ricami. Ma saremo affascinati dall'indossare una pelle d'animale, con una clava in mano, per rompere le vetrine e dar fuoco a quegli oggetti di un passato senza senso.

La fine di una civiltà, a differenza dell'apocalisse, non elimina l'uomo, lo riporta semplicemente alla regressione: all'età della barbarie o a quella degli eroi. Non capiranno il dramma del tempo presente – e il paradosso è di averlo definito «tempo delle comunicazioni» – in cui non abbiamo saputo trasmettere il senso e la saggezza di quei principi primi, che costituiscono la struttura portante per una società.

27. «Empatia» deriva dal greco *empátheia*, l'insieme di due radici *en*, «dentro», e *pathos*, «dolore» ma anche «sentimento». Esprime pertanto la capacità di una persona di *mettersi nei panni* dell'altro, quindi di sentire ciò che prova. Si sottolinea così la differenza, quando una persona dà un'interpretazione del comportamento dell'altro, rispetto a quando passa al comprendere. Poiché sono molte le funzioni psichiche, l'entrare nella mente dell'altro può essere orientato dal pensiero e quindi dall'*intelligere*, oppure dagli affetti. Si tratta di una capacità che ha un risultato immediato e nella percezione a prima vista si distingue la simpatia dall'antipatia. Una condizione di disponibilità o al contrario di rifiuto a entrare nell'altro: in un caso è come si trovasse sintonia, nell'altro una difficoltà di condivisione. Da questi pur schematici riferimenti si evidenzia l'importanza che questo termine ha assunto nell'ambito della relazione: una situazione in cui la dimensione personale e anche sociale rende possibile i legami, che sono il fondamento stesso della gioia di stare con l'altro. Il termine oggi molto usato è passare dall'*io* al *noi*.

A dare ulteriore forza a questo bisogno, si è inserita una ricerca sul cervello che ha mostrato come, già nell'avvicinarsi, si attivano dei neuroni chiamati «specchio», come espressione biologica della *disposizione* all'incontro. E dall'incontro si passa al legame, che può attuarsi nel campo del pensiero o dell'affettività. Evidentemente si tratta di un sistema che ha una funzione di controllo, questa è l'interpretazione che si dà alla percezione di immediata simpatia, oppure a quella di freno. Un'anticipazione che può essere, peraltro, smentita nel tempo, sono frequenti le narrazioni di storie partite come antipatia e poi giunte persino a grandi amori. Ed è l'occasione per sottolineare come la psiche e le sue funzioni rappresentino uno strumento per favorire la vita, che significa l'adattamento sociale. La paura, che è una vera emozione, serve a prevedere pericoli e attivare le condizioni per superarli e difendersi. Nella maggior parte dei casi quella paura non anticipa nulla, e può anche tradursi in una previsione errata, ma coinvolge il corpo: vengono attivate le fibre muscolari, il battito cardiaco aumenta, talora compare la pelle d'oca.

L'empatia è psichica ma anch'essa ha dei freni inibitori, a indicare che persino le funzioni che facilitano l'adattamento hanno implicita la prudenza e, nella funzione di spinta oppure di freno a mettersi nei panni dell'altro, si è ipotizzato che abbia il proprio controllo nelle *memorie*, in particolare in quella delle immagini. Memorie che costituiscono un sistema per rendere *possibile* l'esistenza, in quanto l'esperienza (che è azione) si deposita e costruisce un vero archivio degli accadimenti, con un congegno che è straordinario perché la memoria dei fatti accaduti è collegata con la memoria del significato affettivo, che ha accompagnato quell'evento.

È facile osservare come nel primo incontro tra due persone, lo sguardo sia reciprocamente puntato sul viso, la parte del corpo che possiede una serie di segni che definiamo «mimici» che comunicano, anche inconsapevolmente, talora la sorpresa, talaltra la paura, talvolta un sorriso, che dà un particolare significato allo sguardo. Diventa così lo specchio in cui «leggere» la voglia di entrare in relazione oppure quella di allontanarsi. Ed è un vero peccato che la specie umana abbia affidato il potere della comunicazione soprattutto alla parola. Tra i primati, la mimica è invece il vero linguaggio. Solo per darne un esempio, noi abbiamo trasformato il significato del sorriso attribuendovi interpretazioni ben lontane da quelle che invece si considerano tra i primati, per i quali il sorriso che mostra i denti è un avviso di essere pronti non solo a difendersi, ma anche ad attaccare. Uno dei primi suggerimenti per chi deve incontrare uno scimpanzé o un bonobo, è proprio di non sorridere, poiché il messaggio che si invia è di aggressività. In ogni caso, rimane anche nell'uomo la tendenza a porre lo sguardo sul viso poiché era così che, ancestralmente, si percepivano i segnali di simpatia o antipatia. In base a tali considerazioni si è fatta l'ipotesi che nella memoria delle immagini si costituisca una sezione in cui vengono fissati i volti connessi alle memorie dei vissuti, sia quando si è ottenuta gratificazione, sia frustrazione. La dimensione di somiglianza, di un *déjà vu*, attiva l'effetto emotivo che ha generato e che viene ricordato. Se il viso che ho di fronte mi riporta a una esperienza passata negativa, tenderò a evitarla; nel caso quel volto si leghi a esperienze passate di gioia, cercherò di avvicinarmi con l'attesa di qualcosa di positivo. Questo non evita gli errori, in quanto la somiglianza non garantisce il riconoscimento preciso, ed è consigliabile tener conto della risposta immediata, ma senza decisioni che possano provocare all'altro di sentirsi rifiutato. Non ci si deve vergognare della risposta di simpatia o antipatia, ma non deve giungere a un rifiuto. Per capirne la portata basta immaginare un professore di matematica che entrando in aula il primo giorno, guardando in volto gli alunni, possa avvertire la tendenza di accettarne alcuni e rifiutarne qualche altro.

Nel tempo presente la parola «bellezza» ha assunto una dimensione sconvolgente, poiché tende a porre in secondo piano e persino a sopprimere dalla propria attenzione tutti quelli che non rientrano in canoni precisi, che definiscono le misure e le forme non solo del viso, ma dell'intero corpo. Un criterio che potrebbe portare pregiudizi verso interi gruppi che posseggono caratteristiche del corpo, come il colore della pelle, che non rientrano nel mercato della bellezza.

28. «Umano» viene spesso usato come termine di confronto, in contrapposizione a «divino». Se il primo può essere riempito di

connotazioni e caratteristiche, ma rimane sempre aperto a visioni diverse, il secondo appare enormemente più enigmatico, poiché diventa parte di un immaginario che manca della conoscenza diretta. Anche per i casi in cui, come nel monachesimo, il monaco afferma di vivere quotidianamente l'esperienza di Dio. In tale condizione va sempre considerato il vissuto, che non può mai assurgere alla conoscenza di un esistente, che risponda alla sensorialità e alla fisicità, caratteristiche entrambe dell'uomo.

Per definire l'*umano* e l'*umanesimo*, e in questa espressione entra il plurale con una estensione che giunge all'insieme di tutti gli uomini, si attribuiscono un insieme di caratteristiche. Nel confronto tra uomo e Dio, tra umano e divino, si tende a usare la categoria degli opposti: quelle umane vengono negate alla dimensione divina, persino usando la contrapposizione, nel tentativo di configurare Dio che è Uno, e per definizione Uno soltanto. La connotazione, più resistente nella rappresentazione del divino, è l'immortalità che si contrappone al limite proprio dell'uomo e dello stesso universo che, e lo si afferma anche scientificamente, finirà.

Il criterio tra uomo e Dio si è posto in maniera traslata con la figura di Cristo e in senso di opposizione negativa si è usato Satana come anti-Cristo. Se ci si sofferma sulla religione cristiana, dunque su Cristo che ne diventa la radice, non si può dimenticare che, come riportano i Vangeli che ne raccontano la storia, è stato «vero Uomo e vero Dio». Già questo contesto non solo rende difficile la contrapposizione, ma riporta semmai alla somiglianza. E a questo proposito, anche nel Genesi biblico, quando viene narrata la creazione dell'uomo, Dio stesso fa osservare che l'uomo è stato creato *a Sua immagine*. In aggiunta, una sconfinata iconografia artistica con significato sacro, rappresenta Dio con caratteristiche umane, solitamente come un vecchio con capelli e barba bianchi.

L'umano si distingue nettamente dal divino, ma occorre ammettere l'esistenza di un legame tra uomo e Dio, quindi tra umano e divino. Non tanto per la struttura fisica e materiale, che è destinata a morte e non certo con l'eterno, ma per sostenere che l'insieme è *compatibile* con una relazione. Risulta che da una parte con la preghiera l'uomo parli con Dio, ma anche che Dio si intrattenga con l'uomo in modo diretto. Lo si racconta nell'evento che vede Dio dare le Tavole della legge a Mosè. Il misticismo esprime come centrale l'incontro con Dio e l'idea fondamentale della religione cristiana è che Dio comunichi direttamente, non con un popolo (come nell'ebraismo), ma con ciascun individuo. Sono richiami molto semplici, da cui si rileva il senso profondo di questo insieme, del legame uomo-Dio e, in senso generale, tra la natura umana e quella divina. Forse la rappresentazione più significativa di questo insieme si mostra nella Cappella Sistina nel particolare in cui si vede Dio sulla nuvola e l'uomo sulla terra, uno di fronte all'altro, allungare il braccio fino a portare le mani a poca distanza una dall'altra. Appare come la rappresentazione pittorica dell'espressione scritta *umano-divino*, dove il trattino indica lo spazio tra le due mani. E questa immagine non è solo parte della bellezza dell'arte raggiunta da Michelangelo, ma rinvia a uno dei temi più affascinanti, che sta proprio nell'incontro tra umano e divino. Le dita non si toccano ancora, ma si riesce, però, a immaginare, persino, che un braccio di Dio o dell'uomo si spostino un poco, in modo che le due mani si aggancino ed esprimano così l'unione realizzata dell'uomo con Dio. Un tema che è già appartenuto al pensiero filosofico, quando si cercava una soluzione sull'anima, che proveniva da Dio e a cui si attribuivano le funzioni che, oggi sappiamo, emergono dal cervello umano.

La filosofia si chiedeva come potesse avvenire il contatto tra *res cogitans* (l'anima) e *res extensa* (il corpo). Cartesio ammetteva che queste due differenti nature (*physis* e *psyche*) si unissero nell'epifisi, una ghiandola che è posta alla base del cervello, con la funzione di congiungere realtà differenti. Prima ancora della filosofia, il tema aveva avuto una dimensione narrativa: nel Genesi, viene risolta attraverso il «soffio di Dio» sulla creta che ha preso la forma dell'uomo, venendo così unita a *pneuma* (lo spirito) che non si vede e che, in quel caso, non solo dona la vita, ma in modo specifico quella umana. Nel generare le altre specie animali, questo gesto non accade, a indicare la specificità dell'uomo e la sua natura distinta dagli altri animali.

Al di là dei sistemi teologici, dei pensieri filosofici e anche delle attuali conoscenze scientifiche sul cervello, è sicuramente affascinante anche per l'uomo di oggi immaginare quelle due mani che si incontrano, a dimostrare che l'uomo ha bisogno di Dio, ma ipotizzando che anche Dio abbia bisogno dell'uomo. Forse il termine «bisogno» è troppo umano, è indubbio però che la psiche, che ammettiamo derivi per evoluzione, è la dimensione che distingue l'uomo dal resto del creato. E se il termine «evoluzione» fosse l'aggiornamento della conoscenza sulla creazione, si deve ammettere che nell'uomo vi è una *finalità* che lo rende l'unico animale della terra ad avere consapevolezza di Dio. È in questa interpretazione che la grandezza dell'uomo si disegna, non nel senso della perfezione, ma come cognizione di aver bisogno di un Dio, per dare senso alla propria esistenza. L'uomo ha un tale significato da poter relazionarsi con Dio, e non importa, se l'uomo nasce dal Big Bang. Ciò non cancella la finalità, fino ad ammettere che Dio ha creato il Big Bang, da cui si è conformato un ciclo in perfetto equilibrio che giunge alla vita, e per gradi successivi all'*Homo sapiens*. Il che implica un cervello, da cui escono quelle funzioni il cui insieme definisce la *mente*, la *psiche*. A questo punto si delinea l'abisso tra una religione che sminuisce il senso dell'uomo, definendolo «peccatore» (colui che è colpito persino dal peccato originale) e un uomo, che lotta, per meritare di essere gradito a Dio. Una posizione che, pur presente in tutte le religioni, è contraria all'umanesimo e a quei principi che permettono di definire le vie, i comportamenti che si rendono operativi, dentro la civiltà.

Se Dio ama l'uomo, solo per questo l'uomo è grande perché ritenuto un oggetto amato da Dio. L'interpretazione delle mani della Sistina sostiene questa visione, che ribalta la negatività che, dell'umano, viene fatta in una sorta di nichilismo. Per quale motivo Dio, che è potente, il re dei re, non allunga un poco più la mano e aggancia l'uomo? Si risponde affermando che Dio ne rispetta la libertà e lascia all'uomo la decisione. Dio attende. Un uomo che è rispettato, non condannato da Dio. Vien da pensare, dunque, che l'uomo deve toccare quella mano, sapendo che ha la dignità di unirsi, di stringere la mano di Dio. Non è ancora avvenuto. Ma è interessante, guardando quella immagine della Sistina, notare che l'insieme di Dio che allunga il braccio e l'uomo che compie lo stesso gesto avviene in uno spazio che prende la forma del cervello umano. Poteva essere concepito solo nel periodo rinascimentale, e non solo perché in quel tempo nasce la scienza sperimentale, e i medici ma anche gli artisti studiavano l'anatomia del corpo, per curarlo gli uni, per rappresentarlo nell'arte gli altri. Nella scenografia della civiltà questo legame è possibile ma, per giungere a compierlo, occorre credere nell'uomo e favorire l'applicazione dei principi primi.

L'*umanesimo* è la visione dell'uomo che permette di completare quel gesto, per potersi saldamente legare al bisogno di Dio. Non è nel sottolineare l'uomo peccatore che l'umano si farà divino, ma dandogli forza, convinzione, desiderio, autenticità, permettendo che la fragilità umana porti al rispetto e all'amore, giungendo a stabilire la relazione più sicura e forse definitiva, perché mette insieme la fragilità dell'uomo con l'amore di Dio.

29. Un tema dominante nella società del tempo presente è il *riposo*, che viene declinato come bisogno essenziale, come compenso e persino terapia, nei confronti del lavoro che è, per definizione, «fatica». Si distingue una fatica fisica da una che riguarda l'attività mentale e, associandole al lavoro si divide in materiale e dei colletti bianchi con diversa intensità e forma di stanchezza. Nel campo della medicina si è da tempo fondata una sezione, la psicosomatica, per la necessità di tenere unite queste due sezioni, sulla

osservazione che una persona triste o malinconica ha una percezione del corpo ben diversa, dal caso in cui sia gioiosa e contenta.

La distinzione tra *psiche* e *corpo* ha indubbiamente un grande significato anche se non è possibile sistematizzarla in maniera netta, ben sapendo che la mente emerge dal cervello, formato da cellule e molecole, quindi da materia organica. Tale conoscenza è di grande spinta a considerare sempre l'uomo *tutto intero*, aggiungendovi l'ambiente in cui si trova (inteso come natura e persino architettura, oltre che ambiente sociale).

Quando si parla di riposo, *psiche* e *soma* portano a distinzioni contrapposte. L'attività corporea suggerisce un riposo quando ci si ferma magari a leggere o a pensare o tentando di svagarsi davanti a un video che racconta qualche storia. Per chi indossa la camicia da impiegato o per chi deve studiare le dinamiche di un'azienda, occupandosi quindi di teoria, il riposo può essere raggiunto nel compiere una camminata o impegnarsi nello sport. Nella visione attuale sono nati dei criteri per il riposo, una vera scienza del *tempo libero* che viene contrapposto al *tempo di lavoro*. Si finisce così per trovarsi in una organizzazione, con una tempistica proposta come formula per un riposo che sia compensativo del tipo di lavoro e della sua intensità. In particolare, l'attenzione è al corpo che deve riposarsi in palestra, con un trainer che stabilisce quali siano gli esercizi più appropriati. Si sono imposti, come regola generale di riposo, footing, jogging, maratone, mentre l'uomo vissuto prima della nascita del motore a scoppio e dei mezzi meccanizzati, mai avrebbe visto come riposo il camminare e correre per le strade e i sentieri di campagna.

Sempre nell'analisi del tempo libero, sono inserite le vacanze, non solo quelle estive, vi si sono aggiunte quelle da week-end. Un altro strumento è il *viaggio*, che non è più quello del *pellegrino* che cammina, ma si compie in automobile, nelle autostrade, se possibile a grandi velocità. Le vacanze vengono programmate con una tabella operativa, che richiama esattamente i ritmi di lavoro. Basterebbe analizzare il settore del turismo, per scoprire che per la nostra nazione rappresenta una parte elevata del Pil e dedurne che il settore della vacanza è una attività produttiva. Del resto, è noto in psicopatologia, che con la ripresa degli impegni di lavoro in settembre si ha un incremento degli stati d'ansia, talora di depressione, che promuovono un aumento delle assenze di lavoro per stanchezza e demotivazione. Un dato più che giustificato, se si osserva come i luoghi di vacanza o i viaggi turistici siano ridotti a fenomeno di massa, con spiagge gremite, autostrade con frequenti rallentamenti o blocchi che comportano di stare chiusi nello spazio di un'auto, con i motori spenti per non inquinare. Basti ricordare che solo le automobili, senza tener conto dei mezzi meccanici a due ruote, nel 2023 hanno raggiunto i 40 milioni, su una popolazione che, includendo neonati e bambini, è di 60 milioni. Si aggiunga che il trasporto aereo low cost ha trasformato gli aeroporti in spazi che ricordano le curve degli stadi. Considerazioni analoghe valgono per il traffico dei passeggeri sui treni. Tali riferimenti hanno lo scopo di mostrare come diventi problematico e forse insolubile parlare di un riposo per evitare la fatica da lavoro. Talora ritornare nella propria casa e riprendere il lavoro, significa finalmente riposare dopo un periodo tumultuoso di fatica da vacanze.

Di riposo parla anche la Bibbia ebraica. È anzi un tema tra i più rilevanti, poiché lo si trova già nel Genesi che non solo è il primo libro del Pentateuco, ma è considerato la parte antropologica, che oltre alla creazione del mondo e dell'uomo comprende tutte le dinamiche dell'esistenza: il rapporto uomo-donna, Adamo ed Eva; la relazione tra fratelli, Caino e Abele; il tema del lavoro che Jahvè annuncia presentarsi come faticoso, tanto da richiedere il *sudore della fronte* per l'uomo e il *parto con dolore* per la donna. In tale contesto antropologico, si inserisce il tema del riposo, con un significato lontanissimo dal quadro che si prospetta nel tempo presente: lo si indicava infatti come totale cambiamento rispetto alla vita degli altri giorni. Lo *shabbat* (il sabato) è infatti astensione totale dal compiere qualsiasi attività che coinvolga il corpo ed è ancora seguito nella religione ebraica, per cui si preparano i cibi il venerdì, in modo che siano pronti per l'alimentazione del giorno di riposo. Per dare un senso concreto a questo comando di Jahvè, si è discusso tra i rabbini se fosse compatibile con il premere il pulsante per accendere la luce. Al di là di questi aspetti, che sembrano esagerati, va considerato il senso profondo del riposo nello shabbat, che diventa il tempo in cui si pensa al significato dell'uomo, della vita umana, e del rapporto con Dio. Un giorno dedicato alla trascendenza, all'idea che, se nella vita non si dedica un giorno a Dio, si perde il significato della vita umana. Colpisce molto questo dettato biblico, a sottolinearne l'importanza. Oggi l'uomo ha perduto invece la dimensione di legame con la trascendenza, che va vista come il tema, la domanda, che attribuisce il senso proprio dell'umano, senza il quale si rimane impantanati nell'empirismo, nella lotta, nella corsa al denaro. Una visione chiusa in un presente, ridotto alla logica dello stimolo-risposta, e non importa come si risponde. Basta la percezione che si deve risolvere un problema, pur avendo la certezza che subito dopo vi sarà un altro stimolo. Il messaggio biblico sostiene dunque che l'*umano* non può dimenticare che c'era un tempo in cui né l'universo e nemmeno l'uomo esistevano e che, con la creazione del mondo, si costituisce un binario tra colui che è stato posto sulla terra e Dio che ha fatto l'uno e l'altro. È un principio che non può essere dimenticato, un legame che nel tempo presente invece è morto. Tutto ciò che è stato costruito per richiamarne la presenza è oggi vuoto, come non avesse più senso. Ed è curioso e drammatico insieme considerare che l'uomo ha bisogno di Dio, al punto che è possibile sostenere che *Dio, anche non esistesse*, è parte dell'umano.

Il riposo non è utile solo per rilassare le fibre muscolari o per mettere in pausa le funzioni della mente, è necessario per non smarrirsi e perdersi in comportamenti disumani, come la violenza, la guerra, l'odio. Va considerato parte di quella trascendenza che si lega ai bisogni di un uomo fragile, limitato. Attraverso il riposo, si mantiene la dignità e il rispetto di uno dei principi fondamentali della civiltà.

30. Al corpo nella società di oggi vengono dedicate grandi attenzioni, allo scopo di metterne in mostra parti e di decorarle, seguendo tecniche complesse che portano persino a nasconderle per farle emergere in maniera più prorompente. Sul corpo si celebra un'intensa attività teatrale, allo scopo di attivare la percezione degli spettatori, che ne sono i destinatari. Ricorda un'antica distinzione tra corpo *nudo* e corpo *svestito*, che sottolinea proprio il ruolo dell'immaginazione, in grado di modificare e attribuire connotazioni come fa il tecnico della luce che, nel buio, ne propone abilmente alcuni particolari. Sono richiami per sottolineare che si opera molto sul proprio corpo, ma senza che vi corrisponda una elaborazione sul suo significato, sulle sue fragilità, sui cambiamenti che il tempo promuove. Il confronto con la mente è, su questi parametri, evidente, poiché la mente è creativa e l'immaginazione può portarla a compiere esperienze di fiction sorprendenti. In particolare, accade per l'età dell'adolescenza che vede nella crescita la metamorfosi del corpo, oppure per l'età della vecchiaia, in cui si assiste invece al declino, con aree che appassiscono come fiori recisi dalla radice.

Se passiamo, invece, a dare un significato al corpo, ci accorgiamo che viene ridotto alle dimensioni più strettamente anatomiche, a una decisa materialità in base a parametri fisici come la lucentezza della cute, la consistenza dei muscoli, l'acuità visiva, la caduta dei capelli... E ci dimentichiamo che il corpo possiede significati diversi. Esiste certamente un *corpo reale*, e potrebbe riportare a quando se ne fa una fotografia, ma ognuno possiede un *corpo immaginato*, con risultati che talvolta lo migliorano, talvolta ne danno invece una configurazione poco attraente. A questa duplicità del corpo si aggiunge il *corpo vissuto* e poi ancora *quello del desiderio*, che si vorrebbe ma non c'è. Infine, lo si può vedere, anziché legato al tempo che passa, in una immagine fissata in un tempo trascorso, depositata nella memoria.

Sono distinzioni che mostrano come ci si allontani nettamente dal corpo come «oggetto» e, ritornando al tempo che passa, ci si incammini verso la morte.

È curioso considerare che l'idea più comune della morte riguarda proprio il corpo e il riferimento va al cuore che non batte più, all'elettroencefalogramma piatto, agli arti che non si muovono, come riflesso dell'idea che l'esistenza è prima di tutto movimento. Si compie insomma una vera distinzione di fronte alla morte tra corpo e mente, come la morte interessasse il corpo e non la psiche. È probabile che questa visione trovi fondamento all'origine della nostra civiltà, in quel mondo della Grecia antica, quando tutte le funzioni che oggi chiamiamo «mentali» erano definite come afferenti all'*anima*. Aristotele ne aveva distinto una *vegetativa*, una *sensoriale* e una *razionale*. E tutte, a seconda della specie in natura, provenivano dal cielo. Di conseguenza, le anime non morivano. La morte era segnata dal corpo che moriva, mentre l'anima ritornava là da dove proveniva: una visione fortemente dualistica che durerà a lungo... Vi si aggiungeranno prima la componente della Roma antica, poi quella del cristianesimo, per il quale l'anima è l'impronta di Dio sull'uomo e non appartiene, come il corpo, a questa terra. Nelle società moderne si usa persino, con la morte, ridurre il corpo a polvere, mostrandone chiaramente l'appartenenza alla terra come cenere, da disperdere nell'aria.

Per rispondere al *bisogno di eterno*, che è un tema primario per le religioni, si è giunti a sostenere che l'eventuale dimensione del tempo dovrà legarsi a un'anima, immateriale e perpetua, con funzioni diverse da quelle della psiche. Per l'apporto che nella civiltà del tempo presente è derivato dallo sviluppo della scienza, dovremmo però considerare il corpo come il substrato, la pietra da cui sgorga l'acqua (la psiche) e già da questa considerazione, non solo il corpo assume una dimensione nuova, ma la morte si estende anche alla mente. Ne dovrebbe derivare il bisogno di attribuire un senso più profondo al concetto di vita corporea e di morte che, estendendosi alla psiche, fa pensare non solo che cessano le attività fisiche e motorie del corpo, ma scompare tutto il sapere che un uomo o una donna avevano appreso ed elaborato. Muoiono anche i sentimenti, quei legami che hanno dato forza alla vita. Si appiattisce non il rilievo dell'attività elettrica dei neuroni cerebrali, ma si fermano i ricordi, scompaiono i contributi piccoli o grandi, dati all'insieme sociale.

La morte è ben più del corpo che non si muove, è la cancellazione di un'attività psichica nella sezione cerebrale da cui emerge il pensiero e in quella da cui originano gli affetti. Il corpo merita una maggiore considerazione mentre è in vita, e nella morte maggior rispetto, perché non si riduce a polvere solo il corpo, ma tutto ciò che un uomo sapeva e conosceva. Con la morte, la vita della mente è ridotta anch'essa a polvere.

31. Non solo è difficile definire l'io e l'identità, ma altrettanto è definire il termine «mondo». Nella espressione usata dai fenomenologi (corrente della filosofia aperta da Edmund Husserl) per indicare l'esistenza ci si riferiva al rapporto tra io e mondo, mostrando che entrambi i termini sono necessari anche se imprecisi.

Assieme al mondo concreto, quello della fisica, dell'Universo, occorre ora aggiungere il mondo virtuale come prodotto della tecnologia digitale. Si tratta della rappresentazione di qualcosa che però non c'è, anche se apparentemente richiama quello concreto, che c'è. Segna un grande mutamento nella antropologia, anche se la immaginazione, dunque la fantasia, ha mostrato la capacità che l'uomo ha acquisito nella evoluzione di pensare a ciò che non ha un *ubi consistam*. E basterebbe ricordare le fiabe (in particolare quella di Peter Pan, che va a vivere nell'isola che non c'è), le utopie, le illusioni che appartengono a dimensioni della mente umana e più in generale alla creatività. Il mondo digitale se ne distacca completamente poiché mentre la fantasia trova radici dentro la psiche ed è espressione persino individuale, la virtualità è un prodotto di macchine e manca della dimensione singola.

La stessa creazione di Dio esprime un bisogno proprio della natura umana. Per rendere ancora più complicato il significato di «mondo», occorre aggiungere che oggi bisogna coniugarlo al plurale: mondi virtuali. I computer digitali possono infatti combinare rappresentazioni diverse e persino opposte. I mondi virtuali si presentano su uno schermo e dunque sono percepiti attraverso la vista e possono essere cambiati premendo dei tasti di una consolle che mette in moto la macchina digitale e che può cancellarli e sostituirli. La loro caratteristica è di essere prima di tutto composti di immagini, costruiti con i colori, con criteri di attrazione tanto da rappresentare una pulsione a sedersi davanti a un visore e seguirli, parteciparli. Si pongono come confronto con il mondo della concretezza, e sembrano più attraenti del vecchio mondo fatto di persone, di legami affettivi, come quelli tra padre e figlio, nonno e nipote che si mostrano con una maggiore ricchezza sensoriale e permettono di toccare e non solo di vedere. È fuori di dubbio però che è possibile sedersi davanti a un video e stare a lungo a seguire quanto appare e non c'è. Il vantaggio del mondo che non c'è è di poter cancellare dal video ogni sua manifestazione che non piaccia, che non attragga, mentre è evidente che di fronte al mondo concreto si possono vivere condizioni dolorose, relazioni che non piacciono, e per le quali non è possibile applicare criteri di rifiuto, ma invece di elaborazione, di adattamento. Se i mondi virtuali sono sempre gratificanti, la realtà concreta è talora sgradevole, ingiusta, ma appartiene alla vita reale con difficoltà che fanno parte dell'esistenza come percorso, come storia con difficoltà che si superano, con il dolore che si fa gioia.

Da questa breve e parziale descrizione, risulta che il tempo presente ci pone nella condizione di scegliere tra mondi, il che equivale a dire scappare dal vecchio mondo della realtà concreta per stare davanti a quelli della virtualità. Seguendo il criterio del mi piace o non mi piace. La virtualità non c'è e non richiede alcun divieto, nessun sacrificio, poiché la virtualità non ha principi etici.

Febbraio: *I luoghi*

1. I principi devono tradursi in comportamenti, altrimenti rimangono espressioni teoriche mentre l'esistenza è fatta di quotidianità, di azioni e di esperienze continue. Per analizzare il comportamento e i principi che lo informano, non ci si può riferire esclusivamente all'uomo singolo o alla società a cui appartiene.

Si usa il termine «mondo», per sottolineare quanto sia essenziale il rapporto io-mondo, in cui l'uomo è calato a vivere. Eppure, nelle distinzioni tra natura e società, «mondo» rimane ancora un riferimento troppo generale, se non addirittura generico. Nella vita ordinaria, il mondo diventa un *luogo*, *una serie di luoghi*, dove il corpo entra e si muove. E occorre quindi parlarne, poiché se i luoghi entrano nella relazione con un soggetto significa che ne condizionano il comportamento, fino a poter affermare che la stessa azione varia, a seconda del luogo in cui viene espressa.

Diventa chiaro che il termine «luogo», «luoghi», rivela una grande importanza per i comportamenti, che sono lo specchio dei principi. Un'azione estrema come un delitto viene oggi analizzata, non solo occupandosi di chi lo ha commesso, cercando le motivazioni che lo hanno attivato, deve includere sempre anche il luogo dove lo si è perpetrato, perché entra in una stretta relazione con il soggetto. Ed è solo l'insieme che permette di valutare l'azione compiuta. I criminologi arrivano a ritenere il luogo corresponsabile del crimine avvenuto. Per un esempio meno drammatico, una commedia recitata in un teatro con una scenografia specifica diventa altra cosa, persino qualitativamente, se viene recitata in una cantina o in un angolo di strada della periferia di una città. Si può dire che il luogo invita a certe manifestazioni, e ne esclude altre. All'interno di un tempio cristiano, si respira un'atmosfera liturgica che dispone a comportamenti religiosi. Per comprendere come si esprime il comportamento, bisogna sempre tener conto del dove si vive e si agisce.

2. Nel 1992 un antropologo, Marc Augé, ha pubblicato un testo dal titolo *Non-Lieux* (Non luoghi). Non si tratta di un paradosso, il termine serve persino a caratterizzare il tempo presente, che egli definisce della «surmodernità». Non vanno intesi come luoghi inesistenti, ma in grado di condizionare coloro che li frequentano, influendo persino sul funzionamento mentale. Gli esempi più significativi sono gli aeroporti, i centri commerciali, le autostrade e in dimensione minore gli ascensori, le sale di aspetto di un laboratorio medico. Luoghi senza un'identità, privi di stimoli di significato relazionale e sociale. Si distinguono dai luoghi caratteristici di una città che, al contrario, sono ricchi di storia, di tradizioni, di cultura. Li contrappone ai luoghi antropologici, in cui l'attenzione è centrata sull'uomo.

Nei non luoghi il personaggio è la gente, una moltitudine di persone che si muovono in modo frenetico, spinte da una sorta di inconsapevolezza centrata su una operazione. Manca la capacità di integrare, di interessare. In un centro commerciale si può entrare in un reparto e trovare cibo che richiama la Cina, il Messico... Luoghi organizzati proprio per seguire i cartelli luminosi, le tabelle di partenza e di arrivo in un aeroporto, come limiti da non superare. Accenni rapidi per far emergere come una società surmoderna sia all'insegna di una precarietà assoluta. In un centro commerciale, si blocca il pensiero, è la merce esposta a guidare il comportamento, ordinata proprio per impedire una scelta personale a vantaggio di stimoli esterni. Non è certo possibile stabilire relazioni con gli oggetti.

Uno degli indicatori più significativi dei non luoghi è oggi il cartello «Vietato fumare». Viene in mente, sia pure in tempi e ambiti diversi, *L'uomo senza qualità* di Robert Musil (scritto tra il 1930 e il 1942). Nei non luoghi, tutti vengono trattati nello stesso modo. La considerazione di chi ha introdotto i non luoghi è che continuano ad aumentare, mentre quelli tradizionali, come la casa, si riducono sempre di più. E lo stesso accade alle chiese, che tendono a svuotarsi. Una contrapposizione tra luoghi e non luoghi; una stessa persona in un luogo antropologico oppure in uno della surmodernità si comporta in modo persino contrapposto.

3. I luoghi della natura sono molti e con caratteristiche diverse come tra una foresta equatoriale e una calotta ghiacciata al di là del circolo polare. Ci si rende conto, inoltre, che la natura non è come riteneva Aristotele «conclusa», nel senso di aver raggiunto caratteristiche fissate e pertanto definitive. La natura è in realtà un organismo vivente, si può raccontare una storia geologica della terra e scoprire che vi è stato un periodo in cui dominavano i ghiacciai, al cui ritiro si sono formate le valli nelle quali scorrono i grandi fiumi, che permettono la crescita della vegetazione. Allo stesso modo, vi erano grandi foreste che in tempi lontanissimi si sono trasformate in deserti, con la sorpresa che i resti di materia organica coperti di sedimenti sono diventati petrolio, che oggi contribuisce a fornire l'energia necessaria per vivere. A mostrarne l'aspetto vitale, basta il susseguirsi delle stagioni, quando la stessa area presenta nell'inverno o nella primavera volti molto diversi, non dissimili da come si trasforma un bambino, quando raggiunge l'età della vecchiaia.

La terra è parte di un sistema che oggi comprende il sole, i pianeti, che costituiscono appunto il sistema solare, a propria volta parte di una galassia che, in correlazione con tutte le altre, giunge a far parte di un universo di dimensioni illimitate, con una propria armonia. Quella che Dante poeticamente chiamava *armo-*

nia celeste e la immaginava di una tale perfezione, da descriverla come una musica che si avvertiva particolarmente nei gironi del paradiso. I luoghi della natura rimandano pertanto a una conformazione e struttura dell'universo, e anche un frammento è in sintonia con tutto il resto e ne viene influenzato.

Si deve aggiungere che l'uomo ospite del pianeta terra ha capacità anche di modificarlo, forse l'unico a renderla possibile, dovendo ammettere per ora che una vita simil umana non si trova in un altro pianeta. Gli astrofisici, da tempo stanno cercando di verificare tale ipotesi, avendo identificato ben 400 luoghi dell'universo con caratteristiche simili alla terra, iniziando dall'atmosfera che permette la funzione essenziale della respirazione, ma di vita non c'è traccia. L'azione dell'uomo si è rivelata in grado di rendere quantomeno difficile la sua stessa esistenza, dimostrando come sia delicato e fragile il sistema che rende possibile la vita. Ne è testimone il parametro della temperatura che, se dovesse aumentare soltanto di alcuni gradi, riscalderebbe il pianeta, rendendolo inadatto a far continuare la storia antropologica e zoologica. Non è difficile rendersene conto, se si pensa che uno stato febbrile che innalzi la temperatura corporea dai 37 ai 40 gradi definisce una malattia. Sappiamo che la fisiologia del nostro corpo, se la si legge a livello di molecole, si serve di molti enzimi per poter elaborare fenomeni metabolici, essenziali per gli effetti vitali. E i biologi hanno scoperto che questi attivatori di funzioni biologiche, quando il corpo aumenta la sua temperatura o la diminuisce significativamente, si blocca.

L'uomo può distruggere il pianeta con le bombe atomiche, ma lo può fare anche inquinando l'atmosfera o aprendo in cielo buchi dell'ozono che permettono ai raggi solari di colpire la terra, innalzando le temperature oltre il livello naturale, rendendo così la vita umana impossibile.

Uno dei fenomeni che esprimono la variabilità della natura è nell'Africa meridionale dove un fiume, l'Okavango, nasce in Angola e dopo aver attraversato la Namibia sfocia in Botswana formando una pianura alluvionale nel Kalahari, dove però talora scompare rendendo una vasta area verde un arido territorio stepposo. Questo altipiano cambia aspetto, poiché il fiume si inabissa nella terra periodicamente e poi di nuovo riemerge, scorrendo sul suolo che rende fertile il grigio deserto e il verde della vegetazione.

Risulta quindi che i luoghi della natura sono molto diversificati già dal punto di vista geologico e climatico, ma ad arricchirli ulteriormente è la fauna che ospitano, con specie animali che è impossibile menzionare tutte, non fosse altro perché è certo che alcune l'uomo non le conosce ancora. E anche a questo proposito, bisogna aggiungere che molte specie conosciute nel passato, oggi non sono più presenti, mentre se ne sono formate di nuove. A indicarne la vastità, è il numero riportato dagli zoologi per le specie attualmente conosciute: circa un milione e mezzo. Alla straordinarietà geologica della natura bisogna, quindi, aggiungere la fantastica varietà di animali. Ed è molto significativo partire dai luoghi della natura, per avere la percezione dell'avventura che l'uomo, consapevole e dotato di una psiche che permette di conoscere e di esplorare, si trova a vivere nell'universo.

4. I luoghi delle società umane hanno una dimensione infinitesima dentro l'universo, e anche all'interno del pianeta in cui sono insediate. Indubbiamente vi sono segni della loro esistenza e occorre ammettere che se ne evidenziano le caratteristiche umane. Se si considera che il genere Homo a cui apparteniamo si è staccato da un ramo degli australopitechi 2,4 milioni di anni fa, segni evidenti della sua presenza e della sua evoluzione sono dati dal cranio. Reperti che ancora oggi vengono ricercati e studiati. L'*Homo sapiens* incomincia la propria storia 150.000 anni fa quando, raggiunta da tempo la posizione eretta, e l'uso di strumenti, giunge presto a costruire delle capanne, con materiale preso dai rami degli alberi o nel caso della ruota, da pietre che hanno una particolare forma o vengono modificate. Bisogna arrivare al Paleolitico superiore, tra i 40 e i 35.000 anni fa, per reperire le ca-

verne incise e più tardi affrescate. Certamente visitare una caverna naturale e una dipinta, pone davanti alla presenza dell'uomo e ai segni visibili delle sue capacità. Si potrebbe continuare, soffermandosi sul Mesolitico, per evidenziare che il pianeta possiede dei luoghi tipicamente umani. Del resto, in quel periodo domina ancora il nomadismo, e l'attività di raccolta dei frutti spontanei e la caccia si serve di armi naturali. Un arco che lancia frecce è costituito da un legno sia pure speciale e da frecce con vari tipi di punta, compresa la selce.

Si può far iniziare la storia dei luoghi sociali solo intorno a 8-9000 anni fa, con il passaggio in Mesopotamia all'agricoltura. Si impone allora la *stabilitas loci*, si costruiscono villaggi stabili e ambienti per gli animali che, proprio per l'agricoltura, vengono addomesticati e utilizzati nella coltivazione della terra, ma anche per l'imperativo di difesa del territorio. Le città sono indubbiamente un luogo che trasforma sia pure aree minime rispetto alla vastità della superficie terrestre e, a questo punto, gli archeologi non cercano solo le ossa, ma trovano le necropoli, legate ai funerali che rappresentano uno dei punti cardinali della civiltà. Esprimono il principio della trascendenza nel rispetto degli antenati. Così conosciamo città come Ur, che appartiene alla popolazione dei Sumeri.

Qualche millennio dopo, a dare più corpo ai luoghi sociali, in alternativa a quelli naturali, vi sono le piramidi dell'antico Egitto che testimoniano la religione del faraone, che continua a vivere anche da morto. Se di luoghi naturali si può parlare fino dal Big Bang, quindi da 13,7 miliardi di anni, per i luoghi dell'uomo dobbiamo giungere a pochi millenni fa. Ma, ancor più sorprendente dei luoghi sociali nella storia, è che la loro esistenza si intensifica nell'età romana che, al confronto con quella precedente dell'antica Grecia, caratterizzata da idee e visioni del mondo, costruisce strade, ponti, terme, acquedotti che appartengono sempre al lavoro degli archeologi, ma restano ben visibili, destando meraviglia. E sempre nella civiltà occidentale si deve arrivare all'Età moderna, per poter dare corpo ai luoghi dell'uomo e giungere all'industria, alla capacità di creare materiali che non appartengono alla geologia terrestre, all'invenzione del motore a scoppio che usa certamente materiali terrestri ma li trasforma, li seleziona, ne crea di nuovi. Le imbarcazioni greche descritte nell'*Odissea* diventeranno le navi dell'ammiraglio Nelson, per cui si è dovuto deforestare gran parte del Canada e poi della Scozia. Si è arrivati così alle aree non più verdi, ma grigie, come se in queste zone nascessero gli oggetti di cemento, poi di cemento mescolato al ferro, che resiste presentandosi indistruttibile. Il fenomeno delle grandi estensioni di cemento si è presentato recentemente, come contributo dell'abilità dell'uomo che nella civiltà occidentale non si è mai arrestata.

5. La presenza dell'uomo sulla terra, vista attraverso i luoghi sui quali è intervenuto, porta a distinguere la *campagna* dalla *città*. La campagna trasforma l'uomo che da raccoglitore è diventato coltivatore. Ed è il segno di un passaggio straordinario: forse è già a questo punto che nasce l'*Homo faber*. La visione non è più di vivere di ciò che la natura spontaneamente produce, ma di essere egli stesso a produrre natura, permettendogli addirittura di ottenere intensivamente i prodotti più importanti per l'alimentazione propria e del villaggio. È una visione dinamica che gli permette di scoprire ben presto che il frutto origina dal seme, attraverso una serie di tappe, che non solo vanno seguite, ma su cui può intervenire. Si accorge ben presto dell'importanza del suolo che, nella parte superiore del terreno, si lega alla fertilità e l'immagine di un bue che tira un aratro ne è la più chiara dimostrazione. Significa aver capito che dissodare il suolo è un'operazione che facilita la semina e rende più rapida la trasformazione nella pianta da cui escono i frutti. Non sorprende che questa attenzione e conoscenza accompagnino la scoperta che la gravidanza e il generare un figlio da parte della donna richiedono una «semina», che prima si attribuiva agli spiriti. Ora, anche osservando la riproduzione animale, viene riportato in gioco l'uomo, attraverso l'amplesso sessuale.

Il gruppo nomade mancava della dimensione padre-madre-figlio, e si estendeva a una famiglia allargata di cui facevano parte gli «spiriti» che rendevano fertile la donna. Nell'Africa del primo Novecento, l'infertilità della donna era considerata una grave malattia e gli sciamani la curavano, esponendo le donne nude e con le aperture del corpo rivolte a richiamare e favorire l'ingresso degli spiriti. Il gruppo nomade ha originariamente un numero piccolo di persone ed è così che, anche nella *stabilitas loci*, il villaggio rimane limitato e l'estensione del terreno coltivato all'interno corrisponde in modo proporzionale ai bisogni alimentari dell'uomo e degli animali.

Per molti millenni l'agricoltura segue dei criteri fissi, poiché la maturazione è legata al terreno e alle condizioni climatiche. Si approfondiscono le conoscenze, l'agricoltura ha come punto di riferimento il terreno e il cielo perché, ben presto, si capisce l'importanza della pioggia, del sole, e si costruisce una cultura del tempo atmosferico, sulle stagioni, creando una vera liturgia di ciò che si deve fare e quanto va invece evitato.

Ogni cultura finisce per entrare in un rito. Se si pensa alla viticoltura e al vino, ben nota fin dai tempi biblici e successivamente celebrata dai culti di Dioniso e Bacco, comporta la conoscenza delle diverse fasi, dal tralcio fino alle foglie verdi e ai grappoli d'uva, per giungere ben presto alla spremitura e al trattamento del vino: una sequenza naturale, accompagnata da un rito, con cui si stabilisce un legame con il cielo. Grande importanza ha la luna piena rispetto alle due diverse fasi di luna crescente o calante e ogni intervento si lega a eventi atmosferici.

Una descrizione che non è più adeguata a un'agricoltura nuova (iniziata però recentemente), in cui vengono immesse le macchine come vera sostituzione del contadino. E ciò cancella ogni ritualità del cielo, entrano i criteri della scienza agricola e di una tecnologia, che è fatta di antiparassitari, di antidoti contro le malattie della vigna, che possono ridurre la qualità e la quantità del prodotto. La pioggia, se non viene dal cielo, arriva attraverso l'irrigazione. Va ricordata una fase intermedia in cui venivano bombardate le nubi, con l'idea che ciò facilitasse la pioggia. Siamo all'inizio di una agricoltura che si può, per paradosso, chiamare «industriale», nel significato che sono le macchine agricole a gestirla e l'agricoltore è solo colui che le conduce. Sono scomparse le feste dei villaggi che meglio si definivano «borghi», con il significato di ringraziamento verso i vari Patroni e la specializzazione di quelli che sovrintendevano alla vite, rispetto ad altri protettori dell'ulivo o degli alberi da frutto. Ma anche se è scomparso il significato sacro del prodotto e l'importanza del sovrannaturale, la campagna si distingue ancora dalla città. Non corrisponde più a quella separazione netta che aveva generato l'aforisma per cui la campagna ricorda Dio, mentre la città l'uomo. Ma il verde della natura, lo spazio richiesto per coltivare il grano, per disegnare i filari della vigna, ma anche per arricchire gli orti di una quantità di prodotti, di erbe aromatiche, i giardini che richiamano i dipinti per una tavolozza di colori che sembrano sempre nuovi, costituiscono luoghi che si pongono ancora con una differenza sostanziale rispetto alla città.

Qui, è invece tutto concentrato: il cemento ha sostituito il verde, le abitazioni sono diventate degli alveari agitati, rumorosi, sempre più indistinti, tutto è centrato sui metri quadrati abitabili. Nella città non c'è interesse per il cielo, rispetto alla campagna è una sorta di sterminato carcere, in cui non si comunica più in nome del privato e della difesa del proprio gruppo familiare, è animata solo dalla radio, dalle televisioni, e da tanti altri macchinari, che hanno trasformato il volto della donna come «angelo del focolare». Ora la cucina è automatica, la donna è al lavoro, a produrre e contribuire al possesso di quel simbolo di sicurezza che è oggi il denaro. L'immagine della città è il grattacielo, sempre più alto. C'è una corsa segreta a raggiungere l'altezza di un chilometro.

Al confronto il casolare, anche se non è più gemellato con la stalla, occupata ora dai trattori e dalle macchine che piantano automaticamente, rimane pur sempre un luogo che suggerisce tranquillità, nella consapevolezza che i tempi della coltivazione, il ritmo delle stagioni non possono essere stravolti. E domina ancora l'attesa, che ha bisogno di immaginare il futuro: una dimensione del tempo che, nella città, è in agonia. Qui il tempo è diventato *tempo reale* che significa dell'attimo presente.

6. La casa rappresenta il luogo dell'amore familiare e occorre vederla proprio come un piccolo luogo in cui ci si muove, seguendo la logica della comprensione e del donarsi. Rappresenta il grande sogno di potersi identificare con un luogo, anche se piccolo; nel nostro Paese si vuole possederla, poiché è la condizione per cui nessuno la può più espropriare. Un atteggiamento che esprime il desiderio di continuità e di *stabilità*, parole che indicano la sicurezza. Oggi è diventata il riferimento oltre che di una famiglia, anche dei single e permette, proprio antropologicamente, di considerarla il segno dell'adattamento, dell'essere parte dell'ambiente, ma anche di un piccolo frammento di sé (dell'individuo o dell'intera famiglia).

La famiglia non è assimilabile a nessun altro gruppo, in quanto non risponde alle leggi dell'uguaglianza, ai diritti della ripartizione, perché si fonda sull'amore che è al di sopra di ogni legge e di ogni regolamento, fondati sulla parità e sulla giustizia. In questa relazione non ha più senso dividere e separare, poiché ognuno guarda i bisogni e i desideri dell'altro, è preferibile dare che ricevere. E in questi gesti si scopre che vi è una economia dei sentimenti e dei gesti d'amore. Una madre avverte il piacere che il proprio figlio sia sereno, cresca senza quella fatica che i giovani di oggi devono affrontare in una società complessa, e in cui sembra che ognuno debba lottare e superare l'inevitabile esperienza di sentirsi talora sconfitto. L'amore sconvolge persino il buon senso, quando si vede che un componente della famiglia rinuncia a qualcosa o al proprio tempo per poter stare con chi ha bisogno di aiuto. Un'economia, in cui si prova piacere, producendo piacere. Non è applicata la pratica del *do ut des*, verificando che non vi sia una disparità. Se in quella piccola fortezza degli affetti, questo principio di grande civiltà, che ha meritato la definizione di «civiltà dell'amore», non dominasse più, non si potrebbe più parlare di famiglia. Quando prende il dominio la discussione su ciò che è giusto o sbagliato, sulla differenza di trattamento per un figlio e non per l'altro, questa non facile combinazione di *amorosi sensi* incontra la fine. Non esistono livelli di amore, o c'è o non c'è.

7. Un luogo, che ha esercitato una funzione vitale e che ora viene facilmente dimenticato, è il tempio, nella religione cristiana la chiesa. È questo il luogo dell'amore divino, una dimensione diversa dalla casa in cui l'amore terreno non riguarda solo la coppia, lui e lei, ma i figli e magari i nonni e ciascuno diventa *nodo* di una *rete*, in cui non è possibile separare uno dall'altro. Il tempio favorisce l'incontro con il proprio Dio. L'unica maniera per poter legare due unità con caratteristiche così lontane è la relazione d'amore. Dio può essere solo amato. Ogni altro rapporto potrà coinvolgere le idee, i bisogni, le richieste, ma tutto questo non è amore.

Se si ha l'esperienza del divino, nel tempio ci si mette nella condizione di attivarlo e di viverlo. E per questo, l'uomo assume anche posizioni che sembrano favorirlo: il silenzio, il porsi in ginocchio, la preghiera, l'accendere una candela a esprimere il bisogno di una luce. E la fiamma entra certamente in questa *disposizione a* promuovere la metamorfosi, che si attua nell'unione tra l'uomo e il suo Dio. Del resto, anche nell'amore umano le frequenti espressioni dell'uno verso l'altro, come «non saprei vivere senza di te», sono piccoli segni verbali di trovarsi all'interno di un legame, che promuove un profondo cambiamento.

Dentro il tempio, si parla di miracolo, di grazia, di dono che Dio fa all'uomo, persino all'ultimo uomo di una gerarchia che, sulla terra, è siglata dall'economia del denaro, e non da quella degli affetti. Quando si esce dal tempio, si avverte di avere un alleato che non ti giudica e pur essendo grande, ti comunica che ti starà vicino. Si trova così la forza di vivere anche la gioia, pur temendo che scompaia troppo presto, oppure il dolore che fingi di non sentire. Ed è bello, tra i tanti luoghi in cui è possibile distinguere una città, sapere che c'è un rifugio particolare come quel luogo dove, ogni tanto, suonano le campane. Può sembrare che rivolgano un saluto, quando si è stanchi, insoddisfatti, puoi entrare e anche se non c'è nessuno, trovi quell'amore, che ha le caratteristiche di una garanzia che va «oltre» il tempo. Puoi temere che l'amore umano finisca per un lutto, per uno sconforto, mentre non accade con quel legame, che ha il senso della partecipazione di Chi è *da sempre e per sempre*.

8. I luoghi del sapere sono molti, in ogni città, e la loro identità principale si lega alle scuole, da quelle per la prima infanzia all'università, con una varietà di indirizzi, in parte appartenenti alla tradizione, ma in parte alle novità promosse dalle nuove tecnologie, che si susseguono a tale velocità, da costituire il vero confronto per l'*adattamento*.

Un tempo le università avevano poche sedi nel nostro Paese, erano ricche di storia; ora si sono insediate in quasi tutte le città, talora ospitando qualche sezione dei centri di maggiore importanza. L'università non è più riservata all'età giovanile, esistono quelle della *terza età*.

Tanti luoghi dunque, ma mai sufficienti, poiché vi è la convinzione che la società dovrebbe essere l'ambito per apprendere e al contempo per insegnare. Non è nemmeno concepibile un'esistenza con la netta separazione tra chi insegna, e non avrebbe nulla da imparare, e chi deve solo apprendere, come non avesse nulla da condividere, esperienze da raccontare, mostrandole come novità utili agli altri. Se si entra in una fabbrica di lunga tradizione, si osserva che i lavoratori di maggiore esperienza rappresentano veri insegnanti, per chi conosce meno la tecnica che il lavoro richiede. Il sapere è dunque una condizione esistenziale, è sostenuto dalla necessità di apprendere, non tanto attraverso il racconto verbale, ma dall'esperienza. Si parla allora giustamente di scuole per lo sport, per il tennis, per la scherma, scuole per il corpo.

Nelle palestre vi sono i trainer. Si aggiungono le scuole di cucina, ma anche scuole che insegnano il trascendente, dove si apprende la dottrina del Cielo. Dovrebbero essere più numerose le scuole di musica, i conservatori, in cui si apprende il linguaggio musicale e la composizione, che appartiene all'arte. Riguardo a tale settore, vi sono altre scuole per la recitazione, per la drammaturgia. Si potrebbe continuare e dare un forte sostegno all'idea che la scuola dovrebbe occuparsi della vita, diventando insegnamento a vivere, che coinvolge tutti.

Se questa idea venisse diffusa, immagino già come cambierebbe la percezione del vecchio che, da peso sociale, diverrebbe uno straordinario insegnante di vita. Lo si potrebbe chiamare professore di *vite vissute*, che costituiscono la vera storia delle famiglie, delle strategie per riuscire a trovare bella l'esistenza, anche dentro le difficoltà.

Ma, se rientriamo all'interno di una classe, che è un po' come la casa per il gruppo familiare, qui devono emergere la stima e l'autorità come qualità dell'umano, mentre la caratteristica prima nella famiglia è l'amore. La *logica* nella scuola è la possibilità di conoscere, attraverso insegnanti credibili, e non è a caso che questa parola contiene la radice *credo*, che riporta alla *fede* e alla *fiducia* nell'ambito del quotidiano. La esprime bene l'allievo che dice: «L'ha detto lui», indicando un insegnante. Nella classe di qualsiasi grado, colui che è seduto sulla cattedra deve trasmettere, prima di ogni nozione, di essere credibile, e ciò in virtù della propria autorevolezza, che traspare dalla serietà, dalla passione, con cui sa trasferire la disciplina, ma ancor più dal coinvolgimento che riesce a condividere con gli allievi. Si tratta di una vera relazione che è però finalizzata a insegnare e non comprende affatto l'amore, che è invece donazione di sé. Ed è ampiamente dimostrato che, per comunicare e coinvolgere, l'insegnante deve saper ascoltare. Si ripresenta così la differenza tra *potere* e *autorevolezza*.

Nella società del tempo presente, in una visione errata del sapere e dell'educare, si tende a legare la funzione di insegnare unicamente a chi possiede titoli universitari, arricchiti da master di specializzazione, nazionali o internazionali. Molte ragioni giustificano il perché questa regola non venga più ritenuta condizione sufficiente per insegnare, siamo lontani da quei periodi storici in cui il sapere era una decorazione che poteva distinguere gerarchicamente le persone. Oggi è un tempo in cui l'apprendere *serve a vivere*, il che implica conoscere idee e pensieri, ma anche saper gestire le emozioni e i sentimenti, e l'insegnante deve accompagnare con l'esperienza, la competenza, la serietà, che raccolgono anche le difficoltà che ha saputo incontrare nella vita e la convinzione che, se vivere è faticoso, è almeno straordinario.

9. In una città esistono anche luoghi del degrado. Domina la tendenza a nasconderli, a cancellarli, come non esistessero. Si tratta di un termine che indica qualcosa che è fuori regola, che la società tende a escludere. Si trovano ai margini del territorio, nelle cosiddette «periferie». Hanno nomi come *banlieues* in Francia, *favelas* per le baraccopoli brasiliane. Si tratta di concentrazioni di persone sgradite, non solo per il comportamento e lo status sociale, ma come se questi uomini, donne, bambini, fossero brutti, persino, un poco mostruosi.

Oltre a questi territori, esistono nelle città forme specifiche di degrado, chiuse in fortificazioni senza finestre, per impedire di vederne l'interno e soprattutto gli ospiti. È stato il caso dei manicomi (che in Italia sono stati chiusi dal 1° ottobre del 1980), in cui erano contenuti i «folli», intesi come coloro che si contrappongono a una normalità che non ha la dimensione della statistica, ma si caratterizza per un comportamento comune simile a quello degli altri. La follia si definiva un degrado della psiche. Un altro esempio sono le carceri, che non sono state chiuse, anzi ne vengono aperte continuamente di nuove, sottolineando che sono sempre poche e sovraffollate. Contengono coloro che hanno compiuto dei crimini, talora includono anche chi non ha potuto godere di una difesa nel processo, mentre per lo stesso reato la difesa avrebbe ottenuto l'assoluzione.

Il degrado ha sempre una dimensione sociale e riporta al concetto fondamentale per cui un comportamento anomalo emerge sempre in un individuo, che vive in quel determinato contesto, a partire dai micro-gruppi fino alla comunità tutt'intera. In tale prospettiva, non si può che vedere la società, come concausa del comportamento del degrado. Traspare così che una comunità, quando condanna una persona che ne fa parte, condanna al contempo sé stessa.

I luoghi del degrado sono la rappresentazione al negativo dei principi, in condizioni che non si possono nemmeno definire di «barbarie», poiché si esprimono in ambienti senza regola alcuna, per cui è ammessa qualsiasi degenerazione. In una *favela* non esiste la casa e nemmeno una identità di famiglia: così una figlia può diventare l'oggetto erotico del padre, e il padre venire schiavizzato da un altro uomo, solo perché è più forte e lo domina. In una *favela* manca tutto e così, se si lotta, è sempre per il nulla, un cuscino sgualcito su cui si possa poggiare la testa è già sufficiente per scatenare una guerra tra le stesse persone che non sanno nemmeno chi è il nemico, perché non esiste differenziazione. Quando non c'è nulla da fare si può compiere di tutto, anche uccidere un bambino senza alcun motivo. Non colpisce tanto l'immondezza che si accumula, ma il fatto che può essere usata come cibo: ciò che sa di dramma è che l'uomo ne fa parte. Lo scandalo maggiore per chi entra nel degrado per un poco e poi scappa, non sono le periferie, ma la cosiddetta «società perbene» con cui confinano. La vergogna non è nel luogo del degrado, ma nella società che l'ha generato e lo tollera. Il punto di partenza consiste nell'attivare i principi primi dell'umano e dell'umanesimo, purtroppo non basta dare un vestito pulito, che subito si sporca.

10. I luoghi del dolore si trovano ovunque, nelle città e nelle campagne e la loro identificazione è negli ospedali, nelle sale chirurgiche e in modo particolare nel pronto soccorso. Ma forse vi è ancora maggior dolore negli orfanotrofi, dove vengono condotti i bambini che non hanno i genitori, perché sono scomparsi o non

potevano dedicarsi a loro e così li hanno abbandonati. Si deve ricordare che anche i disturbi della mente, le pazzie, sono sofferenze che si esprimono con particolari caratteristiche, rispetto al dolore del corpo.

Se si considerano i luoghi del dolore, ma anche le espressioni del dolore quotidiano, che si trova negli ambienti più diversi, è difficile non concludere che il dolore è un personaggio che colpisce ogni uomo, al punto che lo si può definire una componente dell'esistenza. Ma non deve questa visione rappresentare una sorta di consolazione per attribuirgli persino qualche vantaggio, magari espiatorio o utile per una vita che si svolgerà in luoghi di paradiso. Deve dominare il principio della prevenzione di ogni tipo di dolore e della cura, qualsiasi sia la forma per attivarla.

Gli orfanotrofi vanno chiusi, ma non come è successo per i manicomi, la cui chiusura ha comportato un abbandono ancora più grave dell'attenzione disumana che ricevevano i pazienti. Gli orfanotrofi vanno chiusi perché quei bambini vanno accolti, amati, e chiunque possa donare amore deve poter accogliere uno di quei bambini. Non si possono fare gerarchie di amore, perché questo sentimento non è misurabile in nessun modo, tantomeno con il perbenismo e le definizioni.

Il dolore non è una fatalità, una colpa e deve diventare una preoccupazione che coinvolge l'adesione umana. La terapia del dolore non è mai gesto che sostituisce il rapporto di un essere umano con il dolore. Non va dimenticato che il «male» genera paura e anche disperazione. Per questo, il pronto soccorso, in cui si fa attendere il dolore per molte ore, diventa un luogo di tortura e non di cura. È traumatico considerare che persino la sanità (l'organizzazione che si occupa della sofferenza umana) deve produrre profitto. La sanità non può mai ritenere di essere giunta alla perfezione, alla massima efficienza. Deve essere funzionante e «in perdita economica» con l'aspirazione a poter fare di più e di meglio. A partire dalla ricerca scientifica, sia per i disturbi della mente che del corpo. Una civiltà non abbandona mai il mistero dell'essere nel mondo, ma si impegna perché la vita continui il più possibile e nella maniera più sana, che corrisponde alla parola indicata da Platone, felicità, come scopo ultimo della *res publica*. È necessario che i luoghi di dolore testimonino di rappresentare luoghi organizzati per vincere con la scienza e l'umanità il dolore. E colorare l'esistenza di speranza.

11. Il lavoro è diventato l'identità per l'uomo e per la donna. E nonostante le diverse forme, che si qualificano come *manuali* o *del pensiero*, l'aspetto che più conta è il profitto che se ne ottiene. Diventa impossibile, pertanto, voler costruire una delle tante ipotesi del significato e delle funzioni che le diverse occupazioni hanno per la società, quando il loro valore si è indubbiamente appiattito sulla dimensione economica. Basterebbe considerare il negativo che si imprime su chi è senza lavoro, in modo indipendente dalle ragioni che possono determinare questa condizione. Ed è un segnale della colpa che ricade, in modo più o meno consapevole, su chi non opera, non produce, come non volesse impegnarsi o accettare il sacrificio che il lavoro comporta.

Occorre tenere presente che nelle società occidentali non si pone più il problema della *sopravvivenza*, a cui corrisponde il pensiero di Darwin, che la descrive proprio come una lotta per soddisfare gli imperativi: dell'alimentazione, della difesa di un piccolo territorio (oggi la casa), del generare come fondamento per la continuità della specie. Le società dell'Occidente lavorano, semmai, per la *qualità* della vita, per poter corrispondere non più ai bisogni essenziali, ma ai desideri. A caratterizzare il lavoro è la qualifica entro cui si delinea ciò che una persona sa compiere con le proprie mani o con la mente. La condizione migliore è quella di far corrispondere l'attività lavorativa a doti che permettano di rendere il lavoro meno pesante e, come si dice, più gratificante. È ancora il binomio *gratificazione-frustrazione* a esprimere l'adeguamento attivo al lavoro eseguito, non la fatica. Più sensato sarebbe delegare il valore del lavoro ai livelli di gratificazione, all'apice si porrebbe allora il lavoro gratificante, che perde la dimensione della fatica. A dare sostegno a questa convinzione, è l'osservare come il fenomeno del volontariato, sia pure visto come occupazione parziale, trovi una grande adesione nella popolazione: in Italia si è valutato che nove milioni di persone si dedicano a un lavoro, che non ha un salario, ma corrisponde a desideri e alle capacità particolari di chi vi si dedica. E l'assenza di compenso economico non toglie la soddisfazione, ma è una dimostrazione pratica che il grande problema sociale del lavoro si lega a una mancata corrispondenza tra l'occupazione che si deve svolgere e l'esserne interessati.

Non si è riusciti a combinare, almeno su larga scala, il tipo di attività lavorativa con le doti e i desideri del lavoratore. Sicuramente questa è la ragione della fatica, oggi soprattutto della mente, di un lavoro che non riesce a soddisfare a livello di *qualità* della vita. Un segnale per sostenere che qualsiasi lavoro non può più esser visto come il fondamento dell'esistenza, il che riporta ai tempi in cui, come risulta dall'analisi di Marx ed Engels sull'attività industriale di fine del Settecento e primi dell'Ottocento, c'erano vite giovani e adulte, ridotte solo a lavorare.

Per molto tempo si è misurato il lavoro dai danni sugli organi del corpo umano o sulle funzioni psichiche che produceva. Il lavoro di un gruppo ha la necessità di attivare un insieme di relazioni. È indubbiamente la modalità più *umana*, perché il gruppo dà sicurezza, permette persino di trovare un aiuto nei momenti in cui la continua adesione alla quotidianità si mescola ai disagi e alle preoccupazioni esistenziali.

Altrettanto umano è che non domini una rigida gerarchizzazione, che già comporta un vissuto di esclusione, con precisi confini stabiliti per lo più sulla distinzione dei salari. Il nostro rilievo non vuole essere un appiattimento, né delle qualifiche né dei ruoli, ma consegue a quei principi che pongono il rispetto prima sulle persone e poi dei ruoli che ciascuno occupa. Nella storia passata, si erano imposti il sacrificio, il dovere, il rispetto delle gerarchie; oggi si deve considerare che il mondo giovanile non è più disposto a questo. Ciò non va biasimato, se suggerisce una percezione del senso dell'uomo che non è compatibile, nemmeno alla lontana, con rapporti che riportino alla schiavitù. Inoltre, appare inaccettabile che il lavoro rappresenti l'imperativo assoluto del significato di *essere-nel-mondo*. Un termine, che ritorna dopo lungo abbandono, è quello di «disciplina», con un significato però di coralità, di rispetto reciproco, di espressione della personalità singola, non certo frutto né del potere, né della violenza.

12. I luoghi più vistosi e più frequentati di una città del tempo presente sono i luoghi dell'inutile. Va sottolineata subito la difficoltà di definire questa qualificazione, poiché l'inutile non è più proiettato sui bisogni essenziali della sopravvivenza, ma si lega alla *qualità della vita*, dopo che i bisogni primari, quelli che Darwin ha chiamato «imperativi», hanno trovato una generale soddisfazione. Se l'inutile venisse inserito tra i temi della sopravvivenza, lo si definirebbe come qualcosa che non serve a sopravvivere e alla lotta per la sopravvivenza. Se lo si proietta invece sulla ricerca del benessere, tra le infinite modalità per decorare un essenziale già raggiunto, il termine si pone tra i desideri che non hanno limiti, anche se bisogna distinguerli tra possibili e impossibili.

Il passaggio da *sopravvivenza* a *qualità della vita*, ne muta completamente il significato. La differenza è che la prima ha una dimensione biologica e riguarda il corpo, la seconda appartiene alla psiche, le cui funzioni sono plastiche, variabili, con una dimensione individuale che fa perdere il riferimento obbligato con la media statistica. In tale dimensione, «inutile» si associa per similitudine con «superfluo», in particolare con «lusso», il termine che si è più imposto nel linguaggio corrente. Esistono i luoghi del lusso, che provengono da uno specifico settore dell'industria. Definirlo a questo punto è facile, perché la società del lusso si misura sul denaro. Ne deriva che i luoghi del lusso si caratterizzano per contenere oggetti ad altissimo costo. I loro simboli portano il nome a Milano di via Montenapoleone, a Roma di via Condotti, a Firenze di via Tornabuoni. Si potrebbe associarvi il numero proprio in ogni città, a dimostrare come il lusso sia un termine che caratterizza il tempo presente. Rappresenta inoltre una delle voci più importanti per l'economia del denaro. Ma, per riportare al quotidiano questo fenomeno del benessere, va sottolineato che lo scopo degli oggetti, che include ma non si limita alla loro funzionalità, ha a che fare con il «gusto». Viene posta una notevole differenza tra lo scopo di un semplice paio di scarpe e invece, di uno griffato, ritenuto molto bello. Un altro esempio ha a che fare con la borsa, non importa la funzione ma la sua eleganza, ed è altamente probabile che non serva affatto a contenere qualcosa.

Il grande settore dell'eleganza e della moda impone i criteri della bellezza, legata non solo agli oggetti, ma all'uomo, alla donna, agli adolescenti e anche ai bambini. Non è nemmeno possibile criticare la tendenza a uno stile di abbigliamento, imposto attraverso la suggestione e persino la nuova attività professionale dell'*influencer*, o ancor più dei creativi, che costruiscono oggetti dell'inutile, funzionali all'essere *belli*.

È difficile parlare di lusso, senza usare il termine «bellezza», che è comune al grande settore dell'arte. Nessuno può ignorare l'importanza della bellezza per l'arte, che ha caratterizzato non solo le diverse società, ma la civiltà. Sarebbe difficile raccontare la Grecia antica, riferendosi soltanto alle idee, dimenticando la straordinarietà dei templi, dei vasi minoici e della pittura, che li rende pieni di fascino. Anche in questo caso, è indubbio che un vaso assolve alla sua funzione, indipendentemente dalla forma, dalle colorazioni, che lo definiscono un oggetto artistico. E il termine «bellezza» diventa fondamento nella pittura e nelle opere scultoree. È indubbio che il significato della *Pietà* di Michelangelo, nel richiamare il dolore di Maria che riceve dalla croce il corpo morto del figlio, non ha bisogno della straordinarietà di Michelangelo, ma è indubbio che si tratta di una bellezza che appartiene all'umanità intera, e ci si sentirebbe deprivati di opere, che vedono la *bellezza come un prodotto della civiltà*. Del resto, se si immaginano i personaggi della trascendenza fino alla divinità somma, c'è bisogno di usare la parola «bellezza» e addirittura «perfezione». Le chiese sono talora di una bellezza straordinaria, veri musei dell'arte. Ed è probabile che l'artista cerchi di raggiungere la bellezza, come sforzo di portare l'uomo sempre più vicino agli ideali di perfezione. Certamente è questo un enorme privilegio del benessere che l'uomo ha saputo promuovere rispetto a ogni altra specie vivente, che è ancora dentro la lotta per la sopravvivenza. Ma l'aspetto che non può essere dimenticato è quello dell'*equilibrio*, che deriva dai principi dell'umano e dell'umanesimo, in particolare dal rispetto della vita e dell'esistenza di ciascun uomo, proprio in quanto umano. E rispettando questa dimensione, diventa difficile accettare una società che si caratterizza per i luoghi del lusso mentre, a poca distanza, vengono nascosti alla vista quelli del degrado. Diventa addirittura insopportabile assistere a una immagine in cui accanto a una vetrina di questo eccesso, sono seduti una madre e un bambino che chiedono l'elemosina per vivere. La civiltà non richiede l'uniformità. Rispetta sia l'arte che l'imprenditoria, sapendo che anche la bellezza della moda può affermare e soddisfare particolari desideri all'interno di una comunità, in cui gran parte dei cittadini mancano del necessario, ciò che non è ammissibile è che questi due termini convivano contemporaneamente. Occorre cancellare le condizioni che tolgono la dignità ad alcuni, mentre altri sono immersi nel superfluo e nell'eccesso.

13. I luoghi che più richiamano la civiltà sono i cimiteri, i luoghi dei morti. La civiltà nasce proprio quando si inizia a considerare il significato di questo evento, che segna i limiti principali dell'essere umano e attiva il dolore più profondo: quello del lutto, della perdita. La morte pone l'esempio più esplicito, per comprendere il significato che ha nella relazione il *noi*, rispetto all'*io*. È il momento in cui la fine di una persona amata rappresenta allo stesso tempo l'impossibilità di continuare a vivere senza di lei. Emerge così il significato dell'esistenza che è dettato dal legame, in cui un singolo si confonde con l'altro. Nel lutto si può continuare a

vivere soltanto in un modo, nel *tenere dentro* di sé chi è stato sepolto in un cimitero. Si coglie qui la grandezza della psiche umana, che ha la capacità di *resuscitare* i morti attraverso quel processo simbolico, che si chiama *communio*.

Non esiste nulla di più umano di un rito, che viene indicato come parte delle religioni e che nel cristianesimo si chiama eucarestia. La morte di Gesù, il vero Uomo, che crocifisso passerà alla storia come il Cristo, crea un lutto insopportabile, poiché scompare un uomo giusto che rispettava tutti, li aiutava, garantiva loro persino un posto nel luogo in cui vive il Creatore, «in qualche parte nel cielo» (come insegna Schiller). Non era una relazione tra un uomo e una donna, tra un uomo e un altro uomo, ma tra un vero Uomo e tutti quelli che l'avevano conosciuto. Amava tutti e molti lo amavano. C'era un solo modo per superare il lutto della crocifissione: farlo risorgere, renderlo presente, pur deposto in una tomba. E ciò accade attraverso la comunione, l'eucarestia, attraverso cui il corpo e il sangue di Cristo divengono parte di ciascuno. È il processo della interiorizzazione, che corrisponde alla possibilità di elaborare il lutto, che significa continuare a essere un *noi*, pur avendo perso l'unità.

A dare forza a questo processo della mente umana, che riesce a riportare in vita chi è morto, necessario per la propria esistenza che continua, è uno scritto di Sigmund Freud (considerato minore, e persino criticato). Racconta un evento che gli antropologi sapienti escludono possa appartenere ai fatti della storia. Freud non voleva fare l'antropologo, ma dare corpo a una dinamica che simbolicamente attribuisce alla psiche la capacità di riportare in vita i morti. Nello scritto *Totem e Tabù*, del 1913, narra una vicenda all'interno di una tribù, in cui i figli uccidono il padre poiché imponeva comportamenti che si scontravano con i loro desideri. Da quel momento, finalmente avrebbero potuto soddisfarli, ma non sapevano più vivere, poiché vennero presi dalla paura, e non avevano più desideri se non quello di riportare in vita quel padre. E a mostrare che, prima di essere simbolica o addirittura barbarica, la *communio* è parte di una lotta per sopravvivere, mangiano il corpo del padre morto e dopo questo pasto (che diventerà nel cristianesimo l'ostia consacrata), riprendono a vivere e a seguire il comportamento indicato dal padre, che riviveva nella tribù.

I cimiteri non sono luoghi tristi. Nel tempo presente sono poco frequentati, ma dovrebbero richiamare il desiderio di visitarli, di rileggere la storia attraverso quei nomi incisi sulla pietra tombale, richiamati dalla curiosità di venire a contatto con il passato e capire così il fondamento della civiltà, per cui tutti gli uomini sono uguali. Sotto la terra non è più possibile distinguere né le doti né i difetti, nel camposanto si capisce che l'uomo è capace di bene e di male, e che si è identici l'uno all'altro. Ed è ancora più espressivo questo principio nella pratica della cremazione, antica ma che ritorna oggi in forma diffusa, in cui un uomo *si riduce a polvere*.

14. La povertà non è una condizione disumana. Va distinta dai luoghi che abbiamo definito «del degrado». Per questo la si deve distinguere anche dalla miseria, che rappresenta uno stato per il quale si attiva l'impotenza, si avverte la pietà, ed entrambi questi sentimenti impediscono l'azione. Come trovarsi di fronte a qualcosa di disumano, di irriconoscibile all'interno delle proprie esperienze, e soprattutto si percepisce anche che chi riattiva queste sensazioni, è privo delle capacità di reagire, persino di poter chiedere. Rappresenta una condizione di blocco della psiche, e allora quell'uomo o quella donna diventano la rappresentazione di chi ha perduto la dimensione dell'umano, e non sa reagire, come inconsapevolmente vi avesse rinunciato. Si prova dolore, senza che tuttavia venga l'idea di cosa fare, una pulsione che può portare a compiere errori, ma allo stesso tempo nega che si possa agire in qualche modo. Viene in mente un'opera che lo esprime in maniera efficace come *I miserabili* di Victor Hugo (1862), ambientato nei bassifondi di Parigi. Ed è già significativo il luogo della miseria che è sotto la città, in cui si nasconde o forse è stata posta.

La povertà è invece molto umana, ha persino una dignità che permette di desiderare, di sognare. I poveri si sono persino uniti nella protesta contro le ingiustizie, la storia riporta una *guerra dei poveri*, ma il termine non era giusto perché non possedevano armi e non avevano denaro che, semmai, avrebbero trasformato in pezzi di pane. E anche l'episodio storico della *guerra del pane* non era una lotta armata, ma un urlo verso una società, che si dedicava soltanto ai ricchi perché potessero diventare ancora più ricchi. A indicare una grande comprensione della condizione dei poveri, e negare quindi l'idea di una colpa sociale, vi sono storie straordinarie: quella di Francesco d'Assisi, che abbandona la casa del padre e la ricchezza, per diventare povero. E per dimostrare come la povertà fosse per lui rifiuto della ricchezza, di fronte al vescovo di Assisi, si denuda. Fonderà un ordine che non possiede nulla, a parte la tunica, che i frati avrebbero indossato. Vi è la storia di Agostino che si converte al cristianesimo e da dignitario, vuole imitare Gesù di Nazareth che non possedeva nulla, se non la generosità. È straordinario quell'Uomo di Nazareth, che ha mostrato la vera generosità di colui che sa dare, non possedendo nulla. E nelle parole riportate dal Vangelo di Matteo, esprimeva di amare i poveri e raccontava che nel Paradiso i poveri erano i benvenuti.

Per avvicinarsi a questa visione della povertà, è sufficiente rendersi conto della via che domina per accumulare ricchezza. Un esame che rende possibile il paradosso dell'inversione dei termini, con l'affermazione che la ricchezza è per lo più povertà, mentre la povertà è per lo più ricchezza. Avendo in mente la *civiltà*, che nel tempo presente mostra i segni dell'agonia, va ricordato che non è esaltazione né della ricchezza né della povertà. L'essenziale della civiltà è sempre l'uomo, non le condizioni dell'apparire. Il principio del rispetto dell'uomo guarda pertanto al senso che egli ha, come colui che è e non c'era, era nulla. La condizione di *esserci* va rispettata di fronte al *non-esserci*, una condizione che è legata al mistero. Ecco perché la povertà è mistero, come misura dell'apparire e dell'avere. E del resto, la povertà ha talora il volto di una umanità straordinaria.

15. I tribunali sono luoghi espressamente deputati a giudicare. La tendenza a esprimere giudizi è molto forte nel tempo presente. Lo si vede in ogni luogo. Diventa così un comportamento che mostra quanto poco si eserciti la comprensione. *Giudizio* e *comprensione* non possono abitare nella stessa dimora, perché i criteri che si applicano, sono contrapposti. In un caso si è portati a raccogliere le motivazioni, le difficoltà, i conflitti che possono aver promosso un'azione, nell'altra l'attenzione è volta a rilevare gli elementi che permettono di colpevolizzare.

Un contesto in cui la giustizia è fuori luogo è la scuola, perché ospita giovani in crescita, in una fase quindi di maturazione e di conoscenza di sé. Attraverso un voto, che dovrebbe limitarsi a valutare l'apprendimento, si può colpire la personalità di un allievo che può essere in difficoltà per cui sarebbe opportuno un giusto sostegno e non un giudizio, immediatamente trasmesso alla famiglia, quasi si volesse stimolarla a giudicare la colpa dei figli.

Del resto, i giudici vengono divisi a seconda di due compiti ben precisi. La Procura raccoglie i dati e le circostanze per sostenere l'*accusa*. I giudici, a loro volta separati a seconda del grado di giudizio, dopo aver considerato le prove delle accuse e tenuto conto delle controprove della *difesa*, devono esprimere non solo il giudizio di colpa, ma determinare anche la pena. Un compito di grande responsabilità, dal momento che in alcuni casi si giungeva in passato a punire con la morte, oggi con l'ergastolo, che condanna alla privazione della libertà e al carcere per tutta la vita. Ha il sapore della morte *psichica*, mentre sopravvive il corpo.

Non vi è in queste osservazioni alcuna concezione «contro» la giustizia e contro i giudici. Ne diventa inevitabile l'accettazione, proprio se si parte dall'attenzione a chi è stato ucciso o ha subito violenza, in particolare quando la vittima è un bambino o un vecchio, a cui mancano le capacità di difesa e spesso persino quella di chiedere aiuto. Si avverte di fronte a una vittima il dolore e si finisce per proiettarlo su ciò che sarebbe potuto accadere ad altri o a sé stessi. Comprendere non significa giustificare, e non propone nemmeno il buonismo, al posto della pena. Più semplicemente, vede necessario arrivare al giudizio, soltanto dopo aver applicato l'analisi della personalità, delle circostanze in cui è stato compiuto il gesto criminale, in modo da inserire la dimensione umana, nella consapevolezza che persino un uomo perbene può compiere l'errore e fare il male. La vittima deve essere presente durante il processo, magari come un'ombra, che suggerisce la necessità che la società prevenga o, meglio, impedisca il male.

Un'antica massima evangelica invitava al *nolite iudicare, ut non iudicemini* (non giudicate, per non essere giudicati). Analogo invito del cristianesimo è quello di non rispondere mai alla violenza con la violenza, ma di *porgere l'altra guancia*. La giustizia trova la propria ragione d'essere, quando si giunga alla convinzione che solo con la paura e con la forza si riescono a controllare i singoli di una intera società. Il carcere come deterrente, come freno alle azioni malvagie. È necessario ammettere che la giustizia si impone quando i principi di una civiltà sono stati dimenticati. Per questo la giustizia non è un principio primo, infatti viene legiferata con criteri che mutano da società a società e all'interno di una stessa, rispetto a tempi differenti. Dove si rende necessaria la giustizia e dove i tribunali sono sommersi di denunce e processi, è il segno più evidente che, in quella società, l'applicazione dei principi dell'umanesimo è lontanissima. La giustizia esiste laddove domina non il rispetto, ma la sopraffazione violenta dell'altro, che giunge fino a non rispettarne la vita. Nasce sulla corruzione, sulla mancanza del rispetto e sul potere imposto con la forza.

Il tribunale è un luogo positivo dentro una società negativa, e ne è prova un atteggiamento diffuso che porta a considerare la giustizia una illusione. Il detto che lo esprime è «se la giustizia umana facesse giustizia, povera giustizia». In questo caso, il riferimento è invece alla giustizia di Dio, che si attiverà alla fine dei tempi e a giudicare sarà lo stesso Creatore. Persino questa giustizia, ammesso che non sia una proiezione di quella umana, può diventare incomprensibile. Le ingiustizie della giustizia umana non sono solo dovute a una valutazione quantitativa della pena, poiché sono innumerevoli i casi in cui è l'innocente a venir condannato. E ancor più numerosi sono quelli di persone colpevoli, ma consapevolmente dichiarate non giudicabili o comunque falsamente assolte.

Non si può dimenticare che, all'interno della chiesa, esiste un altro luogo della colpa, della penitenza e dell'assoluzione ed è il confessionale. Luogo per tutti, in cui siede come giudice il sacerdote, mentre inginocchiato si trova il peccatore che confessa le mancanze compiute e chiede perdono a Dio. Dopo aver ascoltato e invocato l'aiuto del Padre celeste, nella maggior parte dei casi il sacerdote dà l'assoluzione con l'*ego te absolvo a peccatis tuis, in nomine Patris et Filii et Spiritus Sancti.*

16. Tra i tanti luoghi di una città vanno aggiunti anche quelli del controllo sociale che, con un termine tecnico, ospitano la *burocrazia*. Sono tra i più affollati. Nel tempo presente, le società hanno incorporato la concezione che ogni cittadino tenda a imbrogliare nelle forme più disparate, e che in questo modo eviti di seguire le leggi, emanate dal potere. Nella *Repubblica* di Platone, nel descrivere l'organizzazione per gestire la *polis*, questo compito non viene nemmeno citato. Ed è un segno che tali luoghi vanno nettamente differenziati da quelli della giustizia, che riguarda solo chi commette dei crimini verso un altro uomo. I palazzi della burocrazia si occupano esclusivamente dei comportamenti che sono contro il potere; il primo tema è quello del fisco, del dovere, cioè, di ogni cittadino di pagare le tasse come contributo ai servizi che vengono erogati. Una tassa proporzionata alla condizione economica e ai profitti che un cittadino realizza.

Il rapporto riguarda, dunque, tutti coloro che sono sottoposti al dominio di un principe, di un re, di un dittatore, arrivando fino al sistema democratico che, nel migliore dei casi, ha un potere delegato dagli stessi cittadini, nei casi peggiori si tratta di false democrazie, addirittura maschere di una dittatura. Si può usare il diritto di voto per eleggere forzatamente un organo di rappresentanza, scelto dal dittatore. In questi casi la democrazia è complice del potere assoluto. Tra le peggiori dittature della storia, emerge quella di Adolf Hitler, eletto a cancelliere e diventato dittatore assoluto. Così è avvenuto per il fascismo di Benito Mussolini. Esempi ancor più gravi sono quelli del comunismo che, perseguendo in Russia la lotta contro lo zar, demandava il potere al popolo, riuscendo soltanto a trasformare il delegato del popolo in dittatore. Da allora, nelle Repubbliche socialiste dell'Unione Sovietica ha dominato il potere di un singolo uomo che poteva decidere ciò che voleva, nella certezza che il Parlamento mai lo avrebbe contraddetto.

I luoghi del controllo sono ispirati dal potere, qualunque ne sia la formulazione e maschera. La burocrazia è un sistema di controllo, via via più esteso, che viene esercitato sul denaro, che è il riferimento, anzi la riduzione del valore dell'uomo. Controllare la quantità di denaro nella popolazione equivale a esercitare un potere sulle persone. Il sistema fiscale è la modalità per impedire che venga disturbato il potere ed è comprensibile, pertanto, che sia esercitato sull'unico strumento che può permettere di occuparlo: il denaro. Non importa nulla che un uomo abbia un'enorme conoscenza nell'ambito di una disciplina, non preoccupa certo un premio Nobel o un genio della pittura, della matematica, o della medicina. La cultura non è mai potere. Se tutto viene rappresentato dal denaro e dalla quantità possibile, il potere deve taglieggiare il denaro che giunge nelle tasche dei cittadini, non per migliorare i servizi, ma per disautorizzarlo, mantenendolo cioè nella dipendenza dal potere. Sono ammesse eccezioni solo per gli amici del potere, sempre pochi, a cui è permesso il ruolo di oligarchi, con ricchezze non controllate dalla burocrazia, ma dal dittatore giunto al potere con la forza, anche se mascherata di democrazia. A dimostrare l'importanza della burocrazia e di possedere un braccio armato, è il Corpo della Guardia di finanza che ha libertà di controllare i processi mediante i quali un cittadino accumula denaro. E il braccio armato può entrare negli istituti bancari che rappresentano delle società private, a propria volta controllate, impedendone il segreto. Per questo devono mostrare i bilanci alla burocrazia, che può collegarsi per far sì che in tempo reale venga trasmessa la conoscenza di ciò che la banca opera con la propria clientela che non può arricchire se non con i limiti stabiliti dal potere, e con le eccezioni ammesse. È evidente che, in tale sistema, non può che svilupparsi l'«arte» dell'evasione fiscale. Di fronte ai luoghi del controllo esistono innumerevoli uffici che vi si contrappongono e che costituiscono una altrettanto vasta realtà, formata dai luoghi dell'evasione.

È a questo punto che si dovrebbe aprire un vero capitolo: quello dell'economia del denaro, il campo in cui oggi si esprime in tutta la sua varietà l'intelligenza umana, al cui confronto quella artificiale è a uno stadio ancora infantile. Il confronto tra intelligenza umana e artificiale viene posto nel campo delle scienze, della letteratura, del giornalismo. Si evita invece di confrontarla con l'economia, che giunge a indici intellettivi di un cervello che forse posseggono gli arcangeli e le dominazioni, tanto è raffinato e profondo. Un sociologo del Novecento, Michel Foucault, ha sostenuto nel libro del 1975, *Sorvegliare e punire*, che il potere controlla persino le idee, intervenendo sull'uso del linguaggio, che costituisce il contenitore attraverso cui si comunica. L'estrema descrizione per indicare che la burocrazia non ha limiti e di conseguenza, dedurre che il Grande Fratello di George Orwell del 1949, l'invisibile che ci controlla, ha la sua progenitura dalla burocrazia. In un periodo di eccessivo caldo viene controllata la quantità di aria climatizzata che ciascuna famiglia usa e, naturalmente, si può impedirlo con sistemi semplicissimi, come l'aumento del prezzo dell'energia che serve per attivare i condizionatori. A dare ancora maggiore potenzialità alla burocrazia, intervengono i computer digitali che, registrando ogni azione, elaborano la personalità di ciascuno, incluse le idee dedotte dai libri che acquista, dai programmi che segue alla televisione, e da chi chiama al telefono. E si può giungere a emanare una legge che stabilisce di non poter usare il denaro contante, che va sostituito dalle carte di credito. Il braccio armato può controllare addirittura quanti caffè vengono assunti in una giornata, i ristoranti frequentati, l'uso di canali Internet pericolosi, inclusi quelli del sesso, per definizione pornografici.

In una società del controllo totale, l'unico compenso possibile è di parlare continuamente di libertà. Un quadro drammatico che non ha riferimenti catastrofici, poiché è un effetto della scomparsa di quei principi, che sono il fondamento di una civiltà, in cui la parola «potere» non entra nemmeno. Parla semmai di autorevolezza, che deriva dai valori dell'umano e non da tecniche false del potere.

17. Non è possibile raccontare la storia del passato, senza inserirvi le *guerre*, vinte o perse. Fino al 1870 si combattevano nei campi di battaglia, in aree lontane dalle città e mettevano a confronto solo i soldati, che ponevano in campo la loro vita. Esistevano precise regole: era previsto ad esempio un tempo per raccogliere i feriti e i morti, di solito le battaglie si interrompevano nella notte. La guerra dichiarata in quell'anno dal cancelliere Otto von Bismark alla Francia fu l'ultima di questo tipo. Successivamente, si aprì il coinvolgimento dei civili e le città divennero teatro di distruzione e di morte.

La Prima guerra mondiale si è caratterizzata per le strategie di trincea, il luogo poteva essere ovunque, in genere si cercava di impedire l'avanzamento, come segno della progressiva conquista di un territorio. E così si scavavano delle linee, come un limite che il nemico non poteva oltrepassare, i soldati aspettavano in trincea, pronti a uscire a un certo punto per affrontare il nemico frontalmente.

Con la Seconda guerra mondiale, dotata di aerei che lanciavano dal cielo le bombe, l'obiettivo strategico divennero le città. Il numero di morti, tra soldati e civili, raggiunse il totale di 69 milioni, le vittime civili furono 44 milioni rispetto ai 25 milioni di soldati. E i numeri sono più espressivi di qualsiasi altra descrizione. Nel 1945 fece il suo ingresso anche la bomba atomica, che venne lanciata sulle città di Hiroshima e Nagasaki. E non solo distrusse una comunità, ma lasciò i segni in tutte le persone che riuscirono a sopravvivere, come invalidi o come malati.

Dovessero esserci altre guerre mondiali, almeno una terza non vedrà nemmeno i soldati sul campo, poiché si consumerà a tavolino, davanti al computer per mettere in moto i razzi vettori prima e le bombe che trasportano poi, colpendo città a notevole distanza e distruggendo senza distinzione la popolazione. La previsione di una quarta guerra non diventa possibile per il rischio che la terza abbia cancellato l'umanità. E semmai si rigeneri, la si combatterà a colpi di bastone e lanciando sassi. Forse si tratta di battute che sanno di disperazione, ma mostrano l'orrore della guerra, in qualsiasi modo si sia attivata e in qualsiasi maniera venga combattuta. La guerra è segno che *la civiltà è morta*.

Nonostante questa visione, una delle industrie più attive e a più alto rendimento è proprio quella delle armi e in particolare delle ogive atomiche, per coloro che già le possiedono e hanno imposto e legiferato a tutti gli altri di non poterle avere. È questa la violenza del potere, che controlla persino il pericolo di essere attaccato al di fuori dei nove Paesi che già ne sono dotati. Finché ci saranno armi, i venti di guerra continueranno a generare paura e a creare vittime. Abbiamo ricordato le guerre mondiali, ma ne esistono ancora di locali, tra nazioni confinanti o anche all'interno dello stesso Paese. In quest'ultimo caso si definiscono «civili», anche se bombardano e distruggono il significato stesso di civiltà. Dovrebbero chiamarsi «barbariche». Le guerre locali che si combattono nel mondo sono quarantacinque. Forse l'idea si è così incarnata dentro il delirio del potere che genera sempre, prima o dopo, una guerra.

I luoghi della guerra fanno riferimento in primis alle caserme e ai soldati che le abitano, sia come centri di organizzazione sia come abitazione. In Italia ha dominato fin dalla Costituzione del Regno la leva obbligatoria ed è solo dal gennaio del 2005 che si forma un esercito professionale, per scelta volontaria. Vi era la concezione che ciascun giovane dovesse essere definito soldato, pronto alla guerra. Il numero dei soldati di cui il Paese disponeva era intorno ai 300.000. Attualmente sono 90.000 e si è assistito a una manipolazione del vocabolario, con la creazione di un'espressione linguistica paradossale, «esercito di pace», cercando di convincere che i militari in Italia dedicano il loro impegno professionale, per promuovere la pace. Si è ripresa la massima latina che suonava *si vis pacem para bellum* (se vuoi la pace prepara la guerra), sulla convinzione che la pace non sia il risultato dei principi e della civiltà umana, ma consegua alla paura dei fucili puntati e delle ogive atomiche che, attivate, dopo 15 minuti produrrebbero effetti mille volte più potenti delle esplosioni del 1945. Invece di trasmettere la bellezza dei principi primi, si mostra che la pace consegue a una violenza che può attivare guerre e distruzioni. E questo sarebbe addirittura scontato dalla presenza di 90.000 soldati, un esercito che rappresenta la premessa e la previsione certa di una guerra. È sorprendente, forse sconvolgente, che gli eserciti siano ora costituiti anche dalle donne. Non sono certo contro le pari opportunità e il sacrosanto diritto che il genere femminile non sia discriminato sul piano delle professioni e su quello delle capacità. Sorprende, però, per le caratteristiche biologiche della donna e la sacralità del compito di dare la vita, che ora possa impugnare un fucile che ammazza, che salga su un carro armato, su un caccia, e possa colpire obiettivi sensibili, perfino vecchi e bambini. La guerra è così lontana dai principi di una civiltà, da rendere inutile ogni progetto di raggiungerli, a meno di non sognare.

18. Il termine «utopia» lo si attribuisce a Tommaso Moro, che intitolò con questa parola un suo libro del 1516: *Libellus vere aureus, nec minus salutaris quam festivus, de optimo rei publicae statu, deque nova insula Utopia*. Il termina deriva dal greco, come combinazione di *ou* (non) e *topos* (luogo).

Le utopie descrivono dei mondi o quantomeno delle città, che hanno una struttura di governo e una visione del mondo, mai realizzate nella pratica, espressione pertanto di desideri, di sogni per un cambiamento del mondo così com'è, verso una forma che potrebbe assumere. Il significato etimologico sta per «non luogo», in una espressione che ha un senso diverso da quella coniata di recente da Marc Augé che, con lo stesso termine, intende riferirsi alla città e a luoghi esistenti, ma che non hanno corrispondenza con la dimensione antropologica, come fossero quindi *estranei* rispetto all'uomo.

Occorre ricordare che ai tempi di Tommaso Moro esisteva anche il termine «eutopia» (che etimologicamente, nella radice *eu*, «buono», indica un luogo in pace). Tale considerazione completa forse il senso più profondo di «utopia», precisando che si tratta di un luogo che non esiste, con caratteristiche di bontà rispetto a quello che si vive. Che si tratti di un luogo non vi è dubbio, in quanto viene sempre descritta una città, dedicandosi però alla sua organizzazione e alle dinamiche tra gli uomini e le donne, che la abitano.

Una delle considerazioni degli studiosi di utopie è che siano la continuazione della mitologia che, nelle diverse culture, rispetto alle città del concreto, esprimeva in maniera forse compensatoria la ricerca di quelle che, o erano scomparse, o erano parte di un mondo lontano o trascendente. In tale ambito, anche i riferimenti religiosi ai luoghi paradisiaci finiscono per entrare nelle utopie. Viene da pensare alle fiabe che si associano all'età infantile, ma che piacciono anche agli adulti, ai nonni che le raccontano, con i loro riferimenti a luoghi straordinari come i castelli, personaggi come le fate che riescono a capovolgere la realtà concreta e permettono di rendere felici gli infelici, ricchi persino i poveri.

I luoghi dell'utopia si associano molto bene ai temi che si legano alla civiltà, anche perché, se si considera la distanza che si pone tra le società, spesso non civili, regolate dalla lotta, dall'odio, dalle guerre, è lo stesso concetto di civiltà ad apparire una utopia. In un tempo in cui una grande civiltà come quella occidentale è in agonia, è chiaro che richiamare quei *principi primi* che potrebbero rianimarla e renderla meno incompleta, finisce per rappresentare un'utopia. Con l'unica differenza che, mentre le città che non ci sono esprimono una sorta di rinuncia a trasformare quella in cui si vive, la civiltà esprime la concezione dell'umanesimo che è fatta per questo mondo. Le utopie rappresentano anche una fuga dalla realtà e in tal caso rimane solo la possibilità di collocare fuori dalla terra ciò che si vorrebbe potesse, invece, appartenervi. *La civiltà non è un'utopia*, in quanto contiene i principi che sono *piantati* dentro l'umano. Solo l'uomo può realizzarli e viverli, con il corpo, con la psiche, attraverso le relazioni, nel rispetto e nell'amore, di una intera comunità umana. Si possono amare le utopie, ma non smettere di usare la passione e cercare di costruire un luogo ideale, in cui vivere umanamente.

La nuova Atlantide di Francesco Bacone, composta nel 1626, descrive un mondo lontano, in cui il progetto organizzativo è fatto e continuamente perfezionato dagli scienziati. Una visione, profondamente legata al fatto che Bacone è considerato, assieme a Galileo tra i fondatori della scienza. Anche la concezione della *res publica* platonica può definirsi una utopia, poiché è stata ben lontana dal creare la felicità per ogni cittadino. Basterebbe ricordare che ammetteva gli schiavi, per i quali non si poteva certo applicare il termine «felicità», nello stesso significato e nella stessa misura. E se Platone dava il controllo della *polis* ai filosofi, Bacone lo affidava agli scienziati. Non a caso, *La nuova Atlantide* risente del clima proprio del Rinascimento. Sempre nel periodo rinascimentale si colloca anche *La città del sole* di Tommaso Campanella, opera che scrisse in prigione, condannato dall'Inquisizione romana per eresia. Vi fu tenuto recluso per ventisette anni. Nella sua utopia, esprime il sogno di una città teocratica, egualitaria, dove la proprietà non fosse più del singolo, ma dell'intera comunità. Era un filosofo che in gran parte condivideva il pensiero di Giordano Bruno e di san Tommaso d'Aquino. Ma le utopie sono un *topos* della letteratura, con capitoli in ogni epoca, anche in quella moderna. A questo proposito va ricordato *Il mondo nuovo*, del 1932, di Aldous Huxley. E sono così numerose da spingere a stabilire delle vere sezioni, che prevedono un'utopia politica e persino una religiosa. In quest'ultimo caso si distinguono il Paradiso del cristianesimo dal Paradiso dell'Islam, ma vi sono anche utopie che si dedicano alla organizzazione e al comportamento della Ecclesia. Il rischio è che, talora, gli utopisti vengano giudicati eretici e condannati. Quella di Lutero è stata un'utopia, così come un'utopia e un'eresia è la visione della Chiesa espressa da Gioacchino da Fiore, che visse tra il 1130 e il 1202.

L'utopia è un tema che comunque si deve inserire in quello della civiltà, che nella Storia non ha mai visto espressioni di civiltà compiute. È pertanto possibile impegnarsi non solo per risolvere il periodo di *agonia*, ma per dare grande spazio a un luogo in cui tutto sia guidato dai principi, onde rendere possibile nella realtà concreta la realizzazione dell'*umanesimo*.

19. Una delle dotazioni più straordinarie della psiche è l'immaginazione, e l'uomo è forse il solo animale che, assieme alla visione sensoriale legata alla materia e all'immediato presente, mostra la capacità di immaginare ciò che non c'è. L'immaginazione è la possibilità di dare una rappresentazione all'inesistente, costituisce una tappa verso la creatività, che si può definire anche come la costruzione di qualcosa che prima non esisteva, ma era immaginata. La si può definire un mondo dentro la psiche, e quindi anche dentro il cervello, l'organo da cui emerge.

Il termine «immaginazione» rinvia in modo preciso alle immagini e non alle parole, alle rappresentazioni che hanno una forma. Riporta allo specchio, in cui ci si percepisce anche senza spostarsi sulla sua superficie. Analogamente, l'ombra diventa una rappresentazione di un oggetto che è distaccato dalla sua proiezione, distesa per terra. Per un'ulteriore esplicitazione, si pone in confronto con il sogno che, oltre alle immagini, esprime azioni, e ciò presuppone un luogo che è però frutto della fantasia. L'immaginazione costituisce dunque una funzione della mente molto complessa, che ha come fondamento il processo per cui tutto ciò che viene rappresentato, sorge dentro la psiche umana.

Il sogno fin dai tempi della civiltà egizia e poi nell'ebraismo, era considerato addirittura la conseguenza di una relazione tra il singolo uomo e un Dio, che manda degli avvertimenti, dei segnali. Una visione che con Sigmund Freud si è capovolta; dal senso di un messaggio che proviene dal divino ha assunto la dimensione di un linguaggio interiore, che appartiene a chi sogna, è dunque proprio di quel particolare uomo. Si deve tener conto che ogni notte si sogna: se si registra con un elettroencefalogramma l'attività del cervello, ci si accorge che sono sempre presenti i rilievi che riportano a questa funzione. Se appaiono nella registrazione e si sveglia il soggetto, questi afferma che stava sognando e ne racconta il contenuto. Talora ci si risveglia in affanno, con il cuore che batte forte, oppure sudati. Il racconto contiene paure, a volte incubi. Il sogno si svolge nei luoghi dell'immaginario, e anche quando ne fa parte il sognatore o personaggi a lui noti, le circostanze appartengono alla fantasia. Giustamente è stato rilevato che l'esperienza del sogno riattiva emozioni, sentimenti, comportamenti, che sono gli stessi che si avvertono nell'esistenza, tanto che l'attività della veglia la si è anche definita un «sognare a occhi aperti». Se si analizzano i sogni, vi sono riferimenti alla realtà concreta ma c'è sempre un contenuto che appare strano, persino incomprensibile. Freud ha ipotizzato l'*inconscio* e lo ha posto tra le *fonti del sogno*. Ciò rende conto del mistero, che è comunque parte, espressione interiore di ciascun uomo. Sono sagge le raccomandazioni di evitare i manuali, poiché il significato si collega sempre alla vita psichica e può emergere solo attraverso un'analisi del profondo, applicando la tecnica inaugurata da Freud con la psicoanalisi. Grande rilievo viene dato alle memorie, e in particolare a quella delle immagini. Oggi si conosce bene che non si depositano solo in immagini di ciò che consapevolmente si è visto o partecipato, nelle nostre memorie si depositano anche sensorialità inconsapevoli. Se entriamo in una stanza per la prima volta, fissiamo nella memoria moltissimi particolari anche se la nostra attenzione è colpita da alcuni oggetti in primo piano e su questo dato, si rende possibile che il sogno «peschi» dentro immagini di cui, proprio attraverso il sogno, si prende consapevolezza. Richiami che attribuiscono ai luoghi della immaginazione una appartenenza propria di ciascun uomo, il cui significato parla sempre dell'esistenza del sognatore. Anche se sono luoghi di fantasia, mantengono l'impronta di una specifica personalità e dell'umano. Non sono dunque alieni, altro da lui.

20. Al secondo millennio dell'era cristiana, appartengono i computer digitali. Si situano in una storia tesa a fornire all'uomo uno strumento ordinatore, capace di compiere operazioni che appartengono alla mente umana. Fino al computer, la tecnologia aveva creato molte protesi per aiutare le funzioni del corpo. Un bastone rappresentava un allungamento delle braccia, la ruota facilitava il trasporto di oggetti troppo pesanti. Di questo passo, arriviamo al motore che ha reso possibile aumentare la velocità del corpo umano. Il computer digitale è invece una *protesi per la mente*, poiché compie contabilizzazioni, operazioni algebriche, a velocità oggi talmente rapida da portare a risultati che l'uomo raggiungerebbe in un tempo enormemente più lungo.

Nel suo sviluppo, il computer ha aggiunto altre funzioni della mente, in particolare ha costruito la *virtualità*, potendo generare e mostrare su uno schermo delle rappresentazioni che non hanno concretezza, non ci sono. Risultano creazioni del computer, di una macchina che compie, oltre alle funzioni di ordinamento e velocità, un'attività che, come nell'uomo, si potrebbe definire di fantasia o immaginazione. Il termine corretto è però «virtuale». Ed è importante assegnare un termine differente, che nel latino medievale deriva da *virtus*, nel senso di facoltà. Una facoltà speciale, nell'ambito delle virtù. Sta a indicare qualcosa che non c'è, o che comunque non è stato realizzato ancora. Nel legame con il computer, ha anche il significato di simulare la realtà e la simulazione rimanda a qualcosa che assomiglia al reale, ma non lo è. Se si segue una rappresentazione virtuale uscita dal computer digitale, ci si accorge che è *fuori dalla realtà*, anche se è in grado di richiamare qualcosa di oggettivo, di fisico, e per associazione rimanda alla fantasia, all'immaginazione, al sogno. È una impressione erronea, il virtuale non è espressione di una persona e di una specifica personalità, non nasce dentro la psiche, ma è un prodotto digitale che caratterizza l'ultima generazione di computer, capaci di elaborare dati che non attingono all'uomo.

Nel confronto con l'immaginazione, come linguaggio da decodificare per dare significato alle immagini, il virtuale non ha la stessa sorgente. E qualsiasi interpretazione se ne dia, non riporta mai a caratteristiche specifiche della psiche e delle sue funzioni, che provengono dalla parte del cervello plastica, che giunge alla creatività. Tale funzione contiene sempre l'*impronta dell'umano* e non è mai virtualità. Una profonda distinzione, che nulla toglie all'interesse verso la capacità dei computer digitali, che sta per essere ulteriormente potenziata in quelli quantici (che potranno trovare un'applicazione nel campo delle scienze, della medicina, dell'economia), ma risponde più semplicemente al bisogno di fare chiarezza sul porre sullo stesso piano l'attività immaginativa della mente umana con l'esposizione su un video della virtualità. Una distinzione che si dovrebbe estendere a molte nuove funzioni che richiamano l'attività mentale, come quando si parla di *social network*, usando il termine «sociale» che rimanda alle relazioni interpersonali, che sono parte del comportamento umano.

Gli spazi sociali che si attivano con il mondo virtuale hanno caratteristiche e significato totalmente differenti: la società umana ha bisogno dell'incontro dei corpi reali, le immagini virtuali mettono insieme un uomo che c'è con figure, rappresentazioni che, pur avendo un nome e una forma, non possono essere chiamate umane. Un uomo può stabilire una relazione con Dio che può non esserci, ma è comunque una creatura dell'uomo, fondata sui suoi bisogni e persino sulla sacralità, una funzione che una macchina funzionante in base alle leggi della fisica delle particelle non può avere.

Se fino a qualche anno fa il virtuale era considerato uno stimolo sensoriale, in particolare visivo, recentemente è stato creato un nuovo termine: «metaverso». Il termine è attribuito a Neal Stephenson, che lo usa nel romanzo cyberpunk *Snow Crash* (del 1992). Ma ora definisce una nuova funzione, ancora in sviluppo, che ha segnato il passaggio da un virtuale sensoriale (visto su uno schermo) a un virtuale *vissuto*. Questa volta occorre indossare un visore con sensori che, addirittura, modificano la sensorialità, generando l'uomo *aumentato* e permettono di entrare nel mondo che non c'è, attraverso la creazione di un avatar che diventa la propria attività, che agisce nei luoghi del metaverso, che non ci sono, assieme a una proiezione di sé, su cui si sposta la propria personalità in un processo che sembra quello di una vera *dissociazione*. A dimostrare l'importanza del termine «luoghi» (luogo della virtualità e del metaverso), è la possibilità di acquistarvi una casa, dove l'avatar, cioè la riduzione di sé nella virtualità, può vivere e ospitare gli amici. L'unica dimensione concreta di questa «pagliacciata» contro l'umano e l'umanesimo, quindi contro la civiltà, è che i mercanti riescono a vendere un mondo che non c'è, chiedendo denaro vero, che chiamano denaro virtuale, una valuta emessa dai gestori del metaverso, che hanno creato una «Central Bank digital currency».

21. I luoghi del riposo hanno un'associazione immediata con la stanchezza. Il cervello funziona continuamente e non presenta segni di significativa intensità. Il cuore non si può fermare, sarebbe un segnale di fine della vita. I muscoli striati accumulano stanchezza e possono dare segni di stress. Il riferimento della progressiva stanchezza dei muscoli è dato dall'accumulo di acido lattico. Il metabolismo è il *rumore di fondo* dell'attività della macchina umana. Le funzioni psichiche, che derivano dal cervello e dalla sua parte plastica, emergono dalla rete neuronale

che è in attività continua. Lo testimonia, sia pure in modo indiretto, la persistente produzione di energia elettrica, che viene facilmente rilevata attraverso un elettroencefalogramma. Con sistemi un po' più raffinati, ci si accorge che ogni singola cellula e qualsiasi organo del nostro corpo devono mantenere un potenziale di membrana, legato a un continuo scambio elettrolitico tra l'interno della cellula e l'esterno. Se viene fornito il cibo come fonte di energia in quantità adeguata, il corpo la consuma, indipendentemente dal tipo di attività che svolge. Certo non si può parlare di stanchezza, nel caso in cui l'organismo umano non venga rifornito. Un'operazione importante, tanto da attivare in questo caso istinti che spingono a ingerire cibo. L'esempio che viene da richiamare è quello di un'auto da grande prestazione che, se non viene rifornita di benzina, non può muoversi anche se ha la capacità di raggiungere velocità da Formula Uno. Una volta garantito il rifornimento del nostro corpo, il cibo si trasforma in energia, la più importante forma è l'ATP (acronimo di adenosina-trifosfato).

Il tema del *riposo* rimane invece fondamentalmente legato alla psiche. Il significato etimologico di «riposo» è *fare altro* (dal latino *re*, «ripetere, ritornare» e *pausare*, «cessare»). L'idea del riposo nel periodo estivo, considerato in Italia il tempo dell'interruzione dal lavoro e delle vacanze, è una convenzione, che non solo è priva dell'effetto voluto, ma spesso comporta un vero stress poiché si fa qualcosa di nuovo rispetto al fare richiesto dal lavoro, ma le nuove esperienze, come un viaggio che si intraprenda o uno sport a cui ci si dedichi, implicano uno sforzo di adattamento, quindi l'attività di funzioni che nell'esercizio lavorativo, in certo modo sempre ripetitivo, non vengono richieste. Se si abbandona una occupazione e se ne assume una differente, il primo periodo richiede uno sforzo di concentrazione sulla nuova attività, certamente superiore rispetto a quella consueta.

L'idea del riposo è un'esigenza che va sempre considerata, ma diventa più logica l'interruzione frequente rispetto a una attività continua, per cui sarebbe meglio porre l'attenzione su altro e per breve tempo. Chi svolge un compito intellettuale concentrato sul pensiero, non deve bloccare questa funzione, semmai deve pensare ad altro, e diventa persino paradossale applicarsi a un diverso impegno mentale, per non pensare a ciò che il lavoro richiede. Chi sta davanti a un computer, concentrato visualmente sullo schermo, per riposarsi potrebbe ascoltare musica o distrarsi osservando l'ambiente in cui si trova, guardando un albero posto nel cortile. Esempi per mostrare che non si tratta di fermare il cervello o azzerare le funzioni psichiche, ma usarle rivolte ad altro. Il che implica volgerle su oggetti, su pensieri, attivando magari emozioni assenti nell'operare abituale. Anche in questo caso, la mente è attiva, ma si riposa dal consueto. Per chi guida l'automobile, un comportamento che richiede particolare attenzione e concentrazione, è sufficiente dopo qualche ora di guida, fermarsi in una piazzola e magari chiacchierare casualmente con chi ha parcheggiato l'auto vicino alla propria. Non è diminuita né l'attenzione né la concentrazione, sono state semplicemente dirette a un diverso comportamento. Vi sono individui che chiudono gli occhi per qualche minuto, altri che si appartano e distesi su una poltrona, riescono a dormire un poco. È diventato famoso il comportamento di Winston Churchill che, durante gli ultimi anni della Seconda guerra mondiale, impegnato con continuità nella War Room, dovendo seguire momento per momento l'andamento del conflitto, usciva dalla stanza e prendeva sonno per un quarto d'ora. Sarebbe stato impensabile consigliargli di prendersi qualche giorno di ferie.

Per paradosso, si giunge ad affermare che i luoghi del riposo possono essere gli stessi del lavoro abituale. E sempre sul piano della apparente assurdità, il riposo inteso come cambiamento di ambiente o come un viaggiare da un luogo all'altro diventa invece occasione di una tale stanchezza, da aver bisogno del lavoro per riposare. I luoghi dell'estate pubblicizzati per il riposo fanno parte dell'impresa turistica, capace di inserirsi all'interno di una macchinazione così faticosa, da servire soltanto a un presunto rito sociale, e non al bisogno reale del riposo.

22. Le società del tempo presente si caratterizzano per l'inquinamento dell'ambiente in cui ci si trova a vivere. Nelle città si rischia l'intossicazione da esalazione dei tubi di scarico, dei mezzi di trasporto. C'è l'inquinamento da ossido di carbonio, legato alla produzione di energia organica. Persino i raggi solari giungono attraverso i grandi buchi dell'ozono, diventando pericolosi.

Il più grave inquinamento è, comunque, il rumore. Ma è il solo a non essere temuto, anzi è da molti considerato gratificante. Il rumore vocale, musicale, da motore a scoppio... Se un gruppo di tre-quattro persone sosta in una piazza antica, con al centro la statua del grande poeta Dante Alighieri, subito si forma un rumore, dato dalla sommazione delle voci che escono simultaneamente e via via salgono di tono per poter sopraffare le concorrenti, e così si arriva a un urlo, mentre è completamente sparita la comunicazione. In una piazza poi, ogni persona è dotata di due cani da compagnia che, in armonia ai loro padroni, abbaiano...

Sono necessari ormai non i luoghi del silenzio, ma i rifugi e si stanno riattivando quelli del passato. Per entrare si deve però indossare una mascherina di piombo, per contenere il rumore. Si è cercato di creare sui treni ad alta velocità una carrozza del silenzio, ma si ascolta l'altoparlante che invita continuamente a fare silenzio poiché ci si trova in un luogo a questo destinato. Gli studiosi del cervello hanno messo in evidenza la regressione in atto e ad andamento acuto verso un organo spento, ridotto alla funzione sensoriale acustica, tanto da percepire, nel caso per un secondo si togliesse il rumore, il vuoto che, storicamente, era ritenuto proprio della morte. Il grande bisogno della società del tempo presente è legato ai luoghi del silenzio, che continuano a non esserci.

23. Esistono due tipi di piaceri: dei sensi e della mente (della psiche), che si riferisce al pensiero e alle relazioni. Esistono personalità che perseguono il primo tipo, altre il secondo e all'interno di uno stesso soggetto ciò dipende anche dall'età. La dimensione

del piacere è importante, poiché è il fondamento della gratificazione e ancor prima richiama come contrario il dolore, associato invece alla frustrazione. Se il piacere attiva la gioia di vivere, il dolore è il personaggio che lo avvolge di timore. L'eros e le liturgie che comporta sono l'espressione del coinvolgimento del corpo e in particolare del legame tra corpi. Tra i piaceri della mente vi è la fama, l'onestà, la coerenza e persino il sapere. Il piacere dei sensi riporta al privato e anche al segreto, quello della mente è pubblico e implica una partecipazione sociale. La notorietà sottolinea che, sia pure legata a una dote o ad azioni personali, proviene dall'altro.

Nella nostra società si rileva una disposizione a considerare il piacere nell'ambito del vizio, e si è imposto il termine di «peccato» in una visione che attribuisce più valore al dolore che al piacere. A rendere complicata la separazione tra i due, si pone il masochismo, termine associato allo scrittore austriaco Leopold von Sacher-Masoch, che in un suo romanzo *Venere in pelliccia*, del 1870, descrive una relazione in cui il piacere viene ricercato attraverso il dolore e, in particolare, una mortificazione umiliante e dolorosa nei rapporti sessuali: il protagonista del romanzo si unisce a una donna attraverso un contratto, in cui è stabilito che dovrà frustarlo. Comportamento che successivamente è stato inserito in una patologia della sessualità. In questa storia, il dolore fisico diventa piacere psichico e, almeno all'apparenza, viene sovvertita la differenza tra le due tipologie.

Il corpo è centro di un piacere che si distacca però anche dalla sessualità. Le piscine permettono di provare sensazioni piacevoli immersi nell'acqua. Si aggiungono le palestre che, oltre a scopi atletici, hanno anche quello del piacere dei movimenti. Un vissuto che si esprime in maniera più raffinata nella danza. Il corpo esposto al sole e stimolato dai raggi fa percepire la corporeità, come piacevole. E vi contribuisce indubbiamente, la nudità o, meglio, lo svestirsi, che secondo alcune interpretazioni è un gesto che riporta addirittura all'antropologia e alla natura. Un luogo di piacere è quello del teatro dove domina, rispetto alle espressioni verbali, il linguaggio del corpo negli atteggiamenti e persino nei travestimenti: i cosiddetti abiti di scena. Un altro luogo del piacere corporeo è anche l'automobile, un habitat in cui si compiono manovre, si raggiungono velocità, che si riflettono sulla percezione corporea. Lo si avverte con la motocicletta ancora di più, poiché vi partecipano il vento e i paesaggi che si trasformano. Il corpo percepisce sempre il luogo in cui si trova, e lo si rileva dagli atteggiamenti che si assumono, a seconda delle circostanze. In un ristorante elegante il piacere non è solo quello culinario, vi partecipa il corpo intero, come si trattasse di una esperienza nuova. I casi limite e parte della psicopatologia, sono dati dalla *agorafobia* e dalla *claustrofobia*: in un caso, percepire il proprio corpo in un ampio spazio vuoto attiva vissuti d'angoscia e paura; nel secondo è il luogo chiuso, come trovarsi in un ascensore o salire su un aereo. In altri luoghi poi, la percezione del disadattamento del proprio corpo, a cui si aggiunge una percezione psichica, scatena gli attacchi di panico. Nei luoghi dell'azzardo come i casinò, la dimensione corporea ha un effetto incredibile, è come ci si trovasse in un luogo che dà forti sensazioni di novità, di esperienze fisiche che accompagnano una vincita, oppure una perdita. È il corpo a rispondere, mentre può mancare del tutto il significato simbolico del denaro che si vince o si perde, denaro che in questo luogo è ridotto a fiches, oggetti di plastica, ben lontani dal ricordare il potere che abitualmente possiede.

Sono molti, pertanto, i luoghi che fanno avvertire la dimensione del proprio corpo in modo nuovo e piacevole, rispetto ai piaceri psichici che sembrano per questo, svalutati nel tempo presente. Il corpo appartiene più all'io, mentre *le funzioni psichiche hanno bisogno dell'altro*. Basterebbe ricordare il piacere dell'amicizia, delle visioni del mondo. Anche queste considerazioni e questi rapidi richiami danno la rappresentazione di una società del corpo e non della psiche. Si aprono continue boutique della moda e si chiudono le poche librerie, il numero di palestre è in continua crescita, le biblioteche sono trascurate e la maggior parte sono ricche di libri ma povere di frequentatori. Un corpo che prova un abito nuovo avverte piacere. Sedersi di fronte a un incunabolo e guardare le miniature che contiene, descrive una condizione che appare oggi senza significato, inutile. Il piacere della mente è un parametro e un indice di civiltà.

24. Si distingue una bellezza di natura, che l'uomo riconosce e una dell'arte, che l'uomo crea. La bellezza è una proprietà dell'uomo che si è manifestata a un certo grado dell'evoluzione, quando la psiche ha permesso di avere rappresentazioni che oltrepassavano i bisogni della sopravvivenza. L'uomo è riuscito così, a rappresentare prima la natura e poi a dare corpo alla fantasia. Da questo momento ha tentato di dare forma a ciò che la sua mente riusciva a vedere, al di là del visibile e a sentire, al di là delle capacità sensoriali.

Il potere creativo è la fonte della stessa evoluzione, ed è possibile affermare che grazie alla capacità fantastica, tutti gli uomini sono dei creativi, degli innovatori, dei visionari. E applicano questa funzione, per risolvere difficoltà nel processo dell'adattamento, entro i limiti delle funzioni esistenziali. Alcuni producono oggetti, musica, scrivono versi, in nome della bellezza diventano artisti. L'arte in natura suggerisce già la dimensione del bello, che ha implicita la meraviglia, la capacità di stupire. Basta riferirsi a un tramonto, alle immagini di un cielo stellato. Il termine «bellezza» contiene, però, un indefinibile che prevede la consapevolezza di un'emozione che finisce per stravolgere la quotidianità, l'ordinario. Una delle rappresentazioni più espressive dell'uomo primitivo, che ha raggiunto la consapevolezza di sé dentro il mondo, è che guardando le meraviglie celesti, le stelle che si muovono, e le comete che sembrano dirette a portare messaggi, vi si è immedesimato e, nel silenzio, osserva lo spettacolo entro cui si trova a vivere. Per associazione viene da pensare a una sindrome, descritta nel 1977 da una psichiatra, Graziella Magherini: la «sindrome di Stendhal», che si manifesta in chi, davanti a un'opera d'arte, rimane incantato e avverte una percezione di smarrimento con allucinazioni quando se ne distacca. Stendhal, nel 1817, nell'opera *Roma, Napoli e Firenze*, scriveva: «Ero giunto a quel livello di emozioni, dove si incontrano le sensazioni celesti, date dalle arti e i sentimenti appassionati. Uscendo da Santa Croce, ebbi un battito del cuore, la vita per me si era inaridita, camminavo temendo di cadere». La storia riporta, dunque, l'episodio accaduto allo scrittore durante la visita alla basilica di Santa Croce, a Firenze. Sono rilievi che descrivono la bellezza, come un sentimento, un'emozione, una esperienza.

I luoghi della bellezza sono nella natura stessa, dove tutto è parte del mondo, prima che vi fosse l'uomo o prima che fosse capace di trasformarlo. E non è una metafora affermare che la bellezza appartiene alla natura. Ma vi si sono aggiunti i luoghi dell'architettura, i musei. È facile convincersene, se si osserva piazza dei Miracoli a Pisa o piazza della Signoria a Firenze. I musei raccolgono gli oggetti che hanno questo potere ma esprimono anche il mistero. Sono un segno di che cosa sia la civiltà. La bellezza non è un principio primo, ma è una *qualità* che deriva proprio dall'umanesimo.

Ed è con orgoglio che si deve affermare che l'uomo è anche colui che produce arte. Che si tratti di un'espressione che meraviglia, si fonda sull'idea dominante fino al Rinascimento che l'arte appartenesse agli dèi e che l'uomo ne fosse solo un tramite; passata l'epoca del teocentrismo, si è potuto mostrare che l'arte è umana. E a partire dal Quattro-Cinquecento l'artista che aveva realizzato una tela, una scultura, vi ha posto la sua firma. Si è aperta così la lista di quei grandi artisti che avevano bisogno di doti speciali per definire le loro capacità, la loro genialità. E il *genio* (inteso come inclinazione e non come Genius, nome proprio della divinità tutelare romana) prima ritenuto una ispirazione divina, viene legato all'uomo.

Se ci si ferma sui principi della civiltà: il rispetto, la relazione con l'altro fino all'amicizia e all'amore, si delinea un'atmosfera che è la condizione per poter godere della bellezza, per lasciare la mente libera all'immaginazione, dando corpo alle visioni. L'arte è una *qualità* che attribuisce all'uomo una identità di specie, distinta da tutte le altre. Della bellezza di natura fanno parte gli animali, nel senso che alcuni colpiscono in modo particolare, tanto da rimanere stupiti. In questa grande varietà di specie si deve porre anche l'*Homo sapiens*. E un capitolo della bellezza si lega proprio all'uomo o alla donna, e riporta nell'immediato al corpo, ma non si ferma alla fisicità, deve cogliere anche le qualità che sono l'espressione della psiche, come la gentilezza, la sensibilità, lo sguardo e persino la maniera di porsi, l'eleganza. Si apre il grande capitolo dell'estetica umana e spetta alla donna, in particolare, averla rappresentata nella storia. Sarebbe un errore pensare che si tratta di un aspetto del tempo presente, il mondo cosiddetto primitivo dedicava grande attenzione alla bellezza, in particolare del volto, ma estesa ad altre parti del corpo. Le attenzioni erano per i capelli, con parures che riuscivano a trasformarsi in ornamenti del volto, immediatamente dopo, ci si è rivolti agli occhi, alle labbra, trovando in natura estratti che permettevano di far emergere uno sguardo più espressivo. Vi si aggiungono i tattoo che, in origine, servivano a mostrare simbolicamente l'appartenenza a una tribù, a un villaggio, a una comunità.

Oggi sono cambiate le sostanze usate, le tecniche, ma rimane la tendenza a voler rendere più bello il proprio corpo e poterne far uscire l'interiorità, la spiritualità. Il termine «spirito» si adatta particolarmente al mondo primitivo, che si caratterizza ancora per una visione del mondo *animistica*, dove gli spiriti sono ovunque. La bellezza della persona umana ha generato luoghi per l'estetica che sono sempre più frequentati e con specializzazioni varie. La parola «parrucchiere» è ormai tra le più usate come luogo della bellezza femminile, in contrapposizione al «barbiere» che si occupa della barba e dei capelli maschili. Oggi si tende a usare il primo termine estendendolo ai due sessi o, come si dice, all'unisex. Si tratta di luoghi particolari che richiamano il segreto, come se la bellezza del corpo fosse diventata un'arma per mettere in evidenza il particolare che serve e nascondere ciò che appare sgradito. È il luogo in cui si esprime il timore del tempo che passa, la preoccupazione che la bellezza sfiorisca. Si sottolinea così che il corpo è ciò che attrae, che rende vivi, poiché se nessuno lo guarda, si ha l'impressione di non esistere nemmeno. I luoghi dell'estetica corporea hanno una funzione importante che è anche sociale, senza che debba diventare un'ossessione. Bisogna per questo guardarsi dal pericolo dei modelli, che vorrebbero fissare dei canoni precisi in una manualistica che serve solo a stabilire distanze tra l'ideale e le proprie misure. Ricordare che la bellezza è sempre legata alla persona, che non è mai omologabile. E così anche il gusto, che risente delle storie individuali.

25. Un luogo del tutto particolare è il santuario. Un luogo *sacro*. La sacralità è una qualità umana, che si volge a tutto ciò che razionalmente non è comprensibile, mentre lo diviene se lo si considera parte del mistero. E il mistero non è una domanda, ma una risposta. La vita umana presenta infatti dei temi e delle esperienze che non appartengono alla razionalità, anche se ciò non equivale a definirle irrazionali o non razionali. Hanno bisogno per essere comprese del mistero. Recarsi in un santuario, fa diventare chiara questa distinzione. Ve ne sono di grandi, come Lourdes in Francia, Częstochowa in Polonia, Loreto in Italia, ma anche tanti di minori. È pertanto fuori dubbio che rappresentino un bisogno dell'uomo.

Il sacro lo si esperisce nella quotidianità, ma certo il luogo più adatto è il santuario, e lo è ben più di un tempio. Nel santuario si fa esperienza. E la comprensione diventa partecipazione. Attorno alla grotta in cui la Madonna di Lourdes è apparsa originariamente a Bernardette Soubirous, nel 1858 nasce un enorme santuario per poter accogliere i pellegrini, che vi si recavano a chiedere una grazia, un miracolo. Due termini che si possono cogliere nel loro profondo significato, solo ricevendoli. L'esperienza è di metamorfosi, il santuario un luogo per vivere piccole o grandi metamorfosi. È frequentato in particolare dai malati, che hanno diritto alle posizioni più vicine alla Madonna, ma arrivano anche persone sane per chiederne l'aiuto e continuare a star bene. Tutti hanno qualcosa da chiedere e il santuario è la garanzia che qualcosa si ottiene sempre. Per un male del corpo ci si rivolge alle cure della medicina, si fa, cioè, riferimento a una disciplina costruita su basi scientifiche, ma certamente incompleta e con limiti, per cui in alcuni disturbi risulta inefficiente. Il santuario non contempla la componente scientifica, semmai segue il principio secondo cui le cose accadono perché accadono, grazie alla fede che si definisce con la massima di Tertulliano *credo perché è assurdo*.

Inoltre, il processo della medicina richiede tempo perché ogni disturbo è il segno di un processo alterato che va quindi curato con strumenti che lo riportano alla norma, nel mistero invece tutto accade subito, in quanto non esiste la sequenza lineare che lega una causa a un effetto. Il miracolo riporta dentro il santuario ciò che nelle fiabe compiono le fate. Sconvolge il fatto che il miracolo avviene e lo attestano, sembra un paradosso, gli uomini della scienza, coloro che usano la ragione e lo riconoscono.

La maniera più sacra per raggiungere il santuario è il pellegrinaggio, nel significato di chi percorre a piedi una lunga via, parte dalla propria casa per raggiungere, a tappe, il luogo in cui quella Madonna nera, quel santo prodigioso, operano i miracoli. Una delle vie storiche è la Francigena, detta anche Romea: partiva dalla Francia per giungere a Roma e proseguire verso la Puglia, dove ci si poteva imbarcare per la Terra Santa. Nasce nel VI secolo e in Italia collegava una serie di città, in cui si incontravano i luoghi per i pellegrini. Qui potevano sostare, riprendere le forze per continuare e, in queste aree, trovavano sempre un luogo di culto, che anticipava l'incontro con il santuario a cui il pellegrino era diretto. Attorno all'anno mille, i pellegrinaggi assunsero una maggiore importanza e a modificarne il tragitto, era il rinvenimento del corpo di qualche grande santo, come quello di san Giacomo, trovato nell'odierna Santiago di Compostela. Con queste aggiunte si era creata l'*Europa dei pellegrini* e la Francigena è la prima grande via del turismo del mistero. Si erano congiunte aree separate dal mare, percorsi marittimi che arrivavano, attraverso la penisola balcanica, in Grecia, di qui in Turchia e poi a Gerusalemme, la Terra Santa. Si sono aperti i valichi, come quello del Gran San Bernardo, da cui si scendeva in Val d'Aosta. Il turismo nasce dal pellegrinaggio e sembra possibile affermare che, a congiungere i Paesi europei costruendo strade e luoghi d'accoglienza, è stato il *mistero*, che è un *contenuto fondamentale della civiltà umana.*

26. Le banche sono i luoghi importanti per il denaro, che è il personaggio più intrigante della società del tempo presente. Il denaro, tuttavia, si trova dappertutto e può essere descritto come l'inquinante dei rapporti sociali, oppure la forza, l'energia dell'esistenza umana. La parola «denaro» è in assoluto oggi la più pronunciata. E, anche quando non è presente nella forma di banconote o di monete, lo si ritrova nella preoccupazione sia di chi ne ha tanto, sia di chi ne è totalmente privo. Nel primo caso, la paura è di perderlo e per questo il ricco dedica la propria vita ad aumentarlo, nel secondo, chi non ne ha cerca, in qualsiasi modo, di poter avere almeno la quantità che consente di sopravvivere.

I tre famosi imperativi per tenere accesa la propria esistenza: alimentazione, un territorio di sicurezza, la procreazione, hanno tutti un costo, dipendono cioè dal denaro. La motivazione e lo stimolo alle attività sono tutti rivolti al possesso del denaro. È il denaro a misurare il valore, non solo delle cose, ma anche della vita umana. Eppure, se non può essere definito bene o male poiché è uno strumento, l'uso che se ne fa oggi gli conferisce il titolo di causa di una vera *malattia sociale*.

Le banche sono i forzieri del denaro, ma allo stesso tempo organizzazioni finalizzate a investire i depositi dei cittadini per produrre ricchezza. La maniera più semplice e più drammatica per indicarne l'importanza è che il fallimento di una banca è in grado di sconvolgere una società, che pertanto dimostra di essere denaro-dipendente. Le banche, che hanno una capillare distribuzione nel territorio cittadino, sono state anche definite i nuovi templi, percepite pertanto come luoghi sacri. Per entrarvi, si è spinti a usare l'abito della domenica. Vi è sempre un «curato» all'ingresso che saluta e, allo stesso tempo, controlla che chi entra sia adeguato alla liturgia che viene celebrata. Il punto centrale è depositare i piccoli o i grandi risparmi. È anche possibile prelevare ma, delle due operazioni, quella di maggior levatura e degna di rispetto è la prima. L'interpretazione abituale è che chi deposita viva nell'abbondanza, mentre chi preleva, stia affrontando un periodo di precarietà. Nell'antica Grecia, i depositi venivano fatti nel tempio di Apollo, a Delfi, il più sicuro poiché, a occuparsene, era appunto una divinità.

Oggi le banche non sono più dei luoghi di sicurezza, si definiscono infatti «banche d'affari» e questo termine comprende ogni comportamento, in grado di produrre profitti. Condividere «un affare» equivale a fare denaro da denaro. L'attività di una banca si traduce, quindi, nell'usare denaro per ottenerne di più e ciò implica investirlo. La regola non ha nulla di magico, richiede solo furbizia, che è un succedaneo dell'intelligenza. Il principio consiste nel dare un interesse sul deposito, e nell'investirlo per ottenere un interesse molto più elevato. Questa tecnica mostra che la moneta è un oggetto, non diverso da una bicicletta o da un abito. E l'abilità lo mostra il fatto che si è giunti a parlare di «interesse negativo». Significa che il denaro portato alla banca, non rendeva, ma se si chiedeva un prestito lo si doveva avere con interessi bancari elevati. All'assurdo di un interesse negativo, si è aggiunto quello di contratto unilaterale che già afferma non trattarsi di un contratto vero, ma di un atto che esprime una volontà estorsiva. Il «contraente», *obtorto collo*, deve accettarlo senza alcuna libertà di scelta. Il vero nome, non quello del vocabolario della furbizia, è infatti ricatto.

È ormai chiaro a tutti gli esperti di cose malvagie, che la banca è l'emanazione del demonio, e secondo alcuni sarebbe lo stesso Satana a possederla. Se ne trova l'origine già nei Testi sacri, nella Lettera che Paolo scrive a Timoteo nel 63: «Ma quelli che vogliono arricchirsi, cadono nella tentazione, nell'inganno e in molti desideri insensati e dannosi che travolgono gli uomini nella rovina e nella perdizione. La cupidigia del denaro, infatti, è la radice di tutti i mali e alcuni che ne sono stati presi, si sono allontanati dalla fede e si sono procurati tormenti che li rodono». Non c'è dubbio sull'origine demoniaca delle banche, perché persino quelle vaticane ne sono infestate. E qui, il demonio veste l'abito dei monsignori e dei cardinali. Nella Biblioteca vaticana, che contiene la storia della Chiesa, si sono trovate le banconote con l'effige del demone in abito talare.

27. Il gioco (dal latino *iocus*), ha il doppio significato di «essere lieto», oppure di «scherzo». Ma se fosse usato correttamente, si dovrebbero ammettere degli errori, come quando lo si applica per il gioco del calcio che, sia pure antico, nel tempo presente è animato da una vera lotta, che raggiunge spesso la violenza, sia tra coloro che lo praticano, sia per la tifoseria che circonda il campo e segue la partita, cercando di animare e difendere la propria squadra. Il campo di gioco è un luogo che si trova in ogni città, ha dimensioni che diventano gigantesche quando la squadra è forte e conta su una notevole tifoseria. Nella storia della nostra civiltà, i giochi sono presenti fin dalle origini, sia nel periodo greco antico che in quello successivo romano. I giochi entravano nell'organizzazione sociale e si creava una forte competizione tra le diverse città.

Tra gli innumerevoli giochi, quelli che hanno come simbolo il pallone hanno resistito a lungo e occupano il primo posto nell'adesione della popolazione ancora oggi. Le Olimpiadi avevano un contenuto persino sacro e non solo perché coinvolgevano gli dèi. Olimpia nell'antichità non indicava solo la sede in cui si tenevano i giochi, era anche un luogo di culto che rimandava all'Olimpo.

Secondo la tradizione, è qui che si svolse la prima Olimpiade, nel 776 a.C.: vi si tenevano i giochi in un luogo recintato, come segno di un momento di culto, entro cui si trovavano sia lo stadio che l'ippodromo, oltre alla palestra e al ginnasio che ospitava gli atleti. È in questa città, che si innalzava il grande tempio in onore di Zeus, dove era contenuta la statua del dio in oro e avorio, scolpita dallo scultore per eccellenza, Fidia, nel 432 a.C. Si tratta di scarni riferimenti per indicare come il gioco non potesse essere associato alla violenza, come è necessario fare oggi per gli stadi dedicati al calcio. In molti casi sono dispiegate le Forze dell'ordine per prevenire che il campo divenga un luogo di battaglia.

Vi sono invece altri campi di gioco che, pur ospitando squadre che si affrontano per gareggiare, sono lontani dalla violenza e mostrano sia la gioia della vittoria che l'accettazione della sconfitta. Lo sport deve infatti essere considerato l'occasione in cui si mettono in evidenza anche dei limiti che verranno considerati, per migliorare successivamente la propria prestazione. Sempre centrati sul pallone sono il volley, il basket e, sia pure come una palla di diverse dimensioni, il tennis.

Il gioco è indubbiamente un'attività formativa ed è giustamente posta all'interno delle scuole, rivolta a una vera educazione del corpo, che riguarda il singolo ma in particolare l'insieme, la squadra, in cui i giocatori devono combinarsi armonicamente. Allo stesso modo per cui una Sonata per orchestra è l'espressione dei diversi suonatori e dei differenti strumenti previsti dalla composizione. Il gioco del calcio ha l'obiettivo di una educazione fisica, ma anche sociale, poiché una squadra è un gruppo di persone che, con ruoli diversi, devono raggiungere uno stesso obiettivo. La squadra diventa così la metafora e, persino un simbolo, della città che rappresenta.

È triste prendere atto che nel tempo presente, si sia giunti a una regressione e a una perdita dei principi, fino a esprimere un comportamento barbarico. E non solo non richiama la sacralità, ma diventa espressione di violenza e un'occasione per liberarla. Se l'evoluzione della civiltà si lega a una applicazione dei principi, che sono parte dell'uomo e condizione per mostrarne l'umanità, la regressione esprime invece la condizione di un sistema civile che può degenerare seguendo il percorso opposto, ritornando cioè alla barbarie, da cui si è svolta lentamente, ma progressivamente, una civiltà.

28. Le funzioni psichiche permettono di uscire dal tempo presente e di immaginarne uno non solo futuro, ma *eterno*. Questa dilatazione del tempo è propria di ogni religione che, sia pure in modo variabile, esprime la visione di un mondo che continua dopo la morte. E mentre l'esperienza terrena è temporalmente limitata, quella che seguirà è, per lo più, descritta come eterna. A questa visione corrisponde un luogo, e si arriva a descriverne le caratteristiche.

Nel caso dell'antica Grecia, era l'Olimpo in cui vivevano gli dèi immortali. Si può anche esprimerlo, dicendo che sono *da sempre e per sempre*. Dante Alighieri, interprete straordinario del Medioevo e di un mondo che era l'espressione di un Dio eterno e di un uomo che, quando muore, diventa egli stesso eterno, descrive il Paradiso come un insieme di cieli in cui Dio, gli angeli, gli arcangeli, ma anche gli uomini, sono posti e in cui rimarranno *per sempre*. L'eterno si può rappresentare dunque come una freccia continua e infinita, simbolo di un tempo che non termina.

L'interpretazione, in certo senso opposta, è quella che ipotizza l'eterno come un attimo che dura per sempre, senza dunque alcun mutamento. Non si tratta solo di una elaborazione filosofica e teologica, che si serve di razionalità e insieme di fantasia, ma è anche coerente con l'astrofisica centrata sulla teoria del Big Bang, secondo cui il tempo nasce con l'universo e, poiché le stelle muoiono e le galassie si trasformano in buchi neri, si deve dedurre che il tempo finirà. Se muore, occorre pensare a un eterno senza tempo o definirlo come il tempo che, per non morire, si eternizza.

Al di là dei riferimenti scientifici si percepisce che, quando gli opposti diventano sinonimi, la mente umana si pone domande, ma non giunge a trovare risposte. E allora, ha spazio solo il mistero, che è la risposta. Il nostro cervello, la mente, sono frammenti di universo, contengono quindi il tempo e il tempo che passa. Ecco perché l'eterno è un'aspirazione, ma anche una paura, e persino un terrore. Del resto, da quando l'uomo ha avuto consapevolezza della propria fine, è giunto a coniare il termine che, almeno nella immaginazione, permettesse di lasciarlo ancora in vita. Ma senza tempo, l'esistenza diventa immobilità, in quanto non è possibile attribuire il futuro all'eterno. Anche nella visione dantesca, l'uomo rimane davanti a Dio, l'immagine suprema del Bene e del Padre. Dante appartiene alla storia dell'uomo che scende agli inferi e sale nei cieli, a partire da Orfeo che per cercare Euridice compie azioni, si muove, suona la lira a sette corde. Ma questo non è l'eterno, è il racconto di un viaggio nell'aldilà. Il Paradiso è un luogo di gioia perenne. In vita si teme la fine del tempo, nella morte si trova, forse, la paura del tempo che non muore, dell'eterno.

29. Una civiltà deve passare dalla percezione dei principi che la definiscono, alla loro applicazione nella storia. E si deve avvertirne la presenza nei luoghi che costituiscono una città. Quando questo processo non si realizza, la civiltà rimane una utopia. Se non si notano i segni, sia pure in modo incompleto, di una civiltà compiuta, significa che è in corso una regressione, che non mostra quel rispetto di tutti, indipendentemente dalle differenze.

Nel girare da un luogo all'altro dei più significativi di una città del tempo presente, si è fatto il confronto tra come sono e come dovrebbero essere alla luce dei principi dell'uomo e dell'umanesimo. La sensazione che si ottiene dal pellegrinaggio in luoghi che evidenziano i segni di un'agonia di civiltà è al contempo risultato il salto che si dovrebbe colmare. E ciascuno, uomo o donna, dovrebbe essere animato dalla voglia di civiltà. Nel concludere questo pellegrinaggio, teso a richiamare il bisogno di essere umani o quantomeno, per ritornare a esserlo, siamo giunti a richiamare il luogo estremo, che ha mostrato la totale inciviltà e la mostruosità, a cui può regredire un intero popolo: i campi di sterminio nazisti. La Germania di Hitler rimane un capitolo drammatico, che non va dimenticato anche se sono passati ottant'anni dalla fine della Seconda guerra mondiale. Non sono definibili come segni della morte di una civiltà, ma come un evento che la richiama in maniera completa: all'umano si è contrapposto il *disumano*, al rispetto della vita si è sostituito un forno in cui erano buttati gli ebrei, i rom, i polacchi, gli omosessuali. E non c'era alcuna distinzione nemmeno di fronte a un bambino, che non poteva essere accusato di nulla, un innocente da poco arrivato in questo mondo. Un intero popolo è stato incenerito, sei milioni di ebrei sono stati massacrati dalla inciviltà di un potere che aveva innalzato un uomo all'onnipotenza. Una «razza» di incivili si è ispirata alla purezza e alla propria perfezione.

Un uomo, il dottor Josef Mengele, era responsabile dei laboratori di sperimentazione, in cui si serviva dei deportati e dei bambini per studiare la rigenerazione delle ferite e per poter curare meglio i soldati tedeschi. La sera ritornava in famiglia e sovente, portava ai propri figli oggetti, borse, che costruiva, usando la cute dei bambini morti. Anche questo non va dimenticato poiché, per riattivare la voglia di civiltà, è utile avere davanti immagini che rappresentano in modo estremo e concreto che cos'è l'inciviltà. Serve ricordare i luoghi dello sterminio, per costruire quelli dell'amore.

Marzo: *Uomini di civiltà, la Grecia antica*[1]

1. Omero è il primo poeta della Grecia antica, a lui si attribuiscono l'*Iliade* e l'*Odissea*. Si tratta tuttavia di una ipotesi, poiché potrebbe non essere mai esistito e le due grandi opere rappresentare la tradizione scritta di storie legate alla guerra di Troia. Nella ipotesi di un Omero «reale», la data della sua nascita riporta alla guerra di Troia, combattuta tra il 1194 e il 1184 a.C. Troia è situata nell'Asia Minore, oggi Turchia. La causa, come è noto, fu il rapimento di Elena, regina di Sparta, ritenuta la donna più bella del mondo, da parte di Paride, figlio del re di Troia, Priamo. Menelao, marito di Elena e il fratello Agamennone, costituiscono un esercito per combattere i Troiani. La guerra durò dieci interminabili anni e fu solo per l'astuzia di Odisseo (Ulisse), il quale con la costruzione del cavallo di legno mutò l'esito del conflitto, che Troia cadde. L'*Iliade* racconta la guerra, l'*Odissea* il ritorno di Ulisse a Itaca: un ritorno che richiese dieci anni, prima di arrivare all'isola di cui era re, dove era atteso dalla moglie Penelope e dal figlio Telemaco.

[1] Riferimenti principali sono: *Dizionario di antichità classiche di Oxford*, edizione italiana a cura di M. Carpitella, Edizioni Paoline, Roma 1953, con gli aggiornamenti del 1962; W. Durant, *Storia della civiltà. La Grecia*, Mondadori, Milano 1956; e Wikipedia.

Un'altra ipotesi su Omero è che fosse vissuto cinquecento anni dopo la guerra, ponendolo quindi nell'VIII secolo a.C. Oggi, sulla base delle valutazioni dei luoghi archeologici, l'opera non può essere datata prima dell'VIII secolo, anche alla luce dei riferimenti fondati sullo scudo di Agamennone, raccontati nelle opere omeriche. Si aggiungono i documenti letterari su Tertandro, un attore che recitava Omero a Sparta ed è vissuto nel VII secolo. Omero nasce dunque prima del 700 a.C., in un luogo che, pur controverso fin dall'antichità, vede tra i più probabili Chio e Smirne (ipotizzata sulla testimonianza di Pindaro). La lingua omerica riporta alla Ionia e nei due testi sono presenti elementi ionici, mentre mancano quelli dorici.

Riguardo alla vita di Omero, secondo la tradizione egli era cieco. Nella storia risulta che gli aedi (i cantori) erano spesso ciechi e in questa tradizione si parla del «cieco di Chio», proprio riferendosi a Omero. Nell'*Iliade* e nell'*Odissea*, il poeta non racconta nulla di sé e secondo gli storici, ciò indicherebbe una bassa posizione sociale, l'appartenenza alla classe dei *demiourgoi*, contrapposta a quella degli eroi.

Tra tutti questi dubbi, ha preso forza l'idea che i poemi siano raccolte di canti epici, provenienti da più fonti. Questa idea si fonda anche sulla voluminosità dell'opera, e appare impossibile che, prima della scrittura, un aedo conoscesse a memoria i due poemi. Del resto ripetizioni e contraddizioni, confermerebbero la provenienza da fonti diverse. Un poeta le avrebbe nel tempo ordinate e unificate. L'*Iliade* è centrata sull'ira di Achille, che diventa il filo conduttore dell'opera. L'*Odissea* descrive la condizione di Itaca prima del ritorno di Odisseo e poi il suo arrivo con la vittoria sui Proci. I personaggi hanno caratteristiche particolari, personalità complesse ma coerenti, e sostengono, questa volta, l'idea di una unica mano. Soprattutto la lingua è coerentemente identificata. Da queste considerazioni ritorna l'ipotesi di un solo poeta, quindi di Omero.

L'*Iliade* parla della guerra, l'*Odissea* è imperniata sulle avventure dell'eroe che si spinge ai confini del mondo. Se l'*Odissea* esalta l'astuzia, l'*Iliade* celebra il coraggio. Due visioni che sono opposte e complementari alla concezione dell'uomo. Di sicuro, l'*Odissea* viene dopo l'*Iliade* e non c'è dubbio che Odisseo è lo stesso personaggio, già tratteggiato nell'*Iliade*. I due poemi inoltre hanno una struttura analoga, per cui tutto va a favore di un unico poeta. Non mancano, tuttavia, dubbi. Ammesso che Omero abbia composto l'*Iliade* e l'*Odissea*, ciò non esclude che i testi abbiano trovato successive modificazioni. Vi sono identificati alcuni passi che risultano decisamente «strani». Occorre ricordare che, prima della versione trascritta, le opere venivano raccontate oralmente dagli *omeridi*. La prima edizione è attribuita all'epoca di Pisistrato, che fu tiranno di Atene probabilmente dal 561 al 556 a.C. e dal 546 al 528 a.C. Due secoli di trasmissione orale. L'idea che allo stato attuale è dominante tra gli studiosi è che si tratti di un solo poeta per i due testi, che certamente sono stati però modificati dai cantori.

L'*Iliade* e l'*Odissea* rappresentano la grande sorgente della civiltà occidentale che ha come primo riferimento la Grecia antica. Ed era importante collocarla in questo percorso che racconta una civiltà, attraverso i personaggi. Risulta chiaramente che da una parte gli dèi sovrastano e guidano gli uomini, dall'altra che la terra riflette la condizione umana degli eroi, che esprimono il potere: Ettore per Troia, Achille per la Grecia. L'*Odissea* inserisce il terzo elemento umano: gli affetti, le relazioni. Il richiamo è alle esperienze di Ulisse, che resiste alle arti di Circe ma cede per sette anni all'amore di Calipso, e al conflitto tra il richiamo del viaggio e il ritorno a Itaca dove i familiari lo aspettano da ben dieci anni.

2. Esiodo nasce a Cuma eolica, ed emigra in Grecia stabilendosi ad Ascra, una cittadina alle pendici dell'Elicona. Non si hanno notizie così certe da attribuirgli una data di nascita. L'ipotesi più seguita è quella che lo colloca nell'VIII secolo a.C. È un poeta, forse contemporaneo di Omero. Diventa ovviamente difficile collocare un poeta, basandosi su un altro, che pure suscita dubbi e forse, non è nemmeno esistito. È però lo stesso Esiodo a dire

che gareggiò con Omero. Si recò in Eubea alle celebrazioni cavalleresche, in onore di un principe defunto. «Era dunque uno di quei cantori, che recitavano a gara, ciascuno le proprie composizioni in esametri.»[2] Il padre ad Ascra possedeva un piccolo podere che il figlio ereditò, e dove pascolava delle pecore. È lui stesso a parlare di queste vicende umane e a raccontare che, dopo la morte del padre, nacque una controversia per la proprietà, ed è questa l'occasione in cui egli descrive le difficoltà esistenziali, in cui si trovò a vivere.

L'opera che lo rese noto è la *Teogonia*, dove tratta l'origine degli dèi e quindi del mondo. Per alcuni aspetti, compone un vero Genesi, anche se l'attenzione è soprattutto centrata sui titani, e proprio la lotta tra titani e dèi spinge a porre la sua poesia nell'epica. Presenta Eros come il dio che unisce i sessi e dà origine alla procreazione, inserisce altre divinità, come la morte, il sogno, il biasimo, la contesa, l'inganno, la presunzione. Nella *Teogonia*, Zeus è il dio supremo, ma è venuto per ultimo, Esiodo non usa mai il termine «creatore». Da Chaos, entità primordiale indistinta, ha origine la terra, Gea, che si unisce a Urano, dio del ciel stellato, da lei generato senza unirsi ad alcun essere maschile. Costruisce, così, una genealogia delle divinità: nascono Zeus, Crono, i titani... Ma, poiché via via che nascevano altri figli, Urano impediva loro di vedere la luce e aveva posto in catene e gettato nel Tartaro i titani, viene evirato a opera di Crono, con l'aiuto dalla madre Gea. Segue poi la vittoria di Zeus su tutti gli altri, che viene celebrata come una vera conquista. Esiodo narra anche le vicende degli uomini in una prima fase che viene chiamata «Età dell'oro», perché domina la totale serenità, senza fatiche, senza dolori. L'unica differenza rispetto agli dèi è dovuta al fatto che gli uomini sono mortali. La morte non ha però il volto del dolore e del dramma, gli uomini si addormentano e non si risvegliano.

[2] *I Propilei*, Vol. III, *La Grecia e il mondo ellenistico*, Mondadori, Milano 1967, p. 127.

L'altra sua opera di rilievo porta il titolo *Le opere e i giorni*. Qui il poeta entra nelle dinamiche della vita umana, con una serie di riflessioni che si riferiscono a eventi della propria storia e alla contesa della piccola eredità. Viene espressa una condotta esistenziale, che dovrebbe guidare sia il privato che il pubblico. Critica gli aristocratici e i giudici che gestiscono male la giustizia e invoca Zeus, perché metta ordine in questo particolare settore. È interessante la differenza con i poemi omerici, che riguardano i destini epici dei Greci e dei Troiani: Esiodo si occupa dell'uomo al lavoro, delle fatiche del quotidiano, della vita in casa. Il riferimento va persino al vicino, con cui deve litigare per difendere il granaio. I problemi sono insomma quelli della vita comune e della fatica di ogni giorno. Giunge a dare consigli per l'agricoltura e per la navigazione, suggerimenti per il matrimonio e per la vita sessuale. Di conseguenza descrive le esperienze tradizionali conosciute da tutti, ma cercando di attribuirvi una dignità. Si occupa degli aspetti sociali dell'uomo che lavora, distingue la vita dei lavoratori da quella degli aristocratici, che chiama i «divoratori dei doni». Quando tratta della cattiveria, deve riconoscere però che appartiene anche alla vita sociale di cui egli è parte. Poiché è un attento osservatore del quotidiano, non esce dai suoi scritti un'etica, anche se si esprime contro l'ozio del ceto aristocratico. Nella vita del quotidiano pone anche i riti che erano quelli tradizionali, e sottolinea l'importanza che vengano applicati e messi in pratica. Probabilmente teneva conto che in quel periodo, nell'VIII secolo, si era attivata la prima fase della colonizzazione e a emigrare, erano i poveri. Stava dunque cambiando l'assetto delle comunità e i lavoratori della terra faticavano ad avere il necessario, mentre i ricchi disponevano dell'inutile.

La sua terza opera: *Lo scudo*, inizia con 56 versi riferiti ad Alcmena che, nella mitologia greca, è madre di Ercole e si rifiutò inizialmente di sposare Anfitrione, ponendo come condizione che dovesse prima vendicare la morte dei suoi fratelli, provocata da Tafi. Una volta avvenuta la vendetta, si unirono in matrimonio, ma Zeus, approfittando dell'assenza dello sposo, si presentò ad Alcmena travestito da Anfitrione, e passò con lei una notte lunga tre giorni, dandole due gemelli: Eracle e Ificle. Sentendosi tradito, Anfitrione decise di uccidere Alcmena dandole fuoco, ma intervenne Zeus che, provocando un acquazzone, spense il rogo. In un'altra versione del mito Anfitrione perdona il tradimento. E in una successiva si racconta che Anfitrione si sentì onorato della scelta di Zeus, perché era garanzia della bellezza della sua sposa. In questa nuova scena, ad attrarre Zeus, fu proprio la virtù della fedeltà di Alcmena, tant'è che per sedurla dovette trasformarsi nell'uomo che lei amava.[3]

L'attenzione alla donna ha fatto ipotizzare che egli avesse composto un *Catalogo delle donne*, un'opera perduta che doveva aver contribuito a descrivere una figura del quotidiano, come rappresentazione del mondo femminile.

La poesia di Esiodo, da epica tradizionale, diventa una poesia soggettiva e assume una finalità didascalica, anche quando i riferimenti riguardano gli dèi.

3. Solone nasce ad Atene tra il 640 e il 635 a.C. e muore tra il 561 e il 560. Apparteneva alla nobiltà della città, il padre secondo le ipotesi più accreditate era Essecestide, discendente di Codro, l'ultimo re degli Ateniesi. La madre si presuppone fosse cugina della madre di Pisistrato, che passerà alla storia come il tiranno di Atene, su cui prese il potere dal 561. Solone venne nominato arconte e conciliatore nel 594-593, con il compito di porre fine alle lotte civili ad Atene. La contesa era con gli aristocratici, divenuti proprietari delle terre che avevano tolto ai contadini, indebitati per fronteggiare le difficoltà e ridotti in una dipendenza dai ricchi. Il padre era certamente parte dei ricchi aristocratici ma Solone, seguendo i propri principi, promosse una vera metamorfosi, cancellò i debiti e le ipoteche, permettendo ai contadi-

[3] Non è unanime l'attribuzione dell'opera a Esiodo. Alcuni l'hanno definita apocrifa.

ni di riavere le loro terre e proibendo i prestiti, che diventavano una ipoteca sulle libertà personali.

Al di là di questa rivoluzione, Solone creò una nuova Costituzione, un vero *miracolo della storia*. Le riforme non ebbero un successo completo, la guerra civile riprese e infuriò dal 589 al 580, ma le istituzioni di Solone avevano fondato il diritto di tutti i cittadini a partecipare, in qualche forma, al governo della città e rimasero la base dello Stato. Nella sua analisi sulla distinzione tra ricchi e poveri, aveva sottolineato che «molti uomini non meritevoli sono ricchi, mentre altri migliori di loro, sono poveri».

Nella fase giovanile della sua vita lo stile era quello di un nobile senza difficoltà economiche, che poteva dedicarsi alla cultura, ai viaggi, alla poesia. Quando il padre per elargizioni e cortesie dilapidò gran parte della proprietà, Solone si dedicò al commercio con successo. Non apparteneva, dunque, a una famiglia che tendeva a sfruttare il popolo, ed egli mostrava una cultura di grande equilibrio sia nei suoi discorsi che nella poesia. Tra i frammenti poetici, il primo di tono riflessivo, rivolto alle Muse, «descrive i vari gradi di ignoranza che affliggono l'umanità, dalla criminale cecità del malfattore alle speranze deluse del mercante, allo spirito parzialmente illuminato dei professionisti che operano sotto la protezione degli dèi. Il frammento 19, dedicato alle varie fasi di sviluppo e di declino dell'uomo, è pieno di una saggezza proverbiale e per questo viene attribuito alla vecchiaia». Si dedicò a una vera riforma del sistema monetario e cambiò il valore della mina, che fino ad allora equivaleva a 70 dracme portandolo a 100, «cosicché, sebbene il numero di pezzi per un pagamento rimanesse immutato, il valore ne era diminuito, il che costituì un notevole vantaggio per coloro che dovevano estinguere grossi debiti». Lo storico Plutarco vide in questa manovra una forma di inflazione, che alleviava i debiti del popolo. Introdusse inoltre modificazioni giudiziarie, creò le corti popolari con la possibilità di appellarsi a giudizio più equo e ciò contribuì a dare forza alla democrazia ateniese, che non può essere raccontata senza il nome di Solone.

La dittatura di Pisistrato interruppe il clima e persino la rivoluzione da lui creati, ma quando il tiranno morì nel 527 e il potere passò ai figli, riprese allora la democrazia ideata da Solone, che affrontò i problemi sociali dell'ingiustizia, dello strapotere dei ricchi, di una magistratura che favoriva la classe dominante, e si dedicò a promuovere i principi della civiltà, in particolare del rispetto dell'uomo, che è indipendente dal denaro e ne fonda l'uguaglianza.

4. Talete nasce nel 640 a.C. a Mileto, da genitori che provenivano dalla Fenicia. La cultura che egli espresse risentiva di quella dell'Egitto e del vicino Oriente. Mileto era una delle città più ricche del mondo greco, in una posizione geografica che sembra esprimere il transito dalla cultura d'Oriente verso l'Occidente. La posizione geografica favoriva il commercio, e la città possedeva infatti molte colonie. Talete si occupava di commerci, ma solo per risolvere i problemi fondamentali dell'esistenza, poiché dedicava agli studi tutto il suo tempo. Si narra che lo facesse con tanta concentrazione da cadere in un fossato, una notte, mentre osservava le stelle.

La tradizione lo ha indicato come il fondatore delle scienze matematiche e dell'astronomia in Grecia. Era affascinato dal calcolo matematico e riuscì a stabilire l'altezza delle piramidi dalla loro ombra. Risolse alcuni teoremi di geometria, raccolti più tardi da Euclide. Per quanto riguarda l'universo, disse che il mondo è un emisfero poggiato su una distesa d'acqua e che la terra era un disco piatto galleggiante. Sembrano oggi stravaganze, ma tali affermazioni, sia pure come concezioni teoriche che riguardavano la creazione, erano fondate su calcoli precisi. Gli si attribuisce la previsione dell'eclissi solare, che si manifestò il 28 maggio del 585 a.C. Sulla base di questa cosmologia attribuì all'acqua e a Oceano il principio primo, padre rispettivamente di tutte le cose. E tentò di ridurle a un solo elemento. Soleva dire che non esiste un'essenziale differenza tra vita e morte.

Il titolo più adeguato per Talete è quello di «saggio» (*sophos*) e sia pure più tardi, quando la Grecia compilò l'elenco dei Sette savi, lo pose al primo posto. Noto più che per i Trattati, per gli aforismi, per le risposte brevi anche se profonde, fu il primo a scrivere di scienza della natura come «fisiologia» (in greco *physis*). Ebbe come allievo Anassimandro.

5. Anassimandro nasce nel 610 a.C. a Mileto. È allievo di Talete, un po' meno fantasioso, contribuirà anche a correggere il maestro. Concepisce infatti la terra come un cilindro sospeso al centro dell'universo, che si sostiene perché equidistante da tutte le cose. Affermò che il sole, la luna, le stelle si muovono in circolo intorno alla terra e anche questa ipotesi risente probabilmente della città, Mileto, in cui si conoscevano i modelli babilonesi. Diceva che «la terra era allo stato fluido e che il calore esterno ne essiccò una parte, facendola diventare solida. E ne fece evaporare un'altra che si trasformò in nuvole, mentre le variazioni del calore causavano i venti. Gli organismi viventi attraverso stadi graduali si elevarono dall'umidità generale; gli animali terrestri furono in primo luogo pesci e soltanto con l'essiccarsi della terra acquistarono la loro forma attuale. [...] Anche l'uomo un tempo era pesce, egli non avrebbe potuto alla sua prima apparizione sulla terra nascere con l'aspetto attuale, poiché sarebbe stato assolutamente incapace di procurarsi il nutrimento e pertanto sarebbe perito».

Anassimandro è anche il primo che dà una lettura naturalistica del mondo e non ricorre al divino. «Il principio primo è un vasto indefinito-finito (*àpeiron*), una massa illimitata che non possiede qualità specifica ma che si sviluppa per forza intrinseca in tutte le diverse realtà dell'universo. Da questo infinito senza carattere nascono in successione infinita i nuovi mondi...» Il solo dio del sistema di Anassimandro è dunque l'*àpeiron*. E ancora: «Nell'infinito primordiale sono contenuti tutti gli opposti: caldo e freddo, bagnato e asciutto, liquido, solido e gassoso. Nello sviluppo, queste qualità potenziali divengono attuali e creano le diverse e infinite cose».

È curioso che le intuizioni di Anassimandro siano riprese come precorritrici da un grande fisico delle particelle, Erwin Schrödinger, noto per gli studi sull'effetto dislocato (effetto di correlazione quantistica) tra particelle pur lontane, e sul principio di sovrapposizione, in cui gli opposti coesistono.

6. Eraclito nasce a Efeso intorno al 535 a.C. e muore nel 475. È ricordato come filosofo presocratico, forse il più importante di questo periodo. La profondità del suo pensiero, che esprimeva anche pubblicamente, fece sì che venne definito un «pensatore oscuro». Il padre, Blosone, discendeva dalla stirpe reale, Eraclito cedette il titolo di primogenito al fratello. Un gesto che sembra sottolineare una rinuncia all'esercizio del potere, per dedicarsi alla filosofia e a scriverne dei trattati. Quello più noto è *Logos*. Si racconta che, invece di pubblicarlo intorno al 500 a.C., lo depose nel tempio di Artemide.

Era stato influenzato certamente da Anassimandro, perché anch'egli concepiva l'universo come un insieme contrastante di principi opposti, dominato dalla giustizia eterna. In questo conflitto tra opposti, riconosceva sia l'apparente relatività della natura, sia la sua unità nascosta. Affermava: «L'umido si asciuga, il secco si inumidisce, sicché la stessa cosa è insieme secca e umida e riceve l'uno o l'altro nome, a seconda del punto di vista parziale». E ancora: «Gli uomini non comprendono come il discorde concordi con sé stesso; è un'armonia di tensioni opposte». Considerazioni che appartenevano anche ad Anassimandro e hanno suscitato un grande interesse nell'ambito della fisica delle particelle, per questa concezione di comportamenti non lineari, che anticipa il principio quantistico di *sovrapposizione di opposti*, in cui si pone la coesistenza di risposte contrarie, a seconda delle condizioni in cui operano.

Il concetto fondamentale della filosofia, allora rivolta alla natura e al senso del mondo, è quello del mutamento. Eraclito viene ricordato per l'espressione *panta rei, ouden mènei* (tutto passa, nulla resta). Tradotto in modo concreto, diventa: «Non puoi immergerti due volte nello stesso fiume, perché altre acque già stanno scorrendo verso di te». E a questo punto, viene in mente persino Hegel, per il quale l'universo è un vasto divenire. Ne deriva un altro elemento caratteristico della sua filosofia: l'unità degli opposti, l'interdipendenza dei contrari, l'armonia dei dissensi. E tutto ciò riporta a Dio: «Dio è giorno e notte, inverno ed estate, guerra e pace, abbondanza e carestia... Il bene e il male sono la stessa cosa, la bontà e la cattiveria sono una cosa. [...] La vita e la morte sono la stessa cosa, così si può dire del vegliare e del dormire, della gioventù e della vecchiaia. Tutti questi contrari sono stadi di un movimento fluttuante, momenti del sempre mutevole fuoco, ogni elemento in una coppia di contrari è necessario al significato e all'esistenza dell'altro, la realtà consiste nella tensione e interposizione, nello scambio e alternanza, nell'unità e nell'armonia degli opposti».

È indubbiamente un pensatore anche della modernità, che apre il grande capitolo della filosofia greca antica sull'anima e su Dio. In questa dinamica degli opposti, per Eraclito la morte è un principio oltre che una fine e la nascita è una fine oltre che un principio. Si può già intravedere la differenza tra leggi e principi, poiché sostiene che le nostre parole, i pensieri, la stessa morale sono pregiudizi e rappresentano solo i nostri interessi come partito o gruppi, mentre la filosofia deve vedere le cose alla luce del tutto. Così scrive: «Per Dio tutte le cose sono belle, buone e giuste. Gli umani considerano alcune cose sbagliate e altre giuste».

Un grande pensatore, che ha già una profonda conoscenza della psiche. Ed è pertanto da ricordare tra gli uomini della civiltà, in quanto ha indagato la struttura del mondo e i processi di conoscenza dell'uomo.

7. Anacreonte è un poeta lirico che nasce nel 570 a.C. a Teo, una località dell'Asia Minore, nella Ionia a nord di Efeso e non lontana dalla città di Smirne, e muore ad Atene nel 485 a.C. Intorno

al 545, lasciò la Grecia quando era già minacciata dai Persiani e con altri della città natale fondò, in Tracia, la colonia di Abdera.

È noto un frammento delle sue poesie, il numero 88, dedicato all'amore per una fanciulla tracia. Viene richiamato da Policrate, il tiranno di Samo, molto ricco, e su questo dato si racconta una leggenda: Amasis, faraone d'Egitto, chiese a Policrate di rinunciare a qualcosa di molto prezioso, ritenendo che una persona troppo fortunata, prima o dopo, sarebbe stata colpita da una grande sventura. Policrate si privò di uno stupendo anello di grandissimo valore e lo gettò in mare. Passò del tempo, un pescatore lo trovò dentro un grosso pesce e decise di farne dono a Policrate. Per Amasis, quando ne venne a conoscenza, ciò significava che il tiranno era troppo fortunato e inevitabilmente sarebbe incorso in una grave disgrazia. Nel 522 a.C. il satrapo persiano Orete, con l'inganno lo attirò verso di sé e lo fece giustiziare, crocifiggendolo. I Persiani si impossessarono così di Samo. In seguito a questi cambiamenti politici, Anacreonte tornò ad Atene, dove si fece conoscere per l'abilità poetica.

Le poesie di Anacreonte hanno un contenuto amoroso, che esalta il piacere dei sensi, l'amore carnale, ma spesso i suoi versi sono occupati da fatti storici e molti hanno come tema Policrate. Si era innamorato di Nanno, la fanciulla che accompagnava le sue canzoni con il flauto, ma lei rifiutò il suo amore e allora la immortalò in numerosi e delicati versi elegiaci.

«Noi invece, quali foglie germinate dalla primavera fiorita, non appena crescono ai raggi del sol, simili a quelle godiamo brevissimo tempo dei fiori di giovinezza; e a noi né il bene né il male, mai svelano i Numi. E negre, le Parche vicine ci stanno, l'una reggendo il filo della vecchiaia tetra, l'altra della morte...»

Una statua in suo onore venne situata proprio sull'Acropoli. La sua memoria verrà in seguito evocata dal giovane Crizia (460 a.C.-403 circa), discepolo di Socrate.

8. Saffo è la grande poetessa, nata intorno al 612 a.C. nell'isola di Lesbo, figlia di Scamandronimo e di Cleide, rispettivamen-

te di Ereso e di Mitilene. Da bambina, a causa delle lotte politiche andò in Sicilia, ma fece ben presto ritorno a Mitilene dove divenne parte di una comunità, che venerava Afrodite e le sue Muse. Era costituita da ragazze, con le quali Saffo viveva in intimità e in vere relazioni d'amore, scrivendo poesie e cantando versi, quando si celebravano i loro matrimoni.

Della sua vita affettiva si sa poco, anche se si è immaginato molto. Risulta che sposò Cercola, un ricco mercante, ed ebbe una figlia, Cleide. Rimane misteriosa anche la sua morte. Una leggenda la descriverebbe avvenuta per essersi gettata in mare da una rupe, per amore di Faone, un personaggio leggendario della mitologia greca. La si trova nei dipinti, spesso accanto ad Afrodite. La certezza è legata alla sua grande poesia lirica, raccolta in sette libri. Non era nota per la bellezza. La sua figura era piccola e fragile, i capelli, gli occhi e la pelle erano più scuri di quanto i Greci potessero apprezzare, ma aveva il fascino della delicatezza, della raffinatezza, una mente brillante che tuttavia non nascondeva la sua tenerezza. «Il mio cuore è come quello di un bimbo» scrive. Il poeta greco Alceo dimostra quanto era attraente, in un invito d'amore in cui le scrive: «O pura Saffo dai capelli di viola, Saffo dal dolce sorriso, voglio dirti qualcosa, ma mi trattiene il pudore».

Venne esiliata nel 591 in Sicilia, poiché Pitacco, un filosofo e politico greco, nato a Lesbo nel 640, temeva la forza della sua penna. Saffo in quello stesso periodo si sposò, «una figlietta bella io ho: pare un fiorellino d'oro la mia Cleide. Per lei tutto darei, la Lidia e anche l'amata Lesbo».

Tornata alla sua isola dopo l'esilio, Saffo divenne il riferimento del mondo intellettuale. «Ma io, lo si sappia, amo la vita delicata e per me lo splendore e la bellezza sono parte del desiderio di sole.» Insegnava poesia, musica, e danza e non chiamava le sue allieve scolare, ma *etere*, che significa «compagne». Il marito, morto prematuramente, portò Saffo a dedicarsi alle ragazze: si innamorò di tutte queste fanciulle, l'una dopo l'altra; in un bellissimo frammento scrive: «Scuote amore il mio cuore come vento nei monti si abbatte su querce». E a una fanciulla, Attide, dedica questi versi: «Ti ho amata, Attide, in un tempo lontano, quando la mia gioventù era ancora in fiore e tu a me sembravi una bimba restia». Sulla unione tra lei e un giovane di Mitilene, Saffo espresse la sua gelosia, come una passione senza limiti. Ci resta un frammento, che è una stupenda analisi poetica della gelosia «... e sudore giù per le membra corre e tremore tutta mi invade; e fatta pallida più dell'erba, poco lungi sembro da morte...». E quando i genitori di Attide l'avevano tolta da scuola, scrive: «Non vedrò più Attide e in verità vorrei essere morta». Platone ne elogia la grandezza poetica: «Dicon taluni che son nove le Muse. Distratti! Saffo di Lesbo è la decima».

La poesia, come voce della civiltà, in contrapposizione con le urla, che sanno di barbarie e di una società del potere e del denaro.

9. Pitagora nasce a Samo, nel 580 a.C. circa. Dedicò la giovinezza agli studi e viaggiò fino a quando, intorno al 531 a.C., si trasferì a Crotone, sembra per allontanarsi dalla tirannide di Policrate. Visitò l'Arabia, la Siria, la Fenicia, la Caldea, l'India e la Gallia. Aveva imparato che, per viaggiare in terra straniera, non bisognava «volgersi a guardare le vostre frontiere», a indicare che era necessario abbandonare i pregiudizi in ogni porto di arrivo. Si fermò più a lungo in Egitto, dove studiò sotto la guida dei sacerdoti e acquistò nozioni di geometria e di astronomia. A Crotone, Pitagora venne riconosciuto come maestro, fu a capo di una scuola sia di uomini, che di donne e arrivò facilmente ad avere un centinaio di allievi.

Non scrisse nessuna opera, credeva nella metempsicosi in cui l'anima trasmigra attraverso reincarnazioni sia sotto forma vegetale che animale, ritenendo però possibile raggiungere la «purezza». La maniera più efficace era quella di dedicarsi allo studio. Lo studio della natura aveva dunque il senso di una religione. È noto anche per aver scoperto i rapporti numerici che determinano gli intervalli della scala musicale, giunse a interpretare l'intero universo attraverso i numeri. Doveva esistere un teorema di Pitagora, non nella forma di cui più tardi ne parlerà Euclide. Più che come matematico, veniva percepito nelle vesti di un capo religioso e contro di lui, si organizzò una congiura capeggiata da Cilone. Si salvò, rifugiandosi a Metaponto, dove morì nel 495 circa. Il padre, Mnesarco, era un commerciante e un incisore, la madre Partenide era una delle donne più belle di Samo.

È certamente un innovatore, anche per aver stabilito la regola per cui le donne non erano ritenute meno degli uomini. La prima espressione in Occidente della uguaglianza dei generi. Studiavano temi comuni agli uomini, ma le spingeva a istruirsi anche nelle arti materne e domestiche. La loro coesistenza nella scuola comportava una rigida disciplina erotica, «di cui facevano parte il silenzio, l'esame di coscienza domandandosi: "In che cosa ho fallito?", "Che cosa ho fatto?", "Quale dovere ho trascurato?"». Suggeriva l'astinenza dalle carni, probabilmente per coerenza con l'idea della trasmigrazione delle anime e alla scuola, apparteneva anche il lottatore Milone, considerato l'uomo più forte della Grecia, senza aver mai ingerito carne. L'osservanza dei precetti, in origine, si riferiva a dei tabù. Era parsimonioso nelle lodi. Creò una sorta di comunità monastica: gli allievi si legavano in maniera solenne alla lealtà verso il maestro e la comunità, dominava la pratica della non-proprietà per tutto il tempo in cui frequentavano la scuola pitagorica, era vietato ai discepoli uccidere animali, che non fossero dannosi all'uomo... Gli allievi dovevano vestire con semplicità e comportarsi con modestia. Dovevano rispettare gli dèi. Una vera dittatura pedagogica. Forse con lui nasce l'*autòs epha* (*ipse dixit*). Si nutriva di pane, miele e verdure, indossava una veste bianca e senza macchie. Risulta che non avesse mai punito nessuno, nemmeno uno schiavo. Per essere ammessi alla scuola, occorreva praticare la purificazione del corpo mediante l'astinenza e l'autocontrollo, ma anche la purificazione della mente attraverso studi scientifici. Gli allievi erano divisi in categorie: gli essoterici (studenti esterni) e gli esoterici (studenti interni) che potevano accedere alla scienza segreta del maestro. Le scienze erano apprese attraverso veri programmi ed erano geometria, aritmetica, astronomia e musica, precedute dalla matematica come teoria astratta, il cui pensiero costringeva all'ordine e alla chiarezza. La geometria era espressa in teoremi e forse quello ancora oggi più noto recita che la somma degli angoli di un qualunque triangolo equivale a due angoli retti. Altrettanto noto è il secondo teorema, per il quale il quadrato, costruito sull'ipotenusa di un triangolo rettangolo, è equivalente alla somma dei quadrati, costruiti sui cateti.

Apollodoro, storico di Atene del II secolo a.C., narra che, quando il maestro ebbe formulato questo teorema, offrì agli dèi una ecatombe, un sacrificio di cento animali, come ringraziamento. Ma forse non è una notizia veritiera, in quanto l'uccisione di animali era un gesto anti-pitagorico.

Uno dei temi scientifici riguardava l'universo e sulla scia delle precedenti formulazioni, Pitagora riteneva che avesse la forma di una sfera vivente, al cui centro è la terra. E pensava che anche la terra fosse sferica. Risalta una visione religiosa della vita, orientata verso la scienza come studio della natura, ma non disdegnò di accedere al campo della filosofia, nel significato greco di «amore della conoscenza». E la nozione principale riportava al principio di tutte le cose. Pitagora lo cercò nella forma.

Il tema che prende il sopravvento è quello dell'*anima* che continuerà per tutta la storia della filosofia. Sostenne che l'anima era divisa in tre parti: sentimento, intuizione, ragione. Riteneva che il sentimento avesse il centro nel cuore, l'intuizione e la ragione nel cervello. Inoltre, pensava che solo la ragione appartenesse all'uomo e che fosse immortale. Dopo la morte, l'anima passa nell'Ade un periodo di purificazione, poi torna sulla terra ed entra in un nuovo corpo. Le trasmigrazioni hanno fine solo quando una vita è interamente virtuosa. Si divertiva a raccontare le sue precedenti incarnazioni; in una cortigiana, in un eroe, ricordava di aver partecipato alla guerra di Troia. «Avendo udito una volta il latrato di un cane bastonato, prese subito la difesa dell'animale e giustificò questa che potrebbe apparire una stranezza, dicendo di aver riconosciuto nell'animale la voce di un amico morto.»

Dalle caratteristiche del pensiero e della comunità di cui era indiscusso maestro, si è intravista una organizzazione aristocratica comunista. Sulla sua morte esistono solo ipotesi: la meno leggendaria è la fuga a Metaponto, dove si astenne dal cibo per quaranta giorni e poiché aveva vissuto ottant'anni, avvertì che erano sufficienti e si lasciò morire.

10. Ippocrate è il medico più famoso dell'antichità. Nasce a Kos, nel 460 a.C. e muore a Larissa nel 377 a.C. Giustamente riconosciuto come il padre della medicina scientifica, superò il concetto della «teurgia» (la cura attraverso gli dèi). Lasciò un trattato, il *Corpus Hippocraticum* e altre opere, anche se gli storici ritengono si tratti di raccolte postume, che non potrebbero essere considerate parte del metodo e della dottrina da lui seguiti. E nella sua iniziazione, risulta l'importanza della conoscenza della cultura egiziana, con i suoi misteri.

Ancora oggi l'ammissione alla pratica medica dopo la laurea è legata al giuramento di Ippocrate. Ha rappresentato la figura ideale del medico. Con lui nasce la medicina laica, seguita da quattro grandi scuole: a Kos e Cnido in Asia Minore, a Crotone in Italia, ad Agrigento con Empedocle.

Ippocrate nasce nello stesso anno di Democrito di cui divenne amico. Figlio di un medico, ebbe un difficile tirocinio tra migliaia di invalidi che si recavano a prendere le acque alle sorgenti di Kos. Ben presto la sua fama giunse ai regnanti: Perdicca di Macedonia, e Artaserse di Persia divennero suoi pazienti. Nel 430 a.C. la città di Atene lo chiamò per porre fine alla grande pestilenza. Morì a ottantatré anni, mentre il suo amico Democrito diventò centenario. Nonostante le imprecisioni e gli errori che, nel tempo, si sono evidenziati, la funzione storica di Ippocrate e dei suoi successori fu di affrancare la medicina sia dalla religione sia dalla filosofia. Uno degli esempi che mostrano una vera metamorfosi operata da Ippocrate, è dato dalla *malattia sacra*, in cui attacca la teoria secondo cui i mali sono causati dagli dèi, ritenendo che ogni infermità ha cause naturali. La malattia sacra (in epoca romana *morbus sacer*), ora chiamata epilessia, veniva attribuita a un demone. Ippocrate invece, scrisse: «Gli uomini continuano a credere nella sua origine divina, perché non riescono a comprenderla. [...] Ciarlatani e impostori, incapaci di trovare una cura che giovi, si sono nascosti, protetti dietro la superstizione e hanno definito sacra questa infermità, affinché la loro completa ignoranza non venisse smascherata».

Altrettanto severo è sull'uso della filosofia, che non deve trovare alcuna considerazione dalla medicina per fondarsi solo sull'accurata osservazione e attento studio dei casi. Anche la sua teoria degli umori non rientra nel campo filosofico, ma è una ipotesi che nasce dalla osservazione. Era invalsa l'abitudine di studiare l'anatomia degli animali, come preparazione a meglio capire le anomalie dell'uomo. Ed è così che Ippocrate, in uno scritto sul cuore, ne descrive i ventricoli, le grandi arterie, le loro valvole. Nel *Corpus*, afferma chiaramente che il cervello è la sede del pensiero e della coscienza. Di quel periodo si sono ritrovate scatolette che contenevano gli strumenti chirurgici, conservati oggi nel museo di Epidauro: forcipi, bisturi, cateteri. Come effetto della nuova medicina, si aprirono nella città luoghi di guarigione, le *iatreion*. Già si praticava la distinzione tra la visita a domicilio e il ricovero.

L'edizione originaria del giuramento, oltre al rispetto che un medico deve avere per ogni malato, richiedeva anche l'uso della calma, della gentilezza, tali da ispirare fiducia al paziente. «Quando entrate nella stanza del malato, non trascurate mai il vostro modo di sedere, la riservatezza, l'ordine delle vostre vesti, il tono del parlare, la brevità del discorso, la compostezza. [...] Qualche volta presterete la vostra opera gratuitamente e se avrete l'occasione di servire uno straniero che si trovi in strettezze finanziarie, dategli tutta la vostra assistenza. Poiché dove c'è amore per l'uomo, c'è l'amore per l'altro.»

11. Parmenide nasce a Elea nel 450 a.C. circa. Visse nella sua città, dove aveva la funzione di legislatore, ma il suo grande contributo è nell'ambito della filosofia. Descrive il suo pensiero in modo didascalico nel suo poema *Sulla natura*, di cui ci sono giunti frammenti. Racconta di un viaggio che egli compie allegoricamente e che va dalla «casa della notte» a quella «del giorno». Qui incontra una dea, e si intrattiene a parlare. Il tema è l'Essere: l'Essere è, l'Essere non è, oppure è e non è. Di queste tre ipotesi, la dea condanna le due ultime e ritiene vera la prima, dunque l'Essere è. Non ha né un principio né una fine, è unico e ha la forma di una sfera. Ne consegue che la molteplicità naturale non esiste, è convenzionale.

A ben considerare si pone il principio di non-contraddizione, che corrisponde alla differenza tra il pensiero (*nous*) e la opinione (*doxa*). Il viaggio allegorico esprime dunque il percorso del pensiero, con la possibilità della logica. Da questi rapidi riferimenti, ritorna alla memoria Eraclito che, un secolo prima, aveva invece difeso la variabilità e la molteplicità dell'Essere, espresso nel *panta rei* (tutto scorre). Parmenide nega il moto e il cambiamento, si oppone dunque alla metafisica di Eraclito. Il tema riporta ai sensi che però, rilevano qualità secondarie e pertanto offrono una conoscenza oscura, l'opinione, mentre il sapere sorge dal pensiero.

Alcuni frammenti dell'opera sono particolarmente espressivi: «Orbene io ti dirò e tu ascolta accuratamente il discorso su quali sono le vie di ricerca che solo sono da pensare. L'una che è, e che non è possibile che non sia, questo è il sentiero della persuasione (infatti segue la verità); l'altra che non è, e che è necessario che non sia. E io ti dico che questo è un sentiero del tutto inaccessibile: infatti non potresti avere cognizione di ciò che non è, (poiché non è possibile), né potresti esprimerla... lo stesso è pensare ed essere». Ne deriva che la molteplicità è illusoria, mentre la realtà dell'essere è immutabile, immortale, unica e immobile.

Di conseguenza, il non-essere non è, e non può essere. Implicitamente significa che niente si crea dal niente.

Queste espressioni escono puramente dal pensiero e non si confondono più su spiegazioni del cosmo, ma su un metodo razionale che va verso la logica formale del principio di non-contraddizione. La conclusione che l'Essere è immutabile ed eterno, che la nascita non significa essere e la morte non-essere, porta al concetto deterministico e alla condizione della necessità.

Parmenide paragona l'Essere a una sfera perfetta, sempre uguale a sé stessa nello spazio e nel tempo. Ed è sorprendente che questa immagine ritorni nella teoria della relatività di Einstein, in cui afferma: «Se prendessimo un binocolo e lo puntassimo nello spazio, vedremmo una linea chiusa all'infinito... fatto di uno spazio tondo, ripiegato su sé stesso». Il pensiero è l'unica via per coglie-re la verità dell'Essere. L'Essere quindi si trova nel pensiero. Totale sfiducia nei sensi. Parmenide è il fondatore della scuola di Elea e uno dei suoi allievi, fu Zenone.

12. Democrito nasce intorno al 460 a.C. e muore nel 370. Figlio di Egesistrato, un ricco cittadino di Abdera, trascorre la sua vita nello studio, tra composizione di opere e l'insegnamento nella scuola di Abdera. Fin dall'infanzia, si occupò delle dottrine orientali, fece lunghi viaggi in Egitto e in Oriente. È probabile che abbia frequentato Anassagora, più vecchio di almeno quarant'anni. Era chiamato «sapiente» per la sua vasta cultura e giunse all'età di 109 anni.

Sviluppa la teoria atomista che aveva appreso dal suo maestro Leucippo, ma si è occupato anche di etica, di psicologia, di matematica e di astronomia. I temi fondamentali riguardano gli atomi e il vuoto. «I primi sono reali e corporei, di dimensioni minutissime ma di forme varie. E sono indivisibili. Il secondo tema è lo spazio vuoto, infinito, non reale, ma esistente. Contrappone il nulla al qualcosa, dove gli atomi si muovono in tutte le direzioni, intrecciandosi e formando gli oggetti per aggregazione. Le differenze nella forma e nella posizione degli atomi generano corpi, che colpiscono i sensi»: è questo l'incipit per parlare di materialismo. Secondo Democrito, l'anima è materiale ed è composta di atomi sottili, distribuiti in tutto il corpo. Seguendo Leucippo, pensava che vi fossero innumerevoli mondi, creati da un turbine sorto spontaneamente e per caso. Alcuni frammenti parlano di etica, e rappresentano il fondamento del comportamento morale.

Gli atomi non sono mossi dal *noùs* e le contrapposizioni tra amore e odio sono pure necessità. «Gli esseri organici nacquero originariamente dalla terra umida. L'uomo è interamente composto di atomi e l'anima è formata da atomi minuscoli, lisci e tondi come quelli che compongono il fuoco.» L'uomo saggio attiverà il pensiero e si libererà dalle passioni, dalle superstizioni, e dalla paura, e cercherà nella contemplazione e nella comprensione la modesta felicità che si può ottenere nella vita umana. A conclusione, ribadisce che «nessun potere e nessun tesoro possono avere maggior peso del nostro sapere». Usando sempre le sue parole: «Le buone azioni non dovrebbero essere compiute per impulso ma per convinzione, non per la speranza di ricompensa, ma come fini a sé stesse. [...] Un uomo dovrebbe provare maggior vergogna nel far male di fronte a sé stesso, che di fronte a tutto il mondo».

Si sentiva eccessivamente vecchio e pensò che era tempo di morire. La sorella temeva che potesse morire durante le feste Tesmoforie, il che le avrebbe impedito di assolvere ai suoi doveri verso la dea Demetra, a cui erano dedicate. Democrito le disse di stare di buon animo e di portargli ogni giorno focacce calde. Applicandole alle narici si mantenne in vita sino alla fine delle celebrazioni e dopo i tre giorni di festa, spirò senza dolore, dopo aver vissuto 109 anni.

13. Socrate nasce ad Atene nel 479 a.C. e muore nel 399 a.C. È certamente tra i più importanti esponenti della civiltà occidentale. Figlio di Sofronisco e di Fenarete, si ritiene che il padre lavorasse il marmo come scalpellino, ma anche come scultore. La famiglia di Socrate godeva di una discreta condizione econo-

mica anche se, in gran parte della sua esistenza, il filosofo si è trovato in povertà. La sua attività, almeno nella fase giovanile, fu quella di militare, nel ruolo di oplita che, a quel tempo, indicava una categoria di contadini-operai-soldati. Avevano il compito di mantenere un'attività fisica, per essere pronti alla guerra. In età avanzata, sposò Santippe che divenne famosa per il suo carattere spinoso e per non accettare certo una posizione di secondo piano rispetto al marito, che la criticava con un tono persino ironico.

Si interessò molto alla filosofia scientifica sull'osservazione della Natura che dominava a quel tempo in Grecia. Ben presto divenne però interessato al comportamento dell'uomo, nelle espressioni di una corretta modalità rispetto ai fuorilegge. Era diventato noto per il suo girare in città, intrattenendosi con i cittadini e interrogandoli. Dominava allora il legame anche con gli dèi, si riferisce che l'oracolo delfico interpellato dal suo amico Cherefonte avesse risposto che «nessuno era più saggio di Socrate». La sua preparazione alla guerra lo rese un soldato ritenuto molto coraggioso. Il riferimento è alla lunga guerra del Peloponneso.

Quando Atene fu sotto il potere dei trenta tiranni, nel 399 a.C., si rifiutò di obbedire. Aveva allora ottant'anni e venne processato con l'accusa di mostrarsi fedele a divinità straniere e di corrompere la gioventù. Accusa quest'ultima, particolarmente oltraggiosa. Il processo venne descritto da Platone, diventato un riferimento per poter cogliere la personalità di Socrate, che assunse egli stesso la propria difesa, tramutandola in un atto di accusa ai giudici e alla città. I discepoli (nonostante non avesse mai costituito formalmente una scuola), visto l'andamento ingiusto del processo, gli avevano proposto una via di fuga che Socrate rifiutò. Condannato a morte, trenta giorni dopo la condanna, bevve la cicuta e morì.

Non lasciò scritti e le conoscenze che ne abbiamo, derivano da Platone e da Senofonte. Il primo, nei Dialoghi, pone Socrate come protagonista e finisce per attribuirgli pensieri propri. Senofonte era uno scrittore di romanzi ed è probabile che molti aspetti che gli attribuì fossero pura fantasia.

La sua immagine è riportata da un busto esposto nel Museo nazionale romano di Palazzo Massimo alle Terme, da cui si è arguito che non avesse i lineamenti tipici dell'uomo greco: la fronte spaziosa, il naso piatto e largo, le labbra spesse, farebbero pensare a un mongolico. Alcibiade afferma che «Socrate assomigliava esattamente alle maschere dei Sileni, che si possono vedere nelle botteghe di statue con flauti e pifferi tra le labbra. [...] Non puoi negare Socrate, che il tuo volto è quello di un Satiro». Vestiva in modo trasandato, indossando la stessa veste per tutto un anno e andava a piedi nudi. Non possedeva nulla e osservando gli oggetti esposti sulla piazza del mercato commentò: «Quante cose ci sono che io non desidero». Affermava di sentirsi bene nella sua povertà. Non criticava i ricchi, ma non gli dimostrò mai un rispetto particolare. Rifiutò doni che nella vita gli erano stati fatti. Sembra non disdegnasse il vino e, in una occasione, ebbe a dire che «inumidisce l'anima». Will Durant sintetizza dicendo: «Visse senza lavorare, lesse senza scrivere, insegnò senza costrizione, bevve senza stordimenti e morì prima di invecchiare, quasi senza dolore». Si è parlato di umore affabile, gentile, e Platone concluse che «fu veramente il più saggio, il più giusto e il migliore di tutti gli uomini che io abbia mai conosciuto».

Socrate viene considerato tra i filosofi, ma ciò che lo spingeva a meditare sulla saggezza era una straordinaria curiosità per gli uomini e per la natura. Da giovane fu attratto dai Sofisti, ma non lo si può aggregare ad alcuna corrente filosofica e allo stesso tempo, non si può parlare di filosofia socratica. Per quanto riguarda la conoscenza, era un relativista alla maniera di Protagora e si definiva sicuro solo della propria ignoranza. Le accuse contro gli dèi di Atene, non trovano corrispondenza, poiché partecipava alle cerimonie religiose e non si espresse mai contro. Attribuiva un significato agli oracoli e anche ai sogni, che riteneva messaggi degli dèi. È certo tuttavia che, leggendo quanto ha detto o gli è stato attribuito anche relativamente al tema del divino, mostri un pensiero contraddittorio. Nei Dialoghi platonici, nel *Fedone* difende l'immortalità; nella *Apologia*, dice: «Se pretendessi di essere più saggio di altri, sarebbe perché non credo di avere sufficiente coscienza dell'altro mondo, poiché non ne ho infatti alcuna», e nel *Cratilo*, giunge alle stesse conclusioni: «Degli dèi, non sappiamo nulla». Da tali riferimenti esce il suo scetticismo. È sicuro che in quel clima della filosofia presocratica rivolta alla natura, Socrate se ne distacca poiché prediligeva parlare «sempre di cose umane», così riporta Senofonte. Da ciò diventa comprensibile che il pensiero di Socrate non è né teologia, né metafisica, ma etica e politica. Will Durant afferma che «Socrate pensava che, dal momento che non c'è nulla di più utile della conoscenza, la conoscenza è la massima virtù e che tutti i vizi sono ignoranza. [...] Il bene più alto è la felicità, il mezzo più elevato per raggiungerlo è la conoscenza e dunque l'intelligenza».

È noto che per Socrate, la democrazia è una sciocchezza, mentre l'aristocrazia è la migliore forma di governo. Senofonte attribuisce a Socrate queste parole: «È assurdo eleggere a sorte dei magistrati, quando nessuno si sognerebbe di eleggere a caso un pilota, un muratore, un suonatore di flauto e un qualsiasi artigiano, sebbene gli errori di tali uomini siano assai meno dannosi di quelli che disordinano il nostro governo». La sua contrarietà alla democrazia non è, certo, a favore della tirannia e della plutocrazia, che riteneva dannose più della democrazia. Per Socrate ogni scelta politica è un compromesso, ma quello più logico va a vantaggio di un'aristocrazia, nella quale gli incarichi sono adibiti a chi è mentalmente adatto e preparato a governare. Sempre in modo coerente al relativismo, era comunque pronto a riconoscere i vantaggi della democrazia e la libertà, che viene concessa. A quelli che rifiutavano la libertà, in nome di un ritorno alla natura, ricordava che, con tutti i suoi difetti, la civiltà è una cosa preziosa e non si poteva abbandonarla, in favore di una semplicità primitiva.

Un uomo straordinario, che è da segnalare proprio per aver applicato i principi della civiltà, e non riducibile né alla filosofia né alla teologia, ma fondata sull'umanesimo, inteso come insieme di principi che guidano l'individuo e la collettività al rispetto dell'altro e della vita.

14. Eschilo, figlio di Euforione di Eleusi, nasce nel 525-524 a.C. e muore a Gela nel 456 a.C. È l'iniziatore della tragedia greca nella sua espressione più compiuta. Di lui, conosciamo alcune opere nel testo completo. Visse la fine della tirannia di Pisistrato e dei suoi figli, avvenuta nel 510 a.C., poté quindi godere della democrazia ateniese. Combatté i Persiani a Maratona nel 490 a.C., a Salamina nel 480, e a Platea nel 479. Una nota che è a sostegno del suo patriottismo. Riconosceva la supremazia della giustizia, era religioso e riteneva che il miglior governo fosse quello degli dèi. Pur impegnato a difendere la patria, nel 499, a ventisei anni, scrisse la prima opera teatrale.

Nel 468, dopo aver occupato il primo posto per la grande produzione tragica, gli venne preferito nella premiazione il giovane Sofocle e da allora, i due grandi drammaturghi scrivevano anche in nome di una contesa letteraria. Spetta a Eschilo aver aggiunto un secondo attore alla tradizione che ne vedeva in scena uno solo, contrapposto al Coro.

Compose settanta tragedie, ne rimangono solo sette. La più famosa è certamente *Prometeo incatenato*. Quest'opera vede Prometeo, incatenato a una roccia del Caucaso per ordine di Zeus, adirato contro di lui perché ha insegnato agli uomini l'arte del fuoco. Prometeo, nell'impotenza, si scaglia contro l'Olimpo, e narra le imprese con cui ha portato agli uomini la civiltà... «A lor dagli astri / mostrai gli orti ed i tramonti arcani; / io de' numeri l'arte, arte sovrana, / trovai per essi ed il comporre insieme / delle lettere i segni e operatrice / di tutte le cose e delle Muse madre / la memoria educar [...] e io / insegnator di tante arti all'uomo / mezzi non ho, non argomento, a trarmi / del presente infortunio.»

Senza il gesto di Prometeo, non sarebbe stata possibile la civiltà e, nella tragedia, è la terra che piange con lui: «C'è un pianto nelle onde del mare che ricadono insieme... e un lamento sale dalle caverne, regno della notte». Zeus richiama all'inutile sacrificio, che diventa il simbolo degli uomini visti dagli dèi, *deboli e insignificanti*, *sognatori incatenati* e minaccia di gettare Prometeo nel Tartaro. La figura di Prometeo si pensa appartenga a una trilogia formata da *Prometeo portatore di fuoco*, *Prometeo incatenato*, *Prometeo liberato*. È questo il primo grande personaggio del dramma greco, centrato sulla volontà umana di opporsi al destino. Un tema che rimarrà nella letteratura. Basterebbe ricordare Milton e la sua lotta con il demonio. Il Prometeo di Eschilo rappresenta la lotta fra la conoscenza e la superstizione, tra la ragione e il deismo oscurantista. Questa è la tragedia dell'uomo.

Di altrettanta efficacia è l'*Orestea*, scritta nel 458 a.C., due anni dopo il *Prometeo*, e due anni prima della sua morte. Entra qui l'altro grande tema: la violenza del potere e della ricchezza. La figura che domina è quella di Tantalo, il re frigio orgoglioso della sua ricchezza, da cui parte la lunga serie di delitti che trova risposta nella vendetta delle Furie. Entra così in scena il tema delle città e della vita umana, la tendenza ad accumulare ricchezza superiore alle necessità di un individuo, causa di rovina per i figli. Il figlio Pelope conquista con mezzi illeciti il trono di Elide, assassinando il suo complice e prendendo in moglie la figlia del re, da lui stesso ucciso. Si narra la storia anche di tutti gli altri figli e dei figli dei figli, che sono all'origine della violenza umana. Da questa epopea omicida si giunge alla guerra di Troia: Agamennone è lontano per la guerra, Egisto ne conquista la moglie e con lei trama per uccidere il re. «Ché tutto osar l'uomo suole / se spinto egli è da prava / obbrobriosa insania ad atto obliquo.»

L'*Orestea* è posta tra i grandi capolavori della letteratura greca, subito dopo l'*Iliade* e l'*Odissea*. Eschilo fu accusato di avere, nelle sue opere, rivelato i segreti dei rituali e fu salvato dalla morte poiché suo fratello Aminia, davanti all'assemblea che lo accusava, ne denudò il corpo per mostrare le ferite riportate nella battaglia di Salamina e il suo essere pronto a dare la vita per la patria. Era convinto che gli uomini fossero malvagi e dovessero essere puniti da un Dio unico. Zeus diventa così la personificazione della ragione del mondo.

Due anni dopo aver scritto *Orestea*, va in Sicilia ed è qui che si inserisce la leggenda, secondo cui venne ucciso da un'aquila, che aveva lasciato cadere una tartaruga sulla sua testa calda. Fu sepolto nell'isola, e sulla tomba venne riportato un epitaffio da lui stesso composto, senza che vengano citate le sue tragedie. «Sotto questa pietra giace Eschilo; della sua nobile prodezza può parlare il bosco di Maratona o il lungocrinito persiano, che ben la conosce.»

15. Sofocle nasce nel 496 a.C., nel sobborgo di Colono ad Atene, figlio di Sofilo, un ricco fabbricante di spade, e muore ad Atene nel 406 a.C. Assieme a Eschilo e a Euripide, è uno dei grandi drammaturghi della Grecia antica. Riceve un'educazione culturale di primo piano, a quindici anni canta come solista in una festa dedicata alla vittoria di Salamina. Un autore tragico, che riceve subito il successo e a ventisette anni compete e vince il premio per il teatro, superando l'ormai vecchio Eschilo. Da allora domina questo ambito conquistando ventiquattro premi e arrivando secondo in tutte le altre competizioni.

Amico personale di Pericle, gli vengono affidati incarichi nella vita politica e quando il corpo di Asclepio viene trasferito da Epidauro ad Atene, Sofocle lo ospita nella propria casa fino a che non viene completato il santuario destinato al Dio. Appartiene ai Quattrocento, che elaborano il testo della Costituzione oligarchica. Nel 411, sposa Nicostrata e ha un figlio, Iofonte. Mantiene anche una relazione con Theoris, da cui ha un altro figlio, Aristone.

Sofocle, oltre alla genialità, aveva ottenuto dal padre una rendita che gli permise di non avere mai difficoltà economiche, nemmeno durante le guerre del Peloponneso che avevano impoverito Atene, ma non il padre, che produceva armi. Suonava l'arpa. Nelle statue che lo rappresentano, dimostra solennità e vigore fisico.

Scrisse centotredici opere teatrali, ne rimangono con testo completo sette. Le rappresentazioni delle sue opere erano seguite dal grande pubblico. Portò a tre il numero degli attori e lui stesso recitava delle parti, fino a quando non ebbe un calo della voce. Le sue tragedie risaltano per un particolare intuito psicologico e riguardano spesso vicende di amore.

Nella tragedia *Le Trachinie*, Deianira, gelosa dell'amore di Eracle per Jole, le manda una veste avvelenata e quando questa la intossica, si uccide. Ma i temi che risaltano non sono quelli della colpa e della giusta punizione, bensì la dinamica psicologica della gelosia. Anche in *Aiace*, non si occupa tanto delle imprese, ma della descrizione di un uomo che impazzisce. Accade anche nel *Filottete*, in cui l'azione perde di importanza rispetto all'analisi della ingenuità, che si contrappone alla disonestà diplomatica. Se Eschilo era affascinato dai problemi morali, Sofocle è come uno psicoanalista ante litteram: in *Elettra*, analizza l'odio della giovane per la madre (non a caso, il complesso con questo nome è entrato nel linguaggio freudiano).

Ma l'opera più famosa è certamente l'*Edipo re*, in cui descrive l'epidemia misteriosa che si è diffusa nella città di Tebe. Il popolo chiede al re Edipo di offrire sacrifici con cui pacificare gli dèi. Un oracolo annuncia che l'epidemia si risolverà solo quando verrà allontanato dalla città l'assassino sconosciuto di Laio, il re che sedeva sul trono prima di Edipo. Edipo maledice lo sconosciuto omicida, chiunque egli sia.

Come antefatto si viene a conoscere che re Laio e la regina Giocasta, in attesa di un figlio, avevano interrogato un oracolo, il cui presagio era stato che avrebbe ucciso il padre e sposato la madre. La coppia desiderava una femmina, ma era nato un maschio che fu esposto sulla montagna. Lo trovò casualmente un pastore e lo chiamò Edipo, a causa dei suoi piedi gonfi (da *oidos*, «gonfiore», *poùs*, «piede»): pensò di salvarlo, consegnandolo al re e alla regina di Corinto che lo allevarono come figlio loro. Edipo è dunque convinto che i suoi genitori siano i reali di Corinto e quando l'oracolo, nuovamente interrogato, risponde che era destinato a uccidere il padre e a sposare la madre, era fuggito atterrito da Corinto verso Tebe. Lungo la strada aveva litigato con un vecchio e l'aveva ucciso, senza sapere che si trattava proprio di Laio, il suo vero padre. Avvicinandosi a Tebe, aveva incontrato la Sfinge, la quale gli pose l'enigma: «Cos'è quella cosa che ha quattro piedi, tre piedi, e due piedi?». Se la risposta non era corretta, tutti i viandanti venivano tolti di mezzo. I tebani erano atterriti da quel mostro e avevano fatto voti che chi avesse risolto l'enigma, sarebbe diventato re. Edipo rispose correttamente che era l'uomo: da bambino cammina a quattro gambe, da adulto con due, e da vecchio si aiuta con il bastone. La Sfinge accettò la risposta e si diede la morte. I tebani acclamarono Edipo come liberatore, ma, non vedendo arrivare Laio, lo elessero re. Edipo sposò poi Giocasta e da lei ebbe quattro figli: Antigone, Polinice, Eteocle e Ismene. È nella seconda scena della tragedia che un vecchio sacerdote, su ordine di Edipo, rivela l'identità dell'assassino di Laio, facendo proprio il nome di Edipo, che a questo punto diviene consapevole di essere stato proprio lui l'uccisore del padre e compagno di letto della madre, Giocasta, che nonostante dapprima si rifiuti di crederlo, quando il fatto diventa certo, si impicca; Edipo impazzito dal rimorso, si acceca e abbandona Tebe verso l'esilio, lo accompagna la figlia Antigone. Non è facile descrivere una tragedia più drammatica di quella che tocca a Edipo, il personaggio di riferimento dell'opera di Sofocle. Morirà solo in un boschetto. La tragedia non riguarda solo Edipo, ma diventa tragedia della vita umana. «Chi 'l cammin della vita / oltremisura ha di protrar desio / mostra all'avviso mio / mente d'error nutrita; / perché la molta etade / molti travagli ancor più reca e mai / l'uom gioir non vedrai / vero piacer, se cade / in soverchie di brame intemperanze; / né sazietà soccorre / quando pur quella che connubi e danze / e suon di cetra aborre, / la comune dell'orco ultima sorte / appare alfin, la Morte.»

16. Euripide nasce a Salamina nel 485 a.C., in una famiglia di

Atene che si era rifugiata sull'isola per sfuggire ai Persiani, e muore nel 406 a Pella. Il padre era Mnesarco (o Mnesarchide), la madre Clito. Secondo alcune versioni erano bottegai, di agiata condizione, secondo altre il padre possedeva dei poderi a Salamina. Sempre da fonti incerte, Euripide sarebbe stato allievo di Anassagora, la cui presenza si avverte sicuramente nelle sue tragedie. Deve aver frequentato anche Socrate, che era un ammiratore delle sue tragedie. Si racconta che fosse uomo di cultura, dedito alla lettura, e si ritirasse a scrivere e a studiare in una caverna vicino al mare, a Salamina. Costruì una ricca biblioteca, era rispettoso degli dèi e ricoprì una carica sacerdotale. Certamente servì come soldato, nel periodo delle guerre. Tendeva alla solitudine e, forse per questo, gli viene attribuito un carattere scontroso. Ebbe tre figli. Partecipò a un concorso dedicato alla poesia e alla tragedia nel 455 a.C. La prima vittoria la ottenne però, solo nel 441.

Dei suoi novantadue drammi, sette o otto erano di genere satirico. Compose un'elegia per i soldati ateniesi caduti in Sicilia. Non ebbe in vita un grande successo di pubblico, ma dei tre tragici la sua fama postuma crebbe più degli altri due, Eschilo e Sofocle. Qualche anno prima della sua morte nel 408 o 407 a.C. lasciò Atene, secondo alcuni per gli scherni dei suoi concittadini. Soggiornò un poco in Tessaglia, a Magnesia. Si recò poi alla corte di Archelao di Macedonia, dove compose un'opera in onore del re e altre tragedie, tra cui *Le Baccanti*. Morì in Macedonia e venne sepolto ad Aretusa.

Delle sue opere possediamo diciannove esemplari in edizione completa, tra queste *Alcesti* (438 a.C.), *Medea* (431), *Ippolito* (428), *Ifigenia in Aulide* (403). Tragedie che vengono ancora rappresentate. Ne sono una caratteristica il tema delle passioni, i dubbi. Potrebbe essere definito un romantico, che risentiva molto dei temi filosofici. Si dice che Euripide desiderasse essere filosofo e divenne drammaturgo a differenza di Platone, che voleva essere drammaturgo e divenne filosofo. C'è il sospetto che

Socrate, diventato suo amico, avesse messo lo zampino in alcune delle sue composizioni.

Alcesti narra l'odiosa storia secondo la quale gli dèi, per lasciare in vita Admeto, re di Fere in Tessaglia, pretesero che qualcun altro si offrisse in morte in sua vece. Ed è solo la moglie Alcesti, non gli anziani genitori, non gli amici, che accetta di sacrificarsi e a lui nel commiato finale, si rivolge. Alcesti viene portata via come morta, ma Ercole, tra una bevuta solitaria e l'altra, si fa avanti e costringe la Morte a rinunciare a lei. Riporta così la regina viva alla reggia. L'opera non ebbe tanto successo, poiché si poneva tra tragedia e satira.

In realtà Euripide pone in risalto l'assurdo, che appare anche nell'*Ippolito*. Qui, l'eroe è un giovane cacciatore che fa voto ad Artemide, dea della caccia, di esserle sempre fedele, di star lontano dalle donne e di cercare il piacere nella solitudine dei boschi. Afrodite, la dea dell'amore, indignata per quel celibato, immette nel cuore di Fedra, la moglie di Teseo una folle passione per il cacciatore, figlio di Teseo e dell'amazzone Antiope. Fedra viene però respinta da Ippolito e ne soffre fino quasi a morire. La nutrice si fa ambasciatrice a Ippolito che il letto di Fedra lo accoglierà con gioia ma il giovane, sapendo che è la moglie di suo padre, inorridisce ed esplode in una famosa invettiva, da misogino: «O Zeus, e perché mai questa dell'uomo rea sciagura, le donne, all'alma luce del sole ponesti? Se l'umana schiatta seminar ti piacea, non t'era d'uopo dalle donne produrla?». Fedra muore, ma in una mano il marito le trova un biglietto, in cui il figlio Ippolito è accusato di averla sedotta. Teseo prega Poseidone perché uccida Ippolito, e il giovane protesta la propria innocenza, senza essere creduto. Viene cacciato dal padre dal Paese e mentre il suo carro corre lungo la riva del mare, il leone marino emerge dalle onde, i cavalli s'imbizzarriscono e il giovane, sul terreno roccioso, trova la morte. Il coro lancia grida contro gli dèi: «Voi che lo intrappolate / ecco, vi lancio sul volto / il mio odio e il mio disprezzo».

L'opera *Medea* è certamente drammatica. Quando Giasone raggiunge la Colchide, Medea che è principessa reale, si innamora di lui, lo aiuta a impossessarsi del vello d'oro e per proteggerlo, inganna suo padre e uccide il fratello. Giasone le giura amore eterno, la porta con sé a Jolco. Qui la selvaggia Medea uccide il re Pelia, e così Giasone sale sul trono. Genera con lei due figli ma, con il tempo, stanco dello stile barbarico della donna, guardandosi attorno, giunge alla figlia di Creonte, re di Corinto e la sposa. Creonte lo accetta e manda Medea in esilio, piena di rabbia e di desiderio di vendetta. È a questo punto che Euripide fa pronunciare a Medea il brano più straordinario a favore delle donne. «Ora noi, dicon, viviamo quieta e sicura nelle case la vita; ed essi in campo si periglian la vita. Insani! In campo ben tre volte io starei, pria che del parto solo una volta sostener l'affanno.» Segue la terribile vendetta. Invia alla rivale, con il pretesto di una riconciliazione, alcune vesti. La principessa reale ne indossa una e rimane incenerita, il re Creonte, nel tentativo di salvare la figlia, muore nelle fiamme. Medea arriva a uccidere i propri figli e riparte, portando con sé i cadaveri, mentre il coro intona uno dei brani di più tragico significato umano: «Molti Giove nel cielo fati dispensa; / molte fanno gli dèi meravigliose / inopinate cose. / Non avvien quel ch'uomo crede e a quel ch'ei pensa / che non possibil sia, / lieve trovar la via / san le menti divine / Tale pur venne or questo caso a fine». Euripide non amava le guerre, era molto critico con gli dèi, scrutava la mente umana. E, a differenza di Eschilo, ha dato molto spazio ai drammi e alle passioni del mondo femminile.

17. Aristofane nasce ad Atene nel 446 a.C. Figlio di Filippo, è tra i più grandi commediografi della Grecia antica, l'unico di cui siano giunte opere complete. Muore nel 386 a.C. a Delfi. Fu un erudito della biblioteca alessandrina. Basterebbe citare le sue edizioni dell'*Iliade* e dell'*Odissea*, curò anche edizioni della *Teogonia* di Esiodo. Ebbe il merito di creare un teatro indipendente dalla tragedia, la commedia, che divenne più critica politica, una sorta di libera scrittura, possibile nella democrazia. Il capo dei demo-

cratici, Pericle, era interessato alle idee nuove, alla emancipazione della donna, a una filosofia razionalistica e auspicava il ritorno ai costumi umani e alla morale. Aristofane divenne, nelle sue commedie, la voce di questa visione. Le sue opere mostrano il legame con l'aristocrazia. Era di famiglia colta e abbiente, un difensore della pace. Dopo la morte di Pericle nel 429, il potere di Atene passò nelle mani del ricco cuoiaio Cleone, e nell'opera *I Babilonesi* del 426 Aristofane sottopone Cleone e la sua politica a un ridicolo talmente feroce, da venire condannato.

Due anni dopo nell'opera *I cavalieri*, si vendicò. Il personaggio principale era Demos, il cui maggiordomo era definito «il conciapelli» e tutti compresero l'allegoria, incluso Cleone. La satira era così sferzante che nessun attore volle recitare la parte del conciapelli, per timore di cadere in disgrazia. Aristofane la recitò egli stesso. Nicia, un oligarca superstizioso annuncia che un oracolo gli ha detto che il prossimo direttore della casa di Demos sarà un salsicciaio. Il cuoiaio, temendo di essere deposto dalle sue mansioni, protesta. Il salsicciaio lo assale e lo percuote con le interiora di animali, di cui si serve per produrre la sua mercanzia. Si prepara a una gara oratoria presso l'assemblea, masticando spicchi d'aglio. Tutto termina con il salsicciaio, ora direttore della casa di Demos, e il cuoiaio licenziato. Un'analisi anticipata della disintegrazione della vita pubblica ateniese, in cui Aristofane sottolinea che la sovranità del popolo era divenuta una sovranità di politicanti.

L'opera più nota è *Le nuvole*, dove un gentiluomo all'antica, Strepsiade, è alla ricerca di una nuova via che gli permetta di evitare il pagamento dei suoi debiti; apprende con gioia che Socrate dirige una bottega dei pensieri, dove ognuno può imparare a dimostrare qualunque cosa, anche falsa. Raggiunta la scuola, scorge al centro dell'aula Socrate sospeso al soffitto in una cesta, sprofondato in pensieri, mentre alcuni sono chini col naso sul pavimento, scrutando così i misteri nel profondo del Tartaro. In un dialogo straordinario tra Strepsiade e uno scolaro, il primo chiede che cosa faccia quella gente curva in un modo così strano e apprende dalla risposta che così, con quella parte del corpo imparano, mentre con le altre estremità studiano astronomia.

Aristofane combina una mescolanza tra bellezza, saggezza e oscenità. Attacca l'immoralità, colpisce la disonestà e si dichiara sempre a favore della religione. Il grande apporto fu proprio il creare un linguaggio e un teatro che si contrapponesse al dramma della tragedia, dominata dagli incomprensibili capricci degli dèi.

18. Senofonte apre il grande capitolo nella cultura greca antica degli storici. È attraverso i suoi scritti che abbiamo potuto conoscere le vicende dei tempi antichi. Nasce nel demo di Erchia, ad Atene, tra il 430 e il 425 a.C. e muore a Corinto, nel 355. È stato definito l'«ape attica», per la capacità di scrivere in modo semplice e chiaro. Il padre, Grillo, era un facoltoso cittadino. Può quindi seguire una buona educazione della corrente sofista, ma all'età di vent'anni conosce Socrate e ne diventa discepolo. Una relazione di grande significato che lo ha portato a scrivere l'*Apologia di Socrate*, precedente a quella di Platone. Fu un conservatore, sicuramente un sostenitore e forse al servizio dei Trenta Tiranni.

Nel 401, su invito di Prosseno, nonostante Socrate l'avesse sconsigliato, si unì alla spedizione di Ciro contro Artaserse, il fratello maggiore, nel tentativo di sostituirlo sul trono di Persia. Il contingente greco, che contava diecimila uomini, perse il controllo dell'operazione in un territorio ostile e lontano dalla patria. Venne ucciso Prosseno e Senofonte lo sostituì nella carica di generale, guidando i soldati alla salvezza. A Bisanzio si unì agli Spartani che combattevano contro i Persiani. Divenne amico e ammiratore del re spartano Agesilao e ne scrisse una entusiastica biografia. Atene aveva dichiarato guerra a Sparta, da qui si giunse al suo esilio. Sposò Filesia ed ebbe due figli: Grillo e Diodoro. Seppe in esilio, mentre era ancora in Asia, dell'accusa di essere amico di Ciro. Trovò rifugio a Sparta, dove lo raggiunsero la moglie e i figli. Il governo spartano lo aiutò. Probabilmente nel 369 venne abrogato il suo esilio, quando Atene concluse un'alleanza con Sparta ed è probabile che sia ritornato almeno qualche volta anch'egli ad Atene, dove decisero di vivere i suoi figli. Egli, però, morì a Corinto.

Diogene Laerzio lo descrive così, riferendosi soprattutto alla giovinezza: «Senofonte era un uomo di grande modestia, aitante al di là di ogni immaginazione. Dicono che Socrate lo incontrò in una via stretta e ponendogli di traverso il suo bastone, gli impedì di proseguire, chiedendogli dove si vendessero i generi di stretta necessità per la vita. E quando Senofonte gli ebbe risposto, gli chiese ancora dove si trovassero gli uomini buoni e virtuosi. Poiché Senofonte non glielo sapeva dire, Socrate gli disse: "Seguimi allora e impara". Da allora Senofonte divenne discepolo di Socrate e finì per adorarlo».

Forse la sua opera più significativa è *Anabasi*, in cui racconta la storia della spedizione dei mercenari greci guidati da Ciro, che include la sua stessa esperienza. La pubblicò con uno pseudonimo. Giustifica tutte le sue decisioni e certo poteva essere la maniera per rispondere ai suoi detrattori. *Ciropedia* è una biografia di Ciro il vecchio, in otto libri, lunga e un poco monotona. Vi è poi l'*Apologia di Socrate*. Nel *Simposio* descrive un immaginario banchetto in casa di Callia, cui partecipa anche Socrate. Riporta a una celebrazione della vittoria di Autolico del 422 a.C., immaginaria anche perché, a quell'epoca, Senofonte aveva solo otto anni. Dimostra di essere soprattutto un grande narratore, ma un filosofo poco profondo. Rimane un rappresentante del filone del racconto storico.

19. Fidia nacque ad Atene intorno al 490 a.C. e morì, forse nel 430, a Olimpia. È stato un grande scultore e architetto, interpretò gli ideali dell'Atene democratica di Pericle. Il Partenone risente del suo lavoro, oltre che di quello di sovrintendente delle opere realizzate. Si considera il salvatore della scuola degli scultori ateniesi. La sua vita è quasi leggendaria, poiché deriva dalla fama che aveva raggiunto nel tempo e dalle molte copie, che hanno clonato le sue opere. Ha realizzato anche ceramiche, bassorilievi, dise-

gnato monete. Figlio di Carmide, si dedicò in età giovanile anche alla pittura, apprendendo così il disegno, la composizione delle figure, necessari per il suo stile scultoreo. Era però attratto dalle dimensioni e per questo studiò la tecnica del bronzo. Uno scultore che usa il bronzo, che mette dunque in atto tutte le fasi che precedono il passaggio all'opera definitiva.

Sua è la decorazione scultorea che curò particolarmente sul Partenone. Una delle sue opere più famose l'*Atena Promachos*, scolpita intorno al 470 a.C., posta sull'Acropoli vicino ai Propilei, era alta venti metri ed è considerata la più bella delle opere di Fidia. Serviva da faro ai naviganti e da monito ai nemici. Il Partenone venne costruito tra il 447 e il 432 a.C. Come opera voluta da Pericle, a Fidia vennero commissionati i cartoni e i disegni delle sculture. Egli produsse tutti i modelli che venivano fatti in argilla e gesso, per costruire l'anima su cui poi prendeva forma il bronzo. Una tecnica che venne seguita in tutta la Grecia, contribuendo a imporre uno stile che non risentiva più delle città, dove le opere venivano create. Il Partenone venne finito nel 432 e Fidia andò in esilio, per le accuse che gli vennero mosse dagli avversari di Pericle. Si stabilì a Olimpia e si racconta che fosse tornato ad Atene solo per il processo. In questa città, realizzò l'opera *Zeus Olimpio* che, nel tempio dedicato al dio, è posta tra le sette meraviglie del mondo.

Le accuse da cui doveva difendersi contenevano anche quella di essersi impadronito di una parte dell'oro destinato alla statua di Atena. Riuscì però a scagionarsi, facendo pesare le vesti della dea. Fu ancora accusato di empietà, per aver posto la propria immagine sullo scudo della dea. La sua effige è quella di un vecchio calvo, con una espressione triste e dolorosa del volto. Secondo una delle biografie, fu messo in carcere nel 431, dove morì un anno dopo, per malattia o per veleno. Delle tre statue di Atena sull'Acropoli, *Atena Parthenos*, alta più di undici metri, sempre all'interno del Partenone impersonava la dea della saggezza e della castità. Fidia avrebbe voluto realizzarla in marmo, ma il popolo pretese che venisse composta nei materiali preziosi dell'avorio e dell'oro: impiegò quarantaquattro talenti (circa undici quintali di oro) per le vesti e adornò la statua di metalli preziosi e rilievi sull'elmo. La statua era situata in modo che, nel giorno dedicato ad Atena, il sole brillasse attraverso le grandi porte del tempio direttamente sulle vesti dorate e il pallido volto della vergine dea.

Fidia amava le grandi proporzioni: la statua di *Zeus Olimpio* misurava diciotto[4] metri, il trono era d'oro, ebano e avorio e alla sua base, c'erano statue più piccole dedicate alla Vittoria, ad Apollo, ad Artemide, a Niobe, insieme a un gruppo di bambini di Tebe, rapiti dalla Sfinge. Un'opera maestosa su cui si sono accese le leggende: «Si dice che Fidia, quando ebbe terminato, implorò il cielo di dargli un segno di approvazione; in risposta, un lampo colpì il pavimento alla base della statua, segno che, come tutti i messaggi celesti, diede luogo a interpretazioni contraddittorie». L'opera fu annoverata tra le sette meraviglie del mondo, ed era fonte di un pellegrinaggio onde ammirare la bellezza della statua che, secondo Quintiliano, «aggiungeva persino qualcosa alla religione: la maestà dell'opera si poteva uguagliare al dio». Degli ultimi anni di Fidia vi sono solo ipotesi, il ritorno ad Atene e la sua morte in prigione, oppure la permanenza a Olimpia dove però sarebbe stato condannato a morte. La sua tecnica rimase applicata dai suoi allievi.

20. Prassitele è il più grande scultore della Grecia antica. Ha composto opere di una bellezza che continua a incantare. Nasce ad Atene nel 395 a.C., muore nel 330-326 a.C. Si ritiene fosse figlio di Cefisodoto il vecchio, anch'egli scultore. Ebbe due figli, entrambi scultori. È probabile che disponesse di una officina che gli permetteva di realizzare un numero impressionante di opere, sia su marmo che su bronzo, alcune delle quali sono da attribuire a una vera scuola. Si dedica soprattutto al corpo femminile e alla potenza dell'uomo, mentre manca completamente la tema-

[4] Secondo la Treccani: quattordici.

tica religiosa. Amò Frine, cortigiana, e diede forma alla sua bellezza. Era famosissimo in tutta la Grecia.

L'opera più ammirata è l'*Afrodite* di Cnido. Nel 360, Kos lo incaricò di scolpire un'Afrodite, ma gli abitanti dell'isola rimasero scandalizzati dalla nudità. Per ammansirli, ne scolpì un'altra vestita. Nella piccola città di Tespi, in Beozia, aveva composto un *Eros*, nell'immagine di un giovane delicato e sognante che simboleggiava il potere dell'amore, nella conquista dell'anima. Il suo *Apollo sauroctono* (uccisore di lucertole) è così femminile, da ricordare un ermafrodito. Prassitele era considerato insuperabile nel rappresentare le emozioni.

21. Diogene di Sinope, considerato tra i fondatori della scuola cinica, nasce nel 412 a.C. e muore a Corinto nel 323. Il padre, Ilesia, aveva diretto la zecca della città, ma venne accusato di brogli e appropriazioni; era un cittadino ateniese e la madre una schiava tracia. L'accusa coinvolse anche il figlio che si spostò ad Atene, dove visse in estrema povertà con uno stile esistenziale che tendeva a rifiutare ogni convenzione. Una modalità che trasferisce la filosofia nella vita pratica.

Il principio della filosofia cinica è quello di ridurre i bisogni del corpo alle pure necessità fisiologiche, per far sì che l'anima sia il più libera possibile. Antistene, considerato il maestro di Diogene, aveva un motto: «Io non possiedo per non essere posseduto», indossava un abito così lacero che, un giorno, Socrate lo rimproverò, dicendogli: «Attraverso i buchi del tuo mantello, Antistene, posso vedere la tua vanità». Fissò la sede della sua scuola in un ginnasio, destinato alla gente di ceto inferiore, agli stranieri e agli illegittimi. Non voleva pagamento per i suoi insegnamenti e preferiva avere come allievi i poveri. Antistene in un primo tempo, si rifiutò di accettare Diogene come discepolo, ma questi insistette, accettò l'insulto e finalmente venne accolto.

Chiedeva l'elemosina per reale bisogno, ritenendo fosse una virtù, indossava abiti da accattone, la sacca e il bastone, e per qualche tempo era domiciliato in una botte, nel cortile del tempio di

Cibele, ad Atene. Con molta naturalezza compiva le azioni fisiologiche e i riti dell'amore sotto gli occhi di tutti. Usava portare una candela accesa o una lanterna, sostenendo di essere alla ricerca dell'uomo. Non riconosceva le leggi, si riteneva cittadino del mondo, girava da un luogo all'altro. Una volta fu preso dai pirati che lo vendettero come schiavo a Seniade di Corinto. Quando il suo padrone gli domandò cosa sapesse fare, rispose: «Governare gli uomini». Queste stranezze finirono per renderlo un uomo famosissimo in Grecia. Pensava che il bene più importante fosse la libertà di parlare e usandola, espresse umorismo e ironia.

Si conosce l'episodio del suo incontro con Alessandro, il quale lo interpellò mentre Diogene era disteso al sole. Uno disse: «Io sono Alessandro, il grande re» e l'altro rispose: «Io sono Diogene, il cane» (radice di «cinico» da *kuòn*, «cane»). Il re aggiunse: «Chiedimi qualunque favore tu desideri» e il filosofo rispose: «Non mi togliere la luce del sole». Allora, il giovane re aggiunse: «Se non fossi Alessandro, vorrei essere Diogene». Alcuni sostengono che i due uomini morirono nello stesso anno, 322 a.C. Il 10 di giugno, Alessandro morì a Babilonia a trentatré anni, Diogene a Corinto più che novantenne. I Corinti posero un cane di marmo sulla sua tomba.

I cinici consideravano vera filosofia l'etica, la felicità diventava lo scopo della vita che doveva essere semplice e naturale, indipendente il più possibile dagli aiuti di altri. «Una vita modesta e virtuosa è l'unica strada che porta alla soddisfazione; la ricchezza distrugge la pace, il desiderio invidioso rode come una cattiva ruggine l'anima. La schiavitù è ingiusta, ma trascurabile; il saggio riconosce che è altrettanto facile essere felici in servitù quanto in libertà, è la libertà interna quella che conta.» Gli dèi, diceva Diogene, avevano concesso all'uomo una esistenza facile, ma gli uomini «l'avevano complicata con lo smodato desiderio di lusso». I cinici però non tenevano in grande considerazione gli dèi. Si racconta che il maestro Antistene, dopo aver ascoltato un sacerdote che illustrava la bellezza dopo la morte, gli chiese: «Allora perché non muori?». La religione, o si riduceva a una pratica di una vita virtuosa, oppure era superstizione. E Diogene riteneva che la virtù fosse un premio in sé stessa, e non dovesse fondarsi sulla esistenza della giustizia o degli dèi. Quando gli chiesero come difendersi da un nemico, rispose: «Dimostrandosi onesti e retti».

L'unico desiderio ammesso dai cinici era quello sessuale, «evitavano il matrimonio, proteggevano le prostitute». E Diogene, oltre all'amore libero, sosteneva di dover creare una comunità di mogli. Con tale visione della sessualità, i cinici non riuscivano a capire perché ci si dovesse vergognare di soddisfare quel desiderio in pubblico. Sostenevano il suicidio; secondo alcuni Diogene si uccise, trattenendo il respiro. Dal punto di vista filosofico, l'idea centrale era non lo studio della natura, ma il ritorno alla natura.

22. Platone nasce nel 429 a.C. Il padre Aristone e la madre Perictione sono entrambi ateniesi e di nobile discendenza. È il maestro per eccellenza, riconosciuto nel suo tempo e stimato anche oggi. Socrate è stato il suo maestro, lo dimostra attraverso le opere che in gran parte lo pongono come protagonista. Una influenza che Platone ha avvertito da allievo. Dopo la morte di Socrate nel 399, assieme ad altri allievi si ritirò a Megara e compì molti viaggi. Andò in Egitto, visitò l'Italia e nel 387 era in Sicilia, dove fece amicizia con importanti personaggi del tempo. È noto come grande filosofo, anche se forse aspirava a una carriera politica, sulla convinzione che dovessero essere i filosofi a occuparsi dell'amministrazione della *polis*. Ritornato ad Atene, iniziò a insegnare presso il boschetto di Academo, non lontano dalle mura della città. E continuò per i rimanenti quarant'anni della sua vita, con qualche viaggio a Siracusa, per trovare i vecchi amici, Dione di Siracusa e il pitagorico Archita di Taranto.

L'interesse per la forma di governo è un punto di continua riflessione; inizialmente propone uno Stato comunista e utopico; in seguito, ne descrive un altro, con filosofi, uomini senza proprietà e senza mogli, dediti alla vita semplice e alla filosofia. «Il piano platonico di una aristocrazia comunista era il brillante tentativo di un ricco conservatore di riconciliare il suo disprezzo per la democrazia con l'idealismo radicale del suo tempo».

Platone discendeva da una famiglia nobile che, da parte di madre, giungeva a Solone e da parte del padre si legava ai primi re di Atene. Da giovane era già considerato il migliore, si distingueva nello studio, affascinava con la sua prestanza fisica nei giochi olimpici, partecipava a gare di lotta. E prese il nome di *Platòn*, a causa del suo torace robusto. Scrisse epigrammi e una tetralogia tragica. A decidere il suo futuro fu l'incontro e il fascino esercitato da Socrate: ne seguiva tutti gli insegnamenti e godeva della compagnia del vecchio, che era un vero giocoliere del pensiero. Con Socrate avvenne la metamorfosi, dimenticò Euripide, a cui si riferiva nelle sue opere tragiche, lasciò le donne e divenne filosofo. Con la morte di Socrate e il ritorno della democrazia, si sentì crollare e a Megara trovò la pace, ospite di Euclide.

Nel 395 ritorna ad Atene. Tra le disavventure, gli toccò anche di essere venduto come schiavo e pagò un'alta cifra per riscattarsi. Si arriva così al tempo dell'Accademia che ha la struttura di una comunità fraterna, religiosa, dedicata al culto delle Muse. Gli studenti non pagavano una retta, erano tutti però molto ricchi e così lasciavano spontaneamente del denaro, la scuola non aveva difficoltà. Dionisio II aveva donato a Platone ottanta talenti e ciò potrebbe giustificare in parte la pazienza del filosofo nei riguardi del re. I partecipanti dell'Accademia erano eleganti e si caratterizzavano per indossare o la toga accademica o un corto mantello. Le donne erano ammesse nel corpo studentesco. Ed è qui che certamente si situano Diotima e soprattutto Assiotea. Si studiava matematica, filosofia e sulla porta d'ingresso, era scritto *Ageometretos medeis eisito* (non entri alcuno sprovveduto di geometria). L'insegnamento avveniva attraverso conferenze, dialoghi, sottoponendo agli allievi dei quesiti. Tra i discepoli vi furono Aristotele, Demostene, Licurgo. Veniva riconosciuta a Platone la capacità di essere chiaro e di affascinare.

I Dialoghi rappresentano una tecnica di insegnamento e furono iniziati come ricreazione. Scritti probabilmente uno indipendentemente dall'altro, e anche a lunga distanza di tempo, servono a rendere vivace il conflitto delle idee e a fornire un affettuoso ritratto di Socrate che ne diventa il conduttore. A differenza dei Dialoghi, il *Simposio* rimane la chiave per entrare nel pensiero platonico. Una prosa ricca di realismo e di idealismo. I Dialoghi sono orientati ai temi della Repubblica, nel *Simposio* si esprime il metafisico, anche se non raggiungerà mai la sistematicità di Aristotele. Scompare anche Socrate. In una occasione scrisse: «Io non sono sicuro che esista una scienza della scienza». E il riferimento è sicuramente alla logica. È certo che i sensi danno una immagine superficiale e che solo le idee possono dare la conoscenza.

Per Platone, il pensare serve a organizzare le cose in classi, riteneva anche che i pensatori nascono e muoiono, ma l'idea di uomo è eterna. Giunge così al mondo delle *idee*. Un triangolo scompare, ma la legge di tutti i triangoli è perfetta ed eterna. Anche le astrazioni lo sono. Il mondo della scienza e della filosofia è formato da idee, la biologia non è la disciplina degli organi specifici, ma della vita. La matematica non si occupa di cose concrete, ma dei numeri come relazioni che valgono per tutte le cose. La filosofia è la scienza delle idee. Dio è il primo *motore immobile*, anima del mondo ed è così che si costruisce il *logos*, inteso come saggezza divina o mente di Dio. L'idea suprema è l'idea del bene che si identifica con Dio stesso. La materia è inerte, ed è l'*anima* che le attribuisce una forma specifica, pertanto è incorporea e immortale, esisteva prima del corpo. Tutte le verità sono parte dell'anima, e sono tutte innate. Dopo la morte, l'anima come principio di vita passa in altri organismi e una volta purificata nelle varie esistenze, l'anima è libera dalla reincarnazione e ascende in un luogo di eterna felicità. È il processo della «metempsicosi». Da questi richiami metafisici, deriva la ricerca per la vita morale, per l'ordine che deve regnare negli stati e nelle famiglie.

Il problema centrale dell'etica si pone nel conflitto tra piacere individuale e beni sociali. L'egoismo per definizione è immorale.

L'anima come principio di vita è costituita da tre parti: desideri, volontà, e pensiero, a cui vanno aggiunte la pietà e la giustizia. Il bene non è solo ragione né solo piacere, ma è una fusione proporzionale che produce la vita della ragione. Il bene supremo risiede nella pura conoscenza delle forme e delle leggi eterne. Il vero amore è l'amore rivolto alla verità. Se si ama la verità, si fugge dal male e non si risponde mai al male con il male. La filosofia serve a purificarci e a liberare dall'errore. In Platone l'etica e l'estetica si fondono: la bellezza, come la virtù, risiede nella simmetria e nell'ordine e la bellezza somma è quella delle figure della geometria. I cieli sono regolati da leggi perfette. L'amore è ricerca della bellezza e si compone di tre fasi: amore del corpo, dell'anima e della verità. L'amore non ha età, poiché esiste la sublimazione in cui l'uomo più vecchio ama il più giovane, poiché la sua prestanza è un simbolo e un richiamo alla pura ed eterna bellezza, mentre il giovane ama il più vecchio, perché la sua saggezza gli apre la via della comprensione e dell'onore.

Ma per Will Durant, esiste nello schema ancora la dimensione dell'utopia, poiché Platone sogna una società senza povertà, senza corruzione, tirannia e guerra. Era amareggiato e sconvolto dal clima di lotta e di odio di Atene. Disprezzava gli uomini d'affari che «fanno sempre finta di ignorare che essi hanno già rovinato, pronti a infilare il loro pungiglione, cioè il loro denaro, in tutti quelli che non si tengono in guardia contro di loro e che riescono a guadagnare più volte la stessa somma. In questo modo fanno sì chi nello Stato abbondino gli infingardi e i miseri». Di conseguenza, «compare la democrazia, dopo che i poveri hanno vinto i loro oppositori, uccidendone alcuni ed esiliando altri, mentre ai rimanenti elargiscono uguale quantità di libertà e di potere». Nasce la sferzante critica ai democratici, che fanno uso della forza del loro numero, per votare elemosine per il popolo e incarichi per sé stessi. «In un simile Stato l'anarchia cresce e penetra nelle case e finisce col prendere e infettare anche gli animali [...] il padre si abitua a scendere a livello dei figli [...] e il figlio non teme e non ha rispetto dei genitori [...] il maestro teme i vezzeggiatori, gli scolari e questi disprezzano maestri e operatori...» Quando la libertà diventa licenza, la dittatura è vicina. Da questa visione, prende il via il Platone legislatore, con una scrittura rigida e la formulazione di leggi. Rimane, comunque, una netta differenza tra i *principi*, che sono eterni e propri dell'umano, e le *leggi*, necessarie a frenare le tendenze a comportamenti che si allontanano dal bene, e portano a una società malata.

23. Diotima è un personaggio del *Simposio* di Platone. Nei Dialoghi, non si trova mai una donna. E anche nel *Simposio* manca, ma è come esistesse, poiché in uno degli interventi Platone risponde, riportando il dialogo che si è svolto intorno all'amore: «Il discorso intorno all'amore, che già sentii da una donna di Mantinea, Diotima, la quale era esperta di questa e di molte altre cose. [...] E veramente, occorre parlar prima di amore in sé, spiegando chi sia l'amore, e che natura abbia e poi delle sue opere». Riferisce che, in quel dialogo, si era giunti allo stesso punto a cui era arrivata la discussione, e cioè «se amore fosse un gran Dio e fosse amore per la bellezza e Diotima mi dimostrò, confutandomi, sostenendo come l'amore non fosse né bello né buono».

Si tratta dunque di un personaggio che entra attraverso il ricordo di Socrate sulle questioni dell'amore, e l'incontro viene riportato proprio nella maniera in cui era avvenuto, tra domande e risposte. Dà così l'impressione che la donna fosse presente. Ma ciò che colpisce è che, in questo riferimento, Diotima assume l'autorevolezza che spetta al maestro, lo corregge spesso, lo richiama su evidenti errori, che il maestro ammette. La figura è dunque quella della donna che non solo partecipa a un dialogo, ma assume la posizione del maestro che diventa, di conseguenza, un allievo che da lei apprende.

Si può leggere facilmente che il tema dell'amore coinvolge la donna, in quanto comporta la nascita di una nuova generazione, e la riconosce come la figura che meglio comprende l'argomento. La definisce «esperta», ma precisa: «Non ti ammirerei tanto per la tua sapienza, né verrei da te per apprendere queste cose». E ancora: «Io vengo da te Diotima, accortomi che ho bisogno di maestri». Usa l'espressione «sapientissima Diotima».

Si tratta pertanto di un testo, il *Simposio*, che attribuisce sapienza e autorevolezza a una donna, che non si presenta mai nelle altre opere platoniche. E l'autorevolezza si coglie anche dal linguaggio. La prima domanda è: «Se amore sia da ritenere brutto e cattivo» e lei: «Non dire eresie, bada! Pensi forse che ciò che non sia bello debba necessariamente essere brutto [...] e quel che non sia sapiente, per forza ignorante? O non avverti che c'è qualcosa di mezzo tra sapienza e ignoranza?». L'argomento porta alla conclusione che l'amore non è né buono né bello. L'osservazione è che comunque l'amore è un Dio importante e subito la risposta è tranchant: «Se hai già ammesso che l'amore, per la mancanza di bontà e di bellezza, desidera queste qualità di cui è privo, come potrebbe essere un dio? e quindi anche tu pensi che non sia un gran dio». E con un tono da gran maestro, Diotima porta alla conclusione che «l'amore è un grande demone e pertanto sta in mezzo tra il divino e il mortale». E con una progressiva dimostrazione, spiega che l'amore è figlio dell'ingegno e di povertà, poiché è questa l'origine di Afrodite. E conclude: «Per parte di padre è ardente insidiatore del bello e del buono, valoroso e impavido, cacciatore formidabile [...] mentre da parte di madre è non sapiente e povero». Sostiene che gli ignoranti non filosofano, né desiderano diventare sapienti, anzi «l'ignoranza ha di grave che chi non è né questo, né saggio, si crede invece perfetto». La questione termina con: «Chiaro anche per un bambino che l'oggetto dell'amore è ciò che è veramente bello e soave e perfetto e beato, mentre chi ama ha tutt'altro aspetto».

Si passa poi a chiedere che utilità debba avere l'amore e la logica sferzante di Diotima porta ad affermare che «l'amore tende al possesso perpetuo del bene». È questa forse la parte più interessante dentro il dialogo del *Simposio*: Diotima svela qual è il segreto degli uomini e anche qui, si avverte il messaggio di una sapienza propria delle donne nella comprensione del comportamento degli uomini. «Tutti gli uomini concepiscono e secondo il corpo, e secondo lo spirito; e giunti a una terza età, la nostra natura sente il desiderio di procreare. [...] Così l'accoppiamento dell'uomo e della donna è procreazione. Ed è veramente cosa divina questa; e nella creatura che ha vita mortale c'è questo di immortale, il concepimento e la generazione. [...] Perciò per il mortale, la generazione è cosa eterna e immortale e per questo ragionamento risulta che l'amore è anche amore della immortalità. [...] La natura mortale cerca, per quanto può, di diventare eterna e immortale. E può riuscirvi solo per questa via, la via del generare.» L'intervento di Diotima termina legando bellezza e amore, inteso proprio come attrazione del corpo e Diotima mostra come la ricerca della bellezza del corpo esprima la tendenza umana verso il bello in sé, che va oltre quella dei sensi, e diventa bellezza contemplata. È questo che si esprime nell'uomo, quando non ha più la capacità del generare.

24. Aristotele nasce nel 384 a.C. a Stagira e muore nel 322 nell'isola di Eubea. È il gigante della filosofia o come oggi si preferisce dire, della filosofia della scienza. Era figlio di Nicomaco, un medico della corporazione degli Asclepiadi, amico del re Aminta II di Macedonia ed è probabile che Aristotele abbia vissuto la fanciullezza alla corte del re di Pella. A diciassette anni, entrò nella scuola di Platone ad Atene e vi rimase fino alla morte del maestro, nel 348 a.C. come allievo prima, e assistente dopo. A Platone successe nell'Accademia Speusippo, ma Aristotele non condivideva le sue idee e si unì a Ermia, il quale aveva aperto un circolo platonico, a cui partecipò fino alla morte di Ermia. Sposò Pizia, che ne era la nipote. Alla morte dell'amico, si recò a Mitilene nell'isola di Lesbo.

Nel 343-342 a.C., Filippo di Macedonia lo invitò a Pella come precettore di Alessandro, almeno fino al 340, quando venne nominato reggente del regno. A questo punto, Aristotele ritorna a Stagira e nel 335, si stabilisce ad Atene, in un boschetto sacro ad

Apollo. Qui, fondò la sua scuola. Inizia così la raccolta degli scritti, ma soprattutto la sua ricerca rivolta agli studi della botanica e della zoologia. L'interesse per la speculazione filosofica viene in tal modo a fondarsi sulla scienza e sulla logica, che diventa metodologia scientifica.

Alla morte di Alessandro nel 323, ad Atene si attivò un comportamento antimacedone e Aristotele venne accusato di empietà. Lasciò la scuola a Teofrasto e si rifugiò a Calcide, dove morì nel 322 a.C. per una malattia dell'apparato intestinale. Era calvo, occhi piccoli, aveva un difetto di pronuncia che si caratterizzava per la deformazione e soppressione di alcune consonanti (la blesità). Amava l'eleganza. Quando Platone morì, Aristotele gli costruì un altare, e gli tributò onori quasi divini. Si ipotizza che il legame con Platone lo abbia un po' deviato da un prevalente interesse verso la scienza.

Annotò un enorme numero di osservazioni scientifiche, che per molti anni, (almeno venti), sentì di dover sistemare nella filosofia. Dopo questo periodo, passò a una analisi più critica del pensiero di Platone. Del resto, Platone stravedeva per Aristotele da quando aveva presentato all'Accademia il suo trattato *Sull'anima*. La scuola che aprì, a differenza dell'Accademia platonica, venne chiamata Liceo, e i suoi frequentatori vennero definiti «peripatetici», poiché camminavano tra viali coperti (*peripatoi*), seguendo Aristotele che amava passeggiare. Aristotele spingeva alla conoscenza in tutti i campi, dalle piante agli animali.

Scrisse ventisette dialoghi popolari, che avevano qualche analogia con quelli platonici. Sono andati perduti, mentre hanno resistito opere che si ritiene appartengono agli ultimi dodici anni della sua vita e che erano conosciuti solo nell'ambito del Liceo. Will Durant indica tre aspetti per descrivere Aristotele: lo scienziato prima di tutto, poi il filosofo, quindi il politico. La sua dote è sicuramente la curiosità, che si volge alle cose della natura, ma anche alla comprensione dei processi del ragionamento. Analizza, cioè, l'*organon*, lo strumento che è a fondamento del capire.

Per dare risposte, occorre avere conoscenza del modo in cui vengono analizzate dalla mente. Spetta a lui il riconoscimento che «l'uomo è un animale razionale». Definì ben dieci categorie come fondamento per considerare le cose osservate; sostanza, quantità, qualità, relazioni, luogo, tempo, situazione, condizione, attività, passività. Tutto parte dai sensi, che sono fonte di conoscenza, per giungere agli universali che non sono idee innate, ma costruite da una molteplicità di oggetti simili. Sono concetti, non oggetti reali come riteneva Platone. Stabilisce la base di tutta la logica nel principio di non-contraddizione. Dà particolare importanza alla *deduzione* e usa il sillogismo, un insieme di tre proposizioni, di cui la terza è conseguente alle altre due. Ha come contrapposizione l'*induzione*, che egli loda e a cui si legano molte delle osservazioni. Sono sufficienti queste note per comprendere come spetti ad Aristotele il titolo di «padre del mondo scientifico». Notevole è il distacco dall'influsso degli dèi, per riportare la scienza naturale come capacità dell'uomo.

Di tutte le discipline è la biologia quella in cui offre osservazioni acute. Era interessato a osservare gli animali, e i cacciatori del re dovevano portargli le prede, per poterle studiare. Lui stesso precisa: «In tutti gli oggetti naturali esiste una qualche meraviglia e se qualcuno disprezza la contemplazione degli animali inferiori, deve disprezzare anche sé stesso». Inizia con lui la classificazione del regno animale, spetta a lui la distinzione fra *enaima* (con sangue) e *anaima* (senza sangue). Fornisce una straordinaria descrizione sulla vita delle api. Descrive gli animali sistematicamente, sulle due caratteristiche della nutrizione e della riproduzione. Ma oltre alle osservazioni, compone anche molte teorie. È convinto che le caratteristiche dell'embrione siano date da minuscole particelle che, dall'adulto, si raccolgano negli organi riproduttivi. Nell'embrione prima si presentano i caratteri del genere, poi quelli della specie, e infine i caratteri che appartengono all'individuo. Scoprì che la fertilità degli organismi è inversamente proporzionale alla complessità del loro sviluppo.

Ciò che più sorprende è che Aristotele descrive veri esperimenti. Nella *Storia degli animali* si legge: «Se volete provare questo esperimento, prendete venti o più uova e fatele covare da due o più galline. Poi ogni giorno, dal secondo a quello della schiusa dell'uovo, prendetene uno, rompetelo ed esaminatelo [...] con la gallina comune, l'embrione diventa visibile dopo tre giorni. [...] Il cuore si mostra come una macchia di sangue che batte e si muove come se fosse già vita, e dalla macchia, due vene con del sangue escono con percorso involuto. [...] Quando l'uovo ha dieci giorni, si fa visibile il pulcino in tutte le sue parti». E da queste osservazioni sull'animale trae una serie di riflessioni per l'embrione umano. Questi passaggi vengono sostenuti dalla teoria degli «organi analoghi», che gli permette di ricondurre tutti gli animali a unica forma. È così un'unghia è analoga a un artiglio, prima ancora alla scaglia di un pesce. Come fa notare Durant, usa espressioni che si avvicinano molto alla dottrina dell'evoluzione: «La natura procede per piccoli gradi, dalle cose inanimate alla vita animata in modo tale che non è possibile determinare una linea esatta di demarcazione». Considera inoltre la scimmia un animale intermedio tra l'uomo e gli altri animali viventi.

Più noto e difficile da rendere in sintesi, è il contributo puramente filosofico, che deve tener conto da una parte del pensiero di Platone e dall'altra di una tendenza ad arricchirlo, a contrapporsi, inserendo nuove concezioni che tuttavia risentono sempre del maestro. E mostra tutta la fatica a distaccarsene. Il principale contributo è la sistematizzazione sul tema dell'anima e su quello di Dio. Nel tema dell'etica, affronta il comportamento umano mettendo in stretta relazione la buona vita con la vita felice. Solo la felicità ha come fine sé stessa. Ma, anche a questo proposito, mostra la sua analisi con riferimento al mondo concreto per la felicità: ritiene siano necessarie la buona nascita, la buona salute, il bell'aspetto, la buona fortuna, la buona reputazione, buoni amici e precisa che nessun uomo può essere felice, nel caso sia assolutamente brutto. Ribadisce che la ricchezza è un mezzo, che in sé stessa non soddisfa nessuno tranne l'avaro, da cui deriva che il ricco è sempre avaro. Il segreto della felicità è l'azione, l'uso dell'energia nelle forme adatte alla natura dell'uomo e alla circostanza. Aggiunge anche che la vita migliore è quella del pensiero. Relativamente alla politica, Aristotele propone una combinazione di aristocrazia e democrazia, che definisce costituzione mista o timocrazia. È meglio che domini la legge anziché l'individuo. La funzione dello Stato è di regolare la proprietà, l'industria, il matrimonio, la famiglia, l'educazione, la morale, la musica, la letteratura e l'arte: solo da queste solide radici, potranno fiorire la civiltà e la pace. «La massima virtù è l'intelligenza. Il dovere primo dello Stato non è quello di istruire il cittadino a eccellere nelle armi ma educarlo al giusto uso della pace.» Una considerazione attuale sulla vastità dell'opera di Aristotele è che il pensiero (i dati) scientifici con il tempo vengono sempre superati, quelli filosofici invece sono sempre di attualità. Da ciò deriva che l'Aristotele scientifico è dimenticato, quello metafisico (minore) è stato e continua a essere di grande importanza.

25. Euclide nasce nel 300 a.C. circa, ad Alessandria, allora sotto Tolomeo I, e ad Alessandria morì, in una data imprecisata. Si conosce molto poco della sua vita, tanto da parlare di Euclide «questo sconosciuto», al di là naturalmente del suo contributo scientifico. Fondò nella città una scuola, a cui diede il nome di Museo.

Dopo la grande apertura di Aristotele alla scienza, Euclide è certamente uno dei maggiori scienziati, noto per un'opera intitolata *Elementi*, divisa in tredici libri. I primi sei sono dedicati alla geometria piana, i tre successivi alla teoria dei numeri, il decimo ai numeri irrazionali, e gli ultimi tre alla geometria solida. Il suo nome è ancora un riferimento necessario a chi si occupa di questo settore. Altre successive opere riguardano sempre lo stesso campo. Molte sono andate perse, di altre rimangono solo parti. Si dedicò all'astronomia, che diventa geometria sferica. Scrisse anche sulla struttura musicale, a cui segue una introduzione all'armonia. Non era affatto interessato al denaro e quando un allievo gli chiese: «Quale profitto avrò se imparerò la geometria», disse a uno schiavo di dargli un obolo, poiché costui doveva trarre un guadagno da ciò che apprendeva.

Uomo di grande modestia e gentilezza, sostenne sempre il suo compito di dare un ordine logico alle conoscenze geometriche dei Greci. E così organizzò una vera architettura e, a diminuire il proprio apporto, riportava sempre il contributo dei suoi predecessori che appartenevano alla Grecia, ma anche agli Arabi. Sono ancora studiati i teoremi di Euclide. Il primo: «In un triangolo rettangolo il quadrato costruito su uno dei due cateti è equivalente al rettangolo che ha per dimensioni la proiezione del cateto sull'ipotenusa e l'ipotenusa stessa». Il secondo: «In un triangolo rettangolo l'area del quadrato costruito sulla altezza relativa all'ipotenusa è uguale all'area del rettangolo che ha per lati le proiezioni dei cateti sull'ipotenusa».

26. Archimede nasce a Siracusa nel 287 a.C. e muore nella città siciliana nel 212. È considerato il più grande matematico dell'antichità. Figlio dell'astronomo Fidia, studiò ad Alessandria. Molto popolari sono le sue scoperte e l'affermazione di poter essere capace di muovere un grande peso, pur avendo poca forza. È sua la famosa frase: «Datemi un punto di appoggio e solleverò la terra». Era cugino di Gerone II, che fu stratega dell'esercito siracusano e in seguito, re di Sicilia dal 269 al 215 a.C., considerato un sovrano illuminato. Ad Alessandria aveva studiato con i successori di Euclide. Tornato a Siracusa, visse come un monaco, dedito solo alle scienze matematiche. Sembra trascurasse il nutrimento e la propria persona.

Possedeva un grande umorismo e nel suo libro: *La sfera e il cilindro*, realizza un cilindro circoscritto a una sfera, scoprendo un rapporto 3:2 per le due figure. Chiese che venisse messo sulla sua tomba. Nell'opera dedicata a questo tema, aveva inserito false proposizioni per fare uno scherzo agli amici, ai quali aveva mandato il testo, ma anche per punire coloro che amavano appropriarsi dei pensieri altrui. Anche le sue costruzioni entrano spesso nella dimensione del gioco. In realtà però amava studiare i principi della meccanica e tutto era diretto alla comprensione dell'universo.

Venne considerato un ermetico, in realtà esprimeva una grande originalità. Plutarco, che venne tre secoli dopo di lui, disse che Archimede era un esempio di chi sapeva inventare i problemi più difficili e intricati e al contempo, darne le spiegazioni più semplici.

A lui spettano opere ancora di grande significato come le misure del cerchio che portano al pi greco, cioè al rapporto tra circonferenza e diametro. Altro titolo e tema: *La quadratura della parabola*. Si dedica alle spirali nel *Delle spirali*. Definisce questa figura geometrica come il risultato di un punto che si muove a una velocità uniforme, lungo una linea retta che gira su di sé in un piano, a una velocità uniforme attorno allo stesso punto. E calcola l'area racchiusa in una spirale. Altrettanto interessante e curioso è lo studio sul calcolatore a sabbia: con questo metodo stabilisce il numero di granelli di sabbia che sarebbero necessari per riempire l'universo, ipotizzando che abbia però dimensioni ragionevoli. Giunge alla conclusione, forse solo spiritosa, che non contiene più di 10 elevato a 63: 10 milioni dell'ottavo ordine dei numeri. A lui spetta lo studio *I corpi galleggianti* che diede un grande impulso all'idrostatica.

Un grande scienziato, di cui si possono anche raccontare fatti strepitosi, fonte di meraviglia. Gerone aveva avuto il sospetto che un orafo gli avesse confezionato la corona, non usando tutto l'oro che gli aveva consegnato per realizzarla, e che parte l'avesse sostituito con l'argento, appropriandosi dell'oro. Per settimane Archimede cercò di trovare la soluzione a tale dubbio. Un giorno, immergendosi in una vasca ai bagni pubblici, si rese conto che il livello dell'acqua saliva in proporzione alla rapidità della immersione e che il suo corpo sembrava pesare sempre meno, quanto più era sommerso. Formulò così il principio, che da lui prende il nome, secondo il quale un corpo che galleggia perde un peso uguale a quello dell'acqua che sposta. Poiché in termini generali ciò significa che un corpo sommerso sposta una quantità d'acqua equivalente al suo volume, si rese conto che con questo principio poteva risolvere il sospetto della corona. Sembra che questa sia stata l'occasione per l'«*eureka!*». Uscito dall'acqua nudo, corse a casa dove poté constatare che un certo peso d'argento, essendo il suo volume per un dato peso superiore a quello dell'oro, spostava più acqua di un uguale peso d'oro. Osservò così che la corona, una volta immersa nell'acqua, ne spostava una quantità inferiore a quella spostata da una quantità d'oro dello stesso peso. Ne dedusse che nella fabbricazione della corona era stato usato un metallo, meno denso dell'oro. Riuscì a mescolare oro e argento, stabilendo quanto oro era stato trafugato.

Nel 212 dopo la morte di Gerone, Siracusa era in conflitto con Roma e fu Archimede, nonostante fosse vecchio (settantacinque anni), a organizzare la difesa. Aveva attivato catapulte che lanciavano proiettili e il comandante romano Marcello si dovette ritirare. Installò poi delle gru, da cui si potevano lanciare pietre e oggetti di piombo, con cui riuscire ad affondare le navi.

È impossibile descrivere la capacità creativa di quest'uomo. Occorre aggiungere che a lui spetta la teoria della leva e quella del centro di gravità di qualsiasi figura, dal triangolo a un emisfero. Sulla morte rimane la difficoltà di distinguere la cronaca dalla leggenda. Secondo Plutarco, sarebbe stato ucciso da un soldato romano che, entrato nella sua stanza, gli ordinò di seguirlo per andare da Marcello. Archimede rispose che ci sarebbe andato, ma dopo aver risolto il problema che stava studiando. Adiratosi, il soldato sguainò la spada e lo uccise. In un'altra ipotesi, Archimede aveva pensato di portare a Marcello degli strumenti scientifici: una meridiana, sfere e squadre, e li aveva posti in una cassetta. Mentre percorreva la strada per raggiungerlo, i soldati pensando che fosse oro, lo uccisero. Sulla sua tomba, come si è detto, fu posta una sfera inscritta in un cilindro, scolpita per sua volontà.

27. Teofrasto è un grande botanico e filosofo. Nasce a Ereso, nell'isola di Lesbo nel 371 a.C. e muore ad Atene nel 287. È sta-

to un discepolo di Aristotele, faceva parte del Liceo e dei peripatetici. Probabilmente conobbe Aristotele nel soggiorno a Mitilene e ne divenne discepolo. Alla partenza di Aristotele per Atene, lo sostituì nella scuola, di cui fu a capo per trentacinque anni. Le sue lezioni erano particolarmente seguite. Fu anche maestro di Epicuro. Se poté godere della fama di Aristotele, subì anche gli attacchi politici ad Atene proprio per esserne un allievo. Venne accusato di empietà e dovette lasciare la città per qualche tempo. Figlio di Melanta, un tintore, morì a ottantacinque anni e gli Ateniesi decretarono il lutto cittadino.

I suoi contributi riguardano le piante. La sua opera principale *Indagini sulle piante* è composta di nove libri, in cui tratta della classificazione per il loro riconoscimento. Nell'opera *Cause delle piante* in sei libri, tratta invece la fisiologia. Si occupò anche dell'uomo: in un'opera che intitolò *Caratteri morali* fece una vera classificazione psicologica sulla base delle caratteristiche dominanti. Per notare la vastità dei suoi interessi, si aggiunge un testo sulle questioni di metafisica.

Fu però sulle piante, che egli diede il contributo che rimane nella storia. Amava fare giardinaggio e conosceva i loro effetti terapeutici medicinali. Ne studiò almeno cinquecento specie e certamente, in quell'epoca, non c'era il microscopio. Comprese che il fiore non è che una foglia modificata. La sua fama era così alta che, se non vi fosse stato Aristotele, il suo periodo storico sarebbe stato, meritatamente, identificato con il nome di Teofrasto. La terapia con le piante destò un grande interesse, poiché in quel periodo vi era stato il grande sviluppo dell'anatomia umana, oltre alla vivisezione animale che aveva interessato anche Aristotele. Per un solo esempio, Erofilo da Calcedonia che lavorò ad Alessandria intorno al 285 a.C., sezionò l'occhio umano e descrisse correttamente la retina e i nervi ottici; sezionò anche il cervello e descrisse il cervelletto, il cerebro, e le meningi, riconfermando al cervello l'onore di essere sede del pensiero. A Teofrasto, spetta anche l'opera *Sulla percezione sensoriale*. Aveva una capacità di lavoro definita straordinaria.

28. Epicuro nasce a Samo nel 341 a.C. e muore ad Atene nel 270. Apparteneva a una famiglia nobile, quella dei Filiadi. I genitori però non erano benestanti se si considera che, con altri coloni, nel 352 si recarono a Samo in cerca di fortuna. Il padre, Neocle, era maestro di scuola. Epicuro andò ad Atene a diciotto anni, per sostenere l'esame che si richiedeva agli efebi. Già a quattordici anni era interessato alla filosofia, anche se più tardi ne parlava con disprezzo. Nel 311 a.C. aprì una sua scuola a Mitilene e più tardi, un'altra a Lansaco. Nel 306 si recò ad Atene per aprire una scuola che fosse all'altezza di quelle storiche: una casa con un famoso giardino, e vi erano ammesse le allieve che ne facevano parte strutturale. Le accolse liberamente alle sue lezioni, e le ammise anche come parte della comunità che viveva attorno a lui. Accettò cortigiane e dame dell'aristocrazia. Si creò una vera comunità.

Epicuro conduceva una vita semplice, il filosofo di riferimento non era né Platone, né Aristotele, ma Democrito. Era influenzato da Teodoro da Cirene che, in Atene, predicava una tesi immorale tanto che venne processato per empietà. Non faceva differenze tra schiavi e liberi, il suo allievo preferito fu Niside, uno dei suoi schiavi. La cortigiana Leonzia, oltre che allieva, ne divenne l'amante e ne era molto geloso. Ha avuto un figlio e anche lei scrisse libri, che mancavano di ogni moralità, sotto l'influenza di Epicuro.

Il principio della vita per Epicuro fu semplice, il suo motto era *lathe biosas* (vivi senza farti notare). Seguiva i riti della città, non si occupò mai di politica, si accontentava di pane, un po' di formaggio, qualche bicchiere di birra. Rispettava i genitori, i fratelli, ed era considerato come un semidio. Dopo la sua morte, gli allievi seguirono la massima «vivi come se l'occhio di Epicuro fosse su di te». Sosteneva che la filosofia dovesse liberare gli uomini dalla paura, e soprattutto dalla paura degli dèi. Prese in antipatia la religione, non frequentò più i riti, poiché diceva che servivano a oscurare la vita attraverso divieti divini e punizioni eterne. Ammetteva l'esistenza degli dèi, ma erano troppo intelligenti per occuparsi degli affari di una specie tanto insignificante, quanto quella umana. Riteneva che il mondo non fosse stato creato da loro, poiché era impossibile, per essere tanto superiori, creare un universo così mediocre e confuso. Non si dovevano temere dunque, e definiva l'idea degli dèi malvagi una fantasia dei nostri sogni.

Come rifiutava la religione, rifiutò la metafisica, ammettendo che non si poteva sapere nulla del mondo al di fuori di quanto ci deriva dai sensi. E se i sensi non danno certezza, tantomeno la può dare la ragione che da essi deriva. I sensi non colgono la realtà obiettiva, ma solo i piccoli atomi, emanati da ogni parte della superficie corporea. E qui ritorna il pensiero di Democrito. L'uomo è un prodotto interamente naturale, la vita è iniziata per generazione spontanea e si è sviluppata senza precise finalità, attraverso una selezione naturale.

Nonostante questi limiti che sembrano cancellare tutta la ricchezza della filosofia fino a quel momento, Epicuro sostiene di dover accettare la coscienza immediata, poiché permette il libero arbitrio. È una necessità, per non essere dei burattini sul palcoscenico della vita. Sostiene che è meglio essere schiavi degli dèi del popolo, che del fato dei filosofi. L'unico riconoscimento alla filosofia è di guidare verso la felicità. «Ciò che abbiamo in mente non serve a sistemare le varie opinioni, ma piuttosto, una vita esente da ogni genere di inquietudine.» La virtù, in questa prospettiva, diventa un mezzo per cercare di vivere felicemente. Ed è per raggiungere questo scopo, che servono la prudenza e la giustizia. L'unica proposizione vera è la distinzione tra il piacere che è bene e il dolore che invece è male. La conoscenza serve a questo scopo e la saggezza aiuta a liberarci dalle passioni, dalla paura degli dèi e della morte. Basta l'aria fresca, una modesta dimora, un letto, qualche libro e un amico: è questo il necessario poco costoso, mentre costoso è l'inutile. Non bisogna desiderare ciò che è irraggiungibile. Il saggio cerca la calma della campagna, ritrova la felicità nella tranquillità. L'epicureismo considera il piacere, come liberazione dal dolore. Epicuro rispetta lo Stato come un male necessario, non si è mai occupato di sistemi politici nemmeno di quelli di Atene. Per trentasei anni tenne le lezioni nel suo giardino e mostrò di preferire alla famiglia la scuola.

Nel 270 a.C. cominciò a soffrire di calcolosi. Sopportò i dolori e sul letto di morte scrisse una lettera, famosa e significativa. «Vi scrivo in questo felice giorno che è l'ultimo della mia vita. L'ostruzione della vescica e i dolori interni hanno raggiunto il massimo limite, ma contro di essi si erge la gioia della mia mente che ripensa alle nostre comuni conversazioni.» Lasciò non ricchezze, ma una lunga serie di discepoli che non vollero alterare, nemmeno di uno iota, la sua dottrina.

29. Non è possibile raccontare la civiltà della Grecia antica, senza inserire la funzione degli dèi. Un ruolo che non risolve i temi della creazione del mondo e nemmeno il significato dell'uomo. Si tratta di personaggi che entrano in relazione con gli uomini, senza poter dare loro un significato staccato dalla terra.

Tra l'affollato mondo degli dèi della Grecia antica ve ne sono tre che, in modo particolare, sottolineano il legame con la terra e con gli uomini, e per questo vengono chiamati nella mitologia gli «dèi della terra». Hanno come speciale caratteristica di vivere non nel luogo a loro destinato, l'Olimpo, ma sulla terra. L'interesse è che tutti e tre: Dioniso, Pan e Demetra, riportano a caratteristiche umane, il desiderio, il piacere, la paura, ma anche all'importanza dell'ambiente e della natura vegetale e animale della terra. Non solo dèi della terra, ma interpreti delle funzioni psichiche.

Dioniso, figlio di Semele e di Zeus, ha la capacità di stimolare l'ebbrezza, il ritorno a una vita primitiva dentro la natura, suscita il desiderio di poter dare sfogo agli istinti. È solitario ma talora si presenta con un seguito di ninfe, di menadi, di satiri. Sembra portare gioia, richiama la natura sia della terra che dell'uomo. E anche il riferimento all'uso del vino deve essere inteso nel significato della cultura greca, per cui il vino favoriva l'oblio necessario per potersi abbandonare a gesti, talora di follia, ma di sapore umano.

Ha una nascita miracolosa ed è il solo tra i grandi dèi ad avere per madre una mortale, Semele. È infatti figlia di Armonia e del re tebano Cadmo: un'origine per cui Dioniso sarebbe un eroe, più che un dio. Gli eroi muoiono, del resto anche sua madre muore incenerita da una folgore. Zeus accorre dal figlio che nasce prematuro, lo porta nell'Olimpo e lo salva, chiudendolo dentro la sua scapola. Nato dal fuoco della folgore di Zeus, risulta in questa sequenza rinato. Un'origine ricordata da Sofocle nell'*Antigone*. Nella mitologia vi è anche la versione secondo la quale Dioniso, da giovane, scende nell'Ade a cercare la madre morta e la porta fuori dall'Averno.

La tradizione portava quindi a rivolgersi contemporaneamente a Dioniso e alla donna mortale che, in qualche modo, diventa così eterna. Secondo la versione della rinascita a opera di Zeus, viene associato ad Atena, la sola divinità nata da Zeus e partecipe quindi della gloria e della potenza del padre. Al contempo Dioniso è però il più vicino agli uomini, perché ha confortato la morte della madre. Secondo il mito, a folgorare Semele è stata l'abbagliante luce, proveniente da Zeus, quando Semele chiedeva di vederlo in tutta la sua maestà e splendore. Lo sguardo umano non riesce a sopportare la luce divina. In un'opera di Sofocle, si vede Dioniso bambino donare il vino ai mortali, a conforto del loro dolore. A dominare nell'arte è la rappresentazione di Zeus che guarda questo bambino, tenendolo sulle ginocchia, come fosse uscito dal proprio grembo. Rimane affascinante l'espressione: nato dalla folgore. Ben presto, comunque, esprime l'ebbrezza orgiastica con le menadi che danzano l'estasi mistica. E riporta certamente ai sogni, al proibito.

Di particolare fascino è la capacità di Dioniso di trasformarsi in un leone o in toro. È stato un dio molto amato, ma anche perseguitato. Quando a farlo è Licurgo, re della Tracia, deve buttarsi in mare per salvarsi. Fin da bambino per sfuggire all'ira di Era, viene portato in Eubea e affidato alla nutrice Macri. Nel mito, dai pirati viene portato su una nave corsara, ma si salva sempre, usando il potere soprannaturale. Risulta che Zeus interviene ogni volta a salvare il figlio: Licurgo viene accecato e termina miseramente la vita, la più drammatica è la morte di Penteo, decapitato da sua madre entrata nel delirio, per il sortilegio di Dioniso. È in questo modo che emerge l'eccesso di comportamenti che richiamano quel proibito, che si scopre esserci nella immaginazione umana.

Non c'è nella storia di Dioniso, nella mitologia della Grecia antica, una vicenda che lo leghi a qualche dea. Sua sposa è una donna, la principessa cretese Arianna, figlia del re Minosse. Assume l'immortalità perché sposa Dioniso, come racconta Esiodo nella *Teogonia*. Il legame con Arianna è molto umano, la donna è disperata, distesa a Nasso sulla spiaggia deserta, vede Teseo che lei aveva seguito per amore e aiutato a uccidere il Minotauro, fuggire sulla sua nave e abbandonarla. A risolvere il dolore e il tradimento, si presenta gioioso Dioniso che la fa sua sposa. È una delle versioni su Arianna.

Dioniso è il dio che consola e che interviene nei momenti della disperazione. Nelle *Baccanti*, Euripide racconta: «Dioniso in dono al misero offre non meno che al beato il gaudio del vino, dove ogni dolore annegasi». Non meraviglia rilevare che si è costituita una vera religione dionisiaca. In un versetto di preghiere nell'ambito della religione orfica, si trova questa espressione, a indicare come attraverso Dioniso «mi posso vantare di essere anch'io di stirpe divina».[5]

30. Pan è una divinità della terra legata alla condizione umana, che vaga per i monti tra prati e selve, salendo sulle erme montagne. Questo dio nasce in Arcadia e rappresenta forse il più anti-

[5] I riferimenti storici e le citazioni sono tratti da L.A. Stella, *Mitologia greca*, Utet, Torino 1955, pp. 350-379.

co degli dèi, inserendosi in una cultura di pastori e cacciatori. Al suo culto sono consacrate grotte, fonti d'acqua.

Il suo corpo è per metà umano e per metà ferino, Platone nel *Cratilo*, lo definisce «Pan capraro, il figlio di Ermes, di duplice natura, nella metà superiore senza peli, nella metà inferiore ispido con aspetto di capra». Era bicorne, con i piedi di capra. In uno degli Inni omerici si racconta che la nutrice, appena lo vide, fuggì per la paura che induceva l'aspetto spiacente del neonato con la barba, ma lo raccolse Ermete che lo portò, nascosto in una pelle villosa di lepre, nell'Olimpo. Tutti quanti ne furono lieti. In un'altra versione, la progenitura viene attribuita a Crono e Rea.

Nella storia della Grecia antica, emerge però con maggior forza l'immagine di una divinità temibile, e viene invocato con riverenza e per ottenerne aiuto. È un dio musico, poiché canta e danza ma lontano dagli uomini, pertanto come segno della sacralità, diventa il riferimento per non violare il divino silenzio. La funzione di Pan nella religione diventa chiara quando, sulle pendici dell'Acropoli, al dio viene consacrata una grotta: l'antro di Pan, con una statua che lo rappresenta. Viene riferito che a dedicarla fosse stato Milziade, dopo la vittoria a Maratona, poiché il dio aveva suscitato il terrore panico tra i nemici. Da allora il dio musico diventa anche guerriero e nella tarda età greca, lo si vede rappresentato con scudo e lancia. Sia come grande statua che in formato votivo, le immagini sono veramente spaventose. La sua immagine demoniaca resiste a ogni tentativo di rappresentazione più umana. Allo stesso modo sono raffigurate le ninfe e le naiadi, che tentano di sfuggire alla voglia d'amore di Pan. Il dio non incontra mai gli altri dèi, come volessero anch'essi evitarlo. Era la paura dell'uomo ad aver bisogno di un Dio che fa paura, poiché un Dio che incute paura, allontana la paura di insidie e malanni.

La sua figura giunge fino a noi dentro il linguaggio della psicopatologia e il termine «panico» esprime in forma acuta e persistente la paura che, da meccanismo difensivo utile a evitare i pericoli, si trasforma in una impotenza ad agire. Ed è allora che si deve invocare il Dio Pan. Oltre che nell'ambito religioso Pan è diventato parte di una concezione filosofica di tipo panteistico.[6]

31. Demetra è la dea del grano nel senso più ampio dei frutti della natura. Il termine «demetra» significa, secondo alcuni esegeti, «terra madre» e la riporterebbe a una figura presente nelle civiltà mesopotamiche, in particolare tra le divinità sumeriche. In ogni modo, le sue funzioni rimandano alla terra, condizione per cui è sulla terra che vive e non nell'Olimpo. Un'ulteriore estensione delle funzioni è di occuparsi delle condizioni climatiche, temi di grande importanza esistenziale, come la siccità.

Demetra si lega ai misteri e certamente la terra ripropone il mistero della nascita e della morte. I *misteri eleusini* (da Eleusi, che era un centro dell'agricoltura) venivano dedicati alla dea. La festa delle Tesmoforie definiva Demetra «portatrice di tesori» e si svolgeva con riti che erano celebrati dalle donne e riguardavano la fertilità del suolo. Appare adeguato che, a invocare questo bisogno, fossero proprio donne a cui spetta la fertilità e la procreazione. Demetra è la consorte di Poseidone, nel significato etimologico di possessore della terra, marito della terra. È protettrice del suolo fertile e del frumento, che ne è il prodotto più importante per l'alimentazione umana.

Nella mitologia si ricorda l'episodio in cui Erisittone, avendo bisogno di legna, decise di tagliare un boschetto sacro a Demetra, venendo dalla dea punito con una fame insaziabile e per placarla, portò la rovina a sé stesso e alla famiglia. A Demetra si riferiscono anche poteri sui morti che, nella terra, vengono sepolti. Per questo si usava per indicarli l'espressione di «gente di Demetra». A legare le messi a Demetra, è l'appellativo di «Demetra bionda». Il tema della terra, presente già in Babilonia, ha influenzato la successiva tradizione ellenica. Le raffigurazioni di Demetra la mostrano sempre con distacco emotivo, lo sguardo fisso in avanti, che è anche un'espressione di tristezza.

[6] I riferimenti storici e le citazioni sono tratti da L.A. Stella, *Mitologia greca*, cit., pp. 380-386.

La mitologia le attribuisce una figlia, Persefone, che viene rapita dal re dell'oltretomba, Averno, mentre giocava con le amiche. Viene inghiottita da una voragine che si apre nella terra e scompare sul cocchio tirato da cavalli neri, implorando l'aiuto della madre. Sentendo le grida disperate, Demetra la cerca per tutta la terra, rendendosi conto dell'accaduto, si chiude in un silenzio disperato e in solitudine, vaga per i campi, giunge a Eleusi e si butta ai piedi di un ulivo vicino a una fontana. Ed è qui che madre e figlia si ritrovano e si abbracciano. Vi è dunque questo doppio atteggiamento, dei sentimenti: la gioia della terra che produce frutto e il dolore per la perdita della figlia. Il senso di questo profondo dolore, tipicamente umano, attribuisce alla dea un legame particolare e una particolare comprensione della sofferenza, che le altre divinità considerano con distacco, nell'impossibilità di averlo vissuto. E probabilmente, questo è il simbolo del dolore della terra: non produce e appare sterile. Questo episodio sottolinea in particolare la sensibilità di Demetra come madre. Persefone è figlia di Demetra e di Zeus, Esiodo lo esprime bene nella *Teogonia*. «Zeus nel talamo entrò anche di Demetra e generò Persefone dalle bianche braccia, rapita a sua madre.» Demetra e Persefone vengono raffigurate in una statua, che le vede di fronte, come segno del legame tra madre e figlia nel dolore. Al contempo, questo binomio madre-figlia diventa l'allegoria di morte e vita. La figlia deve partire e lasciare la madre, ma mangia prima un chicco di melograno e per questo potrà, ogni anno, far ritorno dal sottosuolo alla terra. Una storia che ha avuto grande presa in Sicilia ed è qui che si sono innalzati i grandi santuari come ad Agrigento e Siracusa. Agrigento è anche definita la città di Persefone. «La dea, signora della Sicilia ferace di messi e la sua figlia incoronata di viole esalta.»[7]

[7] I riferimenti storici e le citazioni sono tratti da L.A. Stella, *Mitologia greca*, cit., pp. 329-346.

Aprile: *Uomini di civiltà della Roma Antica*[8]

1. Roma viene fondata nel 753 a.C. Tra le molte leggende, quella più nota è che, a fondarla, sia stato Romolo. La Roma primitiva si riduceva a una comunità di pastori, che costruivano le capanne sui colli e portavano greggi e mandrie nella campagna circostante, per alimentarli. Era stata identificata la *casa Romuli*, una capanna con all'interno conservate le ceneri. I primi abitanti erano indoeuropei: una tribù che si era diffusa dalla seconda metà del secondo millennio a.C. Lo sviluppo si deve però agli Etruschi che provenivano dai Balcani,[9] e si insediarono nell'Italia del nord, intraprendenti, industriosi, capaci di realizzare manufatti sia in ferro che in ceramica. Certamente furono attratti dalle città elleniche dell'Italia meridionale.

L'origine mitica di Romolo e Remo risale al IV secolo a.C. Il nome Romolo significa «romano» ed è probabile che sia frutto della fantasia di chi conosceva la città e la religione dei Romani. La leggenda viene raccontata da Tito Livio: Numitore, il re di Albalonga, aveva un fratello minore, Amulio, che lo depose.

[8] Le fonti di questa parte provengono da *Dizionario di antichità classiche di Oxford*, cit.; W. Durant, *Storia della Civiltà*, Vol. III, *Cesare e Cristo*, Mondadori, Milano 1958. Inoltre, dalla *Storia universale*, Vol. IV, *Roma, dalle origini all'età repubblicana*, edizione per il «Corriere della Sera», 2004.

[9] Secondo studi recenti si è aggiunta l'ipotesi che fossero autoctoni.

E per impedire che nascessero dei discendenti, che si sarebbero vendicati di Numitore, il fratello costrinse la figlia, Rhea Silvia, a diventare vestale. Silvia venne però violata da Marte e partorì due gemelli. Amulio la imprigionò e ordinò che i neonati venissero gettati nel Tevere. Il fiume era in piena e il recipiente in cui erano stati messi approdò vicino al fico ruminale (un fico selvatico): qui una lupa vegliò su di loro e li allattò, finché non vennero trovati da Faustolo, il pastore del re, che li portò a casa e con la moglie Acca Larenzia, li allevò. Crebbero audaci e vigorosi e divennero i capi della gioventù, nelle imprese più ardite. In una di queste, Remo venne catturato e condotto davanti al re, Romolo venne a salvarlo e la vera origine fu svelata. Entrambi insorsero contro Amulio, lo uccisero e rimisero sul trono Numitore. In seguito, i gemelli fondarono una loro città, come una colonia sul Palatino. Romolo la cinse di mura, e poiché Remo era saltato al di là della cinta muraria, lo uccise. Sul Campidoglio Romolo istituì un luogo per tutti i fuggiaschi e procurò a ciascuno la moglie, rubando le donne ai Sabini, che aveva invitato a una festa. Dopo un felice regno di circa quarant'anni, Romolo scomparve misteriosamente in una tempesta, presso la palude della Capra e divenne il dio Quirino. Un dio con caratteristiche, che richiamano quelle di Marte ed era venerato sul Quirinale.

Si tratta di una leggenda che ha il compito di affascinare, non certo di essere aderente ai fatti, di cui si occupa l'archeologia. Ma sempre le leggende contengono un nucleo di verità. Forse i latini vollero fare di Roma un baluardo strategico contro l'espansione etrusca. Per spiegare la scelta di un luogo che si situava a venti miglia dal mare, e per questo non adatto al commercio marittimo, si deve tener conto che erano frequenti le incursioni di pirati e quindi appariva preferibile un luogo, non lontano dal mare, ma interno.

Inoltre, era attraversato da un fiume, il Tevere, un luogo certamente salubre, lontano dalle paludi malariche. E si caratterizzava per i sette colli. Il primo a essere abitato fu il Palatino e via

via gli altri, il Vaticano, il Gianicolo... Era abitato da tre tribù: i Latini, i Sabini, gli Etruschi che costituirono una federazione e formarono la città. Diventa così storica quella parte di leggenda, secondo cui i Romani rapirono le donne sabine. Tito Tazio, re della tribù dei Sabini, dichiarò guerra e marciò su Roma. A tradire, aprendo la porta agli invasori fu Tarpea, figlia del romano a cui era affidata la zona capitolina. I Romani la schiacciarono sotto i loro scudi per punizione e nominarono «rupe tarpea» il luogo da cui venivano precipitati i condannati a morte. Romolo persuase Tazio a dividere con lui il trono e a fondere le tribù.

Il secondo re fu Numa Pompilio, il quale – come scrisse lo storico Livio – si sforzò di inculcare il timore degli dèi, che è il sentimento che più fortemente agisce su un popolo barbaro. Inventò di avere colloqui notturni con la ninfa Egeria, che gli aveva suggerito un rituale religioso bene accetto al cielo. Elesse dei sacerdoti in onore di ciascuna divinità. Si prolunga così la storia dei sette re di Roma. Il successore di Numa fu Tullio Ostilio, quindi Anco Marzio a cui seguono Tarquinio Prisco, Servio Tullio e Tarquinio il Superbo.

2. Enea è figlio di Anchise e della dea Afrodite. Un notissimo condottiero troiano, a cui Omero attribuisce doti che riportano a Ettore. Lo descrive nell'*Iliade*, mentre combatte contro nemici forti come Diomede, ma soprattutto quando non teme di affrontare Achille. Discende dalla casa reale troiana, in antitesi al ramo principale da cui proveniva Priamo, per cui Enea risulta escluso dalla possibilità del trono. Secondo la profezia di Poseidone, era a conoscenza che i suoi discendenti avrebbero trionfato ed è la ragione per cui, privo di un futuro a Troia, viene elaborato il mito della fuga di Enea, assieme al padre Anchise e al figlio Ascanio. Sembra sia giunto in Tracia, in Calcidia, poi alle città elleniche della Sicilia, ultima tappa, prima di indirizzare il percorso verso il Lazio.

In tale narrazione, non sorprende che Enea venga indicato come il fondatore di Roma, situata verso la fine del VI secolo; in molti vasi del periodo attico, dal 526 a.C. al 470, viene riportata la partenza di Enea con Anchise. E molte erano le statue votive con Enea che porta sulle spalle il vecchio padre, segno di come fosse popolare tale credenza. Enea non fondò Roma, peregrinando nel Mar Mediterraneo, dalla Sicilia e dalla Campania risale approdando nel Lazio, dove è costretto a battersi con il re italico. Lo vince in battaglia e conosciuta la figlia del re, Lavinia, di cui si innamora, convince il re ad assecondare la loro unione, pur avendo questi già promesso la figlia in sposa a Turno, re dei Rutuli. In onore della moglie, Enea decide di fondare la città di Lavinio, oggi identificata con Pratica di Mare. Seguì una guerra e i Rutuli vennero vinti, ma a questo punto Enea decise di unire Troiani e aborigeni, creando una identica unità. Li chiamò «Latini». In questa guerra si situa l'episodio dei due giovanissimi, Eurialo e Niso che, nel tentativo di andare incontro a Enea, fecero irruzione nel campo nemico, dove i soldati dormivano, uccisero guerrieri e decapitarono il condottiero. Nell'*Eneide*, Virgilio narra la toccante storia del loro amore, il tentativo di aiutarsi l'un l'altro, fino alla morte.

Ad Ascanio spetterà di fondare Albalonga. In questa complessa narrazione del viaggio di Enea, che va storicamente situato in epoca precedente a Romolo e Remo, trova credito la leggenda che Enea, arrivato nel Lazio, lasci a Romolo il ruolo di mitico fondatore della città di Roma. Una fondazione che si situa nella trasformazione, già operata da Enea e dai Troiani, di un vasto tratto d'Italia che, dalla Sicilia, attraverso la Puglia e la Campania, arriva all'area del Lazio.

3. Di Didone esistono due volti: il primo appartiene alla storia, il secondo al racconto fantastico, alla mitologia. Nasce nell'879 a.C. a Tiro, una città del Libano. Era figlia di un re, Muttone, e andò in sposa allo zio, un sacerdote di nome Sicheo. Il fratello di Didone, Pigmalione, lo fece uccidere per impossessarsi delle sue enormi ricchezze. Didone fuggì da Tiro assieme ad alcuni uomini che le erano fedeli. Giunta a Cipro, si imbarcò con alcune don-

ne che si erano aggiunte e una sacerdotessa di Giunone. Arrivata in Africa, si propose di acquistare dal re indigeno Iarbas una quantità di terreno, quanto ne poteva coprire una pelle di bue, «che tagliò in sottilissime strisce con le quali recinse un ampio spazio. [...] E quivi edificò una città che divenne subito prospera: Cartagine, che in greco significa pelle».[10] Colpisce questo stratagemma di raffinata intelligenza: un terreno della dimensione di una pelle di bue diventa capace, grazie alle sottili strisce ricavate, di delimitare un'area di ventidue stadi quadrati, dove uno stadio equivale a 185,27 metri. È un inganno che riporta alla intelligenza di Ulisse.

La fortezza di Cartagine diventa il simbolo più evoluto e più attivo di tutto il Paese e il re Iarbas, che vedeva minacciosamente accrescersi il potere della donna, le chiede di sposarlo. Di fronte al suo rifiuto il re la minaccia e Didone, fedele anche nel ricordo al marito Sicheo, invocando il suo spirito, fa preparare un'alta pira e dalla sua reggia si butta tra le fiamme e muore. È questa con alta probabilità la storia di Didone, che giunge attraverso i riferimenti che ne danno in particolare gli autori greci, Timeo e Giustino. E in questa versione la richiesta di matrimonio da parte di Iarbas non è certo per amore, ma ha il senso di un legame di potere, per mettere nelle proprie mani anche il successo commerciale, raggiunto da Cartagine. La morte di Didone dagli storici viene posta nell'VIII-IX secolo a.C.

La seconda Didone, quella della leggenda, è di gran lunga più affascinante, poiché aggiunge alla dignità di donna, una storia d'amore, questa volta di vera e propria passione. La versione spetta al poeta Virgilio che, nell'*Eneide*, raccontando le vicende di Enea mette in scena fin dal primo canto Didone. Una pura fantasia, o licenza poetica, basterebbe ricordare che Enea combatte durante la guerra di Troia, che è avvenuta nel XII secolo a.C., mentre la fondazione di Cartagine appartiene all'VIII secolo a.C.

È da aggiungere poi, che Virgilio vive tra il 70 e il 19 a.C. e non

[10] Enciclopedia Italiana Treccani, Vol. XII, p. 777.

ha alcuna idea di portare un contributo storico, anche se certo non ignora il lungo periodo in cui Roma ha combattuto Cartagine. Le tre guerre puniche coprono un arco della storia che va dal 264 al 202 a.C., l'anno appunto della definitiva distruzione di Cartagine.

Il poema di Virgilio narra che Enea, salpato da Troia, viene gettato da una tempesta sulle coste africane, e giunge a Cartagine, allora dominata da Didone che invita l'eroe nella sua reggia. L'incontro già anticipa gli eventi, la regina Didone, splendida di bellezza, avanza verso il tempio tra una schiera di giovani. «Poi prese posto su un trono / proprio in mezzo al santuario, davanti alla cella / della dea, circondata dal suo corpo di guardie.»

Enea, per parlare di sé, non può che raccontare della guerra di Troia e la regina ne rimane evidentemente affascinata: «Se volete fermarvi / nel mio regno, sappiate che questa nuova città / è vostra; tirate a secco le navi, non farò / nessuna differenza tra Punici e Troiani».

Tutto inizia con un banchetto, in cui si stendono tappeti di magnifica porpora e qui nascosta, «Venere in cuor suo medita nuove arti / e macchina che Cupido [...] infiammi la regina d'amore». Cupido cancella subito dal cuore della regina l'immagine di Sicheo «e a riempirle l'anima da tanto tempo inerte / e deserta d'amore con una nuova fiamma».

Il tema non è più dunque il potere, ma l'amore. Didone avverte per l'eroe una passione, che sfocia nell'unione più intima e pone nel suo cuore il desiderio di stare per sempre con lui. L'amore non viene mai soddisfatto nelle sue espressioni del presente, ma richiede che continui nel futuro, per sempre.

Come ogni grande eroe, Enea però deve svolgere una missione, che non lo riguarda personalmente, ma rappresenta i bisogni e persino i sogni di un intero popolo. Deve quindi seguire il dovere, che appartiene al destino voluto dagli dèi, che lo vede obbligato a continuare il proprio viaggio, per giungere a fondare Roma.

Didone chiede a Enea che almeno sposti di un poco la sua partenza. Non sa immaginare di poter continuare a vivere senza di lui. Enea (e siamo nel Canto IV) sta per allestire la flotta per la partenza. «Folle d'amore, l'anima smarrita, dà in ismanie / erra per la città fuori di sé, baccante / eccitata come una Menade quando infuria la festa, / quando al grido di Bacco la stimolano le orge.» Guardando verso il mare e vedendo le vele spiegate dal vento allontanarsi, Didone si strappa i capelli chiedendo agli dèi che le concedano la morte. E la capacità di Virgilio di analizzare i sentimenti, di descrivere la notte di orrori, di disperata passione, è straordinaria. «E sempre le pare / d'esser lasciata sola, le pare sempre di correre / per una lunga strada, senza nessuno / cercando invano i Tiri per una contrada deserta.» Didone pensa al suicidio e lo immagina, come sempre avviene, nei dettagli ancor prima di compierlo. «Vinta dal dolore, invasa dalle Furie, / sicura di morire, esamina tra sé / il modo e il tempo di porre in atto la sua decisione... Fa alzare nell'aria la gran catasta di pini e di tronchi di leccio / la regina la cinge di serti e la incorona / di fronde funerarie, pensando alla tragedia / a venire vi pone sopra la spada di lui / con tutti i suoi ricordi e in cima il suo ritratto.» Un suicidio lucido, che potremmo definire eroico e inserirlo in liturgie che parlano di sacralità. «Moriamo senza vendetta» – riprese «ma moriamo. / Così, anche così giova scendere alle Ombre. / Il crudele Troiano vedrà dall'alto mare / il fuoco e trarrà funesti presagi dalla mia morte. / Tra queste parole le ancelle la vedono abbandonarsi / sul ferro e vedon la lama spumante di sangue, / vedono sporche di sangue le mani. Un grido si leva / per tutta la reggia, la fama s'avventa / infuria per la città, le case fremono d'urla, / di lamenti e di gemiti.» Si potrebbe definirlo un suicidio d'amore, a cui Didone giunge quando la sua vita non sembra più avere un senso senza Enea.

Dante la pone nel girone dei peccatori carnali e dei lussuriosi (Canto V dell'*Inferno*) e la descrive come «Colei che s'ancise amorosa / e ruppe fede al cener di Sicheo» (vv. 61-62). Colpevole, dunque di un amore proibito. La pone nello stesso cerchio in cui si trovano Paolo e Francesca. E risuonano le parole di Francesca: «Amor, ch'a nullo amato amar perdona / mi prese del costui piacer sì forte, / che, come vedi, ancor non m'abbandona. / Amor condusse noi ad una morte» (vv. 103-106).

Domina nell'opera di Virgilio la contrapposizione tra una donna, che pone nell'amore tutto il significato di rimanere sulla terra e l'eroe troiano, proiettato su un compito imperioso e che nessuno può fermare, ma nemmeno distrarre. Per lui l'amore è una parentesi piacevole, non la vita. Nel mondo classico, il suicidio diventa comunque un comportamento eroico. E Didone avverte che alla perdita dell'amore non può che corrispondere il coraggio di morire. Aveva perso Sicheo ed era fuggita da Tiro, disperata. Dopo anni, ritrova l'amore che però l'abbandona. Questa volta, la fuga non può che condurla alla morte. Vuole morire trafitta dalla spada di Enea, a dimostrazione che è lui a ucciderla. Al contempo le fiamme bruciano la sua bellezza che aveva attratto l'eroe e così, purifica il corpo e dà la libertà alla sua anima. La morte come unica condizione per cancellare l'amore. Un amore che qui assume il contenuto della follia, perché ha il senso di andare «fuori di sé», fino a smarrire la propria identità.[11]

4. Publio Virgilio Marone nasce ad Andes, il 15 ottobre del 70 a.C. e muore a Brindisi il 21 settembre del 19 a.C. È certamente il più grande poeta della latinità, ha lasciato tre opere: le *Bucoliche*, le *Georgiche*, l'*Eneide*. Si dovrebbero aggiungere delle composizioni giovanili raccolte nella *Appendix Vergiliana*, di non facile attribuzione. È forse l'autore che ha influenzato più profondamente la letteratura occidentale. Basterebbe citare l'influenza su Dante Alighieri nella sua *Divina Commedia*, in cui Virgilio ha il ruolo anche di guida, sia per l'Inferno che per il Purgatorio. Una

[11] Questo contributo è stato in parte pubblicato in V. Andreoli, *Ritorno a Mayerling*, «Mente e Cervello», n. 136, febbraio 2016.

guida che non ha solo la funzione di orientare Dante, ma rappresenta una guida morale.

Andes è un piccolo villaggio dell'antica città di Mantua. Virgilio proviene da una famiglia benestante di coloni romani. Il padre Marone Figulo era un piccolo proprietario terriero, dedito in particolare all'apicoltura e all'allevamento di bestiame; la madre Magia Polla, figlia di un ricco mercante, era di origine campana. Il borgo natio è stato identificato in prossimità delle acque del Mincio nel borgo di Pietole; Andes era il nome celtico.

Sono state scritte sul poeta diverse vite, una di queste è di Svetonio. Data l'identità celtica o etrusca del luogo di nascita, è anche definito come «vate etrusco». Si dedica giovane allo studio della grammatica a Cremona, ma è soprattutto importante la vicinanza alla filosofia epicurea, di cui frequenta una scuola a Napoli. A Roma, viene iniziato alla formazione di oratoria ed eloquenza alla scuola di Epidio: probabilmente doveva essere l'inizio per la carriera di avvocato che, però, non si legava molto a uno stile riservato e timido, come il suo. Aveva difficoltà a parlare in pubblico e si racconta che il suo primo intervento in questa veste si chiuse, senza che nemmeno riuscisse a parlare.

Virgilio era di conformazione fisica robusta, alto, un aspetto contadino. Schivo, umile, si tramanda che a Roma non amasse comparire in pubblico. Entrato probabilmente in una crisi esistenziale, si spostò a Napoli intorno al 42 a.C. Sempre in quegli anni, le terre intorno a Cremona e Mantova vennero distribuite ai veterani delle guerre civili tra Cesare e Pompeo, che culminarono con la sconfitta di Pompeo e poi con l'uccisione di Cesare. Virgilio perse ogni possedimento. Aveva ventotto anni.

Era diventato amico di Mecenate e anche di Orazio. La prima opera pubblicata: le *Egloghe* (o *Bucoliche*) è dedicata ai suoi amici, e la termina in tre anni. La successiva, le *Georgiche*, lo impegna per sette anni. Il poema venne scritto in onore di Mecenate e contiene l'idea per una rinascita agraria, che era sostenuta da Ottaviano Augusto. In questo periodo visse a Napoli, e Mecenate, che a quel tempo era «primo ministro» imperiale e raccoglieva attorno a sé molti insigni letterati, gli fece assegnare un podere come risarcimento per la terra di famiglia ad Andes. Attraverso di lui, Virgilio conobbe Augusto e le sue opere poetiche diventarono parte degli insegnamenti, prima dunque della propria morte.

Durante gli ultimi dieci anni della sua vita si dedicò all'*Eneide*, abitando a Napoli e sovente in Sicilia. Augusto seguiva con interesse il lavoro del poeta e gli chiese di inviargli la prima stesura, cosa che però Virgilio si rifiutò di fare. Nel corso del lavoro per terminare l'*Eneide*, si recò in Grecia. Ad Atene incontrò Augusto che lo persuase a tornare con lui, ma a Megara si ammalò e venne portato a Brindisi, dove morì. Venne sepolto a Napoli sulla strada di Pozzuoli, in una tomba in cui è riportata un'epigrafe da lui composta: *Mantua me genuit, Calabri rapuere, tenet nunc Parthenope; cecini pascua, rura, duces* («Mantova mi generò, la Calabria mi rapì, ora mi tiene Napoli; cantai i pascoli, le campagne, i condottieri»).

Si narra che avesse comunque letto ad Augusto qualche parte dell'*Eneide* e certamente il quarto libro, dedicato alla futura grandezza di Roma. E da questo momento il tono è quello dell'eroe. Prima di morire, Virgilio raccomandò ai suoi amici Plozio Tucca e Vario Rufo di distruggere il manoscritto dell'*Eneide*, adducendo che l'aveva quasi finito, ma non riveduto. Ma Augusto ordinò di non tener conto di questa volontà, e il poema fu pubblicato incompleto. L'*Eneide* ha come riferimento i poemi dell'*Iliade* e dell'*Odissea*, forse a esprimere la connessione dei Troiani con Roma. Il viaggio di Enea fino al Lazio doveva assumere un ruolo ben più importante dell'antica leggenda. Enea si inserisce, dunque, nella grandezza di Roma e in particolare nell'era inaugurata proprio da Augusto. Sul rapporto tra *Eneide* e il modello omerico non vi è dubbio. I primi sei libri sono dedicati al viaggio di Enea e richiamano quelli di Ulisse, terminano anch'essi con una visita agli Inferi. Seguono poi i capitoli che narrano la guerra con i Rutuli, sempre sul modello dell'*Iliade*. Viene imitato anche Lucrezio. Nei libri in cui Enea si esprime direttamente, vengono messe in risalto la *pietas*, la fedeltà agli dèi e ai destini di Roma, che vengono sempre prima dei sentimenti personali. E nell'*Eneide*, Virgilio raggiunge il massimo del suo stile poetico e dell'esametro, che è la sua forma espressiva.

La fortuna di quest'opera riporta ancora a Dante che in Virgilio riconosce un grande maestro. La *Commedia* parte proprio dall'immagine di Virgilio che si presenta a Dante, preso dalla paura nella «selva oscura» e deciso ad abbandonare il viaggio. È questa la prima scena del Canto I dell'*Inferno*, nel II Virgilio viene chiamato da Beatrice, che gli fa presente come il suo allievo si trovi in difficoltà e lo spinge a intervenire, affinché possa continuare il viaggio. In virtù della stima verso il maestro da un lato e della forza dell'amore dall'altro, alla fine del Canto II, Dante è rassicurato e avverte nuovamente il desiderio e il coraggio, anche perché Virgilio gli rende noto che sarà lui stesso ad accompagnarlo.

5. Tito Lucrezio Caro nasce a Pompei, o forse a Ercolano, nel 98 a.C. e muore tra il 50 e il 55 a.C. a Roma. Poeta e filosofo, seguace dell'epicureismo, della sua vita si sa poco. E quel poco deriva in gran parte dalla sua unica, ma straordinaria opera: il *De rerum natura*, in cui il poeta esprime le teorie di Epicuro, con l'intenzione di vincere la tentazione della superstizione, della paura dell'intervento degli dèi sulle vicende del mondo. Come sosteneva Epicuro, ritiene che la natura ma anche l'anima sia mortale e perisca con il corpo. Il fine della vita è di cercare il piacere. La ragione del comportamento umano si lega agli atomi che, combinandosi, fanno nascere tutte le cose. Ammette tuttavia che, pur in questo gioco atomistico, sia possibile il libero arbitrio. È dunque un filosofo materialista, ma non determinista.

Lo storico san Girolamo (Sofronio Eusebio Girolamo) nella *Cronaca*, relativamente ai fatti che riguardano il 94 a.C., scrive: «Nasce il poeta Tito Lucrezio Caro il quale, dopo essere impazzito per un filtro d'amore, aveva scritto negli intervalli della follia alcuni libri, che Cicerone pubblicò postumi. Si suicidò all'età di quarantaquattro anni». Pur essendo stato citato dai maggiori personaggi del tempo, da Marco Aurelio a Ovidio a Plinio il Vecchio, non si hanno elementi per raccontare una vita attraverso fatti sicuri. Oltre alla data di nascita incerta, lo è anche il luogo, perché quello che gli viene attribuito deriva dal semplice fatto di aver trovato citato un giardino epicureo.

Il *De rerum natura* è dedicato a Memmio, un letterato appassionato di cultura greca, membro importante degli *optimates*. Nel proemio dell'opera, Lucrezio parla di pace, mostrandone un desiderio per sé, certamente, ma anche per i Romani. Ed è comprensibile considerando le guerre che avevano colpito l'esistenza dei cittadini romani, per un lungo tempo: guerre di espansione, ma anche civili. Con tali premesse, i dati che è possibile riferire per delinearne la vita, si pongono più nella leggenda che nella cronaca. Era di famiglia nobile, quella dei Lucretii; studiò Epicuro, probabilmente alla scuola di Filodemo di Gadara, che si riuniva nella villa di Lucio Calpurnio, il ricco suocero di Cesare. La notizia che dà Girolamo è probabile sia nata nell'ambiente del V secolo, con lo scopo di togliere importanza all'idea antireligiosa del poeta, sulla scia dell'epicureismo. Si doveva dimenticare il famoso verso del *De rerum natura*: *Tantum religio potuit suadere malorum* («A tanta malvagità la religione ha potuto spingere l'uomo»).

Secondo alcuni studiosi, Lucrezio, oltre alla sua inquietudine avrebbe sofferto di sbalzi d'umore, una condizione in cui si alternano fasi depressive a fasi di iperattività. Oggi lo si chiamerebbe disturbo bipolare. E ciò rende plausibile che, in fase depressiva, possa essersi tolto la vita. Avrebbe lasciato Roma nel 54 e, dopo un viaggio in Grecia per conoscere i luoghi di Epicuro, si suicidò.

Sempre con le incertezze delle fonti, sembra che l'allontanamento da Roma fosse legato a una delusione d'amore. Consegnato forse a Cicerone il *De rerum natura* incompleto, dà fine ai suoi giorni senza essersi occupato prima di terminare l'opera. Il racconto di un filtro d'amore velenoso che gli sarebbe stato somministrato da una donna di malaffare, un'amante gelosa del poeta, è probabilmente una spiegazione semplicistica.

Molto più coerente è sottolineare l'appartenenza alla filosofia-religione di Epicuro e che, trovandosi nell'inquietudine, nell'ansia, quindi nel dolore della mente, avesse preso la decisione di uccidersi e di uscire dalla vita. Secondo altre ipotesi, potrebbe aver risentito di un periodo in cui il suo protettore Memmio era caduto in rovina. Un suicidio che avrebbe, allora, persino il senso della protesta per le rapide ascese e cadute di personaggi, come Memmio, in relazione alle liste di proscrizione. Certo Lucrezio doveva conoscere bene la sofferenza della mente, se così scrive: «C'è come un peso sulle loro menti e una montagna di sofferenze grava sui loro cuori; perché ciascuno, non sapendo bene quello che vuole, cerca sempre di mutare il luogo, come se potesse alleggerirsi del suo peso. Uno che si annoia a morte a casa sua, ogni tanto esce dal suo palazzo, ma non sentendosi meglio, per questo, subito ritorna indietro, poi corre via e trasporta la sua inquietudine nella casa di campagna, con fretta ansiosa. Ne ha appena varcato la soglia e già sbadiglia e cerca l'oblio in un pesante sonno, oppure fa subito ritorno in città. Così ognuno fugge da sé stesso; ma, come è naturale, il suo io a cui non può sfuggire, gli si riattacca addosso, ancora più strettamente contro la sua volontà». Sempre in questo filone, vi sono brani, anche in versi straordinariamente esistenzialisti: «O sventurata umanità, che ai numi / tutto volesti attribuire, d'acerba / ira finanche il petto non colmando! / Quanti già lutti a te, quante sciagure / apprestarsi per noi, quante ai nipoti / nostri lacrime amare / e pur la vera pietà non risiede nello stentato / volgersi assiduo sotto il vel celati / a un sacro sasso, a ogni altar chinarsi [...] / dinanzi i templi degli dèi spiegar [...] / più assai conviene / pietà, quella nomar che all'uomo consente / tutto guardar con animo tranquillo». Per Lucrezio esistono gli dèi, ma vivono lontano in un beato isolamento. Vivono, evitando le cose del mondo, contenti di contemplare la bellezza e praticare l'amicizia e la pace. Pur riconoscendoli, non devono essere considerati causa delle difficoltà della vita. Per Lucrezio, il solo dio è la legge, l'unico culto come pure l'unica pace consistono nell'imparare ad amare questa legge. «Questo terrore, questa tristezza dell'anima devono essere scacciati non dai raggi del sole [...] ma dall'osservazione e dalla luce della natura.» La virtù è raggiunta con l'armoniosa attività dei sensi, sotto la guida della ragione, la vera ricchezza di un uomo sta nel vivere con l'animo in pace. Meglio che vivere in sale dorate è «giacere in gruppo sull'erba soffice, accanto a un ruscello sotto gli alti alberi. O ascoltare bella musica, abbandonare il proprio io nell'amore e nella cura dei nostri bambini».

6. Gaio Valerio Catullo nasce a Verona nell'84 a.C. e muore a Roma nel 54, all'età di trent'anni. È il poeta lirico delle passioni amorose che, attraverso questo giovane, trovano per la prima volta un'espressione poetica, entrando nella letteratura dell'antica Roma. La famiglia da cui proviene era ricca e aveva contribuito a fondare la città. A mostrarne l'importanza, sembra che il padre avesse ospitato Giulio Cesare quando era proconsole della Gallia.

Nell'81 a.C., Catullo si trasferisce a Roma ed è qui che stabilirà rapporti con il mondo del potere: Gaio Memmio, Cicerone, ma soprattutto con amici letterati: Licinio Calvo, Elvio Cinna, con cui fonda un gruppo che si caratterizza per una vita dentro l'arte, coltivando in particolare la letteratura.

La sua esistenza è legata agli amori: a Roma ha una relazione con Clodia, sorella del tribuno Clodio, destinataria dei versi poetici in cui viene cantata con lo pseudonimo di Lesbia, in onore della grande poetessa greca, molto considerata da Catullo. Lesbia aveva dieci anni più del poeta, la definiva colta, intelligente, bella, ma imprevedibile e spregiudicata. La relazione è tumultuosa, passa dai legami passionali a litigi aspri, e poi al riappacificarsi. E anche in un carme, scritto nel 55 o 54 a.C. (una data che si deduce, poiché fa riferimento alla spedizione di Cesare in Britannia), esprime lo stile conflittuale con Lesbia, che permarrà fino alla morte. Forse la causa dei dissidi potrebbe legarsi a una relazione che Catullo ha intrattenuto con Giovenzio, una storia d'amore omosessuale.

Frequenti sono i suoi allontanamenti da Roma, per recarsi nella villa di famiglia a Sirmione, sul lago di Garda, un luogo molto amato per comporre, l'oasi, la fonte di distensione. Alla morte del fratello, ritorna a Verona dove rimane per alcuni mesi. La condizione di benestante risulta anche dal fatto che possedeva una villa a Tivoli e un'elegante casa a Roma. Lui però, parla di difficoltà economiche e si definisce «povero», sostenendo che queste proprietà erano gravate da ipoteche. È certo, comunque, che fece una vita senza preoccupazioni di guadagnare.

Il gruppo letterario a cui apparteneva, composto da aristocratici e poeti, si dedicava alla scrittura di epigrammi contro Cesare e, in questo modo, la tendenza letteraria, da loro manifestata era lontana dall'ampollosità del passato e rappresentava una vera rivoluzione. Vi si descriveva una giovinezza in sofferenza rispetto alla morale antica, esaltando invece il desiderio, le pulsioni istintive, la passione amorosa e sessuale rivolta alla donna, sposata o nubile.

Lesbia è la donna dell'Eros che seduce, Catullo era uno dei suoi amanti. E rimase la sua musa ispiratrice fatta di carne e di bellezza. A lei leggeva i suoi versi e, almeno nella prima fase, fu una vera estasi passionale: *Da mi basia mille, deinde centum, dein mille altera, dein secunda centum*. L'amore tormentato lo porterà all'*Odi et amo*, in cui ricorda che le parole di una donna all'amante bramoso dovrebbero essere scritte sul vento che soffia o scolpite sulla rapida corrente. Una donna che suscita gelosia, un amore che mette in scena la rabbia e la passione. Nella delusione si rifugiava dentro la famiglia, in particolare pensava al fratello che era morto nella Troade, in Asia, e allora i versi invece che a Lesbia, erano dedicati alla morte. E al culto dei morti, si ispira il poemetto *Attis*.

Era una caratteristica della Roma antica la particolare attenzione e sensibilità al post mortem, forse da legare alla qualità romana più esaltata, della guerra che produceva morte. I funerali erano cerimonie complicate, accompagnate da donne che si lamentavano in maniera isterica e dopo questo coro di dolore, seguiva il gruppo dei suonatori di flauto, e poi ancora i danzatori, di cui uno impersonava il morto. In questa processione, si attivava un gruppo di attori che portavano maschere funebri e immagini di cera degli antenati del defunto. Il morto era abbigliato elegantemente, rivestito dalle insegne quando le possedeva, coricato in una bara coperta di drappi di porpora. Immediatamente dietro il defunto, si collocavano i figli velati di nero. Giunto nel Foro, il corteo si fermava e veniva pronunciato l'elogio funebre. Nei primi secoli della Roma antica, i morti erano cremati, in seguito seppelliti. In ogni caso la tomba diventava un altare. Secondo la mitologia che risentiva di quella greca, i morti grandi e buoni andavano nei Campi Elisi. Plutone era la divinità dell'oltretomba. Si pensava a un Inferno, concepito come luogo di punizione, ma tutti soffrivano ugualmente l'eterna tenebra e l'anonimato.

7. Flacco Quinto Orazio nasce l'8 dicembre del 65 a.C. a Venosa in Apulia e muore il 27 novembre dell'8 a.C., a Roma. Il padre era stato esattore delle tasse e aveva acquistato un podere. Fece istruire il figlio a Roma da Orbilio e in questo modo espresse una forte ambizione, poiché la scuola era generalmente per figli di cavalieri e di senatori. All'età di vent'anni, Orazio si recò ad Atene per continuare gli studi di greco e filosofia, presso Cratipo di Pergamo. Qui dominava l'insegnamento di Epicuro, ma Orazio non aderì alla sua scuola.

Gli studi vennero interrotti nel 44, quando entrò nell'esercito di Bruto con il grado di *tribunus militum*. Nel 42 a.C., tornato a Roma si trovò in una ben diversa realtà: il padre era morto e il podere era stato confiscato. Passò così a una condizione di vera povertà, e accettò l'impiego di *scriba quaestorius*. Ma fu la povertà, come lui stesso affermò, che lo spinse a scrivere versi.

Nel 38, grazie alla conoscenza con Mecenate, entrò tra i suoi amici e in quella nuova atmosfera, si aprì la dedizione di Orazio alla poesia. Mecenate era ben introdotto nella vita politica, era amico di Augusto e grazie a questa relazione, l'esistenza di Orazio anche economicamente migliorò, potendo addirittura vivere nella villa, in Sabina. Non amava la vita cittadina e coltivava invece l'*otium* contemplativo. Soffriva di un disturbo agli occhi con congiuntiviti, seguiva una dieta vegetariana. Ottenne persino l'invito di Augusto di diventare suo segretario privato. Rifiutò, ma prese il ruolo di poeta ufficiale dell'imperatore, che lasciava grandi libertà compositive. Della madre non vi è notizia, è invece nota la nutrice Pullia, che amava raccontare fiabe.

Compose opere di grande valore: le *Epodi*, le *Satire*, e in particolare le *Odi*; e le *Epistole*, in due libri, che includono un trattato sull'*Ars poetica* scritto in esametri. Morì il 27 novembre dell'anno 8 a.C., qualche mese prima della scomparsa di Mecenate. Venne sepolto sul Colle Esquilino.

Come poeta, si distinse per l'eleganza di stile e per l'ironia. Non aveva aderito alla scuola epicurea durante gli studi ad Atene, ma di fatto divenne un placido epicureo, almeno per quanto riguarda l'ars vivendi. In un'ode scrive: «Mentre parliamo, il tempo invidioso sarà già fuggito: assapora ogni istante, confidando il meno possibile nel domani». I suoi scritti affrontano i temi esistenziali e ricorrono spesso espressioni come angoscia, morte, percepita sempre come imminente. Se era parte dei potenti, ha però teso a riferirsi alle percezioni comuni, del popolo. Traspare, con continuità, una sottile malinconia. Non ha certo saputo alla maniera epicurea distaccarsi dal dolore e incombe la presenza e la paura della morte. Per questo Orazio si mostra come un *doppio*, tra ciò che rappresenta nel ruolo e ciò che vive nel mondo interiore.

È sua l'espressione *pulvis et umbra sumus*. E in quel *pulvis*, c'è la morte. La morte, che gli toglie una gioia recitata e che fa fatica ad accettare. La definisce: *tristis unda* («una palude triste») evocando la palude dello Stige. Una morte che non è possibile evitare. Ritiene inutile e vana la religione, che è incapace di porre un rimedio all'incalzante vecchiaia e alla fine: *nec pietas moram / rugis et instanti senectae / adferet indomitae que morti* («la pietà non arrecherà ritardo alle rughe e alla vecchiaia che incalza e alla morte inevitabile»). Avverte il dramma del tempo che passa, che non sa dare speranza per il futuro, e allora occorre apprezzare ogni momento che ci è dato, come un dono.

La *fuga temporis* si ritroverà nei grandi poeti e pensatori del futuro, ma sarà presto ripresa da Seneca. Guardando alla vita romana del tempo, sottolinea la follia del denaro e conclude che è la malattia principale di cui soffre Roma. Così chiede all'uomo avido di denaro: «Perché ridi di Tantalo, dalle cui labbra assetate scorre sempre via? Cambia il nome e la sua storia diventa la tua (*mutato nomine de te fabula narratur*)».

Il poeta raccomanda l'*aurea mediocritas*, a indicare che c'è un limite, una misura in tutte le cose. E, in un passo straordinario e anticipatore dei tempi: «Beato colui che, lontano dalle preoccupazioni degli affari come l'antica razza umana lavora con il suo bue i campi paterni, libero da ogni debito. [...] Come è dolce giacere sotto un vecchio leccio e sulla fresca erba, mentre l'acqua del ruscello scorre tra le alte rive e l'uccello del bosco canta e la primavera risuona di torrenti scroscianti e invitanti al dolce sonno». Queste odi delicate sono rimaste insuperabili nella letteratura di tutto il mondo. Il suo linguaggio è sempre semplice, anche dove il concetto è grave. Se un uomo è giusto e tenace nei propositi, l'intero mondo può crollare e cadergli addosso: il crollo lo travolgerà, senza turbarlo.

8. Publio Ovidio Nasone nasce a Sulmona il 20 marzo del 43 a.C. e muore a Costanza, nel 17 o 18 d.C. Uno dei poeti romani che spiccano nel campo della letteratura e della poesia elegiaca di argomento amoroso. La sua fama fu alta nel tempo in cui visse, ma si mantenne anche dopo la sua morte, fino al tempo presente. L'opera più nota, *Le metamorfosi*, ha ispirato non solo i letterati, ma anche pittori e scultori. Egli stesso parla di sé, in una elegia di natura autobiografica: *Tristia*.

Nasce in una famiglia ricca, appartenente alla classe equestre. A dodici anni si porta a Roma assieme al fratello Lucio, per completare gli studi di grammatica e retorica. Si rivolge ben presto alla poesia, anche se il padre vorrebbe che diventasse un oratore. Com'era regola presso le famiglie benestanti, i figli vengono inviati ad Atene e a conoscere anche l'Asia Minore, luoghi della grande cultura del passato. Sempre con questi riferimenti, va anche in Egitto e in Sicilia.

Tornato a Roma, inizia la propria carriera pubblica, senza mostrare grande interesse per i titoli, non aspira a diventare parte del Senato romano e, contro la volontà del padre, si dedica agli studi letterari. Entra nel circolo di Mecenate dove conosce i poeti più significativi del tempo, tra i quali Orazio. È l'epoca della *pax Augusta*. Domina un'atmosfera di pace e per Ovidio, di serenità. Si sposa tre volte. Dai primi due matrimoni nasce una sola figlia, Ovidia, che diventerà scrittrice. Il terzo matrimonio è con Fabia, una vedova che ha una figlia. Una consorte non solo fedele, ma compagna, sia nella gioia che nel dolore.

La sua poesia lo rese presto celebre con gli *Amores*, in cui descrive una donna ideale, bella, fragile, che chiama Corinna. Ma è una creazione della sua fantasia, oppure il nome di copertura di una donna proibita. I versi furono però sulla bocca di tutta la gioventù romana, e lui stesso dice che gli veniva continuamente richiesto chi essa fosse. A questo proposito scrive: «Non è una determinata bellezza che suscita la mia passione, sono cento cause che possono farmi innamorare...». Ovidio insegna a Corinna come comunicare con lui, a segni, quando giace nel letto del marito. Le assicura la sua eterna fedeltà: il suo adulterio è assolutamente monogamico. E precisa: «Io non sono un incostante donnaiolo e neppure di quelli che amano cento donne contemporaneamente». Le *Eroidi* continuarono il successo.

Il suo capolavoro nella fase della elegia è l'*Ars amatoria* che lo fa appartenere ai poeti dell'Eros. Questa pubblicazione si lega forse alla sorte cui va incontro Giulia, la figlia di Augusto, condannata per condotta immorale e per essere andata contro le riforme moralistiche del padre. Augusto ritiene che Giulia sia stata influenzata dall'*Ars amatoria*. E questo è, certamente, uno dei presupposti per l'esilio, a cui Ovidio andrà incontro. Era stato accusato per *duo crimina, carmen et error*: l'errore doveva consistere in un comportamento che Ovidio tenne contro l'imperatore o la sua famiglia, ma non venne mai esplicitato chiaramente. La conseguenza fu comunque l'esilio: nel novembre dell'8 d.C. fu inviato a Tomi sul Ponto Eusino (oggi Costanza in Romania), abitata da barbari, un luogo freddo, dove si parlava una forma di greco. Veniva spesso minacciata da tribù, provenienti da oltre il Danubio. Qui continuò a scrivere versi ed epistole. Ottenne la benevolenza dei cittadini per il suo atteggiamento simpatico e amabile. Morì in esilio nel 17 d.C.

È lui stesso in *Tristia*, a scrivere: «Due crimini mi hanno perduto, un carme e un errore, del secondo debbo tacere le mie colpe». Le ipotesi più probabili fanno riferimento a relazioni illecite con Giulia, già moglie del futuro imperatore Tiberio, figlio della terza moglie di Augusto, Livia Drusilla. Una seconda ipotesi è che il suo rapporto illecito fosse un tentativo per danneggiare l'immagine di Tiberio, intralciando i piani di successione di Livia Drusilla. Il «carme» certamente si riferisce all'*Ars amatoria* e tenendo conto che l'opera era già stata pubblicata sette anni prima, non poteva quindi essere argomento isolato per la condanna che arriverebbe in maniera tardiva, come se allora fosse stata giustificata. Era necessario che vi si aggiungesse l'*error*. Tiberio che succede ad Augusto nel 14 d.C., gli mostra inimicizia, tant'è che il poeta muore in esilio.

Ovidio viene curiosamente riabilitato il 14 dicembre del 2017, esattamente due millenni dopo la sua morte. Al di là delle vicende e delle sue opere su amori difficili e pericolosi, i quindici libri delle *Metamorfosi*, narrano in stupendi esametri leggende, fiabe, che si rifanno alla mitologia classica: un'opera caleidoscopica che, ancor oggi, meraviglia. L'aveva appena terminata, e stava completando sotto il titolo di *Fasti* un poema che descriveva le feste religiose dell'anno romano, con l'intenzione di dedicarlo proprio all'imperatore Augusto, che aveva restaurato le tradizioni religiose. Ed è proprio a questo punto, che l'imperatore emette il decreto di *relegatio*, una forma più mite dell'esilio, in quanto permetteva che venissero conservati i beni. Abbandonato dagli amici durante il periodo del suo isolamento, compone le liriche che vanno sotto il titolo, molto esplicativo, di *Tristia.* Ma gli unici lettori rimasero la moglie, la figlia e la figliastra, a cui le spedì. Nel luogo in cui era stato esiliato, talora la neve rimaneva anche durante l'estate. Il Mar Nero era ghiacciato dai venti e il Danubio, anch'esso ghiacciato, limitava le scorrerie dei barbari, dei Geti, armati di coltello, e dei semigreci. Ovidio poteva solo ricordare il cielo di Roma e la campagna di Sulmona. La sua certezza era la gloria futura e il rimanere nei secoli.

9. Decimo Giunio Giovenale nasce ad Aquino intorno al 50 d.C. e muore a Roma poco dopo il 127. È considerato il maggior poeta satirico della Roma antica. Non raggiunse la notorietà da vivo, pubblicò i primi lavori dopo il 100, al tempo di Traiano, che fu imperatore dal 98 al 117.

Visse a Roma in povertà ed è solo nella vecchiaia che entrò in possesso di una piccola proprietà. Se si esclude Marziale, nessuno lo nomina fino almeno al IV secolo d.C. Della sua vita si conosce poco, di sicuro è stato esiliato per aver satireggiato il favorito di corte. E con l'esilio gli vengono confiscati i pochi beni che aveva. La sua vena satirica era promossa da un senso di frustrazione e di ingiustizia, rivolto in particolare all'imperatore Domiziano, che ne decretò l'esilio.

Lasciò sedici *Satire* in esametri, divise in cinque libri, ognuno dei quali costituito da circa ottocento versi. La prima satira la compose quando aveva quarantacinque anni. Pur in condizioni economiche difficili, studiò retorica e forse esercitò la professione di avvocato, da cui si ritirò presto per comporre e scrivere. Visse nell'ombra, senza autonomia economica e in tale condizione esistenziale sorgono il pessimismo e la fatica di vivere. Questo lo porta a lanciare frecciate contro gli ipocriti e i potenti, ma si guarda bene dal colpire i vivi, lamenta la condizione per cui i Romani onesti faticano a guadagnarsi la vita e narra il comportamento inutile dei potenti. Nella quarta satira, il racconto è su Domiziano che convoca il Consiglio per decidere su come cucinare un rombo gigantesco. La sesta riporta la critica sociale e spietata contro l'immoralità e la modalità con cui le donne usano attrarre. La settima satira, la dedica alla infelicità dei letterati, privi di profitto. Nell'ottava, si scalda contro un aristocratico che sostiene la superiorità della classe nobile rispetto alla virtù. La decima satira, una delle più belle, fa un elogio della follia degli uomini, che rifiutano il coraggio, dedicandosi a cose dannose e persino ignorando i temi della salute della mente. Nella quattordicesima, elabora la modalità con cui i difetti dei genitori passano ai figli. Il tema dominante si rivolge alla mediocrità e alla volgarità della vita umana ed è indubbio che all'interno pone tutti i suoi personali rancori. Del resto, anche la crociata moralistica di Marziale è a sostegno della verità dei *mala tempora* di quell'epoca. Alcuni dei suoi epigrammi sono rimasti fino a oggi, tra questi: *Orandum est ut sit mens sana in corpore sano*.

Giovenale è ritenuto l'ultimo dei poeti a usare l'esametro. Non sembra aver preso moglie, in modo molto severo definisce le donne egoiste, bisbetiche, superstiziose, litigiose, superbe, querule, adultere... abituate a bilanciare ogni divorzio con un nuovo matrimonio, a sostituire i figli con i cagnolini, a infatuarsi dell'atletica e peggio ancora, della letteratura. E conclude che, a malapena, si può trovare nella città una sola donna degna di essere sposata. Definisce Roma un manicomio. Ne esce un quadro forse esagerato della società romana, ma certamente era una società ben lontana dal rispetto degli uni verso gli altri.

10. Marco Tullio Cicerone nasce il 3 gennaio del 106 a.C. ad Arpino e muore assassinato nel corso delle proscrizioni, il 7 dicembre del 43 a.C. a Formia. Esponente dell'ordine equestre, si

pone come esempio nella società degli ultimi anni della Repubblica, ma anche come un modello della letteratura latina classica. La sua notorietà lo portò a una vita complessa sul piano delle relazioni e delle alleanze con personaggi di spicco politico. Ma la sua vita si esprime attraverso la letteratura, che risente in particolare dell'ammirazione per la cultura greca.

Ricorda con commozione la modesta villa che lo aveva visto nascere ad Arpino, sugli Appennini tra Roma e Napoli. Il padre riuscì a dare al figlio l'educazione migliore: ebbe come maestro il poeta greco Archia e studiò legge con Quinto Muzio Scevola, il più grande giurista di quel tempo. Doveva seguire le discussioni del Foro e ne provava piacere, imparando rapidamente gli artifici dell'eloquenza forense. Si dedicò a quest'arte, rinunciando ai divertimenti, ai giochi e persino ai rapporti con gli amici.

Entrò nella professione legale ed ebbe subito tra i suoi clienti la borghesia, ma anche la plebe. Perseguì in giudizio un favorito di Silla, il dittatore romano nell'80 a.C. e ne denunciò le proscrizioni. Forse per evitare azioni vendicative, andò per tre anni ad Atene, continuando i suoi studi di oratoria e di filosofia. Qui apprese il comportamento degli stoici. Ritornato a Roma, aveva trent'anni, sposò Terenzia che portava con sé una ricca dote e iniziò la carriera politica.

Nel 70 a.C. riprese l'attività legale, accettando il patrocinio di una causa in cui veniva citato in giudizio il senatore Caio Verre accusato di aver venduto in Sicilia uomini e uffici e di aver abbassato le imposte in proporzione inversa al denaro ricevuto: un caso di corruzione, di estorsione e di ingiustizia, tenendo per sé il denaro riservato ai pubblicani. Nell'orazione di accusa, l'avvocato della difesa di Verre, Ortensio, abbandonò il suo incarico. Verre fu mandato in esilio. Cicerone mostrò un enorme coraggio che lo fece pubblicamente apprezzare. E lo portò in primo piano anche sulla scena politica. Nato, sia pure in un rango minore, nell'ordine equestre, Cicerone era schierato con la borghesia, contro il malgoverno del patriziato. Ma egli temeva anche il governo della plebaglia, per questo quando fu in carica, applicò la formula della «concordia degli ordini». Vi era però aria di mobilitazione contro le ingiustizie dello Stato romano e Lucio Sergio Catilina riunì i gruppi dei malcontenti. Sono note le orazioni di Cicerone contro di lui: Catilina, un personaggio oscuro, era accusato di aver violato una vergine vestale, sorellastra della prima moglie di Cicerone e risultò persino che aveva ucciso suo figlio, per compiacere la propria amante gelosa. Con Catilina nacque una vera contrapposizione, che nelle orazioni toccò le corde della commozione. Dopo un'arringa che ne presentò il volto spregevole, si rivolse a Giove con la preghiera di proteggere Roma e condannare i cattivi alla punizione eterna.

Le orazioni di Cicerone diventano ben presto materiale di studio per tutti coloro che entravano nella professione giuridica. Gli rimaneva da tratteggiare l'arte che egli applicava nel comporle in modo efficace e in un ritmo prosastico. Ben più che un manuale di eloquenza, le cinquantasei orazioni che ci sono giunte, rimangono un classico. Sapeva intrattenere l'uditorio, parlando di sé, raccontando aneddoti e così distraendo dagli argomenti sfavorevoli del proprio cliente. Cicerone declamava, riusciva a insultare le sue vittime e per questo c'è chi sostiene che era la retorica a dominare, più della sincerità morale. Ma questo era il gioco del processo. Sapeva usare tutti i tesori dell'oratoria, in un latino efficace.

Se i discorsi risentono certamente del politico, le sue lettere mettono in evidenza l'uomo. Era abituato a dettarle a un segretario, senza prevederne la pubblicazione. E rappresentano il contributo più interessante, non solo di Cicerone ma di tutta la prosa latina. La corrispondenza è composta di 864 lettere, novanta delle quali, a lui indirizzate. Lettere che affrontano i temi del quotidiano: parlano di denaro, di proprietà e dimostrano la grande ricchezza che aveva costruito. Ma ciò che colpisce è sempre la prosa perfetta. E così lui e Terenzia sono entrambi troppo ricchi e, per questo, forse infelici. Sposò infatti come seconda moglie Publilia, che presto ripudia, poiché aveva manifestato antipatia per sua figlia Tullia, a cui Cicerone voleva molto bene. E quando morì, sembrava fosse giunto alla follia. Erano i giorni in cui Cesare passava il Rubicone e la lotta con Pompeo lo indicava come futuro dittatore.

Cicerone si ritirò dalla vita pubblica per dedicarsi alla filosofia, ma i suoi contributi in questo campo sono molto modesti. Di lui resta, oltre all'*ars oratoria*, la penna come simbolo di un uso della lingua latina da grande artista. E ha contribuito a portare il latino come l'idioma più adatto a esprimere la qualità dell'uomo e dell'umano, trasformandolo in un veicolo del pensiero, tanto chiaro ed efficace che malgrado poche eccezioni, il suo stile influenzò interi secoli.

La politica, ovunque e comunque venga esercitata, non rappresenta mai una civiltà, poiché è animata da interessi privati e dal potere sull'intera società che, di per sé, è sempre esercizio di dominio e sempre presuppone una gerarchia di uomini e dei valori, con cui vengono considerati. In Cicerone c'è un *doppio*: un uomo che ama le lettere, che è impegnato a raccontare le vicende umane, ma giunge ai casi estremi che vengono condotti dentro i tribunali. Nel doppio, l'umanità e la bellezza della scrittura assumono importanza nel contesto dell'umanesimo, non è così per la dimensione discussa e quasi teatrale, del retore e del politico.

11. Marco Porcio Catone, detto il Censore (o anche il Sapiente) nasce nel 234 a.C. circa, a Tusculum e muore nel 149 a.C. a Roma. Plutarco accenna a un «poco benevolo epigramma», che lo descrive «rosso, mordace, dagli occhi azzurri», e aggiunge che «Persefone non accoglie Porcio in Ade, nemmeno da morto». Valerio Flacco, altro storico dell'antichità romana, fu colpito dalla sua rigida moralità che lo portò alla carriera politica. A Roma, divenne questore, poi pretore e infine console, percorrendo tutto il cursus honorum. Diventò censore nel 184 a.C. Ebbe due mogli: la prima Licinia da cui ebbe un figlio, la seconda Salonia, che

sposò dopo la morte della prima e da cui ebbe un altro figlio che nasce quando egli aveva ottant'anni.

Possedeva un grande senso della giustizia, gli appartiene la massima: «I ladri di beni privati passano la vita in carcere in catene, quelli di beni pubblici nella ricchezza e negli onori». È ricordato anche per essersi opposto alla eliminazione della *Lex Oppia*, emanata durante la Seconda guerra punica, per contenere il lusso e le spese esagerate da parte delle donne. Fu dunque un vero censore delle ingiustizie pubbliche, ed entrò come coscienza negli scandali della Repubblica di Roma.

Esaminava la reputazione e il comportamento di chi doveva assumere ruoli pubblici, si dichiarò persino contro Scipione l'Africano. La carica di censore era parte del sistema repubblicano, la occupò per ben quattro anni ma, in questo caso, è indice della sua moralità e del coraggio nel mettere in rilievo i privilegi e gli abusi del potere.

Aveva analizzato la lista dei senatori e degli *equites*, cacciando chi riteneva indegno. Fu espulso Lucio Quinzio Flaminio per crudeltà. Si espresse contro il lusso, contro i baccanali, e lo scopo era sempre quello di dare un'immagine solida della Repubblica. È evidente che questo suo atteggiamento e le sue funzioni non favorivano certo l'accoglienza e la mancanza di critica. Espulse Manilio, perché aveva baciato sua moglie in pubblico. Si ritirò volontariamente dalle cariche pubbliche e si dedicò al lavoro dei campi ritornando al clima familiare, anche se ora si occupava di una ben più ampia proprietà terriera.

Ma la sua fama si lega all'occupare il posto di primo grande scrittore in prosa della letteratura latina. Iniziò questa attività letteraria, pubblicando i suoi discorsi, compose poi un manuale di oratoria definendo l'oratore *vir bonus dicendi peritus*. Un uomo onesto, che sa parlar bene. Una delle sue opere, la più importante, è il *De agri cultura*, scritta intorno al 160 a.C. Un trattato per la coltivazione della vite, dell'olio, degli alberi da frutto. Oltre a riferirsi alle tradizioni e superstizioni dell'agricoltura antica, l'autore riportava le proprie conoscenze ed esperienze pratiche.

Tra le sue opere: le *Origines*, in sette libri, a cui dedicò gli ultimi anni della sua vita, e in cui si occupa di storiografia partendo dalla fondazione di Roma e dedicandosi alle guerre puniche e al processo di Sulpicio Galba e giungendo fino alla data della propria morte. È interessante notare che non citò mai nomi dei comandanti delle varie guerre. Una storiografia discorsiva, pragmatica, fu la prima opera di questo tipo in latino, che promosse gli studi storici.

Se nelle cariche pubbliche mostrò il rigore morale, nella letteratura creò uno stile che poneva in rilievo il fascino per il racconto e per la storia. Usando il latino non nei versi ma in prosa, cercava di togliere potere ai libri in greco, diffusi per l'educazione dei giovani romani, convinto che l'educazione letteraria e filosofica greca dovesse essere sostituita da una lingua che interpretava più esattamente la mentalità romana. In questa visione, condannava Socrate e si era posto in antagonismo al circolo degli Scipioni, convinti invece che il diffondersi della cultura greca in Roma rappresentasse uno stimolo a sviluppare le lettere e il pensiero romano. Si dice che disprezzasse i greci, ma ne rispettasse la storia.

Nel 157 a.C., venne mandato in missione speciale a Cartagine ed ebbe modo di constatare l'enorme ripresa di questa città dopo le guerre di Annibale. Si racconta che, al suo ritorno, portò ai senatori un cestino di fichi freschi, da lui stesso colti a Cartagine, volendo mostrare loro la prosperità e la pericolosità della città rivale. Espresse la storica frase: *ceterum censeo Carthaginem delendam esse* («penso d'altronde che si debba distruggere Cartagine»), ma tale espressione ha ancora il sapore della politica, e non della letteratura.

12. Tito Maccio Plauto nasce a Sarsina tra il 255 a.C. e il 250 e muore a Roma nel 184 a.C. È l'espressione più importante della commediografia romana, colui che ha influenzato il teatro della civiltà occidentale. Ha inventato il teatro plautino. Sarsina era

situata nell'Umbria romana, oggi Romagna, e fa rilevare una costante per cui i letterati della Roma antica hanno un'origine, non nella città di Roma, ma in aree influenzate dal dominio greco.

Era un cittadino libero (non un liberto), come dimostra anche il nome nella struttura completa, con le tre indicazioni Marcus Accius, Plautus. Marcus è il nome di un personaggio tipico della farsa popolare italica, una precisazione che indicherebbe che il vero nome sarebbe Titus Plotus, a cui in seguito si è unito il terzo nome, che si lega al mestiere di commediante, più che alla cittadinanza romana. Sempre per il nome, Plauto deriva da *ploti*, che indicava quelli che avevano piedi piatti e secondo questa versione da *plotus* è derivato Plautus. E poiché i personaggi più vivaci del suo teatro sono i servi bricconi, cui si è attribuita inizialmente un'attività servile presso un mulino, si ipotizza che questa fosse stata anche la sua occupazione e la sua condizione sociale agli inizi.

Le commedie di Plauto ebbero un successo immediato, che è durato a lungo nel tempo. Ancora oggi il suo nome è ricordato e associato a un teatro contemporaneo. I suoi testi venivano continuamente modificati con interpretazioni che nascono dalle rappresentazioni, talora da battute comiche spontanee, che mancavano nel testo precedente. A indicarne la prolificità, si è calcolato che nel suo secolo, circolassero centotrenta commedie di Plauto. Varrone ne identificò ventuno, ritenendole autentiche e ne sono giunte a noi venti. La verve di Plauto si realizza nel comico e nella sua creatività verbale, in particolare negli intrecci della quotidianità.

In *Anfitrione*, Giove arriva a Tebe per conquistare la bella Alcmena, mentre il marito è occupato nella guerra. Travestito da Anfitrione entra così nel letto di Alcmena, ignara dell'imbroglio. Mercurio impersona il servo di Anfitrione. Improvvisamente, tornano a casa i due personaggi doppiati e dopo una serie di equivoci, Anfitrione si sente anzi onorato di aver avuto come rivale di letto nientemeno che un dio. È l'unica opera con riferimenti mitologici. *Asinaria* rappresenta le macchinazioni di un giovane, per riconquistare la sua bella, il che riesce con l'aiuto di servitori preparati a questo e del padre. Ma sarà proprio tra padre e figlio che scatterà una rivalità amorosa, e farà sì che il figlio debba conquistare l'amata, andando contro chi gli aveva permesso di riaverla. *Bacchides* racconta di due sorelle gemelle, entrambe cortigiane. Il tema è sempre la conquista della donna, qui costituita da un *doppio* identico, che rende divertente una serie di malintesi e di battute. *Captivi* (i prigionieri) è l'unica commedia senza un contenuto amoroso: un vecchio aveva due figli, uno gli era stato rapito quand'era bambino, l'altro era stato fatto prigioniero in guerra. Il vecchio acquista due schiavi di guerra, la stessa in cui il figlio aveva combattuto, per tentare uno scambio. Alla fine, si accorge che uno dei due schiavi è suo figlio Filopolemo e che, addirittura, l'altro è Tindaro, il figlio perduto da bambino. Qui dominano i toni malinconici e un'atmosfera umana guidata dai sentimenti.

Casina è una ragazza che profuma di cannella. Un vecchio padre e il figlio avvertono il desiderio verso una trovatella, che hanno in casa. I due tramano di poterla portare ciascuno nel proprio letto, vengono entrambi raggirati e il vecchio si trova nel letto un maschio, invece che la desiderata Casina. Accade lo stesso al giovane deluso nei suoi propositi, mentre si scopre che la ragazza è una fanciulla libera, che finirà per sposare il suo pretendente. Esempi che danno l'idea della semplicità delle trame, ma anche dell'arricchimento dei dialoghi e dei giochi paradossali. L'amore, ridotto alle pulsioni dell'eros, è una testimonianza del gradimento da parte di un pubblico popolare. Talora è proprio il sesso che fa da motore, ma non mancano esempi in cui la contrapposizione è tra un avaro e un pover'uomo onesto.

I *Menecmi* è un prototipo della commedia dell'equivoco. È fuori dubbio che siamo nell'ambito dell'arte e la lingua di Plauto è originalissima. Egli era affascinato dalle parole, lo si rileva dalle assonanze, dai giochi verbali. Un'occasione per la lingua latina di arricchirsi di espressioni nuove, all'interno di dialoghi inventati, ma di grande fascino popolare. Si attribuisce a Plauto una serie di modificazioni sillabiche delle parole, che sembrano riportare a una sorta di dialetto teatrale.

All'apertura del palcoscenico, trovava posto il prologo, in cui un personaggio della vicenda o una divinità presentavano l'argomento che la commedia metteva in scena. Generalmente, alla parte dialogata si alternavano parti cantate. Alcune volte i dialoghi erano a tre personaggi. Una figura tipica nell'intrigo amoroso è il *servus callidus* (servo scaltro) o il parassita squattrinato che dà un aiuto in cambio di cibo. C'è anche il *servus currens* che entra di corsa in scena e mantiene l'atteggiamento trafelato e il *servus imperator*, che si atteggia a ruoli immaginari, usando superbia e gergo militare. Leggendo oggi Plauto, il pensiero va a Shakespeare da una parte, ma soprattutto al teatro veneziano di Carlo Goldoni.

13. Cornelio Nepote nasce nel 99 a.C. a Ostiglia e muore nel 27 a.C. a Roma. È ricordato come uno storico e biografo romano. Ostiglia era allora un piccolo villaggio della Gallia Cisalpina situato sul Po. Nel 65 a.C. si trasferì a Roma, dove venne accettato dalla cultura del tempo, in particolare da Cicerone con il quale intrattenne anche un ricco epistolario. A differenza di Cicerone, non si occupò mai di politica e non ebbe incarichi pubblici. Oltre che con Cicerone, stabilì un rapporto con Valerio Catullo, che viveva a Sirmione vicino a Verona e non lontano dalla provincia di Mantova, in cui si trovava Ostiglia. Entrambi, Cicerone e Catullo, gli attestano stima, ma anche amicizia. Il poeta gli dedicò un suo scritto: «A chi dono il mio grazioso libretto, appena levigato con la ruvida pomice? A te, Cornelio».

Scrive delle *Cronache*, che si occupano di storia universale e anche di mitologia. Sono perdute ma ne rimangono i giudizi da parte dei suoi estimatori. E sempre Catullo, apprezzandolo, attesta all'autore: «Tu solo, osasti spiegare tutta la storia in tre libri, pieni di cultura e di duro lavoro». A Cornelio Nepote spetta la prima opera biografica che sia pervenuta con il nome dell'autore. E fu il primo che paragonò i romani agli «stranieri», sullo spunto delle *Imagines* di Varrone. Lo stile è quello dell'encomio, delle sottolineature moralistiche, ma vi si associa una descrizione accurata degli ambienti, in cui i personaggi vivevano. L'opera in cui queste biografie sono raccontate è il *De viris illustribus*: esce nel 34, la migliorò in una seconda edizione del 27.

Tra le opere perdute vi è anche una raccolta di poesie d'amore. Ed è questa sua creatività poetica che probabilmente lo legava a Catullo. Si tratta di una attività giovanile, dedicata appunto a Catullo, probabilmente senza i risultati desiderati. E la abbandonò. È citata anche una vita di Cicerone, come testimonianza della sua stima e amicizia. Un'ulteriore raccolta scomparsa sono gli *Exemplorum libri*. Nella sua scrittura, usa uno stile semplice anche se, come nella biografia di Attico vi sono indicazioni per pensare che imitasse Cicerone. Il suo stile semplice, essenziale, ha favorito nel tempo la traduzione dei suoi scritti. Nella piazza di Ostiglia, si erge un monumento che ne lega il nome a Cornelio.

Nei riferimenti alle opere di autori della Roma antica, ci si trova di fronte al tema delle opere perdute, di cui restano pochi frammenti. Si sono ad esempio verificati periodi, che hanno visto il disinteresse per un autore e da qui lo smarrimento di opere, le stesse che in epoche successive avrebbero potuto trovare una meritata attenzione. Cornelio Nepote è un caso che viene stimato dai contemporanei, ma non è possibile apprezzarlo in modo compiuto proprio per la dimenticanza in cui è incorso. Nella Roma antica, scrittori e poeti che hanno lasciato un segno più marcato occupavano posizioni di famiglie importanti o cariche politiche e amministrative nell'Urbe. L'autore «puro» ha quindi poca considerazione, segno della prevalenza che la politica e gli affari avevano nell'identità. È un rilievo che non riguarda invece la Grecia antica, in cui il pensatore, il filosofo, erano personaggi di per sé e non, come accadeva nell'Urbe o nelle province romane, per qualità gregarie alle cariche.

Ciò crea una spaccatura tra le *humanities* che riportano ai principi della civiltà, nei confronti del potere esercitato a qualsiasi livello e con una forte tendenza a rispondere a bisogni, che portano alla lotta e a un uso della forza in contrasto con il rispetto dell'uomo. Si creano così i sudditi, gli schiavi, i nemici da eliminare. Il caso forse più esplicito nell'antica Roma è quello di Giulio Cesare, esaltato per le capacità di comando militare e di strategie di guerra. Compone il *De Bello gallico*, un'opera che puntualmente descrive ogni evento nella conquista delle Gallie, durata sette anni. Un libro per ogni anno di guerra dal 58 al 52 a.C., scritto in terza persona dallo stesso Cesare, con la precisa volontà di mettere in evidenza le proprie capacità: un'opera giunta a noi, riconosciuta di grande significato storico. La spaccatura è tra un personaggio di guerra e lo scrittore di un'opera, che non può considerarsi un contributo alla civiltà.

14. Marco Vitruvio Pollione è un architetto vissuto nel tempo di Augusto. Ha scritto un'opera, il *De Architectura*, che ha avuto grande considerazione in Occidente, fino a tutto l'Ottocento. Come progettista va citata la basilica di Fano. È difficile stabilire il luogo di nascita, per lo più viene indicata Formia, intorno all'80 a.C. Ma restano in predicato anche Fano e Verona. Probabilmente ha coperto il ruolo di architetto ingegnere per l'imperatore romano. Si è presto ritirato, per dedicarsi al suo trattato, che scrive tra il 29 e il 23 a.C., dedicato ad Augusto che aveva in progetto di realizzare una revisione urbanistica della città. È l'unico trattato su questo argomento.

L'opera si divide in dieci libri. Nel primo, tratta di urbanistica e descrive le caratteristiche a cui l'architetto deve tendere, il secondo si dedica ai materiali da costruzione. Gli architetti usavano il cemento e ne producevano di migliore qualità, così si asciugava lentamente e diventava una massa compatta. Mattoni e cemento venivano poi ricoperti con materiali di rivestimento. Il terzo e il quarto riguardano i templi, il quinto enumera tutti gli altri edifici civili. Il sesto lo dedica alle abitazioni domestiche, il settimo ai pavimenti e agli stucchi decorativi. L'ottavo è rivolto all'approvvigionamento idrico. Il nono alla geometria, che applica anche all'astronomia. Infine, il decimo è rivolto alle macchine civili e militari.

Nel Rinascimento Vitruvio venne celebrato dai più grandi architetti di allora: da Leon Battista Alberti a Raffaello, a fra' Giocondo di Verona e nel 1521, esce la prima edizione tradotta. Nel 1542 viene fondata l'Accademia vitruviana delle Virtù e Vitruvio è al centro dell'attenzione e della discussione sul rinnovamento dell'architettura del tempo. Di particolare significato è il disegno di Leonardo dell'*Uomo vitruviano*: un'immagine aurea sulle proporzioni geometriche del corpo umano. Uno dei suoi busti è esposto alla biblioteca civica di Verona.

15. Gaio Plinio Secondo, detto Plinio il Vecchio, nasce a Como nel 23 d.C. e muore a Stabia il 25 ottobre del 79. La sua memoria si lega al pensiero di filosofo naturalista e alla sua straordinaria *Naturalis historia.* La famiglia apparteneva all'ordine equestre. Seguì l'educazione delle famiglie importanti, prima dedicandosi alla poesia, poi all'oratoria e alla grammatica. Ma studiò anche botanica, esaminando diversi tipi di piante.

A Roma, dovette assistere alla costruzione della Domus aurea di Nerone e visse il periodo del trionfo di Claudio sui Britanni, nel 44. Entrò in cavalleria come comandante di un corpo, scrisse un opuscolo sull'arte di lanciare il giavellotto a cavallo: il *De iaculatione equestri.* Accompagnò probabilmente Pomponio, un amico del padre, in una spedizione contro i Catti, in Germania. Mentre seguiva le campagne di conquista di Roma, scrisse una storia delle guerre germaniche. Passò un periodo nella Spagna conquistata dai Romani, visitò l'Africa, ma in ognuna di queste occasioni, ciò che si ricorda sono gli scritti sulle osservazioni che i suoi interessi naturalistici attivavano, dedicandovi appunti e tempo. In una lettera indirizzata al nipote Plinio il Giovane dimostra come le campagne militari fossero per lui occasioni per la passione degli studi naturalistici.

Si racconta che, trovandosi a Miseno nel 79, anno dell'eruzione del Vesuvio che seppellì Pompei ed Ercolano, spinto dalla curiosità scientifica di osservarla da vicino, occupando il ruolo di ammiraglio si fosse avvicinato con una galea al luogo dell'eruzione. Uomo coraggioso, aiutò anche i cittadini in fuga. Aveva allora cinquantasei anni. Così lo descrive il nipote: «Egli aveva una rapida capacità di apprendere, uno zelo incredibile, un'ineguagliabile possibilità di ridurre le ore di sonno. Si alzava all'una, le due del mattino e si metteva al lavoro [...] dopo un leggero e breve pasto a mezzogiorno. [...] D'estate era solito riposare al sole, ma durante quel tempo si faceva leggere qualche autore, dal quale faceva estratti o prendeva note. Poiché questo era il metodo che seguiva nelle sue letture, di qualunque genere fossero. Dopo di ciò, generalmente faceva un bagno freddo, prendeva un leggero rinfresco fino all'ora di pasto, durante il quale gli veniva letto un altro libro e lì prendeva appunti».

Scrive trentuno libri su Aufidio Basso, uno storico a lui contemporaneo. In venti libri descrive il *Bellorum Germaniae*, che contiene la storia di tutte le guerre dei Romani contro i Germani. La sua straordinaria opera rimane però la *Naturalis Historia*. Viene riportato che si tratta dell'unico volume superstite, che sopravvive a ben centodue altri, da lui scritti; si è calcolato che trattasse di ventimila argomenti e facesse riferimento a duemila volumi di 473 autori. Come ebbe a dire: «Il mio scopo è di dare una descrizione generale di tutto quello che si sa esistere sulla terra». L'opera inizia con la negazione dell'intervento degli dèi, che riporta a fenomeni naturali personificati. Il solo dio è la natura, come summa delle forze naturali. E questa divinità non si occupa degli uomini. È impossibile riassumere questa vera enciclopedia delle conoscenze del tempo, ma l'*Historia* rimane una vera tentazione per riportare le conoscenze al tempo della Roma classica. E si è sorpresi talora da fantasie, ma talaltra da ipotesi anticipatrici della ricerca successiva. Ritiene che nel Mediterraneo, la Sicilia, l'Italia, la Beozia... fossero unite, e che lentamente si siano separate per l'azione del mare. Avrebbe voluto che il ferro non fosse mai stato scoperto, perché ha reso la guerra più terribile. Si ferma a descrivere molti animali. Dedica ben dodici libri alla medicina, soffermandosi sul valore terapeutico di minerali e piante, costruendo così un erbario su quelle medicamentose. Suggerisce cure per ogni tipo di disturbi, dall'alitosi ai dolori al collo, fino agli stimolanti dell'impulso sessuale. Raccomanda il coito, come terapia per la stanchezza fisica, per la raucedine, per la lombaggine, per la malinconia e l'alienazione delle facoltà mentali. Su tante stranezze, si trovano tuttavia osservazioni interessanti, come quelle sulla pittura e sulla scultura. Ritiene che la vita degli animali sia migliore di quella dell'uomo, poiché non pensano alla gloria, al denaro, all'ambizione, alla morte. Sanno inoltre apprendere senza bisogno di insegnamenti, non devono vestirsi e non fanno mai guerra all'interno di una stessa specie. Sottolinea che l'invenzione del denaro fu fatale per la felicità degli uomini. Dopo la morte, c'è il nulla. *Historia* rimane un capolavoro e un documento sul livello di conoscenza scientifica di quel tempo. Risulta come, accanto alle strategie belliche, alle abilità costruttive, domini una grande ignoranza. Plinio mostra un amore per la scienza, ma non era uno scienziato, e generalmente si riferisce a opere di autori o a comportamenti popolari, per dare risposte che non sono mai scoperte scientifiche.

16. Galeno di Pergamo è il medico romano che si è imposto alla medicina occidentale fino al Rinascimento quando, con la nascita della scienza moderna, si inizia a metterne in discussione i principi. Solo per un richiamo della sua importanza, si pone la farmacia galenica che viene preparata seguendo la ricetta, *recipe* in latino. Nasce a Pergamo, in Turchia nel 129 d.C. e muore a Roma nel 199 d.C. Era medico dei gladiatori in Asia Minore e passa al ruolo di medico di corte nella Roma di Marco Aurelio. Aveva iniziato a esercitare la professione a Pergamo nel 157 e giunse a Roma nel 162.

Oltre all'esercizio sui malati, scrisse molti volumi, iniziando dai trattati filosofici fino ai libri di medicina. Non sorprende che, per molti secoli, la combinazione tra filosofia e medicina sia apparsa come un insieme necessario. Con la nascita delle università nel XIII secolo, la laurea univa filosofia e medicina.

Pergamo era una città intellettualmente attiva, la famiglia di Galeno aveva una tradizione nell'ambito dell'architettura e faceva parte della élite. A quattordici anni, il padre lo avviò a frequentare le scuole filosofiche dell'epoca, che erano quattro: la platonica, la scuola stoica, quella aristotelica e l'epicurea. Ben presto, egli preferì i procedimenti scientifici, mentre vedeva nel discorrere filosofico il dominio delle opinioni. A sedici anni, il padre lo indirizzò agli studi della medicina ed ebbe come maestri l'ippocratico Stratonico e l'anatomista Satiro, allievo di Quinto. Per quattro anni fece il *therapeutes* (che significa «addetto») del dio Asclepio. Dopo la morte del padre nel 148, lasciò il tempio e si recò a studiare a Smirne, Corinto e Alessandria. Qui venne a contatto con il sapere ippocratico e si dedicò esclusivamente allo studio, per dodici anni. Quando tornò a Pergamo nel 157, entrò nella scuola dei gladiatori e da qui giunse a Roma, all'età di trentatré anni. Platone e Ippocrate divennero i suoi riferimenti ma, nonostante i maestri, dava importanza alle proprie esperienze e ai giudizi che ne derivavano. Era straordinario nel fare diagnosi e nella prognosi, mentre rifiutava le specializzazioni. Un'idea implicita del corpo come unità.

Si dedicava spesso alle dissezioni, fece molte scoperte anatomiche, che diventavano ipotesi sulla fisiologia. Spettano a Galeno gli esperimenti di neurologia, ma dimostrò anche che nelle arterie scorre il sangue come nelle vene. Credeva nei quattro umori: aria, acqua, terra, fuoco e sviluppò la teoria dei quattro temperamenti: collerico, flemmatico, sanguigno e melanconico, derivanti dalla prevalenza di uno dei quattro umori ippocratici. Le sue teorie derivavano dalla conoscenza applicativa, diremmo oggi clinica, ed erano di tipo farmacologico e dietetico. Credeva negli dèi e manteneva un atteggiamento religioso nello svolgere la sua professione. La sua fama nella medicina riportava a quella che Aristotele occupava nella filosofia. Oltre a mostrare capacità di interpretazione delle malattie, teneva conferenze per i medici e aveva una grande reputazione che conquistava molti clienti, tra cui importanti personaggi della corte imperiale. Ma inevitabilmente, suscitava molte invidie e critiche. Tra i suoi pazienti, vi furono il console Flavio Boetto, l'imperatore Marco Aurelio e successivamente, Lucio Vero e Settimio Severo. Parlava il greco che, nell'ambito filosofico, dominava ancora sul latino.

Nel 166, abbandonò precipitosamente la capitale e si rifugiò a Pergamo forse per il timore di una congiura dei suoi rivali, secondo altri perché a Roma vi erano i segni del giungere di un'epidemia, probabilmente di vaiolo. Ritornò a Roma richiamato da Marco Aurelio e dal 169 si dedicò alla sua produzione letteraria e scientifica, senza più occuparsi dei pazienti. Dopo la morte di Marco Aurelio nel 180 e con l'ascesa di Commodo, il crudele tiranno, passò il resto della sua vita, facendo esperimenti e scrivendo. Per i suoi studi, usava anche animali da esperimento, in particolare le scimmie. Si dedicò allo studio della funzione dei reni e del midollo spinale. La data della morte secondo alcune fonti dovrebbe essere spostata al 216 e in questo caso non sarebbe avvenuta a Roma, ma in Sicilia, a Palermo, dove il medico era sbarcato, mentre navigava verso l'Asia Minore perché malato.

I titoli delle sue opere sono numerosi e tra le tante sue convinzioni che sono diventate prassi medica, emerge quella dell'unità dell'organismo umano, ma anche della necessità di avere una visione filosofica dell'uomo. In questo insieme, Galeno vede il segno del sapiente artefice che fa comprendere l'eccellenza dell'intelligenza celeste. Distingueva le scuole mediche presenti in tre classi: la metodica, l'empirica, la dogmatica. Certamente si è posto in quest'ultima, perché le prime due non riconoscevano l'importanza dell'anatomia per un medico, che doveva solo fondarsi sulla esperienza. Galeno rifiutò invece una medicina, che diventava semplice tecnica, il che avrebbe aperto la via alla superficialità e alla magia. L'anatomia risultava così il fondamento per un ordine e finalismo delle funzioni del corpo umano. Sosteneva l'anatomia, come *il principio di una teologia rigorosa*. Di grande importanza anche per il tempo presente è la concezione di una medicina unitaria, che doveva fondarsi da una parte sui principi razionali e dall'altra sull'empirismo.

Della sua opera voluminosa, restano 108 scritti nella stesura originale greca. Nell'opera *Sugli elementi secondo Ippocrate*, partendo dai quattro umori corporei intravede i quattro elementi antichi. Va ricordato che ignorò completamente l'opera di Aurelio Cornelio Celso che, verso il 30 d.C., aveva raccolto in una enciclopedia *De artibus* anche una sezione *De medicina*. Certamente vi è una grande differenza, sia nei principi che nella pratica. Per Galeno il medico deve essere un logico, per poter interpretare i sintomi del paziente. Senza logica, ogni teoria manca di fondamento. Nell'uomo distingue tre facoltà: la razionalità con sede nel cervello, la passionalità con sede nel cuore, l'appetitività con sede nel fegato. Già aveva sostenuto che il cibo viene assimilato attraverso la digestione, giunge al fegato con la vena porta e qui trasformato in sangue venoso e impregnato dello *spirito naturale*. La circolazione incontra poi la vena cava, che porta il sangue al cuore. Il sangue ancora venoso giunge alla parte destra del cuore, e continua la circolazione passando alla parte sinistra attraverso dei fori invisibili. Qui incontra il *pneuma* e si forma lo spirito vitale.

Per citare alcuni titoli delle sue opere, indicativi della vastità del sapere, si possono ricordare *De demonstratione*, *De naturalibus facultatibus*, *De temperamenti*; uno scritto sull'igiene, il *De sanitate tuenda*, e uno sull'arte medica, il *De arte medica*. Un'enorme produzione, tanto che egli scrisse il *De libris suis* e il *De ordine*, che vanno visti come sistema per affrontare e potersi muovere all'interno dei suoi scritti.

17. Lucio Anneo Seneca nasce il 4 a.C., a Cordova, in Spagna. Era la capitale della Spagna Betica, una delle più antiche colonie romane al di fuori del territorio italico. Muore a Roma il 19 apri-

le del 65. Appartiene a una famiglia ricca, di rango equestre, ed è il secondo dei tre figli di Marco Anneo Seneca. Il padre è ricordato come uno scrittore e storico, che pubblicò l'opera chiamata *Oratorum et rhetorum sententiae divisiones colores* che conteneva raccolte di *controversiae* e *suasoriae*. Trasferì la famiglia a Roma, per permettere ai figli un'educazione più elevata e un inserimento più facile nella vita sociale.

Lucio Anneo era, nell'infanzia e nell'adolescenza, di delicata salute e venne affidato a una zia, sorella della madre Elvia. Soffriva di asma e di un disturbo ai polmoni. A Roma studiò retorica, che rappresentava una naturale conoscenza per la carriera senatoriale ma, senza il permesso paterno, si dedicò alla filosofia che diventerà una delle sue passioni. Ben presto, venne considerato un oratore e uno scrittore di successo. Esercitò la professione legale e intorno al 33, fu eletto questore. Nel 35, sposò Pompea Paulina, con la quale visse fino alla morte, in una relazione concorde e serena. Con l'eredità paterna, lasciò la giurisprudenza e si dedicò a scrivere. Quando Cremuzio Cordo si dovette suicidare su ordine di Caligola, Seneca indirizzò una *consolatio* (un saggio consolatorio) alla figlia Marcia. Caligola avrebbe voluto mandare a morte anche Seneca, ma furono gli amici a salvarlo, avendo convinto l'imperatore che stava morendo di consunzione. Poco dopo, Claudio lo accusò di relazioni amorose con Giulia, figlia di Germanico e per questo venne condannato a morte. La pena fu però mutata nell'esilio in Corsica, dove stette per ben otto anni dal 41 al 49. Mostrò di avere incorporato gli insegnamenti stoici. In questo periodo scrisse una *consolatio* alla madre Elvia. Chiese anche la grazia ma non gli venne concessa.

Nel 48, Agrippina sostituì Messalina (l'ex moglie di Claudio), divenendo la moglie in carica, ansiosa di fare del figlio Nerone, undicenne, un grande. Chiamò Seneca dalla Corsica e gli diede un seggio in Senato. Seneca divenne il precettore del giovane e, quando Nerone giunse al potere, esercitò il ruolo di consigliere nelle questioni di governo. In questo lungo periodo, molti dei suoi scritti *De ira*, *De brevitate vitae*, *De tranquillitate animi*, *De vita beata* toccano i temi fondamentali della filosofia stoica: scritti che trovavano interesse nel pubblico. La sua ricchezza aumentò, e si calcola che arrivasse a trecento milioni di sesterzi. Al successo si associarono, però, anche le accuse: Publio Suillio lo attaccò pubblicamente, definendolo un ipocrita, un adultero e un usuraio. Il *De vita beata* è la risposta a questo attacco, in cui Seneca sostiene che il saggio non è legato alla povertà, se la ricchezza è onestamente costruita. La persona saggia deve essere, però, capace in qualsiasi momento di rinunciarvi. E sembra che continuasse a mantenere la ricchezza, senza usarla. Era giunto a bere solo acqua e a mangiare molto parcamente. Le accuse di abusi del sesso, se corrispondono a verità, non hanno toccato il rapporto coniugale e la tenerezza verso la moglie.

Il legame con Nerone non doveva piacergli molto, se lo descrive come un *triste ergastolum*. Nel 62, a sessantasei anni, chiese di potersi ritirare dalla vita pubblica, ma Nerone non glielo permise. Nel 64, anno dell'incendio di Roma, quando Nerone, che fu accusato di esserne l'autore, chiese l'aiuto per ricostruirla, Seneca donò gran parte dei suoi averi.

Si ritirava spesso in campagna nelle sue ville, sperando di sfuggire alla vigilanza di Nerone. In questo periodo scrisse tra il 63 e il 65 le *Naturales quaestiones*, trattando il tema della natura e le *Epistulae morales ad Lucilium*, che sono certamente tra gli scritti più riusciti. Sono le opere in cui mostra la sua grandezza, sia nella letteratura che in filosofia con un linguaggio semplice e una grande partecipazione affettiva. «Desidero che le mie lettere siano proprio quello che sarebbe la mia conversazione, se tu e io stessimo seduti o passeggiassimo, l'un all'altro accanto. [...] Ciascuno di noi è uditorio sufficiente per l'altro.» Passa a descrivere anche i suoi attacchi di asma e li definisce «un impratichirsi di come si fa a morire, tirando per un'ora gli ultimi respiri». Alcune delle espressioni da lui usate, hanno uno stile poetico «noi siamo frammenti dell'infinito e momenti dell'eterno: che siffatti atomi a due gambe, quali noi siamo, pretendiamo di descrivere l'Universo e l'Ente supremo, deve far vibrare di ilarità il pianeta». Nonostante questa percezione dell'esistenza, è un uomo inquieto e di fronte a questo sentimento, egli stesso scrive: «Io leggo oggi Epicuro: se vuoi godere della vera libertà devi farti schiavo della filosofia. L'uomo che vi si sottopone si emancipa immediatamente [...] Il corpo, una volta curato, spesso si ammala di nuovo [...] Invece l'anima, una volta guarita, è guarita per sempre e completamente. Ma l'anima è sana se è contenta e fiduciosa, se si persuade che quelle cose che tutti chiedono, che i benefici che tutti cercano e vogliono, non contano nulla nei confronti di una vita felice». È così che la filosofia diventa la scienza della saggezza, e la saggezza l'arte di vivere.

Seneca ha vissuto sotto tre imperatori: Caligola, Claudio e Nerone, che lo hanno stimato ma anche combattuto. Nerone lo accuserà addirittura di aver partecipato alla congiura di Pisone, accusa secondo molti inventata ma, non volendo ucciderlo, gli ordinerà di suicidarsi. Seneca esprime l'atteggiamento che si deve prendere di fronte alla morte nelle *Lettere a Lucilio*: «Il male più grave, mi dici, è sentirsi mancare, deperire, per usare la parola giusta liquefare [...] siamo consumati a poco a poco e ogni giorno sottrae qualcosa alle nostre forze. Ma quale morte è migliore dello scivolare verso la propria fine per dissoluzione naturale? [...] È dolce ritirarsi lentamente dalla vita. Io certamente, come se fosse vicina la prova e fosse già avvenuto quel giorno che dovrà giudicare tutta la mia vita, osservo e dico che non è nulla ciò che finora ho fatto e ho detto, testimonianze dell'animo inconsistenti e fallaci, avvolte in molta falsità. [...] Intrepidamente, perciò, mi preparo a quel giorno in cui, messi da parte sotterfugi, artifizi, dovrò giudicare se il mio coraggio era sulle labbra o nel cuore. [...] Lascia perdere la stima degli uomini: essa è sempre incerta e ambivalente. [...] Che cosa tu abbia fatto apparirà chiaro, quando darai l'ultimo respiro. Io accetto questa condizione, non temo il giudizio della morte». In altri passi delle *Lettere* scrive: «Anche quando mi sentivo soffocare, non ho cessato di trovare conforto in pensieri lieti e forti. La morte vuol mettermi alla prova? Faccia pure, io la conosco da molto tempo. Da quando?, mi chiedi. Prima che nascessi. La morte è il non essere e io so bene che cosa significhi il non essere: dopo ci sarà quello che c'era prima di me».

Tacito, negli *Annales*, racconta che Nerone aveva comandato al tribuno dei pretoriani Gavio Silvano di recarsi nella dimora di Seneca e interrogarlo per sapere le sue risposte relativamente al complotto di Pisone, ordito per eliminarlo. Seneca rispose che Pisone gli aveva chiesto di poterlo incontrare, ma che lui non aveva dato il permesso di fargli visita e, dunque, era estraneo al fatto. Al ritorno del tribuno, Nerone che si trovava con Poppea e Tigellino, i «suoi più intimi consiglieri in fatto di crudeltà», gli ordinò di ritornare da Seneca e, convinto che mentisse, di recargli l'ordine di ammazzarsi. Seneca si trovava a tavola con la moglie Pompea Paolina e due amici e, senza aspettare, mise in atto il suicidio. Anche la moglie ritenne di seguire il marito nella morte e «da un sol colpo, ebbero recise le vene del braccio. Seneca, poiché il suo corpo indebolito dal poco cibo, offriva una lenta uscita al sangue, si recise anche le vene delle gambe e delle ginocchia e, abbattuto da crudeli sofferenze, per non fiaccare il coraggio della moglie e per non essere trascinato egli stesso a cedere di fronte ai tormenti di lei, la indusse a passare in un'altra stanza. [...] Anche negli estremi momenti, non essendogli venuta meno l'eloquenza, chiamati gli scrivani dettò molte pagine. [...] Protraendosi la morte lenta, pregò il medico Anneo Stazio di propinargli quel veleno già da tempo provveduto, con il quale si facevano morire gli ateniesi, condannati in pubblico giudizio. Avutolo, lo trangugiò [...] entrò in una vasca piena d'acqua, spruzzandone i servi più vicini e dicendo di fare con quel liquido libagione a Giove Liberatore. Fu portato poi in un bagno a vapore, dove morì soffocato». Era l'anno 65 d.C. La moglie non raggiunse invece la morte, poiché un ordine di Nerone lo impedì.[12]

[12] I riferimenti alla morte di Seneca sono tratti da V. Andreoli, *Seneca e la «bella morte»*, «Mente&Cervello», n. 127, luglio 2015.

18. Marco Porcio Catone Uticense, detto Minor, per distinguerlo dal suo bisavolo, Catone Maior, proviene, come scrive lo storico Plutarco, da una *gens* di chiara fama e lustro. Nasce a Roma nel 95 a.C., muore a Utica il 12 aprile del 46 a.C. a quarantotto anni. Pone fine alla sua vita con il suicidio. Plutarco, che ne narra la vita in modo particolareggiato, nella convinzione che «per delineare i tratti di un'anima, non si possa trascurare alcun particolare neppure il più insignificante»[13] ne delinea fin dall'inizio le caratteristiche: «Una virtù austera ed elevata [...] sproporzionata ai tempi di allora, quando la patria era in preda a gran tempesta e burrasca [...] un'umanità, mescolata in misura uguale all'austerità, il coraggio nella cautela, la sollecitudine per gli altri e lo sprezzo del pericolo per sé, il rifiuto della turpitudine, la nobile tensione verso la giustizia».[14] Non si piegava alle lusinghe, ma ancor più fermamente resisteva alle minacce, «per nulla incline al riso, raramente distendeva i tratti del volto in un lieve sorriso. Non cedeva facilmente all'ira, ma quando era in preda alla collera si placava con difficoltà».[15]

Rimasto orfano di entrambi i genitori, assieme al fratello Cepione (a cui rimase sempre legatissimo) e a due sorelle, venne affidato allo zio materno Livio Druso, elogiato da Cicerone come finissimo oratore e da Seneca come saggio politico. Catone non brilla per un rapido apprendimento, ma in compenso, ricordava bene ciò che apprendeva con lentezza, e di ogni cosa «voleva conoscere l'origine e chiedeva il perché». Divenne il difensore dei valori della Repubblica, in un tempo in cui su Roma gravavano guerre civili e aspre lotte di potere tra i consoli che giunsero a formare il triumvirato – Giulio Cesare, Gneo Pompeo e Marco Licinio Crasso – ognuno dei quali ambiva a superare e a predominare sugli altri. La posizione di Catone, fedele al pensiero stoico, era invece caratterizzata da «un trasporto nei confronti della vir-

[13] Plutarco, *Vite Parallele*, Vol. III, Utet, Milano 2019.
[14] Ivi, pp. 31-33.
[15] Ivi, p. 125.

tù, pari a quello di una persona posseduta da spirito divino [...] inesorabile e inflessibile di fronte a indulgenze e favoritismi».[16]

Se queste sono le virtù, Plutarco non può evitare di nominare quei «vizi» che i detrattori, a partire da Giulio Cesare, introdussero per distruggerne l'integrità. In primis «il bere sempre di più, spesso fino all'alba», che trova però giustificazione nelle pesanti responsabilità che lo affliggono durante il giorno, senza possibilità di una tregua fino alla sera. Peraltro, anche Seneca, nel *De tranquillitate animi* scrive: «Chiunque rinfacci a Catone l'ebbrezza, potrà rendere più facilmente onesto il vizio, che turpe Catone».[17] Un altro vizio riguarda il capitolo della vita amorosa, in particolare quello con la seconda moglie, Marcia. Sembra che l'amico Ortensio, di nobile famiglia, avesse chiesto «di cedergli la moglie per poter mettere al mondo dei figli, considerando che la sua discendenza era già assicurata»; ma ciò che più gravemente pesava fu che, morto Ortensio, Catone avesse richiesto a Marcia di ritornare e l'avesse risposata, per poterle affidare la tutela della casa e delle figlie, mentre lui era lontano da Roma. A questo evento quanto mai strano, si aggiunge una presunta avidità di Catone, per il fatto che Marcia «aveva ereditato l'immenso patrimonio lasciatole da Ortensio alla sua morte».[18]

Ancor più esplicito e imperdonabile è il comportamento nelle relazioni con il mondo femminile: «Le donne di famiglia costituirono per Catone un'autentica sciagura» e si riferisce alle due sorelle di «pessima reputazione» e alla prima moglie, Atilia, da cui aveva avuto due figli ma «dovette cacciare di casa per il suo indecoroso comportamento».

Personalità, dunque, di grandi pregi e di rilevanti difetti, mentre in ambito politico fu il paladino dei valori della Roma consolare. E non poteva che scontrarsi duramente con la spregiudicatezza e le ambizioni di potere di Giulio Cesare, che divenne il

[16] Ivi, p. 133.
[17] Seneca, *De tranquillitate animi*, Bur, Milano 2006, p. 135.
[18] Plutarco, *Vite parallele*, cit., p. 221.

suo peggior nemico. Un nemico di prestigio e di indiscusso valore, e per questo il principale pericolo per la Roma repubblicana. Proprio l'intransigenza fece però commettere a Catone gravi errori politici per cui, mentre era stato l'unico a intuire lo sviluppo degli eventi e le intenzioni nascoste di Cesare, favorirà con il suo rigido comportamento l'inattesa ascesa del primo triumvirato tra Cesare, Pompeo e Crasso. Sarà Cicerone, nel processo contro Catilina per attentato alla Costituzione romana, ad accusarlo di aver rotto, per la sua rigidità, quella *concordia ordinum*, su cui si reggeva la Repubblica, e a dargli la responsabilità della sua fine. Gli eventi precipitano quando Cesare, il conquistatore nelle Gallie, inizia la marcia su Roma e Pompeo, ora suo antagonista, ben consapevole di non poter fronteggiarlo e opporsi, decide di lasciare Roma con l'esercito e di stabilirsi a Durazzo. Anche a Catone non resta che allontanarsi con dolore da Roma, per tentare una estrema resistenza, nei territori delle province. «Dicono che, dal giorno in cui lasciò la città, Catone non si tagliò più i capelli, né si rase la barba, non mise più corone sul capo: oppresso dalle sventure della patria, manifestò in tal modo il suo lutto e il suo dolore, a prescindere dal fatto che i pompeiani vincessero o fossero sconfitti.»[19] Viene così disegnato il suo dramma personale, lui che custodiva il *mos maiorum*, vedeva avvicinarsi la rovina della patria. La disfatta dei pompeiani a Tapso (nell'odierna Tunisia) il 6 aprile del 46, mostra la netta superiorità dell'esercito guidato da Cesare. A Utica, situata nella parte occidentale del golfo di Tunisi, dove Catone si trovava con diecimila legionari, predomina presto l'idea di una resa. Qui, come scrive Plutarco, la sconfitta «fu l'occasione in cui maggiormente risaltò la sua virtù [...] da tempo aveva deciso di togliersi la vita; per ora, tuttavia, si dava da fare, si preoccupava e badava agli altri, risoluto a suicidarsi, solo quando tutti fossero stati in salvo». Con altrettanta forza, rifiuta qualsiasi tentativo da parte di altri di porre una supplica a Cesare: «Le suppliche sono dei vinti, le domande

[19] Ivi, p. 223.

di grazia dei colpevoli. Lui, Catone, era sempre stato ed è ancora invincibile, perché superava Cesare in virtù e giustizia. Era Cesare il perdente e il vinto».[20]

L'unica soluzione è il suicidio, che avverrà il 12 aprile. Catone rendeva palese nella sua intransigenza e coraggio, la massima stoica per cui la libertà è dell'uomo virtuoso, mentre sono i malvagi a essere schiavi. Di ciò parlava quel giorno con il figlio e con gli amici riuniti accanto a lui, ma rendendosi conto che si era creato un «cupo silenzio», cercò di distrarre i presenti, mostrandosi attento a loro e interessandosi particolarmente ai loro problemi. Ciò non fece che aggravare i sospetti e indusse il figlio a far togliere la spada dalla stanza del padre «a sua insaputa». Catone si immerse nella lettura del *Fedone*, il dialogo platonico sull'anima, ma a un certo punto, alzando gli occhi al muro, si rese conto che l'arma non era più al suo posto e chiese ai servi di riportarla. Poiché l'ordine non veniva eseguito, si mise a gridare, sferrando «un pugno sul viso di uno dei servi, e si insanguinò la mano». E rimproverò il figlio, che era prontamente accorso, con durezza: «Figlio mio magnanimo, perché non leghi le mani a tuo padre e non lo tieni prigioniero, sicché Cesare al suo arrivo lo trovi inerme? Se mi devo togliere la vita non serve un'arma, posso morire anche trattenendo il fiato o sbattendo la testa contro il muro».[21] Era «fuori di sé», all'idea che altri si arrogassero il diritto di decidere della sua vita con la forza, visto che con la persuasione non potevano convincerlo. Riavuta la spada, l'esclamazione che ne seguì, «ora mi appartengo», manifesta la ritrovata serenità dell'animo, nella sicurezza di poter portare fino in fondo, con coerenza e senza esitazioni, i principi che ne avevano animato l'operato e la vita. E, finito di leggere il *Fedone*, «due volte e da cima a fondo», riuscì a addormentarsi sereno. Ma verso il mattino, sguainata la spada, la infisse nel petto, con un colpo troppo debole per essere mortale, a causa della mano ferita. Accorse-

[20] Ivi, p. 245.
[21] Ivi, p. 253.

ro il figlio, gli amici che, vedendolo vivo, chiamarono un medico perché gli organi erano integri e ricucisse la ferita, ma Catone la riaprì e con le sue stesse mani «si lacerò i visceri».

Seneca pone questa fine tra i *bonorum exitus* (la sorte dei buoni) e vede in Catone «il ritratto vivente della virtù, gettandosi sulla spada a rendere chiaro il destino suo e della Repubblica». Invita anche a prenderlo come esempio, e come lui, tutti coloro che «trovarono, col sacrificio di un breve spazio di tempo, in che modo diventare eterni e con la morte pervennero all'immortalità».[22] Perfino Dante non lo pone all'Inferno con i suicidi, ma nel luogo dove le anime devono espiare in attesa di salire al Cielo. E così nel Canto I del *Purgatorio*, Catone, anche se pagano e suicida, diventa il difensore della libertà, quella libertà che Dante stesso, esule dalla sua terra, «va cercando, ch'è sì cara, come sa chi per lei vita rifiuta» (vv. 71-72). Diversa la collocazione di Catone nel pensiero di sant'Agostino, che così scrive: «I nostri avversari non accettano che a Catone noi preferiamo Giobbe, il quale scelse di soffrire nel suo corpo mali tanti orribili» e prosegue, parlando di un «errore perverso» in quel sottrarsi alla vita solo per evitare la «sottomissione» a Cesare.[23] La discussione non verte sulla patologia, ma sulla libertà.

19. Marco Aurelio Antonino Augusto è stato imperatore romano, ma soprattutto un filosofo esistenzialista. Marco Aurelio (una semplificazione del suo lungo nome) nasce il 26 aprile del 121 d.C. a Roma e muore il 17 marzo del 180, a Sirmio. Tre mesi dopo la sua nascita, il padre morì. La madre, secondo l'usanza dei nobili trascorse poco tempo con il figlio e morì giovane, ma le riconoscerà di avergli insegnato la *pietas* e di averlo messo di fronte al rischio della ricchezza. Venne affidato alla casa del nonno, che era allora console. Questi si affezionò molto al bambino e poi ragazzo, e gli rese possibile una crescita serena e felice. Ne

[22] Seneca, *De tranquillitate animi*, cit., pp. 131, 133.
[23] Agostino, *La città di Dio*, Rusconi, Milano 1990, pp. 114-115.

fu sempre consapevole e ammise anche nella vecchiaia di avere avuto buoni nonni, buoni maestri, buona ogni cosa della vita.

E nelle *Meditazioni* vi ritornò, sottolineando di avere imparato la modestia, la pazienza, il coraggio, la temperanza, la pietà... Una semplicità di vita, lontana dalle abitudini dei ricchi, anche se faceva parte della loro classe. Frequentò i templi e i sacerdoti, poté contare su una quantità di maestri. All'età di dodici anni, indossava il rozzo mantello del filosofo e dormiva su poca paglia gettata sul pavimento.

Aveva uno stretto legame con Antonino Pio, che preferiva trascorrere le serate in famiglia, piuttosto che nel palazzo e, diventato imperatore, versò la sua consistente fortuna nelle casse dello Stato, governò le province meglio che poté, eleggendo uomini competenti e onesti e non abbandonò mai Roma. A settantasei anni, Antonino si ammalò gravemente e fece chiamare al suo capezzale Marco Aurelio, affidandogli le cure dello Stato. Il funerale fu celebrato secondo una liturgia che innalzava il defunto a raggiungere gli dèi. Lucio e Marco divinizzarono in questo modo il padre.

Marco Aurelio diede maggiore importanza all'esempio che alle leggi e si comportò da vero servitore dello Stato, pur da imperatore. Rifiutò i lussi e tutti lo potevano avvicinare; destinò denaro per il popolo e per quelli che lo servivano come i soldati. Si dedicò a proteggere i pupilli dai loro tutori disonesti. Sposò nell'aprile del 145 la quattordicenne Faustina, figlia di Antonino Pio. Vennero coniate delle monete con le immagini degli sposi e dell'imperatore, che officiò la cerimonia come *pontifex maximus*. Nel 175 Faustina muore, dando alla luce una bambina, Domizia Faustina Aurelia, che fu la prima di quattordici figli, tra cui due coppie di gemelli. Domizia era malferma di salute, e nonostante le cure, morì nel 151, così com'era avvenuto nel 149 alla prima coppia di gemelli, che non sopravvisse a lungo. Una sequenza che, talora, appare più di morti che di nascite.

Marco Aurelio governò con Lucio Vero, il figlio di Antonino Pio, in una relazione senza contrasti e con Vero, che ne tiene conto e gli ubbidisce. Si tratta in realtà di una gestione dello Stato con due imperatori. Marco Aurelio concesse piena libertà di parola. E a dimostrarlo, è la considerazione che un commediografo, Marullus, fu libero di criticarlo senza subire ritorsioni. In qualsiasi altra precedente situazione, sarebbe stato giustiziato. L'impero gli permise per molto tempo di dedicarsi alla filosofia e all'affetto del popolo, ma vide la fine della *felicitas temporum* nel 161, quando il Tevere esondò, devastando gran parte di Roma, facendo annegare molti animali e causando una carestia. Mantenne a lungo l'amicizia con il suo maestro Frontone, da cui prendeva sovente consigli. Si occupava di ogni aspetto dell'amministrazione statale, e la regola per scegliere i responsabili era solo il merito. Concesse cariche a persone che non appartenevano a classi sociali elevate, come eruditi e filosofi, indipendentemente dalle loro condizioni di nascita. Spetta a lui l'istituzione dell'anagrafe. Fece distruggere tutti i libelli diffamatori e i processi pubblici venivano celebrati dopo aver raccolto prove sicure. Si dedicò più all'edilizia del popolo che non alle grandi opere architettoniche. Proibì la tortura. Aveva dichiarato la non punibilità dell'omicidio, se chi l'aveva commesso era affetto da follia. Ridusse il numero dei reati punibili con pene severe, in particolare con la pena di morte.

Marco Aurelio riteneva che anche gli schiavi si dovessero trattare come persone, evitando la crudeltà, ma doveva tener conto che il sistema economico romano era basato soprattutto sulla schiavitù e forse per questo non l'ha abolita. Favorì la possibilità che uno schiavo diventasse libero. Si è certamente dovuto occupare della politica estera, delle frontiere e delle guerre di difesa dei possedimenti romani. Vi si dedicò soprattutto Lucio Vero ma, con la sua morte nel 169, Marco Aurelio dovette affrontare i temi della guerra.

È stato definito «l'imperatore filosofo», per esprimere la sua grande umanità. E non si riduce a qualche gesto, ma appartiene a una vera visione del mondo, che egli manifesta fin dall'infanzia. Non vi è dubbio che i fatti sono la testimonianza di un uomo, che è un vero esempio di civiltà. Raro tra gli imperatori, merita la definizione di «uomo di civiltà». Il grande potere che, nella Roma antica, passa dai re alla Repubblica e poi all'impero, è un grande limite alla civiltà, in quanto si fonda sulla forza, sul denaro, sulla conquista. E tutto ciò rende impossibile l'applicazione dei principi che fondano il significato dell'uomo e della società, indipendentemente dal tempo e dalla storia. Non si può negare che, nella Roma della pace, Marco Aurelio promosse e applicò i criteri del rispetto, mentre nelle guerre di occupazione gli eserciti sono mossi in una logica di dominio che non ha nulla che appartenga alla civiltà. L'imperatore Marco Aurelio è l'unica eccezione che viene raccontata, e serve a sostenere l'idea che al di sopra del potere, si situa la grandezza del singolo uomo. Ma anche questo imperatore doveva avere eserciti che combattevano contro i Sarmati, i Marcomanni, i Quadi, gli Jaziri... e doveva domare le rivolte in Egitto, annettere una striscia di dieci miglia sulla riva settentrionale del Danubio. Alla fine del 176, dopo quasi sette anni di guerra, Marco Aurelio tornò a Roma e gli fu decretato il trionfo come «salvatore dell'impero». Anche se per salvare l'impero, la guerra non può che uccidere.

20. La storia di Lucrezia, che venne stuprata da Sesto Tarquinio, e non riuscendo ad accettare la profanazione del proprio corpo e della propria dignità, si suicida, si colloca nel 508 a.C. A narrarla è Tito Livio nel suo *Ab Urbe condita* (I, 58). Si tratta di un evento importante dal punto di vista storico, poiché è stato la causa immediata di una rivoluzione che, a Roma, rovesciò la monarchia e instaurò la Repubblica. Il re Tarquinio il Superbo diventa così l'ultimo dei Tarquini e l'ultimo dei re romani. Suo figlio Sesto, si trovava a combattere nell'assedio alla città di Ardea. Una sera, come di consueto, si erano riuniti i comandanti e si misero a parlare dei loro legami d'amore e delle doti delle proprie mogli: un tema classico che in guerra compensa la solitudine degli

affetti. Era presente tra gli altri Lucio Collatino, il quale parlava con dolcezza e nostalgia della propria sposa, Lucrezia, figlia di Spurio Lucrezio che era prefetto di Roma, della «bella Lucrezia, detta la casta». E raccontò l'amore che egli sentiva e la felicità che quell'unione gli aveva dato e di cui continuava a godere. Il principe ne fu talmente colpito da essere preso non solo da curiosità, ma da un intenso desiderio di poter egli stesso godere di Lucrezia, come accadeva a Collatino. Forse è quel «casta», vantato dal marito, che gli scatenò «un infausto appetito». Ed è così che, chiusasi quella riunione nella tenda del comando di guerra, mentre tutti gli altri raggiungevano la propria dimora privata, Sesto Tarquinio si diresse invece a Roma, guidato da una strana passione anche se con la paura che la sua pulsione potesse danneggiare la posizione e il potere, che prevedeva la sua successione al padre.

Il nome di Lucrezia è stato celebrato, oltre che dalla storia, anche dall'arte, in particolare dalla pittura che ne ha mostrato la bellezza del corpo: bianco come segno della sua purezza. Un corpo che aveva conosciuto soltanto l'amore del proprio sposo. Lucas Cranach il Vecchio ne dà una rappresentazione che incanta. Altrettanto stupenda è la Lucrezia di Tiziano. In entrambi il connubio è tra questa figura femminile e il pugnale che stringe tra le mani e con il quale compì il suicidio.

Oltre alla pittura è diventato un tema caro anche alla letteratura e al teatro. William Shakespeare, quando tra il 1593 e il 1594 interruppe la sua produzione di commediografo poiché i teatri londinesi erano chiusi per la peste, con l'obbligo di evitare i raggruppamenti che avrebbero favorito il diffondersi epidemico della malattia, dedicò questo tempo a comporre due poemetti. Nel 1593 è la volta di *Venere e Adone*, in cui viene messo in risalto il racconto della resistenza di Adone alle richieste amorose di Venere. Nel 1594 compose *Lo stupro di Lucrezia* in giambici ritmati, seguendo la *rhyme royal*: a-b-a-b-b-c-c. Lucrezia, pur essendosi opposta alla violenza, avverte che la sua immagine di donna è stata distrutta da questa violazione, pertanto non può più essere donna e vivere l'amore a cui si era votata.

Sesto Tarquinio è non solo colpito, ma sconvolto dal racconto che Collatino fa di Lucrezia. «Forse quel suo vantarsi di Lucrezia / incendiò il superbo figlio di re; / forse invidia del prezioso oggetto / [...] ferì di sdegno / la mente sua, che un suddito vantasse / tale fortuna di fronte a un capo. / Oppure fu una intempestiva idea / che gli istigò tanto impetuosa frctta.» Tarquinio sa che Lucrezia è sola nella sua casa e che verrà accolto bene perché è figlio di re. In realtà egli è il demonio. «A casa di Collatino il demonio / è ben accolto dalla casta moglie.» Ritorna quella «casta», che non va certo preso nel significato di vergine, ma di colei che si dà tutta al marito ed è imprendibile da chiunque altro. Tarquinio avverte il fascino di una preda proibita. Dall'altro lato sta Lucrezia: «Lei inesperta di sguardi sconosciuti, / non coglie il senso di eloquenti occhiate, / non legge osceni segreti nascosti». Accoglie dunque l'ospite d'alto rango, preparandogli una stanza per passare la notte. Ed egli si arrovella «sui rischi di soddisfare la sua voglia / ma pronto a tutto pur di soddisfarla / [...] quando il premio è un così gran tesoro / del rischio di morire ci si scorda». Balza dal letto, getta sulle spalle il mantello, dimentica che diventerà la vergogna del suo esercito e infangherà la sua prole. «E giunto alla porta della camera / che lo divide dal suo paradiso / solo una serratura, niente più / lo separa dall'agognata cosa», vi entra, Lucrezia dorme: «Fissa il letto ancora immacolato [...] i suoi occhi / sono abbagliati da quella gran luce» ed è trascinato da tutto quel che vede, toglie il lenzuolo, la strappa al sonno, la sveglia: «Non pietà, ma maggior furia gli prende / di sfondare e penetrare». La colpa della violenza verrà riversata sulla vittima: «È tua la colpa / Son questi belli occhi che t'han tradita. / Se vuoi rimproverarmi, ti precedo: / è la tua bellezza che t'ha perduto, / e ora devi piegarti alla mia voglia, / che ha scelto te per farmi godere; / per domarla ho fatto di tutto, invano; / sia morale e ragione l'uccidevano, / la tua bellezza la resuscitava. [...] Lucrezia, stanotte devo averti / resisti e io ti prenderò con la forza, / poi ti ammazzerò qui sul tuo letto». E aggiunge che avrebbe ucciso un servo, ponendolo accanto a lei con un pugnale, rendendo la storia ancor più drammatica, perché abusata da un uomo meschino. E pochi versi scolpiscono l'immagine di Lucrezia: «Lei pare un quadro di pietà, / bianca cerva artigliata da un grifone, / una bestia, cui è ignoto ogni diritto, / e che obbedisce solo all'appetito». Passano pochi attimi e: «Il lupo è sopra l'agnellino che urla / ma il grido soffocato dal lenzuolo, / muore nel dolce ovile delle labbra». Lo stupro si consuma. La scena viene così sintetizzata: «Predata è castità del suo tesoro / ma ora il ladro è più povero di prima».

Rimangono da un lato i rimorsi, dall'altro il dolore. E da questo momento Lucrezia non pensa che alla morte. «C'è un'unica medicina per me: spargere il mio sangue contaminato / [...] Svanito tutto ciò per cui vivevo.» Nella percezione del proprio annientamento, Lucrezia prova vergogna a vedersi: «Vorrebbe chiudersi dentro la notte», si veste a lutto e si dispone alla morte. A questo punto è cambiato però il senso che la morte aveva per lei nel passato. Poiché in realtà, ora è già stata uccisa. Prima di infiggersi il pugnale nel petto, compie un'operazione psicologica straordinaria: «Non cerco scuse per quello che è successo, / ma concedetemi almeno questo: / che se l'abuso m'ha insozzato il corpo, / l'anima è ancora pura e immacolata; / non è stata violentata o toccata, / né si è piegata ad alcuna concessione, / è rimasta vergine e innocente, / chiusa dentro una casa avvelenata». Pronuncia queste parole davanti a Collatino, il quale «sembra un mercante / che ha perso un prezioso carico in mare, / muto per il dolore, a testa bassa, / le braccia incrociate, lo sguardo fisso...». E il marito giura, sul pugnale sanguinante, di vendicarne la morte. Sul piano affettivo questo comportamento stride, nel teatro non elisabettiano ma romantico, il marito avrebbe abbracciato la moglie e usato lo stesso pugnale per suicidarsi, non potendo vivere senza di lei. Ma Shakespeare ne fissa il confronto adeguato, paragonandolo a un mercante che finisce per non riconoscerla più, poiché la merce non ha le qualità a cui egli è abituato. Una merce stuprata!

21. Un altro, tra i rari *exempla virtutis* di donne dell'antica Roma, è Porzia, che spicca per caratteristiche inedite. Appartiene alla *gens* Porcia ed è figlia di Catone l'Uticense e moglie di Marco Giunio Bruto, noto come l'uccisore di Giulio Cesare, nelle Idi di marzo del 44 a.C. Il mondo femminile, che la tradizione ci tramanda, vede l'esaltazione di virtù che si potrebbero definire proiezioni esclusive di una società patriarcale, che in qualche modo le chiude nell'ambito domestico e le allontana da eventi politici, guerre, vittorie o sconfitte che lasciano invece traccia di sé nella storia. La posizione della donna nella società dell'antica Roma ci conduce in una sorta di spazio anonimo, privo di tracce significative e non si allontana dalla prevalente misoginia, risalente a tempi molto più antichi.

La conoscenza di questo personaggio ci deriva dalla narrazione che ne fa Plutarco: «Porzia era legata al marito da profondo amore, ma aveva anche un carattere fiero e una viva intelligenza».[24] E quel «ma» bene esprime la convinzione diffusa che, per una donna, avere una propria personalità fosse, più che una ricchezza, un intralcio a svolgere i compiti femminili. Plutarco descrive come questa «matrona» metta alla prova il proprio coraggio. Una virtù virile per definizione, che non si riconosceva alle donne ma che lei, quale figlia di Catone, doveva dimostrare, prima di tutto a sé stessa, per rassicurarsi di non avere «la debolezza propria della natura femminile. [...] Congedate le ancelle [...] con un coltello di quelli che i barbieri usano per tagliare le unghie, si incise la coscia in profondità, sopportando stoicamente dolori e febbre». Anche nel legame matrimoniale, si delinea una moglie che non intende solo «dividere il letto e la tavola, ma partecipare alle gioie e ai dolori» di Bruto, perché «vi sono donne

[24] Plutarco, *Vite parallele*, cit., Vol. III, 13, 4.

dal carattere forte, che hanno ricevuto una educazione rigorosa e sanno serbare un segreto».

Ne risulta dunque, una donna che ha fatto propri l'esempio e i principi stoici del padre, e che vuole condividere «ansie segrete e inquietudini» con tale fermezza, che il marito rassicurato da questa forza, decide di confidarle il grave evento politico che si stava preparando. Si tratta della congiura in cui Giunio Bruto non esiterà a pugnalare Giulio Cesare, accusato di attentare ai valori della Repubblica. Plutarco ci fa entrare nella cronaca della fatidica data del suicidio, nei vari contrattempi che caratterizzarono quella giornata, a cominciare dal ritardo di Cesare, invano trattenuto dalla moglie per i presagi che si erano mostrati tutti a lui sfavorevoli. Ed è proprio Bruto a vibrare il colpo mortale a Cesare. Successivamente «avendo deciso di non uccidere nessun altro, ma di chiamare tutti alla libertà», commetterà però due errori, che Plutarco ascrive proprio ai suoi principi. Acconsentì a «celebrare con i dovuti onori il funerale di Stato a Cesare» e poiché non gli sembrava fondato su un principio di giustizia il fatto di uccidere Antonio, anche se «uomo violento che aspirava al potere assoluto», permise quello che si sarebbe successivamente verificato: l'alleanza dei tre triumviri, Antonio, Ottaviano e Lepido. Bruto sarà costretto a lasciare l'Italia, per organizzare le forze avversarie. E anche in tale commiato Porzia si dimostrerà molto ferma, come aveva provato a sé stessa la tolleranza al dolore fisico, pospone i propri affetti al valore più alto della difesa dei principi repubblicani, sulla linea del padre Catone, e nella condivisione con Bruto di una impresa che appare di grande rischio.

Dopo la rovinosa disfatta di Filippi del 42 a.C., in cui l'esercito dei congiurati viene disperso e, constatata l'assoluta mancanza di possibile rivincita, Bruto si congeda dagli amici con la considerazione che «della rovina della patria era responsabile la sorte, quanto a sé si riteneva più fortunato dei vincitori. [...] Egli avrebbe lasciato di sé il ricordo delle virtù che nessun nemico avrebbe potuto sconfiggere». Ritorna quel principio stoico che aveva informato anche il suicidio di Catone, per cui la morte era l'unico vero atto di coraggio, per non cadere prigioniero del nemico. Chiede infatti a un compagno di antica data di tener ferma una spada sotto di lui, poi «vi si gettò sopra, si fece trapassare il petto e subito spirò».

Non meno decisa la scelta di Porzia: «... ella voleva uccidersi e, poiché gli amici per impedirglielo stavano in guardia e vegliavano su di lei, si tolse la vita ingoiando dei tizzoni ardenti presi dal fuoco con la bocca ermeticamente serrata». Una modalità suicidaria, ancora più dolorosa e inflessibile. Un esempio di vita femminile, ben lontano da quell'ideale di virtuosa donna romana che trovava la sua massima dimostrazione nel silenzio, in riferimento alla dea Tacita Muta, il cui culto era stato instaurato a Roma dal re Numa Pompilio. Era la ninfa, a cui Giove aveva tagliato la lingua per aver svelato a Giunone i suoi amori, una dea degli inferi, che personifica appunto l'assenza di parola. Nessuna libertà di parola era concessa alle donne, del resto nelle iscrizioni funerarie l'elogio era rivolto al *domum servavit, lanam fecit* (custodire la casa e filare la lana). Indubbiamente Porzia si sottrae a questa definizione, ma ciò che risalta è il suo sentimento di identità, con cui ha fatto propri i principi paterni e quelli del marito. Non li segue, in quanto figlia e moglie, ma in quanto persona, riportando le parole di Plutarco, di «carattere fiero e viva intelligenza». Ben lontana dall'*imbecillis sexus* di Tacito o dal *mulier imbecilli consilii* di Cicerone, dove il termine *imbecillis* sembra etimologicamente risalire al *sine baculo* (senza bastone), per cui la donna è senza bastone, se viene privata del sostegno dell'uomo... Un suicidio, come simbolo di dignità e di decisione incrollabile. È nell'esclusivo servizio all'uomo e nell'assenza di una propria identità che la donna diventa oggetto. A dimostrarlo è Porzia, con un suicidio esemplare che sa di difesa della donna.

22. Siamo al tempo dell'imperatore romano Claudio e nel 42 d.C. in Dalmazia scoppia una rivolta, guidata da Camillo Scriboniano. La sommossa viene domata e Scriboniano ucciso. Il conso-

le Cecina Peto, implicato nella opposizione, viene portato come prigioniero a Roma per essere condannato a morte. Ed è Plinio il Giovane che mette in scena la moglie del console, Arria, nella Lettera III del suo epistolario,[25] in cui la raffigura come l'esempio più eloquente di eroismo e dignità, per il gesto con cui sceglie di suicidarsi, per sostenere il marito Peto di fronte alla morte. Con uno stile degno dello stoicismo di Seneca, è un esempio di fermezza e di coraggio davanti alla morte. E si sofferma sui particolari, con cui Arria, impugnando il pugnale si colpisce il petto e poi estraendolo, lo porge al marito, dicendogli una frase straordinaria: *Petae*, *non dolet* («Peto, non fa male»). Queste parole sembrano proprio sostenerlo nel suo esitare, ben comprendendo come un condottiero, pur abituato a sfidare la morte sul campo di battaglia, si trovi ora impreparato di fronte al suicidio.

È interessante notare come sia lei per prima a porre in atto il gesto finale, capovolgendo il tradizionale modo di considerare il coraggio, come virtù unicamente maschile. E l'esempio di questa visione è la scultura del *Galata suicida*[26] in cui il guerriero nel compiere il suicidio, dà la morte prima alla sua donna e poi, sorreggendola mentre cade, colpisce con il pugnale sé stesso. Antitetica è la descrizione di Plinio il Giovane, che nell'epistolario lascia una fonte ricchissima di informazioni per comprendere quali fossero, a cavallo tra il I e il II secolo a.C., gli usi e costumi dei Romani, attraverso riflessioni psicologiche e sociali straordinarie.

Vengono descritti gli eventi relativi all'eruzione del Vesuvio: in una lettera parla della morte dello zio, Plinio il Vecchio, avvenuta proprio in quella occasione, e in un'altra descrive l'angoscia destata in lui mentre la osservava con la madre, da Miseno, città vicina a Pompei. Vi si trovano riflessioni sulla caducità della vita in rapporto alla malattia o alla morte di qualche personaggio, descrizioni di fenomeni naturali insoliti come le «fonti cristalline

[25] Plinio il Giovane, *50 lettere*, Oscar Mondadori, Milano 2019.
[26] Una copia in marmo del I secolo d.C. dell'opera in bronzo di Epigono, realizzata nel 230 a.C.

del Clitumno»,[27] confidenze intime scritte alla moglie Calpurnia, a cui pensa con grande «nostalgia», testimonianze di grande sensibilità sociale, come quando si descrive «avvilito» per la malattia e ancor più per la morte dei suoi schiavi. Non esita a elogiare personaggi oppositori del potere.

Tra le lettere di stile colloquiale è posto anche il ritratto di Arria, di cui delinea una figura esemplare non solo per le virtù femminili che la Roma antica esaltava, come la capacità di sacrificio e la fedeltà, ma anche per virtù solitamente considerate maschili, come il coraggio e la dignità nel darsi la morte. In questa lettera premette «di aver osservato come tra le azioni e i detti di uomini e donne ve ne siano alcuni più noti, ma altri risultino più nobili». Un'affermazione che meglio si chiarisce quando, dopo aver esaltato il gesto di Arria nel darsi la morte considerandolo degno di «gloria e immortalità», Plinio afferma che bisogna narrare, come «virtù ancora più grande», quanto emerge anche da comportamenti che non passano alla storia, ma rimangono i segreti di una esistenza, che egli vuole cogliere nella interiorità dei sentimenti, dei vissuti del quotidiano. E nel caso di Arria, sono una essenziale premessa dell'evento finale, per illuminarne la statura morale, segreti che egli ha raccolto dalla nipote di lei, Fannia. E così descrive la circostanza, in cui sia il marito che il figlio vengono colpiti da una grave malattia che per quest'ultimo si rivela incurabile. Arria si mostrerà capace «di mascherare le lacrime, di dissimulare il proprio dolore e seguitare a comportarsi ancora da madre di un figlio che non c'è più», permettendo al padre di non accorgersi nemmeno delle esequie funebri. «Poi, quando le lacrime a lungo represse avevano la meglio e prorompevano, usciva e in quei momenti si abbandonava al dolore; sfogatasi, con gli occhi asciutti, con il viso rasserenato, rientrava come se avesse lasciato fuori il proprio lutto.»

Tale fermezza coraggiosa viene messa in luce non solo nell'ambito privato, ma anche quando il console Peto sale come prigio-

[27] Plinio il Giovane, *50 lettere*, cit., VII, 8.

niero sulla nave per essere condotto a Roma e lei chiede di potervi salire come una schiava che «gli porti da mangiare, che lo aiuti a vestirsi, che gli allacci i calzari». Poiché questa richiesta le viene rifiutata, Plinio la descrive seguire la nave su «un guscio di noce» per raggiungere il marito a Roma. E qui non ebbe esitazione alcuna, quando, in presenza dell'imperatore Claudio si rivolse alla moglie di Scriboniano, che voleva fare delle «rivelazioni», affermando che non poteva essere credibile una donna che «viveva ancora, mentre sul suo grembo era stato trucidato» il marito. Tutto questo a mostrare che il suicidio non era un gesto isolato, ma fondato su precisi valori, presenti in tutta la sua vita, e che, nella scelta di darsi la morte, nulla fu lasciato al caso.

Arria diventa così capostipite di un destino femminile, che appare esemplare per le generazioni successive: verrà denominata Arria Maggiore, proprio per distinguerla dalla figlia Arria Minore, che sembra voler seguire le orme materne. E non è solo Plinio il Giovane a venir colpito da questa figura di donna, ma anche Publio Cornelio Tacito, che negli *Annales* (in cui traccia la storia di Roma dalla morte di Augusto nel 14 d.C. a quella di Nerone nel 68) lascia una testimonianza della figura di Arria Minore. Raccontando le vicende di Trasea, suo marito, caduto in disgrazia presso l'imperatore, sottolinea come anche lei avrebbe voluto seguire l'esempio materno, ma Trasea, un uomo colto che, mentre aspettava la condanna, ascoltava Demetrio disquisire sulla natura dell'anima, riuscì a impedirlo «perché rimanesse in vita e non privasse dell'unico sostegno la figlia nata da loro».[28]

La figlia, per cui Arria Minore recederà dalla sua decisione, è Fannia, colei che ha narrato a Plinio le vicende esemplari di Arria Maggiore. Un destino di coraggio e di dignità di fronte alle avversità della vita, in nome di valori sacri, e appare così evidente il filo conduttore di questa eredità al femminile. Anche là dove il sacrificio della vita non è avvenuto, ha mostrato donne unite al proprio coniuge, nell'esilio, nella persecuzione, nella segrega-

[28] Tacito, *Annali*, Vol. II, Bur, Milano 1981, p. 801.

zione, in una sorte condivisa e partecipata. A Fannia, Plinio dedica la Lettera VII, 19, in cui descrive l'*angoscia* per la sua malattia, contratta mentre prestava assistenza a una vestale. Anche di lei traccia un profilo eccezionale, di integrità nel seguire in esilio il marito, Elvidio Prisco, oppositore di Nerone, di coraggio nel mantenere con sé scritti che avrebbero dovuto essere distrutti: esempi da cui anche gli uomini possono trarre aiuto. E Plinio sottolinea come raccontare la sua vita «faccia rivivere presso di noi, la madre».[29]

Si disegna così una sequenza femminile che attraversa intatta le generazioni e che si riflette sui legami familiari e coniugali. Per meglio comprenderla, si deve ricordare la ferma risposta di Arria Maggiore al genero che le chiedeva, se in caso fosse stato lui a morire, avrebbe voluto che la figlia scegliesse la stessa sua sorte: «Se avrà vissuto insieme a te, così a lungo e così in tanta armonia come io con Pero, sì, lo vorrei». A sostegno che non si tratta di un comportamento individuale, ma di una virtù della donna.

Siamo abituati a pensare alla vita della dama romana nella *domus*, come a una esistenza povera di stimoli, in una condizione di netta inferiorità rispetto all'uomo, anche in riferimento all'adulterio, punito nella donna e ammesso, se non esaltato, nel mondo maschile. Colpisce quindi l'iniziale precisazione di Plinio che si riferisce indistintamente a uomini e donne, riguardo a «nobili» azioni e la sua particolare sensibilità rispetto a figure femminili, come esempi nella storia di Roma. Figure che acquisiscono ancor più rilievo, se si pongono in una trasmissione intergenerazionale che vede nella capostipite Arria Maior l'*exemplum*, accolto e fatto proprio da Arria Minor e infine da Fannia. Il sacrificio di sé si fonda su una solidarietà e comunanza di ideali con i rispettivi coniugi, anch'essi con forti personalità morali. Figure femminili esemplari che vanno ricordate, anche se i libri di storia ci rimandano una società della Roma antica, dove il mondo femminile non aveva voce.

[29] Plinio il Giovane, *50 lettere*, cit., VII, 19.

23. Valeria Messalina nasce a Roma nel 22 d.C. (data incerta) e pur avendo vissuto solo fino al 48 d.C., il suo nome continua a essere evocato come simbolo di un comportamento sessuale sfrenato e di un prepotente bisogno di esibire la propria bellezza. Plinio il Vecchio racconta che si era messa a competere con una celebre prostituta, per vedere quanti uomini riusciva a soddisfare in ventiquattr'ore, uscendone vincitrice con ben venticinque vittime. Tutto sembra raffigurarla come una dea del sesso o forse una malata. In passato si è parlato di una «sindrome di Messalina» per indicare un disturbo psichiatrico della sessualità femminile.

Messalina diventa la moglie dell'imperatore Claudio, a tredici-quattordici anni. Claudio ha una età di molto superiore, oltre i cinquanta, ha già avuto due mogli e una figlia, Antonia. A differenza di Messalina che è bellissima e affascinante, con uno charme che la rende capace di seduzione, Claudio è zoppo, quasi sordo, balbuziente: difetti che si legano probabilmente a un'encefalite infantile e per questi limiti è ritenuto anche oligofrenico (con poco cervello). La passione che sente per Messalina è forte e giunge a una vera dipendenza. Svetonio definisce questo legame: *amorem flagrantissimum*, ardente, di fuoco.

Claudio sale al potere nel 41 d.C. in maniera inattesa per Roma, e anche per lui. Mai se lo sarebbe aspettato. Al potere c'era suo nipote Caligola che viene ucciso e poiché non lascia successione, la scelta cade su Claudio, l'unico maschio adulto della famiglia Giulia. Sempre Svetonio scrive: «Claudio era talmente succube dell'influenza della moglie che sembrava essere piuttosto la sua domestica che il suo imperatore, a seconda dei capricci della donna, attribuiva onori, incarichi militari, indulgenze e castighi, senza rendersi conto di ciò che stava realmente facendo».[30] Ma durante il suo regno, Claudio comunque conquista la Britannia, compie opere idrauliche e ciò è molto, soprattutto se confron-

[30] A. Vallejo-Nagera, *I pazzi della storia*, Nuovi Mondi Media, Bologna 2006, p. 122.

tato con quanto hanno fatto i predecessori, Caligola e Tiberio e l'immediato successore, Nerone.

Le doti di Messalina sono tutte nel suo corpo e nella voglia di circuire e di portare a letto chiunque la attiri: persone della corte, ma anche servi, soldati, atleti del circo. E in questa cornice si inserisce la voluttà di eliminare tutte le donne in vista, belle, e pertanto concorrenti. Un esempio è dato da Giulia Livilla. È sorella di Caligola, con cui aveva avuto relazioni incestuose. Giulia, che frequenta il letto di Seneca, aspira a occupare anche quello di Claudio, tratta Messalina con disprezzo sapendo di discendere direttamente da Cesare Augusto e non, come lei, da un ramo secondario, che invece discende da Ottavia, sorella di Augusto. L'imperatrice usando la *Lex Iulia de adulteriis*, che punisce severamente l'infedeltà fino alla pena di morte, fa condannare la coppia Giulia-Seneca togliendo di mezzo la bella Giulia che viene esiliata e muore triste e malata qualche mese dopo.

Tutto questo è possibile grazie al giudice supremo che finisce per condannare a morte chiunque gli venga indicato da Messalina, sua amante. Il segno più evidente si manifesta con Decimo Valerio Asiatico: stimato senatore, due volte console, condottiero vicino a Claudio nella campagna per la conquista della Britannia, Messalina ne è attratta e lo vuole nel suo letto. Valerio rifiuta per rispetto all'imperatore a cui è molto legato. Del resto, ha una relazione clandestina con la bella Poppea. La decisione è di toglierlo di mezzo. Fa approvare al marito una legge nota come *Crimen maiestatis* «che consentiva di giustiziare chi veniva sospettato di cospirazione e che prevedeva tra l'altro la confisca dei beni...».[31] A questo punto il giudice persegue per questo reato Decimo Valerio Asiatico, che viene condannato ma gli è concesso l'onorato privilegio di tagliarsi di persona le vene. Merita un accenno anche la fine di Poppea: Messalina la odia perché è bella e ha posseduto chi lei ha potuto solo ammazzare, ma non portare a letto. E, secondo Tacito, la spinge a uccidersi, cosa che

[31] Ivi, p. 131.

Poppea tenta di fare, infilandosi un pugnale nel ventre. Ma non basta ancora, rimane il marito di Poppea, il tradito: si chiama Marco Vinicio. Messalina si presenta da lui sdraiata sul letto, discinta, in un look che fa cadere la volontà e attiva la passione, ma lui la rifiuta e lei lo avvelena. Fa ammazzare anche il comandante della guardia pretoriana, che sa molte cose su questa vicenda.

Narciso, Callisto, Pallante e Polibio sono i quattro liberti su cui l'imperatore proietta parte della sua sicurezza, si muove sempre con loro e finiscono per diventare personaggi importanti poiché godono della sua piena fiducia. Messalina ha il progetto di sedurre tutti e quattro in modo da poter, anche attraverso di loro, ottenere da Claudio ciò che vuole. Incomincia dal più bello, Polibio, ma dopo averlo sedotto, stanca di lui, lo uccide. L'imperatore considera Narciso come un fratello e gli affida compiti di gestione degli affari del regno. Messalina gioca sulla sua ambizione per sottometterlo e così ridiventa di fatto «schiavo».

Frammenti di storia o di leggenda, che mettono in evidenza certamente un uso della sessualità e dell'*ars amandi* con grande maestria, grazie a un corpo passionale e una disponibilità al sesso, che diventa l'arma della seduzione e della capitolazione degli uomini. Pochi vi resistono, ma bisogna considerare che dire *no* alle sue profferte, significava rifiutare il corpo non solo di una donna, ma dell'imperatrice romana. Infatti, non è minore la sua voglia di potere, di imporsi e fare ciò che vuole, in campi che non hanno nulla da spartire con la sessualità.

Siamo insomma lontani dal caso di una ninfomane che, nella valutazione clinica, è una donna che ha bisogno di sesso sempre e lo ricerca senza altre finalità, che averlo a disposizione: fine a sé stesso e non mezzo per altri raggiungimenti. La ninfomane finisce per darsi a tutti, per offrirsi nella strada: una richiesta ossessiva, spasmodica, che non sembra seguire la passione, ma appunto un'idea di tipo maniacale, un obbligo che certo non permette strategie di potere. Messalina sceglie bene le sue vittime e persiste nel volere quelle, non di sostituirle come nella ninfomania in cui vale «il pene», più che la persona o l'uomo. Non ricerca solo il coito, ma è al centro di vere aberrazioni erotiche, come il sadomasochismo e il voyeurismo, e di un'ambizione che arriva a voler dominare e possedere la persona e poterla magari uccidere: un sadismo omicida. Certo talora basta l'attrazione: è il caso di Mnestere, pantomimo di corte, attore e ballerino: per poterne godere sessualmente, Messalina fa intervenire persino l'imperatore che gli ordinerà di «soddisfare l'imperatrice in tutto ciò che pretende» anche se Claudio pensa sia un omosessuale. Di questa storia ne dà cronaca Dione Cassio, mentre Giovenale nelle *Satire*, ci mostra la Messalina *meretrix*. «Di notte [...] l'augusta sgualdrina si nascondeva con mantello e cappuccio e si faceva accompagnare da una domestica [...] entrava nel lupanare, nella stanza vuota, una stanza di sua proprietà e lì si esibiva nuda [...] sotto il nome di Licisca. [...] Accoglieva con carezze chi arrivava, chiedeva loro denaro, poi, languida e supina riceveva i numerosi clienti. [...] Era l'ultima (prostituta) a chiudere la stanza e ad andare via. Ancora accesa dalla tensione irradiata dalla sua vulva, affaticata dai suoi uomini ma non del tutto soddisfatta, tornava a casa.»[32]

Un dubbio forte, per legare a questa categoria Messalina, proviene dalla sua relazione con Caio Silio. È l'anno 48 d.C. Messalina rimane stregata da questo giovanotto, «il più gagliardo di Roma».[33] Appartiene a una famiglia patrizia di poco conto e ha tentato di diventare senatore senza riuscirci; diventerà console solo per essere entrato nelle grazie dell'imperatrice che «gli si attacca morbosamente e lo riempie di ricchezze e onori, gli regala schiavi, liberti, statue e parte della fortuna imperiale».[34] Silio divorzia dalla moglie, Messalina fa tutto alla luce del sole, anzi sembra voler diffondere questa sua storia. Parlano di matrimonio e la cosa sa di follia poiché Messalina perderebbe i suoi van-

[32] Giovenale, *Satire*, VI.
[33] Tacito, *Annali*, cit., XI, 27.
[34] Vallejo-Nagera, *I pazzi della storia*, cit., p. 14.

taggi di imperatrice, sia pure pensando di riaverli nell'ipotesi di liberarsi di Claudio e di sostituirlo sul trono. Silio pensa, infatti, di adottare Britannico, l'erede legittimo al trono, e di ammazzare Claudio. Il piano appare fuori di ogni razionalità e buonsenso, certamente dal punto di vista di Messalina si presenta come una cosa assurda, dal momento che ora ha tutto quanto Silio le promette e in più gode di una libertà sconfinata, tanto da poter continuare a essergli legata. Se tutto si limitasse ad avere Silio come oggetto erotico, una simile storia non avrebbe nessuna possibilità di porsi, ma Messalina accetta di sposare Silio. È evidente che un solo motivo permette di comprendere una simile follia ed è l'amore. Arriva il giorno del matrimonio, un giorno in cui Claudio è a Ostia e alla cerimonia si fa seguire un ricevimento ufficiale con tanti invitati. Tacito non nasconde lo stesso stupore che coglie ciascuno di noi. «Mai si era visto in Roma un uomo nominato console, stabilire la data e sposarsi con la moglie del principe, chiamare i testimoni per verificare e firmare che si univano per avere figli [...] poi accomodarsi tra gli invitati, dare baci e abbracci, per consumare la notte com'è abitudine tra moglie e marito.»

Sembra addirittura che Messalina abbia richiesto a Claudio la promulgazione di una legge, che consentisse la poligamia e che abbia presentato, nel giorno del matrimonio, un documento con la firma dello stesso imperatore: *Nupsit* (Messalina si è sposata con Silio). La cosa è pubblica, e la corte di Claudio che vive alla sua ombra, comincia a pensare che l'unica cosa da fare sia uccidere Silio, prima che lui e Messalina eliminino Claudio. Ritorna protagonista quel Narciso, che ormai è stato abbandonato dalle grazie dell'imperatrice: ordina a un tribuno e a un centurione di trovare Messalina e di ucciderla, senza lasciarle il tempo di parlare, quindi anche il rischio di essere da lei raggirati. Narciso capisce che il vero pericolo è lei e che, senza di lei, Silio scomparirebbe. La incontrano nei giardini di Lucullo, non ha scampo, ma in un atto di dignità, per morire con onore, chiede di essere lei stessa a darsi la morte. Impugna il coltello e lo dirige verso l'addome, ma la mano trema e allora l'aiuta il tribuno, che indirizza il pugnale diretto al cuore. Muore a ventisei anni ed è bellissima. È morta, sembra un paradosso ma forse è morta d'amore. L'amore non è una malattia, o se lo è, non va curata.

24. Cornelio Tacito nasce intorno al 55 d.C. Non si conosce con precisione il nome della famiglia. Probabilmente il padre era procuratore del fisco imperiale nella Gallia belgica e doveva aver raggiunto una brillante carriera, poiché la famiglia era salita dal rango equestre al patriziato. Agricola durante il suo consolato «acconsentì al matrimonio tra me e sua figlia Giulia che avrebbe potuto mirare più in alto». Si sposò nel 77.

La sua educazione doveva essere rivolta soprattutto all'arte oratoria, che gli ha attribuito una grande abilità sia nei discorsi sia nella composizione storica, l'ambito in cui lo si identifica principalmente. Fu grande amico di Plinio il Giovane, che lo definisce il più grande oratore di Roma. Nell'88 fu pretore. Successivamente seguì il *cursus honorum*, entrando nel Senato sotto l'imperatore Domiziano, denunciando la tirannide verso i senatori, vittime del dittatore. La sua carriera passò poi attraverso il consolato, fu Traiano che lo designò proconsole.

Ciò che lo caratterizza sono i suoi scritti. Il *Dialogus de oratoribus* mette subito in luce il declino dell'eloquenza, come effetto della soppressione della libertà. Esprime quindi la sua opposizione verso le autocrazie. Dedicò una biografia ad Agricola, il suocero che era generale e governatore, disprezzato ingiustamente da Domiziano. Il rapporto è sempre sulla caduta delle virtù, quando il popolo vive sotto i despoti. Si può dire che sia stata questa la sua missione di storico, che non si sofferma su una condanna solo teorica, ma illustra i casi che l'hanno messa in evidenza.

Negli *Annales*, lo spazio è dedicato a Tiberio, a Caligola, a Claudio, a Nerone. Ma oltre al tema, ciò che emerge è la grande capacità di scrittore. «Il dovere principale dello storico e di giudicare le azioni degli uomini in modo che i buoni possano ottenere la ricompensa che spetta alla virtù e i malvagi siano spaventati dalla condanna che attende le cattive azioni al tribunale della posterità.» Lo storico fa dunque giustizia, giudica e condanna, con il proposito di modificare la morale di chi gestisce il potere. Risulta evidente che anche durante le tirannie si possono compiere azioni positive, Tacito si rivolge alla tirannia come a un male assoluto, mentre è affascinato dalle personalità eminenti e in tal caso la *condanna* si trasforma in *elogio*, verso chi dimostra di saper governare con la virtù, che è parte della filosofia, è dentro la poesia, non nelle vicende degli imperatori, che uccidono e non costruiscono. Probabilmente questa decisa posizione non gli permetteva un equilibrio nella lettura dei fatti della storia e non garantiva ai lettori un paradigma saldo. Crede nella immortalità della gloria. È convinto che la morale conti più del governo e che ciò che fa grande un popolo non sono le leggi, ma gli uomini.

Viene considerato il più grande degli storici della Roma antica. La descrizione dei personaggi è di una tale efficacia, che sembra di vederli nel loro operare. Di fronte a sé, ha una Roma corrotta piena di orrori, di dispotismi, codardia e immoralità, i pochi esempi della virtù li trova in Adriano e negli Antonini. L'esempio più significativo del suo lavoro storico è quello degli *Annales*, in cui si dedica alla storia imperiale dal 14 al 96 d.C. E come struttura delle storie, distingue i fatti concernenti il *princeps* e le sue province e quelli concernenti il Senato. Si volge sistematicamente ai fatti, distinti rigidamente nel tempo. Augusto viene condannato da Tacito, sia pure dopo un tiepido elogio e ammettendo che era stato migliore dei suoi successori. Sostiene che usava la pace e il «dolce occhio» per nascondere l'ignavia, e che la tanto decantata *pax Augusta* non fu né prospera, né feconda. Ciò che conquista è il suo stile, con frasi semplici e con uno straordinario acume psicologico. Una scena teatrale che non permette mai al lettore di stancarsi e non manca d'ironia. In alcuni passi si lascia andare a un appello per la salvezza dell'impero. Ma il giudizio più deciso su Tacito come storico, lo dà la Storia che vede continuare la lettura delle sue opere, con interesse e attenzione.

25. Tito Livio nacque a Padova nel 59 a.C. e vi morì nel 17 d.C. Un periodo storico in cui la città dei Veneti era al culmine della prosperità, si parlava di *patavinitas* come esempio della vita provinciale. Lo si ricorda come il grande narratore della romanità, e Marco Fabio Quintiliano, suo contemporaneo, ebbe a scrivere: «Erodoto non si indigni che gli venga uguagliato Tito Livio».

La famiglia dei Livii avrebbe avuto origine etrusca, apparteneva al ceto medio, godeva però di una certa agiatezza considerando che la formazione del giovane Tito Livio fu di grado elevato, improntato allo studio del greco e della grammatica, dell'arte oratoria e della retorica. Di Tito Livio non è stato tramandato alcun *cognomen*. Giunto nell'Urbe, incontra Augusto, ma è difficile stabilire attraverso quali raccomandazioni. Nacque un rapporto privilegiato, se solo si considera che Augusto affidò a Tito Livio il compito di educare Tiberio Claudio Druso, figlio di Antonia Minore, il nipote che diventerà imperatore nel 41 d.C., con il nome di Claudio. Augusto lo chiamava «pompeiano», per sottolinearne le idee e le simpatie filorepubblicane. Dopo la vita a Roma, Tito Livio torna però nella sua città e diventa lo storico dell'Urbe, che raccontò dagli inizi di piccolo villaggio di pastori al destino di *caput mundi*.

La sua grande opera *Ab urbe condita*, parte dalla fondazione di Roma e giunge fino al 9 d.C. quando muore il piccolo Druso, figliastro di Augusto. Costituita da 142 libri divisi in decadi, è probabile che dovesse completarla giungendo al 14 d.C., con la morte di Augusto. Nei tre anni precedenti la propria morte scrisse ventuno libri, dedicandosi intensamente al lavoro, che rimane tuttavia incompleto. Di questa immensa trattazione, si sono salvati 35 libri. A spingerlo a questo immane impegno, era il desiderio di completarla rispetto alla storiografia romana di allora che non solo mancava di notizie importanti, ma ne presentava anche di false. Consapevole della inattendibilità delle fonti, studiò documenti indiretti che, pur tuttavia, permettevano di fare riferimento alla grande storia. Occorreva attingere anche alla mitologia. Il suo stile è scarno, non si sofferma mai su questioni filosofiche né morali. Aveva idee repubblicane e certamente, non vedeva bene la piega presa dalla storia con la morte di Giulio Cesare. Tito Livio è affascinato dalla nascita di Roma, una sorta di miracolo fatto di coraggio e di un sentimento comune, parla di una *integra atque immobilis virtus*. E vuole elencare tutto il positivo che ha contribuito a fare di Roma una città eterna. L'opera è scritta con l'amore di una verità, accertata con profonda serietà e umanità. Guarda più ai fatti della tradizione che coinvolge il popolo, che al bisogno di trovare sempre una «logica» degli eventi storici.

26. Plutarco nacque a Cheronea, una cittadina greca della Beozia nel 46 d.C. e morì intorno al 127 d.C. a Delfi. Roma era sotto l'impero di Claudio. Era figlio di Antibulo, un filosofo. La famiglia era in buone condizioni economiche e di tradizioni culturali. A vent'anni si recò ad Atene per studiare retorica, scienze e filosofia, e apprese certamente il platonismo. Era il tempo, in cui Nerone collezionava vittorie e trionfi in Grecia.

È noto come biografo, un'attività che certamente entra negli studi storici ma, nel suo caso, l'attenzione è monografica. Una caratteristica di Plutarco sarà quella di fare dei confronti tra singoli personaggi. È questo il senso della sua vasta e importante opera, intitolata *Vite parallele*. Si recò a Roma per incarichi pubblici e qui fece molte conoscenze, si ricorda in particolare l'amicizia con il filosofo Favorino. Fu anche console e procuratore dell'Acaia. Risulta quindi un cittadino ateniese che partecipa alla vita di Roma, ma a Roma si recò solo due volte e, in quelle occasioni, tenne conferenze o svolse qualche incarico diplomatico. Avvertiva il fascino della grande città.

Roma fu generosa con la Grecia, non pose guarnigioni nella nuova provincia dell'Acaia e nemmeno vennero richiesti dagli esattori contributi, come nelle altre province. Atene, Sparta, Delfi furono dichiarate città libere da ogni restrizione, escluso il divieto di intraprendere guerre. Non mancarono tuttavia operazioni dell'Urbe molto severe e i Romani combatterono sul territorio greco, arruolando Greci e requisendo oro e raccolti. Roma colmò la Grecia di complimenti, ma la depredò. Nerone portò via metà delle sculture di Delfi e si racconta che Caligola dette ordine al marito della sua amante di portar via dalla Grecia le sculture più belle.

Plutarco sposò Timossena, figlia di Alessione, da cui ebbe cinque figli. Ricevette molte cariche in patria e quella che sembra aver apprezzato di più, fu nel 95 d.C., al santuario di Apollo in Delfi, non lontano da Cheronea. La sua attenzione però venne dedicata tutta alle opere. Il rapporto tra Roma e Atene riprese in un clima di maggior rispetto con Adriano, che nominò Plutarco governatore della Grecia. La sua morte avvenne tra il 125 e il 130 d.C.; Cheronea e Delfi gli dedicarono due busti in ricordo. Nessuno dei suoi contemporanei menziona Plutarco.

Non si propose di scrivere una storia, ma di fare delle biografie con l'intento di insegnare, attraverso gli esempi, le virtù antiche. Anche le *Vite parallele* erano destinate ai temi della morale. Rimane un educatore e in ogni biografia chiude la narrazione sempre con una morale. È più attento alla personalità che non ai fatti storici, ama mettere a confronto i grandi della Roma antica con i grandi della Grecia. Sottolinea come, con i grandi uomini, si migliori la propria virtù. Le *Vite* non sono, dunque, un'opera che garantisce la precisione storica, ma certo sono ricche di una capacità di narrare, di fermarsi su episodi curiosi, con aneddoti nuovi. Ed è in questo modo che analizza un centinaio di personaggi: illustri poeti, filosofi, generali. Le *Vite* sono rimaste nella storia e continuano a esercitare un grande fascino. Montaigne aveva definito questo volume «Il mio breviario». Napoleone lo portava sempre con sé. Un volume enorme di 1500 pagine, che Plutarco realizza in greco, soprattutto nei periodi in cui risiede a Cheronea, conducendo una vita appartata e all'interno delle relazioni familiari, assieme ai quattro figli maschi e a una femmina.

Teneva conferenze, partecipava alle cerimonie legate alla religione. Difendeva la fede, proprio in quanto risulta assurda alla ragione. Ricorda la religione come l'esperienza più profonda della vita e secondo alcuni, è il primo studioso delle religioni comparate, poiché confronta i riti romani ed egiziani con quelli greci. Riteneva che esistesse un Essere supremo eterno e che si dovessero creare gli spiriti mediatori, i *daimones*, per regolare il mondo. Ammette anche l'esistenza di spiriti malvagi. Conosceva quindi il cristianesimo dei Padri della Chiesa e dei martiri. Riteneva giusto credere nella immortalità e in un paradiso che ricompensa, un purgatorio che purifica e un inferno che punisce, ma pensava che quest'ultima possibilità fosse rara. Pensava che persino Nerone dovesse stare in purgatorio, ma a lungo. Condannava gli epicurei, criticava lo stoicismo e anche in questo, più che ai sistemi filosofici guardava alle singole vite degli uomini illustri, ma anche a quelle delle persone comuni. Attribuisce particolare importanza alla buona salute per la quale sono consigliabili dei buoni libri e si sofferma a dare consigli per mantenerla. Sosteneva che i cibi meno costosi sono sempre più sani. Dedica particolare attenzione all'uso della carne, che è responsabile di deprimere l'organismo e di dare indigestione; meglio consumare i tanti prodotti della terra. La natura fornisce sostanze semplici e leggere. Plutarco come Platone, difende l'uguaglianza per le donne e porta molti esempi di donne dell'antichità. A indicare l'attenzione per le piccole cose affronta anche l'adulterio. «Se un uomo che è incontinente e dissoluto nei suoi piaceri, nella vita privata commette qualche scappata con un'amante o un'ancella, la moglie non dovrebbe indignarsi, ma pensare che solo il rispetto per lei induce il marito a soddisfare con un'altra donna la sua incontinenza.» E ritorna la parola *moralia* come la giusta definizione dei suoi scritti. Plutarco è uno scrittore che analizza il significato stesso dell'uomo e della vita e afferma: «Poiché questa vita è la più perfetta delle iniziazioni al più alto dei misteri, dovremmo essere pieni di santa gioia e allietati».

27. Epitteto nacque intorno al 50 d.C. a Ierapoli, in Frigia, oggi Turchia, e morì nel 135. Era figlio di una schiava, quindi schiavo

anch'egli. Fu costretto a cambiare più volte padrone, finché divenne proprietà di Epafrodito, un liberto ex schiavo che era stato liberato dall'imperatore Claudio e poi assunto come segretario da Nerone. Aveva salute cagionevole ed era zoppo: una menomazione che andava riferita a uno dei padroni. Epafrodito, gli permise di assistere alle lezioni di Musonio Rufo e più tardi lo rese libero.

Epitteto si stabilì a Nicopoli, e qui teneva lezioni di filosofia, intonate allo stoicismo. Molti seguivano le sue lezioni. Uno di questi fu Arriano di Nicomedia, che più tardi divenne governatore della Cappadocia. Teneva nota delle lezioni e le pubblicò, chiamandole *Discorso*. Si caratterizzano per la semplicità della narrazione accompagnata da un tono umoristico. Prese moglie per poter avere un aiuto nell'allevare un bambino, che era stato esposto.

La sua fama si diffuse per tutto l'impero. L'imperatore Adriano lo considerò tra i suoi amici. Richiama un Socrate minore, che usa il non senso e soprattutto la conoscenza di quella vita che appartiene agli schiavi e anche ai liberti, che non possono dimenticare ciò che sono stati. Sosteneva che la filosofia non consiste nel leggere libri sulla saggezza, ma nel praticarla. Essenziale è accertare le vicissitudini della fortuna, la povertà, le umiliazioni, la sofferenza fisica, la schiavitù. E saper resistere e rinunciare. Sosteneva che lo schiavo può essere spiritualmente libero come Diogene, che il prigioniero può essere libero come Socrate, ma anche che l'imperatore può essere schiavo come Nerone. E che la morte va considerata parte della saggezza della natura. «Io comincio il giorno come fa l'ora e come l'ora, passo e mi consumo. [...] Considerati come un filo del tessuto, che serve a fare un abito. Non pretendere che le cose che accadono accadano come tu desideri, ma augurati che le cose che accadono siano come sono e troverai la tranquillità.»

Indubbiamente l'atmosfera di religiosità per l'avvento del cristianesimo sostiene la visione stoica: è questo che esprime la continuità di una civiltà, il mettere insieme, cioè, i vari principi che si sono particolarmente espressi sia nella Grecia che nella Roma antica. Ed è proprio un sapere che entra nelle persone più semplici, che sono a contatto con i problemi pratici dell'esistenza e lontani dalle scuole filosofiche. Epitteto, con i suoi discepoli parlava di Dio, ma la maniera sembra ormai allontanarsi dalla religione strettamente romana. È suo questo passo: «Dio dice: "Va' e fa' testimonianza per me". Pensa che cosa significa poter dire: "Dio mi ha mandato nel mondo perché io sia un testimone e dica agli uomini che le loro pene e i loro timori sono vani, che a un uomo buono non può capitare nulla di male, sia che viva sia che muoia". Dio mi dimostra con la povertà, con la prigione, che io posso rendere la migliore testimonianza per lui tra gli uomini. Con un simile ministerio che mi è affidato, posso ancora curarmi del luogo in cui sono e chi sono i miei compagni e che cosa dicono di me?». È indubbio che Epitteto, pur citando gli stoici e i cinici, risente ormai del clima del cristianesimo primitivo. Protesta contro la schiavitù, condanna la pena capitale e chiede che i criminali vengano trattati come dei malati. Diventa un esempio di connessione tra i movimenti filosofici che sembrano, a poco a poco, cedere il passo di fronte alla nuova religione che avanza. Nello stesso tempo sta a indicare che proprio quegli stessi movimenti hanno costituito una porta, se non spalancata, almeno aperta, per Gesù di Nazareth.

28. Tito Flavio Giuseppe (nato Yosef Ben Matityahu), nasce nel 37 d.C. a Gerusalemme nella Giudea romana nel primo anno del regno di Caligola. La sua famiglia apparteneva alla casta sacerdotale. Ricevette un'educazione ebraica che risentiva, ormai, sia della cultura greca che latina. Muore a Roma nel 100 d.C. circa. È un cittadino romano, ebreo, fariseo, molto osservante della Torah. Visitò Roma e fu impressionato dalla forza militare e dall'alto tenore di vita dei Romani. Uno storico che si situa pertanto in questa importante e ricca attività della cultura romana. La storia come memoria di fatti accaduti e raccontati, per poterne considerare la dimensione positiva o nefasta che hanno avuto. Le caratteristiche di Flavio Giuseppe sono una rappresentazione del

cambiamento di identità degli storici classici, che raccontavano la storia dell'Urbe e delle province, conquistate dal potere romano.

Le opere di Flavio, arrivate a noi, hanno come tema fondamentale la guerra giudaica. Da una parte vi sono gli ebrei, dall'altra i nuovi cristiani, ma tutte le componenti sono romane, come risultato dell'espansione dell'Urbe. Nel 76 d.C. venne nominato dal sinedrio governatore della Galilea. Nel 67, rischiò la morte a seguito delle insurrezioni, ma si salvò per aver predetto che Vespasiano sarebbe diventato imperatore. Fu tenuto sotto il controllo romano fino alla caduta di Gerusalemme. Raggiunse appena possibile Roma, dove ottenne la cittadinanza romana. Scrisse una storia in aramaico per gli ebrei della Mesopotamia sulla guerra giudaica, successivamente la tradusse in greco. Fu composta tra il 75 e il 79 d.C.

Nella prima guerra giudaica iniziata nel 66, fu a capo delle forze ribelli in Galilea. Quando gli insorti vennero assediati dai Romani, pur di non cadere prigionieri, si suicidarono in massa. Ma Flavio Giuseppe si consegnò e predisse che Tito Flavio Vespasiano sarebbe diventato imperatore. Incontrò Vespasiano in persona e così gli parlò: «Tu credi, Vespasiano, di aver catturato soltanto un prigioniero, mentre io sono qui per annunciarti un grandioso futuro. Se non avessi avuto l'incarico da Dio, conoscevo bene quale sorte spettava a me in qualità di comandante, secondo la legge dei giudei: la morte. [...] Tu, o Vespasiano, sarai Cesare e imperatore, tu e tuo figlio. Fammi pure legare ancora più forte, ma custodiscimi per te stesso. [...] E ti chiedo di essere punito con una prigionia ancor più rigorosa, se sto mentendo davanti a Dio». Venne posto sotto il controllo di Tito, il figlio di Vespasiano. L'anno successivo, nel 69, Vespasiano fu acclamato imperatore, si ricordò di Giuseppe, e parlandone con i generali, convinto che si trattasse veramente di un segno divino, decretò di liberarlo: «Mi sembra vergognoso che chi mi ha predetto l'impero sia ancora in prigione con le catene». Flavio Giuseppe trascorse il resto della vita a Roma, dedicandosi a scrivere.

La sua opera è la fonte prima per conoscere la condizione della Giudea nel I secolo e sono altrettanto importanti le osservazioni e i dati che ci riporta sulla vita di Gesù. Diventato filoromano, venne dagli ebrei considerato un traditore e un apostata, per essersi alleato con il mondo romano vincente. In *Antichità giudaiche*, racconta la storia del popolo ebraico fino dall'inizio della guerra giudaica, che durò dal 66 al 70 d.C. In questo testo, nel libro XVIII, viene riferita la predicazione e la morte di Gesù, permettendo così di attribuire ai Vangeli la verità storica. Di Gesù parla anche il libro XX, in cui afferma che Giacomo il giusto, il fratello di Gesù, venne condannato a morte dal sinedrio. Riporta il nome di tutti i grandi sacerdoti che hanno presieduto il sinedrio, includendo Anna e Caifa che furono incaricati dal 6 al 15, e dal 18 al 36 d.C. tra i sacerdoti che giudicarono Gesù. *La guerra giudaica* parte dalla rivolta contro i Romani nel 66 e arriva alla distruzione di Gerusalemme nel 70. La sua forte posizione filoromana provocò una dura reazione. Giusto di Tiberiade scrisse un'opera con lo stesso titolo, ma con una critica aspra verso Flavio Giuseppe. Tra le sue opere vi è anche un'autobiografia. Negli ultimi scritti viene messa in luce la difesa della razza ebraica. Anche nel suo caso, la storiografia risente di un radicale mutamento, sia nell'ambito dell'ebraismo in forte difficoltà storica, sia per un movimento che non impegna eserciti, ma una nuova *visione* della religione. Quella che esce dalla predicazione di Gesù di Nazareth.

29. Quinto Settimio Florente Tertulliano è nato a Cartagine nel 160 d.C. e muore nel 225. Nasce, dunque, in una provincia romana dell'Africa, da genitori pagani. Il padre era centurione proconsolare. Visse gran parte della vita a Cartagine, ma ottenne un'educazione giuridica e filosofica, imparando il greco. Dopo una giovinezza irregolare, esercitò la professione di avvocato, prima in Africa, e poi a Roma. Ritornò nella città natale verso il 195, e si convertì al cristianesimo. Prese gli ordini sacerdotali, dando un esempio di adesione alla nuova religione all'interno di una cultura romana.

È uno scrittore e tutte le sue opere sono in difesa della cristianità. *Ad nationes*, del 197, è un'opera in difesa del cristianesimo e contro i pagani. *Apologeticum*, sempre del 197, è una difesa della libertà di coscienza. Condanna i delitti che sono imputati ingiustamente ai cristiani, mentre sottolinea l'immoralità del Diritto pagano che giunge agli infanticidi. Nel 198, scrive *De testimonio animae*, nel 207 *Adversus Iudeos*, una serie di opere che mettono in cattiva luce le credenze pagane, mentre esaltano il cristianesimo, sottolineando le virtù cristiane, come la pazienza. Un segnale evidente, e siamo nel II secolo, di come il *terzo fattore* entri nella costruzione della civiltà occidentale, con la predicazione di Gesù di Nazareth che dopo la fase dei martiri cristiani, diviene parte strutturale del pensiero e della visione del mondo pagano. Opere, che sono scritte in latino e in greco, anche se a noi è giunta solo la prima versione.

Alle opere propriamente coerenti con il cristianesimo e il sacerdozio del 197-206, segue un periodo tra il 207 e il 212 in cui Tertulliano è attratto dal montanismo (dal nome del fondatore, Montano) che sosteneva di parlare in nome dello Spirito Santo, e profetizzava il ritorno di Cristo. Questa eresia si era diffusa nell'impero romano e Tertulliano, sulla base anche della propria notorietà, ne divenne il principale apologeta. Il movimento era parte del cristianesimo, con interpretazioni che riguardavano più la liturgia e i precetti. Ammetteva la superiorità dei profeti sui sacerdoti, dava maggiore libertà alle donne di partecipare ai riti. A questo proposito risaltano le figure di Massimilla e di Priscilla, che entravano in estasi esprimendo contenuti profetici e vennero scomunicate. Montano chiedeva di evitare i secondi matrimoni e di non fuggire dalle persecuzioni. Tertulliano, aderendovi, già entrava in una critica dell'apparato della Chiesa cattolica. Se ne distaccò successivamente e creò una propria posizione religiosa. Un gruppo di tertullianisti gli sopravvisse, ma si conciliarono con la Chiesa per l'intervento di Agostino.

Al di là del contenuto, occorre affermare che le opere hanno anche un certo valore letterario, in particolare *Apologeticum* è una orazione che esprime la conoscenza di Tertulliano verso le leggi e la storia romana, ma anche una capacità oratoria di grande efficacia. Rappresenta comunque il segnale di quella congiunzione, di quell'innesto del pensiero del cristianesimo nel mondo romano. E vi è addirittura la partecipazione a questioni, che non hanno più niente di romano, ma appartengono alla visione cristiana.

30. Flavio Valerio Aurelio Costantino (Costantino I), nasce a Naissus il 27 febbraio del 274, e muore a Nicomedia il 22 maggio del 336. È imperatore romano dal 306 fino alla sua morte. Figlio di Costanzo Cloro, che dovette ripudiare la moglie, Elena, madre di Costantino. Rimane nella storia come una personalità importante per l'impero romano, poiché riforma l'amministrazione e l'esercito, creando una nuova capitale a Oriente: Costantinopoli. Non solo promulgò la libertà religiosa nell'impero ma, oltre a difendere il cristianesimo, lo dichiarò religione dello Stato. Le Chiese d'Oriente lo venerano come un santo. È definito anche l'imperatore cristiano, rappresenta dunque non solo l'avvenuto legame tra impero e religione cristiana, ma con lui addirittura avviene che il ruolo della Chiesa sia nelle mani del massimo potere governativo. Costantino era di madrelingua latina e, nonostante l'origine greca, aveva bisogno di interpreti per comprendere e usare il greco.

Nella storia è ricordato come generale di grande capacità, ma anche come ottimo amministratore. Giustamente lo si considera il nuovo fondatore dell'impero. Risulta dubbio se la sua identificazione come promotore del cristianesimo fosse legata a una adesione personale, o non rappresentasse una strategia politica. Nel corso della guerra contro Massenzio nel 311, sarebbe apparsa la croce sovrastata dalla scritta *in hoc signo vinces*. Un'apparizione che, secondo Eusebio di Cesarea, sarebbe avvenuta nei pressi di Torino, ed è un esplicito segnale che Costantino si sentiva certo dell'appoggio dei cristiani e del loro Dio. Risultato vittorioso, manifestò verso la Chiesa un atteggiamento favorevole, emanando leggi che la proteggevano. Cercò di promuoverne l'unità. Seguendo la strategia, per cui un impero unito aveva bisogno di una Chiesa unita. Costantino fu battezzato solo sul letto di morte. Indubbiamente si tratterebbe di un'abile manovra pro-cristiani, invece che pro-fide. Costantino sposò Fausta nel 307, mentre in precedenza era stato unito con Minervina.

L'episodio, forse più indicativo a mostrare che la Chiesa aveva assunto un legame strutturale con la cultura romana e il potere imperiale, è dato dal Concilio di Arles del 314, convocato da Costantino, che con la sua presenza condannò le tesi di Donato, vescovo di Cartagine. Egli riteneva che i vescovi cristiani, che avevano consegnato le scritture alla polizia pagana durante le persecuzioni, avessero perduto l'autorità. E che di conseguenza, gli atti liturgici da loro impartiti fossero nulli. I donatisti crearono vescovi rivali ovunque. Il Concilio dei vescovi di Arles ordinò agli scismatici di tornare nella Chiesa e dispose che le congregazioni renitenti perdessero le proprietà e i diritti civili.

Un'altra eresia, creata nel 318 da Ario, un prete della città egiziana di Alessandria, riguardava la natura di Cristo, che non era «una sola cosa» con il Padre. Il Figlio non era co-eterno e consostanziale con il Padre. Costantino indisse un nuovo Concilio e condannò l'eresia ariana. Il Concilio di Nicea si tenne nel palazzo imperiale, il 19 giugno del 325.

Maggio: *Gesù di Nazareth, vero Uomo*[35]

1. Tutto incominciò così: «Al tempo di Erode, re di Giudea, vi era un sacerdote di nome Zaccaria della classe di Abia e la moglie che aveva, era stata scelta tra le figlie di Aronne e si chiamava Elisabetta. Erano tutti e due giusti davanti a Dio [...] ma non avevano figli, perché Elisabetta era sterile e tutti e due avanti negli anni. Ora avvenne che, mentre egli recitava le sue funzioni davanti a Dio nel turno della sua classe, secondo l'uso del servizio divino, fu scelto dalla sorte a bruciare l'incenso ed entrare così nel santuario del Signore, mentre tutta la moltitudine del popolo stava fuori in preghiera, nell'ora dell'incenso. Allora un angelo del Signore gli apparve in piedi, alla destra dell'altare dell'incenso. Zaccaria si turbò a quella vista e fu preso dal timore. Ma l'angelo gli disse: "Non temere Zaccaria perché la tua preghiera è stata esaudita. La tua moglie Elisabetta ti darà alla luce un figlio, al quale tu porrai nome Giovanni [...] sarà grande dinanzi al Signore [...] ed egli camminerà davanti a lui [...] per ricondurre i cuori dei padri verso i figli, i ribelli ai sentimenti dei giusti, onde preparare al Signore un popolo ben disposto".

[35] I passi degli Evangeli canonici sono tratti dalla Sacra Bibbia, Edizioni Paoline, Roma 1964.

E Zaccaria disse all'angelo: "In quale maniera riconoscerò questo? Perché io sono vecchio e mia moglie è avanzata negli anni". L'angelo gli rispose: "Io sono Gabriele che sto davanti a Dio e son stato mandato per parlarti e annunziare a te questa buona novella. Ecco, tu resterai muto e non potrai parlare fino a quel giorno, in cui queste cose si compiranno perché tu non hai creduto alle Sue parole che a suo tempo saranno adempiute"». *(Dal Vangelo secondo Luca)*

La nascita di Giovanni, annunciata dall'angelo a una coppia sterile e anziana, avrà il compito di preparare al Signore un popolo ben disposto.

2. «Sei mesi dopo, l'angelo Gabriele fu inviato da Dio in una città della Galilea chiamata Nazareth a una vergine, promessa a un uomo di nome Giuseppe della casa di Davide. Il nome della vergine era Maria. L'angelo, essendo entrato presso di lei, disse: "Ave, o piena di grazia, il Signore è con te, Benedetta tu fra le donne". Turbata a queste parole, ella si domandava che cosa potesse significare un tale saluto, ma l'angelo le disse: "Non temere Maria, perché tu hai trovato grazia davanti a Dio. Ecco, tu concepirai nel tuo seno e darai alla luce un figlio, che chiamerai col nome di Gesù, Egli sarà grande e verrà chiamato Figlio dell'Altissimo. E il suo Regno non avrà mai fine". Allora Maria disse all'angelo: "Come potrà avvenire questo se io non conosco uomo?". E l'angelo le rispose dicendo: "Lo Spirito Santo verrà sopra di te e la potenza dell'Altissimo ti coprirà della sua ombra: per questo il bambino santo che nascerà, sarà chiamato Figlio di Dio. Ecco, Elisabetta tua parente ha concepito anch'essa un figlio nella sua vecchiaia e colei che era chiamata sterile è nel sesto mese, perché niente è impossibile dinanzi a Dio". Allora Maria disse: "Ecco l'ancella del Signore; che mi avvenga secondo la tua parola. E l'angelo si partì da lei".» *(Dal Vangelo secondo Luca)*

3. Nacque Giovanni, detto anche il Battista. Seguì la nascita di Gesù.

«In quel tempo fu emanato un editto da Cesare Augusto per il censimento di tutto l'impero. Fu il primo che ebbe luogo, quando Quirino era governatore della Siria. Tutti andarono a farsi iscrivere, ciascuno nella propria città. E anche Giuseppe salì dalla Galilea, dalla città di Nazareth per recarsi in Giudea, nella città di Davide chiamata Betlehem, perché egli era della casa e della famiglia di Davide, e farsi iscrivere insieme a Maria, sua sposa, che era incinta. Or mentre si trovavano là, si compirono i giorni in cui ella doveva avere il bambino, e diede alla luce il suo figlio primogenito, lo avvolse in fasce e lo adagiò in una mangiatoia, perché all'albergo per loro non c'era posto.» *(Dal Vangelo secondo Luca)*

Nacque Gesù in un presepio, tra pastori e angeli del cielo.

4. La connotazione umana di questa nascita, annunciata in maniera un poco misteriosa, è sottolineata dall'essere stato concepito da Maria e dallo Spirito Santo, come parte di una storia che in questo caso si chiama genealogia.

«Gesù Cristo, figlio di Davide, figlio di Abramo. Abramo generò Isacco, Isacco generò Giacobbe, Giacobbe generò Giuda e i suoi fratelli. Giuda generò Fares e Zara da Tamar; Fares generò Esrom, Esrom generò Aram, Aram generò Aminadab, Aminadab generò Nassam, Nassam generò Sabnon, Sabnon generò Booz da Raab, Booz generò Obed da Ruth; Obed generò Jesse, Jesse generò Davide, il re. [...] Giosia generò Geconia e i suoi fratelli, al tempo della deportazione in Babilonia. Dopo la deportazione in Babilonia, Geconia generò Salatiel, Salatiel generò Zorobabele, Zorobabele generò Abiud [...] Eleazar generò Mattan, Mattan generò Giacobbe, Giacobbe generò Giuseppe, lo sposo di Maria dalla quale è nato Gesù, detto Cristo. In tutto, dunque, le generazioni da Abramo a Davide sono quattordici, da Davide fino alla deportazione in Babilonia altre quattordici generazioni, e dalla deportazione in Babilonia fino a Cristo, ulteriori quattordici generazioni.» *(Dal Vangelo secondo Matteo)*

5. Passano gli anni, il Bambino Gesù cresce e la profetessa Anna, giunta all'età di ottantaquattro anni, non lasciava mai il tempio e

serviva Dio notte e giorno, con digiuni e preghiere. Parlava sempre del Bambino Gesù a tutti quelli che aspettavano la liberazione di Gerusalemme.

«I genitori di Gesù erano soliti andare a Gerusalemme ogni anno per la festa di Pasqua e quando Gesù aveva dodici anni, compiuto puntualmente quel rito, pronti per il ritorno si accorsero che Gesù era rimasto a Gerusalemme. Ritornarono e lo trovarono nel tempio a dialogare con i dottori e trovatolo, sua madre gli disse: "Figlio, perché ti sei comportato così? Tuo padre e io andavamo in cerca di te". Ed egli rispose: "Perché mi cercavate? Non sapevate che io mi devo occupare di quanto riguarda mio Padre?". Ma essi non compresero quello che aveva loro detto. Insieme ritornarono a Nazareth. Intanto Gesù cresceva in sapienza, in statura e in grazia, davanti a Dio e agli uomini.» *(Dal Vangelo secondo Luca)*

6. Anche Giovanni il Battista era cresciuto.

«L'anno quindicesimo del Regno di Tiberio Cesare, quando Ponzio Pilato era governatore della Giudea ed Erode Antipa tetrarca della Galilea [...] sotto i sommi sacerdoti Anna e Caifa, la parola di Dio fu rivolta a Giovanni, figlio di Zaccaria, nel deserto. E venne in ogni paese intorno al Giordano a predicare il battesimo di penitenza per la remissione dei peccati, come sta scritto nel libro delle profezie di Isaia: "Voce di colui che grida nel deserto: 'Preparate la via del Signore fate retti i suoi sentieri. Ogni valle sarà colmata, ogni monte e ogni colle sarà abbassato, le vie storte diventeranno una via diritta, le scabrose vie piane, e ogni uomo vedrà la salvezza di Dio'". [...] La folla lo interrogava, dicendo: "Che cosa dunque dovremmo fare noi?". Egli rispondeva: "Colui che ha due tuniche, ne dia una a chi non ne ha, e chi ha di che nutrirsi, doni il cibo a chi ne è privo". [...] e rivolgendosi a tutti diceva: "Io vi battezzo nell'acqua, ma viene colui che è più forte di me, al quale io non sono neppure degno di sciogliere il legaccio dei sandali. Lui vi battezzerà nello Spirito Santo e nel fuoco".» *(Dal Vangelo secondo Luca)*

«Pur in quei giorni, Gesù giunse da Nazareth di Galilea e fu battezzato nel Giordano, da Giovanni. Nel momento in cui egli usciva dall'acqua, il Battista vide i cieli aperti e lo Spirito Santo come colomba scendere sopra di Lui, mentre dai cieli venne una voce: "Tu sei il mio figlio diletto, in te mi sono compiaciuto".» *(Dal Vangelo secondo Marco)*

7. «E chiamati a sé i dodici discepoli, diede loro potere sopra gli spiriti immondi, per cacciare e guarire ogni malattia e ogni infermità. I nomi dei dodici sono Simone, detto Pietro e Andrea suo fratello; Giacomo, figlio di Zebedeo e Giovanni, suo fratello; Filippo e Bartolomeo, Tommaso, Matteo il pubblicano, Giacomo figlio di Alfeo e Taddeo, Simone il cananeo e Giuda Iscariota, colui che poi lo tradì. [...] E così li istruì: "Io vi mando come pecore in mezzo ai lupi; siate dunque prudenti come i serpenti e semplici come le colombe. Guardatevi però dagli uomini, perché vi trascineranno davanti ai tribunali e vi flagelleranno nelle loro sinagoghe e sarete condotti davanti a presidi e re, per cagion mia. Ma quando vi consegneranno nelle loro mani, non vi date pensiero del come parlare o di quanto dovete dire, poiché vi sarà dato in quel momento ciò che dovrete dire. Non sarete infatti voi che parlerete, ma lo Spirito del Padre vostro che parlerà in voi. [...] Chi tiene conto della sua vita, la perderà e chi avrà perduto la sua vita per amore mio, la ritroverà. Chi riceve voi, riceve me e chi riceve me, riceve Colui che mi ha mandato".» *(Dal Vangelo secondo Matteo)*

8. «A Cana di Galilea, si teneva un convito di nozze e vi era la madre di Gesù. Alle nozze fu pure invitato Gesù con i suoi discepoli. Or essendo venuto a mancare il vino, la madre di Gesù gli disse: "Non hanno più vino" e Gesù disse a lei: "Donna, che desideri da me? L'ora mia non è ancora venuta". Ma la madre sua disse ai servitori: "Fate tutto quello che egli vi dirà". C'erano lì sei idrie di pietra, preparate dei giudei, le quali contenevano da due a tre metrete ciascuna. Gesù ordinò loro: "Riempite di acqua le idrie". E le empirono fino all'orlo. Poi soggiunse: "Ora

attingete e portatene al maestro di tavola". Essi gliene portarono. Come ebbe il maestro di tavola assaggiato l'acqua mutata in vino, non sapendo donde venisse, mentre lo sapevano i servitori che avevano attinto l'acqua, chiamò lo sposo: "Tutti da principio somministrano il vino migliore, e quando hanno già bevuto molto, danno il meno buono, tu invece hai serbato il migliore fino a ora". Così Gesù fece il primo dei suoi miracoli e manifestò la sua gloria, finché i suoi discepoli credettero in lui.» *(Dal Vangelo secondo Giovanni)*

9. «Quando Gesù fu sceso dal monte, una gran folla lo seguì. Ed ecco un lebbroso, accostatosi, gli si presentò dinanzi, dicendo: "Signore se vuoi, tu puoi mondarmi". E Gesù stese la mano, lo toccò e disse: "Lo voglio, sii mondato". E subito fu mondato dalla sua lebbra. Poi Gesù gli disse: "Guardati dal dirlo ad alcuno ma va', mostrati al sacerdote e fa' l'offerta che Mosè prescrisse, affinché questo serva per loro di testimonianza".» *(Dal Vangelo secondo Matteo)*.

E Gesù gli disse: «Guardati dal dirlo ad alcuno».

10. «Mentre Gesù entrava in Cafarnao, gli si presentò un centurione e lo pregava dicendo: "Signore, il mio servo giace in casa paralizzato e soffre terribilmente". Gesù gli disse: "Io verrò e lo guarirò". Ma il centurione soggiunse: "Signore, io non son degno che tu entri sotto il mio tetto, ma ordina con la sola parola e il mio servo sarà guarito [...]". Gesù, quando l'ebbe ascoltato, ne restò ammirato e disse a coloro che lo seguivano: "In verità vi assicuro, neppure in Israele ho trovato una fede così grande [...]". Poi Gesù disse al centurione: "Vai e poiché hai creduto, accadrà". Di fatto, in quell'ora stessa, il servo fu guarito.» *(Dal Vangelo secondo Matteo)*

Poiché hai creduto, accadrà.

11. «Ed essendo salito nella barca, lo seguirono i suoi discepoli. Or ecco, si sollevò il mare, una burrasca tale che la barca era coperta dalle onde. Ed egli dormiva. Allora, accostatisi a lui, i di-

scepoli lo svegliarono gridando: "Signore salvaci, siamo perduti". Ma Gesù disse loro: "Perché temete, gente di poca fede?". Poi alzatosi, comandò ai venti e al mare, e si fece bonaccia. Sicché questi uomini ne rimasero meravigliati e dicevano: "Chi è mai costui che gli obbediscono anche i venti e il mare?".» *(Dal Vangelo secondo Matteo)*

Perché temete, gente di poca fede?

12. «Or uno della folla gli disse: "Maestro ti ho condotto mio figlio, che ha un spirito muto. E quando si impossessa di lui lo butta per terra, sicché egli spuma, digrigna i denti, e resta irrigidito. Ho detto ai tuoi discepoli di cacciarlo, ma non hanno potuto". Egli disse: "O generazione incredula, fino a quando sarò io con voi? [...] conducetelo da me". E glielo condussero. Pur quando il fanciullo vide Gesù, lo spirito l'agitò subito convulsamente; e caduto per terra, si rivoltava spumando. Gesù domandò al padre: "Da quanto tempo è cominciato a succedergli questo?". Rispose: "Dall'infanzia e spesso l'ha gettato nel fuoco, a volte nell'acqua, per farlo perire. Ma se tu puoi qualche cosa, vieni in nostro aiuto". Allora Gesù disse: "Se tu puoi! Tutto è possibile a colui che crede". Subito il padre del fanciullo disse: "Io credo".» *(Dal Vangelo secondo Marco)*

Tutto è possibile a colui che crede.

13. «Avendo convocato i dodici, dette loro potere e autorità su tutti i demoni, con la virtù di guarire le malattie. Quindi li mandò a predicare il Regno di Dio e a guarire gli infermi dicendo: "Non prendete niente per il viaggio, né bastone, né bisaccia, né pane, né denaro, né una seconda tunica. E in qualunque casa voi sarete andati, prenderete dimora e se alcuni non vi ricevono, quando uscirete da quella città scuotete la polvere dai vostri piedi, in testimonianza contro di loro". I discepoli, dunque, partirono e se ne andarono di villaggio in villaggio, annunziando la buona novella e operando guarigioni ovunque.» *(Dal Vangelo secondo Matteo)*

«I discepoli, dunque, partirono annunciando la buona novella e operando guarigioni ovunque. [...] "Ecco io vi mando come agnelli in mezzo ai lupi. Non portate né borsa, né bisaccia, né calzari e non salutate nessuno nel viaggio. In qualunque casa voi entriate, prima dite: 'Pace a questa casa!'. [...] Se entrate in una città e siete ben accolti, mangiate ciò che vi sarà presentato, guarite i malati e dite loro: 'È a voi vicino il Regno di Dio'. Ma se entrate in una città che non vorrà accogliervi, andate sulle piazze e dite: 'Noi scuotiamo contro di voi anche la polvere della vostra città che si è attaccata ai nostri piedi; sappiate tuttavia che il Regno di Dio è vicino'. [...] Chi ascolta voi, ascolta me; chi disprezza voi, disprezza me. Chi disprezza me, disprezza Colui che mi ha mandato." [...] Ritornarono tutti gioiosi, dicendo: "Signore, i demoni stessi sono soggetti a noi, usando il tuo nome".» *(Dal Vangelo secondo Luca)*

«"Se in una città non siete accolti, non potete compiere i miracoli, poiché non siete voi a farli, ma la fede di chi crede in voi, in me, e nel Padre mio che è nei cieli." Gli apostoli dissero al Signore: "Accresci in noi la fede" ma il Signore rispose: "Se avrete fede quanto un granello di senape, e direte a questa pianta di sicomoro: 'Sradicati e trapiantati in mare' obbedirà".» *(Dal Vangelo secondo Luca)*

14. «Si recò nella sua patria, Nazareth, e istruiva nella loro sinagoga in modo da farli restare meravigliati ed esclamavano: "Donde mai vengono a costui questa sapienza e questi miracoli? Non è egli forse il figlio del falegname? E sua madre non si chiama Maria? E i suoi fratelli Giacomo, Giuseppe, Simone e Giuda? E le sue cugine non sono tutte qui tra noi? Da dove, dunque, vengono a costui tutte queste cose?". E si scandalizzavano in lui. Ma Gesù disse loro: "Un profeta non è privo di onore, se non nella sua patria e nella sua casa". Sicché, a cagione della loro incredulità, non fece molti miracoli.» *(Dal Vangelo secondo Matteo)*

15. «Gli condussero una donna sorpresa in adulterio e postala in mezzo, dissero: "Maestro, questa donna è stata sorpresa

in flagrante adulterio. Ora Mosè, nella legge, ci ha comandato che tali donne siano lapidate; tu dunque che ne dici?". Gli scribi e i farisei chiedevano questo, per metterlo alla prova e poterlo accusare. Ma Gesù, chinatosi, si mise a scrivere col dito in terra. E siccome non la smettevano di interrogarlo, si alzò e disse loro: "Chi di voi è senza peccato, scagli la prima pietra contro di lei". Poi chinatosi di nuovo, seguitò a scrivere in terra. Udito ciò quelli, uno dopo l'altro, se ne andarono tutti, cominciando dal più vecchio fino all'ultimo, sicché Gesù restò solo con la donna. Allora Gesù alzatosi, le chiese: "Dove sono donna, quelli che ti accusavano? Nessuno ti ha condannata?". Ed ella rispose: "Nessuno, Signore". E Gesù le disse: "Nemmeno io ti condannerò; va' e d'ora in poi, non peccare più".» *(Dal Vangelo secondo Giovanni)*

16. «Gesù lasciò la Giudea e andò di nuovo in Galilea. Doveva quindi passare attraverso la Samaria. Giunse in una città, detta Sichar, vicino al podere che Giacobbe aveva donato a suo figlio Giuseppe e dove c'era un pozzo: il pozzo di Giacobbe. Stanco del viaggio, si era messo a sedere sull'orlo del pozzo. Era circa l'ora sesta. Venne ad attingere acqua una samaritana. Gesù le disse: "Dammi da bere". I suoi discepoli intanto erano andati in città a comprar da mangiare. La samaritana gli rispose: "Come mai tu, che sei giudeo, chiedi da bere a me, che sono samaritana? Perché, se i giudei non vanno d'accordo con i samaritani?". Gesù rispose: "Se tu conoscessi il dono di Dio, e chi è colui che dice a te: 'Dammi da bere', tu stessa ne avresti chiesto a Lui e ti avrebbe dato dell'acqua viva". La donna gli disse: "Signore, non hai con che attingere e il pozzo è profondo; di dove dunque hai quest'acqua viva? Sei tu forse più grande di Giacobbe, nostro padre, che diede a noi questo pozzo, da cui attinse per bere lui, i suoi figli e il suo bestiame?". Gesù le rispose: "Chi beve di quest'acqua, tornerà ad avere sete; chi invece berrà l'acqua che gli darò io, non avrà più sete in eterno e l'acqua che gli darò, diventerà in lui sorgente di acqua zampillante fino alla vita eterna". Disse

a lui la donna: "Signore, dammi di quest'acqua, affinché non abbia più sete e non debba venire qui ad attingere".» *(Dal Vangelo secondo Giovanni)*

17. «Giunti a Cafarnao, si accostarono a Pietro quelli che riscuotevano le due dramme e gli dissero: "Il vostro maestro non paga le due dramme?". Ed egli rispose: "Sì certamente le paga". Ma entrato in casa, Gesù lo prevenne, dicendo: "Che te ne pare Simone? I re della terra da chi ricevono il tributo o le imposte? Dai propri figli o dagli estranei?". E Pietro rispose: "Dagli estranei". E Gesù a lui: "Dunque, i figli ne sono esenti. Tuttavia, per non scandalizzarli, va' al mare, getta l'amo e prendi il primo pesce che viene su; aprigli la bocca e lì troverai uno statere; prendilo e paga per me e per te".» *(Dal Vangelo secondo Matteo)*

18. «Gesù disse ai giudei: "Io sono la luce del mondo; chi segue me, non camminerà nelle tenebre, ma avrà la luce della vita". I farisei intervennero: "Tu rendi testimonianza a te stesso; la tua testimonianza non vale". Gesù replicò: "Sebbene io renda testimonianza a me stesso, la mia testimonianza vale sempre, perché so donde son venuto e dove vado, mentre voi non sapete donde io venga, né dove vada. Voi giudicate secondo la carne; io non giudico nessuno e se giudico io, il mio giudizio è vero perché non sono solo, ma ho con me il Padre che mi ha inviato. E proprio nella vostra legge, sta scritto che è valida la testimonianza di due persone [...]". Allora gli domandarono: "Dov'è tuo padre?". Rispose Gesù: "Non conoscete né me né mio Padre, se conosceste me, conoscereste anche il Padre mio. [...] Voi siete di quaggiù, io sono di lassù. Voi siete di questo mondo, io non sono di questo mondo. [...] Quando avrete innalzato in croce il Figlio dell'uomo, allora conoscerete che io sono il Figlio di Dio e che niente faccio da me, ma come mi ha insegnato il Padre. Così io parlo. [...] Se persevererete nei miei insegnamenti, sarete veramente miei discepoli, conoscerete la libertà e la libertà vi farà liberi. [...] Io non cerco la mia gloria; c'è chi la cerca e chi giudica. In verità, in ve-

rità vi dico: chi custodisce la mia parola, non vedrà la morte in eterno".» *(Dal Vangelo secondo Giovanni)*

19. «Gesù, veduta la folla, salì sul monte e quando si fu seduto, lì si accostarono i suoi discepoli. Allora egli parlò per ammaestrare e disse: "Beati i poveri di spirito, perché di essi è il Regno dei cieli. Beati gli afflitti, perché saranno consolati. Beati i miti, perché erediteranno la terra. Beati quelli che hanno fame e sete di giustizia, perché saranno saziati. Beati i misericordiosi, perché otterranno misericordia. Beati i puri di cuore, perché vedranno Dio. Beati i pacificatori, perché saranno chiamati figli di Dio. Beati quelli che son perseguitati per causa della giustizia, perché di essi è il Regno dei cieli. Beati sarete voi, quando vi oltraggeranno e perseguiteranno e falsamente diranno di voi ogni male per cagione mia. Rallegratevi ed esultate, perché grande è la vostra ricompensa nel cielo; perché così pure hanno perseguitato i profeti che sono stati prima di voi".» *(Dal Vangelo secondo Matteo)*

20. «"Non crediate che sia venuto ad abolire la legge o i profeti, non sono venuto ad abolirla ma a completarla. [...] Voi avete udito cosa fu detto agli antichi: 'Non uccidere e chiunque avrà ucciso, sarà condannato in giudizio'; ma io vi dico: Chiunque va in collera con suo fratello, sarà condannato in giudizio e chi avrà detto a suo fratello: 'Raka', sarà condannato. E chi gli avrà detto: 'Pazzo', sarà condannato al fuoco della Geenna. Se dunque stai presentando la tua offerta all'altare e qui ti ricordi che tuo fratello ha qualcosa contro di te, lascia la tua offerta lì, dinanzi all'altare, e va' prima a riconciliarti con tuo fratello, poi allora torna e presenta la tua offerta. Mettiti presto d'accordo col tuo avversario mentre sei in cammino con lui, perché egli non ti consegni al giudice e il giudice non ti consegni alle guardie e tu non sia messo in prigione. In verità ti dico che non ne uscirai, finché non avrai pagato l'ultimo centesimo. Voi sapete che è stato detto: 'Non commettere adulterio'. Ma io vi dico che chiunque avrà guardato una donna per desiderarla, ha già commesso adulterio con lei

nel suo cuore. Ora se il tuo occhio destro ti è occasione di caduta, cavalo e gettalo via: è meglio per te che uno dei tuoi membri perisca, piuttosto che tutto il tuo corpo sia gettato nella Geenna. [...] Sapete che fu ancora detto agli antichi: 'Non spergiurare ma adempi i tuoi giuramenti al Signore'. Io però vi dico di non giurare mai né per il cielo perché trono di Dio, né per la terra perché sgabello dei suoi piedi. [...] Voi sapete che è stato detto: 'Occhio per occhio, dente per dente'. Ma io vi dico di non resistere al malvagio, anzi se uno ti percuote nella guancia destra, porgigli anche l'altra. Se uno vuol litigare con te per toglierti la tunica, cedigli anche il mantello. [...] Voi sapete che fu detto: 'Amerai il tuo prossimo e odierai il tuo nemico'. Ma io vi dico: Amate i vostri nemici, pregate per coloro che vi perseguitano! [...] Perché, se voi amate soltanto quelli che vi amano, quale premio meritate? [...] Siate dunque perfetti come è perfetto il Padre vostro celeste. [...] Non vogliate accumulare tesori sulla terra, dove la ruggine e la tignola consumano e dove i ladri sfondano e rubano, ma accumulate dei tesori nel cielo, dove né ruggine né tignola consumano e dove i ladri non sfondano né rubano. Perché là dov'è il tuo tesoro, ci sarà pure il tuo cuore".» *(Dal Vangelo secondo Matteo)*

21. «In quel tempo Erode, il tetrarca, venne a sapere della grande fama di Gesù e disse ai suoi cortigiani: "Costui è Giovanni Battista. È risuscitato dai morti e per questo in lui si manifesta la potenza dei miracoli". Erode invero aveva fatto arrestare Giovanni, lo aveva incatenato e messo in carcere a causa di Erodiade, moglie di suo fratello Filippo, perché Giovanni gli diceva: "Non ti è permesso di averla". Lo avrebbe fatto morire volentieri, ma temeva il popolo che lo riteneva come un profeta. Ora nella ricorrenza del giorno natalizio di Erode, la figlia di Erodiade ballò in presenza dei convitati e piacque tanto a Erode che promise con giuramento di darle qualsiasi cosa gli avesse chiesto. Essa, istigata da sua madre, gli disse: "Dammi qui sopra un piatto, la testa di Giovanni Battista". Il re rimase contristato ma, a moti-

vo del giuramento e dei convitati, decise che le fosse data e mandò a far decapitare Giovanni nel carcere. La sua testa fu portata in un piatto e data alla fanciulla che la portò a sua madre.» *(Dal Vangelo secondo Matteo)*

22. «Radunarono perciò i grandi sacerdoti e i farisei e il Consiglio e dicevano: "Che facciamo? Poiché quest'uomo fa molti miracoli. Se lo lasciamo fare, tutti crederanno in lui e verranno i Romani e distruggeranno la nostra città e la nostra nazione". Ma uno di loro, chiamato Caifa, che era in quell'anno sommo sacerdote disse loro: "Voi non capite nulla e non pensate come torni conto per voi che un uomo solo muoia per il popolo, e non perisca tutta la nazione". E come sommo sacerdote, profetò che Gesù doveva morire per la sua nazione e non per la sua nazione soltanto, ma anche per accogliere insieme i dispersi figli di Dio. Da quel giorno, dunque, decisero di farlo morire. [...] I grandi sacerdoti e i farisei avevano dato ordine che, se qualcuno sapesse dov'era, lo segnalasse per poterlo catturare.» *(Dal Vangelo secondo Giovanni)*

23. «Uscito, se ne andò secondo il solito al monte degli Ulivi, e i suoi discepoli lo seguivano. Giunti in quel luogo, disse loro: "Pregate per non cadere in tentazione". Poi, allontanandosi da essi quanto un tiro di sasso e inginocchiatosi, pregava dicendo: "Padre, se vuoi allontana da me questo calice, però non la mia, la tua volontà sia fatta". Gli apparve quindi un angelo dal cielo per confortarlo ed essendo in agonia, pregava ancor più intensamente e il suo sudore divenne come gocce di sangue rappreso che cadevano in terra. Poi alzatosi dalla preghiera, andò dai discepoli e li trovò addormentati per la tristezza e disse loro: "Perché dormite? Alzatevi e pregate, affinché non entriate in tentazione".» *(Dal Vangelo secondo Luca)*

Una scena umanissima.

24. «Gesù uscì insieme ai suoi discepoli e andò oltre il torrente Cedron dove era un orto in cui entrò con i suoi discepoli. Ma

anche Giuda che lo tradiva, conosceva quel luogo poiché spesso, in compagnia dei suoi discepoli, Gesù vi si ritirava. Giuda, avuta la coorte delle guardie dai grandi sacerdoti e dai farisei, arrivò con lanterne, torce e armi. Allora Gesù che sapeva tutto quel che doveva accadere, si fece avanti e chiese loro: "Chi cercate?". Gli risposero: "Gesù Nazareno". Gesù disse loro: "Sono io". [...] Allora Simon Pietro che aveva una spada, la sfoderò e colpì un servo del sommo sacerdote e gli tagliò l'orecchio destro. Quel servo si chiamava Malco. Ma Gesù disse a Pietro: "Rimetti la tua spada nel fodero; non berrò io il calice che il Padre mi ha dato?". [...] Legarono Gesù, lo condussero da Caifa, il grande sacerdote.» *(Dal Vangelo secondo Giovanni)*

25. «Allora i soldati del governatore, condotto Gesù nel pretorio, radunarono intorno a lui tutta la coorte. Lo spogliarono e gli misero addosso un manto scarlatto, quindi intrecciarono una corona di spine, gliela misero in capo e gli posero una canna nella destra, poi piegando il ginocchio davanti a lui, lo schernivano dicendo: "Salve o re dei giudei". Sputandogli poi addosso e prendendogli la canna, gliela battevano sulla testa. E dopo averlo così schernito, gli levarono il manto, gli rimisero le sue vesti e lo condussero via per crocifiggerlo. Or nell'uscire incontrarono un uomo di Cirene chiamato Simone, e lo costrinsero a portare la croce di lui.» *(Dal Vangelo secondo Matteo)*

26. Nel tempo in cui Gesù è innalzato sulla croce, pronuncia poche parole che esprimono in maniera drammatica la passione. Sono note come le *Septem verba Christi in cruce*. *Pater, remitte illis, quia nesciunt quid faciunt* («Padre, perdona loro poiché non sanno quello che fanno»). *Dico tibi: hodie mecum eris in paradiso* («In verità ti dico, oggi tu sarai con me in paradiso»). *Mulier, ecce filius tuus. Fili, ecce mater tua* («Donna, ecco tuo figlio. Figlio, ecco tua madre»). *Eli, Eli, lema sabacthani?* («Dio mio, Dio mio, perché mi hai abbandonato?»). *Sitio* («Ho sete»). *Consummatum est* («Tutto è compiuto»). *Pater, in manus tuas commen-*

do spiritum meum («Padre, nelle tue mani consegno il mio spirito»). L'espressione più umana è *sitio* («ho sete»).

27. «Poi, chinato il capo, rese lo spirito.» Da questo momento, c'è spazio solo per il silenzio. E nella mente passano due immagini. Nella prima il corpo di Gesù viene staccato dalla croce e Maria, sua madre, lo accoglie tra le braccia nel silenzio. È questa l'immagine della Pietà, non è possibile descrivere questo sentimento in maniera più efficace. Michelangelo, nella *Pietà* di San Pietro, presenta la Madonna che seduta tiene sulle ginocchia il figlio morto, nella stessa posizione in cui lo teneva da bambino. La seconda immagine è quella del *Compianto*: Gesù viene deposto per terra, la croce si staglia muta nel cielo, e attorno vi sono Maria, sua madre, le pie donne: Maria di Magdala, Maria di Cleofa, Maria di Giacomo; Giovanni con Giuseppe d'Arimatea e Nicodemo. Urlano di dolore, ma non si ode nulla, un urlo fatto di silenzio.

28. «Giuseppe d'Arimatea e Nicodemo presero il corpo di Gesù, lo avvolsero in bende di lino con aromi, secondo il modo di seppellire presso gli ebrei. Or, nel luogo dove Gesù fu crocifisso, v'era un orto e nell'orto un sepolcro nuovo, nel quale non era ancora stato posto nessuno. Lì adunque, a motivo della Parasceve dei giudei (era il venerdì, il giorno stava per finire e con il buio per la legge ebraica iniziava lo shabbat), giacché il sepolcro era vicino, deposero il corpo di Gesù.» *(Dal Vangelo secondo Giovanni)*

29. «Il primo giorno della settimana (domenica) Maria Maddalena andò al sepolcro, la mattina presto mentre era ancora buio, e vide che dal sepolcro era stata tolta la pietra. Allora, di corsa si recò da Simon Pietro e da quell'altro discepolo prediletto di Gesù e disse loro: "Hanno portato via dal sepolcro il Signore e non sappiamo dove l'abbiano messo". Uscì dunque Pietro con l'altro discepolo e andarono al sepolcro. Correvano tutti e due insieme, ma quell'altro discepolo corse più svelto. E

chinatosi, vide le bende per terra, tuttavia non entrò. Arrivò intanto anche Simon Pietro, egli entrò nella tomba e vide le bende per terra e il sudario che era sul capo di Gesù, non per terra con le bende, ma ripiegato in un angolo a parte. Allora entrò anche l'altro discepolo, che era giunto prima al sepolcro, e vide e credette. Infatti, non avevano ancora compreso la Scrittura, secondo la quale egli doveva risuscitare dai morti.» *(Dal Vangelo secondo Giovanni)*

30. «Maria di Magdala stava di fuori vicino al sepolcro a piangere. Or, mentre piangeva, s'affacciò al sepolcro e vide due angeli vestiti di bianco, seduti l'uno al capo e l'altro ai piedi, dove era stato posto il corpo di Gesù. Ed essi le dissero: "Donna perché piangi?". Rispose loro: "Perché hanno portato via il mio Signore e non so dove l'abbiano messo". Detto questo, si voltò indietro e vide Gesù in piedi, ma non sapeva che era lui. Gesù le domandò: "Donna, perché piangi? Chi cerchi?". E lei, pensando che fosse il custode dell'orto, gli disse: "Se l'hai portato via tu, dimmi dove l'hai messo, e io lo prenderò". Gesù la chiamò: "Maria". Essa, allora voltandosi, disse in ebraico: "Rabboni!" che significa "Maestro". Gesù le disse: "Non abbracciarmi, perché non sono ancora asceso al Padre, ma ora va' dai miei discepoli e di' loro che ascendo al Padre mio e al Padre vostro, Dio mio e Dio vostro". Allora Maria Maddalena corse ad annunziare ai discepoli: "Ho veduto il Signore".» *(Dal Vangelo secondo Giovanni)*

31. «Mentre parlavano di queste cose, Gesù apparve in mezzo a loro e disse: "La pace sia con voi". Gli apostoli erano sbigottiti e pieni di paura, credevano di vedere uno spirito. Ma egli disse loro: "Perché siete così turbati e perché nei vostri cuori si levano strani pensieri? Guardate le mie mani e i miei piedi, son proprio io. Toccatemi e osservate, uno spirito infatti non ha carne e ossa, come vedete che ho io". E dicendo questo, mostrò loro le mani e i piedi. Ma poiché esitavano ancora a credere ed erano pieni di meraviglia, chiese loro: "Avete qui qualcosa da mangiare?".

Essi gli porsero del pesce arrostito. Egli ne prese, ne mangiò alla loro presenza. Poi disse loro: “Era proprio questo che andavo dicendo, quando ero ancora con voi: ‘Bisogna che si adempia tutto quello che è stato scritto di me nella legge di Mosè, nei Profeti e nei Salmi’”. Allora aprì loro la mente per capire le Scritture e disse: “Sta scritto che il Cristo avrebbe sofferto e sarebbe resuscitato dai morti il terzo giorno e che in suo nome sarebbe predicata la penitenza e la remissione dei peccati a tutte le nazioni, cominciando da Gerusalemme. Voi siete i testimoni di queste cose”. Poi li condusse fuori verso Betania e alzate le mani, li benedisse. Mentre li benediceva, riparti da loro e ascese in cielo.»
(Dal Vangelo secondo Luca)

Giugno: *Uomini di civiltà del cristianesimo*[36]

1. Pietro è certamente una figura particolare e significativa all'interno degli apostoli. Viene scelto da Gesù a continuare la missione, per la quale è stato inviato dal Padre tra gli uomini. È quello a cui, secondo il Vangelo di Matteo, Gesù disse: «Beato sei tu Simone figlio di Giona [...] E io a te dico: "Tu sei Pietro, e su questa pietra edificherò la mia Chiesa e le potenze degli Inferi non varranno su di essa. A te darò le chiavi del Regno dei cieli: tutto ciò che legherai sulla terra, sarà legato nei cieli e tutto ciò che scioglierai sulla terra, sarà sciolto nei Cieli"».

A fornire dati sulla sua figura sono i quattro evangelisti e secondo la tradizione, Marco era il discepolo interprete di Pietro.

Pietro è il primo dei dodici discepoli, insieme al fratello An-

[36] I cristiani degni di dimensione storica sono in primis i santi, che nelle religioni cristiane romana e ortodossa sono riconosciuti dalla Ecclesia esempi di una vita, secondo la dottrina di Cristo. Sono numerosissimi. Ma nella Chiesa hanno avuto un effetto storico anche coloro che sono stati, invece, collocati tra gli eretici. Dopo aver considerato vari criteri abbiamo deciso di non seguirne nessuno, affidandoci alle conoscenze e ai personaggi che più ci hanno colpito, certo correndo il rischio di dimenticanze gravi. I nostri riferimenti nello stendere la loro vita brevemente, sono stati le *Vite dei Santi,* a cura di C. Mohrmann, Fondazione Lorenzo Valla e Mondadori, Milano 1971 e *Il grande libro dei Santi. Dizionario enciclopedico* a cura di C. Leonardi, A. Riccardi e G. Zarri, San Paolo, Milano 1998. E talora Wikipedia.

drea. Il suo nome iniziale è Simone, figlio di Giovanni o Giona. Quando Gesù scelse i dodici perché stessero con lui, Marco scrive che, ad aprire la lista, è Simone, che Gesù soprannominò Pietro. È curioso segnalare che, quando Gesù preannuncia la sua passione, Pietro lo rimprovera e il Maestro con una risposta tagliente, gli dice: «Lungi da me, Satana! perché non pensi secondo Dio, ma secondo gli uomini». Pietro, dunque, è un discepolo con una personalità che si staglia su tutti gli altri, esprime verso il Maestro una fortissima relazione, con momenti, tuttavia, che lo fanno sembrare non solo inadeguato, ma anche falso. Basterebbe ricordare quando durante il processo di Gesù davanti a Pilato, è lui che spergiura di non conoscerlo, dopo aver affermato al Maestro: «Anche se dovessi morire con te, non ti rinnegherò». Ancora, Gesù gli preannuncia che sarà invece proprio lui a rinnegarlo tre volte «prima che il gallo canti». E Pietro, all'udire quel segnale che Gesù aveva predetto, scoppiò in pianto.

La relazione che Gesù sembra preferire è quella della fragilità umana, con tutti i pregi e i difetti che si legano all'umano. Generoso, entusiasta, immediato, ma anche timoroso e non passivo, portato a pensare «secondo gli uomini», prima che «secondo Dio». Anche nel Vangelo di Matteo, ne risalta il ruolo speciale. Quando gli esattori del tempio chiedono a lui: «Il vostro Maestro non paga la tassa per il tempio», è lui a rispondere ed è a lui che Gesù dà il compito di andare al mare, gettare l'amo, e aprire la bocca del primo pesce che abboccherà.

Secondo gli esegeti, anche il cambiamento di nome è un fatto straordinario e significativo: lo soprannomina Pietro, in correlazione con *pietra*. E il cambiamento ne sottolinea la funzione, quindi egli non è più un uomo della terra. Sembra preannunciare quella che in seguito diventerà una regola monastica in cui, con la promessa dei voti, viene richiesto di cambiare vita e nome. In aggiunta, a Pietro vengono date le «chiavi» e il potere di «legare e sciogliere», individuandone quindi una autorità dottrinale. Un potere, nell'ambito della fede. Ed è pieno di significato che tutto questo sia promesso al discepolo, che mostra i segni del dubbio e dell'interpretazione umana.

Nel Vangelo di Luca, dopo la disputa tra i dodici durante l'ultima Cena su chi di loro fosse il maggiore, Gesù usa le seguenti parole: «Simone, Simone, ecco che Satana vi ha cercato per vagliarvi come il grano, ma io ho pregato per te, che non venga meno la tua fede e che tu una volta ravveduto, confermi i tuoi fratelli». È indubbia la premura di Gesù per Pietro e sapendo che lo tradirà, gli garantisce che pregherà perché la sua fede non venga meno. E nel confermare i fratelli, è implicito che egli è chiamato a riaggregare il gruppo, dopo la resurrezione di Gesù.

Nel Vangelo di Giovanni, si rileva ancor più il carattere generoso ma intemperante di Pietro, quando rifiuta di farsi lavare i piedi durante l'ultima Cena: «Signore tu lavi i piedi a me? [...] Non mi laverai mai i piedi». Ma ecco il cambiamento; gli rispose Gesù: «Se non te li laverò, non avrai parte con me». E subito Simon Pietro gli disse: «Signore, non solo i piedi ma anche le mani e il capo». L'evangelista Giovanni riporta poi l'episodio che, forse meglio, esprime la personalità di Pietro. Durante l'arresto di Gesù, nel tentativo di proteggerlo, Pietro estrae la spada colpendo il servo del sommo sacerdote, tagliandogli l'orecchio destro. Un'ulteriore precisazione riporta a Maria di Magdala che, trovando la tomba vuota, corre ad annunciarlo a Pietro. Pur dopo averlo rinnegato tre volte e in tempi successivi, Gesù gli dice: «Pasci i miei agnelli [...] pasci le mie pecorelle». È indubitabile la preferenza e il compito che Gesù assegna a Pietro, come suo seguace.

Gli esegeti ritengono come dato certo che Pietro sia venuto a Roma, e che a Roma abbia subito il martirio. La data non è sicura, ma viene posta tra il 64 e il 67. Secondo la tradizione, venne crocifisso a testa in giù, durante la persecuzione di Nerone. Pio XII, durante il suo pontificato, fece eseguire delle ricerche archeologiche nella Basilica vaticana e si è confermata la tradizione secondo cui era in quel luogo, il sepolcro del principe degli apostoli.

2. La Prima lettera di san Pietro è indirizzata ai cristiani dispersi nelle province dell'Asia. Pietro è il fondatore della Chiesa di Roma e, a lui è anche attribuito il governo della Chiesa di Antiochia. Probabilmente la scrive tra il 64 e il 65, quando era in corso la persecuzione neroniana. La Seconda è pure indirizzata ai cristiani delle province dell'Asia e spedita da Roma. «Pietro, apostolo di Gesù Cristo, agli eletti che si trovano dispersi in terra straniera, nel Ponto, nella Galazia, nella Cappadocia, in Asia e nella Bitinia, e che sono stati eletti secondo la prescienza di Dio Padre e santificati per mezzo dello Spirito [...] la grazia e la pace vi siano date in abbondanza. [...] Voi lo amate senza averlo veduto, in Lui voi credete senza vederlo ancora, esaltando di una gioia ineffabile e gloriosa, poiché voi otterrete la salvezza delle anime vostre, come premio della vostra fede. [...] Eravate come delle pecore erranti, ma ora siete ritornati verso il pastore e al custode delle anime vostre. [...] Miei cari [...] siate tutti uniti e concordi, pieni di compatimento, di amore fraterno, di misericordia e d'umiltà. Non rendete male per male o ingiustizia per ingiustizia, anzi benedite, perché è a questo scopo che voi siete stati chiamati, per ereditare la benedizione. [...] Siate sempre pronti a rispondere, ma con dolcezza e rispetto a chiunque vi chiede conto della speranza che è nei vostri cuori. [...] È meglio soffrire se questa è la volontà di Dio, facendo il bene che facendo il male. [...] Perciò coloro che soffrono secondo la volontà di Dio, affidano le loro anime al fedele Creatore continuando a praticare il bene. [...] Non fate pesare la vostra autorità sui partecipi all'eredità del Signore, quasi foste dei dominatori, ma come veri esempi del gregge. [...] Umiliatevi dunque sotto la potente mano di Dio, affinché vi esalti a suo tempo. Deponete in lui tutte le vostre angosce, perché egli si prende cura di voi.»

3. Paolo è una figura essenziale per entrare nel seguito della missione di Gesù, dopo la sua crocifissione. Tra le tante definizioni c'è chi lo ha considerato il «secondo fondatore» del cristianesimo, chi il «tredicesimo apostolo». Non vi sono elementi per so-

stenere che Paolo abbia avuto un qualche contatto con Gesù di Nazareth, crocifisso nell'anno 30, anche se è probabile che fosse a Gerusalemme per la Pasqua di quell'anno. È da sottolineare che Paolo era un giudeo, legato al gruppo dei farisei, e che era stato educato nel modo tradizionale di una famiglia ebraica.

Si ritiene che la sua nascita fosse contemporanea alla nascita di Gesù, qualche anno dopo, Gesù nasce nel 7-6 a.C. La famiglia di Paolo era di stretta osservanza giudaica, ma il padre aveva ottenuto, e glielo passò, il privilegio della cittadinanza romana. Paolo è il nome romano, quello ebraico è Saulo. La città della famiglia era Tarso; qui passò la fanciullezza frequentando una scuola elementare dove imparò il greco con la possibilità quindi di leggere la Bibbia in quella lingua. A tredici anni, quando per gli ebrei un bambino diventa maturo per i precetti e inizia l'adolescenza, si reca a Gerusalemme e frequenta la scuola del rabbino Gamaliele il Vecchio. Qui apprende la Torah, secondo la visione dei farisei che, oltre al testo scritto, univano quello di una Torah orale. Seguendo l'abitudine, imparò anche un lavoro manuale, che sembra fosse costituito dalla fabbricazione di tende, il che riporta alla lavorazione del cuoio. Secondo la tradizione giudaica, si sposò, ma poiché venne sempre descritto come solo, e lo era certamente verso la metà degli anni Cinquanta, potrebbe essere rimasto vedovo o abbandonato dalla moglie.

Un suo rapporto diretto con il cristianesimo lo ha sicuramente avuto a Gerusalemme, ed è qui che imparò che Gesù, e ora i cristiani, usavano espressioni contro Mosè e Jahvè e andavano contro le leggi del tempio. È questo il contatto reale, che lo portò alla aperta persecuzione del cristianesimo, come setta nemica. Egli stesso scrisse queste parole, rivolte ai Galati: «Voi avete certamente sentito parlare della mia condotta di un tempo nel giudaismo, come io avversassi fieramente la Chiesa di Dio e la devastassi, superando il giudaismo e la maggior parte dei miei coetanei e connazionali, accanito com'ero nel sostenere le tradizioni dei padri». Questo atteggiamento persecutorio si estendeva da Gerusalemme, a Damasco in Siria, su cui dominava l'autorità del Sinedrio.

Ma proprio in questo periodo, avvenne la metamorfosi, e ciò che prima era per lui una convinzione e un valore, divenne «spazzatura». «Ghermito da Cristo» si dedicò alla difesa di ciò che prima egli stesso combatteva. Ebbe un'esperienza, un incontro con il Signore risorto che fece di lui un cristiano e un apostolo. Da questo momento, tutte le energie dell'ex fariseo si sono rivolte al servizio di Gesù Cristo e del Vangelo. Lo stesso temperamento, focoso e violento, si espresse al servizio del cristianesimo e della sua Chiesa. Per averne diretta conoscenza, fondamentali risultano le Lettere, che egli scrisse alle varie comunità religiose e a Timoteo, e quanto è riportato negli Atti degli apostoli, attribuiti tradizionalmente a Luca, scritti intorno agli anni Ottanta, quindi a una certa distanza dai fatti. Di queste fonti, gli storici danno particolare importanza soltanto a sette Lettere che risultano autentiche. La prima ai Tessalonicesi, due ai Corinti, le altre ai Filippesi, a Filemone, ai Galati e ai Romani. Sono tutte scritte negli anni Cinquanta del I secolo. Ve ne sono altre, postume, attribuite a suoi discepoli, che forse usano il nome di Paolo, per attribuirvi un maggior peso. Le comunità richiamate sono la testimonianza dei lunghi e faticosi viaggi compiuti da Paolo per poter conoscere direttamente la vita delle prime comunità cristiane, e in particolare il rapporto tra i cristiani e i giudei cristiani.

Ben presto, le sue posizioni vennero combattute in modo particolare dai giudei, che tendevano a modificare i precetti originali del cristianesimo. Il primo segno è che, già a Gerusalemme, dovette fuggire e rifugiarsi nella città natale di Tarso, dove restò per otto anni. Da qui sono iniziati i suoi viaggi. A chiamarlo, fu Barnaba, che ne aveva chiesto la collaborazione. Si trattava di un giudeo cristiano di origine cipriota, che aveva accettato i missionari cristiani. E come indice dei contrasti, in particolare tra gli ebrei che volevano rispettare la circoncisione e seguire la legge di Mosè, venne indetto il Concilio di Gerusalemme, a cui parteciparono anche Pietro con Giacomo, fratello del Signore, e fu riconosciuta l'attività apostolica di Paolo. Si giunse a un compromesso, a cui dovevano sottostare i pagani convertiti che, pur rinunciando alla circoncisione, avrebbero dovuto rispettare l'astensione dalle carni, dal sangue, dagli animali soffocati, dai matrimoni vietati dalla legge levitica.

Il contrasto si era attivato anche tra Paolo e Pietro, perché di ritorno ad Antiochia, in una circostanza in cui doveva trovarsi Pietro, Paolo lo rimproverò energicamente di non rispettare la verità del Vangelo. A Efeso, Paolo venne anche imprigionato. A Gerusalemme si scontrò con Giacomo, sempre per l'interpretazione giudeo-cristiana del Vangelo, e sottratto al linciaggio, venne arrestato dal tribuno romano. Venne deferito a Roma e iniziò un lungo viaggio per raggiungerla. È sicuramente giunto all'Urbe, ma non vi è notizia né del processo, né dell'eventuale esito.

I temi in discussione sono per lo più legati alle pratiche religiose, proprio perché si riferiscono a questioni locali, all'interno di comunità in cui l'attenzione è prevalentemente rivolta a pratiche, che sono religiose e al contempo esistenziali, sulla considerazione che il cristianesimo si diffonde all'interno di comunità ebraiche, in cui la Torah riguarda comportamenti e stili di vita della quotidianità. Non esiste pertanto un cristianesimo paolino, anche se è inevitabile che Paolo ponga al centro della nuova religione il Cristo e in particolare la sua resurrezione, vista proprio come salvezza. Egli sostiene che, alla radice, l'uomo è corrotto da una condizione di peccato, che è anteriore alla volontà personale, e da cui è possibile uscire attraverso la fede e il battesimo. L'uomo è quindi alienato da Dio, ma è possibile annullare questo limite attraverso gli insegnamenti e la pratica comportamentale. Da qui nasce l'etica che guida Paolo, che trova le basi nella Torah, ma anche nell'ambito della morale ellenistica. È dal cristianesimo, che si aggiunge l'amore: Cristo considera uguali tutti gli uomini, a qualsiasi paese o cultura appartengano.

Le Lettere si occupano di questioni come il matrimonio, la prostituzione, la verginità, lo svolgimento delle assemblee liturgiche, il mangiare la carne di animali sacrificati a Dio. Ma egli scrive ai Galati: «In Cristo Gesù ciò che conta non è la circoncisione, né la non circoncisione, ma la fede che si rende operosa mediante l'amore». Si tratta anche di decisioni strutturali per una Chiesa che è da poco attiva, e si espande in comunità lontane ed è dai suoi contributi che nasce la divisione tripartita delle gerarchie in episcopi, presbiteri, diaconi. Il richiamo fondamentale rimane l'idea della Chiesa, come corpo di Cristo. Una prospettiva ottimistica, poiché c'è la presenza anche se invisibile di Cristo.

Morì sicuramente a Roma, sotto l'imperatore Nerone. Si trattò di un vero martirio per l'accusa di appartenere a un gruppo sovversivo. La data è tra il 64 e il 67, in concomitanza con l'esecuzione dei cristiani, che Nerone aveva accusato dell'incendio della città. La indicazione del suo sepolcro sulla Via Ostiense, risale alla fine del II secolo. I Vangeli apocrifi descrivono così la sua morte: «Paolo si voltò verso Oriente, alzò le mani al Cielo e pregò a lungo. Terminò la sua preghiera in ebraico, per essere in comunione con i Padri. Porse quindi il collo, senza più una parola». Venne sepolto sulla Via Ostiense, in una delle catacombe cristiane. La vita di Paolo ha trovato nel tempo rappresentazioni che riguardano le arti, la scena più forte è quella della conversione. Caravaggio, in una splendida pala, mostra come una luce radiosa dal cielo faccia cadere il cavallo e con lui, il cavaliere mentre percorreva la strada per Damasco, che doveva raggiungere per ottenere il sostegno nel suo piano di lotta contro Cristo.

4. La Seconda lettera a Timoteo di Paolo[37] è considerata il suo testamento. La scrisse durante la prigionia a Roma e, anche cronologicamente, è l'ultima lettera. Timoteo era a Efeso e lasciò a lui il governo di questa Chiesa, quando partì per Roma. «Ricorda di evitare le dispute di parole, le quali servono solo alla rovina di chi le ascolta. Sforzati di presentarti davanti a Dio come

[37] Attribuzione non unanime.

uomo provato, quale operaio che non ha niente da vergognarsi e che dispensa rettamente la parola di verità. Evita i profani e futili discorsi dei falsi dottori, perché costoro andranno sempre più avanti nell'empietà. [...] Sappi che negli ultimi giorni ci saranno dei tempi difficili. Allora gli uomini saranno egoisti, avidi, vanagloriosi, superbi, blasfemi, ribelli ai genitori, ingrati, empi, disamorati, sleali, calunniatori, intemperanti, crudeli, disumani, traditori, protervi, temerari, amanti più del piacere che di Dio, aventi le apparenze della pietà, ma privi di quanto ne forma l'essenza. Stai lontano da costoro. Ce ne sono alcuni tra questi che si introducono nelle case e seducono lo spirito di donnicciole cariche di peccato, agitate da passioni di ogni sorta, che sempre stanno a imparare, senza mai giungere alla conoscenza della verità. Allo stesso modo che Ianne e Iambre si opposero a Mosè, così costoro si oppongono alla verità, essendo uomini corrotti di mente e perduti quanto alla fede. [...] Verrà un tempo in cui gli uomini non sopporteranno più la sana dottrina ma, sollecitati in ascoltar cose piacevoli, si circonderanno di una folla di dottori, distogliendo l'orecchio dalla verità.»

5. Sebastiano è un martire. È tra i protettori della città di Roma, insieme a Pietro e a Paolo. Era nato a Milano (secondo altre fonti a Narbona e cresciuto nella città lombarda), ma andò a Roma durante il tempo delle persecuzioni, per cercarvi il martirio. A Roma vi era il papa Caio, che governò la Chiesa dal 283 al 296, e lo nominò *defensor ecclesiae*. Risulta fosse apprezzato anche da Diocleziano e Massimiano, che lo misero nella prima coorte delle guardie imperiali, ignorando la sua appartenenza alla fede cristiana.

Fu molto attivo nell'aiutare i cristiani in carcere e nel curare la sepoltura dei morti, attività considerate al di fuori delle proprie funzioni. Venne condannato a diventare un bersaglio per i soldati, che dovevano colpirlo con le frecce. L'iconografia lo mostra con il petto in fuori, mentre si avvicina ai tiratori, indicando il luogo dove mirare per ucciderlo. Venne lasciato nel luogo del martirio, ritenendolo morto. La cronaca, o forse la leggenda, racconta invece che non fosse morto e che fu curato da Irene, una vedova pia, fino a ristabilirne la salute. Rifiutando di fuggire, Sebastiano attaccò l'imperatore e la religione pagana. Fu nuovamente condannato da Diocleziano e, questa volta, fustigato a morte nell'ippodromo del Palatino. Venne poi gettato nella cloaca massima, ma poiché aveva previsto in sogno questa fine, seppe che una matrona lo avrebbe seppellito nel cimitero di Lucina, in catacomba. Dal IX secolo, in questo luogo fu eretta la basilica di San Sebastiano, molto visitata dai fedeli per pregarlo.

Le rappresentazioni pittoriche lo ritraggono talora come giovane, altre come vecchio. Gabriele D'Annunzio gli dedicò un romanzo, *Le martyre de Saint Sébastien*, opera musicata da Debussy nel 1911. È un martire illustre, con una propria identità che continua nella storia. Nei primi secoli della Chiesa vi è notizia di molti martiri senza nome, che avevano in comune il desiderio di morire in nome di Gesù, il Cristo. E la sua passione e la morte in croce erano la parte più affascinante della vita di Gesù, dove la morte era al tempo stesso resurrezione. I martiri volevano soffrire e rinascere nel Regno di Dio. Ma ciò che colpiva i primi cristiani e dopo tanti secoli continua ad affascinare chi conosce la storia del Dio, vero Uomo, è che ogni persona ha un rapporto diretto, individuale con Lui. Anche senza nome e senza identità per la storia, si ritiene da parte dei credenti che ciascuno dei martiri sia perfettamente conosciuto da Dio.

6. Martino di Tours nasce nel 317 circa a Sabaria, in Pannonia e muore nel 397 a Candes, vicino a Tours, dove svolgeva la funzione di vescovo. Il padre era un ufficiale romano di alto grado. Dopo pochi anni, il padre si ritirò a Pavia e qui il figlio compì i suoi primi studi, ma a quindici anni venne dal padre indirizzato alla carriera militare. Entrò nell'esercito romano e vi rimase per venticinque anni, fino al 356. I genitori erano pagani ma, di nascosto dal padre, Martino si era convertito al cristianesimo ed era un catecumeno. Venne battezzato e continuò a servire l'esercito, nella cavalleria della guardia imperiale, di stanza in Gallia ad Amiens.

Appena poté, lascio il servizio militare e fu l'inizio di una vera metamorfosi. Si recò a Poitiers, dal vescovo Ilario che, in lotta con l'arianesimo, venne esiliato in Frigia. Martino andò nei Balcani per contrastare i seguaci di Ario, poi a Milano, dove seguì un periodo di ascetismo. Ritornò in Gallia per dedicarsi alla vita monastica, nella forma eremitica. Si tratta certamente di una delle prime forme monastiche. Ed è significativa la sede, stimolata proprio dall'opposizione all'eresia ariana.

Ilario, tornato dall'esilio, lo aveva nominato prima diacono, poi presbitero fino al 371, quando viene eletto vescovo di Tours. Accetta l'incarico, ma continuando a vivere da monaco. Per rendere possibile questa combinazione, costruisce una piccola comunità monastica a Marmoutier, sulla riva destra della Loira, dove si ritira in contemplazione, appena può. È un'area agricola ed egli si dedica alla conversione di persone umili, tuttavia legate a fedi pagane. Costruisce chiese cristiane al posto dei templi, compie molti miracoli, uno strumento di particolare effetto sulla comunità. Muore l'8 novembre del 397.

È nota la sua vita, poiché fu scritta da Sulpicio Severo, stimolato dal fatto che era legata agli inizi del monachesimo nelle Gallie. Sulpicio incontrò la strada di Tours proprio seguendo un pellegrinaggio che, a Martino, era dedicato. Venne colpito dai molti miracoli da lui compiuti, e raccolse i vari dati per scrivere la *Vita Martini*, prima della morte del vescovo. Una vita caratterizzata da un monachesimo che opera sul territorio, poiché è lo stesso Martino che si sposta di villaggio in villaggio, per incontrare le comunità. Se il monachesimo egiziano sceglie il deserto e un monaco d'Oriente combatte soprattutto i diavoli che prediligono il deserto, Martino combatte i pagani.

Da Tours, il culto di Martino giunge a Roma e in Francia ha un'enorme diffusione. Il suo nome si lega all'agricoltura, gli è dedicato l'11 novembre, il giorno in cui si beve il nuovo vino e lo si festeggia, facendo i conti sull'andamento dell'annata agricola.

San Martino è anche il giorno, in cui i contadini lasciavano un terreno, per andare a lavorarne un altro.

L'episodio a cui è associato nella fede popolare viene riportato da Sulpicio Severo nella *Vita*: «Così un giorno, non avendo nulla indosso, oltre alle armi e al semplice mantello di soldato, nel colmo di un inverno che si irrigidiva più aspramente del solito, al punto che moltissimi soccombevano alla violenza del gelo, accadde a Martino di incontrare sulla porta della città di Amiens, un povero nudo. E poiché questo pregava i passanti di avere pietà di lui, e tutti passavano oltre senza curarsi dello sventurato, quell'uomo ricolmo di Dio comprese che siccome gli altri si rifiutavano a un atto di carità, quel povero era riservato a lui. Ma che fare? Non aveva null'altro che la clamide di cui era vestito [...] e così, brandita la spada che aveva alla cintura, divise la clamide a metà e ne donò al suo povero una parte, dell'altra si rivestì. Frattanto alcuni astanti si misero a ridere, poiché lo trovarono indecoroso in quella veste mutilata. [...] Dunque, la notte seguente, essendosi abbandonato al sonno, vide Cristo vestito della parte della sua clamide, con la quale aveva coperto il povero. E avendo Martino proseguito il suo viaggio, dopo ch'ebbe oltrepassato Milano, durante il cammino gli si fece incontro il diavolo, preso aspetto umano, chiedendogli dove si dirigesse. Ed essendosi avuta da Martino questa risposta, che egli si dirigeva dove il Signore lo chiamava, gli disse: "Dovunque andrai e qualunque cosa tenterai, troverai il diavolo davanti a te". Allora Martino, rispondendo con parole del profeta, disse: "Il Signore è mio sostegno, non temerò che cosa possa farmi l'uomo". E subito il nemico svanì dal suo cospetto». E l'episodio, accaduto quando era ancora nella vita militare, pone in luce come l'adesione alla fede cristiana fosse diventata una visione del mondo.

7. Paola Romana nasce a Roma nel 347 e muore a Betlemme, nel 404. È stata la prima donna dell'aristocrazia romana a seguire la povertà di Cristo. Era di nobile origine e il tratto fondamentale della sua vita fu quello di imitare il Cristo povero, non

nel deserto, ma nel mondo, vivendo quotidianamente nel servizio degli altri in nome del Signore. Sposò all'età di quindici anni il nobile Tossozio. Rimase vedova a trentadue anni e trasformò la propria casa in una specie di monastero, dedito alla preghiera e alle opere di carità. Nel 384, un lutto rapì a Paola la figlia Blesilla. Oltre al dolore della morte, venne fatta oggetto di accuse proprio durante il funerale.

Era giunto a Roma, nel 382, san Girolamo e le calunnie riguardavano proprio l'idea di rapporti morbosi tra lei e Girolamo. Quando questi ripartì per l'Oriente nell'agosto 385, decise di raggiungerlo per fondare sulla terra di Gesù un monastero femminile, nel desiderio di dedicarsi a una vita ascetica. Non prese questa decisione, senza prima portare con sé la figlia Giulia Eustochio e affidare a Paolina i due figli più piccoli. Salpata in autunno del 385, raggiunse Gerusalemme già nell'inverno. E dopo aver visitato in Egitto i luoghi del primo monachesimo, ritornata in Palestina si stabilì a Betlemme dove, dal 386 al 389, fece costruire a sue spese due monasteri: uno per sé e la comunità femminile, uno per Girolamo e la comunità maschile. Aggiunse anche una casa per pellegrini. Quando morì il 26 gennaio del 404, il suo monastero contava già cinquanta monache. A Betlemme la sua tomba è nella grotta della Natività.

Passò da una vita agiata a una esistenza di penitenza, di sofferenza, di umiltà e di elemosine. Nell'*Epitaphium sanctae Paulae*, si legge: «La maggior parte delle matrone sogliono offrire doni a chi strombazza i loro meriti e, profusa la generosità su pochi, ritraggono la mano dagli altri. Paola era del tutto immune da questo difetto, così spartiva tra ognuno il suo denaro come a ognuno era necessario, non al lusso ma alle strette esigenze. Nessun povero fu da lei rimandato a mani vuote. Dava, ripetendo sempre quel detto: "Beati i misericordiosi, perché essi otterranno misericordia". E come l'acqua estingue il fuoco, così l'elemosina il peccato. [...] Fate l'elemosina ed ecco tutto diventa puro. Sappiamo che i più hanno fatto elemosina, ma nulla hanno donato del loro corpo, hanno teso la mano ai bisognosi, ma vinti dal piacere della carne hanno fatto splendere di bianchezza il loro esteriore, e dentro erano pieni d'ossame di morte. Ma non così Paola, la quale fu di continenza tanto rigorosa da eccedere quasi la misura e da contrarre con eccessivi digiuni e fatica una estenuazione fisica». Nella spossatezza delle frequenti infermità, diceva: «Quando sono debole, è allora che sono forte e abbiamo questo tesoro in vasi di creta, finché ciò che è mortale l'avvolga l'immortalità e ciò che è corruttibile lo rivesta l'incorruttibile». Nell'afflizione cantava: «Perché sei triste anima mia, e perché mi conturbi? Spera in Dio».

8. Cosma e Damiano sono passati alla storia come i santi medici. Erano fratelli gemelli, entrambi esercitavano la professione di medico tra il III e il IV secolo. Nascono intorno al 260 a Egea e muoiono a Cirro nel 303 d.C. Hanno anche la stessa data di morte, poiché sono stati martirizzati sotto l'impero di Diocleziano. Fanno parte dei primi martiri; il loro nome ne indica un'origine greca, ma per il tempo erano cittadini romani. Curioso è anche che appartengono a una famiglia, in cui sono i fratelli maggiori di altri tre santi: Antineo, Leonzio, Euprepio.

Esercitarono la professione sanitaria ed erano noti anche perché non chiedevano né denaro né beni in cambio della loro pratica. Per questo vennero soprannominati *anargyroi*, che in greco antico significa «senza denaro». È probabile che questa generosità e il loro stile fossero utili preamboli per convertire molti alla fede cristiana che allo stesso tempo, significava diventare vittime della persecuzione contro i cristiani. La loro capacità terapeutica si caratterizzava per raggiungere risultati prodigiosi e riportava dunque al miracolo.

Si ritiene che la famiglia fosse originaria dell'Arabia e che il padre, di nome Niceforo, di condizioni economiche agiate, si fosse convertito al cristianesimo dopo la nascita di Cosma e Damiano. Morì durante una delle persecuzioni in Cilicia. La madre, Teodota (o Teodora), apparteneva da più tempo al cristianesimo e si occupò dell'educazione dei figli. Impararono l'arte medica nella provincia romana della Siria e la esercitarono a Egea in Cilicia. Erano legati alla cultura medica di Asclepio, che istruiva i medici suggerendo: «Date delle cure gratuitamente se c'è da soccorrere un povero o uno straniero perché, dove c'è l'amore degli uomini, c'è anche l'amore dell'arte medica». I risultati riportano alle indicazioni della terapia di allora, ma ciò che li distingue sono i risultati che riescono a ottenere. L'esempio che viene tramandato è quello di aver sostituito una gamba ulcerata di un paziente con quella di un etiope morto di recente. La loro agiografia si sofferma su un altro evento che si pone tra storia e leggenda. Il fratello Damiano riceve o, quantomeno, non sa rifiutare tre uova da parte di una contadina di nome Palladia, una emorroissa che aveva guarito. Cosma, il fratello dominante, rimase così deluso e mortificato dal comportamento di Damiano, da esprimere la volontà che il suo corpo dopo la morte fosse posto lontano da quello del fratello.

Il martirio a cui andarono incontro fu così atroce, che alcuni esegeti hanno scritto che i due fratelli furono martiri cinque volte. Secondo alcune fonti tutto iniziò con la lapidazione, ma le pietre rimbalzavano sul loro corpo e ritornavano indietro colpendo i soldati. Furono allora bersagliati da dardi, ma le lance non provocavano alcun male. Sopravvissero persino quando vennero gettati in mare da un alto dirupo, con un macigno appeso al collo, ma i legacci si sciolsero ed essi si salvarono. Furono allora messi in una fornace ardente, ma anche lasciandoli a lungo, non vennero bruciati. La fine venne ottenuta per decapitazione nella città di Cirro, nei pressi di Antiochia. Dopo il loro martirio, quanti avevano assistito alla loro morte vollero dargli una meritata sepoltura, ma cercarono di rispettare la volontà di Cosma e quindi, prepararono due fosse. Ma un cammello con cui venivano trasportati i corpi, secondo la leggenda prese a parlare e spiegò che Damiano aveva accettato quella ricompensa, spinto da un sentimento di carità per evitare che quella povera donna si sentisse umiliata dal rifiuto. Dopo questo saggio intervento, i corpi vennero deposti uno accanto all'altro.

La devozione ai due santi medici martiri si è diffusa in maniera straordinaria in Oriente, dalla Grecia alla Palestina, alla Cappadocia e in Mesopotamia. Nella metà del V secolo, sorse la prima delle quattro chiese dedicate ai due fratelli e la fama superò quella del santuario di Cirro, poiché nella chiesa a loro dedicata accadevano guarigioni prodigiose. La loro fortuna storica in Occidente si lega all'età bizantina quando, sempre nel V secolo, papa Simmaco fece costruire un oratorio e un successore, Felice IV, dedicò loro una basilica. Loro testimonianze sono presenti anche nei mosaici della chiesa di San Michele a Ravenna. Nell'età medievale, il loro legame venne associato all'arte medica, con l'eccezione alla tradizione cristiana di rappresentare i martiri nel momento del loro sacrificio. Nel caso di Cosma e Damiano tutto è rivolto alle loro terapie, tra le più rappresentate vi è quella dell'estrazione di un serpe, che era entrato nella gola di un contadino. Una delle scuole di chirurgia dell'Europa è a loro dedicata. La storia della migrazione dei loro corpi è complicata. Certo, si ritiene oggi che i corpi si trovino a Bitonto, dove è costruita una basilica che ha il loro nome. E ogni anno, in questa città della Puglia, si celebra la premiazione internazionale in nome dei santi medici, riservata a chi, nella scienza medica e nella terapia, abbia raggiunto risultati di forte prestigio.

9. Ambrogio nasce a Treviri nel 339-340 e muore a Milano nel 397. Il padre era un funzionario imperiale nella prefettura del pretorio delle Gallie, ed è qui che nasce il figlio. Una famiglia ricca, di origini orientali, vi sono molti nomi greci tra i suoi membri. Appartiene alla nobiltà (la *gens* Aurelia), e da tempo ha aderito al cristianesimo tanto che un'ava, Sofere, era morta martire. Sono tutte caratteristiche che indicano come la famiglia fosse inserita nella buona società romana. Il padre muore presto, la madre rientrò a Roma con i suoi tre figli: Marcellina prese il velo delle vergini consacrate nel 353, Uranio Satiro divenne un alto

funzionario imperiale, e diede aiuto al fratello, quando occupò la funzione di vescovo. Ambrogio la svolse con grande prestigio, tanto che la Chiesa di Milano si caratterizza come «ambrosiana», in cui viene seguita una liturgia che porta appunto il suo nome.

Seguì un'alta formazione retorica, letteraria e giuridica, frequentò l'ambiente della nobiltà romana, fatta di pagani e di cristiani. Anche se cristiano, la sua carriera si svolse nell'amministrazione dell'impero, i cui fini centrali erano la gloria e la grandezza di Roma. I due fratelli, Ambrogio e Satiro, verso il 365 iniziarono la carriera amministrativa nella prefettura di Sirmium, in cui vi era una residenza imperiale, dapprima come funzionari alla prefettura, poi come membri del Consiglio del prefetto Sesto Petronio Probo.

Nel 370, Ambrogio divenne *consularis*, governatore della provincia di Liguria ed Emilia, con sede a Milano. Questa città era allora la sede dell'imperatore, perché rappresentava il confine settentrionale dell'impero. La Chiesa milanese era fortemente messa in difficoltà dall'eresia ariana e il seggio episcopale era occupato da Aussenzio, seguace di Ario, sostenuto dall'imperatore Valentiniano I che, pur a favore di una neutralità della politica, era influenzato tuttavia dalla moglie ariana, l'imperatrice Giustina. Il popolo e il clero parteggiavano decisamente per il credo uscito dal Concilio di Nicea del 325, che aveva definito Ario un eretico. Quando morì Aussenzio nell'ottobre 374, si aprì una difficile crisi di successione. Il popolo, a favore della fede nicena, si opponeva all'ipotesi che i vescovi della provincia eleggessero un successore della stessa fede. Ambrogio presenziava alle assemblee turbolente, in qualità di tutore dell'ordine pubblico e della legalità. E a un certo momento la folla, conquistata dal prestigio e dalla vita esemplare, fece uscire la proposta che vedeva Ambrogio vescovo. Rifiutò l'offerta e si racconta che, per evitare la designazione episcopale, fuggì dalla città, ma anche i vescovi, con l'assenso dell'imperatore, confermarono la volontà popolare. Fu affidato al presbitero Simpliciano e preparato al battesimo, che ricevette il 30 novembre 374. Fu consacrato vescovo il 4 dicembre. Come lui sostenne, doveva insegnare ancora prima di apprendere.

Aveva conoscenza perfetta del greco, studiò la Bibbia, si dedicò alla formazione del clero. Divenne autore di opere importanti, tra cui: *Sulla verginità* del 378, *La formazione delle vergini* del 392 e l'*Esortazione alla verginità* del 394. È da notare che la verginità cristiana rappresentava in quel periodo una vera emancipazione della donna, in quanto permetteva di decidere della propria vita, a differenza delle donne sposate che erano legate alla legislazione che non lo consentiva. La verginità consacrata dava quindi uno status sociale. Diventava addirittura un simbolo per rigenerare la spiritualità del tempo, entrata in crisi per le controversie ariane. Un tema di grande portata a cui si dedica Ambrogio è quello della ricchezza che tocca anche il tema della povertà. E la povertà, legata alla verginità, diventa una vera scelta religiosa e anche sociale. Ciò contribuirà a stimolare alla vita consacrata proprio rappresentanti delle classi elevate che tradizionalmente erano portati ad assolvere a cariche pubbliche e ora, spogliandosi delle ricchezze, potevano dedicarsi al prossimo. Nasce così un altro filone, a cui Ambrogio dedicherà la sua missione e i suoi libri. Se prima il concetto di nobiltà era verso lo Stato, Ambrogio lo sposta sull'etica religiosa. Assieme a queste iniziative sociali, il suo impegno personale si volge allo studio delle Scritture. Molti dei suoi scritti sono legati a figure bibliche e ai Vangeli, in particolare a quello di Luca. Nel 378 muore il fratello Satiro, che aveva lasciato la vita politica per aiutare Ambrogio.

Il problema degli ariani non è concluso e si fanno sentire i vescovi. Nel 385, un vescovo che si fa chiamare Aussenzio, chiede che venga destinata una basilica al culto ariano. Ambrogio si rifiuta e si giunge a una lotta, con manifestazioni che vedono le due comunità contrapposte. Nasce una guerra delle basiliche, in cui entra anche l'imperatore Teodosio. Ambrogio sostiene che non è possibile lasciare il potere della Chiesa allo Stato. Teodosio sembra cedere, ma si riattivano i conflitti fino alla sua morte nel 395. Nel febbraio del 397, Ambrogio si ammala e muore il 4 aprile. Il vecchio presbitero Simpliciano, che era stato suo maestro, gli succede nella cattedra di Milano.

10. Agostino di Ippona è un gigante, come uomo e come cristiano. Ha una collocazione storica, ma sembra uscirne, come rimanesse sempre un contemporaneo. Un personaggio non certo perfetto. La grandezza include sempre degli errori, che hanno la medesima utilità della verità. La vita di Agostino è all'interno delle sue stesse opere, in particolare nelle *Confessioni*, in cui è lui stesso a raccontarne alcuni tratti.

Nasce nel 354 a Tagaste, l'odierna Souk Ahras, in Algeria. Trascorre qui la sua adolescenza. È probabile che il suo nome di famiglia fosse Aurelio e che, con il battesimo, abbia scelto Agostino. Il padre Patrizio era esattore delle tasse, pagano, mentre la madre Monica era cristiana. Dopo gli studi elementari, andò per proseguire la formazione a Madaura e successivamente a Cartagine, con l'aiuto di Romaniano che lo aiuterà anche in seguito. A Cartagine studiò retorica e poi la insegnò. Qui aveva intrattenuto una relazione con una donna da cui ebbe un figlio, che venne battezzato nel 387 e che chiamerà Adeodato (donato da Dio). Era inserito nella città e frequentava amici, che si definivano manichei. Dal 384 al 387 fu in Italia, a Roma. E qui insegnò retorica, fu accolto dal gruppo dei manichei e con il loro aiuto e quello del prefetto di Roma, Simmaco, ottenne l'insegnamento di retorica a Milano. Vi rimase due anni e qui, si ricongiunse ai familiari. E a Milano avvenne la conversione al cristianesimo. Ricevette il battesimo dal vescovo Ambrogio durante la Pasqua del 24 aprile del 387. Nel ritorno in Africa, a Ostia, proprio mentre era in attesa di imbarcarsi, morì sua madre Monica.

Agostino aveva trentatré anni quando fece ritorno a Tagaste, dove venne consacrato presbitero della chiesa di Ippona nel 391. Si sistemò nella casa paterna e qui, assieme ad amici e al figlio Adeodato, studiò le Sacre Scritture e lavorò attivamente per la Chiesa africana. Un'esperienza molto intensa, che ricorderà come una forma di monachesimo. Nel 391, il vescovo di Ippona, Valerio, gli diede l'incarico parrocchiale e così, dalla ricerca di Dio nei Testi sacri, passò a esercitare la propria missione tra la gente. In quel periodo, la Chiesa africana era divisa tra cattolici e donatisti, ma dal 405 il movimento donatista verrà perseguitato dall'imperatore Onorio. Nel 396 venne eletto vescovo di Ippona e dal 397, con la morte di Valerio, passò dal ruolo di ausiliario a vescovo a pieno titolo. Si trasferì nell'episcopio, che trasformò in monastero di chierici, sostituendo il monastero di laici che aveva fatto costruire a Ippona, soprattutto per dar loro ospitalità. Rimase vescovo per trentacinque anni. Morì a Ippona il 28 agosto del 430, all'età di settantacinque anni, colpito da una grave malattia. Nel 718, il suo corpo era stato portato a Cagliari da esuli, fuggiti dall'invasione vandala del Nord Africa. Venne trasportato a Pavia, per volere del re longobardo Liutprando e, da allora, è custodito nella basilica di San Pietro in Ciel d'oro.

Di questo scarno riassunto di una vita, occorre ricordare l'incontro tra Agostino e Ambrogio. Giunto da Roma per insegnare, fece visita ad Ambrogio e fu così attirato dai suoi discorsi che lo seguiva regolarmente nelle sue predicazioni. Le *Confessioni* che rappresentano la sua autobiografia, iniziata dopo la morte di Ambrogio nel 397, si fermano intorno agli anni 400-401 e riguardano il periodo delle domande: quelle che si pone l'uomo e quelle che, invece, derivano dalle Sacre Scritture. È di grande attualità il percorso verso la fede, che inizia con le domande sul significato dell'uomo e del mondo. Alle domande seguono poi le risposte, che sono diverse per una identica domanda e così giunge al mistero, che non è riducibile alla filosofia o alla teologia, ma implica i sentimenti. È l'*inquietudine* a esprimere la condizione esistenziale, sospesa nel bisogno di quella fede, che fa della religione l'attesa del senso: *Inquietum est cor meum donec requiescat in te* (inquieto è il cuor mio finché non riposa in te).

I tre punti fondamentali dell'apporto di Agostino all'umanità, ancor prima che alla Chiesa, sono il primato di Dio nel messaggio di Gesù Cristo, la correlazione della libertà alla grazia, il primato dell'amore. Ma se questi sono principi teorici, l'Agostino dei dialoghi riporta all'esperienza vissuta, umana, è per questo lo scopritore della interiorità e della soggettività. Esistere è pensare, amare e bisogna essere presenti a sé stessi. Mostra un uomo che cerca Dio per vivere, perché Dio è un bisogno esistenziale, non una decorazione. È in questa visione che lo si può chiamare un esistenzialista. E dall'insoddisfazione come fondamento della fede si giunge alla trascendenza. «Tali pensieri volgevo nel mio petto infelice, gravato da preoccupazioni tormentosissime, perché temevo la morte e non avevo trovato la verità. Eppur rimaneva ferma stabilmente nel mio cuore la fede cattolica nel Cristo, tuo Signore, il Salvatore nostro, una fede ancora informe [...] eppure il mio animo non l'abbandonò. Ma giunse a sperimentare Dio. Tardi ti ho amato, Bellezza così antica e tanto nuova, tardi ti ho amato. Sì, perché tu eri dentro di me e io fuori, e ti cercavo. Deforme, mi gettavo sulle belle sembianze delle tue creature. Eri con me, ma io non ero con te. Mi tenevano lontano da te le tue creature, inesistenti se non esistessero in te. Mi chiamasti, e il tuo grido sfondò la mia sordità; balenasti e il tuo splendore dissipò la mia cecità, diffondesti la tua fragranza, respirai e ora anelo verso di te; ti gustai e ora ho fame e sete di te, mi toccasti e arsi dal desiderio della tua pace.» L'incontro con Dio non ne soddisfa il bisogno, poiché è necessario aspettare che il proprio cuore riposi in lui.

11. Benedetto da Norcia nasce nel 480 a Norcia, in Umbria, da una famiglia agiata e muore verso il 547. Tutto quanto sappiamo della sua vita si lega ai *Dialoghi*, scritti da papa Gregorio Magno, che esercitò il potere della Chiesa tra il 590 e il 604.

Benedetto è considerato il padre del monachesimo occidentale. La famiglia lo aveva inviato a Roma per una istruzione elevata, ma egli ben presto decise di lasciare gli studi e la città. Raggiunse la valle dell'Aniene, fermandosi ad Affile, dove si trovava una comunità di asceti. Vi rimase poco tempo, quindi risalì la valle fino a Subiaco e qui scelse una grotta, passando dalla vita cenobitica all'eremitismo. Vi rimase per tre anni. Lo visitava talora un monaco di nome Romano, che gli portava un po' di cibo. A poco a poco, si seppe della sua presenza e venne avvicinato con la richiesta di diventare suoi fedeli: nacque così una comunità di monaci a Vicovaro, nella valle dell'Aniene. Si creano dissidi nella comunità e Benedetto la lascia. A Subiaco, Benedetto fonda dodici piccoli monasteri, costituiti da dodici monaci, ognuno con un abate. Si riserva la guida di tutto. Lo stile si rifaceva a Pacomio, che si può definire il padre del monachesimo orientale, vissuto in Egitto dal 292 al 348. La guida di Benedetto e l'insegnamento si univano a frequenti fatti straordinari: faceva miracoli e cacciava i demoni. Quelle piccole comunità attrassero moltissime persone.

Intorno al 530, Benedetto lasciò Subiaco e si diresse verso sud, sembra per una ostilità che gli era stata riservata da un prete, Fiorenzo. Giunse a Montecassino, una indicazione legata forse a re Teodorico, e qui fondò una comunità cenobitica in un luogo non più nascosto in una valle, ma aperto verso il mondo. La città era sovrastata da un'acropoli, in cui si trovava un tempio pagano dedicato ad Apollo e Giove. Ed è qui che costruì il monastero, dedicando la chiesa a San Martino di Tours. Rimase in questo monastero trent'anni, perfezionando le regole della vita monastica occidentale.

Si può affermare che, mentre crea il primo grande monastero, scopre egli stesso la sua dimensione di monaco. E scrive la Regola. Il primo elemento è dato dal totale disinteresse verso la politica e la cultura, tutto viene riversato sulla dimensione spirituale, principio fondamentale del monachesimo. Occorre ricordare che poco prima che egli scrivesse la regola benedettina, esisteva la *Regula magistri*, datata intorno al 520, scritta da un maestro di vita spirituale. Un'ulteriore regola è quella di Giovanni Cassiano, vissuto tra il 360 e il 435, di origine rumena o forse proveniente dalla Provenza. È probabile che Benedetto conoscesse questi testi. Non vi è dubbio che, considerando anche questi precedenti, il legame tra monachesimo orientale e occidentale esiste, ma con connotazioni che risentono del temperamento e dell'impronta cristiana. La Regola di Benedetto è fortemente influenzata dalla *Regula magistri* che, a propria volta, riprendeva le *Vitae Patrum* e la regola di Basilio. Ebbe una fortuna immediata, si crearono monasteri a Terracina e a Roma.

La Regola è opera unica, costituita da settantatré capitoli, dove sono trattati tutti gli aspetti della vita di un monaco, ciò che deve fare e ciò che non è parte dell'esistenza monastica. Alla Regola benedettina si sono ispirate tutte le successive comunità monastiche, che si possono considerare delle variazioni del monachesimo di Benedetto: i vallombrosani, i cistercensi, i certosini, i camaldolesi, i silvestrini, i trappisti, gli olivetani. In tutti domina il modello di una vita dedicata esclusivamente a Dio, chiusa in Dio, perché solo Dio è contemplazione. Una vita dove conta l'umiltà di sé, l'obbedienza all'abate, l'amore fraterno con gli altri monaci.

La figura di Benedetto è ritenuta ancora essenziale, papa Paolo VI nel 1964 ha eletto Benedetto patrono di Europa. Occorre ricordare, tornando alla vita, che Benedetto è fratello di santa Scolastica. È considerato santo dalla Chiesa romana e da quella ortodossa. Muore a Montecassino verso il 560.

La Regola è rimasta in vigore intatta per tutto il Medioevo e continua a essere norma di vita per congregazioni monastiche, distribuite in tutto il mondo. Le virtù fondamentali sono: obbedienza, silenzio, umiltà. L'obbedienza monastica interpreta il Vangelo di Luca, in cui si legge: «Chi ascolta voi, ascolta me». Il silenzio risponde a un imperativo: parlare e insegnare spetta al maestro, tacere e ascoltare al discepolo. E il silenzio è parte anch'esso dell'umiltà. Lo stesso vale per la preghiera: «Pregate incessantemente». Dalla Regola: «È noto che esistono quattro specie di monaci: la prima è quella dei cenobiti, cioè di coloro che vivono in monastero, servendo Dio sotto una Regola e un abate. La seconda è quella degli anacoreti, ossia degli eremiti [...] sono in grado con l'aiuto di Dio di combattere con le loro sole forze, senza il soccorso di altri, contro le inclinazioni al male che provengono dalla carne e dai pensieri. La terza è la squallidissima specie dei sarabaiti. Costoro, non saggiati come l'oro nel crogiolo da nessuna regola, maestra di esperienza, ma fiaccati come il piombo [...] a due a due, a tre a tre, o anche soli [...] seguono come norma di vita l'appagamento dei loro desideri. [...] La quarta specie è quella dei monaci detti girovaghi che, per tutta la vita, vagando da una regione all'altra si fanno ospitare per tre-quattro giorni nelle celle di altri. [...] Noi passiamo a organizzare con l'aiuto di Dio il fortissimo genere dei cenobiti. [...] I monaci dormono vestiti, cinti da una cintura o da una corda, in modo da non avere ai fianchi coltelli che durante il sonno li possano accidentalmente ferire e per essere sempre pronti a levarsi senza indugio al segnale e affrettarsi all'ufficio divino. [...] Al fratello più volte ripreso per qualche colpa, ma che non si è corretto neppure dopo essere stato scomunicato, si infligga una punizione più dura, cioè si applichi il castigo delle verghe. [...] Il possedere qualcosa di proprio è un vizio che va radicalmente estirpato in monastero. Non possedere alcunché di proprio, nulla, nel modo più assoluto, né libro né tavolette per scrivere né stilo, assolutamente nulla, poiché non è più lecito disporre nemmeno del proprio corpo e della propria volontà. [...] Tutto sia comune a tutti, cosicché nessuno dica o presuma di considerare qualcosa di sua proprietà. [...] Chi per gravi mancanze è stato escluso dall'oratorio e dalla mensa, al termine della celebrazione dell'ufficio divino, si prostri davanti alla porta dell'oratorio e resti così senza dire nulla, limitandosi a tenere il capo a terra, steso ai piedi di tutti coloro che escono dal luogo di preghiera e rimanga così, fino a quando l'abate riterrà sufficiente la sua riparazione. Quando, chiamato dall'abate si presenterà, si getti prima ai suoi piedi e poi a quelli di tutti i confratelli, affinché preghino per lui». Montecassino venne distrutta nel 521, poi ricostruita all'inizio dell'VIII secolo.

12. Anselmo di Aosta, noto anche come Anselmo di Canterbury, nasce ad Aosta nel 1033 in una famiglia nobile, ma in forte deca-

denza. Aosta allora era parte del Regno di Arles, al confine con il Piemonte. Muore il 21 aprile del 1109 a Canterbury. La madre è descritta come affettuosa, mentre il padre si caratterizzava per comportamenti violenti. Forse questa condizione è all'origine di un'infanzia e adolescenza contrastate e confuse.

Anselmo lascia la famiglia ad Aosta, e si reca al Bec, un'abbazia benedettina della Normandia, probabilmente attratto da Lanfranco di Pavia, che ne era l'abate. Qui sembra ritrovare forza per lo studio e per la preghiera. Quando Lanfranco lascia il monastero per dirigere quello di Saint-Étienne a Caen, Anselmo prende il suo posto e manifesta subito le sue grandi capacità non solo nell'ascesi, ma anche nella guida dei monaci. È eletto abate nel 1079. Tra le sue caratteristiche c'è quella dell'approfondimento dei temi teologici.

Prima della sua elezione ad abate, tra il 1076 e il 1078, aveva scritto due opere: il *Monologion* e il *Proslogion*. Nella prima, che ha anche il titolo *Exemplum meditandi de ratione fidei*, mette in luce il ruolo della ragione nella fede e si contrappone così all'esegesi, che portava a meditare la presenza di Dio a partire dai testi biblici. Egli aggiunge la possibilità di farlo, partendo dal pensiero ed elaborandolo razionalmente. In questa opera emerge tutta la profonda conoscenza dei pensatori a partire da Aristotele fino ad Agostino.

Nella seconda opera, questo indirizzo porta a un pensiero che diventa non solo originale, ma caratterizzerà la sua argomentazione teologica. Nel secondo capitolo espone la dimostrazione ontologica dell'esistenza di Dio: l'idea di Dio, della realtà più grande di quanto si possa pensare, implica che nell'intelletto umano esista la dimensione della *perfezione*. Egli nota che domina, poi, la percezione del limite umano, una imperfezione che si tende a vincere, in un percorso verso livelli di perfezione via via più alti, che spingono anche a un continuo superamento. Questa meditazione lo porta a concludere che, nell'intelletto, vi è l'idea di perfezione a cui l'uomo aspira, senza poterla mai raggiungere. E questa tendenza dell'uomo conduce inevitabilmente all'idea che esista, e si chiama Dio. Egli afferma che ciò che esiste nell'intelletto, deve per forza trovarsi nella realtà. Il bisogno continuo di migliorarsi è la pulsione che conduce a Dio. Il monachesimo è il cammino dell'ascesi, una corsa verso la perfezione che, come sostiene Agostino, si realizza solo nella relazione totale con Dio. Pone, dunque, il problema tra ragione e fede, attribuendo alla dote tipicamente umana della *ragione*, un fondamentale ruolo per dare sostegno al *credo*. La fonte della fede è nella rivelazione e nelle Sacre Scritture. Come dice Isaia, «se non hai fede non capirai», e suggerisce che, se la ragione dipende dalla fede, ora si deve aggiungere che il pensiero aiuta a capire la fede. Un passo fondamentale che spiega il suo motto: «La fede in cerca della ragione». Occorre aggiungere che grande rilievo aveva la dimensione affettiva, l'amore. Ed è amando Dio che si attivano quei processi che impegnano la ragione e il credo.

Per sottolineare l'idea della dimostrazione ontologica di Dio, si può partire anche dalla considerazione che le cose del mondo posseggono maggiore o minore perfezione, e tutto ciò esprime la partecipazione di un legame con l'assolutamente perfetto. Una volta giunti alla conclusione che deve esistere un Ente che corrisponde al sommo bene, ciò attribuisce all'esistenza la perfezione. L'uomo, a differenza di tutte le altre creature, tende a raggiungere la perfezione, che coincide con il Dio della rivelazione. «Signore, tu non solo sei ciò di cui non si può pensare nulla di più grande, ma sei più grande di tutto quanto si possa pensare, poiché infatti è lecito pensare che esista qualcosa di simile. Se tu non fossi tale, si potrebbe pensare qualcosa più grande di te, ma questo è impossibile.» Si possono dedurre molte implicazioni: non si può negare la realtà di qualcosa che non si pensa neppure. Per negarla devo pensarla. «Dunque, Dio, esisti in modo così vero che non si può nemmeno pensare che non esisti. E giustamente. Se infatti una mente potesse pensare qualcosa migliore di te, la creatura si leverebbe sopra il creatore.»

Guglielmo II il Rosso, nel 1093, chiama Anselmo al ruolo di arcivescovo di Canterbury e primate inglese, per sostituire Lanfranco, dopo la morte avvenuta nel 1090. Ma fu necessaria una lunga trattativa per il periodo che va dal 1090, morte di Lanfranco, al 1093, in cui si insedia Anselmo. Il primate di Canterbury occupava una posizione particolarmente importante per il conflitto che esisteva con il re e a questo si aggiungeva la diatriba, se le nomine fossero facoltà del papa oppure del re. Dopo la nomina, Anselmo tentò di rifiutare la carica, sostenendo di essere un monaco e di non sapersi occupare degli affari sociali, in più aggiungendo i limiti della sua età e i problemi di salute. Sottopose a Guglielmo le condizioni alle quali avrebbe accettato il ruolo di arcivescovo, mettendo in primis la restituzione delle terre confiscate, inoltre che riconoscesse l'autorità papale di Urbano II e non quella dell'antipapa Clemente III. Ottenne solo la restituzione delle terre ma, poiché il popolo voleva Anselmo, Guglielmo cercò un compromesso permettendo persino che Anselmo continuasse il suo legame con il monachesimo. E non appena ricevette le terre confiscate, il 4 dicembre 1093 venne insediato come arcivescovo. Le vicende del periodo di Canterbury si complicarono enormemente. Vi sono fatti per cui Anselmo abbandonerà Canterbury, per ritirarsi a Cluny, in un vero esilio. Muore il 21 aprile del 1109. Venne sepolto nella cattedrale di Canterbury ma, durante i disordini nel regno di Enrico VIII, il suo corpo venne trafugato e se ne persero le tracce. A succedergli sarà Tommaso Becket.

13. Romualdo di Camaldoli nasce a Ravenna tra il 951 e il 953. Discende da una nobile famiglia, dal duca Sergio degli Onesti di Ravenna. La madre è Traversara Traversari. Rimane nella storia come fondatore dell'eremo di Camaldoli e dei camaldolesi: un ordine eremitico, che discende dai benedettini. Muore a Fabriano, il 19 giugno 1027.

Nel 972 si reca nella basilica di Sant'Apollinare in Classe per chiedere perdono di un omicidio, commesso dal padre che aveva ucciso un cugino. Si racconta che ebbe una visione del santo e decise di farsi monaco. Fu così che avvertì l'idea di spendere la propria vita nella solitudine. Entrò nel monastero attiguo alla basilica ma, dopo alcuni mesi, si trasferì seguendo un eremita, Marino, nel territorio veneziano, avendolo come guida spirituale. Qui conobbe l'abate Guarino, che convinse Romualdo non ancora trentenne, a seguirlo nell'abbazia di Cuixà, in Catalogna. Vi rimase per dieci anni e approfondì la propria formazione spirituale. Marino era in quel periodo un pellegrino in Italia, in una comunità di nobili asceti, tra cui Pietro Orseolo, doge di Venezia, che abbandonò la carica pubblica per dedicarsi alla vita monastica. Anche altri nobili veneziani, come Giovanni Gradenigo, Giovanni Morosini, erano stati attirati dal monachesimo in quel periodo. Marino, maestro di Romualdo, praticava un modello eremitico irregolare, poiché seguiva uno spontaneismo che non corrispondeva alla prassi del monachesimo.

A Cuixà era emersa la figura di Romualdo, come leader e trascinatore: si dedicava al lavoro insieme a Giovanni Gradenigo, leggeva la vita dei Padri del cristianesimo e, dopo le diverse esperienze di cui aveva però avvertito una insoddisfazione, si orientò verso un eremitismo più razionale. Ma è soprattutto la sua personalità a emergere, era diventato il riferimento della comunità e sapeva tenere insieme il gruppo.

Nel 988 ritorna in Italia e continua la vita eremitica nell'eremo di Pereo, situato nell'Isola delle Rose presso Ravenna. Aveva il ruolo di abate, ma vi rinunciò per trasferirsi sul monte Fumaiolo e fondare un monastero, dedicato a san Michele Arcangelo. Lo aveva seguito un gruppo di monaci, forse improvvisati e piuttosto restii ad accettare una disciplina come fondamento della vita eremitica. Era apparso troppo severo e i monaci lo cacciarono a vergate, insieme ai pochi suoi discepoli.

Intorno al 1001, l'imperatore Ottone III convinse Romualdo a diventare abate di Sant'Apollinare in Classe, ma ancora insoddisfatto, rinunciò all'incarico. Era sempre attratto dalla solitudine dell'eremo. Ed è in questa ricerca di un proprio ideale, che arriva nell'abbazia di Montecassino, nel principato di Capua. Non si fermò molto perché andò a vivere in una grotta presso Rovigno, in Istria, rinunciando dunque a ogni impegno, legato ai monaci, a lui affidati.

Si potrebbe continuare, indicando, sulla scia dei biografi, altri luoghi eremitici, ma che sempre mancavano di qualcosa che gli permettesse di raggiungere ciò che il suo spirito fortemente richiedeva. Un *eremita nomade*. Nel 1014, fonda un eremo a Sitria, in Umbria, dove rimane sette anni, aprendo e chiudendo luoghi di eremitaggio.

Finalmente arriva a Camaldoli. A caratterizzare qui Romualdo con continuità è lo stile di esistenza: silenzio, digiuno, contatto con persone che lo cercano, attratti proprio dal distacco del mondo. Una vita intermezzata da estasi, in cui entra in colloquio con Dio e in particolare con Gesù Cristo. Mostra una inquietudine, da collegare alla continua ricerca di una modalità eremitica, che però non riesce a realizzare e che si rivela anche nella difficoltà di trovare nella Regola di Benedetto ciò che vuole. Bisogna considerare che la vita eremitica ha come riferimento necessario un cenobio, una comunità, dove si può stare un poco e poi ripartire per la *santa solitudine*. Una alternanza tra eremo e cenobio che interrompe anche la continuità di un comportamento liturgico. Ed è l'espressione della sua vita, in cui fonda luoghi monastici per poi fuggirne, nel bisogno di trovarsi solo, in un dialogo esclusivo con Dio. Romualdo muore in una data incerta nell'abbazia di San Salvatore, in Val di Castro nei pressi di Fabriano, e in solitudine.

Sembra un paradosso, ma non esiste una regola specifica della congregazione di Camaldoli, poiché è parte del monachesimo benedettino. Romualdo fondò una trentina di luoghi eremitici o cenobitici. Mostrò così uno stile personale dell'eremitismo. Il corpus di regole dei camaldolesi è stato compilato in seguito, tenendo conto dei suoi insegnamenti. E a raccogliere il suo lascito di esperienze, sarà Rodolfo, il quarto priore dell'eremo di Camaldoli.

Camaldoli fu fondata da Romualdo, in un luogo che gli era stato donato da un signore, Maldolo, dopo un sogno: una scala partiva da quel sito innalzandosi fino al cielo, percorsa da una moltitudine di monaci vestiti di bianco. Dal nome del donatore Maldolo, ebbe il nome di *Campus Malduli*, quindi Camaldoli. Era costituito di poche celle, composte da una stanza da letto che serviva anche da piccola cappella, e da un orticello chiuso da un muro. E quel muro separava lo spazio per un altro orticello, connesso a propria volta a un abitacolo. Contemporaneamente, a una distanza di quattro o cinque chilometri sorgeva il cenobio di Fontebona, dove esisteva una piccola comunità sotto la guida di un priore. E le due realtà erano gestite da uno stesso priore. Gli eremiti, pur essendo isolati e staccati, erano dunque parte di una stessa struttura ascetica. Nel 1080, Rodolfo scrisse le prime Costituzioni. Successivamente se ne aggiunsero altre, fino alle *Costitutiones camaldulenses* del 1572, approvate da papa Pio V. Romualdo è stato canonizzato nel 1532 da papa Gregorio XIII.

14. Francesco d'Assisi nasce nella città umbra alla fine del 1181 o all'inizio del 1182. Venne battezzato con il nome di Giovanni. Il padre, Pietro Bernardone, era mercante di stoffe. Considerata la condizione sociale della famiglia, si ritiene che abbia frequentato scuole di buon livello. Si sa poco della sua giovinezza: conosceva un po' di latino, di francese. Il padre commerciava con la Francia. Entra molto presto nell'attività paterna e si dimostra abile negli affari. I biografi riferiscono che amava un'esistenza gaudente, frequentando amici con i quali tendeva a essere protagonista. Durante le lotte tra Assisi e Perugia partecipa alla guerra e viene fatto prigioniero, rimane per questo in carcere un anno. Tornato ad Assisi, entra sempre come soldato in un'impresa bellica in Puglia, con il desiderio di schierarsi in difesa della giustizia che si estendeva ben oltre le lotte della propria città, e del resto è questo il periodo delle Crociate.

Iniziato il viaggio verso il Sud, giunto a Spoleto, cambiò idea. Ed è tra questi desideri di una vita più giusta, che inizia il periodo della sua conversione. Comunica alla famiglia e ai suoi amici che non vuol fare né il commerciante né il cavaliere, ma dedicarsi ai sofferenti, in particolare ai poveri. Quando Francesco d'Assisi annuncia la propria decisione, è chiaro che entra in conflitto con il padre, il quale immagina sia impazzito, poiché afferma di voler rinunciare a ogni bene terreno, fino a spogliarsi nudo di fronte al vescovo Guido, che cercava di ammaestrarlo dicendo che non serve un ordine pauperistico, perché la Chiesa è essa stessa povera. D'altra parte, non gli andava bene la vita monastica già ampiamente diffusa, e la scelta di questa via non avrebbe certo comportato un grande clamore.

Già nel 1209, a ventisei-ventisette anni, Francesco è orientato per un *monachesimo mendicante*. Un'idea che rimanda al Vangelo di Matteo, laddove descrive che Cristo invita gli apostoli a evangelizzare la terra, stando in povertà e avendo fede solo in Dio. Ma anche la parola «predicazione» non gli andava bene, si doveva dimostrare di credere attraverso l'esempio, le opere. Nemmeno la parola «monaco», che da *monos* vuol dire «solo», andava bene perché lui non voleva stare da solo. Sceglie la parola «frate», fratello di tutti e invece di parlare delle tappe della via ascetica, che rappresentano delle conquiste, ritiene che si debba trovare una nuova maniera di vivere. Costituisce il primo gruppo dei frati, formato da undici persone: Bernardo di Quintavalle, Pietro Cattani, Egidio, Bernardo di Vigilante, Morico, Giovanni della Cappella, Sabatino, Filippo, Giovanni di San Costanzo, Angelo Tancredi, Barbaro. Sono dei «nessuno» e insieme costituiscono quello che potrebbe apparire un gruppo di sfaticati, ma per loro Francesco inventa una regola, centrata sul Vangelo.

Nel 1210 si reca a Roma e si fa ricevere da papa Innocenzo III, che approva verbalmente questa *formula vitae* e dà loro la facoltà di operare e di predicare ovunque. Francesco non era sacerdote, e questa era la prassi anche per il monachesimo. Nel suo caso, però, contava il rifiuto del potere, che indubbiamente un sacerdote aveva. Disegna un abito di panno con un cappuccio, un paio di sandali per piedi scalzi. Ciò che colpisce è che, attorno a lui, si creano delle folle, ed è incredibile non solo il numero di chi ascolta le parole di Francesco e del suo gruppo, ma anche il numero di chi vuol entrare a farne parte. Nasce la prima sede a Rivotorto e alla Porziuncola: una piccola chiesa di Assisi, che diventa il centro del francescanesimo. Le sue prediche e quelle dei frati attirano anche chi non entra in una chiesa, perché si tengono nelle strade. Si crea un clima che rimanda alla vita di Gesù. Ecco la differenza: i monaci si nascondono accanto al loro Dio, i francescani si mostrano tra la gente.

Nel 1211 Francesco incontra alla Porziuncola una giovane donna: Chiara. Le regala un abito religioso. Colpita dalle idee di povertà di Francesco, viene prima affidata a un monastero benedettino, poi a San Damiano: costruisce anche lei un gruppo e così, tra il 1212 e il 1214, nasce l'ordine francescano delle Clarisse. È tempo di grandi viaggi: Francesco, dopo alcune difficoltà, arriva in Palestina. Il suo intento è di conoscere i luoghi di Gesù, ma anche di convertire i musulmani.

Nel 1221, quando passa dalla *formula vitae* alla scrittura di una Regola, i francescani sono già noti in tutta Italia e fuori dal Paese. Hanno una organizzazione e un Capitolo generale per le decisioni. Si calcola che, quando scrisse la Regola, i frati fossero cinquemila. A capo dell'ordine mise prima Pietro Cattani, dopo la sua morte frate Elia. Egli stesso se ne occupava ma, forse, non voleva essere investito di un potere. È solo nel 1223 che detta a frate Leone un nuovo testo e, questa volta, lo sottopone alla approvazione di Roma.

Il rapporto tra Francesco e la curia romana non era certo semplice, ma è sempre stato chiaro che Francesco e il suo ordine dovevano rimanere nella Chiesa. Una convinzione che, nel confronto difficile, è servita all'ordine per inserire pratiche come l'eucarestia, la confessione, la penitenza. Senza, si sarebbe potuto parlare di una organizzazione su fondamento sociale.

Francesco non scrive trattati, tutto è semmai compreso nel *Can-*

tico delle creature, un testo poetico, non certo una disquisizione teologica. Se proprio si vuole usare il termine di «teologia», bisogna aggiungervi «mistica». Francesco compie del resto miracoli e la sua vita ha come riferimento la passione di Cristo. E il giorno della Croce di Cristo, il 14 settembre del 1224, Francesco si sentì trafiggere petto, mani, piedi dalle stigmate. Una proiezione del suo immedesimarsi anche carnalmente in Cristo. È questo forse l'esempio più grande della *communio:* diventare Cristo non solo nella mente, ma anche nel corpo. Cristo diventa il vero messaggio del francescanesimo. Negli ultimi due anni della vita, le stigmate hanno veramente sconvolto Francesco: un dramma tra la gioia e la paura del legame totale con Cristo. Ha quarant'anni, è preda di una malattia, in particolare è vicino alla cecità. Nel 1226, il 3 ottobre muore. Si era fatto distendere nudo sulla terra spoglia, prima di morire con le piaghe della Croce che sanguinavano. Chiara lo aveva visitato, mentre moriva. Nel testamento ritorna a esprimere il dovere di aiutare i lebbrosi, forse gli ultimi tra gli ultimi, perché repellenti e in più contagiosi. Due anni dopo, il 15 luglio 1228, Gregorio IX lo proclama santo. Non ha lasciato opere, ma si è impresso in ciascuno di noi su questa terra. Non gli deve piacere nemmeno tanto il Paradiso...[38]

15. Tommaso d'Aquino è nato a Roccasecca, vicino ad Aquino, che allora faceva parte del Regno di Sicilia, oggi provincia di Frosinone. Settimo figlio, quartogenito maschio di una nobile famiglia, legata all'imperatore Federico II. Il padre, Landolfo, aveva il titolo di signore di Loreto e Belcastro. La madre Teodora Galluccio apparteneva a un ramo collaterale del casato napoletano dei Caracciolo. Esiste tuttora il castello di Roccasecca, dove gli storici ritengono che egli sia nato, anche se per altri la nascita sembra sia avvenuta a Belcastro. Un fratello, Reginaldo, fu il primo valletto presso la corte dell'imperatore. Venne poi condannato a

[38] Utile è la lettura della percezione di Francesco oggi nella mia *Vita di Francesco*, De Agostini, Milano 2025.

morte per aver preso parte alla congiura di Capaccio del 1246, contro Federico II. Tommaso nacque nel 1224. È considerato il più grande pensatore della Chiesa. Muore nell'abbazia di Fossanova il 7 marzo 1274, all'età di cinquant'anni.

Fin dalla fanciullezza fu, secondo le usanze nobiliari, destinato alla vita religiosa: venne educato dai cinque anni fino ai tredici nel monastero di Montecassino, di cui era abate Landolfo Sinibaldo, figlio di Rinaldo d'Aquino e fratello del padre di Tommaso. Successivamente, studiò per cinque anni all'Università di Napoli, fondata da Federico II nel 1224, per formare la classe dirigente dell'impero. Ebbe come maestro Pietro d'Irlanda, uno studioso di Aristotele e della logica. Qui conobbe i domenicani, ordine mendicante fondato nel 1215, in cui entrò come novizio nel 1241 e vestì l'abito nel 1244. La scelta dei domenicani creò un contrasto in famiglia, che desiderava continuasse l'esperienza a Montecassino. Si narra che, per contrastare la sua volontà, fosse stato addirittura catturato mentre fuggiva verso Parigi, con un gruppo di confratelli di cui era maestro generale Giovanni di Wildeshausen. Fu tenuto prigioniero per più di un anno nel castello degli Aquino di Roccasecca. Superata tale controversia, dal 1244 si divideva tra l'Università di Parigi e i domenicani di Wildeshausen in Italia. A Parigi, conseguì il dottorato in teologia. Giovanni Wildeshausen lo invitò poi a Colonia, dove esisteva un centro di studi sotto la direzione di Alberto Magno, un teologo che aveva una cultura estesa a molti campi del sapere. Del resto, l'aveva già conosciuto a Parigi e Alberto Magno giustificò il comportamento di Tommaso, per cui era chiamato il «bue muto». «Voi lo chiamate il bue muto, io vi dico che, quando questo bue muto muggirà, i suoi muggiti si udranno da una estremità all'altra della terra.»

Dal punto di vista somatico aveva una dimensione enorme, tanto che venne modificato il suo tavolo da lavoro: era stato praticato un foro, per farlo sedere.

Nel 1248 Alberto Magno partì per Colonia con Tommaso,

che occupava la posizione di assistente. La persistenza di questo legame, dai ventitré ai ventisette anni, ebbe un'enorme influenza su Tommaso. Nel 1252 ottenne l'insegnamento a Parigi, nonostante alcune perplessità legate alla sua giovane età. Iniziò nel settembre di quello stesso anno, trovando un clima intellettuale molto più vivo che a Colonia, e qui poté insegnare Aristotele. A Colonia era proibito questo insegnamento, a Parigi, sia pure con il permesso, creò grandi opposizioni. Nel 1256, a trentun anni, Tommaso, anche su iniziativa del sommo pontefice, venne riconfermato alla cattedra di teologia.

Ritornò in Italia, tra il 1259 e il 1265, questa volta non solo per insegnare la teologia dei maestri, ma la propria. Insegnò prima a Napoli, poi gli venne assegnato il monastero domenicano di Orvieto, a cui faceva riferimento la formazione dell'intero ordine domenicano. Qui operava anche Guglielmo di Moerbeke, che conosceva perfettamente il greco; con lui Tommaso traduce e commenta oltre alle opere di Aristotele, quelle di Ammonio, di Temistio, di Proclo. Tra il 1265 e il 1268, soggiorna a Roma e qui inizia a scrivere la *Summa Theologiae*. Nel frattempo, papa Clemente IV lo nomina teologo pontificio. Continua l'attività di insegnamento e al contempo la composizione delle sue opere, espressione di un nuovo corso e di una nuova visione della teologia. Gli venne offerto il posto di arcivescovo di Napoli che non volle accettare, continuando a vivere in povertà, studiando, scrivendo e pregando. Il suo amore per Aristotele continuava e si dedicò anche agli scritti scientifici. Era nata nel frattempo la Scuola medica salernitana, dove ci si riferiva a medici e filosofi come Avicenna e Averroè. Vi insegnò anche Tommaso.

Il 29 settembre 1273 ebbe una visione, a seguito della quale non dettò più il suo pensiero e si liberò degli strumenti per scrivere. Ebbe a dire, in merito a questo sconvolgimento: «Non posso più scrivere. Tutto quanto ho scritto mi sembra paglia, in confronto a quanto ho visto». Alla fine di gennaio del 1274, Tommaso si mise in viaggio per partecipare al Concilio ecumenico convocato da Gregorio X per il 1° maggio 1274, a Lione. Dopo qualche giorno, arrivò al castello di Maenza, dove abitava sua nipote Francesca. Qui si ammalò, tentò poi di riprendere il viaggio verso Roma, ma si dovette fermare all'abbazia di Fossanova per recuperare le forze. E tra il 4 e il 5 marzo, dopo essersi confessato, ricevette l'eucarestia e il giorno dopo, l'estrema unzione. Morì dopo tre giorni. Il corpo è conservato nella chiesa domenicana des Jacobins, a Tolosa. La reliquia della sua mano destra è nella chiesa di San Domenico a Salerno, la costola del cuore nella basilica di Aquino.

Il pensiero di Tommaso d'Aquino è complesso e difficile e lo dimostra il fatto che è ancora uno degli autori più studiati. Nel suo caso, più che di idee e di concezioni si deve parlare di «dottrina», perché le sue opere affrontano i grandi temi che sono fondamento della religione. Assieme a un tomismo originale, si sono succeduti i neotomisti che, al di là della interpretazione dei contenuti della teologia di Tommaso, vi inseriscono elementi per ampliare la visione sulla trascendenza. È per questo che diventa difficile analizzare dei temi singolarmente, in quanto ognuno è dentro un'organizzazione complessa: una vera dottrina. Occorre poi aggiungere che i domenicani, che hanno caratterizzato la teologia dell'Università di Parigi prima di Tommaso, partivano da un sapere naturalistico. Alla cattedra di teologia di Parigi hanno insegnato dei medici, lo stesso Alberto Magno si era dedicato alla filosofia naturale. E la differenza è notevole, rispetto a una teologia che parte dalle Sacre Scritture. È questo il periodo in cui a sviluppare la filosofia erano scienziati, in particolare matematici e fisici. Sempre ai domenicani spetta il continuo confronto tra fede e ragione.

Il tema centrale nell'elaborazione di Tommaso è quello dell'anima, e rimanda all'interesse per Aristotele, che ne è il fondamentale pensatore della Grecia antica. La questione che occuperà Tommaso è il *quid est* e per rispondere, bisogna partire dal *cogito*.

Questione immediatamente successiva e altrettanto difficile

ancora oggi, è il tema-Dio, di cui vengono indicate tutte le proprietà: immutabile, semplice, indivisibile da sempre e per sempre; uguale a sé stesso, eterno (e qui ritorna l'essere di Parmenide); infinito in atto, non rientra nella dimensione dello spazio e del tempo; è unico; onnisciente, onnipotente, ma non può fare il male e non può creare un altro Dio; non riceve la vita, crea, ma non sono parti di Dio poiché Dio non è frazionabile; è trascendente e al di sopra di tutto, ma ciò non esclude che esistano delle somiglianze (gli angeli e anche l'uomo sono *come* Dio, ma non sono Dio).

Affronta naturalmente anche il tema di Cristo, sempre con un tocco di grande originalità perché, per chiarire la natura divina del Cristo, lo confronta dapprima con l'uomo e successivamente con Dio. E qui si apre il tema della Trinità; si lega a ciò che si conosce per rivelazione oppure con la ragione. Il contenuto è fondato sulla rivelazione, mentre la ragione permette di ritenere che quanto è rivelato è necessario. L'uomo-Cristo, percepisce solo una parte di ciò che Egli è. Gesù Cristo comunica con Dio, ma allo stesso tempo ne sfuggono alcune manifestazioni, perché vero Uomo.

Tommaso d'Aquino è passato in maniera semplificata alla storia come il teologo delle «cinque vie» per giungere all'esistenza di Dio. In realtà, si tratta di cinque risposte che la conoscenza di Dio suscita: la prima domanda è *an sit* (se sia), *quomodo sit* (in che modo sia), *quid sit* (che cosa sia). Ciò significa che si può giungere razionalmente a Dio, ma non equivale a dire come sia. Certamente, attraverso le risposte a tali quesiti, si recuperano precedenti dimostrazioni, come quella di Anselmo d'Aosta sulla percezione dei livelli di perfezione che giungono al perfetto, o quella di Agostino di stampo neoplatonico. In sintesi, i cinque percorsi indicati sono: *ex motu et mutatione rerum* (tutto ciò che si muove, esige un movente primo); *ex ordine causarum efficentium* (dalla causa efficiente), la cosiddetta *creatio ab aeterno*. In altre parole, la necessità di una causa prima non causata; l'*ex rerum contingentia* (la «contingenza» che affronta il tema della generabilità, corruttibilità, che dipende dalla materia); il principio dell'*ex variis gradibus perfectionis* (le cose hanno gradi diversi di perfezione, intesa come verità, bontà, nobiltà ed essere; l'*ex rerum gubernatione* (che riporta al governo delle cose, per cui nell'universo vi sono oggetti ordinati in modo intelligente, ma gli oggetti non lo sono).

Queste brevissime note, complicate e lontane da quella che è la percezione che i fedeli hanno di Dio e dalla stessa esperienza che si raggiunge nell'incontro con Lui, hanno però il grande significato di far percepire lo sforzo a cui la mente può giungere, permettendo di dare delle risposte e al contempo di capire che non sono mai sufficienti per tradurre nel pensiero umano un Essere di cui, comunque, l'uomo giunge a fare l'esperienza. Da una parte Tommaso mostra la grande forza della mente umana, dall'altra fa comprendere meglio il limite per cui occorre, attraverso la rivelazione dei Testi sacri, *credere a ciò che non si può capire*. Sembra interessante per rendersi conto che, se nella tradizione pretomista la teologia partiva dai Testi sacri, la dottrina disegnata da Tommaso vi arriva, partendo dal *chi è*.

16. Ildegarda di Bingen nacque nel 1098 a Bermersheim von der Höhe, non lontano da Magonza, e morì il 17 settembre 1179 a Bingen am Rhein. La sua biografia è molto semplice: entrò bambina in una comunità benedettina, in cui era badessa Jutta di Sponheim e, fin da giovanissima, ebbe visioni e avvertiva una voce che la guidava nella sua vocazione monastica. Riccardo di San Vittore, contemporaneo di Ildegarda, definì questa particolare percezione un «vedere con gli occhi dell'interiorità», in perfetta normalità, senza alcun segno di alterazione fisica e psichica. Si trattava di scene colorate che scorrevano davanti ai suoi occhi, a cui non sarebbe riuscita a dare un significato, se non fosse intervenuta una voce che le illustrava, svelandone il senso. Era questa la voce di Dio.

Nel 1138, aveva quarant'anni, la voce le ordinò di scrivere quello che aveva visto e ascoltato, e di cui continuava ad avere esperienza. Così sono nate tre opere: la prima, *Scivias* comprende le esperienze dal 1141 al 1150, la seconda, *Liber vitae meritorum*, quelle tra il 1158 è il 1163, la terza, *Liber divinorum operum* descrive visioni e voci tra il 1166 e il 1179, cioè fino alla morte. Seguendo Jutta, si era arricchita di una vasta cultura letteraria nel luogo in cui si trovava il monastero, Disibodenberg, dove era presente anche una comunità di benedettini e un monaco, di nome Volmaro, che le insegnò il latino e la scrittura. Ildegarda, però, non accettò mai di modificare i suoi scritti, poiché le erano stati dettati dalla voce ed erano pertanto inalterabili. Nel 1136, alla morte di Jutta, venne eletta badessa e la sua opera cominciò a essere nota, dapprima nei monasteri, quindi anche tra il popolo. Il papa Eugenio III la incontrò nella visita che fece a Treviri, tra il 1147 e il 1148.

Il contenuto di queste esperienze interiori e raccontate, appartiene alla mistica, che si fonda sul contatto diretto con Dio, ma ha anche un significato profetico. Sembrava suggerire degli interventi perfettamente inseriti dentro la storia, sia dei benedettini, sia di persone che a lei si rivolgevano per consigli, a cui la voce dava con autorità una indicazione precisa. E a indicarne la fama, è una ricca corrispondenza con Elisabetta di Schönau e con lo stesso imperatore Federico Barbarossa. La voce dava consigli, ammoniva anche l'imperatore e poiché teneva una corrispondenza, gli scrisse nel 1155: «Ti comporti come un bambino».

Alle lettere e agli scritti si aggiunse la predicazione di Ildegarda in molte parti della Germania. Ciò favorì la diffusione della sua personalità e della sua straordinaria esperienza. Riferì la voce che li riguardava, il contenuto critico e persino duro sia nei riguardi di papa Anastasio IV (dal 1153 al 1154), che del successore Adriano IV.

Ciò che colpisce in questo racconto ancora oggi è il perdurare immodificato di queste percezioni straordinarie di Dio per tutta la vita in cui, al di fuori delle visioni e della voce, ha mostrato un comportamento perfettamente adeguato. Si presentava quindi un doppio: una Ildegarda nella vita ordinaria, e un'altra che diventava essa stessa testimone di ciò che vedeva senza capire, visioni la cui voce attribuiva invece un significato profetico, relativo sia a una dimensione della storia, sia a una personale e privata di chi si rivolgeva a lei per consigli pratici. Una dimensione da doppia personalità che, soprattutto nel XII secolo, non era facilmente comprensibile. Pur avendo ottenuto una grande fama, entrò però in contrasti con le autorità ecclesiastiche. Ebbe difficoltà a fondare un monastero a Rupertsberg, vicino a Bingen nel 1150, e affrontò più duri ostacoli nel 1178, quando l'autorità ecclesiastica interdisse il monastero, privandolo di ogni rito religioso. Il motivo era dovuto al fatto che Ildegarda seguiva la voce, e non i superiori della diocesi. In piena consapevolezza aveva detto che viveva il dramma tra le due realtà, tra il piacere del rapporto con la voce di Dio e le difficoltà con quella della Chiesa. L'interdetto venne tolto qualche mese prima della morte. E poiché aumentavano anche le richieste di giovani per entrare come novizie nel monastero, ne costruì uno dipendente da Bingen, a Eibingen, sulla riva opposta del Reno.

Un altro aspetto rende straordinaria la figura e la personalità di Ildegarda: i suoi interessi per le scienze e la medicina. Compose una *Physica* o *Liber simplicis medicinae*, arricchito di un erbario, e un testo di zoologia per descrivere le diverse creature. Non certo ultima, l'attività ancora oggi apprezzata, a cui è legata la composizione musicale *Symphonia armoniae coelestium revelationum*, un'opera per la musica sacra che entrava nella vita del monastero, inserendosi nella lunga tradizione dei benedettini che, nella preghiera comune, usavano il canto. Si dedicò anche alla cosmologia.

Tutto ciò che scrive, acquista un significato esistenziale e soprannaturale. Giunge ad avere una visione teologica di una Trinità che si rappresenta continuamente come forza, virtù, verità. La presenza di Cristo nel mondo acquista il senso di arricchire ancor più la divinità poiché Dio diventa anche il *pulcherrimus et amatissimus vir.* Tutto diventa una manifestazione di Dio, anche l'uomo ne è parte. Cristo è il punto di continuità tra uomo e Dio. L'uomo, la natura, contengono l'impronta del divino.

Ancora oggi si apprezzano le creazioni di questa straordinaria donna, le antifone, i responsori, i canti liturgici. Scrisse persino un'opera in *litterae ignotae*, un alfabeto sconosciuto di cui ancora non si è giunti all'interpretazione. Tra le molte ipotesi vi è che si tratti della lingua tedesca, variata con termini che si avvicinano a un significato scientifico, botanico o medico, rispetto a quello corrente.

Ciò che caratterizza l'esperienza di Ildegarda non sono tanto le visioni e le voci, di cui vi sono molti esempi fin dall'origine del cristianesimo e basta ricordare quelle che Paolo di Tarso percepisce mentre percorre la via di Damasco. Ma tali fenomeni sensoriali si caratterizzano per la comunicazione continua e aggiornata dentro la storia. Non ci si limita a fatti isolati, chiusi dentro un uomo o una donna di fede, ma rappresentano un legame storico e presente del divino con l'umano, che giunge a entrare nella vita personale di coloro che si rivolgono a Ildegarda per decidere i propri comportamenti.

Il processo di santificazione fu molto complicato. Nel 1233, viene aperta l'inchiesta sulle sue virtù e i suoi miracoli, il monastero di Bingen viene soppresso nel 1806 ma, al di là della canonizzazione, si moltiplicano i fedeli e nei monasteri nascono codici straordinari che illustrano la vita di Ildegarda. L'elezione alla santità è dichiarata il 10 maggio del 2012, da papa Benedetto XVI.

17. Chiara d'Assisi nasce nel 1193 o forse 1194 ad Assisi, e muore nella stessa città nel 1253. Viene canonizzata due anni dopo la morte ed è ricordata nella storia della Chiesa per aver fondato l'ordine delle Clarisse. Il suo nome viene associato immediatamente a quello di Francesco d'Assisi, ed è indubbio che Chiara, ascoltandolo e incontrandolo, rimase affascinata dal suo progetto di vita. La storia racconta che è proprio Francesco a suggerire di fondare un ordine sugli stessi scopi di quello da lui creato, e si

conosce che Chiara visitò Francesco durante le sue ultime ore di vita. È però indubitabile che Chiara ha una personalità forte, che si esprime nella costituzione di un ordine che interpreta la mistica femminile, dando così alle sue monache principi e liturgie che «parlano» al femminile.

La vita di Chiara si esprime in un monachesimo molto più spirituale, dentro un legame con Dio che è fatto di amore profondo, più intimo, e in questo, distante dai frati minori che devono far sentire la loro presenza dentro il mondo. La stessa concezione di povertà è meno sociale, più interiore; è la povertà della vita umana rispetto al Cielo, la povertà di una visione dell'uomo e della donna, nei confronti di una esistenza immaginata nell'eterno.

La famiglia in cui Chiara nasce appartiene alla nobiltà: il padre, Favarone di Offreduccio di Bernardino, la madre Ortolana, di grande fede religiosa, sono di nobile casato. Chiara muore l'11 agosto del 1253, a cinquantanove anni. La sua conversione avviene nel 1211 o 1212, all'età di diciotto anni. La fanciullezza non fu serena, risentendo forse dell'esilio a Perugia a cui la famiglia fu costretta per sfuggire alle lotte interne in cui i *minores* prevalsero ad Assisi contro i *maiores*, identificati con la nobiltà. Con la conversione, Chiara aveva espresso di non voler prendere marito, nonostante il rango a cui apparteneva le presentasse facilmente un uomo altolocato.

La vita religiosa acquista una particolare rilevanza proprio nell'incontro con Francesco. E a questo punto, scatta la leggenda più che la cronaca. Tutto sembra guidato da questo rapporto e dall'esempio, mentre viene posta in secondo ordine l'esperienza personale di Chiara, conoscendo la vita delle povere donne di San Damiano. Quando incontra Francesco, aveva già compiuto la rottura con la famiglia, vendendo i propri beni e donando il ricavato. Fuggì da casa la sera della Domenica delle Palme, del 1211 o 1212. Raggiunse la Porziuncola ed è qui che la leggenda racconta del taglio dei capelli. Lasciato Francesco, raggiunge subito il monastero benedettino di San Paolo delle Abbadesse a Bastia, nei pressi di Assisi. Da là i genitori tentarono di riportarla a casa, ma dopo pochi giorni fu accompagnata da Francesco alle pendici del monte Subasio, nella chiesa di Sant'Angelo, dove fu raggiunta dalla sorella Agnese, anch'essa fuggita da casa.

Nel «Testamento» Chiara racconta di aver scelto in quel periodo San Damiano e qui esprime i voti dell'obbedienza e della vita spirituale. Raggiunse San Damiano con alcune sorelle e iniziò una vita claustrale. Vi trovò una definitiva dimora e seguì la vita monastica per tutto il resto della vita: un'esistenza di comunità e di rispetto della verginità. Si formano così le *pauperes sorores* di San Damiano.

È probabile che il riferimento a Francesco sia avvenuto sul piano dell'esperienza religiosa, ma anche delle esigenze personali. Ed è comprensibile che la conoscenza di Chiara ponga a Francesco l'interrogativo del perché i principi, che aveva fatto propri, non potessero o non dovessero avere un profondo significato anche per le donne. Si costituisce così un legame tra i «frati minori» e le «sorelle damianite». Nella Regola di Chiara, del 1253, è riportato uno scritto che sancisce il reciproco interesse e una sorta di unità: «Poiché per divina ispirazione vi siete fatte figlie e ancelle dell'Altissimo sommo re, il Padre celeste, e avete sposato lo Spirito Santo scegliendo di vivere secondo la perfezione del Santo Vangelo, voglio e prometto di avere sempre, per mezzo mio e dei miei frati, cura amorosa e sollecitudine speciale per voi come per loro». È dunque chiaro il rapporto tra spiritualità maschile e femminile, di Francesco e Chiara. Chiara incontrò difficoltà presso la curia, interessata più che alle damianite al problema della vita religiosa femminile che stava prendendo una grande rilevanza.

La Chiesa era interessata a un regolamento generale, che non rispettava però le caratteristiche specifiche che Chiara voleva attribuire alla sua comunità. Era evidente che le damianite erano ispirate ai principi dei frati minori, che già nella declinazione maschile avevano trovato difficoltà. Il principio primo della Regola che era quello della *povertà*, intesa in maniera inequivocabile da

Francesco, doveva caratterizzare anche la Regola di Chiara. Una concezione che si staccava da tutte le precedenti comunità monastiche femminili, basterebbe considerare il tema della dote e la presenza delle donne nobili che era particolarmente frequente. Su questo punto, Chiara non ebbe mai il minimo tentennamento, mostrando una personalità molto forte nei contatti con le autorità ecclesiastiche, in cui non era certo Francesco a perorare per lei le sue volontà. Toccava a lei e alle sue sorelle. Risalta in modo evidente che sono due realtà distinte, anche se legate dai rapporti di condivisione spirituale e di fraterno aiuto.

Nel momento dell'agonia di Chiara, le erano vicini frate Ginepro, frate Leone e frate Angelo che, dopo la morte di Francesco, erano i più autorevoli interpreti della vita con lui condivisa. Morì l'11 agosto, dopo diciannove anni di malattia e due giorni dopo l'approvazione papale della Regola. Nell'ottobre del 1255, Alessandro IV aggiunge all'elenco dei santi Chiara d'Assisi nella bolla *Clara claris praeclara meritis*. Questa canonizzazione per la prima volta viene centrata sulla povertà, nella definizione di Chiara come «innamorata indefessa, seguace della povertà». Ha scritto la «Regola o forma divina, dell'ordine delle sorelle povere», il «Testamento», la «Benedizione» e alcune lettere, indirizzate alla beata Agnese di Praga. Ma più che le opere scritte nel monachesimo, di maggiore importanza è il silenzio, che sa di meditazione, di preghiera, e di unione con Dio.

18. Teresa di Gesù nasce ad Avila il 28 marzo del 1515, muore il 4 ottobre del 1582 ad Alba de Tormes. È di nobile famiglia. Il padre, don Alonso de Cepeda, ha un antenato ebreo, il nonno Juan Sánchez de Toledo; la madre, doña Beatriz, si era sposata con Alonso, rimasto vedovo. Una famiglia, oltre che nobile, numerosa. Delle tre sorelle e nove fratelli, Teresa è la terzogenita. Avila, capoluogo della regione di Castiglia, rappresentava una comunità impegnata nelle attività commerciali, dove convivevano cristiani, musulmani ed ebrei. La famiglia occupava un palazzo della città.

Teresa, fin dalla prima infanzia, esprime una grande fantasia e intraprendenza, se si tiene conto che i biografi raccontano che giovane era fuggita di casa con il fratello Rodrigo, per conoscere un'immaginaria terra dei Mori. Amava leggere romanzi di avventura e i libri di cavalleria, che caratterizzavano la Spagna. Sembra che si fosse anche impegnata nella scrittura di un racconto. La madre muore quando Teresa ha tredici anni. La famiglia si disgrega; i fratelli partono per le Indie occidentali e anche Teresa entra nel collegio di Santa Maria de Gracia, fuori dalle mura delle città. Ritornata in famiglia, per alcuni anni si dedica alla cura della casa.

A contatto con i temi religiosi, sente ora la vocazione, certo lontana dalla fantasia infantile. Si trova però davanti l'opposizione paterna e così, decide di fuggire. Questa volta, però, lei stessa scrive che il «padre mi procurava tanta violenza, che sembrava che ogni osso mio si rompesse». Una grave malattia convince Teresa nel 1532 a tornare nella casa paterna, dove incontra lo zio Pietro Sanchez che, dopo la morte della moglie, si era ritirato a vita solitaria. Ed è lui a regalarle alcuni libri di spiritualità. Il 2 novembre 1535, entra nel monastero delle carmelitane de l'Encarnación di Avila, dopo una grande crisi esistenziale e spirituale. La posizione paterna non era cambiata: mai avrebbe accettato l'ingresso della figlia in monastero, sottolineando che solo con la sua morte, avrebbe potuto prendere decisioni contrarie ai suoi voleri. Teresa risponde con altrettanta fermezza, utilizzando la via delle fughe da casa. E questa volta, lo fa assieme al fratello quindicenne ma, giunta al convento delle carmelitane, si separa da lui. Il fratello, Antonio, si dirige presso il monastero dei domenicani che lo respingono, parte per le Americhe dove i viaggi di conquista della Spagna erano in grande espansione. Muore in Ecuador.

Nel monastero delle carmelitane, Teresa è impegnata nei due anni di noviziato e al terzo anno pronuncia i voti definitivi, «con tale gioia di trovarmi in quello stato che da sempre ho desiderato». È una grande comunità di centottanta monache, ma presto Teresa si ammala.

I biografi sottolineano che il padre, di fronte alle scelte irrevocabili della figlia, tratta con le monache la sua dote e mostra generosità, di tipo forse compensativo. La malattia consisteva in svenimenti frequenti, attribuiti al mal di cuore, così improvvisi che la comunità la seguiva, momento per momento. Dovette lasciare per un periodo il monastero per curarsi e venne accolta nella casa paterna. Il padre Alonso pensò di portarla a Becedas, una zona montagnosa dove viveva una guaritrice che, a seguito di purghe e pozioni, l'aveva quasi portata alla morte. Incorse in un grave collasso che giunse a un coma profondo della durata di tre giorni e fu data per morta. Si svegliò il quarto giorno dal coma, completamente paralizzata e con dolori insopportabili: «Mi sentivo tutta a pezzi e con la testa estremamente confusa, tutta raggomitolata senza potermi muovere e con la testa rigida, come fossi morta». Alla fine del maggio 1539 fece ritorno al monastero, ma non essendo in grado di riprendere la vita ordinaria in cella, venne ospitata in infermeria. Si cominciò a notare il miglioramento dopo tre anni.

Si sono moltiplicate le ipotesi sulla malattia, non è mancata anche quella di isteria, sostenuta tre secoli dopo da Jean-Martin Charcot, il neurologo parigino che si era dedicato specificamente a questa psicopatologia. Teresa d'Avila attribuisce invece la sua guarigione a un miracolo, compiuto da san Giuseppe. Da allora si manifestarono stati di estasi mistica, che durarono per tutta la vita. Va ricordato che il rilievo attribuito a san Giuseppe fu così forte che, nel 1581, venne scelto dall'ordine come patrono delle carmelitane. Le estasi non avevano più nulla della malattia, tanto da permettere a Teresa di svolgere non solo la vita monastica, ma di fondare nuovi Carmeli. A quarantacinque anni fondò il primo, con l'idea di un luogo più raccolto, con un gruppo più ridotto, che ebbe come riferimento il collegio di Cristo, con dodici sorelle dedite alla povertà radicale del Vangelo, che pregano e guadagnano per sopravvivere con il proprio lavoro.

È il 24 agosto del 1562, quando il Consiglio dell'ordine inizia la propria funzione. Per fondare monasteri servono però rapporti con il mondo esterno e con i benefattori. Si manifestano qui le doti di personalità di una donna intelligente, brillante, capace di dialogare e soprattutto di esprimere l'amore verso Dio. Ben presto non è più lei a ricercare l'aiuto ma sono molti coloro che desiderano conoscerla. Nel 1567 fonda il suo secondo Carmelo. Nel suo peregrinare in una sorta di vita pubblica, incontra frate Giovanni della Croce, che studiava a Salamanca e che ne diventa un sostenitore, in tutte le successive fondazioni. Maestra ma allo stesso tempo discepola di frate Giovanni, che definisce «il padre della sua anima». Queste sono le opere nel senso materiale, ma ciò che colpisce sono sempre le sue visioni.

Parla di nuove conversioni, ogniqualvolta si incontra con il Signore, in particolare con il crocifisso che rappresenta la sofferenza di Gesù, il dolore che lei vorrebbe alleviare. Di fronte all'immagine di Cristo: «Mi gettai ai suoi piedi, tutta in lacrime e lo supplicai di darmi forza, per non offenderlo più». Altre volte, osservando il crocifisso che domina la sua cella, lo vede scendere dalla croce e unirsi a lei in una unione spirituale, in cui la carmelitana smarrisce la propria individualità.

Stabilì importanti relazioni anche con i padri gesuiti, in particolare con Diego de Cetina, che la sosteneva nella sua missione speciale, costituendo un punto di vista di grande importanza. Ma non sempre le sue esperienze mistiche erano considerate; venne ritenuta anche vittima di possessione diabolica, le venne proibita la comunione e fu lasciata in grande solitudine. È il 1582, riparte per un viaggio per assistere alla vestizione della nipote Teresita, figlia di suo fratello Lorenzo de Cepeda. Fu il suo ultimo viaggio, morì infatti nella notte del 4 ottobre del 1582. Le sue ultime parole furono: «Sposo, ormai è l'ora che ci vediamo. Ti ringrazio Signore, perché muoio figlia della Chiesa».

Più che i numerosi monasteri del Carmelo da lei fondati, rimane il suo misticismo, diventato un riferimento per il livello di unione con Dio, a cui si può arrivare nella vita terrena. E con il passare del tempo, si è arricchito anche dell'immaginazione, soprattutto da parte dei fedeli che si proiettavano in lei. Il cuore di Teresa è conservato in una teca in Spagna ad Alba de Tormes ed è possibile osservarne le ferite, nella teca in cui è esposto. Dopo la sua morte nasce la convinzione che, toltole il cuore, si fossero osservate le cinque ferite di cui lei aveva fatto menzione, raccontando di una esperienza mistica. Si tratta di cinque ferite, ognuna di cinque centimetri e per queste piaghe si è coniato il termine di «stigmate nel cuore».

Per conoscerne la storia mistica, si fa affidamento ai suoi scritti, in particolare alla *Vida*, scritto per obbedienza. Le *Relaciones* sono il racconto epistolare delle sue esperienze mistiche. *Camino de perfección* narra le fasi della sua vita. È di grande interesse considerare che forse la più nota e celebrata mistica della storia del cristianesimo è stata insignita del titolo di «dottore della Chiesa», un segno riferito alle sue opere, ma soprattutto all'alta considerazione per la sua unione con il divino, testimoniata in una esperienza vissuta. Viene beatificata il 24 aprile del 1614 da papa Paolo V, canonizzata il 12 marzo 1622 da papa Gregorio XV. È proclamata dottore della Chiesa da papa Paolo VI il 27 settembre 1970.

19. Caterina da Siena nasce il 25 marzo 1347 nella città toscana. È ricordata come una mistica, dedita a profondi studi di filosofia e teologia e ha per questo meritato il titolo di «dottore della Chiesa». Muore a Roma il 29 aprile del 1380 all'età di trentatré anni. Si conosce poco della sua vita, perché raggiunse la fama dopo la morte. I biografi si muovono dunque tra cronaca e leggenda. È dato un significato persino allo stesso numero di anni della sua esistenza, collegati a quelli della vita di Gesù. Il padre è Jacopo di Benincasa, che esercita l'arte del tintore, la madre Lapa di Puccio di Piagente, della contrada dell'Oca, nei pressi di Fontebranda a Siena. La casa era all'ombra del convento e della chiesa di San Domenico che, per Caterina, avranno la dimensione di una seconda casa. Viene ritenuta la ventiquattresima di venticinque figli, gemella di Giovanna, che morì nell'infanzia.

Si racconta che avesse una precocissima vocazione religiosa, una speciale attenzione verso i poveri, pronta ad aiutare a casa nei lavori domestici. È riportato che fece il voto di verginità a sei anni, il periodo in cui iniziarono le sue visioni. La verginità trovò una contrapposizione da parte della madre, dal momento che il matrimonio era considerato parte della vita di una donna.

La scelta di legarsi all'ordine della penitenza domenicana fu invece contrastata dall'ordine, in quanto lo si riservava alle donne mature e alle vedove. Riuscì ad accedervi nel 1364 a diciassette o diciotto anni, a seguito di una grave malattia che le aveva deturpato il volto, poiché era stata considerata un segno di Dio. Per questo vi poté fare voto di castità ed entrò così in quello che sarà il terz'ordine domenicano (che non aveva ancora ottenuto l'approvazione papale). Uno status che permetteva si rimanesse nella propria casa, facendo riferimento a una «cella della mente», un luogo dell'ascesi che costituiva una piccola comunità e, a poco a poco, sostituiva la famiglia naturale.

È da ricordare che precedentemente, quando aveva dodici anni, i genitori si erano impegnati in trattative per un matrimonio della figlia, da loro considerato vantaggioso. Caterina ne aveva parlato con la sorella Buonaventura che l'aveva convinta ad accettare il suo destino di donna, ma quando la sorella morì di parto e lei aveva quindici anni, ritirò la parola data al futuro marito. Non le era però possibile entrare come novizia in monastero, poiché occorreva possedere una dote, ma non cedette e il suo desiderio rimase, anche se non sapeva come avrebbe potuto realizzarlo. Per porre fine alla diatriba familiare, si tagliò completamente i capelli, come segno che sarebbe diventata sposa di Cristo. Infine, il padre Jacopo, avendola sorpresa in preghiera in una condizione di estasi, si convinse che non era possibile insistere ulteriormente. Entrerà come terziaria, che al tempo prendevano il nome di «mantellate», perché vestivano con un mantello nero, che copriva una veste bianca.

Non ebbe vita facile, il suo viso da adolescente, rispetto alle altre, di solito vedove o in età matura, la rendeva inadatta. In particolare, non era indicata la verginità. Ma fu proprio la malattia che, alterandone l'aspetto del viso, la fece sembrare più anziana, meno aggraziata, per cui la priora, alla nuova richiesta di ammetterla, mandò delle consorelle a visitarla e tutte espressero il giudizio di accettarla. La notizia le porterà una gioia immensa: finalmente le venne concesso di indossare l'abito delle mantellate.

In famiglia non aveva mai ottenuto un'istruzione, del resto assai rara per le femmine, e fu una consorella a insegnarle a leggere e a scrivere. Il suo profondo desiderio era di assistere i malati e i poveri come immagine di Cristo sofferente. Ed è un capitolo straordinario da parte dei biografi che raccontano come Caterina si fosse legata alla lebbrosa di nome Cecca. Vi si dedicò con amore, anche se venne ricambiata malamente e persino insultata e percossa. Si portava sempre all'ospedale di Santa Maria della Scala e qui si prodigava, dedicandosi soprattutto ai malati che non erano assistiti, che non avevano parenti, o che erano contagiosi. E anche, se questo non era un compito abituale delle mantellate, finì che le consorelle la seguirono.

Esistono testimonianze della passione che metteva nella cura dei malati e i sofferenti. Vi è una storia in cui aiutava una consorella di nome Andrea, che era solita calunniarla attribuendole persino comportamenti impositivi ma, quando fu colpita da una piaga cancerosa sul petto, che nessun'altra consorella voleva curare per il pericolo del contagio e per un insopportabile fetore che emanava dalla ferita, Caterina se ne occupò amorosamente e dopo averle estratto una scodella intera di pus, si fece il segno della Croce e lo bevve come gesto salvifico per la consorella anche se mortale per lei.

La fama delle estasi e della incredibile generosità le attirò una generale simpatia, ma anche un piccolo seguito: la «bella brigata», che aveva il compito di aiutare Caterina nel suo lavoro. Ed è la profonda fede, che esprimeva nelle sue azioni e nella crescita mistica, all'origine della produzione dei suoi scritti. L'opera più nota è il *Dialogo della divina Provvidenza* che raccoglie le lettere da lei dettate a qualcuno della brigata, che ora la seguiva sempre. Si tratta di trecento lettere, che scrisse tra il 1370 e il 1380. Erano dirette a persone qualsiasi, ma anche a personaggi della Chiesa, dell'impero e dei vari regni sparsi per l'Europa. Questa fama le provocò molte critiche, invidie, tanto da essere stata convocata a giustificarsi di fronte ai responsabili dell'ordine domenicano. L'accusa era sempre di compiere azioni estranee alla tradizione dell'ordine e soprattutto, inadeguate a una donna. Le assegnarono un confessore e un consigliere.

Le lettere finiscono per essere una fonte autobiografica, ma raccolgono idee, visioni della sua spiritualità, ciò che le aveva permesso di essere in contatto con famiglie note come i Tolomei, i Piccolomini, i Salimbeni. Scrisse lettere alle autorità della Chiesa, parlando dei problemi di quel tempo. Un legame tra spiritualità e storia, relativa a Siena, ma anche all'assetto politico dello Stato. Emerge il pensiero teologico in cui l'unione con Dio si fonda sulla carità, sulle azioni. È sua l'immagine che Dio è l'albero, le cui radici sono nella terra, ma la chioma nel cielo. E Cristo è il ponte tra queste due monadi. Un'importanza del tutto particolare ha il corpo, che Caterina sottopone ai digiuni, alle veglie e alla flagellazione; un corpo che per la fisicità appartiene a questo mondo, ma nello sposalizio mistico viene sostituito dallo spirito. Era nota per aver sopportato dolori fisici acutissimi, senza che ne mostrasse traccia.

In una delle sue visioni, vede dei raggi rossi che escono dalle piaghe di un crocifisso, ma chiede che non lascino segni com'era successo a Francesco. Caterina ha ricevuto quindi le stigmate, ma nella forma interiore, invisibili sul corpo. «Vidi il Signore confitto in croce, che veniva verso di me e in una grande luce. E fu tanto lo slancio dell'anima mia, desiderosa di andare incontro al suo Creatore, che il corpo fu costretto ad alzarsi. Allora dalle cicatrici delle sue sacratissime piaghe vidi scendere in me cinque raggi sanguigni, diretti alle mani e ai piedi e al mio cuore. Subito esclamai: "Signore Dio mio, te ne prego che non appariscano queste cicatrici all'esterno del mio corpo". Mentre dicevo così, prima che i raggi arrivassero a me, cambiarono il colore sanguigno in colore splendente e sotto forma di pura luce, arrivarono ai cinque punti del mio corpo, cioè alle mani, ai piedi, e al cuore.»

Dopo il periodo passato a Siena, nel 1375 si reca a Pisa e qui riceve la visita dell'ambasciatore della regina di Cipro che si reca ad Avignone per sollecitare la crociata. Era il periodo del duplice papato a Roma e ad Avignone. Nel 1376 Caterina si reca ad Avignone, è anche l'anno in cui il papa ritorna a Roma. Deve subire la valutazione di tre teologi. Nel 1375, era stata a Firenze, una città che era entrata in conflitto con la Santa Sede per la politica antipapale, per cui venne colpita da interdetto. Caterina fu appunto incaricata del compito di mediatrice di pace e di perdono.

La mattina del 29 aprile 1380, Caterina si sentì molto debole e le venne data l'estrema unzione. Le uniche parole che pronunciava erano: «Sangue! Sangue!». Tutte le sue lettere fanno riferimento al sangue. Prendendo come esempio la lettera scritta a Niccolò da Osimo, segretario e protonotaro di nostro Signore il papa: «A voi dilettissimo e carissimo Papa in Cristo Gesù, io Caterina, serva e schiava dei servi di Gesù Cristo, scrivo a voi nel prezioso sangue suo». È un incipit costante.

20. Rosalia Sinibaldi nasce a Palermo intorno al 1130, nell'illustre famiglia dei Sinibaldi. Il padre era signore di Monte delle Rose e Quisquina, collegato alla famiglia dei Berardi, discendenti diretti di Carlo Magno; la madre Maria Guiscardi, anche lei nobile, era nipote del re Ruggero di Sicilia. A queste due nobili famiglie appartengono anche importanti personaggi della Chiesa, come Gherardo dei Marsi e Oderisio di Montecassino.

Tra storia e leggenda, si racconta che nel 1128 il re Ruggero di Sicilia, mentre osservava con la moglie Elvira di Castiglia uno stupendo tramonto dal palazzo reale, vide apparire una figura angelica che gli disse: «Ruggero ti annuncio che per volere di Dio nascerà nella casa di Sinibaldo, tuo congiunto, una rosa senza spine». Quando poco tempo dopo nacque una bambina, fu chiamata Rosalia, nome composto da rosa e lilium, il giglio. La bambina cresce in una straordinaria ricchezza e con una educazione raffinata, godendo di bellezza e gentilezza, tanto da diventare damigella d'onore della regina Sibilla di Borgogna. Ma nauseata dai lussi e dalla vita mondana, Rosalia si ritira sul monte Pellegrino, per dedicarsi a una vita ascetica.

Secondo i biografi che ne composero la storia lontano dai fatti, Rosalia prima di ritirarsi sul monte Pellegrino avrebbe vissuto nella spelonca di Quisquina, non lontana da Palermo, evitando ogni contatto con l'uomo e affrontando una lotta con animali selvaggi e demoni. Di certo, al monte Pellegrino visse solitaria e contemplativa e, a visitarla, veniva solo qualche angelo, che la adornava di rose e fiori profumati. Muore il 4 settembre del 1170. Quando capì che stava per morire, si sdraiò in una fossa e lì rimase sepolta per cinque secoli, fino a quando i palermitani non ne trovarono il corpo.

La decisione per la vita ascetica venne presa quando il conte Baldovino salvò il re Ruggero da un animale selvaggio, un leone che lo stava attaccando. Il re volle donargli un segno di riconoscimento e Baldovino chiese di avere in sposa Rosalia. Il giorno antecedente le nozze, mentre la giovane si specchiava, vide l'immagine di Gesù. E il giorno seguente si presentò con le bionde trecce tagliate, preferendo abbracciare la fede. Abbandonò il palazzo reale, si rifugiò subito a Palermo nella chiesa del Santissimo Salvatore e successivamente, dopo il periodo in una grotta, sul monte Pellegrino.

Il culto di Rosalia è durato per tutto il tempo che precede il ritrovamento del corpo, a cui seguirono le biografie. La storia era viva presso il popolo. Fu tuttavia durante la peste del 1624, quando si organizzavano processioni, che ritornò il nome di Rosalia e il popolo la invocò per liberare la città dalla peste. E fu con il suo aiuto che si pose fine a quel periodo di tragedia. Si cercò allora il corpo e nella spelonca di Quisquina si trovò una iscrizione, che si ritenne fosse stata incisa dalla stessa Rosalia, al tempo in cui vi si era ritirata in preghiera.

Nel 1630, Urbano VIII la inserì nel martirologio. Il suo culto è ancora oggi molto seguito in tutta la Sicilia e la sua rappresentazione la vede con il capo coperto di rose bianche, portando un crocifisso e un teschio, simbolo della sua vita di penitente. Talora indossa un abito monacale a sostegno dell'ipotesi che, prima del periodo eremitico, abbia passato una fase monastica, in questo caso benedettina.

Esempi come quello di santa Rosalia, che possono suscitare una quantità di critiche sul piano della documentazione storica, mantengono una grande importanza spirituale e culturale, poiché raggiungono un seguito di popolo di eccezionali dimensioni. E trasformano personaggi come Rosalia in esempi di vita, sui quali vengono proiettate identificazioni, speranze, capaci non solo di condizionare, ma di cambiare gli stili di vita, aggiungendo alla quotidianità l'aspettativa di un futuro che, indipendentemente dalla sua realtà, trasforma il presente.

Il caso di Rosalia è significativo in modo particolare: vive nel XII secolo, rimane nella memoria popolare per i successivi cinque secoli e durante una peste, che richiamava la fine di una città, riprende una forza che ancora oggi è fondamento, dopo ben quattro secoli, di una liturgia che anima le feste religiose, entra nelle case, solleva dalle difficoltà con l'aiuto di santa Rosalia. Abitualmente nella *histoire-bataille*, si sostiene che sono le guerre a cambiare il percorso non solo di una città ma anche di una nazione, con effetti che sono durevoli e condizionano inimicizie che durano nel tempo. Ma si può suggerire che la storia di una giovane che rifiuta l'atmosfera di corte, il lusso, evita il matrimonio nobile pur di rimanere nella solitudine e legarsi a Dio, diventa un esempio, promuove una devozione che, per analogia, può cambiare la vita di Palermo e della Sicilia ed espandersi in altri luoghi. Ecco perché gli storici devono cercare con forza e onestà i documenti ma, allo stesso tempo, tener conto di che cosa le storie individuali possono rappresentare per la vita di popoli interi. Esiste anche una verità che trova riferimenti in personaggi come Rosalia, di cui si confondono cronaca e leggenda.

21. Giovanni da Fiesole, passato alla storia come Beato Angelico, nasce a Rupecanina, intorno al 1395. È un frate domenicano, che dedica la sua vita a rappresentare pittoricamente scene della vita di Cristo. Muore a Roma il 18 febbraio 1455. Si colloca storicamente nel Rinascimento e di conseguenza, esprime in modo straordinario la visione della pittura sacra in questo periodo.

Rupecanina è un borgo del Comune di Vicchio, nel Mugello. Il padre Pietro era figlio di Gino, di una famiglia che dal punto di vista economico e sociale mancava di un qualche significato. Risulta invece di interesse che un fratello, Benedetto, lo avesse seguito nella scelta di farsi frate. Tutta la storia del Beato Angelico è raccontata dai suoi dipinti. Nonostante anche il Vasari vi abbia dedicato un capitolo nelle sue *Vite*, non esistono date certe prima del 31 ottobre 1417. In questo giorno viene ammesso nella compagnia di San Nicola, a cui appartenevano molti pittori fiorentini.

Anche la sua formazione artistica è incerta, una delle ipotesi è che avesse avuto rapporti con Masaccio o, più probabilmente, con Lorenzo Monaco, un camaldolese di Santa Maria degli Angeli, che dirigeva a Firenze un'attiva bottega di pittura. Testimonianza delle capacità del Beato Angelico si trova in particolare nella chiesa dei domenicani di Santa Maria Novella.

Fu attratto molto presto dalle realtà conventuali che allora fiorivano in Toscana e, quando decise di farne parte, scelse il convento domenicano di Fiesole dove entrò tra il 1420 e il 1422. È sicuro, però, che fosse già noto come pittore, quando si fece domenicano. Anche nel convento si deve esser dedicato subito a dipingere: gli storici hanno trovato molti documenti sia per commissioni di opere, sia per compensi che il Beato Angelico destinava al convento.

Nel 1423, l'ospedale di Santa Maria Novella di Firenze paga per una croce, fatta da fra' Giovanni. Tra il 1428 e il 1435, quando viene consacrata la chiesa di Fiesole, compone cinque tele che sono ancora il suo capolavoro, tra cui l'*Annunciazione* del Museo del Prado, l'*Incoronazione della Vergine*, oggi al Louvre. Tutto induce a pensare che già avesse attivato e guidato la bottega a Fiesole di cui faceva parte certamente anche il fratello Benedetto, diventato noto in quanto copista di manoscritti, arricchiti di bellissime miniature.

Ma il luogo che lo incorona come grande pittore è il convento di San Marco a Firenze: lo si può definire un museo, in cui l'Angelico lavora tra il 1438 e il 1445. Il convento, legato a quello di Fiesole, si caratterizzava come centro di rinnovamento dell'ordine domenicano e per questo, si definiva come luogo dell'osservanza. Il desiderio di espandere il gruppo di Fiesole aveva dunque un significato religioso e a consentirlo fu papa Eugenio IV. Occorreva però rinnovarlo e non bastava una Bolla pontificia, servivano le donazioni di Cosimo de' Medici. Il papa dona l'antico convento che apparteneva ai Silvestrini e, pur rimanendo l'Angelico sempre parte del convento di Fiesole, in quegli anni lavorò intensamente a San Marco insieme ad alcuni suoi discepoli. Ogni cella contiene un affresco che nasce con uno scopo religioso di preghiera, uno stimolo alla meditazione del frate che la occupa. La meditazione è fondamentale per un convento che aspirava a riportare l'ordine domenicano alle origini. E questo è il significato del termine «osservanza». E poiché è Cristo la figura da seguire, tutti gli affreschi rappresentano scene della Sua vita, in particolare la croce, tanto che gli storici dell'arte vedono nell'insieme delle opere una *Imitatio Christi.* È noto che Cosimo de' Medici era un meditativo, frequentava il nuovo convento, e si era riservato una cella, l'unica in cui la tematica si modifica, poiché viene rappresentata una *Adorazione dei Magi*.

Nel 1445 il papa Eugenio IV lo chiama a Roma per decorare la cappella del Santissimo Sacramento in Vaticano. Giunge con un nipote e trova ospitalità nel convento di Santa Maria sopra Minerva, dove risiede anche il generale dell'ordine. È indubbio che non è solo all'interno dei domenicani ma per la Chiesa tutta, che l'Angelico ha un ruolo e una fama straordinaria. Gli vengono offerti incarichi importanti, come quello di arcivescovo di Firenze. Li rifiuta e rimane sempre con i pennelli in mano. Certo, ora dipinge oltre che a Roma, anche a Orvieto.

Ritornato a Fiesole nel convento di San Domenico, non può però rifiutare l'elezione a priore della comunità. Dopo due anni con la grande Madonna destinata al convento francescano di Bosco e un armadio che dipinge su richiesta del figlio di Cosimo, smette di dipingere. Accusa dolori reumatici, passa forse qualche periodo a Roma nel convento di Santa Maria sopra Minerva, come dimostra la sua morte avvenuta proprio qui, il 18 febbraio 1455.

E nell'umiltà di questo grande pittore che ha rappresentato Cristo attraverso i pennelli, viene scoperto l'artista dopo la morte. Michelangelo avrebbe detto che la sua opera gli ha fatto meritare il Cielo, per poter contemplare tutta la bellezza da lui raffigurata sulla terra. Ed è sempre dopo la morte che viene denominato «Beato» e «Angelico». Il secondo termine spetta a Vasari. Il 18 febbraio 1984, è Giovanni Paolo II che attribuisce al termine «beato» il significato proprio che vi dà la Chiesa nel percorso di beatificazione.

22. La *Divina Commedia* è l'opera più importante della letteratura italiana. Si pensa sia stata composta da Dante a partire dal 1304-07, e inizia con lo smarrimento del poeta nella «selva oscura», che secondo l'esegesi risale al 7 aprile 1300, anno del primo Giubileo. Si ha notizia di copie manoscritte intorno al 1313, ma solo per la prima parte: l'*Inferno*. Il *Purgatorio* segue la stesura dell'*Inferno* e compare nel 1315. Il *Paradiso* è iniziato forse nel 1316 ed è stato pubblicato, via via che venivano terminati i Canti. Si ipotizza che l'opera sia conclusa a poca distanza dalla morte del poeta che avviene il 14 settembre del 1321. Nel riportare queste poche note, si avverte una strana sensazione: l'inutilità di collocare precisamente nella storia quest'opera e persino di legarla al suo autore, come si trattasse di qualcosa fuori dal tempo, che non solo è superfluo, ma persino disturba.

Dante è nato a Firenze nel 1265. Appartiene alla famiglia degli Alighieri, è poeta e politico che sposò nel 1285 Gemma Donati, a lui promessa fin da quando aveva dodici anni. Generò tre figli: Jacopo, Pietro, Antonia, e forse anche Giovanni; ha inoltre coperto impegni politici e militari.

Ma il valore che la *Divina Commedia* esprime è talmente straordinario, da essere conosciuta nelle lingue di tutto il mondo: una dimensione astorica. Per quanto riguarda il nostro Paese in particolare è la prima grande opera in lingua italiana. La *Divina Commedia* è un miracolo.

Dante fu tra i maggiori esponenti dello stile letterario detto «Dolce stil novo». Tra le sue opere vi sono le *Rime*, la *Vita Nova*, il *Convivio*, il *De vulgari eloquentia*, il *De monarchia*, le *Epistole*... Opere che, confrontate con la *Divina Commedia*, presupporrebbero due autori diversi, dell'una e delle altre. La *Divina Commedia* si lega al cristianesimo e da questo si giustifica il termine «divina». Un'opera che è riuscita a tradurre, in straordinari versi, la concezione di una trascendenza rispetto alla vita terrena del nostro quotidiano. Invece di una teologia, trattata con criteri filosofici e razionali, è rappresentata affidandosi all'immaginazione che dopo la morte, l'uomo continui a vivere, e per sempre, in un altro mondo, che forse non c'è, ma diviene *possibile* per il fatto stesso di immaginarlo. E, secondo molti, esiste perché lo si immagina. Non si tratta però di una *utopia*, con cui disegnare un mondo che non c'è, che si vorrebbe al posto di quello reale, insoddisfacente.

Nella *Commedia* si ritrovano personalità storiche, esempi di uomini: Dante li incontra per sentire come viene vissuta l'esperienza dell'Inferno o del Purgatorio o del Paradiso. Si incontrano tutti i casi possibili, sia dentro il vizio che nella virtù. Talora vengono presentate relazioni d'amore come quella di Paolo e Francesca, per i quali «galeotto fu 'l libro e chi lo scrisse». La triplice divisione della trascendenza proviene dal cristianesimo e ogni comportamento viene commisurato a una *visione futura della vita eterna*. Non si tratta di uno specchio per ciascun uomo, come fosse un gioco, diventa vero dramma nelle descrizioni infernali, animate dalla convinzione di quanto sia *stolto* il peccatore che, per una azione contro la legge divina, rischia la pena eterna sotto il dominio assoluto di Satana. E d'altra parte, a sostenerne la *stultitia* è il Paradiso, in cui il premio è straordinario come dono di Dio, che ospita i giusti nei cieli. Nel legame necessario con il Dio cristiano, la *Commedia* si potrebbe considerare la più grandiosa *Biblia pauperum*, che si attiva nell'ascolto poetico dei suoi versi.

23. Il romanzo *I promessi sposi* appartiene alla prima metà dell'Ottocento. Ha tutti i connotati della mentalità del nostro Paese, soprattutto dell'atmosfera tardo-romantica. La sua gestazione è molto complessa poiché esiste una prima edizione tra il 1825 e il 1827, una seconda fortemente modificata tra il 1840 e il 1842, e ognuna di queste ha visto correzioni continue. Ancora considerato come il romanzo di riferimento, rappresenta un caposaldo dell'educazione scolastica. La critica letteraria ha mostrato un andamento bifasico, ma nessuno giunge a considerare l'opera consumata, mentre questo è il destino di gran parte dei romanzi. Se solo si confrontasse la lettura e quindi il significato dei *Promessi sposi* rispetto a tutto ciò che è uscito in questo campo dal 1827 a oggi, si avrebbe l'immagine di un'ecatombe di opere.

La storia si riferisce alla Lombardia, a partire da «quel ramo del lago di Como», con una vicenda che si rappresenta tra il 1628 e il 1630, intorno a una storia dell'amore tra Renzo Tramaglino e Lucia Mondella. La straordinarietà della storia è che si muove proprio sulla vicenda di due giovani comuni, rappresentanti del popolo. Vi è poi un folto gruppo di personaggi della politica e della Chiesa, e in quest'ultimo dominio, si va da un curato di campagna al grande arcivescovo di Milano, Federico Borromeo, ma vi entrano anche la monaca di Monza, fra' Cristoforo, la perpetua, e si giunge alla organizzazione criminale dei Bravi. Un periodo storico di particolare significato per la Lombardia, che si trova sotto il dominio spagnolo; inoltre, nel 1629 scoppia la grande peste. *I promessi sposi* sono anche un romanzo storico: sulla scena vi sono figure di rilievo, ed è possibile proiettarsi sui loro sentimenti ed emozioni.

L'opera è una vera descrizione del mondo secondo la visione cristiana, dove l'esistenza è guidata dalla *provvida sventura*, dalla Provvidenza, che è il caposaldo cristiano del legame tra Dio e ciascun uomo. Alla luce delle complicazioni e delle disgrazie che si susseguono tra i due promessi sposi, per parlare di Provvidenza occorreva dire che dalla disgrazia poteva nascere il bene, poiché l'uomo, davanti alle prove difficili in cui è posto, può conquistare maggiori meriti. È questo il significato del cristianesimo, almeno per la povera gente. C'è una Provvidenza che premia e una che crea danno, ma poiché è sempre Provvidenza, ne deriva che ciò che sembra positivo non lo è, poiché non produce la condizione provvida per accumulare meriti sulla via del Paradiso e per contrasto, ciò che appare come disgrazia, può risultare finalizzata al premio. Tutto sa di Vangelo e porta alle beatitudini di Matteo, con cui la provvida sventura viene coniugata. Un esempio di come si possa narrare il cristianesimo, con personaggi e i più vari eventi, in cui il tema della Provvidenza rappresenta un filo conduttore per tutti. E mantiene il fascino di una storia inserita geograficamente, con personaggi su cui chiunque si può «aggiungere». Interessante per il cristianesimo evidenziare che un religioso può specchiarsi in don Abbondio, oppure nel cardinal Borromeo o in fra' Cristoforo. Naturalmente per le persone laiche, c'è l'Innominato, ma anche i Bravi di don Rodrigo. Domina effettivamente la metafora dello specchio che ha un grande potere educativo, ma sembra suggerire che sono le storie umane a rendere il cristianesimo umano, non certo le *quaestiones* teologiche o le elaborazioni dogmatiche. Ci si rende conto della differenza che, sullo stesso piano, si pone tra la storia di Gesù raccontata in parabole e la discussione sulla natura e sulla essenza di Cristo nel legame con il Padre e con lo Spirito Santo.

Anche il legame tra Alessandro Manzoni e *I promessi sposi* sembra un tema da Provvidenza: uno scrittore che in quest'opera raggiunge il miracolo. Tutte le altre e sono moltissime sono solo comuni: la *Storia della Colonna infame*, *Adelchi*, *Il Conte di Carmagnola*, gli *Inni sacri*, *Del romanzo storico e, in genere, de' comportamenti misti di storia e di invenzione*, servono solo all'esegesi letteraria, ma non aiutano né la grande letteratura, né il cristianesimo.

La vita di Manzoni comprende due mogli, Enrichetta Blondel e Teresa Borri (che sposa quando la prima muore), e numerosi figli: Giulia, Luigia Maria Vittoria, Pietro Luigi, Cristina, Sofia, Enrico, Clara, Vittoria, Filippo, Matilde. Emblematica è la sua risposta alla figlia Matilde, che vive in Toscana con la sorella Vittoria ed è malata di tisi. Invano, anela alla sua visita o almeno a una sua lettera, e arriva ad accusarsi di «far male a lamentarsi», teme di «parergli esigente» e morirà, senza poterlo rivedere.

I promessi sposi è un'opera che ha espresso la visione che va oltre la storia e diventa il racconto del cristianesimo, portando in scena la Provvidenza. Un paradigma della religione cristiana, che è stato l'occasione di un grande scisma tra la Chiesa di Roma e quella che diventerà la Chiesa protestante.

24. Giovanni Maria Vianney è un curato di campagna vissuto tra l'8 maggio 1786 e il 4 agosto del 1859. È passato alla storia come il «Curato d'Ars», un titolo che si lega al piccolo villaggio in cui ha realizzato il sogno di compiere la missione della cura d'anime. Un uomo di civiltà, che ha espresso in maniera straordinaria i valori del cristianesimo, uno dei tre filoni che hanno contribuito a creare la civiltà occidentale.

È nato a Dardilly da un povero contadino, Matteo Vianney e da Maria Béluse, anche lei contadina, sposatisi l'11 febbraio del 1778. Il primo motivo per ricordarne l'infanzia è che fu battezzato lo stesso giorno della nascita dal parroco Blachon, avendo per padrino Giovanni Maria Vianney, zio paterno, e madrina Francesca Martinon, sua moglie, entrambi analfabeti. Il neonato è stato così iscritto nel registro parrocchiale di Dardilly. Era il quarto di sei figli: Caterina che muore dopo pochi mesi dalla nascita, Giovanna Maria deceduta a cinque anni, Francesco, è la volta di

Giovanni Maria, il futuro curato, e seguono Margherita e un altro Francesco, detto il Minore. La fanciullezza si svolge tutta nei campi, poiché l'intera famiglia lavorava la terra e si occupava di allevare alcune mucche. La madre era molto devota, in particolare della Vergine Maria, e il figlio ne era stato così colpito che si metteva, insieme a lei o da solo, davanti a una statuetta di legno che la rappresentava, a pregare. Per lo stesso motivo voleva accompagnarla alla messa, ma anche in occasioni in cui si recava nella chiesa parrocchiale.

Dopo la rivoluzione, quando nel 1790 la Francia dichiarò lo stato civile del clero, decisione condannata da papa Pio VI, il clero era diviso tra chi prestava giuramento allo Stato e alla Chiesa nazionale – il clero costituzionale – e chi invece manteneva il giuramento al papa e non accettava l'idea di una Chiesa locale. Così da una parte c'erano i preti «refrattari» fedeli a Roma, che si riunivano in segreto; dall'altra i preti «costituzionalisti». I primi dovevano anche celebrare la messa di nascosto e Giovanni Maria ebbe modo di assistere alla celebrazione dell'eucarestia anche nella sua povera casa, dove sovente i refrattari dormivano nel fienile.

La crescita del bambino seguiva la logica della terra: a sette anni si era maturi per condurre al pascolo il piccolo gregge e lui lo faceva, assieme a Margherita. Durante le lunghe giornate, le spiegava il contenuto delle sue esperienze religiose. Sempre per la lotta del clero e la preferenza di quel villaggio per i refrattari, venne chiusa la chiesa nell'inverno del 1793. A casa si pregava di nascosto. Come tutti i bambini amava giocare, ma con la strana caratteristica che, quando vinceva, restituiva la vincita a chi aveva perso, perché soffriva nel vederli tristi. Nel 1797, fece la sua prima confessione con don Groboz che, per salvarsi, era scappato per un periodo in Italia. Fu proprio questo sacerdote a consigliare di mandarlo a Ecully, presso le dame catechiste, per essere preparato alla prima comunione che, avvenne in segreto, nel 1799, a tredici anni.

Raggiunta questa fase della crescita, era iscritto alla scuola, ma vi si dedicò poco perché doveva occuparsi del lavoro nei campi. Fu proprio in questi anni che avvertì la vocazione di diventare sacerdote e lo rese noto alla madre e alla zia ma, data la condizione economica, non se ne poteva parlare. Aveva vent'anni, quando don Carlo Balley, curato di Ecully, comunicò alla madre di accettare Giovanni Maria con altri giovani nella propria casa, per iniziare un percorso verso il sacerdozio. Il reverendo Balley era un sacerdote molto considerato perché durante il periodo del Terrore, sfidando le persecuzioni, aveva celebrato l'eucarestia. Dopo alcune difficoltà, venne accolto nel piccolo seminario domestico e questa opportunità, per Giovanni Maria, era stato ed era un sogno. Il trovarsi di fronte ai libri fu però l'incontro con un grande ostacolo: occorreva studiare il latino, conoscere la simbologia liturgica, la teologia. Proprio non ce la faceva e decise di fare un pellegrinaggio, da solo e senza un soldo, visitando i luoghi sacri.

Nel 1807 ricevette la cresima. Si completava così la crescita cristiana. Sembrava poter riprendere il cammino verso il sacerdozio, ed era iscritto nella lista ufficiale del seminario, ma ricevette l'avviso per svolgere il servizio militare. Non valse la posizione di seminarista che di solito veniva riconosciuta, per cui il 26 ottobre del 1809 si presentò in caserma. Arrivò con una grande febbre, un medico militare lo trasferì in ospedale prima a Lione e poi a Roanne, dove venne assistito dalle suore agostiniane, che rimasero molto colpite dalla sua fede. Guarito, venne aggregato a un gruppo destinato alla frontiera con la Spagna. Occorreva raggiungere il posto, camminando nei boschi, ma qui cadde ancora malato e non aveva le forze per procedere. Venne aiutato da un disertore nascosto sui monti, così anch'egli raggiunse a fatica il villaggio di Noës, presso Agostino Chambonniere, detto Gustin, che faceva lo zoccolaio e si poté riposare. Ma ora, era diventato un disertore. Sotto il nome nuovo di Jerome Vincent venne accolto in casa dalla vedova Claudine Fayot, che aveva ben quattro figli. Trascorse due anni da fuorilegge, lavorando per i contadini della zona e leggendo qualche libro di religione, che si era procurato. I gendarmi erano alla ricerca di disertori, per cui era costretto a nascondersi in una stalla. In una occasione venne ferito dalla spada di un poliziotto, che l'aveva infilata nel fieno.

Il 2 aprile 1810, data del matrimonio tra Napoleone Bonaparte e Maria Luisa d'Asburgo, per festeggiare la pace di Vienna tra Francia e Austria, l'imperatore concesse un'amnistia. Venne liberato e salutò la vedova, tornando a casa in tempo per assistere alla morte della madre. Ritornò nella canonica di don Balley, che lo seguì come precettore. Nel 1812, finalmente lascia la canonica per raggiungere il seminario minore di Verrières. La ripresa regolare fu di una fatica incredibile: al latino doveva aggiungere lo studio del francese, ma tutti erano disposti ad aiutarlo per la sua grande bontà. Non si vergognava affatto delle difficoltà di apprendimento, né dell'età fuori dall'ordinario per frequentare quella scuola. Un suo insegnante aveva meno anni di lui. E fu così che nell'ottobre del 1813 fece l'ingresso nel famoso seminario maggiore di Lione, tra 250 giovani che venivano preparati per diventare sacerdoti. Si sforzò personalmente e si sforzarono quelli che l'aiutavano, ma per lui il latino era un mistero. Decisero di espellerlo. Fu un duro colpo. Gli avevano dato la possibilità di rivolgersi al Petit Collège di Lione, che preparava i fratelli laici. Giunto agli esami, fu bocciato. Riprese a studiare e soprattutto per la buona volontà degli insegnanti, fu ordinato diacono. Doveva superare altri esami canonici per ritornare sulla via del sacerdozio. I suoi insegnanti avevano capito che non avrebbe mai mollato l'impresa, e il 13 agosto 1815, a ventinove anni e tre mesi fu ordinato sacerdote.

Giovanni Maria ritornò a Ecully, dove venne accolto da don Balley che lo tenne come curato. Il 27 agosto 1815, battezzò per la prima volta un neonato. Amava confessare, tenere il catechismo per i bambini, predicava dal pulpito con molto ardore, e dava tutto ciò che possedeva ai mendicanti. Riprese a leggere qualche libro, che un tempo gli era stato incomprensibile, con l'aiuto di don Balley. Entrambi portavano il cilicio e mangiavano poco. Il 17 dicembre del 1817, il giovane curato impartì l'estrema unzione al suo maestro.

Gli venne affidata una piccola «cura d'anime» ad Ars, un paese di 230 abitanti, in quaranta casupole di argilla, una chiesa del XII secolo e i resti di un castello dei conti Garets di Ars. Lo raggiunse a piedi il 9 febbraio 1818. Diventa così il «curato di Ars». Il paesino si trova a trentacinque chilometri a nord di Lione, a trenta chilometri da Ecully, da dove il curato era partito in compagnia della vedova Bibost, che l'aveva accudito durante gli anni del seminario. Si erano addirittura persi ed ebbero l'indicazione corretta da un pastorello, il suo primo parrocchiano, che ringraziò dicendogli: «Tu mi hai indicato la strada per Ars, io ti insegnerò la strada del Paradiso». Giunto ad Ars, si inginocchiò a pregare e quel giorno la chiesa si riempì di gente. Il mattino successivo celebrò la Santa messa. La canonica era costituita da cinque locali, a prendersene cura sarebbe stata la vedova Bibost. Il giorno dopo cominciò a visitare tutte le case per conoscere gli abitanti e si accorse che, per troppi anni, quella parrocchia senza un prete aveva ridotto il Signore a un lontano ricordo. Il paesino era ancora isolato dal mondo, ma ora aveva il curato. Girava anche per la campagna per conoscere gli uomini del lavoro. Aveva scoperto che c'erano persone bisognose che non avevano nulla, offrì loro i materassi, e lui dormiva per terra, alcuni li aveva addirittura ospitati, ritirandosi in solaio.

Si ammalò di una nevralgia facciale, che durò almeno quindici anni, favorita certamente dall'umidità e dal freddo in cui viveva. La vedova Bibost se ne dovette andare, sostituita dalla signora Renard, che non riuscì mai a garantire una regolare alimentazione poiché il curato donava il cibo ai poveri del paese. Di quel periodo, egli raccontava di aver avuto una grande fortuna poiché «il buon Dio mi faceva grazie straordinarie». Se era arduo raccontare le difficoltà avute nell'affrontare gli studi, adesso diventava facile descriverne e immaginare le «virtù», la serenità e la gratitudine profonda del vero sacerdote, che significa dedizione agli altri, allo spirito ma anche al loro corpo.

Amava insegnare il catechismo ai bambini, pensava agli anziani, cercava di attrarre gli adulti alla messa domenicale e si preparava le omelie, fondandosi sui testi che teneva in sacrestia per potervi ricorrere anche all'ultimo momento, e rimediare così alle sue difficoltà nel ricordare. Erano però molti quelli che la domenica mancavano alla messa e si recavano a lavorare la terra e poi a ubriacarsi nelle due osterie del paese. Il sacerdote le vedeva come dei concorrenti nel male, perché l'alcol era contro la salute, contro la pace delle famiglie, contro la povera economia di quel paese, che veniva tradotta in vino. Cercò di spiegare questi pericoli. Doveva poi lottare contro le bestemmie: un tema che riguardava Dio, ma anche l'educazione di chi credeva in Lui. Non doveva preoccuparsi di temi come le eresie o dei contenuti del pensiero, ma della possibilità di promuovere un cambiamento dello stile di vita, per quanto semplice. Così la lotta contro il ballo, che rappresentava non uno stimolo al divertimento ma al vizio, alla frenesia. Cominciò a convincere le ragazze a non parteciparvi e senza ragazze, il ballo diventava non più praticabile. Un gruppo di giovani fece resistenza contro il curato. E fu così che si fece dei nemici. Sette parrocchiani, trovandolo troppo severo, l'invitarono in modo cattivo ad andarsene. Ma rimase ad Ars quarant'anni e vide quel paese cambiare.

Della sua attività era giunta notizia anche al di fuori di Ars. E il suo comportamento era stato associato alla santità. Venivano i curiosi e i fedeli per incontrarlo, quando ancora era in vita, ma la sua fama di santità si diffuse dopo la morte nel 1859. Curato umile, poco dotato, ma con una fede incrollabile e devota di fronte a ogni ostacolo. L'esercizio della sua missione sacerdotale non si lega a episodi eclatanti, è possibile immaginarla nella vita quotidiana, momento per momento. Ed è così che si coglie come la gente abbia bisogno di un sacerdote. A mostrarlo, è il curato d'Ars che ha visto ogni singolo, uomo o donna e la comunità trasformarsi e vivere, come Cristo avrebbe desiderato vivesse.

Un uomo della Chiesa, in un paese sperduto, al servizio di pochi abitanti, con il senso però che sarebbe sufficiente promuovere anche in uno solo l'esperienza di Dio, per giustificare il dono della presenza di un curato d'Ars. Un racconto preso dalla cronaca di una biografia povera, che serve a mostrare la ricchezza, persino la santità di una vita che, se la si misurasse con i parametri della società, sembrerebbe sprecata. Mette anche in luce una curiosa coincidenza. Un grande scrittore, profondamente cattolico, George Bernanos, ha dedicato la sua prima opera del 1926: *Sous le soleil de Satan* (Sotto il sole di Satana), al curato di Ars. Un romanzo che non ha avuto bisogno della immaginazione, per una cronaca come quella di Giovanni Maria Vianney. Il richiamo a Satana nel romanzo serve a sottolineare come persino i nemici della Chiesa e di un prete, di fronte a un curato generoso e capace di donarsi agli altri, possano solo rendere più ricca e appassionata la missione pastorale. George Bernanos è autore di altre due opere, in cui entra per lo meno l'ombra del curato d'Ars: *Diario di un curato di campagna* del 1936 e *Dialoghi delle carmelitane* del 1949. Papa Pio X ha proclamato il curato d'Ars beato l'8 gennaio 1905. È stato santificato da Pio XI il 31 maggio 1925. Un esempio di vita sacerdotale assunta alla santità. È patrono dei parroci.

25. Massimiliano Maria Kolbe nasce a Zduńska Wola, in Polonia, l'8 gennaio del 1894 in una famiglia in cui il padre Julius e la madre, Maria Dabrowska, gestivano un'attività artigiana tessile. È noto per la donazione di sé stesso, in sostituzione di un ostaggio, destinato alla eliminazione. Muore dunque il 14 agosto 1941, nel campo nazista di Auschwitz. Di fronte a un gesto di significato profondamente umano e religioso, che racconta in modo drammatico la grandezza della personalità di un uomo, la cronaca di una vita all'apparenza insignificante.

Fu attratto dal francescanesimo e nel 1907, a tredici anni, lascia la casa paterna e insieme al fratello maggiore Francesco, entra nel convento dei frati minori a Leopoli; tre anni dopo indossa l'abito dell'ordine e compie l'anno di noviziato e di formazione umanistica e religiosa, poi si reca a Roma dove frequenta la Facoltà di filosofia all'Università Gregoriana, dal 1912 al 1915. Passa poi al collegio Seraphicum dei francescani, per studiare filosofia. Attratto dalla grandezza e dall'amore di Maria Immacolata, nel 1917 fonda la Milizia dell'Immacolata per «favorire la conversione dei peccatori, degli eretici sistematici [...] e promuovere la santificazione di ciascun uomo sotto il patrocinio della Beata Vergine». Ritorna in Polonia, deve passare quattro anni nel sanatorio di Zakopane per una grave forma di tubercolosi. Uscitone, fonda una rivista mariana con il titolo di «Cavaliere dell'Immacolata» che anticipa la fondazione del convento di Niepokalanów: La città dell'Immacolata. Si propone di aprire case per i lavoratori, per i poveri, sempre allo scopo di estendere il culto della Madonna. La prima sorge nel 1927 vicino a Varsavia, una enorme struttura che ospita più di mille persone, ma la sua intenzione era di estenderle in tutto il mondo. La seconda sorge in Giappone.

Quando il 1° settembre del 1939 la Polonia viene invasa dalle truppe naziste, la città dell'Immacolata di Varsavia deve essere evacuata, poiché è localizzata sulla strada che da Potsdam porta a trenta chilometri dalla capitale, e in quella direzione marciano gli invasori. Padre Kolbe chiede a tutti di salvarsi nascondendosi, mentre lui rimane. Il 19 settembre si presenta alla polizia tedesca, che aveva arrestato un gruppo di confratelli; viene liberato dopo tre mesi di prigionia. La sua rivista «Cavaliere dell'Immacolata» aveva raggiunto un'altissima tiratura e anche durante l'occupazione nazista, fino all'ultimo articolo, invitava a pregare per la pace l'Immacolata. L'8 dicembre aveva ottenuto il permesso di ritornare con il gruppo nella cittadella e così poter aprire le case ai malati e agli sfollati. Ma durò poco, perché il 17 febbraio del 1941, la Gestapo vi fece irruzione, arrestò padre Kolbe e quattro sacerdoti.

Kolbe fu portato nella prigione di Pawiak a Varsavia e, il 28 maggio del 1941, giunse ad Auschwitz con altri 320 prigionieri, rinchiusi per la notte all'ingresso del lager, tutti ammassati. La mattina successiva, furono denudati e lavati con potenti getti di acqua gelata, a tutti fu data una casacca e un numero. Padre Kolbe aveva il 16.670. Venne destinato ai lavori forzati, si ammalò di polmonite bilaterale e fu ricoverato in infermeria per tre settimane, poi di nuovo inviato al blocco numero 14 e ai lavori forzati. Nel luglio del 1941, uno dei prigionieri del blocco riuscì a fuggire. Generalmente, si riusciva a trovare i fuggitivi, ma non in questo caso, e quindi vennero scelti dieci prigionieri da mandare alla morte per fame. Di fronte alla disperazione di uno dei dieci, Kolbe si fece avanti e si offrì al posto suo, salvandolo. Lo scambio venne accettato. Al termine della terza settimana, erano sopravvissuti in quattro tra cui padre Kolbe, che venne ammazzato con iniezioni di acido muriatico. Nessuna resistenza e mentre a fatica muoveva le labbra in preghiera, porse il braccio per l'iniezione mortale. Non morì immediatamente, ebbe ancora tempo per sussurrare le sue preghiere alla Madonna. Venne chiamato «il santo del campo di concentramento di Auschwitz».

26. Tommaso Moro nasce il 7 febbraio del 1478, a Londra, in Milk Street. È figlio di John, un giudice e di Agnes Graunger. È passato alla storia con il titolo di Lord cancelliere. È un uomo politico, un umanista e uno scrittore importante. Basterebbe citare la sua *Utopia*, che non è solo il titolo di un'opera, ma rappresenta un ambito della letteratura. Ciò che però lo caratterizza è l'aggettivo «cristiano», che si deve aggiungere a tutti questi termini. Un segno che comprende anche la professione, poiché essere cristiani significa inserire ogni azione in una cornice che sottolinea una fede nella trascendenza e, in modo specifico, nel Dio cristiano. Morì a Londra il 6 luglio 1535, per disposizione del re Enrico VIII.

Entrò ben presto come paggio nella residenza dell'allora arcivescovo di Canterbury, John Morton, per apprendere la disciplina morale, ma anche le buone maniere. All'Università di Oxford, si dedica agli *Studia humanitatis* e apprende il greco antico. A partire dal 1493, a sedici anni, studia diritto a Londra, fino al 1496.

Successivamente, per quattro anni segue regolari studi della legge applicata nel suo Paese, frequentando la Lincoln's Inn, nell'università più prestigiosa. Diventa ben presto amico di Erasmo da Rotterdam che incontra nel 1499, quando Erasmo compie la sua prima visita in Inghilterra. Dopo gli studi in legge, viene ammesso alla professione forense. Al contempo, dà lezioni di diritto.

Ma, assieme a questo filone professionale, assume importanza e continuità la conoscenza della religione. A Londra, abita alla Certosa, come luogo per poter scoprire la propria vocazione ascetica. Nel 1503, la lascia e, forse in rispetto alla posizione laica del nonno paterno, diventa sceriffo di Londra. Ma vi è anche l'idea di entrare nella vita politica. Infatti, nel 1504, viene eletto alla Camera dei Comuni. Inoltre, prende moglie, la prima con cui genera quattro figli e rimasto vedovo, si risposa una seconda volta. Pur con questi eventi esistenziali, relativi alla vita privata e professionale, continua il legame con la religione con rigore ascetico, frequenza ai sacramenti e alle liturgie del cristianesimo.

La sua carriera è brillante per gli incarichi che riceve sia dalla Corona, sia perché diventa docente e magistrato alla Lincoln's Inn. Importante è anche la produzione letteraria, è del 1516 *Utopia*. Ha incarichi internazionali, ritornato in Parlamento nel 1523 diventa *speaker* (presidente) della Camera dei Comuni e cancelliere del ducato di Lancaster. Il massimo incarico di cancelliere del Regno lo raggiunge nel 1529 e lo tiene fino al 1532. In quell'anno, volontariamente si dimette e il motivo è subito chiaro: re Enrico VIII intende sposare Anna Bolena, ma per questo deve ottenere il divorzio dal papa, che non lo concede. Per raggiungere il suo obiettivo, Enrico VIII proclama la supremazia della Chiesa d'Inghilterra, e provoca lo scisma dalla Chiesa di Roma. Tommaso Moro rifiuta di sottoscrivere la legittimazione delle nuove nozze del re e, invitato a chiarire la propria posizione, si esprime ufficialmente contro lo scisma e di conseguenza dichiara la non accettazione del re, come capo della Chiesa d'Inghilterra. Viene imprigionato nella torre di Londra, processato e condannato a morte; il 6 luglio 1535 viene decapitato.

Una breve sintesi che mostra il significato dell'aggettivo «cristiano», a cui era legato. Un uomo di grande successo per meriti e per un'appartenenza alla cultura, e qui ritorna ancora Erasmo che nutre una tale stima verso di lui che, proprio nella sua casa scrive il famoso *Elogio della follia*. Non è certo una scelta solo professionale quella di Tommaso Moro, ha una dimensione profonda per difendere i principi in cui crede come cristiano e non può accettare che il re, che egli ha servito come cancelliere sul piano politico, interrompa la storia del cristianesimo, di cui l'Inghilterra fa parte e, per una questione di donne, si ponga a capo della Chiesa di Inghilterra. Non esita a opporvisi, si dimette accettando il carcere prima e aspettando che gli taglino la testa, davanti al popolo inglese. Senza mostrare dubbi, senza tentare di ottenere vantaggi, mediati da personaggi, che ben conosceva. In nome delle sue convinzioni, non teme di perdere il prestigio e gli onori e di salire al patibolo. Lo fa persino con un'ironia sottile, che contiene sempre la tristezza. Si racconta infatti che, fiaccato dalla detenzione nella torre di Londra in condizioni disumane con cui il re sperava di ottenere l'abiura, dovendo salire i gradini del patibolo, si fosse rivolto al boia e con gentilezza gli avesse chiesto: «Per cortesia mi può aiutare a salire», aggiungendo poi, «le prometto che non le chiederò l'aiuto per scendere».

27. Girolamo Savonarola nasce a Ferrara il 21 settembre 1452 e muore a Firenze il 23 maggio 1498. È il terzogenito di Niccolò di Michele dalla Savonarola, un mercante di successo, e di Elena Bonacolsi, discendente di una nobile famiglia con un significativo potere nella città di Mantova. I Savonarola erano originari di Padova e si trasferirono nel 1440 a Ferrara, dove il nonno di Girolamo era medico alla corte di Niccolò III d'Este. Oltre alla sua attività di medico, il nonno era religioso, profondo conoscitore della Bibbia, un uomo semplice, critico della vita di corte a cui apparteneva più per fama, che per condivisione del potere. Tali note indicano che il nipote ne dovette essere molto influenzato. E del resto, fu proprio lui a dedicarsi alle prime fasi della

crescita insegnandogli grammatica, musica e aggiungendo il disegno, in cui Girolamo mostrava una buona e spontanea capacità.

Quando il nonno paterno morì, il padre lo indirizzò allo studio delle arti liberali con l'intento di avviarlo alla professione medica. In quel tempo, la filosofia ne costituiva la propedeutica ed è così che Girolamo si appassionò ai Dialoghi platonici, al pensiero di Aristotele, a Tommaso d'Aquino. Passato direttamente agli studi medici, non si sentì portato e li abbandonò. In un periodo di sperimentazione, scrisse *De ruina mundi* nel 1472, una canzone in cui definisce la società come ingiusta; in un'altra del 1475, *De ruina ecclesiae*, descrive Roma come una città corrotta, una nuova Babilonia. Si narra che, influenzato da un predicatore che aveva seguito nella chiesa di Sant'Agostino a Faenza, fosse colpito da una espressione biblica in cui si suggeriva di lasciare la famiglia e la casa paterna, per ritrovare la propria dimensione e dirigersi alla casa di Dio.

Il 24 aprile 1475 entra nel convento di San Domenico a Bologna e in una lettera ai familiari scrive: «Scelgo la religione perché ho visto l'infinita miseria degli uomini, gli stupri, gli adulteri, le ruberie, la superbia, l'idolatria, il turpiloquio, tutta la violenza di una società che ha perduto ogni capacità di bene [...] per poter vivere libero ho rinunciato ad avere una donna e per poter vivere in pace, mi sono rifugiato in questo posto della religione». Mostra capacità di rapide decisioni e un tale impegno ad apprendere e a vivere secondo la regola di Domenico, da indossare subito l'abito del novizio e pronunciare i voti. Il 1° maggio 1477 diviene diacono.

A colpire i suoi superiori, fu la forza delle sue idee e la capacità di affascinare nell'esprimerle. Lo vedevano come predicatore e per prepararlo, fu inviato a studiare teologia avvicinando i frati dell'ordine più noti nella predicazione, come Pietro da Bergamo, noto anche come teologo. Visse prima a Pisa, poi a Reggio Emilia e una tappa fondamentale fu quella dell'inserimento nel convento domenicano di San Marco, a Firenze. Questa città era un centro di alta cultura, risentiva della protezione della famiglia Medici, cultrice delle arti, e qui inizia la sua predicazione girando le chiese della città.

Nel 1484, gli venne assegnato il compito di predicare dal pulpito di San Lorenzo, che era appunto la parrocchia dei Medici e si accorse di essere più seguito dalla gente del popolo, che non dai maggiorenti della città. Passò a San Gimignano nella Collegiata per le prediche quaresimali, ed è qui che si manifestano le sue predicazioni profetiche dal tono tragico, in cui vede la Chiesa flagellata e i pastori della Chiesa confusi. Una particolare sensibilità all'analisi del comportamento umano, indirizzato al male. Vede i santi dimenticati e accusati. Sono gli anni fiorentini che sembrano aver disvelato i limiti della Chiesa, l'incapacità di proporre modelli per gli uomini, persi nel peccato. Dopo tre anni, trascorsi a Firenze, spende un anno allo Studium generale di Bologna.

È impossibile seguire i suoi spostamenti centrati sulla predicazione, che è la caratteristica propria dell'ordine domenicano, e il Savonarola ne fu un esempio straordinario. Girava lasciando una visione apocalittica e tragica, che nasceva da un'analisi, volta a mostrare quanto lontana fosse la vita dell'uomo dalla prospettiva del Vangelo.

Il 29 aprile del 1489 Lorenzo de' Medici, su suggerimento di Giovanni Pico della Mirandola, chiese al generale dell'ordine dei domenicani di rimandare a Firenze «frate Hieronymo da Ferrara». Nel giugno del 1490, vi è quindi il ritorno a Firenze. E vi rimane fino alla morte. Firenze diventa la città questa volta in grado di identificarlo, nonostante le continue peregrinazioni. Nella predicazione, continua il tema dell'Apocalisse di Giovanni, che vede non come prospettiva futura, ma la percepisce nel presente. E per questo, sottolinea la necessità di un rinnovamento della Chiesa, prima ancora che dei fedeli. In questo vissuto sofferto, rivolge accuse ai prelati, ma anche al governo della città, affermando che «Niente di buono è nella Chiesa [...] dalla pianta del piede fino alla sommità, tutto è malato». E si schiera a favore dei poveri, degli scontenti, e persino degli oppositori dei Medici. In città lo chiamavano «il predicatore dei disperati». La sua voce non tuonava solo dai pulpiti delle chiese, predicò a Palazzo Vecchio davanti alla Signoria, e sostenne che il bene e il male di una città provengono dai suoi capi, superbi e corrotti. Lorenzo de' Medici lo fece ammonire, ma il Savonarola trovava in questi tentativi di dissuaderlo lo stimolo per essere ancora più fermo nel dire che la famiglia dei Medici era parte del disastro.

Anziché bandirlo dalla città, gli venne contrapposto fra' Mariano della Barba, un predicatore agostiniano che usava uno stile antitetico e che, semmai, elogiava coloro che Savonarola condannava. E le prediche di fra' Mariano erano contro le profezie del Savonarola. Girolamo adesso aveva un altro corrotto da colpire e l'ordine domenicano era con lui schierato. Venne infatti eletto priore del convento di San Marco. Fu la prima volta che un priore non rese omaggio e non ricevette le cospicue offerte di casa Medici. La notte del 5 aprile 1492, un fulmine danneggiò la lanterna del Duomo, un segno che fu interpretato come infausto. Tre giorni dopo, Lorenzo de' Medici muore.

Cominciavano a essere pubblicati gli scritti di Savonarola, tra cui il *Trattato dell'amore di Gesù* e il *Trattato dell'umiltà*.

Il 25 luglio di quell'anno muore papa Innocenzo VIII e viene eletto Alessandro VI. Girolamo spera che questo evento segni la rivoluzione nella Chiesa, si adopera per riformare prima di tutto il convento di cui è priore, e lo vuole caratterizzare proprio come ordine mendicante, privo di ogni proprietà. Decise di vendere i possedimenti dei conventi, gli oggetti che appartenevano ai frati, distribuì ai poveri il ricavato, impose un regime di grande risparmio sia per le vesti che per il cibo. Aveva anche il progetto di poter vivere in un luogo più modesto, fuori dalle mura della città.

Ma incominciò un periodo molto critico per l'Italia, che vide la discesa di Carlo VIII, re di Francia. A sollecitarlo, era stato Ludovico il Moro. Il 9 settembre 1494, il re francese si incontrò ad Asti con gli Sforza di Milano. Quello stesso giorno Savonarola salì sul pulpito del Duomo e pronunciò un'omelia sul tema del diluvio universale, gridando e ricordando il passo: «Ecco, io rovescerò le acque del diluvio sopra la terra», interpretando la discesa del re francese come parte dell'Apocalisse. L'8 novembre, a Firenze, viene proclamata la Repubblica. Il 16 novembre 1494, muore Giovanni Pico della Mirandola che aveva ricevuto proprio dal Savonarola l'abito domenicano. Firenze è in mano a fazioni contrapposte e il frate viene accusato di aver nascosto nel convento ricchezze che appartenevano ai Medici, di occuparsi inoltre di affari dello Stato e non della Chiesa. Lo si accusa persino di essere a favore di Carlo VIII. Savonarola incontrò il re francese il 17 giugno del 1495 a Poggibonsi, per ottenere assicurazione che Firenze non sarebbe stata danneggiata e saccheggiata e non vi venisse restaurata la Signoria dei Medici. Era così entrato all'interno di una complicata situazione politica, non solo nazionale ma europea. L'alternativa era solo tra l'essere dalla parte dei francesi oppure del papato, che aspirava alla restaurazione.

Le prediche del Savonarola erano frequentatissime, a Firenze i suoi nemici, gli «arrabbiati», cercavano di impedirle. Il 12 maggio del 1497, giunge la scomunica del papa. A quel punto, anche la Repubblica fiorentina che in un primo tempo lo aveva sostenuto, per timore dell'interdizione papale e per il prestigio che andava sempre più calando, cessò il suo sostegno. Venne ritirato anche l'appoggio francese, poiché il partito dei Medici riprendeva potere e così, nel 1498, Savonarola venne arrestato e processato per eresia. Si era barricato con i frati nel convento di San Marco. I sostenitori del partito mediceo, che si definiva anche anti-savonaroliano, bruciarono la porta del convento e lo presero d'assalto. Fu chiuso nella torre d'Arnolfo, torturato e il processo venne falsato. Condannato a essere bruciato in piazza della Signoria, assieme a due frati, Domenico Buonvicini da Pescia e Silvestro Maruffi da Firenze, il 23 maggio 1498 furono condotti sull'arengario del palazzo della Signoria e il vescovo li degradò, togliendo loro l'abito dei domenicani. Quindi si diressero al luogo del patibolo, dove impiccarono prima Silvestro e Domenico, poi Savonarola. Fu appiccato il fuoco, che bruciò i corpi degli impiccati.

28. Giordano Bruno nasce a Nola nel 1548. Il padre era un militare, l'alfiere Giovanni, la madre Fraulissa Savolina. La città di Nola, vicino a Napoli, faceva parte del Regno di Napoli sotto la dinastia spagnola. Il nome di battesimo era Filippo, in onore probabilmente dell'erede al trono di Spagna, Filippo II. Una famiglia di modeste condizioni, anche se i ricordi della fanciullezza sono per Giordano Bruno positivi nel contesto delle rovine del castello del XII secolo, la vista del Vesuvio, la campagna.

Imparò a leggere e a scrivere da un prete di Nola, Giandomenico de Jannello. Proseguì con successo l'istruzione, tanto da giungere all'Università di Napoli che frequentò dal 1562 al 1565, imparando lettere, logica, e dialettica. La sede dell'università era legata al convento di San Domenico, frequentato dai religiosi ed è qui che incontrò un agostiniano, Teofilo da Vairano, che parteciperà come protagonista dei Dialoghi cosmologici. In uno dei suoi scritti, ricorda di essersi impegnato da giovane nell'arte della memoria, influenzato da Pietro Ravennate. Si delinea una esistenza come studioso delle scienze umane e della religione, sotto l'influenza dei suoi maestri. Muore il 17 febbraio del 1600, sul rogo di Campo de' Fiori a Roma.

A quindici anni rinuncia al suo nome, Filippo. Sceglie quello di Giordano in onore di Giordano di Sassonia, il successore dell'ordine dei domenicani ed entra nell'ordine di San Domenico. Dopo il noviziato nel 1566, a diciotto anni pronuncia i voti. I suoi biografi sono per lo più del parere che ad attrarlo non fosse la fede o temi della religione cristiana, ma la possibilità di raggiungere una posizione in cui dedicarsi soprattutto alla filosofia. E l'ordine dei domenicani, allora molto potente, glielo garantiva certamente. Al processo che porterà alla condanna a morte, fu egli stesso a sostenere che, entrato tra i domenicani, gettò via le immagini dei santi e conservò solo il crocifisso. Non fu considerato un gesto da punire da parte dei superiori, era comunque l'espressione non solo di una forte personalità che amava l'uso della ragione e della logica, ma anche di uno scarso interesse verso i temi perseguiti dall'ordine di San Domenico. Continuò tuttavia il percorso formativo, raggiungendo prima lo stato di suddiacono, poi di diacono nel 1571 e di presbitero nel 1573. Celebrò la sua prima messa nel convento di San Bartolomeo a Salerno. Due anni dopo, si laureò in teologia, presentando due tesi: una su Tommaso d'Aquino, l'altra su Pietro Lombardo, noto per aver scritto il libro delle sentenze, *Liber sententiarum*, nel 1152, uno dei testi più profondi della teologia medievale, in cui sono raccolte e discusse le sentenze in particolare dei Padri della Chiesa.

Ben presto, mostrò anche una forte antipatia per i frati di San Domenico Maggiore, dove viveva. Il motivo era legato ai numerosi scandali sessuali, ai furti persino a domicilio, che vennero alla cronaca, portando a sentenze di condanna. Ma soprattutto era la mancanza di cultura a indignarlo e in una delle sue commedie *Candelaio*, sembra riferirsi a un confratello che era «candelaio in carne e ossa», cioè sodomita. Nel convento vi era però una straordinaria biblioteca, grazie alla quale riuscì a conoscere e approfondire lo studio dei migliori pensatori e filosofi della storia.

Fino a questo momento si può descrivere una duplice via, che comprendeva da una parte la quotidianità con le richieste del convento, dall'altra un interesse fin dall'inizio per il pensiero filosofico che comportava la propria indipendenza di pensiero. Si giunse, poi, a un aperto conflitto tra le due vie. Si riferisce al 1576 quando, a ventotto anni, discutendo le posizioni di Ario con Agostino da Montalcino, ospite nel convento di Napoli, non si schierò contro il teologo, seguendo la direzione della Chiesa che lo aveva dichiarato eretico e condannato nel Concilio di Nicea del 325. Il tema era sulla Trinità, sul dubbio che delle tre persone, quella del Figlio e dello Spirito Santo fossero distinte dal Padre. Ario e ora anche Giordano, non le considerava persone distinte, ma manifestazioni divine. Frate Agostino da Montalcino riportò al padre provinciale, Domenico Vita, la posizione di Giordano Bruno come eresia. Intervenne l'Inquisizione. Sentita l'aria pericolosa da Napoli, fuggì chiedendo ospitalità al convento domenicano di Santa Maria sopra Minerva, a Roma. Il clima non era però migliore. Sempre dalle testimonianze storiche, Giordano Bruno deve fuggire da questa città, accusato di aver ammazzato e gettato nel fiume un frate. Oltre alle calunnie, i suoi inquisitori «ignoranti come sono, non concepiscono la sua filosofia e lo accusano di eresia». Abbandona per questo l'abito domenicano, riprende il nome di Filippo e si rifugia in Liguria.

Inizia un periodo di peregrinazione in Italia: si trova a Venezia nell'anno della peste, va a Padova su consiglio di alcuni domenicani e riprende il saio. Nel 1578, decide di andare in Francia, dapprima giunge in Savoia, al convento domenicano di Chambéry. Successivamente a Ginevra, dove ancora si spoglia dell'abito domenicano e trova lavoro come correttore di bozze. Il 20 maggio 1579 si iscrive all'Università di Ginevra ma, dopo qualche mese, accusa il professore di filosofia Antoine de la Faye di essere un cattivo insegnante. L'iscrizione all'università era legata probabilmente alla speranza di diventare un «lettore», e poter mostrare la sua profonda conoscenza della filosofia. Forse anche per questo, aderisce al calvinismo. È processato per diffamazione dal professore, e costretto a ritrattare. Lascia Ginevra e giunge a Tolosa, città cattolica con una grande università, dove riesce a entrare come insegnante per due anni, con il compito di spiegare il *De anima* di Aristotele. Incontra un filosofo portoghese, Francisco Sanches, uno scettico che vuole dedicargli il suo libro *Quod nihil scitur*, ma Bruno non ne ricambia la stima e scrive di considerare «stupefacente che a questo asino si dia il titolo di dottore». Lascia Tolosa per Parigi e nel 1581 tiene un corso di lezioni su san Tommaso d'Aquino, ottenendo un grande successo. Scrive di essere stato apprezzato anche da sua maestà. Occupa per due anni la posizione universitaria di *lecteur royal*.

Ed è a Parigi che stampa alcune delle sue opere. Il testo più importante è il *De umbris idearum* (Le ombre delle idee), dove sostiene che l'universo è un corpo unico, dotato di un tale ordine che ogni cosa ha una singolarità, connessa però con tutte le altre. Questo ordine è dato dalle idee, principi eterni e immutabili, che sono presenti simultaneamente nella mente divina ma vengono «ombrate» e si separano quando si cerca di comprenderle. Nell'universo, pertanto, ogni ente è «l'ombra» della realtà ideale. La mente umana non possiede le idee, ma le ombre delle idee. È necessario allora ottenere un metodo conoscitivo per giungere alla struttura ideale. Tale mezzo si fonda sull'«arte della memoria». Ed è questo il titolo della seconda opera parigina. Esce con molta forza la logica di Giordano Bruno. Compone sempre in quell'anno il *Cantus Circaeus*, due dialoghi in cui protagonista del primo è la maga Circe con l'omerico incantesimo di trasformare gli uomini in maiali, mettendo così in luce la loro autentica natura. Alla logica si associa pertanto la magia, descritta ne *Lo spaccio della bestia trionfante* e in *De gli eroici furori*. Alcuni scritti sono vere commedie: in una, *La cabala del cavallo pegaseo*, si discute essenzialmente della «asinità», dando all'ignoranza una vera trattazione. Una definizione che viene attribuita a molti, forse a tutti. Ma alcuni asini di Bruno sono piuttosto importanti. Asino è anzitutto Paolo di Tarso e, per dare consistenza a tale affermazione, riporta i passi iniziali della Prima lettera ai Corinzi, in cui san Paolo fissa il concetto di «follia della Croce» e dove l'insegnamento paolino, fondato sulla sola fede, è tipicamente «asinino». Nel testo l'«asinità» di Paolo viene particolarmente sottolineata. Ma «asino» è anche Aristotele. Vi si aggiunge Sesto Empirico, e si passa poi ad Agostino e a Lutero. A quest'ultimo è dedicato un celebre brano dello *Spaccio della bestia trionfante*, un vero attacco su tutti i fronti. Risulta chiaramente come l'aspra critica verso figure sovrane del cristianesimo finisca per colpire la dottrina. Una certa ironia la usa anche verso sé stesso, ma non si definisce parte della asinità.

Nell'aprile del 1583, lascia Parigi e parte per l'Inghilterra. Qui incontrerà un letterato di origine italiana, Giovanni Florio, che gli farà da interprete poiché egli non conosce la lingua. Con un personaggio come Giordano Bruno, è inutile cercare il motivo per cui raggiunge l'Inghilterra, ma è indubbio che il suo fascino, il suo interesse, riescano a fare breccia. E nel processo che lo condannerà al rogo, parlando di questa fase della sua vita esprime parole di elogio per la regina Elisabetta, che afferma di aver conosciuto a corte. A giugno è a Oxford, a St Mary's per una disputa pubblica, nella chiesa di quella università. Riesce a ottenere un incarico di insegnamento e proprio a Oxford, elabora il suo pensiero sulla conoscenza, parlando dell'«amore» come legame universale e del «furore» come pulsione verso il divino. Riprende qui la magia, come strumento di conoscenza e di azione. Tiene alcune lezioni sulle teorie copernicane, ma l'arcivescovo di Canterbury si indigna per i tentativi fatti dall'«omiciattolo italiano». Le lezioni vengono interrotte, ritorna a Londra, dà alle stampe una serie di lavori e dedica un'opera all'ambasciatore francese, che lo ospitava. A Londra, sempre con l'aiuto di Giovanni Florio continua a sostenere la teoria copernicana, causa della sua cacciata da Oxford. Risulta sorprendente ancora oggi la forza con cui sostiene quella che sarà la dimostrazione che di lì a pochi anni, nel 1610-11, Galileo proverà scientificamente.

Tra una produzione immensa, da cui anche nel tempo presente si rilevano intuizioni straordinarie, anticipazioni di contenuti filosofici che seguiranno nei secoli, merita il richiamo al suo *De gli eroici furori*: dieci dialoghi, pubblicati sempre a Londra nel 1585. Bruno individua tre specie di passioni umane: quella per la vita speculativa che tende al conoscere, quella per la vita pratica e attiva, e infine la passione per la vita oziosa. Le due ultime usano una passione a «furore basso», il desiderio di una vita rivolta alla contemplazione che significa alla ricerca della verità necessita invece di un «furore eroico», in cui l'anima «rapita sopra l'orizzonte de gli affetti naturali [...] vinta da gli alti pensieri, come morta al corpo, aspira ad alto». Non si giunge a questo scopo con la preghiera, con la devozione, con il fissare il cielo, ma «venir al più intimo di sé, considerando che Dio è vicino, con sé e dentro di sé più ch'egli medesmo esser non si possa, come quello che è anima delle anime, vita delle vite, essenza de le essenze». I pensieri si trasformano in cose divine e tutto appare come unità. Il periodo inglese è sicuramente il più creativo e proficuo.

Riparte per Parigi insieme all'ambasciatore, si imbarca con lui su una nave, che verrà assalita da pirati, che deruberanno tutti i passeggeri. A Parigi attacca la filosofia aristotelica che era quella adottata dalla Sorbona. Non vi trova alcun collocamento e decide ora di raggiungere la Germania. Il 20 agosto del 1586, si immatricola all'Università di Wittenberg come *doctor italicus*: insegnerà per due anni, in un clima di tranquillità e di lavoro per altre sue opere. Sarà molto grato a questo Paese: «Uomo di nessun nome e autorità fra voi, sfuggito ai tumulti di Francia, non appoggiato da alcuna raccomandazione principesca, [...] mi avete ritenuto meritevole di cordialissima accoglienza, mi avete incluso nell'albo della vostra accademia, mi avete accolto in un consesso di uomini tanto nobili e dotti, da sembrare ai miei occhi non una scuola privata o una conventicola esoterica, bensì, come si conviene all'Atene tedesca, una vera università». L'8 marzo 1588 lascia l'Università di Wittenberg dopo una *Oratio valedictoria* e ne fu ricambiato: uno dei suoi allievi scrisse di lui «essere sublime oggetto di meraviglia per tutti dinanzi a cui stupisce la natura stessa [...] Titano della splendida Nola, decoro e delizia dell'uno e dell'altro cielo».

Da Wittenberg si porta a Praga; vi rimane sei mesi, anche qui pubblica qualche opera. L'imperatore era appassionato di alchimia e astrologia e darà a Bruno nei lavori e nelle sue lezioni sui temi da lui amati, un grande supporto. Giunge a Helmstedt, nella cui università si registra il 13 gennaio 1589. Era anche chiamata «Academia Julia». Tiene l'orazione funebre per la morte di Julius von Braunschweig, il fondatore di quella università e parla di sé stesso come esule. «Perdetti la patria, la casa, la facoltà, gli onori e ogni altra cosa amabile.» In Italia «esposto alla gola e alla voracità del lupo romano, qui libero. Là costretto a culto superstizione e insanissimo, qui esortato a riti riformati, là morto per violenza dei tiranni». Le Muse dovrebbero essere libere per diritto naturale eppure «sono invece, in Italia e in Spagna, conculcate dai piedi di vili preti». La pace dura poco, riceve una scomunica dal sovrintendente della Chiesa luterana per motivi non noti. Ricorre contro ciò che egli definisce un abuso. Nonostante la scomunica, rimane a Helmstedt, perché ritrova un allievo di Wittenberg che gli fa da copista. Compone qui le sue opere principali sulla magia e su quella che chiamerà l'«occulta filosofia». Considera la magia nel significato letterale, in cui *magu* sta per «sapiente» e riporta ai magi dello zoroastrismo. Non viene dunque intesa come superstizione o stregoneria, ma come una disciplina che mette insieme il sapere e l'azione, e diventa pertanto lo studio dei legami, a cui appartiene anche la fede con i riti. Continua il pellegrinaggio tra i Paesi europei.

Nell'agosto del 1591, Bruno è a Venezia. Sperava di ottenere la cattedra di matematica all'Università di Padova. Nel 1592, stabilisce casa a Venezia. Il doge Mocenigo presentò all'Inquisizione una denuncia, accusando Bruno di blasfemia, in quanto non credeva nella Trinità divina, praticava arti magiche, negava la verginità di Maria. Lo stesso giorno, il 23 maggio del 1592, fu tratto nelle carceri dell'Inquisizione a Venezia, in San Domenico a Castello. L'Inquisizione romana chiede la sua estradizione e il Senato veneziano la concede, il 27 febbraio 1593. Viene rinchiuso nelle carceri romane del Sant'Uffizio. La sua fine è segnata. Torturato, gli viene chiesto di rinnegare i fondamenti della sua filosofia. Ribadisce l'infinità dell'universo, la molteplicità dei mondi, il moto della terra. L'Inquisitore gli contesta che nella Bibbia vi è scritto che *Terra stat in aeternum*, mentre il sole nasce e tramonta. Ma Bruno non rinuncia a nessuna delle sue convinzioni. Il 12 gennaio 1599, è invitato ad abiurare a otto proposizioni eretiche. Viene nuovamente torturato; tra gli inquisitori vi è il cardinale Bellarmino. Il pontefice è Clemente VIII. L'8 febbraio

1600, al cospetto dei cardinali inquisitori, è costretto ad ascoltare in ginocchio la sentenza, che lo caccia dal foro ecclesiastico e lo consegna al braccio secolare. Alla fine del verdetto, si alza e pronuncia la frase che lo definisce perfettamente: «Forse tremate più voi nel pronunciare contro di me questa sentenza, che io nell'ascoltarla». Il 17 febbraio dopo aver rifiutato i conforti religiosi e il crocifisso, con la lingua imprigionata perché non potesse parlare, viene portato a Campo de' Fiori, denudato, legato a un palo, e arso vivo. Le sue ceneri verranno gettate nel Tevere.

29. Martin Lutero nasce il 10 novembre 1483 in Germania, a Eisleben, in Sassonia. La famiglia era da generazioni dedita alla campagna. Il padre si chiamava Hans Luther, la madre Margarethe Ziegler. Non avendo ereditato terra da coltivare, il padre decise di svolgere il lavoro in miniera, che rendeva più del coltivare la terra di altri. La madre si occupava della casa con tutta la parsimonia che si rendeva necessaria. I genitori di Martin erano cattolici e molto severi, guidati nella quotidianità da superstizioni che appartenevano alla tradizione popolare.

Martin ebbe i primi apprendimenti scolastici a Mansfeld, dove la famiglia si era trasferita ma, a partire dal 1497, quando aveva quattordici anni, frequentò la scuola dei Fratelli della vita comune a Magdeburgo. Qui studiò il latino e giunse all'Università di Erfurt dove ottenne il baccalaureato in arte. In questo istituto lesse la Bibbia, dichiarando di amarla moltissimo. Nel luglio del 1505, a ventidue anni mentre era in viaggio, si trovò in un violento temporale alle porte del villaggio sassone di Stotterheim. Cadde per terra per l'azione di un fulmine e fece una promessa a sant'Anna che, se si fosse salvato, si sarebbe dedicato alla vita monastica. Fedele a questa promessa, pochi giorni dopo entrò nel convento agostiniano di Erfurt, dove si dedicò intensamente allo studio dell'Antico e del Nuovo Testamento, tanto da venir ordinato sacerdote nel 1507, senza il supporto del padre. Si erano evidenziati la sua grande capacità di apprendere e allo stesso tempo il rigore e l'impegno nei compiti che gli venivano assegnati.

L'ordine agostiniano lo segnalò a Federico III di Sassonia, che cercava nuovi docenti per l'Università di Wittenberg, da lui appena fondata. Nel 1508, a venticinque anni, è docente di dialettica e fisica, insegnando l'*Etica nicomachea* di Aristotele. Nel 1510 andò a Roma in rappresentanza del suo convento, per trattare questioni relative all'ordine. Si racconta che qui fosse colpito dall'atmosfera frivola e poco impegnata del clero, scandalizzato dal rendersi conto che gli ecclesiastici frequentavano persino quartieri malfamati, per cercare rapporti con l'altro sesso. Di certo, riconosceva il ruolo della città, della Roma dei santi e dei martiri, dal cui sangue nasce il cristianesimo.

Ritornato a Wittenberg si laureò nel 1513 in teologia e all'università teneva lezione sui salmi. Nel 1515, viene nominato dal capitolo degli agostiniani vicario generale dei molti conventi, cresciuti di numero nel distretto della Misnia e della Turingia. Continuando l'insegnamento in corsi monografici si dedicò alle lettere di san Paolo sul tema della giustizia di Dio, elaborò una teoria in cui sosteneva che, per la salvezza dell'anima, non era necessario raccogliere meriti, ma era sufficiente abbandonarsi al volere salvifico di Dio. Bastava credere per essere salvati. Era il concetto di *justitia passiva:* un tema centrale del cristianesimo, che affrontava il rapporto tra Dio e l'uomo. Un ulteriore passo conseguente fu quello della libertà di culto. Il cristiano non poteva essere definito sulla base delle pratiche religiose, ma per la fede in Dio. Un'idea che, oltre a un significato teologico, esprimeva il conflitto con il papato romano e la critica al clero di Roma.

Tra il 1512 e il 1514, si narra che gli venne in mente, mentre si trovava nella torre del convento e meditava sulla lettera di san Paolo ai Romani, di dedicarsi al tema della giustizia e della definizione del «giusto». Se Dio è giustizia somma, il peccatore viene necessariamente dannato in eterno. Ed è la conclusione della tesi di san Paolo, in cui Dio era giusto, ma il peccatore poteva chiedere la grazia del pentimento. Scrive infatti Paolo nella epistola ai Romani: «Poiché non c'è distinzione: tutti infatti hanno peccato e sono privi della gloria di Dio, essendo giustificati gratuitamente per la Sua grazia, mediante la redenzione in Gesù Cristo, che Dio ha esposto per espiazione col Suo sangue mediante la fede. [...] Giustificati dunque per la fede, abbiamo pace con Dio, per mezzo di Gesù Cristo, nostro Signore, mediante il quale abbiamo anche avuto, per la fede, l'accesso a questa grazia nella quale stiamo saldi e ci gloriamo, nella speranza della Gloria di Dio». In uno dei suoi *Discorsi a tavola*, Lutero scrive: «Non amavo quel Dio giusto e vendicatore, anzi Lo odiavo e se non ho bestemmiato, in segreto certo mi indignavo e mormoravo contro di Lui». Lutero elabora su questa base l'idea che il favore di Dio non è qualcosa che si possa guadagnare, ma viene concesso per «immeritata benignità» a coloro che manifestano fede. Dipende tutto da Dio che interviene direttamente sull'uomo, non c'è bisogno di un mediatore tra Dio e l'uomo, cioè del sacerdote. È Dio che nella Sua onnipotenza salva chi ha deciso *ab aeterno* di salvare. Lutero trova conferma nei Testi sacri a questa sua teoria e la dottrina della salvezza «per fede» e non mediante le opere, la penitenza, rimane il punto fondamentale del suo insegnamento. Un'enorme differenza: si deduce che è solo Dio che salva e lo fa per la fede dell'uomo. L'affermazione che, oltre alla fede, servono le opere di bene pone la differenza tra la dottrina di Roma e quella di Lutero. Egli insiste: se l'uomo come natura non merita la grazia di Dio, per quante opere l'uomo faccia, non modifica la sua condizione. Per il cattolico, attraverso i sacramenti si ottiene il perdono, per Lutero tutto dipende da Dio e l'uomo può solo avere fede. Ma nemmeno la fede è un merito.

Sulle contraddizioni con la Chiesa di Roma e la sua teologia, Lutero fonderà la religione protestante. Altri aspetti si aggiungono, ma discendono tutti dal tema della giustizia e della salvezza. Una delle conseguenze riguarda l'infallibilità del papa, come successore di Cristo. Nella nuova interpretazione, viene negata. È questa una questione che si riflette sul potere.

La sintesi delle controversie viene espressa dalle *95 tesi* di Lutero, che egli esporrà all'ingresso nella chiesa di Wittenberg, il 31 ottobre del 1517. Erano dirette al vescovo, ma anche all'attenzione dei fedeli. Molte riguardano il tema delle indulgenze. La quinta afferma: «Il papa non vuole né può rimettere alcuna pena, fuorché quelle che ha imposto per volontà propria». La sesta: «Il papa non può rimettere alcuna colpa, se non dichiarando e approvando che è stata rimessa da Dio, o rimettendo nei casi a lui riservati, fuori dei quali la colpa rimarrebbe certamente». La decima: «Agiscono male e con ignoranza quei sacerdoti, i quali riservano penitenze canoniche per il Purgatorio ai moribondi». L'undicesima: «Tali zizzanie del mutare una pena canonica in una pena del Purgatorio certo appaiono seminate mentre i vescovi dormivano». La sedicesima: «L'Inferno, il Purgatorio e il Paradiso sembrano distinguersi tra di loro come la disperazione, la quasi-disperazione e la sicurezza». La ventunesima: «Sbagliano quei predicatori di indulgenze, i quali dicono che per le indulgenze papali l'uomo è sciolto e salvato da ogni pena». La ventiquattresima: «È, perciò, inevitabile che la maggior parte del popolo sia ingannata da tale indiscriminata e pomposa promessa di liberazione dalla pena». La ventisettesima: «Predicano da uomini coloro che dicono che subito, come il soldino ha tintinnato nella cassa, l'anima se ne vola via». La ventottesima: «Certo è che, al tintinnio della moneta nella cassa, possono aumentare la petulanza e l'avarizia; invece, il suffragio della Chiesa è nel potere solo di Dio». La quarantatreesima: «Si deve insegnare ai cristiani che è meglio dare a un povero o fare un prestito a un bisognoso, che non acquistare indulgenze». La cinquantaseiesima: «I tesori della Chiesa dai quali il papa attinge le indulgenze, non sono sufficientemente ricordati né conosciuti presso il popolo cristiano». La sessantaseiesima: «I tesori delle indulgenze sono reti con le quali si pescano le ricchezze degli uomini». La settantacinquesima: «Ritenere che le indulgenze papali siano tanto potenti da poter assolvere un uomo anche se questi, per un caso impossibile, avesse violato la madre di Dio, è essere pazzi».

Il tema delle indulgenze, soprattutto prima del Concilio di Trento tenutosi tra il 1545 e il 1563, era veramente diventato un mercato. Le tesi di Lutero sono comprensibili. Occorre ricordare però che non è un problema di quantità, ma il significato della lotta alle indulgenze è un fatto di dottrina poiché, per principio, toglie persino potere a Dio, dal momento che potrebbe non concedere la grazia per un comportamento umano, poiché è già stata sanata dal tintinnio del soldo nella cassa. Nell'analisi della controversia creata dalla posizione di Lutero, è indubbio il peso enorme attribuito a Paolo e alle sue Epistole. Essendo egli parte dell'ordine agostiniano, bastava considerare la dottrina del fondatore dell'ordine per attribuire al «mercato» delle indulgenze un grave errore del papato e del clero. Errore che emerge in maniera vistosa sulla lettura dei Vangeli, come narrazione della vita di Gesù e fondamento del cristianesimo.

Nel gennaio del 1518, papa Leone X prende atto delle tesi di Lutero e scrive al generale vicario dell'ordine degli agostiniani di controllare, di tenere tranquillo, Lutero: un atteggiamento che sembra non dare troppa importanza alle contestazioni. Ma il testo sulle indulgenze venne pubblicato più volte e il popolo ne era favorevolmente colpito. Intervengono teologi agostiniani di Heidelberg. Inizia così un contraddittorio con Lutero che illustra la sua teologia in quaranta tesi che costituirebbero la «teologia della Croce». Leone X, di fronte al significato che la contestazione provocava, autorizza l'apertura di un processo dando a Lutero sessanta giorni di tempo per presentarsi a Roma, riconoscendo gli errori. Lutero, temendo di venire arrestato, si rivolge al principe Federico che fa spostare il processo in Germania. Occorre ricordare che Lutero non voleva una frattura, ma il proposito era di riformare la Chiesa.

L'intervento di Federico III di Sassonia ebbe certamente l'effetto di impedire l'arresto. Il problema Lutero si trasformò così contemporaneamente in una questione politica. Venne chiamato in causa anche Erasmo, che rifiutò di impegnarsi adducendo la sua posizione di intellettuale. Nel gennaio del 1520, a Roma si tenne il primo concistoro contro Lutero e il 15 giugno con la bolla *Exsurge Domine*, veniva intimato a Lutero di ritrattare le sue posizioni e di comparire a Roma, pena la scomunica. Nell'agosto, Lutero risponde con una lunga lettera in cui fa appello ai capi della Germania affinché lottino contro la Chiesa di Roma, contrastando l'infallibilità del papa. All'epoca non c'era ancora il dogma della infallibilità papale, che venne approvato nel Concilio Vaticano nel 1870. Lutero aggiunge un altro scritto sulla libertà del cristiano.

Nel 1520, il nuovo imperatore Carlo V di Asburgo ordinò che Lutero comparisse alla dieta imperiale di Worms. Il 10 dicembre, Lutero fece bruciare nella piazza di Wittenberg la bolla papale e la *Summa Theologiae* di Tommaso d'Aquino, a cui gli avversari facevano riferimento. Alla dieta di Worms del 16 aprile 1521, ribadì le sue posizioni. Il 3 gennaio dello stesso anno, Leone X aveva scomunicato Lutero con l'accusa di eresia. Non venne però, come accadeva regolarmente, associata alla condanna a morte. L'8 maggio Carlo V proclama l'editto di Worms, con cui venivano ufficialmente condannate le tesi di Lutero. Il 1° dicembre 1521, muore papa Leone X e nel marzo del 1522, Lutero rientra a Wittenberg.

Inizia un periodo di lotte intestine in Germania, in cui viene sempre inserito il nome di Lutero. Condannato ma non giustiziato, la vita di Lutero continua. Nel 1525, decide di abbandonare la veste religiosa e la vita pubblica. Nel giugno sposa Katharina von Bora, che ha sedici anni meno di lui, una monaca che aveva lasciato il monastero proprio come conseguenza della Riforma. Una coppia che si dimostra molto unita: generarono sei figli, e la loro casa diventò uno dei centri di formazione e di diffusione della nuova religione. Un esempio ne sono i *Discorsi a tavola*, che si svolgono nella loro casa, registrati dagli allievi che la frequentavano come una scuola. È il periodo in cui Lutero lavora a dare un contenuto sempre più teologico alla Riforma. Il riferimento diventa la mistica medievale, contrapposta al clima definito rinascimentale e corrotto della Chiesa cattolica, che diventerà sempre il metro su cui misurare un cristianesimo intonato alla teologia di san Paolo, ma anche alla visione agostiniana. Al nome di Lutero, si aggiungono anche Melantone e successivamente Ulrico Zwingli.

Nel 1530, pubblica la *Confessione augustana*, che permette una più equilibrata sistemazione dottrinale del luteranesimo con un più rilevante apporto di Agostino. Lutero lavora indefessamente e nel 1534, traduce la Bibbia in tedesco. La distanza dal cattolicesimo ormai era definitiva, e chiara la scissione. Lutero iniziava a sentire l'età, accusava un calo della capacità, dolori reumatici, si ammalò di ulcera e a sessantadue anni sopravviene un ictus. Muore a Eisleben e sul letto di morte, gli amici gli chiesero se fosse convinto di ciò che aveva insegnato, disse di «sì» e poco dopo, morì. Venne sepolto nella chiesa del castello di Wittenberg.

30. Gioacchino da Fiore nasce a Celico, un paesino nella Sila che faceva parte del ducato di Puglia e Calabria intorno al 1135. La famiglia era agiata, poiché il padre, Mauro, era notaio. Seguì un percorso educativo nella vicina città di Cosenza, ed essendo stato istruito nelle scienze del padre, la prima sua occupazione fu presso l'ufficio del giustiziere della Calabria, passò poi ai tribunali della stessa città fino a giungere alla corte normanna di Palermo, dove collaborò con il capo della Zecca e poi con l'arcivescovo Stefano di Perche, che era cancelliere.

Gli storici riferiscono che, ovunque si impiegasse, entrava facilmente in contrasto o con le persone o con gli uffici. Probabilmente con il supporto del padre, trovava però sempre occupazioni di rilievo. Lasciò anche la carica di cancelliere e si impiegò con i notai del re. Partecipò in Morea e in Puglia ad ambasciate del re ma, entrato in crisi anche alla corte reale, prese la decisione di compiere un viaggio in Terra Santa. E fu l'occasione per avvertire un distacco dal mondo e dedicarsi allo studio delle Sacre Scritture, assecondando il desiderio di una vita ascetica.

Ritornato dal viaggio, si ritirò dapprima in una grotta sulle falde del monte Etna, poi vicino a Cosenza. Qui si incontrò con il padre, che lo dava per disperso e si giustificò dicendo di aver fatto la scelta di lavorare anziché per il re normanno, per il re dei re, Dio. Dopo l'esperienza eremitica, visse per un anno all'abbazia di Santa Maria della Sambucina, che poi lasciò per darsi alla predicazione tra la gente, nei borghi e nei paesi. E poiché la predicazione compiuta da laici non aveva certo un grande seguito, si recò a Catanzaro dal vescovo, il quale, valutandone la preparazione profonda sui temi della religione di Cristo, lo ordinò sacerdote. Tornò quindi a predicare con l'abito sacerdotale e poco dopo indossò quello monastico, in quanto era stato accettato all'abbazia di Santa Maria di Corazzo che seguiva la regola benedettina nella variante cistercense.

Gioacchino desiderava vivere nella pace del monastero e studiare. Nel 1177, era stato eletto abate Giovanni Bonasso, il quale non solo rifiutò ma scappò per non ricoprire quel ruolo, così la comunità di Sambucina convinse Gioacchino ad assumere il ruolo di guidare quel monastero, peraltro poverissimo. Aveva allora quarantadue anni. Compì un viaggio fra il 1182 e il 1184 all'abbazia di Casamari, nel Lazio. Incontrò il papa Lucio III e ricevette la *licentia scribendi*. Proprio a Casamari, iniziò a scrivere le due opere fondamentali: *Concordia tra il Vecchio e il Nuovo Testamento* ed *Esposizione dell'Apocalisse*. Tra il 1186 e il 1187 si recò a Verona, dove incontrò il papa Urbano III. Abbandonata la guida dell'abbazia di Corazzo, si ritirò a Pietralata. L'abbandono del ruolo che copriva a Corazzo sembra conseguente a una protesta dei suoi monaci per i suoi continui viaggi ed è così che venne prosciolto dai suoi doveri. Corazzo fu affiliata all'abbazia di Fossanova.

A Pietralata, continuò la stesura delle sue opere e cominciarono a essere note le sue idee. Iniziò anche ad avere dei seguaci; Pietralata divenne così un centro molto frequentato, e non rispondeva più alle esigenze dei molti che desideravano unirsi a Gioacchino.

Per questo, nel 1188, salì in Sila alla ricerca di un territorio e lo trovò in un luogo che oggi si chiama San Giovanni in Fiore. Abbandonò Pietralata e si trasferì.

Sei mesi dopo il nuovo insediamento, muore re Guglielmo il Buono e sul trono normanno siede Tancredi, che era anche conte di Lecce. I funzionari del nuovo re contestarono l'insediamento del monastero in Sila. Dovette recarsi a Palermo per discutere la questione e gli fu fortunatamente concesso di restare. Ottenne anzi un sostegno per la comunità religiosa e in dono trecento pecore e trenta some di grano. Così nacque il monastero di Fiore Vetere. Nel 1194 muore Tancredi e gli subentra Enrico VI, figlio di Federico Barbarossa che concesse a Gioacchino grandi privilegi, non solo in Sila ma su tutta la Calabria. Venne approvata la congregazione florense che era costituita da diversi istituti. Era il 1196, Gioacchino era divenuto molto noto, morì il 30 marzo 1202 e venne sepolto nel monastero florense della chiesa di San Martino di Iove.

Un'opera straordinaria poiché la congregazione ebbe molti benefattori, non solo in Italia, ma anche all'estero: un esempio tra questi è Federico II di Svevia. Per raccontare il pensiero di Gioacchino occorre ricordare che, dopo la sua morte nel 1215, al quarto Concilio Lateranense vennero condannate le sue concezioni trinitarie, assieme alla dottrina di Amalrico di Bène, un filosofo e teologo dell'Università di Parigi. Da Amalrico erano nati gli amalriciani, i quali ritenevano di trovarsi all'inizio di una nuova era religiosa che chiamavano dello Spirito Santo, successiva all'era del Padre (dell'Antico Testamento) e a quella del Figlio (del Nuovo Testamento). L'età spirituale si caratterizzava per l'incarnazione dello Spirito Santo, con il superamento dei mezzi sacramentali, sostituiti dalla conoscenza spirituale e poiché l'uomo possedeva la vera conoscenza, era anch'esso parte del Dio incarnato.

Nasce così il concetto di «libero spirito», poiché il legame con l'uomo era riconosciuto da una venuta dello Spirito dentro l'uomo. Gli amalriciani e altri movimenti, come quello dei Fratelli del libero spirito, ponevano in crisi le gerarchie, mentre acquistavano significato persone comuni in particolare le donne, che si chiamavano «beghine», gli uomini erano i «begardi». La religione non aveva più vincoli terreni e umani, tutto si legava in questa visione alla volontà e al desiderio di amore.

Sia pure centodieci anni dopo la sua morte, Dante, il «notaio» dei movimenti eretici medievali, mette Gioacchino in Paradiso tra la schiera dei beati sapienti, accanto a Tommaso d'Aquino. Solo successivamente il movimento venne considerato eretico e si vide in Gioacchino l'ispiratore della eresia amalriciana. Gli amalriciani a Parigi furono condannati al rogo. Le visioni e convinzioni di Gioacchino da Fiore erano che, dopo l'età cristiana del Padre e del Figlio, stava per arrivare quella dello Spirito Santo, segnando il tempo del *vir spiritualis*, della perfetta carità e del trionfo di un modello monastico di comunità. Il gioachimismo era inteso come annuncio profetico di quella età di pace, che precedeva l'annientamento dell'Anticristo e la fine del mondo. Da questi brevi riferimenti, diventa comprensibile il legame che, nel 1215, a tredici anni dalla morte di Gioacchino, fu visto tra la dottrina del monaco calabrese e quella di Amalrico. Se il primo profetizzava questa età, Amalrico e soprattutto i movimenti del libero spirito, delle beghine e dei begardi, vedevano i segni che quell'età era arrivata. Va sottolineato che gli scritti profetici di Gioacchino sono stati molti, tra cui *Apocalypsis Nova*, *De prophetia ignota*, *De septem sigillis*. I seguaci di Gioacchino, dopo la morte, raccolsero le opere e le diffusero in tutta la Chiesa. In occasione degli ottocento anni dalla sua morte, nel 2002, l'arcidiocesi di Cosenza-Bisignano aprì il processo per la canonizzazione di Gioacchino da Fiore.

Luglio: *La musica, voce di civiltà*[39]

La musica è parte integrante di una civiltà, a partire dalla sua caratteristica principale di essere un linguaggio, una maniera per esprimere ciò che viene percepito e comunicato. In secondo luogo, perché la musica è una creazione dell'uomo, fondata sulle capacità della sua mente. La civiltà a cui apparteniamo si è espressa molto attraverso il linguaggio verbale, ma si deve ammettere che la voce è al contempo il fondamento della musica e che le corde vocali sono, all'interno di una camera sonora qual è la bocca, il primo strumento di questo linguaggio. Vi sono composizioni per voce sola ed esiste una coralità come insieme di toni vocali differenti che costruiscono delle melodie. Il *gregoriano* è una musica per voce sola e per coro. Nel tempo sono stati inventati gli strumenti musicali e hanno dominato i fiati, la cui funzione riporta ancora a quel *pneuma*, soffio, che compare già nel Genesi, come simbolo della vita e dell'anima. Ed è giunto a trasformarsi nelle canne d'organo. Ai fiati sono seguiti gli strumenti a percussio-

[39] Brevi notizie sui compositori e sui brani che vengono riportati come essenziali per la bellezza ma anche per la capacità di suscitare emozioni e di attivare l'immaginazione, sono state prese da A. Della Corte e G.M. Gatti, *Dizionario di musica*, Paravia, Torino 1955; e da P. Griffiths, *New Penguin Dictionary of Music*, Penguin Books, Londra 2004.

ne, basti pensare a un tamburo che sa animare una festa, un'occasione sacra. Infine, gli strumenti a corda, che hanno finito per avere un ruolo dominante nei violini, nelle viole, nei contrabbassi. E si è generato il forte piano. Sono molte le tipologie musicali: il riferimento storico più antico è alla musica «classica», con uno sviluppo particolare nella sinfonia.

Il breviario del mese di luglio intende riportare alla civiltà attraverso non le parole ma le note del pentagramma, in cui si susseguono con armonie diverse, i vocabolari del do re mi fa sol la si do. In luogo delle parole che si compongono e rimangono dentro la mente, i suoni musicali rispettano il dominio della musica. Ogni composizione viene semplicemente introdotta da poche parole sul compositore e ancor meno, per le composizioni che vanno ascoltate. Oggi è possibile che ciascuno si doti di uno smartphone e si renda conto di poterle cercare e trovare in questa «appendice» del nostro corpo e della nostra mente. E questo è sicuramente un beneficio.

1. Tommaso Albinoni nasce a Venezia l'8 giugno 1671 e sempre a Venezia, muore nel 1750. Appartiene a una famiglia veneziana agiata, stimata. Figlio di un artigiano della carta, per anni si è definito musico di violino, dilettante, veneto. Ed è espressivo quel termine «dilettante» nel significato proprio di fare musica per «diletto», per divertirsi, che rappresenta forse la condizione migliore per creare. Nel 1711, pubblica l'Op. 6, mostrando ormai che viveva per la musica. Le sue composizioni sono per strumenti a corda, componendo sonate a due o tre strumenti.

La composizione più nota è il suo Adagio in sol minore. *Dura mediamente 7 minuti.*

2. Gregorio Allegri nasce a Roma nel 1582 e muore sempre in quella città, nel 1652. Fin da bambino canta nella chiesa di San Luigi dei Francesi. A quattordici anni la voce muta tono e melodia, continua a esprimersi come tenore fino al 1604. Nel 1629, fu nominato «cantore pontificio», che prevedeva cantasse nella Cappella Sistina. Mantenne questo ruolo per ventidue anni, fino

alla sua morte. In questo lungo periodo compose alcune *Lamentazioni* e il *Miserere mei, Deus*. Prevedeva di eseguire anche le sue opere che venivano poi presentate nella Settimana Santa.

Il *Miserere* a quattro-cinque voci è un capolavoro, se solo si tiene conto che sono musicati i due primi versetti del Salmo e si ripetono in maniera alternata per cinque volte. Esprime bene l'esperienza, maturata da esecutore come voce bianca, poi tenore e contralto. Il *Miserere mei* era così straordinario, che il papa Urbano VIII aveva proibito di pubblicarlo, affermandone così un legame con la Cappella Sistina, come unico luogo in cui lo si poteva apprezzare. Il segreto compositivo durò fino al 1770, quando un giovinetto di nome Wolfgang Amadeus Mozart, che aveva allora diciassette anni, avendolo appunto ascoltato nella Cappella Sistina durante un suo viaggio, riuscì *de auditu* a trascriverlo in maniera perfetta.

Il Miserere mei, Deus *del coro del New College di Oxford dura 14 minuti e 24 secondi.*

3. Fryderyk Chopin nasce a Varsavia il 22 febbraio 1810 e muore a Parigi nel 1849, alla giovane età di trentanove anni. La famiglia era polacca, il padre insegnava il francese, con scarsi guadagni. A sei anni, Fryderyk aveva iniziato a prendere lezioni di pianoforte da Adalbert Zywny. A quattordici anni entrò al Conservatorio di Varsavia, diretto da Elsner, che gli insegnò armonia e contrappunto. Al terzo anno, lo definì di sbalorditiva capacità e genio musicale. A quindici anni, pubblica il primo rondò. Partì per Vienna nell'agosto del 1829: frequentava i caffè viennesi che erano anche luoghi culturali, generalmente vi era anche un pianoforte. Chiese la possibilità di suonare e poiché era abituale l'animazione delle conversazioni, pensava vi si dovesse esprimere una musica che suggerisse serenità. Compose i primi *Notturni*, creazioni uniche, leggere, e straordinarie. Lo faceva ovviamente per vivere. Ne componeva uno ogni sera.

Il Notturno Op. 9, n. 2, *dura 4 minuti e 30 secondi.*

4. Georg Friedrich Händel nasce a Halle, in Germania, il 23 febbraio 1685 e muore a Londra, il 14 aprile 1759. Nasce dunque in

Turingia, il padre era al servizio del duca di Sassonia e, quando la città fu annessa alla Prussia, si trasferì a Weissenfels. In questa città si accorse della propensione a suonare di Georg Friedrich che aveva sette anni e promosse una educazione musicale per il figlio. Lo affidò al maestro Zachow che lo stimava e lo considerava come un figlio. Nel 1703 entra come secondo violino nell'orchestra di Amburgo. Assieme all'attività strumentale, Händel inizia presto a comporre producendo in particolare Oratori e musica religiosa. Nel 1704 compone la *Passione secondo san Giovanni*, nel 1742 il *Messiah*: opere che affascinano ancora.

L'Alleluia *di Händel tratto dal* Messiah *dura 4 minuti e 23 secondi.*

5. Antonio Vivaldi nasce a Venezia nel 1678 e muore a Vienna il 28 luglio 1741. Il padre era violinista della cappella ducale di San Marco. È rimasto noto nella storia della musica veneziana per aver istituito nel 1685 il Sovvegno dei musicisti di Santa Cecilia, con intendimenti artistici, ma anche benefici. Antonio influenzato dall'atmosfera musicale in famiglia, viene iscritto dal padre, e ben presto diventerà egli stesso componente della cappella ducale. Oltre alla musica, fu attratto anche dalla religione. Entrò nella Chiesa l'8 settembre 1693 a diciotto anni, per diventare sacerdote. Fu ordinato il 21 marzo 1703, ma celebrò la messa solo per un anno, non seguì dunque l'abituale percorso di crescita in ambito ecclesiale, si dedicò invece totalmente alla musica. L'ospedale della Pietà lo nominò maestro del coro e nel 1709, occupava il ruolo di maestro di violino.

La sua fama si lega a un'attività compositiva straordinaria, ma anche a opere in cui la musica si unisce al teatro. Esempio di questa parte della sua creatività è l'*Orlando finto pazzo*, oppure *La virtù trionfante dell'amore e dell'odio*, ma non mancano composizioni di musica sacra. È in questo repertorio che si colloca il suo *Gloria* per quattro voci e strumenti.

Gloria in do minore (RB 589), *per voci e strumenti, dura 30 minuti e 10 secondi.*

6. Johann Sebastian Bach è un gigante della musica. Nasce a Eisenach il 21 marzo 1685 e muore a Lipsia nel 1750. Nella famiglia, dal tempo della Riforma protestante fino all'Ottocento, si trovano molti compositori con questo nome. Le origini risalgono, forse, a Weimar, a un Bach nato intorno al 1550, che faceva il panettiere o il mugnaio, ma amava molto la musica. Partì da qui un vero filone, a cui la musica tedesca deve in gran parte la propria grandezza.

Johann Sebastian, già alla scuola elementare, fu inserito nel coro di fanciulli che, cantando di casa in casa inni sacri, ricevevano un compenso. Nel 1694 morì il padre e un anno dopo, la madre. Fu ospitato dal fratello maggiore Giovanni Cristoforo, organista a Ohrdruf. Anche al liceo faceva parte del coro. È questo il periodo in cui impara a suonare il clavicembalo. I cori scolastici richiamavano in quel tempo i successivi conservatori, erano quindi i luoghi di immersione dentro la musica, occasione soprattutto per conoscere le grandi opere musicali. Conobbe Georg Böhm, l'organista di San Nicola, che molto influì su di lui. Mostrò non solo un grande talento, ma una forte capacità di autodidatta. Esercitava la composizione, legandola agli impegni che via via assumeva nelle chiese protestanti, per accompagnare le liturgie cantate. Si narra che giungeva a sedersi davanti all'organo, estraendo dei foglietti su cui aveva segnato le idee musicali che avrebbe trasformato in suoni. Le città in cui operò con particolare impegno sono Weimar e Lipsia e le loro grandi cattedrali. Entrandovi, sembra di ascoltare ancora oggi Johann Sebastian Bach. Il numero delle composizioni è sconfinato. È noto per la struttura della *Toccata e fuga*.

Di Johann Sebastian Bach, Toccata e Fuga in re minore, *per organo a canne. La durata è di 12 minuti e 11 secondi.*

7. Senza Ludwig van Beethoven la musica strumentale e sinfonica avrebbe un peso di gran lunga minore. E la civiltà sarebbe molto più povera. Nasce a Bonn nel 1770 e muore a Vienna nel 1827. Il nonno paterno, che si chiamava Ludwig, era un basso e canta-

va nella cappella elettorale di Bonn, suo figlio Johann era tenore e sposò Maria Magdalena Keverich, figlia del cuoco di corte. Ebbero tre figli, che sopravvissero: il primogenito fu il compositore, Ludwig, che crebbe in un ambiente musicale e venne istruito subito dal padre, ma anche da musicisti locali.

In quel tempo la musica in Germania aveva una dimensione popolare e Beethoven, già a otto anni, suonava Bach. Nel 1787, va a Vienna, dove certamente conosce Mozart. Ritornò a Bonn per la morte della madre. Il padre era un forte bevitore e a diciotto anni, il carico della famiglia ricadde su Ludwig. Suonava la viola in un'orchestra, e scriveva Cantate. Ripartì per Vienna nel 1792, per studiare sotto la guida di un maestro importante. È stato anche allievo di Haydn.

La sua maggiore attività fu quella di compositore; l'opera prima è un insieme di tre *Sonate* per piano del 1795. Vennero subito considerate di grande valore; nel 1798 con l'Op. 21 mostrò una grande capacità, dedicandosi anche alla musica da camera. In quegli stessi anni teneva concerti a Praga, Dresda, Berlino, in cui ottenne un vero trionfo. Si giunge così alle Sinfonie. La *Serenata al chiaro di luna* per pianoforte esprime innanzitutto l'amore per questo strumento, ma offre un esempio di come la semplicità riesca a creare una musica che facilmente toglie l'ascoltatore dall'atmosfera quotidiana e gli permette di compiere veri viaggi dentro la fantasia e la serenità.

Serenata al chiaro di luna, *per pianoforte solo, dura 7 minuti e 11 secondi.*

8. Franz Schubert nasce a Vienna il 31 gennaio 1797 e muore nella stessa città, il 19 novembre 1828. Ebbe le prime lezioni di musica dal padre Franz, che era maestro di scuola in un sobborgo viennese e in seguito, anche dal fratello maggiore Ignaz. Seguì poi Michael Holzer, che era direttore dei cori di una chiesa parrocchiale e lo istruì nel canto e nell'organo. Fu ammesso come soprano nel 1808 nel coro della cappella imperiale. Entrò così nel convitto, potendo godere di un'alta educazione musicale. Iniziò

presto nella composizione. Le prime opere furono dei *Lieder* che si inseriscono negli anni 1810-11 e fu Salieri ad accorgersi delle sue grandi capacità musicali. Nel 1813, uscì dal convitto ed ebbe un posto di aiuto-maestro accanto al padre. Nel 1814 eseguì nella chiesa parrocchiale di Lichtenthal la sua prima *Messa in fa*.

Schubert è un grandissimo compositore ed è morto a soli trentun anni. Un'attività che appare incredibile, con opere che hanno raggiunto la fama nonostante in quel periodo vi fosse la presenza di compositori del peso di Mozart e Beethoven. Anche il tempo presente si accorge sempre più della sua eccezionalità. Ha composto anche musica sacra: in questo repertorio vi è l'*Ave Maria* e dedicati sempre alla Madonna, un *Salve regina* e uno *Stabat Mater*.

Franz Schubert, Ave Maria. *Ne esistono versioni per violino, pianoforte, organo, flauto. La versione per pianoforte dura 6 minuti e 16 secondi.*

9. Wolfgang Amadeus Mozart nasce a Salisburgo il 27 gennaio 1756 e muore a Vienna il 5 dicembre 1791. Una vita intensa e breve. Muore a trentacinque anni. Già all'età di quattro anni, dimostrava una dote per la musica, tale da colpire il padre Leopold, vicemaestro di cappella a Salisburgo, che gli impartiva le prime lezioni di clavicordo. Lo indirizzò subito a una educazione intensa. La sorella Nannerl, nata cinque anni prima, già si dedicava al clavicembalo e insieme al fratello richiamavano il pubblico. Nel 1762, il padre Leopold con la moglie condusse i due bambini a Monaco di Baviera, dove il principe elettore li ascoltò e ne fu entusiasta. La famiglia imperiale era rimasta ammirata dalla straordinaria capacità del piccolo Mozart.

L'impegno per lo studio musicale non gli permise di frequentare le scuole pubbliche, né i giochi con i coetanei. Possedeva una memoria musicale straordinaria e ben presto, si dedicò alla composizione. A Salisburgo, l'arcivescovo gli ordinò la prima parte di un *Oratorio* nel 1767, quando Wolfgang aveva undici anni. Il tema era l'obbligo del primo comandamento. L'imperatore Francesco gli aveva commissionato di musicare *La finta semplice*, un'opera buffa in tre atti, con libretto di Marco Coltellini. Incominciò anche a viaggiare in Italia, a Verona e a Mantova. In queste due città, eseguì una sua *Sinfonia*. Era il gennaio del 1770. Andò poi a Roma, dove avendo ascoltato il *Miserere* dell'Allegri ne trascrisse la partitura senza un errore, e il papa, deluso poiché non voleva venisse pubblicata l'opera, gli conferì il titolo di cavaliere dello sperone d'oro.

Sono dati che sembrano fantastici, a meno che non si introduca il difficile e un po' misterioso termine di «genio» della musica. *Eine Kleine Nachtmusik* è un esempio iniziale che, all'interno del repertorio di Mozart, può essere paragonato alla frase di un grande romanzo musicale. Indica come Wolfgang rispondesse a eventi della vita ordinaria della tradizione, come appunto il Natale, sempre pensando in musica.

Eine Kleine Nachtmusik *è una composizione per orchestra che dura 5 minuti e 48 secondi.*

10. Il gregoriano è un canto monodico liturgico che comprende tutta la musica della Chiesa latina. Si distingue dal canto di altri riti, come l'ambrosiano o il greco ortodosso. «Monodico» significa che la recitazione si aggira attorno alla medesima nota e si distingue dall'antifona, che si attiva tra due cori, e dal responsorio che alterna il canto del *praecentor* e dei fedeli. Fin dai primi secoli, i cristiani usavano recitare le preghiere inserendole nel canto, con la convinzione dei Padri della Chiesa che la preghiera desse gioia. Si pensava addirittura che la salmodia fosse stata inventata in cielo. All'inizio del Medioevo, assieme a cultori della musica sacra, si inserì anche san Benedetto, che fondò il monastero di Montecassino nel 529, e nella sua Regola prescriveva il canto. Per questo, i teorici del periodo medievale nella musica furono i benedettini. Fu lo stesso papato a occuparsi della *schola cantorum*, in particolare spetta a Gregorio Magno, papa dal 590, stabilire per tutta la Chiesa una vera riforma.

Solesmes è la denominazione di una abbazia dei benedettini, presso Le Mans, fondata nel 1010, importante poiché era diventata la casa madre dei benedettini francesi. L'abbazia venne restaurata nel 1837 e da allora, è famosa per la sua scuola di canto gregoriano. Scuola che oggi è stata trasferita nell'isola di Wight. Durante l'attività dei monaci a Solesmes, si sono inserite le più straordinarie realizzazioni della liturgia cattolica e rimangono ancora il modello del canto gregoriano, realizzato solo per voci e coro.

Libera me, Domine, *nella interpretazione del gregoriano di Solesmes ha la durata di 5 minuti e 22 secondi.*

11. Camille Saint-Saëns nasce a Parigi il 9 ottobre 1835 e muore ad Algeri il 16 dicembre del 1921. Il padre Victor era un impiegato del Ministero dell'Interno e morì quando Camille aveva pochi mesi. L'educazione venne quindi affidata alla madre, ma in particolare a una zia materna, Charlotte Masson, che gli impartì le prime lezioni di musica, mettendolo seduto al pianoforte all'età di due anni e mezzo. A sette, componeva già pagine per pianoforte, pur mancando della teoria, che apprese quando venne seguito dal pianista Stamaty, allievo di Kalkbrenner, che lo orientò al virtuosismo.

La sua prima interpretazione in pubblico come pianista avvenne il 6 maggio 1846, a undici anni. A tredici, entrò nel Conservatorio. Nel frattempo, per aiutare la famiglia in difficoltà, suonava l'organo nella chiesa di Saint-Merri e nel 1858, ottenne il posto di organista della Madeleine che occupò per vent'anni. Incominciò anche la composizione: la sua prima sinfonia ottenne un buon risultato di pubblico nel dicembre del 1853, a diciotto anni. Ben presto, entrò nel gruppo dei grandi pianisti, come Liszt, Rubinstein, Gounod. L'amicizia con il primo gli fu di grande stimolo. Il compositore ungherese lo incoraggiò a terminare il *Sansone e Dalila*, che nessun teatro aveva accettato, e che venne rappresentato a Weimar nel 1877. Di qui partì una grande fama, che va dalle opere di contenuto sacro alla musica sinfonica, senza dimenticare però le composizioni per pianoforte e per organo. Il suo *Totentanz* (Danza macabra) è un'opera straordinaria che è stata musicata con diversi strumenti. La *danse macabre* è un tema che ha occupato anche la letteratura e la pittura.

Camille Saint-Saëns, Danse macabre, Op. 40, *nella interpretazione della Polish Nationwide Music Schools' Symphonic Orchestras Competition. La durata è di 8 minuti e 22 secondi.*

12. Il *Dies irae* è il centro di ogni messa da Requiem, che si celebra di fronte alla bara di un uomo che ha cessato di vivere. E la morte si incontra con il «giorno dell'ira» quando, come hanno annunciato i profeti, si compirà il giudizio e il Signore Iddio giudicherà i vivi e i morti. È il giorno, in cui non sarà possibile sfuggire alla verità, al significato che ciascun uomo ha dato alla vita, mentre era sulla terra. Le messe da Requiem rappresentano una composizione di fronte a cui tutti i compositori si sono cimentati, anche tra coloro che non appartengono alla cultura della trascendenza.

Il testo, scritto in latino, è attribuito a Tommaso da Celano. L'immagine è dell'uomo che si trova davanti alla immensità di Dio, con la consapevolezza che non può mentire. Ma in un capovolgimento della paura di fronte a un giudizio che lo potrà condannare in eterno, una straordinaria soluzione può dare ancora speranza. E si chiede: «Come potrò io salvarmi, quando appena il giusto potrà sperare?». E, rivolgendosi a Dio, gli ricorda che è proprio il peccato ad aver promosso la grandezza del Signore, attraverso la resurrezione. «In quel momento, cosa potrò dire io misero, chi chiamerò a difendermi quando, a malapena, il giusto potrà dirsi sicuro? [...] Ricorda, o pio Gesù, che io sono la causa della tua venuta sulla terra [...] tu mi hai redento con il supplizio della Croce, vedi che tanto sforzo non sia vano.» E ancora: «Tu che hai perdonato Maria di Magdala, tu che esaudisti il buon ladrone, dai anche a me speranza. E [...] fa' che io non sia arso dal fuoco eterno».

Il Dies irae, *della* Messa da Requiem *di Wolfgang Amadeus Mozart, è tra i più drammatici e al contempo stupendi; dura 2 minuti e 1 secondo.*

13. Wolfgang Amadeus Mozart ha composto diciotto Messe. Indubbiamente la più bella è la *Messa in do minore, K427*, che è incompleta. Era straordinario il rapporto che Wolfgang aveva con il padre Leopold, vicemaestro di cappella a Salisburgo, al servizio dell'arcivescovo Hieronymus von Colloredo. Egli pensava che Wolfgang potesse rimanere nella città e diventare maestro di cappella, a cui spettava il compito di comporre le opere sacre richieste dalla liturgia. I principi della Chiesa volevano rinnovarle, come segno della loro attività, per attrarre anche attraverso la musica i fedeli nel tempio.

Ma Mozart aveva nei suoi desideri la corte imperiale, era attratto da Vienna, dove si trovavano i grandi compositori e si celebravano le straordinarie occasioni musicali. Decide quindi contro il parere, più o meno manifesto del padre, di andare a Vienna. E nel 1779 prende la non facile decisione di raggiungere questa città, pur senza avere alcun riferimento per potersi impegnare e guadagnare. La storia racconta che andò in pensione presso la casa delle Weber: la signora aveva due figlie, Aloysia e Costanza. Con Costanza, nel 1782, Wolfgang si sposa. Dapprima il padre si oppose, ma si arrese poi alla decisione del figlio, il quale gli diceva che lei aveva una bella voce e svolgeva l'attività di soprano. Tenne però in particolare conto il desiderio del padre che continuasse la composizione di musica sacra, e gli scrisse che aveva già iniziato a comporre una *Messa*; gliene inviò anche una piccola parte, promettendo che in seguito ne avrebbe aggiunte altre. L'inizio coincide con lo stesso anno del matrimonio, il 1782 ed è la prova di quanto non dimenticasse, anzi volesse corrispondere ai desideri paterni. Promette che, una volta terminata la scrittura, si sarebbe recato a Salisburgo per la sua esecuzione e che Costanza vi avrebbe preso parte con la sua voce. Un'atmosfera che indica lo stato d'animo e l'affettività che Mozart pone in questa composizione, come fosse la via per chiedere perdono di essersi allontanato dalla famiglia e di avere interrotto i rapporti già iniziati con l'arcivescovo di Salisburgo. Non la terminò mai.

Le parti del *Credo* sono soltanto due e Costanza non coprì mai il ruolo previsto per la voce di soprano. Ma si tratta del più grande capolavoro della musica sacra che sia stato scritto. Quello che dà la dimensione dell'uomo Mozart, che non segue quella del compositore di musica sinfonica, quando intratteneva un po' di pubblico con un organico orchestrale limitato. Va ricordato che anche la *Messa da Requiem*, iniziata nel 1791, rimase incompleta. Nella cronaca e forse nella leggenda, si racconta che il compositore morì mentre componeva il *Lacrimosa*. Dopo la morte, Costanza aveva pensato di far completare queste due opere da un allievo, Süssmayr, con l'intenzione di pubblicarle e venderle, senza tuttavia render nota la presenza delle seconde mani. La critica si oppose e i due testi vennero ripuliti. Oggi, li conserviamo incompleti ma come li aveva composti il grande Mozart.

Wolfgang Amadeus Mozart, Messa in do minore, K427. *La durata varia da 53 minuti a un'ora e 23 secondi. Il pezzo più straordinario è l'*Et incarnatus est *e una delle parti del* Credo, *che è impossibile definire e non si finirebbe mai di ascoltare. Dura 8 minuti e 30 secondi talora 8 e 59.*

14. Franz Joseph Haydn, nasce a Rohrau, nella Bassa Austria il 1° aprile del 1732, e muore a Vienna il 31 maggio 1809. Da bambino, furono sufficienti poche lezioni di musica per accettarlo come cantore nel coro della chiesa. Il compositore di corte reclutava ragazzi cantori per la cattedrale di Vienna e dopo un esame, lo scelse. Così Haydn andò nella capitale austriaca a otto anni. Qui fu a contatto con maestri che gli insegnarono a suonare il violino, il clavicembalo, e a cantare.

Nel 1749, a diciassette anni, mutò la voce e dovette lasciare il coro. Rimase così senza un guadagno per cui, cercando di superare le difficoltà, cantava e suonava serenate durante la notte, per le vie di Vienna. Aveva seguito un pellegrinaggio in Stiria e raccolto così un buon gruzzolo. Di ritorno a Vienna, fu ospitato da un mercante. Diede lezioni a Martine, una bambina della famiglia. Un incontro con un gentiluomo, lo condusse poi a Weinzierl, dove venne inserito in un gruppo di dilettanti di musica. Qui, cominciò a comporre dei quartetti, diciotto per la precisione.

Nel 1759 venne accolto nella casa del conte Morzin, con il compito di comporre musica e di dirigerla nell'ambito familiare, godendo di uno stipendio di duecento fiorini l'anno. Successivamente, le occasioni lo portarono nel castello di Eisenstadt, che apparteneva al principe Esterházy, dove ebbe il compito di maestro di cappella. Doveva occuparsi anche del personale addetto alla musica. Esisteva già un'orchestra di quindici strumentisti, portata poi a ventuno. Dopo un anno, a Paolo Esterházy successe Nicola, che si trasferì nello splendido palazzo di Esterházy. Haydn lo seguì e qui dovette comporre centinaia di «pezzi» per il suo mecenate. Esterházy era conosciuta come «la seconda Versailles» e accoglieva compositori di fama. Aveva ospiti principeschi che, stimando Haydn, gli donavano oggetti di valore e molti musicisti gli chiedevano lezioni. Vi era stato anche Mozart. La morte del principe, avvenuta nel 1790, cambiò la sua esistenza. Aveva allora quarantotto anni. Venne chiusa la cappella e il compositore licenziato, con una pensione annua.

La sua esistenza appare costellata di incontri casuali; incontrò Salomon, un impresario musicale di nazionalità inglese, che gli offrì alti compensi per opere e sinfonie, da comporre e dirigere a Londra. Partì, dunque, per questa città, dove la sua musica era già conosciuta e ottenne grande successo. Si interruppe così l'amicizia con Mozart. Nel 1792 tornò a Vienna, poi nuovamente per un anno a Londra, e sempre con Salomon si assicurò un compenso, che gli doveva servire per la vecchiaia. Un giovane della famiglia Esterházy ricostituì la cappella e lo richiamò. Haydn accettò e tornò così a lavorare nell'antica sede. Vienna lo venerava letteralmente. Mozart era già morto, ma il giovane Beethoven gli rendeva omaggio, come maestro. Nel compiere il suo 83° quartetto scelse un canto a cui aggiunse: «Tutta la mia forza è esaurita sono vecchio e debole». Si racconta che morì seduto al pianoforte, mentre suonava l'inno austriaco.

La sua nascita lo ha posto in una famiglia economicamente poco dotata, con sei figli, ma vedendo il padre suonare l'arpa nel tempo libero, ne era stato particolarmente colpito. La sua vita fu però legata agli incontri, e le sue opere erano associate a richieste specifiche. Risulta essere un vero padre del classicismo musicale, un uomo che ha goduto la stima dei grandi compositori e del pubblico. Si dedicò molto alla musica religiosa e scrisse anche molte messe, come la *Missa in tempore belli* del 1790. Tra le opere sacre, quella che più rimane ancora viva e originale è *Septem verba Christi in cruce*, composta nel 1785 e arricchita di parti vocali nel 1801.

Franz Joseph Haydn, Septem verba Christi in cruce. *L'opera dura un'ora e 4 minuti.*

15. Ludwig van Beethoven, nato il 15 dicembre 1770, già nel 1800 presenta dei disturbi acustici e nel 1808 la sordità era a un livello molto grave. Significa che egli componeva, ma non aveva la possibilità di ascoltare le sue opere. Certo, percepiva la musica dentro la propria mente ma, mancando la sensorialità acustica, non poteva averne una partecipazione corporea. Ed è indubbio che questo linguaggio è in grado di rendere partecipe il corpo ai suoni musicali.

Delle sue composizioni, l'attenzione storica si concentrò soprattutto sulle sinfonie, al punto che era diventato impossibile superarlo in questa forma musicale. E dopo di lui, la sinfonia non ha più potuto rappresentare una grande sfida per i compositori. I concerti per pianoforte e orchestra, e ancor meno quelli per violino e orchestra, hanno goduto di un apprezzamento minore. Tra le concertazioni con la presenza di uno strumento per solo, si sono messe in maggior luce quelle per pianoforte e orchestra. Costruire delle gerarchie tra le opere di un grande compositore rappresenta un gioco, ed è in tal senso il rilievo del *Concerto per violino e orchestra, in do maggiore, Op. 61*, come un capolavoro grandioso.

Ludwig van Beethoven, Concerto per violino e orchestra. *La durata è di 49 minuti e 50 secondi. È consigliabile una interpretazione con la violinista Hilary Hahn.*

16. Wolfgang Amadeus Mozart è più vecchio di Ludwig van Beethoven perché nasce il 27 gennaio 1756. Ma avendo vissuto trentacinque anni, morì prima di lui: Mozart nel 1791, Beethoven nel 1827. Beethoven ammirava le opere di Mozart e anche se sono mancati i conflitti tra i due grandi, ha comunque sempre dominato il gioco di chi sia il migliore tra i due. E si sono costituite due tifoserie. In realtà ciò che differenzia i due compositori e si riflette sulla loro musica, è la personalità, le vicende umane travagliate in entrambi, seppure in modo diverso.

Solo per riferirsi all'aspetto della affettività, da una parte vi è un Mozart istintivo, un *tombeur de femmes*, dall'altra un Beethoven in cerca di una relazione affettiva, che non trova. Per la verità, egli frequentava i salotti dell'aristocrazia viennese e nel 1789, in casa del conte Ordoty ne conosce la consorte, e le dedica tre opere; in un'altra occasione il tramite fu l'amicizia con il conte Franz von Brunswick, la cui sorella Teresa era allieva del maestro. Ne fu affascinato e, tra il 1809 e il 1810, le confessò il suo affetto, ma ne venne respinto decisamente. Mozart, più immediato, sapeva consumare rapidamente sul piano dell'eros le sue conoscenze. Da una parte, il legame infelice con Costanza Weber che viveva per lo più alle terme con la presenza di Süssmayr – e vi è l'ipotesi che con lui abbia generato l'ultimo figlio di Mozart – ma a Vienna in piena giovinezza Mozart riusciva ad attrarre e a consumare le sue relazioni.

Il vero legame d'amore fu per entrambi la musica. Sul piano sinfonico, Beethoven è irraggiungibile per i contenuti tragici e non vi è dubbio che, nella espressione di questo sentimento, domina rispetto a Mozart, ma per altro verso il *Don Giovanni* e *Il flauto magico* hanno livelli di creatività musicale ineguagliabili. Inoltre, il Mozart della musica sacra e le diciotto Messe che ha composto non permettono alcun confronto con le due di Beethoven. Se guardiamo ai concerti per violino e orchestra, restando nel gioco delle tifoserie, non è facile preferire l'uno o l'altro; vi sono casi in cui bisogna dare pareggio.

Wolfgang Amadeus Mozart, Concerto per violino n. 3. *La durata è di 27 minuti e 48 secondi. È consigliabile l'interpretazione con il violino di Hilary Hahn.*

17. Johann (Jean) Julius Christian Sibelius nasce in Finlandia a Tavastehus l'8 dicembre 1865, e muore a Järvenpää il 20 settembre 1957. Incomincia lo studio del violino a quattordici anni, ma sembrava si trattasse di un divertissement, tanto che nel 1885 si iscrisse alla Facoltà di legge dell'Università di Helsingfors. L'abbandonò dopo un anno per iscriversi al Conservatorio. Diplomatosi nel 1889, studia composizione con Martin Wegelius per passare prima a Berlino, e poi a Vienna con grandi compositori. Nel 1893 diventa insegnante al Conservatorio, in cui egli stesso aveva studiato.

Incominciò a comporre, sia per musica vocale sia per orchestra, attratto dalla cultura del suo Paese e dalla tradizione popolare: il riferimento è alle opere folkloristiche, ai miti, ai paesaggi del Nord. L'opera epica della Finlandia è il *Kalevala*, che riporta ai poemi orali cantati dai bardi. La famiglia era di origine svedese e nella sua infanzia faticava a parlare la lingua finnica. Nel 1897 aveva sposato Aino Järnefelt. Compose la prima sinfonia nel 1898. La sua vita è descritta disordinata, con notti trascorse con gli amici e caratterizzate da pesanti abusi alcolici. Nel 1904 andò a vivere fuori della città a Järvenpää, dove la vita divenne più regolare. Compose qui in modo più sistematico le sue sinfonie. Nel 1914, fa un viaggio negli Stati Uniti.

La sua attività concertistica è costituita dalle sette *Sinfonie*. Per il resto, si dedicò alla composizione di poemi, in gran parte riferiti al *Kalevala*. Un'eccezione è costituita da un concerto per violino e orchestra, composto nel 1903 e rivisto nel 1905, che rappresenta un miracolo.

Johann Julius Christian Sibelius, Concerto per violino e orchestra in re minore, Op. 47. *La durata è di 36 minuti e 30 secondi. Consigliabile l'interpretazione al violino di Hilary Hahn.*

18. Johannes Brahms nasce ad Amburgo il 7 maggio 1833 e muore il 3 aprile del 1897 a Vienna. Il padre che suonava il corno nella banda municipale, gli insegnò violino e violoncello, per affidarlo poi per la composizione e il pianoforte a Marxsen. Fu così introdotto alla musica e incominciò a guadagnare, suonando la sera nei cabaret. Nel 1848, tenne il primo concerto di pianoforte; nel 1853 fece una tournée insieme al violinista ungherese Reményi nella Germania del nord e ad Hannover, incontrò Liszt che lo considerò una grande «promessa». La vera amicizia musicale fu però con Schumann e, quando questi ebbe i primi segni di follia, lo raggiunse e fino alla morte nel 1854 lo visitò, sostenendo Clara, la moglie di Schumann. Si attivò un legame d'amore che fu anche ispiratore della sua creatività, ma si interruppe dopo alcuni anni, quando fu preso dalla passione per una figlia di Clara. Dopo due anni, tornò ad Amburgo ma poiché si aspettava di essere eletto nella direzione della Società Filarmonica, assegnata invece a una cantante di nessun valore, abbandonò la città e si recò a Vienna. Fu nominato direttore della Singakademie nel 1873, ma si dimise l'anno successivo per poter comporre con maggiore libertà. Amburgo rifiutò ancora una volta di accettarlo alla Società Filarmonica, dove si era resa vacante la direzione. Vienna divenne così la sua città e qui ottenne grandi successi. Accolse con fatalismo i segni di un grave male, che interruppe la sua produzione. Morì per una neoplasia all'età di sessantaquattro anni e fu sepolto accanto a Beethoven e non lontano dalla tomba di Schubert. È interprete del romanticismo tedesco musicale, creando opere di intensità affettiva, velata di malinconia. Compose un solo concerto per violino e orchestra, nel 1878.

Johannes Brahms, Concerto per violino e orchestra, Op. 77. *La durata è di 41 minuti e 59 secondi.*

19. Max Bruch nasce a Colonia il 6 gennaio 1838 e muore a Friedenau (Berlino) nel 1920. È noto soprattutto come direttore d'or-

chestra, ma è anche compositore. Appartiene all'ultimo romanticismo, che risente di una evidente decadenza. Si dedicò anche all'insegnamento nel Conservatorio di Berlino dal 1891. Forse ingiustamente dimenticato dalla storia della musica, con l'eccezione del *Concerto per violino e orchestra in sol minore*, talmente straordinario, da meritare, anche solo per questo, un posto nella grande musica.

Max Bruch, Concerto per violino e orchestra n. 1 in sol minore, Op. 26. *La durata è di 25 minuti e 15 secondi. Consigliabile l'interpretazione al violino di Hillary Hahn.*

20. Henry Purcell nasce Londra nel 1658 o 1659 e muore, sempre nella capitale inglese, il 21 novembre 1695, a trentasei anni. Rimane senza padre in età precoce. Entrò a cinque-sei anni nel coro della cappella reale, mostrando un talento particolare e nel 1667 pubblicò la sua prima composizione: una canzone a tre voci. Dal 1676 al 1678, fu copista di musica all'abbazia di Westminster, un posto che era stato occupato dal padre. Nel 1680 venne nominato organista dalla stessa abbazia, e poté finalmente dedicarsi alla composizione di musica sacra. Nel 1683 divenne anche compositore del re, con il compito di scrivere opere per celebrazioni, funerali, matrimoni. Ottenne in questa posizione un grande successo e lo dimostra la sua sepoltura all'interno dell'abbazia: il primo musicista ad avere questo onore.

Alla sua morte, raccogliendone le opere, ci si rese conto della sua grande creatività e genialità. Compose anche opere teatrali. Una delle realizzazioni più note è la marcia funebre scritta per la morte della regina Maria, di intensa partecipazione e dolore.

Henry Purcell, Musica per il funerale della regina Maria. *La durata è di 10 minuti e 43 secondi.*

21. Modest Petrovič Musorgskij nasce a Karevo (nella regione russa di Pskov) il 28 marzo del 1839 e muore a San Pietroburgo il 28 marzo del 1881, a quarantadue anni. Il padre era un piccolo coltivatore diretto e Petrovič respirò la cultura contadina. Ascoltava le fantasie dei vecchi del paese, ma soprattutto seguiva con

ammirazione le canzoni popolari. Un'anziana signora del posto gli insegnò i primi rudimenti di musica e Petrovič mostrò un'eccezionale capacità di apprendere, ma in particolare di sperimentare. A nove anni suonò in una festa familiare un concerto di Field.

Il padre non pensava certo che potesse seguire la carriera musicale e l'aveva destinato a quella militare per cui, nel 1849, entrò a dieci anni nella scuola dei cadetti di San Pietroburgo. Nel 1852 viene ammesso alla scuola degli alfieri della Guardia, ma sia pure con tempi limitati, non abbandona il pianoforte. Anche dopo la morte del padre prosegue la carriera militare. Nell'autunno del 1856, conobbe Borodin, a quel tempo medico militare, e pur seguendo i compiti del suo ruolo, venne a conoscere tutte le grandi opere musicali del tempo, compose degli *Scherzi*, la musica di scena per l'*Edipo re*. Nel 1859, a vent'anni viene trasferito dal reggimento che si trovava a San Pietroburgo, in un piccolo paese.

È in questo passaggio che prende la decisione di abbandonare la carriera militare, che lo porrà subito in gravi difficoltà economiche. Non gli è possibile quindi dedicarsi totalmente alla musica. Si impiega in un ufficio, mantenendo tuttavia il rapporto con gli amici musicisti. Si forma così il «gruppo dei cinque» (o scuola nazionale di Pietroburgo): Musorgskij, Balakirev, Kjui, Borodin e Rimskij-Korsakov. Un gruppo che mantiene viva la voglia di comporre.

Nel 1868 viene assunto al Ministero dell'Interno a San Pietroburgo. Inizia il *Boris Godunov* che nel 1870 completa, ma viene rifiutata la sua presentazione. Si dedica a riscriverne alcune parti e nel 1874 viene accettata e riprodotta integralmente con successo. In quello stesso anno andò ad abitare nella casa del conte Goleniščev-Kutuzov, il poeta dei *Canti e danze della morte* e per due anni si dedicò a musicarne le opere. Compose anche la suite per pianoforte, *Tableaux d'une exposition*, dedicata alla memoria dell'amico architetto Hartmann. Potremmo definirlo il periodo in cui la dedizione alla musica si impone, ma declina la sua salute e soprattutto il suo umore diventa sempre più tetro. Nel

1880 viene ricoverato nell'ospedale militare Nicola, dove muore. Viene sepolto nel cimitero Alessandro Nevskij. Una vita breve, sfortunata, eppure ha lasciato composizioni che rispecchiano la sua condizione di compositore «occasionale». Rimane senza dubbio *Tableaux d'une exposition* del 1874, una grande opera. Successivamente è stata orchestrata da Maurice Ravel nel 1922.

Modest Petrovič Musorgskij, Tableaux d'une exposition, *orchestrata da Maurice Ravel. La durata è di 15 minuti e 4 secondi.*

22. La terza sinfonia di Ludwig van Beethoven è anche chiamata l'*Eroica*. Fu composta tra il 1802 e il 1804, ed eseguita nel 1805, sotto la direzione dal compositore. L'opera appartiene alla storia della musica, poiché segna il passaggio dal classicismo al romanticismo musicale. È stata dedicata a Napoleone Bonaparte, qui visto come la sintesi della rivoluzione, come colui che cavalcava lo spirito del mondo. Successivamente, in un momento di grande sdegno, strappò il frontespizio dell'opera. La dedicherà definitivamente al principe Franz Maximilian von Lobkowicz, un aristocratico della Boemia, appassionato di musica e buon violinista, che ospitò nel proprio palazzo la prima esecuzione.

L'opera pone in una evidenza straordinaria l'importanza del direttore d'orchestra, che vale in tutte le opere sinfoniche, ma in particolare in questa. Ed è difficile anche per gli interpreti dediti a Beethoven, che si trovano di fronte a una variazione strutturale, piena di innovazioni. Si potrebbe dire che esistono tante *Eroiche*, e giungere al paradosso che, in alcune interpretazioni, non si può formulare un identico giudizio. Per questo, dopo essere stata interpretata dai direttori d'orchestra più insigni, a noi sembra opportuno porre in risalto la sola grande interpretazione: quella di Wilhelm Furtwängler del 1944, rivista poi nel 1952 con la tecnologia attuale e riportata alla perfetta esecuzione in live.

Questo genio dell'interpretazione di Beethoven nasce a Berlino il 25 gennaio del 1886 e muore a Baden Baden, il 30 marzo del 1954. Ha diretto la Berliner Philharmoniker, rimanendo a Berlino anche durante gli anni del nazifascismo, nella convinzione di mantenere viva la grande musica tedesca. Fu questa la difesa che egli usò, quando dovette rispondere al processo di Norimberga, intentato contro chi era implicato nella follia di Hitler. Furtwängler è un ottimo interprete anche di Brahms e di Wagner. Va anche ricordato che ha composto due sinfonie, un concerto per pianoforte e orchestra, un *Te Deum* per soli coro e orchestra.

Ludwig van Beethoven, Sinfonia n. 3, Eroica, *diretta da Wilhelm Furtwängler a Vienna nel 1952. La durata è di 53 minuti e 19 secondi.*

23. Igor Stravinskij nasce il 5 giugno 1882 a San Pietroburgo, e muore a New York, il 6 aprile 1971. Il padre era un noto cantante d'opera che, pur intuendo le doti musicali del figlio, lo indirizzò a studiare giurisprudenza. Fu solo nel 1902 a vent'anni, che un incontro con Rimskij-Korsakov lo convinse a interrompere gli studi universitari, per dedicarsi alla musica. Altrettanto importante fu il suo incontro nel 1909 con Sergej Djagilev, che aveva fondato la compagnia di danza dei Ballets russes. Da allora, le sue dimore sono state nelle grandi città della musica: Parigi, Londra, Ginevra... Nel 1934, ottenne la cittadinanza francese. Nel 1938, si trasferisce negli Stati Uniti e ne ottiene la cittadinanza. Nel 1906 si era sposato con la cugina Ekaterina Nossenko, nel 1907 nasce il primo figlio e un anno dopo, la figlia. Tornò in Russia solo raramente.

La sua produzione non è di grandissima qualità musicale, se si esclude un vero miracolo che si chiama *Le Sacre du printemps*. La prima si tenne a Parigi il 29 maggio 1913, e fu un successo strepitoso e mondiale. Non solo è una grande opera, ma storicamente acquista una posizione chiave, perché segna il passaggio dalla musica sinfonica di ormai secolare strutturazione, sia compositiva che come organico orchestrale, a un abbandono completo, liberando una «musica della creazione», un vero Genesi di una nuova musica, che si caratterizza per una sequenzialità che riporta alla natura. Soprattutto dà senso al termine *sacre*, il sacro, aprendo una via compositiva che anticipa in qualche modo la musica di Schönberg e quella contemporanea. *Le Sacre du printemps* è una tavolozza di colori, di suoni della natura, di continui salti di tonalità che trasmettono all'ascoltatore l'energia vitale.

Igor Stravinskij, Le Sacre du printemps. *La durata è di 36 minuti e 20 secondi.*

24. Niccolò Paganini nasce a Genova il 27 ottobre 1782 e muore a Nizza nel 1840. Dal padre Antonio ricevette le prime lezioni di musica, in seguito frequentò la scuola di violino di Servetto, un violinista dell'orchestra del teatro e anche maestro della cattedrale di San Lorenzo. Il bambino mostrava grande interesse e una straordinaria capacità di apprendimento. Già nel 1873, a undici anni suonò in teatro. L'abilità con il violino faceva intravedere la sua futura qualità di virtuoso e il padre per sviluppare questa formazione, lo mandò a Parma a perfezionarsi con il violinista e compositore Alessandro Rolla. Nel 1797, a quindici anni, incominciò a girare in compagnia del padre, mettendosi in risalto e presentando la sua prima composizione per violino. Dopo un concerto a Lucca, si separò dal padre e visse in modo sregolato in compagnia di amici, senza abbandonare però lo studio. A Livorno, trovò un mercante francese che, preso dall'entusiasmo per le capacità di virtuoso del giovane Niccolò, gli regalò un Giuseppe Guarneri, il violino che suonerà per tutta la vita e che, oggi, è esposto nel Palazzo Doria-Tursi, che ospita anche il Municipio di Genova.

Dal 1801 al 1804, Paganini dimorò in Toscana, ospite di una ricca signora a cui dedicò delle composizioni per chitarra oltre che per violino. Nel 1805, a ventitré anni, riprese la carriera concertistica e i successi divennero abituali. Nel 1808 interruppe i concerti e affrontò vicende complicate, fonte di inquietudine, perché dovette occuparsi di un figlio che era nato a Palermo, mentre conviveva con la ballerina Antonia Bianchi. Riprese nel 1829 con una serie di concerti a Vienna, in cui ottenne il successo anche della corte. Con i profitti delle sue tournée, acquistò una proprietà in Italia dove ritornò dalla fine del 1834. Si era stabilito nella villa di Gaione, presso Parma, riducendo moltissimo le sue performance, che teneva solo per beneficenza. Si recava sovente in Riviera per curare alcuni disturbi, ed è qui che morì per un attacco di laringite acuta.

Oltre alla sua capacità interpretativa, colpiscono le fasi di sregolatezza della sua vita. Forse sono frutto di fantasia, ma venivano ricordati comportamenti ritenuti demoniaci, tant'è che la Chiesa non permise per cinque anni la sepoltura del suo corpo in un luogo sacro, ma alla fine fu accolto nella chiesa della Steccata a Parma e poi nel cimitero. Non bisogna dimenticare le sue composizioni per violino, a partire dai ventiquattro *Capricci*, a cui vanno aggiunti i concerti, le variazioni, e opere non ancora pubblicate. Il fondo più importante è quello del Museo di storia musicale di Colonia, in Germania. Il pezzo musicale più noto porta il nome comune di *La campanella*. Ha come autori Franz Liszt e Niccolò Paganini e rappresenta una combinazione tra l'opera *Étude S.140, n. 3, in sol diesis minore* di Liszt e il movimento finale del *Concerto per violino e orchestra n. 2, in si minore*, di Paganini. Liszt elabora il motivo per pianoforte. La prima versione è del 1838 e Paganini era ancora presente (è nota l'amicizia tra i due), mentre la versione finale del 1854 è in sua assenza. Un'opera molto amata. Se si vuole invece ascoltare il violino solo di Paganini, basta scegliere tra i *Capricci*, il n. 1 o il n. 2.

Niccolò Paganini-Franz Liszt, La Campanella, *per violino e pianoforte; tempo di ascolto, cinque minuti.*

25. Dmitrij Dmitrievič Šostakovič nasce a San Pietroburgo il 26 settembre 1906 e muore a Mosca, il 9 agosto 1975. Ha studiato con Steinberg e Glazunov al Conservatorio di Pietroburgo dal 1919 al 1925. Fu un esponente dell'Associazione per la musica contemporanea ed ebbe un drammatico rapporto con il governo sovietico: subì due denunce legate alle sue composizioni, la prima nel 1936, la seconda nel 1948. Le sue opere furono censurate. Fu riabilitato solo dopo la morte di Stalin, nel 1953, e l'atmosfera esistenziale cambiò. Fu eletto al Consiglio supremo sovietico

e divenne ambasciatore per la cultura russa nel mondo. Per l'importanza del controllo culturale del governo nella Russia totalitaria, la sua musica fu denunciata come decadente e reazionaria, altre volte invece come la nuova arte. Aderì sempre al Partito comunista e nel 1960 divenne membro del Soviet.

Compone quindici sinfonie, sei concerti e quindici quartetti d'archi, ma anche musica per i film e molte sue composizioni sono entrate nella storia della cinematografia dell'Unione Sovietica. Di origine polacca, la famiglia esprimeva una critica al regime zarista. Il padre, Dmitri Boleslavovič, suonava anche la chitarra, la madre Sofia Vasilievna Kokoulina era pianista: dal matrimonio nacquero sei figli. Šostakovič iniziò con la madre lo studio del pianoforte e mostrò subito un talento straordinario. Già a nove anni, produceva le sue prime composizioni, influenzato dalle notizie della Prima guerra mondiale. E subito dopo, era forse ispirato dai temi rivoluzionari e dai discorsi di Lenin. Conobbe il gruppo dei grandi di quel tempo, da Gorkij a Tolstoj a Glazunov che gli fece avere una borsa di studio per il valore delle sue prime composizioni. Nel 1922 il padre morì di polmonite, ma egli continuò brillantemente gli studi e nel 1923 (a diciassette anni) si diplomò in pianoforte a pieni voti. Di quell'anno sono anche gli abbozzi della *Sinfonia n. 1*. Con la morte del padre le condizioni economiche erano precarie ed egli lavorava come pianista accompagnatore nelle sale di proiezione dei film muti. Un lavoro che non era però all'altezza delle aspettative. Il 20 marzo 1925 poté finalmente eseguire a Mosca le proprie opere, a diciannove anni. Non ebbe molto successo. L'anno dopo a San Pietroburgo (ribattezzata Leningrado) ricevette invece molto gradimento. Venne conosciuto anche in Italia, e le sue opere dirette da Toscanini.

Šostakovič ama il grottesco che, del resto, apparteneva ad altri settori della cultura russa, in particolare ai film di Ejzenštejn, e poneva in maggiore evidenza il dramma di un compositore di fronte al condizionamento di un regime totalitario e nella impossibilità di espatriare. E la sua biografia rivela lo scontro tra la creatività e il potere dispotico e ignorante. Nel 1932 compose la musica per il film *Genu in pilae*, che venne distrutto per ordine di Stalin. Dovette sottostare alle regole dell'arte di regime. Nel 1934 compose *Lady Macbeth* che venne rappresentato al Bolshoi il 28 gennaio del 1936 alla presenza di Stalin, il quale abbandonò la sala dopo la scena di sesso tra Sergej e Katerina. La «Pravda» stroncò l'opera, che venne tolta dal programma, seguirono giudizi negativi e condanne di quasi tutti i suoi precedenti lavori. Compose la *Sinfonia n. 4*, ma non la presentò, aspettando vent'anni prima di poterla far sentire. Erano infatti iniziate le epurazioni del regime. Nel 1937, compose la *Sinfonia n. 5* e Šostakovič tornò in auge. Nel 1938 diventò professore ordinario a Leningrado e si sapeva che stava compiendo un'opera dedicata a Lenin. Con l'inizio della Seconda guerra mondiale, compone la *Sinfonia n. 7*, che sarebbe diventata l'emblema della resistenza russa, di fronte alla macchina da guerra tedesca.

Questi cenni del difficile e alterno sostegno o invece condanna delle sue composizioni, fanno comprendere l'alternanza di fasi della sua vita, in cui passa dal coprire funzioni per il Partito comunista sovietico ad altre in cui viene condannato e posto ai margini. Egli è noto anche per la composizione di due valzer, entrati nei film e *diventati* Šostakovič. Non vi è dubbio che il *Valzer n. 2* di Šostakovič abbia un particolare fascino e riesca a far dimenticare quelli di Strauss.

Dmitrij Dmitrievič Šostakovič, Valzer n. 2*; durata 3 minuti e 49 secondi.*

26. Wolfgang Amadeus Mozart fu un compositore prolifico e risulta ancor più evidente, se si tiene presente che la sua vita terminò all'età di trentasei anni. Compose ventuno opere teatrali, quarantanove sinfonie, venticinque concerti per pianoforte e orchestra, cinque per violino e orchestra, ventitré quartetti per archi, diciassette sonate per pianoforte, trentacinque per pianoforte e violino. Vanno aggiunte le opere sacre, a partire da diciotto mes-

se. Ma è evidente che non si possono fare confronti tra i compositori, fermandosi sul numero delle opere. Una sinfonia può essere breve o lunga come la nona di Beethoven. Talvolta però, questi confronti permettono delle considerazioni di superficie e a proposito di sinfonie, Ludwig van Beethoven ne compone nove, in un tempo di vita molto più lungo di Mozart.

Il numero nove, per le sinfonie acquistò per la storia della musica un significato persino magico, e anche i compositori successivi lo superarono raramente. Di solito, la decima non era apprezzata o segnava magari la fine della creatività di un autore. Il confronto tra le quarantanove sinfonie di Mozart (ricordando anche le centoquattro di Haydn) e le nove di Beethoven fa risaltare immediatamente come il numero non vada oltre il significato statistico.

Beethoven lega il suo nome proprio alle nove sinfonie, e ai cinque concerti per pianoforte e orchestra che si ergono sopra i venticinque di Mozart. Certamente Beethoven è più meditativo, costruisce le sue composizioni in maniera organica. Mozart ha una creatività musicale più immediata, fantasiosa, non è però possibile, anche se adombrata dalle gerarchie, non soffermarsi sulla produzione sinfonica di Mozart, ammettendo che il valore di ciascuna delle quarantanove sinfonie è diverso. Pur essendo molto difficile entrare nel gusto che varia da un ascoltatore all'altro, dalla condizione emotiva e persino dai tempi storici (che spesso riportano alla cronaca compositori che non avevano avuto risonanza al tempo della loro vita), è la *Sinfonia n. 40* di Mozart che si pone come grande opera.

Wolfgang Amadeus Mozart, Sinfonia n. 40 in sol minore K550. *La durata è di 26 minuti e 25 secondi.*

27. Pëtr Il'ič Čajkovskij nasce il 7 maggio 1840 a Votkinsk e muore a San Pietroburgo il 6 novembre 1893. A sette anni, seguì le prime lezioni di pianoforte. Il padre era un ingegnere minerario e dopo le elementari, lo iscrisse a una scuola di San Pietroburgo, città in cui si trasferì la famiglia quando Pëtr aveva dodici anni.

Conseguì il diploma di giurisprudenza, che gli permise di ottenere un posto al Ministero di Giustizia: in questo periodo di formazione non abbandonò mai gli studi e l'applicazione alla musica.

A partire dal 1863, abbandonata la carriera burocratica, si iscrisse al Conservatorio e studiò flauto e pianoforte. Nel 1865, compose la sua prima cantata: *Alla gioia*, sulla poesia di Schiller. Nel 1866, Nicolaj Rubinštein fonda il Conservatorio di Mosca e gli offre l'insegnamento di armonia che Čajkovskij tenne fino al 1877, occupandosi anche di critica musicale sulla rivista «Russkie vedomosti». E Rubinštein rappresenta un suo protettore in quanto, come direttore d'orchestra della Società imperiale di musica a Mosca, rese possibile l'esecuzione di alcune opere del giovane compositore.

Sul piano affettivo, dopo un'avventura con la cantante Désirée Artôt, si sposò nel 1877 con Antonina Ivanovna Miliukova, ma si separò dopo tre mesi. Le sue condizioni economiche precipitarono e sembra che, a causa di questo, soffrì di una grave malattia nervosa. Abbandonò Mosca e la cattedra al Conservatorio e andò a Clarens, sul lago di Ginevra, per curarsi. Fu aiutato in questa débâcle dalla signora von Meck, una ricca vedova che lo gratificò di onorari elevatissimi per piccole commissioni e gli permise di riprendersi, sia sul piano psichico che economico. Così, nel 1885, ritornò in Russia prendendo dimora a Maidanovo, presso Klin, ma ritornava spesso in Svizzera a trovare la sua benefattrice, con visite anche in Italia e in Francia. Nel 1887 ritorna a Mosca come direttore d'orchestra, ed è questa l'attività che lo riportò all'interno dell'ambiente musicale, dirigendo in Europa ma anche a partire dal 1891, in America. Morì in una epidemia di colera e fu sepolto nel cimitero Alessandro Nevskij, a San Pietroburgo.

Compose opere, sia per il teatro sia per orchestra. Nel teatro mette in musica *La dama di picche* di Puškin, rappresentata a San Pietroburgo nel 1890. Per il balletto è da ricordare *Lo schiaccianoci*, del 1892. Per orchestra ha composto sei sinfonie e il *Capriccio italiano, Op. 45*, rappresentato nel 1880. Un grande repertorio che esprime nel modo migliore la passione per la composizione, anche in condizioni di vita che rendevano difficile una sua dedizione completa. Ha mostrato una straordinaria capacità di interpretare l'Italia. Il *Capriccio* ne è un esempio, una sorta di esposizione musicale della tradizione compositiva italiana, in cui è possibile riconoscere alcuni nostri importanti musicisti.

Pëtr Il'ič Čajkovskij, Capriccio italiano*; durata da 16 a 18 minuti.*

28. Antonio Vivaldi si associa subito agli strumenti a corda. È un grande maestro di violino. Aveva iniziato la sua carriera molto precocemente nella cappella ducale di Venezia, aiutato certo dal padre che era un violinista. Sovente le opere orchestrali erano composte soltanto da strumenti a corda, accompagnati talora da un pianoforte. Possedeva una fantasia compositiva straordinaria e dava alle sue opere i nomi più diversi. Il titolo delle opere musicali è sempre un'aggiunta, che non può contenere il significato e i temi di una composizione, nemmeno quando vengono indicati con parole espressive come *Eroica*, *Tragica*, *La virtù trionfante dell'amore e dell'odio*, titolo, quest'ultimo, di una sua opera.

In modo molto originale Vivaldi produce un concerto per strumenti a corda e pianoforte, che chiama *La follia* e ottiene molto successo, poiché Venezia è una città talmente fuori dall'ordinario, da poterla definire «folle». Curioso è però il fatto che i musicisti suonino in piedi, senza lo spartito davanti, e che per lo più, si muovano sulla scena, atteggiandosi a comportamenti strani che ricordano appunto i folli. Al pianoforte, che ha il compito in questo caso di primo strumento e quindi di direzione, vi è un maestro che evidenzia, anche solo nel modo di vestire, nella gestualità, persino nel come muove le mani sulla tastiera, un riferimento alla follia. Non solo il titolo, contribuisce anche la coreografia che mette insieme un gruppo, che sembra trovarsi non in un teatro ma in una sala dove si fa musica di una clinica per malattie mentali. Un'opera piacevole, con un andamento fuori dagli schemi ma espressivo di una struttura, come è il caso della follia a cui, come ricordava Shakespeare, si deve riconoscere un «metodo». La compone nel 1705. Il tema musicale si rifà a una composizione antica di origine portoghese.

Antonio Vivaldi, La follia; *dura da 7 minuti e 43 secondi a 9 minuti.*

29. Franz Schubert vive tra il 1797 e il 1828, muore a trentun anni. L'ambiente della Vienna di allora era un vero insieme di grandi musicisti. E non era facile emergere per un compositore giovanissimo, che si è trovato tra i giganti della musica. Pochi anni di vita e molto complessi per una serie di delusioni amorose, che lo hanno portato a una sorta di misantropia. Alcuni storici l'hanno attribuita a tendenze di tipo omosessuale, considerate allora una degenerazione da punire. Un'ipotesi assolutamente estranea al compositore. Questa correzione è semplicemente in nome della realtà, non perché siano necessari elementi per una difesa da una condizione anomala. Oggi l'omosessualità si considera una caratteristica della personalità, che va quindi affermata o negata in quanto elemento che aiuta a definire un soggetto.

Ed è tempo di rivalutare Schubert anche dal punto di vista musicale, inserendolo tra i grandi e non tra i minori. Testimonianza ne sono non solo le opere per pianoforte, straordinarie, ma anche le sinfonie: ne compone nove. L'ottava è l'*Incompiuta*, con i due tempi: allegro moderato, e andante con moto. Schubert aveva progettato un terzo movimento: lo scherzo, di cui esiste lo spartito per pianoforte con solo due pagine orchestrate. Ciononostante, rimane incompiuta strutturalmente, in quanto manca delle quattro parti classiche della sinfonia. È dunque strano che, pur avendo completato la successiva *Sinfonia n. 9*, mantenga un'opera volutamente incompiuta. Le interpretazioni sono le più diverse e strane, compresa quella che forse più si avvicina all'accaduto: la percezione, che il compositore deve aver avuto della impossibilità di inserire a distanza di tempo una parte che non era bene integrata. Lo stesso principio per cui non è possibile che un'incompiuta possa essere affidata dopo la morte dell'autore a un allievo, con il compito di completarla, anche se molti compositori hanno tentato, sulle tracce dello scherzo, di scrivere il terzo tempo. Quando nasce l'idea di un'opera è nella mente compiuta e la composizione, se interrotta, contiene una parte anche se non c'è, e non può essere surrogata non solo da un altro compositore, ma nemmeno da chi ha abbandonato la stesura. Si può pertanto dire che l'*Incompiuta* di Schubert è straordinaria in quanto incompiuta, costituita dai due tempi del 1822, più un tempo, lo scherzo, quasi completo, nella versione per pianoforte e due pagine di orchestrazione.

Franz Schubert, Incompiuta, Sinfonia n. 8 in si minore D759. *La durata è di 41 minuti e 40 secondi.*

30. Benjamin Britten nasce a Lowestoft nel Suffolk il 22 novembre 1913 e muore a Aldeburgh il 4 dicembre del 1976. Il padre era un dentista che amava la musica e l'educazione musicale del figlio iniziò molto presto all'età di cinque anni. Compose già nella fanciullezza. Entrò al Royal College of Music. Nel 1936, a ventitré anni, incontrò il tenore Peter Pears, che divenne un collaboratore e compagno di vita. Nel 1939 i due seguirono Wystan Hugh Auden in America ed è qui che Britten compose la sua prima opera, su libretto del poeta e musicò una canzone che veniva interpretata da Pears. Contemporaneamente, produceva concerti per pianoforte e violino. I due tornarono in Inghilterra nel 1942.

Le opere di Britten erano molto discusse; uscì quindi dall'ambiente londinese, fondando nel 1947 l'English Opera Group. Eclettico, viaggiatore in luoghi lontani come Bali e il Giappone, venne influenzato da quelle culture che entrarono nelle sue composizioni. Nel 1954 diresse *Il giro di vite*, titolo di un'opera di Henry James, in prima esecuzione alla Fenice di Venezia. Nelle sue opere domina sovente la voce umana, che portava in scena il compagno, con cui si era creata una vera alleanza creativa. Compose *Death in Venice*, titolo del romanzo di Thomas Mann. Si tratta di un'opera in due atti di Britten sul libretto di Myfanwy Piper, costruito seguendo l'opera di Mann. Fu l'ultima sua composizione, nel 1973, data della sua rappresentazione.

È un compositore di musica contemporanea, in un periodo in cui sono caduti gli schemi classici e dove la voce assume una particolare importanza, perché viene usata anche come racconto. L'opera che rimane come espressione della contemporaneità è la *Ballata degli eroi, Op. 14*, che è stata composta nel 1939. È dedicata agli uomini del battaglione britannico che era andato in Spagna per lottare contro il fascismo. Nella sua prima rappresentazione alla Queen's Hall di Londra ebbe grande successo, ed è l'esempio di come, assieme ai riferimenti della letteratura, della poesia, dei classici, siano presenti i temi sociali della guerra e della politica. Vi è la voce di tenore, che usa frammenti di opere di Auden e di Randall Swingler, seguendo i tre movimenti della *Marcia funebre* di Swingler e della *Danza della morte* di Auden. L'opera, fortemente drammatica, per il tema di cronaca trattato ha attivato contrasti di posizioni politiche. Nella parte orchestrale dominano le percussioni, compresi xilofono, grancassa, e una frusta. Fuori scena, una fanfara e trombe. Il canto elegiaco del tenore si combina con la musica cupa di ottoni e percussioni, che evocano immagini di guerra e di desolazione.

Un'altra drammatica opera dedicata non a un personaggio ma alla guerra, esprime il desiderio che sia proprio la guerra il corpo morto a cui dedicare la preghiera: è *War Requiem* per voce solo, coro e orchestra. Un'opera complessa che riporta alle messe da Requiem, rappresentata nel 1961 per la inaugurazione della Coventry Cathedral, che era stata rasa al suolo durante la Seconda guerra mondiale.

Benjamin Britten, Ballad of Heroes, Op. 14, *per tenore, coro e orchestra. La durata è di 4 minuti e 24 secondi.*

31. Arnold Schönberg nasce a Vienna il 13 settembre del 1874 e muore a Los Angeles il 13 luglio del 1951. È ricordato nella storia, perché è il primo compositore a non usare le regole del si-

stema tonale, inventando un linguaggio sostitutivo, che prende il nome di «metodo dodecafonico».

Di origine ebraica, il padre Samuel gestiva un negozietto di scarpe e viveva spesso di espedienti, aveva però due fratelli che a differenza di lui ebbero un'istruzione musicale. Uno di loro si dedicò al canto, diventando un famoso basso. Arnold era stato inviato nei primi anni da un modesto maestro di francese, che era noto come poeta dilettante. Solo all'età di otto anni, scoprì il violino e ne fu subito affascinato, imparando spontaneamente a suonarlo. A quindici anni, a causa di un tracollo economico familiare dovette lasciare la scuola; il padre era morto e si impiegò quindi come commesso in una piccola banca privata, lasciando da parte per cinque anni la sua passione. Andò a Berlino, consigliato da un amico pianista. Siamo nel 1901. Sposa Mathilde Zemlinsky, frequenta locali pubblici, un cabaret dove poté esprimere le sue doti. Tornato a Vienna nel 1903, insegnò armonia e contrappunto. Fu questo, per molti anni, il suo lavoro.

La sua prima composizione risale al 1912: un *Pierrot lunaire*, in cui lavorò su ventuno poesie, ispirate a questa maschera celebrata in Francia, ma di origine bergamasca. Si era applicato anche alla pittura, per cui venne in contatto con Vasilij Kandinskij. La vera svolta avvenne però nel 1920, proprio con il linguaggio, che è stato lui a introdurre: la dodecafonia. Il periodo, dal punto di vista della storia della musica, è particolare: la sinfonia aveva raggiunto con i grandi compositori austriaci e tedeschi una tale perfezione da essere diventato uno schema non più percorribile per la creatività. Era necessario rompere quello schema compositivo: Schönberg trova la prima via da percorrere, la seconda è invece di seguire una creatività senza alcuno schema, credendo a uno spontaneismo che permette di attribuire ai suoni una totale libertà. Si attribuisce questa seconda via a Stravinskij.

Nel 1933, a causa delle leggi razziali, Schönberg va negli Stati Uniti, prima a Boston, poi a Los Angeles, dove muore. Definiva la dodecafonia un metodo di composizione con dodici note, poste in relazione soltanto l'una con l'altra, e prevede che i dodici suoni appaiono nella composizione, senza che nessuno prevalga sugli altri; viene quindi perduta la struttura gerarchica del sistema sonoro. La produzione di Schönberg è molto vasta. In *Erwartung* (Attesa), Op. 17, un monogramma sul testo di Marie Pappenheim esprime una totale libertà dei suoni orchestrali e realizza la turbolenza emozionale. L'Op. 46 ha come titolo *Un sopravvissuto di Varsavia*, composta nel 1947, per voce recitante e orchestra: si tratta di un dramma musicale in cui la voce protagonista è di un ebreo che sopravvive durante l'operazione di eliminazione promossa dai nazisti, poiché l'avevano creduto morto. E racconta che egli quasi inconsciamente assiste a un vero eccidio sotto l'urlo delle SS, nel dirigere la scena dell'oblio. Un'opera di una forza emozionale straordinaria, che riporta dentro l'atmosfera musicale del più estremo atto di malvagità. L'opera termina con un coro ebraico che canta l'inno della speranza. È un tipico esempio di schema dodecafonico; anche se breve, è stato definito un oratorio. È il più grande momento musicale dedicato all'Olocausto. Alla prima esecuzione, il pubblico non applaudì, rimase in un silenzio di pietra. La Bibbia come risposta coraggiosa di fronte alla brutalità, nell'affermare la speranza, la dignità umana, la fede religiosa, contrapposta alla persecuzione nazista.

Arnold Schönberg, Un sopravvissuto di Varsavia, Op. 46. *La durata è di 7 minuti e 23 secondi.*

Agosto: *Uomini di scienza*

Non è possibile parlare di civiltà dell'Occidente, senza soffermarsi sulla *scienza*, anche se oggi è diventato difficile il poterla definire in un preciso e indiscutibile significato. Già il senso etimologico crea delle difficoltà. Il termine greco è *techne*, mentre oggi è netta la distinzione tra scienza e tecnologia. Ancor più complicata è la dimensione storica. Si è scelto il Seicento, come secolo in cui origina e due nomi ne identificano i padri fondatori: Francesco Bacone e Galileo Galilei. Ma non si può negare che il metodo della scienza abbia impliciti i principi della razionalità, che risalgono addirittura ad Aristotele ed è pertanto difficile dare una data alla sua nascita, quando il metodo proprio del procedere scientifico viene definito quasi duemila anni prima. D'altra parte, i presocratici che si fanno partire dal VII secolo a.C., hanno meritato la definizione di «filosofi della natura», poiché erano degli straordinari osservatori del mondo, in cui l'uomo viveva. E non si può parlare di scienza, senza l'osservazione che è già parte della conoscenza. Un ulteriore ostacolo nasce poi tra filosofia e scienza, se la filosofia è un amore del conoscere, non si può negare che non sia insito anche nella scienza. Si è avuta poi nel Novecento una *filosofia della scienza*, in cui si sostiene come fondamento del conoscere il procedere scientifico, in quanto si occupa della realtà. La filosofia platonica, invece, postulava un mondo delle idee, che conduceva all'iperuranio, non certo dentro il mondo della realtà concreta.

Ma, a rendere ancora più complicata la definizione di scienza, è entrata una nuova consapevolezza, che ne ha messo in luce, proprio come metodo di conoscenza, intrinseci limiti nel dare risultati di *verità*. Era invece questo lo statuto della ricerca scientifica, di avere la possibilità di giungere alla conoscenza ultima, a risposte che tolgono ogni dubbio su quel tema. Si è stabilito che quella possibile all'uomo sia una verità storica, condizionata cioè dal tempo, che si accompagna a un livello relativo di conoscenze e di verità. Nel risultato scientifico è implicita pertanto un'aporia, intesa come bisogno di ulteriori approfondimenti in quanto ogni risultato risolve alcuni dubbi precedenti, ma ne lascia altri per il futuro.

Sono solo alcuni dei rilievi che potrebbero togliere di significato al tema degli uomini di scienza, come uomini di civiltà. Ma non si può negare, invece, che il grande sviluppo delle conoscenze raggiunte in questo ultimo secolo deve essere attribuito al metodo scientifico, a un procedere che ne rispetta i principi basilari. Basterebbe considerare che molte acquisizioni scientifiche hanno trovato applicazioni per il comportamento umano e per la creatività che appartiene all'uomo. E anche se le conoscenze raggiunte non danno garanzia di essere prive di errori, segnano profondamente il progredire della civiltà. Ritorna la differenza tra scienza e tecnologia, che va intesa come un suo derivato, la cui applicazione è in grado di sconvolgere una tradizione, cambiando persino lo status quo della natura. Proprio la scienza, in sé neutra, legata al pensiero e non al mondo, può comportare nella sua applicazione tecnologica la distruttività. L'uso dei risultati scientifici permette di distinguere effetti positivi ed effetti dannosi. La fissione nucleare è una scoperta che ha permesso di generare forti quantità di energia, che rappresenta uno dei fattori limitanti per la vita sul pianeta, ma può diventare un'energia distruttiva, se viene utilizzata nella costruzione di armi atomiche.

È questo il panorama entro cui verranno indicati i nomi di scienziati, a cui si deve una scoperta che ha cambiato la storia dell'uomo nel mondo, accettando il cambiamento come una facoltà che spetta in modo particolare alla specie umana. Un richiamo a nomi di uomini e donne per quello che hanno scoperto, oppure inventato. È questo l'assunto principale, totalmente estraneo alla dimensione etica del bene e del male, del buono e del cattivo, mentre sarà proprio questo binomio a dare senso agli uomini della tecnica, che raccontano l'altra storia degli strumenti, come traduzioni della scienza, che producono però sempre bene o male. Gli strumenti non sono neutri, il loro uso porta un effetto, che è sottoposto al giudizio. E ogni giudizio appartiene all'etica.[40]

1. Galileo Galilei nasce a Pisa il 5 febbraio 1564 e muore ad Arcetri l'8 gennaio 1642. È considerato, insieme a Bacone, il fondatore della scienza sperimentale moderna, basata sul metodo induttivo-deduttivo, un metodo ancora oggi seguito. Se la scienza come via di conoscenza parte con l'osservazione, è Galileo Galilei che imposta una metodologia che definiamo scientifica.

Il padre Vincenzo era un musicista che dovette dedicarsi anche al commercio, poiché la famiglia Galilei di particolare importanza a Firenze fin dal Trecento, era decaduta e per esercitare il commercio si trasferì a Pisa. La madre è Giulia Ammannati di Pescia. La famiglia, nel 1574, fa ritorno a Firenze e così, l'istruzione di Galileo nei primi dieci anni avviene nella città natale, successivamente in quella di origine della famiglia. Nel 1581, a diciassette anni, viene iscritto all'Università di Pisa nella Facoltà di medicina. Non trova alcun interesse per gli studi medici e non vi si dedica affatto, inizia invece dal 1583 a occuparsi di matematica con l'aiuto di Ostilio Ricci, un discepolo di Niccolò Tartaglia e nello

[40] Tutti i dati, le citazioni, i riferimenti sono tratti dall'opera *Scienziati e tecnologi*, Mondadori, Milano 1970, nei volumi dedicati alla contemporaneità e in quelli dalle origini al 1875.

stesso tempo è particolarmente interessato a osservare i fenomeni fisici. Proprio nel 1583, scopre l'isocronismo delle oscillazioni pendolari. Si racconta che ciò accadde mentre era nel Duomo di Pisa e osservava i movimenti di un lampadario.

Lascia Pisa nel 1585 e trascorre ben quattro anni in famiglia, senza una occupazione se non quella di approfondire i suoi interessi per la matematica, ma anche per la cultura filosofica e letteraria. A esprimere bene questa posizione, nel 1588 tiene due *Lezioni circa la figura, sito e grandezza dell'Inferno di Dante* all'Accademia fiorentina. Abbozza poi degli studi di matematica, influenzato dalla lettura di Archimede. Nel 1589, Ferdinando di Toscana gli assegna (a venticinque anni) un insegnamento di matematica all'Università di Pisa. Qui scrive anche *Considerazioni al Tasso* e *Postille all'Ariosto*.

Vi rimarrà fino al 1592, quando ottiene un posto di professore all'Università di Padova sempre insegnando matematica, e lo accetta in quanto gli consente di essere meglio retribuito. Va segnalato infatti che, nonostante un lavoro continuo, è preoccupato delle condizioni economiche, perché deve aiutare la madre rimasta vedova dal 1591 e anche le sorelle e un fratello in difficoltà. Sembra sia proprio la dimensione economica il motivo per non unirsi in un rapporto matrimoniale a Marina Gamba, da cui nascono due figlie, Virginia e Livia, e un figlio, Vincenzo. Un legame, che si scioglierà alla sua partenza da Padova. Rimane nella città veneta per diciotto anni, i più significativi per la ricerca scientifica nel campo dell'astronomia, che lo portarono alla dimostrazione della validità del sistema copernicano.

È a Padova che, in un piccolo laboratorio, riesce a costruire apparecchi per le sue osservazioni fisiche e matematiche. Era infatti venuto a conoscenza nel 1609, che in Olanda avevano costruito un occhiale capace di rendere visibili gli oggetti lontani. Riesce ad averne un esemplare e ne comprende immediatamente l'importanza per la visione astronomica. Smonta e ricostruisce quello strumento, aumentandone la funzionalità e puntandolo al cielo, si accorge che si aggiungono dei particolari a quanto si osservava a occhio nudo. Tra il 1609 e l'inizio del 1610, acquisisce le prove di cui darà notizia nel *Sidereus nuncius*. Il 12 marzo 1610 dedica lo scritto al granduca di Toscana, e chiama pianeti medicei i quattro satelliti di Giove da lui scoperti. Il granduca Cosimo II assume il celebre scienziato all'Università di Pisa, senza obbligo di farvi lezione, nominandolo filosofo del serenissimo granduca.

Nel settembre del 1610 ritorna a Pisa con tutti i problemi economici risolti e può dedicarsi completamente alla ricerca scientifica. Pubblica nel 1613 *Istoria e dimostrazioni intorno alle macchie solari e loro accidenti*. Ormai viene definito un astronomo a tutti gli effetti, a sostegno della centralità del sole nel sistema solare e della terra che vi gira attorno. Al di là degli scritti scientifici, egli partecipa ai dibattiti tra scienza e teologia, usa in gran parte le lettere, di cui le più note sono indirizzate a Cristina di Lorena, granduchessa di Toscana. La sua posizione risulta a sostegno del sistema copernicano. Poiché esisteva già nel mondo cattolico una incompatibilità tra il dogma religioso e il sistema di Copernico, le autorità della Chiesa di Roma e in particolare i domenicani si oppongono alle tesi di Galileo e le condannano ufficialmente nel febbraio-marzo 1616. Galileo ha cinquantadue anni, viene diffidato dal cardinale Bellarmino dall'occuparsi ulteriormente del problema e dal pubblicare contenuti contrari alla verità dei Testi rivelati. Lo scienziato verrà particolarmente colpito non tanto dalla tesi dei domenicani, ma dal considerare che i gesuiti, che si erano mostrati per certi versi favorevoli a una visione scientifica, non presero le sue difese.

Nel 1623, Galileo pubblica *Il Saggiatore*: il primo grande saggio scientifico, in cui riporta i dati della scienza oltre che sul tema copernicano, sulle comete e sui significati magici, che la Chiesa vi attribuiva. Ed è di particolare interesse, in quanto nel 1618 erano comparse tre comete. Dedica il volume a Urbano VIII, del cui favore aveva goduto prima della sua elezione al pontificato nel 1623. Occorre ricordare che *Il Saggiatore* costituisce il capolavoro della polemica scientifica: Galileo riporta tutte le dimostrazioni a favore dell'eliocentrismo e mostra la non sostenibilità della vecchia tesi aristotelica-tolemaica. È scritto in forma di dialogo tra un aristotelico, Simplicio e un copernicano Salviati; un terzo, Sagredo, dovrebbe essere neutrale tra le due posizioni ma, in realtà, si dimostrerà copernicano. Le parti conservatrici ecclesiastiche convocano a Roma Galileo, che viene condannato dal cardinale Bellarmino. Il processo si conclude il 22 giugno 1633 con l'abiura, almeno parziale, di Galileo, e con la pena delle cosiddette «penitenze salutari»: doveva recitare una volta alla settimana per tre anni i sette salmi penitenziali, mentre la pena del carcere venne commutata in un confino, presso la sede dell'ambasciata del granduca. Fu comunque autorizzato a trasferirsi in una villetta di Arcetri, vicino a un convento dove vivevano, come monache, le sue due figlie Virginia e Livia. Vi rimase fino alla morte, avvenuta l'8 gennaio 1642. Aveva perduto definitivamente la vista e soffriva di forti acciacchi, ma rimase sempre lucidissimo nelle funzioni della mente.

Un «personaggio» che in questa vicenda assume un grande valore scientifico è il telescopio, lo strumento che ha permesso di raccogliere le prove che in questa fase storica avevano un significato metodologico, per cui si ammetteva che le teorie scientifiche dovevano e potevano essere dimostrate. E, sempre al telescopio, è legato il momento critico del processo. Alle accuse sul movimento della terra attorno al sole, sollevate da Bellarmino, Galileo chiese al cardinale di guardare dentro il telescopio, puntato verso il cielo. Il cardinale rifiuta, adducendo che la prova è nelle Sacre Scritture, che riportano non solo il pensiero ma la voce di Dio, verità infallibile.

2. Francis Bacon, italianizzato come Francesco Bacone, nasce a Londra il 22 gennaio 1561 e muore a Highgate, all'epoca villaggio poco lontano dalla capitale, il 9 aprile 1626. È un filosofo che applica questo sapere alla conoscenza scientifica, promuovendo una rivoluzione che è quella del pensiero moderno. Il grande in-

teresse è alle osservazioni scientifiche, a cui si dedicava con piccoli ma continui esperimenti. E ne è una chiara espressione il titolo della sua opera *Descrizione di una storia naturale e sperimentale, tale da poter servire di base e di fondamento alla vera filosofia.*

Il padre, Nicholas, è stato il Lord guardasigilli di Elisabetta, nipote di Lord Burghley, che per quarant'anni anni occupò il ruolo di Lord tesoriere. Questa atmosfera sociale portò Francesco a corte fin dall'infanzia e a dodici anni, entrò al già famoso Trinity College di Cambridge. Vi rimase fino al dicembre del 1575. Gli studi promossero in lui una vera avversione per la filosofia di Aristotele, che trovava sterile per la vita dell'uomo; al contrario riteneva che tale disciplina potesse servire all'uomo per cambiare il mondo, passando da una filosofia delle parole a una filosofia delle opere. Subito gli imposero studi di diritto, poiché la carriera politica era la forza della famiglia e Bacone si rassegnò. Nel 1576, partì per Parigi al seguito di Amias Paulet, nominato ambasciatore presso il re di Francia. La Francia gli apparve un Paese corrotto e male amministrato. Ritornò nel 1579 per la morte del padre. Aveva iniziato la carriera politico-amministrativa, ma con la morte del padre si accorse di entrare in difficoltà economiche. Eletto nel 1584 alla Camera dei Comuni, vi rimase per quasi vent'anni.

Nel 1597 pubblica la prima edizione degli *Essays*, elaborati per tutta la sua vita. La salita al trono nel 1603 di Giacomo I (dopo il regno di Elisabetta) da cui era ammirato per la cultura, lo rese più sereno. Pubblica importanti volumi filosofici, con una ricaduta sul mondo scientifico. In *Temporis partus masculus* considera, uno a uno, i grandi pensatori dell'antichità per rendere conto delle loro colpe: alla sbarra mette Aristotele, Platone, Galeno, Cicerone, Girolamo Cardano e Paracelso, che si rifugiarono nella teoria, per scappare dalle cose e dalle esperienze. Li definisce esempi di «astuzie dell'ingegno e dell'oscurità delle parole». Come contrapposizione, difende la filosofia di Democrito e del materialismo, e formula un nuovo approccio al mondo naturale.

Con la consapevolezza delle proprie lacune e insufficienze, delinea una classificazione delle scienze per la costruzione di un sapere unitario. Nel 1605, a quarantaquattro anni pubblica *Of the Proficience and Advancement of Learning, Divine and Human*, e nel 1608 inizia la stesura del *Novum Organum* e de *La nuova Atlantide*: le due grandi sue opere.

Nel 1606, Bacone non solo non era sposato, ma non trovava grande attrazione per l'altro sesso. Sposa però la quattordicenne Alice Barnham. Riesce in maniera straordinaria a comporre opere di grande profondità, ma anche a continuare gli interessi per la vita di corte e la politica. Nel 1617 viene nominato Lord guardasigilli e nel 1618 Lord cancelliere. Nel 1621 gli viene dato il titolo di visconte di Sant'Albano.

Per sintetizzare il suo pensiero, come primo punto vede la mente umana di fronte alle cose come uno specchio che si è incrinato e appannato: bisogna quindi liberarla dagli idoli che la assediano, togliendo i pregiudizi della tradizione e della superstizione. Come secondo punto, la metodologia scientifica deve seguire il metodo induttivo, contrapposto al pensiero di Aristotele. E per procedere induttivamente, bisogna eliminare le ipotesi non fondate sui fatti, e quelle che, per quanto fondate sui fatti, si scontrano con altri fatti contraddittori. Terzo punto, occorre attribuire a ogni corpo la propria forma, che egli intende come la struttura molecolare che determina le caratteristiche esterne. Le proprietà dei corpi, quali appaiono ai sensi, risultano dal moto di particelle che li costituiscono. Si tratta di una visione meccanicistica. Bacone dava un colpo decisivo alla tradizione aristotelica e riportava alle scienze, alla conoscenza dei fatti per giungere, attraverso un processo induttivo e deduttivo, alla conclusione scientifica.

Nel 1621, furono presentate alla Camera dei Lord accuse di corruzione durante il suo operato. Venne abbandonato anche dal re e dovendo riconoscere alcune delle accuse, fu condannato a una forte ammenda, alla prigione nella Torre e alla interdizione da ogni pubblico incarico. Le pene verranno mitigate, la detenzione durò solo alcuni giorni, ma politicamente era diventato un nessuno. Anche se isolato, continuò i suoi studi e con molta intensità. Nel 1622 pubblica *Historia naturalis et experimentalis ad condendam philosophiam*. Rivede anche *La nuova Atlantide*. Quest'ultima opera si inserisce tra le utopie: Bacone pone gli scienziati, i tecnici, al governo, per migliorare la condizione umana che, al contempo, comprende morale e politica. A differenza della magia, la scienza di Bacone è il frutto di una collettività di scienziati e delinea così uno scopo che ancora oggi viene perseguito.

Era l'inverno del 1625. Nel corso di una passeggiata in carrozza nei dintorni di Londra, Bacone voleva sperimentare la capacità della neve di arrestare la putrefazione. Comprò un pollo da una contadina e lo seppellì nella neve. Doveva verificare, di tanto in tanto, il suo stato di conservazione. Durante le operazioni sperimentali si sentì male ma, invece di tornare a Londra, si fermò nella residenza del conte di Arundel, ammettendo di aver corso il pericolo di Plinio il Vecchio, che morì mentre seguiva un esperimento sulle esalazioni provocate dall'eruzioni del Vesuvio che distrusse Pompei.

Non riuscì a superare una bronchite, probabilmente da freddo, e il 9 aprile del 1626 morì soffocato per l'aggravarsi del disturbo respiratorio. Il giorno di Pasqua verrà sepolto nella chiesa di Saint Michel. Vengono vendute le sue proprietà, ma il ricavato non è sufficiente per pagare i numerosi creditori. Dopo la condanna del re, che gli lasciò solo i titoli nobiliari, entrò in gravi difficoltà economiche, che però non incisero sulla sua attività di pensiero e di scrittura.

Nel 1626, postumo esce *Sylva sylvarum* che comprende il resoconto di mille esperimenti. Una testimonianza significativa di un filosofo scienziato, anche se l'ultimo esperimento non dimostra un grande livello. E l'unione con Galileo tiene ancora obbligatoriamente separati i due nomi, come iniziatori della scienza moderna. *La nuova Atlantide*, pur nella forma utopica, esprime la convinzione scientifica che, promuovendo il potere degli scienziati, si giunge a realizzare quello che Bacone chiama il «fine» di un governo: «Fine della nostra istituzione è la conoscenza delle cause e dei segreti movimenti delle cose per allargare i confini del potere umano verso la realizzazione di ogni possibile obiettivo». Tra le «case» di riferimento come centri istituzionali, vi sono «la casa di Salomone, quella della matematica, la casa per gli inganni dei sensi, quella dei profumi [...] abbiamo molte officine meccaniche, dove fabbrichiamo macchine e strumenti per ogni genere di movimento» ed esistono, naturalmente, straordinarie «fabbriche di birra».

3. Charles Robert Darwin nasce a Shrewsbury, il 12 febbraio 1809, e muore sempre in Inghilterra, a Down House, il 19 aprile 1882. È un naturalista e ha sostenuto la teoria dell'evoluzione con l'opera *L'origine delle specie* del 1859. Si è occupato dei meccanismi dell'*adattamento* nell'ambiente degli animali e della specie umana.

Nasce in una famiglia di forte rilievo sociale: il nonno paterno Erasmus era medico, ma anche filosofo, e i suoi punti di vista hanno comportato la messa all'Indice di libri da lui scritti. Il nonno materno era Josiah Wedgwood, un famoso ceramista. I primi studi elementari lo mostrano poco interessato, tant'è che viene riportata una frase del padre di duro rimprovero: «Non ti interessi di nulla, all'infuori della caccia di cani e del prendere topi e sarai una disgrazia per te e per tutta la tua famiglia». Sia pure senza entusiasmo, fu mandato all'Università di Edimburgo a studiare medicina, ma il giudizio non cambiò molto, poiché odiava il tipo di istruzione che gli veniva impartita e quando assistette alla prima operazione che allora veniva fatta senza anestesia, scappò fuori dalla sala. Si trovava bene con la gente semplice e gli piaceva raccogliere animali marini, ma ciò non serviva agli studi. Fu inviato a Cambridge per cercare di ottenere un titolo che potesse introdurlo agli Ordini sacri della Chiesa d'Inghilterra. Aveva diciotto anni e non faceva niente, ma per fortuna incontrò John

Stevens Henslow, un botanico che lo guidò allo studio della propria disciplina e della storia naturale. Poté così sostenere brillantemente gli esami finali nel 1831.

In quello stesso anno, l'ammiraglio britannico stava organizzando un viaggio sulla nave di Sua Maestà *Beagle*, in ricognizione delle coste del Perù, del Cile e della Terra del Fuoco, visitando anche isole del Pacifico. Il capitano Robert Fitzroy chiese di poter aggiungere alla spedizione un naturalista. Henslow gli suggerì Darwin, anche se principiante e in difficoltà per l'opposizione paterna. Partì, passando cinque anni a bordo di questa piccola nave e tutto ciò che vide nelle spedizioni a terra, contribuì a portare il più grande contributo alla scienza umana, dopo Galileo e Newton. Aveva tenuto un diario che venne pubblicato nel 1839, con il titolo *Journal of Researches into the Geology and Natural History of the Various Countries Visited by H.M.S. Beagle* (*Viaggio di un naturalista intorno al mondo*). Derivava dal materiale raccolto una nuova concezione del mondo. La dimensione geologica era di particolare significato, poiché prevedeva l'analisi della sedimentazione di strati, ognuno dei quali nascondeva un qualche evento. I minerali esprimono i fenomeni della deformazione della superficie della terra, e si doveva aggiungere, come reperti, alberi fossili all'altezza di duemila metri, segno del sollevamento della terra. Altrettanto importanti erano i rilievi di animali fossili, così come di interesse particolare erano le scogliere a barriera corallina.

Ma le osservazioni veramente importanti furono quelle legate alle specie animali e vegetali. La mente di Darwin si riempiva di domande, proprio osservando i resti di animali estinti, nella comparazione con quelli viventi. Data la vastità del percorso attraversato, poteva anche osservare tra luoghi geografici molto lontani l'esistenza di specie di uccelli delle isole di Capo Verde che vi assomigliavano. E giunto alle Galapagos, sorgeva la questione del come vi fossero tartarughe giganti. Rispetto a queste e molte altre domande, nasce l'idea che le specie possano evolversi, mostrarsi quindi in forme diverse, a seconda dei luoghi. Si immaginava una anatomia comparata, ipotizzando che forme diverse discendessero da un comune antenato. Darwin raccolse appunti ma soprattutto portò con sé degli esempi. E collegando le osservazioni ai dati geologici, si poteva vedere che nelle stratificazioni si trovavano specie che, pur diverse, erano riferibili ad animali viventi.

Fin dal 1837, anno del ritorno della *Beagle*, aveva già elaborato l'idea evolutiva. Il problema era ora di trovare i dati che potessero dimostrarla. Davanti al materiale entro il quale doveva esserci la risposta, ebbe l'impressione di averla trovata quando, il 28 settembre 1838, lesse il *Saggio sul principio di popolazione* di Malthus. Riportava che la popolazione umana cresce in progressione geometrica, mentre le riserve alimentari seguono un piccolo aumento, in una progressione quindi aritmetica. È un dato che indica che la specie umana è diretta verso stenti, carestia, e morte. Un'ipotesi che non è propriamente scientifica, ma che metteva in netto rilievo come, a differenza dell'uomo e delle altre specie, le riserve alimentari non potevano aumentare artificialmente. Ne derivava pertanto che, nel caso degli animali, poteva sopravvivere solo la quantità che ne aveva soddisfatti i bisogni. Darwin poté osservare che non tutti gli individui sono identici, ma si presentano *variazioni*, che sono o favorevoli o sfavorevoli. Nel secondo caso, vengono eliminati quegli animali che non sono in grado di combattere per procurarsi il cibo. Nasce il principio dell'*adattamento per selezione naturale* ed è questa, in modo sintetico, la teoria della evoluzione.

Darwin non aveva alcuna cognizione sui meccanismi dell'ereditarietà, che verrà risolta più tardi dall'abate Mendel e quindi la selezione non poteva fondarsi sul successivo concetto di «mutazione». Ma per giungere a questa teoria, aprì nuove dimensioni scientifiche. Si deve a lui il concetto di «ecologia», inteso come insieme di azioni e reazioni degli organismi viventi tra di loro e con l'ambiente. Nasce con lui anche la psicologia, con l'opera *L'espressione delle emozioni nell'uomo e negli animali*. Nel

1871, scrive *L'origine dell'uomo e la selezione sessuale*, che gli creò molte difficoltà, poiché il rapporto di somiglianza con altri primati come scimpanzé e oranghi, indirizzava appunto a un'origine comune. Che l'idea fosse sconvolgente, derivava anche dal dover considerare che il racconto della creazione del Vecchio Testamento era manifestamente errato. Successivamente, sostenne che nella storia evolutiva sia delle piante che degli animali, si incontrano sempre dei cambiamenti imprevisti, *casuali*.

Se si considera che la sua teoria è fortemente sostenuta anche oggi, fino alla massima che non è possibile essere biologi senza aderire alla teoria evoluzionistica, si comprende che Darwin continua a essere il riferimento. Ciò che sorprende è che la teoria abbia retto alla prova delle successive ricerche della genetica, che Darwin non poteva conoscere. Ed è curioso che una teoria scientifica così rivoluzionaria gli permettesse di vivere una esistenza tranquilla. Nel 1839, sposa la cugina Emma con cui genera cinque figli. Nonostante il problema creato all'interno della Chiesa d'Inghilterra, i rapporti con John Brodie Innes, che era il pastore della parrocchia a Downe House, erano cordiali e intimi. «Innes e io» disse «siamo stati molto amici per trent'anni, senza essere mai andati d'accordo su nulla, tranne una volta. Allora ci guardammo fisso negli occhi, pensando ciascuno di noi che l'altro doveva essere molto malato.» Ma sempre con altrettanto humour: «Considerando come sono stato forzatamente attaccato dalla Chiesa, sembra buffo che un tempo pensassi di farmi prete».

È uno dei pochi grandi che si ergono ad esempio di affetto, mostrato come marito e come padre. Amava le piante e gli animali e poco prima del trapasso disse: «Non ho paura di morire». La morte giunse il 19 aprile 1882 per un attacco cardiaco, ma probabilmente soffriva da molti anni del morbo di Chagas: una malattia infettiva provocata da un parassita, il *Trypanosoma cruzi*. Aveva settantatré anni. Venne sepolto nell'abbazia di Westminster.

4. Gregor Mendel nasce a Heinzendorf il 20 luglio 1822 e muore a Brunn (Brno) il 6 gennaio 1884. È il naturalista che amava

coltivare piselli in modo scientifico, e ha scoperto la possibilità di creare degli ibridi. Cellule germinali pure davano origine per associazione di vari caratteri a forme combinate.

I genitori di Mendel erano contadini in quel territorio che si pone tra la Moravia e la Slesia, dove il padre Antonio aveva una piccola proprietà. Essendo l'unico figlio maschio e aspettandosi che lo seguisse nell'attività, il padre si faceva aiutare dal figlio fin dalla sua età infantile. La madre, su consiglio di un prete, padre Schreiber, lo iscrisse però nel 1833, quando aveva undici anni, a Leipnik, alla scuola dei piaristi (i chierici poveri della madre di Dio), chiamati anche scolopi, che gestivano scuole pie. Iniziò un corso di studi molto complicato per le ristrettezze economiche e i problemi di salute, ma nel 1840 superò gli esami ginnasiali. Frequentò il corso di filosofia presso l'Università di Olmütz, ma accusò gli stessi disturbi, dovendo seguire i corsi e al contempo guadagnarsi da vivere. Fu impossibile proseguire.

Il suo professore di fisica, Friedrich Franz, gli consigliò di entrare all'abbazia di San Tommaso, tenuta dagli agostiniani. La vita del monastero gli tolse quella sensazione di povertà che lo angosciava e nel 1847, dopo quattro anni passati con grande impegno, prese gli ordini. Gli furono affidati compiti pastorali, a cui non sapeva rispondere adeguatamente. L'alternativa era di potersi dedicare all'insegnamento e per un anno infatti si impegnò nella scuola media, ma per svolgere questo lavoro in modo continuo, doveva superare un esame. Nel 1850 si prepara a sostenerlo a Vienna. Viene respinto, e nel 1855 ritenta ma nuovamente senza successo. Non diventò mai un insegnante di ruolo, ma occupava posizioni di supplente. Una condizione certamente di frustrazione. Nel 1851, l'abate Napp gli concesse di iscriversi all'Università imperiale di Vienna, dove diventò assistente all'Istituto di fisica, che era riservato agli studenti migliori e nel 1853, conobbe Franz Unger che fu determinante per indirizzarlo allo studio dei piselli: una ricerca che lo terrà occupato dal 1854 al 1864. Nel 1853, dopo gli anni di Vienna ritorna al monastero con il titolo di professore di fisica, matematica e biologia, ma soprattutto dedito alla ricerca.

Aveva coltivato varietà di *Pisum sativum*, allo scopo di analizzare la trasmissione dei caratteri che permettevano di identificare le forme pure o gli ibridi, che si osservavano nelle differenti vegetazioni. Aveva scelto come caratteristiche il colore dei semi, verde o giallo, e l'aspetto del rivestimento del seme, liscio o rugoso. Coltivò ventottomila piante di piselli, distinguendo i prodotti di tre generazioni e scoprendo così le famose leggi della ereditarietà: le leggi di Mendel, che gli garantiscono tuttora la definizione di padre della genetica moderna. Dedicò alcuni anni ad analizzare i risultati e nel 1866, li pubblicò nel lavoro *Esperimenti sulla ibridazione delle piante*. Ne fece stampare quaranta copie che inviò in Europa ai più noti studiosi. Non fu accolto con grande interesse, se non dal professore di botanica dell'Università di Monaco, Karl Wilhelm von Nägeli, con il quale rimase a lungo in contatto.

Si concentrò su due piante, che si riproducevano per autoimpollinazione e presentavano dei caratteri opposti, come il colore del fiore e la lunghezza dello stelo. Il suo interesse era di esaminare le caratteristiche dei fiori che si producevano spontaneamente. Significa esaminare i meccanismi attraverso cui i caratteri di una generazione passano a quella successiva e poi ancora, osservando le caratteristiche ricevute dai figli, analizzare la terza generazione. È a questo scopo, che organizzò i suoi esperimenti. L'esempio classico è quello di prendere due fiori che hanno un solo carattere diverso, supponiamo il colore bianco o rosso e incrociare artificialmente le due specie, prelevando il polline dal fiore bianco e ponendolo sul pistillo del fiore rosso. Fecondato il pistillo, l'abate Mendel analizzò i risultati. Poté osservare che dal fiore rosso sbocciano tutti fiori rossi, e ciò sta a mostrare che il carattere dominante «fiore rosso» aveva prevalso sul carattere «fiore bianco», che è recessivo. Formulò così la prima delle leggi che porta il suo nome o Legge della *dominanza dei caratteri*.

Attese poi che questi fiori di prima generazione si fecondassero e osservò che, di ogni quattro fiori figli, tre presentavano il carattere dominante di «fiore rosso» e uno il carattere recessivo di «fiore bianco». Per spiegare questo fenomeno, occorreva considerare che il fiore poteva essere omozigote o eterozigote. Nel primo caso, i fattori che determinano il colore sono uguali, sia quello che deriva da un fiore che dall'altro; nel secondo invece sono diversi, ma uno è dominante. Nel caso omozigote bianco della generazione, vi sono le due parti identiche e recessive; nei tre casi in cui i tre figli sono rossi la loro composizione genetica è la presenza del carattere dominante: in un caso deriva da un fiore, nel secondo dall'altro fiore, oppure le parti dominanti derivano da entrambi. È questa la Seconda legge di Mendel o della *segregazione*. Stabilisce che durante la generazione della prole, una coppia di elementi associati a uno stesso «allele» (gene), si separa in modo che una metà porta a un allele, e l'altra metà a un altro allele. Se indichiamo le due parti con R b (R, rosso dominante; b, bianco recessivo) la combinazione può essere RR, Rb, bb. Sono tutti e quattro rossi, ma la parte genetica è diversamente coniugata. La combinazione della Prima legge, che individua l'unione tra le due parti costitutive, spiega la diversa distribuzione dei caratteri. Il sistema si complica ovviamente, perché il «gamete», che è la parte anatomica che contiene gli elementi genetici, possiederà altre caratteristiche del fiore, oppure del frutto. Mendel aveva considerato anche i caratteri «seme liscio» e «seme rugoso».

Nelle fasi successive di sviluppo della genetica, cambieranno i nomi, si introdurrà il termine di «gene», la struttura anziché formata dagli alleli sarà costituita dal Dna, contraddistinto dalla doppia elica, ma è impressionante la grande intuizione di un meccanismo che ha sostanzialmente trovato conferma.

Gli ultimi anni di Mendel avrebbero dovuto essere finalmente ricchi di riconoscimenti. Furono invece anni di amarezza, dovuta al non vedere accettata la sua teoria: egli stesso, tuttavia, non riuscì ad affermarla sperimentalmente, applicandola ad altre piante. Inoltre, investito dal ruolo di abate nel monastero, dovette lottare contro le difficoltà economiche che, questa volta, riguardavano l'intera comunità, poiché il governo austriaco per ridurre la crisi finanziaria aveva imposto un'ingente tassa anche sui monasteri. Una posizione che lo rese sempre più isolato; non poté nemmeno godere dell'affetto di due nipoti che, con il suo aiuto, si erano laureati in medicina. Il 6 gennaio 1884 morì di nefrite acuta. Riposa nel cimitero centrale di Brno.

5. Francis Harry Crick nasce a Northampton in Inghilterra l'8 giugno 1916 e muore il 28 luglio del 2004, a San Diego negli Stati Uniti. James Dewey Watson nasce a Chicago il 6 aprile 1928, ha novantasei anni e vive a Chicago. I due nomi sono ormai legati insieme per una grande scoperta, dovuta a un lavoro condiviso. Il luogo in cui si sono incontrati è Cambridge, in Inghilterra. A loro si deve la scoperta delle funzioni del Dna, come molecola, a cui spetta la trasmissione dei caratteri umani.

Crick compie i suoi studi a Londra all'University College, dove consegue un diploma in fisica. Il suo interesse è dunque rivolto a questo settore della ricerca in un periodo in cui gli studi sulla fisica stavano sconvolgendo il sistema su cui si fondava. Allo scoppio della Seconda guerra mondiale, dovette abbandonare le sue ricerche e occuparsi di mine a Teddington all'Admiralty Laboratory. Alla fine della guerra rimase alle dipendenze dell'ammiragliato: lavorava alla Naval Intelligence Division di Londra, dedicandosi alla fisica delle particelle. Di fatto, trasformò il suo interesse per la fisica in uno verso la chimica. Viene riportato che questo cambiamento lo si attribuisce a una conferenza di Linus Carl Pauling del 1946 sulla chimica strutturale moderna. Si dedicò a problemi come quello delle molecole antibiotiche e l'interesse passò al campo della biologia, dopo aver letto il libro di Erwin Schrödinger, *What is Life?* Nel 1947 entra a far parte dello Strangeways Research Laboratory, per due anni vi approfondisce i temi che occupavano in quel momento la chimica biologica. Nel 1949 giunge a Cambridge nel Laboratory of Molecular Biology diretto da Max Perutz, al Cavendish Laboratory.

Nel 1953 ottenne il PhD con una tesi sull'analisi delle proteine con i raggi X. Si tratta di una tecnica fondamentale per analizzare la struttura proteica. E giunse così a interessarsi del Dna, la cui scoperta risaliva al 1869, a opera di Friedrich Miescher, anche se la sua funzione era rimasta imprecisata. La scoperta delle basi chimiche della ereditarietà dei caratteri aveva rivolto l'attenzione soprattutto alle proteine, non al Dna che è un acido nucleico. Nel 1944 avvenne la prova decisiva che spettava al Dna, anziché alle proteine, di trasmettere le caratteristiche genetiche: un gruppo di ricercatori aveva visto che, incorporando il Dna di uno pneumococco di tipo due in uno di tipo tre, il Dna modificava l'ereditarietà in modo permanente. Nel 1951 era un dato definitivo che il Dna trasmette informazioni genetiche e, dopo che Pauling scoprì che i polipeptidi hanno una struttura elicoidale, era diventato altrettanto chiaro che ciò dovesse appartenere anche al Dna.

Crick trovò in Watson il collaboratore adatto, poiché si occupava proprio di scoprire a livello molecolare come funzionavano i geni. Era noto che facevano parte del cromosoma delle specie animali e dell'uomo. Se Crick era definito un biologo molecolare, James Dewey Watson nel 1947 aveva avuto il PhD in zoologia. La sua tesi verteva sull'effetto dei raggi X sulla moltiplicazione dei batteriofagi. Nel 1950-51, con una borsa di studio, si reca a Copenaghen per svolgere ricerche sui virus nei batteri. Nella primavera del 1951, incontra Pauling e abbandona la ricerca sui batteriofagi, per dedicarsi agli acidi nucleici a cui apparteneva il Dna.

L'internazionalità che caratterizza la ricerca aveva creato un contatto tra Watson e Crick, inizialmente attraverso uno scambio di idee, di discussioni, ma anche di vere contrapposizioni. E mentre molti si occupavano di definire la struttura delle proteine, Crick decise di interessarsi degli acidi nucleici, in particolare di stabilire come la proteina si leghi all'acido desossiribonucleico (Dna). Insieme costruirono un modello che era in grado di spiegare la modalità di replicazione del materiale ereditato: il modello suggerisce che i due filamenti avvolti elicoidalmente costruiscono una *doppia elica*, con due filamenti capaci di separarsi e ognuno costituisce uno stampo per la sintesi del filamento complementare. È questa la più importante scoperta della biologia del XX secolo. Tale configurazione venne comunicata in modo definitivo il 25 aprile 1953, quando uscì un articolo su «Nature» con la firma di Crick e Watson: *A Structure for Deoxyribose Nucleic Acid*. Nel 1962 vengono insigniti del premio Nobel per la medicina. È interessante notare che l'articolo su «Nature», in cui sono contenuti i dati per il Nobel, viene pubblicato quando Watson ha venticinque anni e quando Crick riceve il suo PhD ne ha trentasette.

6. Ernest Rutherford nasce a Brightwater, in Nuova Zelanda, il 30 agosto 1871 e muore a Cambridge in Inghilterra, il 19 ottobre 1937. È un fisico. Il suo nome rimane nella storia per aver ideato il modello della struttura dell'atomo. Un apporto fondamentale per lo sviluppo della fisica delle particelle.

Quartogenito di dodici figli, il padre era un piccolo proprietario terriero, gli è stato possibile un curriculum scolastico grazie a delle borse di studio. Si laureò in fisica all'Università di Christchurch, in Nuova Zelanda. A mostrare il suo interesse per la ricerca scientifica, si racconta che, già come studente universitario, avesse fondato una piccola società scientifica, dove tenne una relazione dal titolo *Sulla evoluzione della materia*, in cui aveva sostenuto l'ipotesi che tutti gli atomi fossero composti dai medesimi componenti. Era un'idea rivoluzionaria, un'ipotesi che egli stesso riuscì a dimostrare dodici anni più tardi. Ed è un esempio di strane intuizioni e di una straordinaria resistenza nel lavoro scientifico, che si può veramente definire come un metodo per verificare le ipotesi e trasformarle in dati scientifici. Ciò che colpisce di Rutherford è proprio l'interesse per la scoperta. Uno dei temi a cui si dedicò precocemente, fu l'impiego delle «radio onde», che profetizzò come mezzo per la trasmissione radio.

Nel suo curriculum le borse di studio acquistano un grande significato. Nel 1895, gliene viene assegnata una per il Cavendish Laboratory di Cambridge. Lì cominciò a studiare i processi di ionizzazione dei gas e insieme a Joseph John Thomson, pubblicò un lavoro sulla corrente di ionizzazione. È significativa la collaborazione tra il giovane Ernest e il professor Thomson. Nel 1897, a trentasei anni, gli venne assegnata la cattedra di fisica all'Università di Montréal e qui si dedicò allo studio della radioattività, un fenomeno che era stato da poco scoperto dal francese Henri Becquerel. Da questo momento, e per tutta la sua vita, si dedicò allo studio del nucleo atomico. Analizzando le sostanze radioattive, scoprì che il radio emette raggi di due tipi: *alfa* e *beta*, e dimostrò che si trattava di un processo che rilascia energia, derivante dal movimento delle particelle emesse. Dimostrò che le particelle alfa, emesse dal radio, non erano elettroni e attraverso l'attivazione di un campo magnetico, arrivò a dimostrare che quelle particelle avevano carica positiva. Così sostenne che i raggi alfa erano costituiti da una corrente di atomi carichi positivamente, e con una massa maggiore rispetto a quella degli atomi di idrogeno. Evidenziò la relazione esistente tra la loro carica e la loro massa, giungendo alla conclusione che le particelle alfa sono atomi di elio.

È a questo punto, che formulò la teoria della emanazione, cioè del decadimento radioattivo. Un risultato che gli fece meritare nel 1908 il premio Nobel per la chimica ma, quando giunse a dimostrarlo, erano molti anche tra i fisici a rifiutare la conclusione che la radioattività fosse un fenomeno di disintegrazione degli atomi, considerati un fondamento stabile della struttura della materia. Si deve invece a Rutherford la dimostrazione che gli atomi hanno una struttura complessa e risultano formati da particelle che si muovono intorno al nucleo, che può disintegrarsi, originando energia. È questo il fondamento della nuova fisica atomica; nel 1907 gli venne data una cattedra all'Università di Manchester, di maggior prestigio di quella di Montréal. Qui con una disponibilità di strumenti più validi, poté dimostrare in modo inoppugnabile che i raggi alfa sono atomi di elio.

Rutherford continuò lo studio sulle particelle alfa, riuscendo a trovare un sistema per rilevare le emissioni e nel 1908, assieme a Geiger, costruì il primo contatore che oggi porta il nome di quest'ultimo. Tale possibilità gli permise di studiare separatamente le singole particelle nella loro collisione con gli atomi, arrivando così a determinare la distribuzione del campo elettrico, all'interno dell'atomo. Nel 1911, propose il modello che oggi conosciamo come punto fisso della fisica atomica: al centro vi è un nucleo a carica positiva, nel quale è concentrata l'intera massa dell'atomo, circondato da elettroni a carica negativa, che si muovono in orbite chiuse. *Questa divenne la struttura dell'atomo universalmente accettata.*

Nel 1919, a sessantatré anni, il suo maestro Thomson lasciò la direzione del più famoso laboratorio del mondo, il Cavendish dell'Università di Cambridge, che venne data a Rutherford. Qui, riuscì a dimostrare che, oltre alla disintegrazione naturale della materia, ne esiste una artificiale, che ottenne con la collisione di particelle alfa con nuclei di atomi d'azoto. Un uomo straordinario, con una capacità di leggere i fenomeni in maniera scientifica. È così che si è giunti a scoprire la disintegrazione dell'atomo di azoto. Lasciò un numero enorme di allievi: basterebbe ricordare la scoperta del neutrone da parte di James Chadwick nel 1932, ma probabilmente anche le scoperte di particelle successive riattivano la memoria di Rutherford, che venne nominato Lord.

7. Albert Einstein nasce a Ulm in Germania il 14 marzo 1879 e muore a Princeton, nel New Jersey, il 18 aprile del 1955. Lo si ritiene il più grande genio nella matematica e nella fisica, dopo Newton.

Trascorre in Germania i primi quindici anni, per lo più a Monaco, dove frequenta le scuole elementari e medie, si stabilisce in Italia per un poco e poi va in Svizzera e ne diventa cittadino. Mantiene questo legame per tutta la sua vita. Frequenta il Politecnico a Zurigo e riceve il dottorato nel 1905. Dal 1902 al 1909, lavora all'Ufficio federale dei brevetti e in seguito ottiene incarichi prima a Zurigo, e nel 1911 a Praga, che apparteneva allora all'impero austroungarico. Dopo varie altre sedi, giunge come professore a Berlino e vi rimane per vent'anni fino all'avvento del nazismo. È costretto a lasciare il Paese e riceve una cattedra all'Institute for Advanced Study di Princeton, dove rimane dal 1933 fino alla sua morte, a settantasei anni. Aveva ottenuto nel 1922 il Nobel, non per la relatività, ma per contributi sulla fisica contenuti in due lavori pubblicati nel 1905 sul tema dell'Elettrodinamica dei corpi in movimento. Si sposò due volte: la prima con Mileva Marić, una sua compagna di studi matematici, in Svizzera. Divorziò nel 1919, e si sposò con la cugina Elsa Einstein, che morì nel 1936.

Il suo grande contributo è costituito dalla Relatività generale e speciale, che può essere definita come *la fonte da cui scaturisce una visione dell'atomo e dell'universo* completamente nuova e tale da rendere superata la fisica di Newton. Un riferimento che, non solo è ancora attuale, ma è oggetto di studio, per poterne mettere in evidenza tutte le conseguenze. La grandezza di Einstein sfiora il mito, fino a poter associare la relatività a un nuovo vaso di Pandora. Si possono richiamare almeno alcune delle sue principali idee: «Einstein analizzò i procedimenti, mediante i quali si stabilisce comunemente nella fisica un sistema di riferimento, e dimostrò che era del tutto ragionevole supporre che non vi fosse un tempo universale, comune a tutti gli osservatori e ai loro sistemi di riferimento, indipendentemente dal loro moto, ma che la posizione temporale di un evento dipendeva in maniera critica dal moto: in particolare due eventi che a un osservatore appaiono simultanei, potrebbero essersi verificati in tempi diversi per un altro osservatore, se avvenuti a grande distanza uno dall'altro. [...] Ne deriva che non si può mantenere né il carattere assoluto (cioè, indipendente dall'osservatore) del tempo, né l'universalità delle leggi dell'elettrodinamica per tutti gli osservatori. Si può invece mantenere quest'ultima se si sacrifica il primo». Un altro principio della relatività è che: «Tutti i sistemi di riferimento privi di accelerazione hanno uguale rango non solamente perché non si può stabilire alcuna gerarchia tra essi, ma per ragioni di principi».

E vi sono una serie di deduzioni, come quella per cui nessun corpo materiale può essere accelerato fino a raggiungere una velocità maggiore di quella della luce. E ancora, un sistema composto da particelle in moto rapido deve avere una massa maggiore benché la sua velocità complessiva possa essere bassa, e ciò porta ad affermare che la massa del corpo composta dalle particelle includa un'energia di interazione tra i suoi costituenti. Concetto che è riportato nella formula $E = mc^2$ (E indica l'energia, m la massa, c la costante della velocità della luce).

L'icona di Einstein è dunque la rappresentazione più elevata della intelligenza, nel senso dell'attività del pensiero. Vista dalle conoscenze del cervello umano, questa affermazione si riferisce a una delle due sezioni dell'attività cerebrale, da cui emergono oltre alla sezione del pensiero le funzioni affettive. Se oltre all'intelligenza, si cerca di avere una rappresentazione della affettività di Einstein, si deve aggiungere che è un immaturo affettivo e questa misura la si deriva dal comportamento nei legami emotivi e sentimentali. Basterebbe analizzare il rapporto con Mileva che terminò in modo sprezzante poiché giunse a definirla «brutta» e «zoppa», mentre si discute quale possa essere stato il contributo del suo pensiero nella elaborazione delle teorie del marito. Ed è da valutare anche il rapporto di padre nei confronti del figlio Albert, affetto da schizofrenia, che egli ignorò completamente. Le due sezioni del cervello si integrano attribuendo all'organo una unità ma, in ogni individuo, è possibile stabilire il ruolo diverso delle due sezioni, fino a casi in cui la differenza è tale da presentare il grande sviluppo dell'una, assieme a ridotte espressioni della seconda. In questo caso, si parla di malattia di Asperger. E non è una ipotesi da escludere.

8. Max Planck nasce a Kiel il 23 aprile 1858 e muore a Gottinga, il 4 ottobre 1947. Un grande fisico, a cui spetta aver formulato l'ipotesi del *quantum mechanics* (il quanto d'azione). Se la

relatività di Einstein anticipa la fisica quantistica, è Planck che la costruisce, aprendo un ambito che rimane ancora frequentato e in attivo svolgimento.

Il padre era giurista, partecipò alla redazione del Codice civile tedesco. Max venne mandato a Monaco per la sua istruzione e all'età di sedici anni conseguì la maturità al prestigioso ginnasio Massimiliano. Era considerato nella scuola il beniamino degli insegnanti, il più giovane della classe e con una mente logica e chiara. Suonava il pianoforte in maniera straordinaria. Dal 1875 frequentò prima l'Università di Monaco e poi di Berlino. Dopo la laurea, nel 1879 fu nominato professore straordinario a Kiel, quattro anni dopo ottenne la cattedra all'Università di Berlino e vi rimase fino alla fine dei suoi giorni, prima come ordinario di fisica teorica e poi, come professore emerito. Quando lasciò l'insegnamento attivo nel 1926, gli succedette Erwin Schrödinger.

La sua vita, produttiva sul piano della fisica, fu addolorata dalla morte delle due figlie Emma e Greta in giovane età, e dalle vicende del figlio maggiore Karl, che venne impiccato nel 1945 dai nazisti, poiché era stato coinvolto in un attentato del 20 luglio 1944 contro Hitler. La moglie, Marie Merck, morì nel 1909 ed egli si risposò con Marga von Hoesslin.

La storia di Planck riguarda la fisica, ma anche il suo significato per la visione del mondo. Per questo il fisico si interessò di problemi filosofici e ai rapporti tra scienza e religione. Era contro l'ateismo, scrisse a questo proposito: «Tutta la materia ha origine ed esiste solo in virtù di una forza, che porta la particella isolata a vibrare e mantenere il sistema solare insieme. Dobbiamo supporre che dietro questa forza, vi sia una mente cosciente e intelligente, matrice di tutta la materia». E in un'altra occasione: «Scienza e religione non sono in contrasto, ma hanno bisogno una dell'altra, per completarsi nella mente di un uomo che riflette seriamente».

Il primo problema di cui si occupò era quello dell'irraggiamento del calore, che è un fondamento per la dimostrazione dei *quanti*. Formulò la legge che prende il suo nome e che comunicò nell'ottobre del 1900 all'Accademia tedesca di fisica. È questa la data da segnare come nascita della teoria dei quanti. «Consideriamo *E* l'energia del risonatore come composta da un numero ben determinato di parti finite uguali e, allo scopo, applichiamo la costante naturale h = $6{,}55 \times 10^{-27}$ erg sec. Tale costante, moltiplicata per il numero totale delle oscillazioni del risonatore, dà l'elemento energia in erg.» Aveva in questo modo compiuto una rottura nella tradizione scientifica, introducendo gradazioni di energia discrete dell'oscillatore lineare espresse dalla formula $E = h\nu$. Planck dimostra che il principio *natura non facit saltus*, il che significa che tutti i processi in natura si svolgono in modo continuo e non a salti, è stato in realtà rovesciato, introducendo dei «salti per quanti».

Dal 1900 dovettero passare tre decenni, prima di introdurre l'indeterminismo. Ma già era stato abbattuto nel 1900 il principio di continuità. Nel 1905 Einstein pubblicò dei lavori sulla struttura atomica della materia e dimostrò la teoria della relatività speciale, estendendo l'impostazione per quanti di Planck all'ipotesi dei quanti di luce. Questo principio è una vera rivoluzione per la fisica costruita fino a quel momento, e la scoperta del «quanto d'azione» o «quanto di Planck» ha un significato generale. Esiste un paradosso, perché l'effetto era talmente forte che lo stesso Planck non accettò mai pienamente le conseguenze della sua scoperta. Sempre per paradosso, ad accettarlo in pieno era stato invece Einstein. Ed è così che entrano, con il 1905, i due principi fondamentali che costituiscono i pilastri di una nuova fisica, dopo più di un secolo non ancora del tutto compiuta. Ma tutto il XX secolo è stato sostenuto dalla *relatività* e dalla *quantistica*.

Il nazismo complicò ulteriormente la vita del professor Planck, che intervenne nel 1933 poiché non poteva accettare l'ingiustizia contro gli scienziati ebrei e si batté a favore dei suoi colleghi israeliti, benché senza alcun successo. Li difese anche in una occasione davanti al Führer nel corso di una udienza che così ricorda: «Alla mia osservazione che la cacciata degli ebrei era una vera automutilazione, per la ragione che c'era tanto bisogno della loro opera di scienziati che altrimenti sarebbe andata soprattutto a favore degli stranieri, Hitler lasciò cadere il discorso, divagò in frasi d'ordine generale e alla fine concluse: "Dicono che io soffra talvolta di nevrastenia. È una calunnia. I miei nervi sono d'acciaio". Così dicendo, si picchiò con forza sul ginocchio, cominciò a parlare sempre più rapidamente e a sussultare, in una specie di furore, tanto che non mi restò altro che tacere e prendere congedo».

9. Erwin Schrödinger nasce a Vienna il 12 agosto 1887 e muore, sempre nella capitale austriaca, il 4 gennaio 1961. È un fisico teorico, che si è applicato alla meccanica ondulatoria, scoprendone i fondamenti. Una nuova visione, che ha conseguenze sul significato stesso della vita e dell'universo. Nel 1933, riceve il premio Nobel per la fisica insieme a Dirac.

Il padre Rudolf era un commerciante di successo di origine viennese, la madre era un'inglese. Dopo le elementari, iscritto all'Akademisches Gymnasium, mostrava grande interesse per le lingue classiche, latino e greco. Nel 1906, a diciannove anni entra all'Università di Vienna, alla Facoltà di fisica sotto il professor Franz Hasenhörl, che aveva preso la cattedra di Ludwig Boltzmann. Schrödinger era molto attratto anche dalla filosofia, amava in modo particolare Spinoza, Schopenhauer. Risentiva delle scoperte di Mach Hasenhörl sulla Seconda legge della termodinamica, enunciata in molti modi. Nella formulazione classica di Clausius: «È impossibile realizzare una trasformazione il cui unico risultato sia di trasferire calore da un corpo più freddo a uno più caldo, senza l'apporto di lavoro esterno». Schrödinger la considerò derivata statisticamente dalla teoria atomica e la inserì nella formulazione della teoria sulla natura ondulatoria delle particelle atomiche.

A Vienna, anche Franz Exner si occupava del concetto di «causalità in termini di infinito», e Schrödinger, dopo la laurea, rimase all'Università di Vienna come suo assistente, prese la libera docenza nel 1919, rivelando una grande capacità di analisi sui problemi della fisica delle particelle. Nel 1920 sposa Annemarie Bertel di Salisburgo. Ottenne incarichi di insegnamento, occupò per qualche anno la cattedra a Breslau.

Aveva rilevato l'esistenza di due formulazioni del comportamento della materia e della radiazione elettromagnetica: l'una basata su un modello corpuscolare, l'altra sulla fluttuazione di un campo ondulatorio, generato da un fenomeno di interferenza. È in questa seconda formulazione che viene indicata la possibilità che le particelle mostrino una natura ondulatoria e che il fisico giunge a pubblicarla nel 1926, come teoria sulla meccanica ondulatoria espressa nella equazione, che sarà nota come *equazione di Schrödinger.* Diventerà fondamentale per gli sviluppi della fisica. Si tratta di una equazione non relativistica ma sembra un paradosso: serviva a spiegare lo spettro dell'atomo di idrogeno e fu subito impiegata per interpretare i livelli energetici degli atomi. L'equazione relativistica fu fornita nel 1927 da Dirac. Il premio Nobel nel 1933 venne diviso tra Schrödinger e Diraç su due equazioni: quella non relativistica del primo, e quella relativistica del secondo. Su questa distinzione si costituirono le due scuole sulla fisica delle particelle. Una disputa che viene bene espressa nella serie di lettere tra Einstein e Schrödinger, scritte tra il 1926 e il 1950. La visione ondulatoria di Schrödinger risolveva molti, ma non tutti i problemi, e lasciava una percezione di incompletezza, per la conoscenza della realtà fisica.

Una delle caratteristiche della sua vita che colpisce è l'aver scelto l'esilio, per non vivere sotto il regime nazista, pur non essendo ebreo. Sosteneva che un luogo, in cui non potevano vivere gli ebrei, doveva essere un luogo in cui, al contempo, non poteva vivere nessun uomo. Assunse questa posizione proprio nel 1933, abbandonò Berlino, accettò un posto all'Università di Oxford e nel 1941 fu chiamato come professore alla School for Advanced Studies a Dublino. Gli ultimi anni, li dedicò ai problemi filosofici ed elaborò una visione personale, per dare spiegazioni fisiche della vita attraverso una catena, che vedeva l'applicazione della fisica quantistica alle molecole della genetica, fino all'applicazione della termodinamica.

È nota la descrizione del gatto, che viene descritto vivo e morto contemporaneamente, noto come «il gatto di Schrödinger». Si fonda su un esperimento mentale compiuto nel 1935, per mostrare come la meccanica quantistica fornisca risultati paradossali se applicata in un sistema fisico macroscopico. L'esperimento descrive un gatto nascosto in una gabbia, dov'è collegato a un sistema fisico che ne determina la morte, se si verifica spontaneamente un evento subatomico. Secondo la meccanica quantistica, finché non viene osservato, un tale sistema si trova in una sovrapposizione degli stati: *evento avvenuto*, *evento-non avvenuto*. Da ciò deriva che anche l'animale dovrebbe trovarsi nella stessa condizione, con la conseguenza che gli stati di gatto vivo e gli stati di gatto morto sarebbero presenti contemporaneamente. Tenne su questo tema una serie di lezioni al Trinity College di Dublino, che furono raccolte con il titolo *What is Life?*, nel 1944. Un libro che diede impulso alla biologia molécolare. Era un lavoratore solitario che seguiva una precisa routine giornaliera. Nel 1957, ritornò a Vienna, accettando la cattedra di quella università. Morì il 4 gennaio del 1961. È sepolto alla Pfarrkirche St. Oswald, ad Alpbach, in Austria.

10. Werner Karl Heisenberg nasce a Wurzburg il 5 dicembre 1901, muore a Monaco di Baviera il 1° febbraio del 1976. Kurt Gödel nasce a Brno, il 28 aprile 1906 e muore a Princeton, nel New Jersey, il 14 gennaio 1978. Il primo è un fisico quantistico noto per il Principio di indeterminazione, Gödel è un matematico e logico noto per i due Teoremi di incompletezza. Due storie diverse entro il grande tema della fisica delle particelle, che hanno in comune la dimostrazione che la soluzione dei problemi della fisica quantistica lascia sempre un indeterminato (Heisenberg) o una incompletezza (Gödel), togliendo così alla scien-

za il raggiungimento di una conclusione definitiva o, come si usa dire, della logica assoluta.

Queste due conclusioni riportano a un concetto espresso da un filosofo della scienza, Karl Popper, il quale nel 1969 sostenne che la scienza in generale giunge, sempre e necessariamente, a conclusioni che contengono una aporia, sufficiente per richiedere di rivedere le conclusioni, inevitabilmente manchevoli. Si racconta che il grande fisico italiano che ha diretto il gruppo di via Panisperna, Edoardo Amaldi, usasse dire ai suoi collaboratori che, se si ha certezza di aver capito una conclusione nella fisica, significa che la scoperta a cui si lega è sbagliata. Parafrasava così una espressione di Popper: «Ogniqualvolta una teoria ti sembra essere l'unica possibile, prendila come un segno che non hai capito né la teoria né il problema che si intendeva risolvere».

Heisenberg era figlio di un professore di greco all'Università di Monaco ed è qui che frequentò l'università. Dopo la laurea va a Gottinga, per studiare con Max Born e diventa suo assistente. Successivamente all'Università di Copenaghen lavora con Niels Bohr, nel 1927 diventa professore di fisica teorica all'Università di Lipsia, e nel 1941 raggiunge Berlino, dove è nominato direttore del Kaiser-Wilhelm-Institut für Physik. Dopo un breve periodo in Inghilterra nell'immediato dopoguerra come prigioniero delle truppe alleate, ritornò in Germania, dedicandosi alla riorganizzazione dell'università e della ricerca. Nel 1958 si stabilì a Monaco e qui diresse il Max-Planck-Institut für Physik. Una carriera di grande prestigio che ha risentito della conoscenza e collaborazione dei grandi fisici di quel tempo.

Uno dei suoi concetti è la teoria della meccanica quantistica, come formulazione di relazioni tra grandezze osservabili, intese come i valori dell'energia dei diversi stati dell'atomo, ma espresse anche nelle interazioni tra elettroni. Si tratta di una formulazione sistematica dei principi della meccanica, trasformati quantisticamente. Un notevole aiuto gli è derivato dagli studi di Schrödinger e dalla sua meccanica ondulatoria. Una teoria in cui si riconosce l'esistenza di onde di materia. Da questa formulazione egli elaborò le *relazioni di incertezza*. Heisenberg avvertiva il problema di giungere a una teoria unitaria che potesse soddisfare gli assiomi fondamentali delle particelle elementari. Tutto questo, mentre la ricerca moltiplicava il tipo di particelle subatomiche, portando a continue distinzioni.

Kurt Gödel è il logico che ha dato un particolare contenuto alla teoria degli insiemi; studiò matematica e fisica all'Università di Vienna, dove ebbe il dottorato nel 1930. Vi rimase fino al 1933, quando fu accolto a Princeton, all'Institute for Advanced Study. Ne fece parte dal 1933 al 1935, e in seguito dal 1940 al 1953. Aveva ottenuto anche la cittadinanza americana, condusse sempre una vita riservata e schiva, forse anche per una salute malferma.

La sua produzione scientifica è costituita da pochi titoli: una ventina di articoli, ognuno di non molte pagine. Eppure, è difficile trovare da un singolo studioso un numero così alto di risultati rivoluzionari e soluzioni di problemi di grande difficoltà. Seguendo la logica classica sulla base di quella creata da Aristotele, affinché un complesso di regole formali risulti soddisfacente occorre che consenta, dato un insieme di proposizioni, di ricavarne solo conseguenze logiche e di ricavarle tutte. Se esso gode del primo requisito, si dice che il sistema di regole è corretto, se soddisfa anche il secondo si aggiunge che è completo. La logica di Aristotele per esempio è corretta, ma non completa.

Gödel, nel 1930, ha dimostrato per la prima volta nella storia la completezza di un calcolo logico. Nel 1931, si pone un problema formulato così: «Data una teoria matematica, è possibile trovare per essa un insieme di assiomi tale che, presa comunque una proposizione facente parte della teoria, si possa sempre darne formalmente una dimostrazione o una confutazione?». La risposta di Gödel è negativa. L'aritmetica contiene proposizioni che non si possono né dimostrare, né respingere. E ciò non per la debolezza della logica usata, ma perché non si riesce mai a fornire un insieme di assiomi, sufficiente a dimostrare tutte le proposizioni vere dell'aritmetica. E questa risposta negativa si contrappone a quanto fino allora era ritenuto. Una simile conclusione costringeva a modificare i fondamenti della matematica. Ciò era quanto emergeva dalla teoria degli insiemi, con le antinomie che non si riusciva a risolvere. Gödel con il suo teorema stabiliva l'impossibilità di garantire la non contraddittorietà della matematica, restando entro la matematica stessa.

Dopo aver risolto questi problemi, affermando la loro indimostrabilità, affronta un tema a cui si dedicò a lungo: quello della teoria degli insiemi. Si va verso il concetto di «contraddittorietà», come parte costitutiva della logica. In più, con il gusto del sempre più impossibile, affronta il problema sollevato già da Russell, se gli enti matematici e in particolare le classi e gli insiemi, siano dotati di autonoma esistenza. Egli sostiene che non devono essere considerati pure costruzioni del pensiero umano (posizione concettualistica), né tantomeno come puri nomi, senza denotato (posizione nominalista). Gödel è assai vicino al platonismo, percependo la matematica come una scienza contenutistica, che ha per scopo lo studio oggettivo e la descrizione il più possibile fedele di un mondo di enti, non localizzati nello spazio e nel tempo, tali da dover tuttavia essere considerati esistenti, per ragioni non dissimili da quelle che spingono il fisico a conferire esistenza fattuale effettiva agli enti di cui si occupa.

Un pensiero lucidissimo, una mente molto problematica. Soffriva di un disturbo ossessivo-compulsivo che, negli ultimi anni, era giunto a un vero delirio paranoico. Gödel si rifiutava di alimentarsi, mangiava solo quello che gli preparava la moglie, che però venne ricoverata a lungo nel 1977. Nei primi giorni del 1978, dopo un protratto digiuno, fu ricoverato nell'ospedale di Princeton per malnutrizione e inedia, dovute a una grave forma di anoressia che lo aveva portato a un peso di ventinove chilogrammi. Morì il 19 gennaio 1948 (a quarantadue anni) e fu sepolto nel cimitero della città di Princeton, dove nel 1981 lo raggiunse la moglie Adele, sposata nel 1938: una ballerina viennese, incontrata in un locale notturno, di sei anni più anziana di lui.

11. Niccolò Copernico nasce a Torun, in Polonia il 19 febbraio 1473 e muore a Frombork, il 24 maggio 1543. È il padre dell'astronomia moderna. Nella Polonia di quel periodo molti parlavano lingue diverse dal polacco, Copernico apparteneva a una famiglia di lingua tedesca e la parlava nella cerchia delle persone da lui frequentate. A poco più di dieci anni perde il padre e, poiché era il più piccolo di quattro figli, avrebbe fatto fatica a seguire una istruzione di rilievo. Uno zio materno, che era una persona influente lo prese però sotto la sua protezione. Nel 1491, a diciassette anni, entrò all'Università di Cracovia, che era allora la capitale. Lo zio paterno Lucas Watzenrode, divenuto vescovo di Varmia, nel 1489 elesse il nipote a canonico. Non giunse però mai agli Ordini maggiori, e non divenne sacerdote. Rimase con la carica di canonico per quarant'anni.

Nel 1496, a ventitré anni si recò in Italia per gli studi e poiché per il suo ruolo doveva conoscere il diritto canonico, l'università più qualificata era quella di Bologna. È qui che incontrò il professore di astronomia Domenico Novara. Era allora abitudine che, come allievo, si potesse abitare nella casa del maestro. Copernico dopo poco, divenne suo assistente e prendeva parte alle sue osservazioni del cielo. A Novara appartenevano studi che lo condussero a sostenere che le latitudini delle città mediterranee erano maggiori di quelle elencate da Tolomeo. E per spiegare tale aumento, immaginò che fosse avvenuta una alterazione dell'asse terrestre. Ne discendeva che la terra si muoveva, anche se in modo impercettibile, mentre Tolomeo affermava che la terra era immobile. E fino a queste scoperte, rappresentava l'assoluto punto di riferimento. La teoria lunare di Tolomeo prevedeva inoltre che la luna piena avrebbe dovuto possedere dimensioni pari a un quarto di quella della mezzaluna, se l'intero disco fosse stato visibile in quel momento. Ma la variazione effettiva risultava come misura molto più piccola di quella prevista dalla teoria di Tolomeo. Se si univano le critiche di Novara a quelle di Copernico, era possibile ragionevolmente porre in dubbio il sistema tolemaico. Si aprì così un processo di vera distruzione.

A Bologna, Copernico ottenne il titolo di *magister*, in base al quale poteva insegnare matematica agli studenti delle scuole primarie. Era un mezzo per affrontare le difficoltà economiche degli studi, tenendo conto che lo zio aiutava anche suo fratello Andrea, che studiava anch'egli diritto canonico. Pur tra le difficoltà, Copernico si chiese quali altri punti della teoria tolemaica fossero errati. La via era quella di leggere i testi scritti, però in greco. Si mise quindi a studiarlo e ad aiutarlo fu il professore di greco a Bologna, Antonio Urceo, amico di Aldo Manuzio, grande editore e stampatore veneziano. E alla fine del Quattrocento, proprio a Venezia, la città della stampa, era nato il *Trattato* completo dell'astronomo dell'antichità.

Nel 1500, le lezioni all'Università di Bologna terminavano il 6 settembre ed era l'anno giubilare, proclamato da papa Alessandro VI. Copernico si recò a Roma e in questa occasione, tenne una conferenza sulle scienze matematiche, che ottenne grande successo. Fece conoscere la concezione della terra come un pianeta del movimento, ma si trattava di un tema scientifico, per cui pensò di recarsi all'Università di Padova, che si differenziava da Bologna, proprio per la parte scientifica. Copernico vi venne ammesso nel 1501. Nel frattempo, è nominato scolastico della chiesa di Santa Croce a Bratislava, una carica che conservò fino al 1538, anche se non tenne mai una lezione, compito che aveva demandato a un vicario.

Da una parte ha il problema di disporre del denaro per continuare gli studi, dall'altra si trova di fronte alla profonda critica, aperta verso Tolomeo e il suo sistema. Risolta ancora una volta la prima questione, per la seconda seguendo l'abitudine di quel tempo decise di cambiare università, per poter apprendere il pensiero e le osservazioni dei professori di diverse cattedre. Dopo Padova, scelse l'Università di Ferrara dove il 31 maggio 1503, a trent'anni, conseguì il dottorato in diritto canonico. Raggiunto l'obiettivo, Copernico decise di ritornare in patria. Si inserisce qui la storia del suo autoritratto, dimostrando anche questa sua dote. Si dipinse con un mughetto tra le mani, ritenuto un simbolo dell'arte di guarire, date le proprietà curative attribuite a questa pianta. Era tornato in patria, conosciuto per le sue cariche ecclesiastiche, sempre guidate dallo zio che aveva pianificato di poterlo vedere come successore. Nel 1508, anche il papa Giulio II gli attribuì altre cariche. Ma si rese conto che, se avesse continuato a seguire lo zio, si sarebbe coinvolto totalmente nella vita ecclesiastica.

Il 1° maggio 1514, un professore dell'Università di Cracovia aveva trovato un manoscritto di sei pagine, in cui era sostenuto che la terra si muove, mentre il sole è immobile. Questo manoscritto anonimo è ritenuto il *Commentariolus*, che rappresenta la prima stesura della *visione del cielo* di Copernico, in cui aveva nascosto il nome, ben consapevole del danno che ne avrebbe avuto, se ne fosse risultato l'autore. E anche da questi tratti storici, risulta che non è stato un astronomo dedicato pienamente alla ricerca, ma aveva una capacità di intuizione non solo nell'ambito dell'astronomia, ma anche su altri temi.

Esiste un suo *Monetae cudendae ratio* (*Trattato sulla coniazione del denaro*), sul problema per cui gli orefici, che fondevamo le monete più vecchie, traevano profitto dalla vendita dell'argento così ottenuto al valore del mercato corrente più elevato. E le monete sparivano dalla circolazione. Copernico aveva proposto di far coniare le monete da una singola zecca. Ma trovava il tempo anche di osservare il cielo, e segnava con precisione tutto ciò che vedeva, con semplici strumenti di osservazione da lui stesso costruiti.

È ricordato per aver posto le basi dell'astronomia moderna. Allo stesso modo, con cui aveva fatto circolare il *Commentariolus* tra pochi e fidati amici, ora voleva pubblicare le tabelle astronomiche, risultanti dai calcoli e dalle osservazioni fatte, senza le deduzioni che ne conseguivano. Aveva la chiara percezione di quale sarebbe stato il destino personale, se ne avesse raccontato il significato. Questa prudenza diminuì fortemente dall'arrivo a Frombork di un giovane professore di matematica dell'Università di Wittenberg, di nome Rheticus. Un nome che si era dato per indicare la sua provenienza. Non usava nemmeno il nome del padre, un medico, che era stato decapitato per pratiche magiche. Arrivò nel paese di Copernico, avendo sentito gli echi delle nuove idee e volendo ascoltarlo di persona. Rheticus si convinse che non bisognava più a lungo seppellire la cosmologia in quel piccolo angolo di terra, dove Copernico viveva. Riuscì a convincerlo a pubblicare i dati. Più tardi ammise: «Se non avessi fatto visita a Copernico, la sua opera non sarebbe stata assolutamente pubblicata». Una prima relazione: *Narratio prima*, fatta scrivere rapidamente il 23 settembre 1539, venne da lui pubblicata a Danzica nei primi mesi del 1540. Quando Copernico prese consapevolezza che non vi erano state reazioni violente alle sue conclusioni pubblicate da Rheticus, permise di fare una copia intera del manoscritto e di pubblicarlo. L'intera opera *De revolutionibus orbium coelestium* uscì nel 1543.

Copernico si era ammalato molto gravemente, ma poté tenere in mano la prima copia del suo capolavoro. Il pensiero va a Galileo e, questa volta, per sottolineare la grande scoperta del sistema solare che egli compie tra il 1610 e il 1611, osservando il cielo con un telescopio che ingrandiva otto volte gli oggetti e appuntando la posizione dei pianeti per quel periodo, in continuità. Forse era già stata scoperta da Copernico, il quale aveva appuntato con rigore le osservazioni del cielo, soprattutto la notte, mentre durante il giorno si occupava dei propri incarichi ecclesiastici o addirittura, di come risolvere un problema di svalutazione della moneta. La ricerca scientifica è una *disposizione della mente*, prima che una metodologia (o tecnica) da applicare.

12. Isaac Newton nasce a Woolsthorpe, il 25 dicembre 1642 e muore a Londra il 20 marzo 1727. È un fisico e matematico, un genio a cui spetta la scoperta della legge della gravitazione uni-

versale, l'analisi della composizione della luce bianca, le leggi della dinamica della natura e come matematico, a lui è attribuita la scoperta del calcolo differenziale e integrale. Un «grande». Anche se la fisica subatomica dei primi anni del Novecento si rende conto di non poter più applicare i principi della fisica newtoniana, rimane sempre il punto di riferimento per la conoscenza della realtà esperienziale, per la natura e le sue leggi che rendono comprensibile il mondo vissuto nella quotidianità.

Isaac Newton è nato prematuro ed è al contempo un figlio postumo, poiché suo padre muore poco prima della sua nascita. Nel 1645 la madre, Hannah, si risposa e affida Isaac alle cure della nonna materna. Quella separazione prematura dalla madre e la mancanza del padre hanno certamente influito sulla sua personalità. Segue l'istruzione elementare nella città dove è nato, mentre a dodici anni è mandato alla King's School di Grantham. Vi rimane quattro anni e, tornato a Woolsthorpe, ritrova anche la madre che, dopo la morte del secondo marito, vi è ritornata. E la madre vuol subito prendere il timone dell'educazione di Isaac, che ha ora sedici anni, e cerca di orientarlo a fare l'agricoltore. Ma il figlio non ne prova interesse alcuno e viene rimandato a Grantham a proseguire i corsi, nella previsione di entrare a Cambridge. Nel 1661, viene ammesso al Trinity College, nel 1663 concorre per una borsa di studio, ma viene bocciato. Gli anni successivi, 1665 e 1666, furono funestati dalla peste. Andando in campagna nel Lincolnshire, scopre nell'isolamento la propria passione per la fisica e la matematica. Ritorna a Cambridge, nel 1667 vince la borsa di studio e diventa membro del Trinity College. Nel 1669, a ventisette anni, viene chiamato alla cattedra di matematica, prima occupata da Isaac Barrow, che ne aveva riconosciuto il genio. Le lezioni di Newton, che si riferivano alle sue ricerche ottiche, erano molto seguite.

Nel 1672, inviò alla Royal Society un articolo sulla costituzione della luce bianca e venne accolto come socio di questa importante istituzione. È in questa fase che presenta alla Royal Society un telescopio a riflessione, da lui stesso costruito, che gli era servito, rispetto a un telescopio comune, per eliminarne le aberrazioni cromatiche. Le sue scoperte crearono controversie e per quattro anni, fu tenuto all'interno di discussioni da lui definite filosofiche e non scientifiche. Esprime il proposito di abbandonare, non apprezzando la filosofia. In una lettera, così si esprime: «Vedo infatti che un uomo deve decidersi a non dire nulla di nuovo, oppure diventare uno schiavo per difendere le proprie idee». E si propone di fare «ciò che mi dà soddisfazione». Nel 1675, a trentatré anni, Newton si preoccupava comunque di perdere la qualifica di membro del Trinity College, perché privo degli Ordini religiosi, che non era disposto a ottenere. A risolvere questo problema, anche economico, entra il professor Barrow, che era diventato rettore del College e cappellano del re. Ottenne per lui la dispensa. Dal 1679 si occupa di dinamica e in particolare del problema del moto di Keplero. Nel 1686 scrisse i *Principia* che pubblicò l'anno successivo. Era entrato con molta partecipazione nel mondo universitario e nel 1701 venne eletto membro al Parlamento, come rappresentante dell'università. Nel 1703 diventa anche presidente della Royal Society, un ruolo che mantenne fino alla morte. Nel 1705, venne fatto baronetto, entrando nella nobiltà inglese. Muore nel 1727. Gli viene concesso il funerale di Stato e viene sepolto nell'abbazia di Westminster.

Si occupò di astronomia, e la legge delle forze centrifughe gli permise di definire l'orbita circolare della luna attorno alla terra e quella dei pianeti attorno al sole. Nei suoi *Taccuini* inserisce dei risultati straordinari che ottenne in quei due anni di peste ed è la dimostrazione di una particolare capacità di leggere i fenomeni della natura in termini matematici. Le sue concezioni sulle forze centrifughe e centripete hanno reso possibile una lettura del sistema solare. La matematica era la logica per interpretare la natura, e Newton è il primo scopritore del calcolo differenziale e integrale, «riscoperto» da Leibnitz. Il suo capolavoro, *Principia*, ha avuto ancora due edizioni, nel 1713 e nel 1726. Si tratta di opere, in parte corrette, e con aggiunte. La luce rappresentò un tema fisico di grande importanza, a lui spettano le leggi della riflessione e della rifrazione. Sostenne che l'impatto della luce, sulla superficie di una sostanza trasparente, produce delle vibrazioni sulla superficie, che talvolta ostacolano la riflessione e la rifrazione dei raggi. Applicò lo stesso principio per spiegare il fenomeno della colorazione delle pellicole sottili. Nel 1704, pubblica *Opticks* un'opera che, sia pure nelle molte edizioni, rimase un riferimento per molto tempo.

Aveva espresso un giudizio negativo sul filosofare inutilmente «sopra» la scienza, mentre egli ha pensato molto in termini di *filosofia della scienza* che viene bene espressa dal ruolo delle ipotesi. D'altra parte, egli è attaccato all'esperienza. Il caso è quello della gravità: «Che la gravità debba essere innata, inerente e essenziale alla materia, in modo che un corpo possa agire su un altro a distanza, attraverso un vuoto, senza la mediazione di alcunché, tramite cui la loro forza possa essere trasmessa dall'uno all'altro, è per me un'assurdità così grande che penso nessuno dotato di un metodo di pensiero competente in questioni filosofiche possa incorrervi mai. [...] Ma sarà allora la gravità chiamata una causa occulta e scacciata dalla filosofia perché la causa della gravità è occulta e non può essere trovata?». Il suo pensiero si è occupato della costituzione della materia e in una famosa opera scrive: «Considerate tutte queste cose, mi sembra probabile che Dio all'inizio abbia formato la materia in particelle dure, massicce, impenetrabili, mobili». Espressioni che sembrano descrivere la materia, nella dimensione delle particelle. Per questa visione le idee di Newton influenzarono un vasto pubblico, ma anche i fisici successivi. La sua genialità sta proprio nel fantastico valore degli esperimenti scientifici, delle scoperte matematiche, delle concezioni fisiche, ma anche delle interpretazioni che hanno un valore sul significato della vita. Sapeva leggere la natura, e attribuirvi una logica, diventando così il teorico di una *visione del mondo* che si chiama scientifica.

13. Dmitrij Ivanovič Mendeleev nasce a Tobolsk (in Siberia) l'8 febbraio 1834 e muore a San Pietroburgo il 2 febbraio 1907. È un chimico, a cui si deve la Tavola periodica degli elementi. Un risultato straordinario, che è espressione delle sue ricerche sui gas e sulla teoria delle soluzioni.

Nel 1847 alla morte del padre, la madre si trasferisce a San Pietroburgo. Qui, Dimitrij si iscrisse all'Istituto pedagogico nel 1849, completando gli studi nel 1855 alla Facoltà di fisica-matematica con una tesi sull'*Isomorfismo in connessione con altri rapporti della forma cristallina con la composizione*. Nel 1857, presentando un'ulteriore dissertazione chimica, diventa docente all'Università di San Pietroburgo in chimica organica, a ventiquattro anni. Segue un periodo di lavoro all'estero a Heidelberg, lavorando nei laboratori di Robert Wilhelm von Bunsen e in quello di Gustav Robert Kirchhoff. Trascorsa la giornata nei laboratori universitari, si dedicava a esperimenti nella sua abitazione. Si occupò tra l'altro della dilatazione dei liquidi e delle relazioni tra proprietà fisiche e chimiche delle particelle, in funzione della loro massa. Tornato nel 1861 a San Pietroburgo, cominciò a scrivere il *Trattato di chimica organica*, che influì sulla nomina del 1864 di professore all'Istituto tecnologico. Solo nell'ottobre 1867, occupò la cattedra di chimica generale all'università, tenendola fino al 1890. Scrisse un altro trattato, *Principi di chimica*, e nel 1893 divenne direttore della Camera dei pesi e delle misure.

Costruì strumenti da lui ideati, come una bilancia analitica che raggiungeva una precisione di un quindicesimo di milligrammo su una pesata di un chilogrammo, un pendolo per la determinazione della durezza dei materiali, uno strumento per gli studi di elasticità dei gas. Un ricercatore indefesso, con interessi così vasti da dare ragione ai suoi trattati ma anche a una quantità di pubblicazioni scientifiche, 460, un numero veramente impressionante. E lo sono ancor più i settori a cui si rivolse: dalla chimica alla fisica, all'agricoltura, alla geofisica. La sua attività era riconosciuta in tutto il mondo. È il fondatore della società chimica russa, che oggi porta il suo nome.

Nel diario del 10 luglio 1905, come si trattasse di un testamento scientifico, scrive: «In tutto sono quattro gli argomenti di ricerca che portano il mio nome: la legge periodica, la ricerca sull'elasticità dei gas, il fenomeno della associazione nelle soluzioni e il testo *Principi di chimica*. Questa è tutta la mia ricchezza, essa non è stata sottratta a nessuno, ma prodotta da me».

La prima scoperta risale al 1869, nella fase conclusiva è pubblicata con il titolo *Tentativo di un sistema degli elementi, basato sul loro peso atomico e le attività di comportamento chimico*. Giunse alla conclusione che gli elementi disposti in ordine crescente del loro peso atomico manifestano una netta *periodicità* delle proprietà. L'aspetto più significativo è di essere stato in grado di prevedere l'esistenza e le proprietà di elementi ancora sconosciuti, almeno di una decina, che vennero chiamati «elementi mancanti». Il sistema degli elementi da lui aggiornato al 1871 non si differenzia da quello attuale. È straordinario considerare che le previsioni anche più strane di Mendeleev si sono rivelate esatte, anche quando si chiarì che la periodicità non era funzione del peso atomico ma del numero atomico. Per cercar di trovare le cause profonde della periodicità, ipotizzò l'etere universale, un elemento che si sarebbe dovuto porre prima dell'idrogeno. Fu proprio questo elemento a promuovere il suo interesse per lo studio dei gas. E a questo proposito, scoprì una legge come l'esistenza della temperatura critica, chiamata temperatura assoluta di ebollizione, al di sopra della quale un gas non può essere liquefatto, qualsiasi sia la pressione applicata. Arrivò alla conclusione della possibilità di liquefare i cosiddetti «gas permanenti». Si dedicò a questo punto alla natura delle soluzioni, definendo una soluzione «come un ambiente in cui si riscontra l'associazione delle particelle formate dal sistema del solvente e del corpo diluito». In queste combinazioni, si promuove un equilibrio mobile, subordinato alla legge di azione di massa. Nel 1877 vi dedicò una pubblicazione dal titolo *Studio delle soluzioni acquose, secondo il peso specifico.*

Il trattato sui *Principi di chimica*, che ebbe un grande successo, è in realtà un'enciclopedia. Nel 1906, un anno prima della sua morte, uscì l'ottava edizione che venne tradotta in tedesco, in francese e in inglese. A questo enorme lavoro diede sempre un significato sociale, sia per la cultura sia per l'economia. Va ricordato che negli anni tra il 1870 e il 1880 si dedicò all'industria petrolifera e carbonifera. Mendeleev sosteneva la necessità di razionalizzare lo sfruttamento del petrolio e lo vedeva come fonte di svariati prodotti chimici. Nel 1888 formulò l'ipotesi della gassificazione sotterranea che, successivamente, trovò un impiego nella pratica. Un uomo eccezionale.

14. Carlo Linneo nasce a Råshult, il 22 maggio 1707 e muore a Uppsala il 10 gennaio 1778. Era medico e botanico. È considerato il padre della sistematica delle piante e del mondo vegetale.

Figlio di un parroco di campagna, nella regione di Småland, ricevette istruzione scolastica dal padre e da alcuni precettori. Nella scuola elementare, il suo maestro Rothman già aveva rilevato il suo talento per le scienze naturali. Nel 1727, si iscrisse all'Università di Lund alla Facoltà di economia, ma un anno dopo si trasferì a Uppsala, la più antica università della Svezia. Qui nel 1730, a ventitré anni, pubblicò il suo primo lavoro di botanica *Praeludia sponsaliorum plantarum* e pochi mesi più tardi, ebbe il permesso di tenere lezioni di botanica e di organizzare le visite nel giardino botanico. Da queste esperienze, egli pone le basi al gigantesco lavoro degli anni successivi.

Il 12 maggio 1732, svolge un viaggio di ricerca in Lapponia. Già si delinea la sua vocazione, ma decide di studiare medicina all'estero, e il 12 giugno 1735 si laurea con la tesi *De febrium intermittentium causa* a Harderwijk in Olanda, per poi trasferirsi all'Università di Leiden. Conosce ad Amsterdam il professore di botanica Johannes Burman, e ottiene da lui il posto di direttore del giardino botanico e zoologico di Hartekamp, che era di proprietà del banchiere George Clifford. Dedica due anni a descrivere tutte le specie che conteneva. Si recò poi in Inghilterra, per visitare gli allora famosi giardini botanici di Chelsea e di Oxford. Seguì un vero pellegrinaggio a visitare giardini botanici, a Parigi si dedicò anche ai libri di botanica e agli erbari. Venne eletto membro dell'Académie de France.

È sempre impressionante leggere la possibilità che, nei secoli passati, gli studiosi avevano di dedicarsi alle più varie attività e di spostarsi da un luogo di studio a un altro, scegliendo sempre sulla base dei progetti e delle curiosità. Non meraviglia quindi che Linneo, dopo anni intensi rivolti alla botanica, svolga la funzione di medico presso l'ammiragliato di Stoccolma o che abbia in seguito svolto la professione medica privatamente, che sia stato chiamato alla cattedra di medicina teorica e pratica a Uppsala, a cui rimase legato fino alla morte. Il suo ruolo di professore comportava anche di sovraintendere al giardino botanico che ampliò, arricchendolo in maniera straordinaria. Nel 1745 aprì un museo di Scienze naturali. Le sue lezioni erano molto seguite, specialmente quelle dietetiche e quelle che prevedevano visite botaniche. Nel 1762, aveva ricevuto il titolo di medico del re. Ottenne anche il titolo di cavaliere della Stella polare, un grado nobiliare importante. Arricchitosi, acquista nel 1758 una proprietà vicino a Uppsala, dove costruì un giardino ammirevole, teneva lezioni e invitava studiosi di altri Paesi. Viveva qui con la famiglia, era sposato con numerosi figli. «Era ben cosciente del suo valore di scienziato, considerò sé stesso l'uomo incaricato da Dio di ordinare la natura e come tale, non sfuggì al conflitto tra i risultati della propria ricerca scientifica e i dettami della Chiesa e della casa paterna.»

Le sue pubblicazioni confermano l'enorme capacità per un lavoro metodologico e sistematico. Inizialmente era convinto della fissità delle specie botaniche, anche se in seguito considerò le nuove forme che si ottenevano dagli incroci. Diede fin dall'inizio importanza al sistema sessuale delle piante, che egli divise in due categorie: le piante con organi riproduttivi visibili e non visibili. La prima opera su cui lavorò anche in seguito e che ebbe molto successo, è *Systema Naturae*, pubblicata nel 1731, all'età di ventitré anni, a cui seguirono tredici edizioni, con l'ultima che giunse dopo la sua morte. Tutte le sue opere erano arricchimenti del sistema della natura e così si inseriscono *Fundamenta botanica* (1736), *Genera plantarum* (1737) e *Species plantarum* (1753) di grande importanza, perché viene usata la nomenclatura binomia. Le sue opere contengono tavole che illustrano la pianta e le sue caratteristiche. Va sottolineato che nel *Systema Naturae*, ha presentato anche una classificazione di ben 549 specie animali che, nella undicesima edizione, erano diventate 5897. Usa per gli animali la stessa sistematica applicata alla botanica. Doveva proprio essere affascinato dalla varietà in natura poiché si è dedicato anche alla sistematica dei minerali e a quella delle malattie umane. Su quest'ultimo tema pubblicò, nel 1759, *Genera morborum*.

È sconfinata l'attenzione alla natura e non si può ignorare l'attenzione per la flora di alta montagna, ma anche per la coltivazione degli ortaggi. Attribuì alle piante un valore economico e suggerì come utilizzare coloranti, estraendoli dalle piante, si deve a lui l'introduzione della pianta del tè in Svezia. Tra tutte le discipline, compresa la medicina, emerge il Linneo attratto dagli oggetti di natura, nella spinta a trovare il significato all'interno di una medesima specie, separandola dalle altre. Si interessò, seguendo un'antica consuetudine, del potere terapeutico delle piante. Ne parla nella *Materia medica*. È a Linneo che si lega la prima farmacopea svedese.

Il suo sistema di classificazione si fonda dunque sui caratteri sessuali e sulla nomenclatura binomia. Questo suo modo di vedere la natura lo trasferì ai suoi molti allievi che, ovunque andassero, portavano alla sua attenzione qualche nuovo esemplare da classificare. La natura sembra suggerire fin da allora di corrispondere a un sistema, costituito da legami tra i singoli oggetti.

15. Aleksandr Ivanovič Oparin nasce a Uglič, in Russia, il 2 marzo 1894 e muore a Mosca il 21 aprile del 1980. Il suo lavoro di biochimico si indirizzò al problema dell'origine della vita sulla terra.

Terminata la scuola secondaria a Mosca, nel 1912 si iscrisse all'università e nel 1917, a ventitré anni, si laureò divenendo assistente presso la cattedra di fisiologia vegetale. Svolse una rapida carriera accademica, diventando professore di biochimica vegetale. Nel 1935, assieme a Aleksej Nikolaevič Bach fonda l'Istituto di biochimica presso l'Accademia delle Scienze dell'Unione delle Repubbliche socialiste sovietiche (Urss), di cui diverrà membro attivo. Nel 1974 gli venne attribuito il premio Lenin, il più prestigioso.

In questo curriculum di grande rilievo, Oparin elabora la sua teoria sull'origine della vita sulla terra: una visione che espone già nel 1922. Due anni dopo pubblica l'opera *L'origine della vita*. A mostrare l'importanza delle tesi qui riportate, basta ricordare che il volume è stato tradotto in cinquanta lingue. Segno non solo dell'interesse per questo tema, ma anche per averlo inquadrato nella dimensione scientifica. Quando nel 1970 viene fondata in Francia la Società internazionale per lo studio dell'origine della vita, Oparin ne venne eletto presidente.

Il punto di partenza, secondo questa teoria, è la condizione dell'atmosfera e dell'idrosfera della Terra prima ancora della vita: inizialmente è formata da composti del carbonio, quindi anche del biossido di carbonio, la CO_2. Le piccole molecole, derivate dal carbonio, si polimerizzano gradualmente nelle acque degli oceani, formando un miscuglio di diverse sostanze organiche: è questo il *brodo primordiale*, del quale fanno parte anche sostanze albuminose e vari nucleotidi. Tali sostanze organiche semplici formano dei coacervati che, interagendo con l'ambiente e con l'energia di questo ambiente, danno luogo a sistemi che, in seguito a una selezione naturale, costituiscono organizzazioni intramolecolari e sopramolecolari, da cui emergono le funzioni vitali più elementari. Sono questi i sistemi di partenza per l'origine della vita primitiva. Queste tappe evolutive non esprimono solo una sequenza concettuale, ma sono riproducibili sperimentalmente. Si è, infatti, dimostrata una sintesi biogenetica delle sostanze organiche dello spazio cosmico, in condizioni che erano quelle della superficie terrestre primitiva. Ed è stata confermata la separazione di sistemi dal brodo primordiale, formati da combinazioni organiche e polimeri, inclusi gli acidi nucleici. Oparin, poi, inserendo degli enzimi e dei catalizzatori, riuscì a ottenere sperimentalmente formazioni di sistemi aperti, in cui si rendevano possibili operazioni metaboliche, che dipendevano dalle sostanze presenti nell'ambiente. Proprio nella previsione di «attivatori», egli si occupò dello studio degli enzimi nella cellula vivente. È stato così possibile considerare i coacervati, come precursori delle membrane cellulari.

Da questa pur semplificata descrizione deriva che, secondo la teoria di Oparin, non vi è una differenza sostanziale tra un organismo vivente e una materia senza vita. Pertanto, ciò che chiamiamo vita è il *risultato dell'evoluzione della materia*. Tenendo conto che, studiando le atmosfere di Giove, si è scoperto nella sua atmosfera del metano, Oparin ha suggerito che anche la terra avesse un'atmosfera contenente metano, ammoniaca, idrogeno e vapore acqueo: materie prime necessarie per l'evoluzione della vita. Va aggiunto che i risultati non vanno limitati alle caratteristiche di ciascuna di queste molecole poiché è con la loro combinazione nelle forme più diverse, che si sono espresse nuove proprietà chimiche, all'origine delle interazioni più complesse e successive nell'evoluzione. E proprio a queste nuove proprietà, alla competizione, alla velocità di crescita, si deve l'attivazione, già a livello biochimico, di una lotta per l'esistenza, ma soprattutto di una selezione che ha preso il corso di giungere agli esseri viventi. È anzi possibile che, persino nelle prime fasi dell'elaborazione, siano apparse forme semplificate di vita, che sono scomparse lasciando attivi processi per forme più complesse. I coacervati possono, dunque, rappresentare il livello da cui parte la cellula vivente. Negli esperimenti sul brodo primordiale, altri ricercatori come Miller e Urey, introducendo delle scariche elettriche, hanno trovato gli aminoacidi.

Se negli ultimi decenni si è pensato a un Big Bang come origine dell'universo, che portava fino alla struttura delle galassie con stelle e pianeti, era necessario che la scienza si attivasse per rispondere a «come» la vita sia nata forse su un unico pianeta, la Terra, e non su altri, sebbene si pensi ne esistano circa cinquecento, con caratteristiche analoghe al nostro. E sono presenti circa un milione di specie animali diverse, tra cui l'uomo. L'evoluzione di Darwin è stata costruita sulle specie viventi. Oparin ha aperto il capitolo scientifico di come si sia creata ed evoluta la prima cellula.

16. Camillo Golgi nasce a Corteno (Brescia) il 7 luglio 1843 e muore a Pavia, il 21 gennaio 1926. Medico e istologo, il suo nome è legato alla scoperta di un metodo per visualizzare in una sezione di cervello le cellule nervose, i neuroni, mettendo in risalto il corpo cellulare ma anche i prolungamenti dendritici. È il metodo della impregnazione cromo-argentica. Questa scoperta risale al 1873: applicandola, affermò la teoria della *rete di neuroni*, che aprì nuove e rivoluzionarie ipotesi sul funzionamento del cervello.

Corteno è un paese della Val Camonica, dove il padre Alessandro svolgeva l'attività di medico condotto. Qui nasce Camillo e frequenta le scuole primarie. Continua gli studi al liceo classico Arnoldo di Brescia, e nel 1865 si laurea in medicina all'Università di Pavia, con una tesi sulla *Eziologia delle malattie mentali*, discussa con Cesare Lombroso. Vince il concorso come primario presso la Pia casa degli incurabili di Abbiategrasso. In questo luogo riesce a creare un piccolo laboratorio di ricerca in una cucina rudimentale, dove può collocare un microscopio e gli strumenti per preparare i materiali istologici da osservare. E, pur isolato dall'università, potrà contare sull'amicizia di Bizzozero, professore a Pavia nella cattedra di istologia e patologia generale, ed è proprio qui che mette a punto la metodologia cromo-argentica. Vi otterrà nel 1875 l'insegnamento di istologia.

Non va dimenticato il suo interesse per la psichiatria, allora diretta da Cesare Lombroso, come Clinica di malattie nervose e mentali. Lombroso tendeva a riportare la psichiatria a fenomeni di degenerazione del cervello. Golgi pubblicò delle memorie sulle forme di patologia mentale ma, poiché gli era apparso che le teorie lombrosiane fossero avventate, lasciò questo dominio e si volse all'istologia e anatomia, in cui poteva dedicarsi a studi particolari sul cervello, grazie alla scoperta del nuovo metodo destinato proprio ai neuroni. Nel 1879, vinse la cattedra di anatomia all'Università di Siena, ma un anno dopo, ritornò a Pavia come titolare della cattedra di istologia. Gli venne assegnata più tardi quella di patologia generale, sempre mantenendo l'insegnamento di istologia. Rimase a Pavia fino al 1918, quando raggiunse i limiti di età.

La colorazione cromo-argentica lo portò, nel 1880, a pubblicare un articolo sulla struttura delle fibre nervose periferiche e centrali, in cui dimostrò l'importanza di speciali apparati di sostegno alla mielina. Nel 1882 inizia una serie di pubblicazioni di fine anatomia degli organi centrali del sistema nervoso, in cui fornisce le prime lucide definizioni strutturali del bulbo olfattivo, della corteccia cerebrale, del cervelletto... Si trova nella condizione di chi osserva il sistema nervoso centrale, con una precisione di dettagli prima impossibile. E può osservare sezioni di cervello, che vengono colorate per poterle analizzare al microscopio. Tra le sue osservazioni, Golgi giunge ad ammettere nella sostanza grigia una *rete nervosa diffusa*, che connette tutti gli elementi del cervello, quindi i centri nervosi, di cui si conosceva la specifica funzione. La rete è costituita dai dendriti e dalla successiva, e sempre più fine, loro arborizzazione.

Come sovente accade, l'uso di una nuova tecnica di analisi permette di fare osservazioni totalmente nuove. L'esempio più esplicito è accaduto in epoche più recenti con la scoperta del microscopio elettronico, che permetteva di ingrandire le osservazioni migliaia di volte più del microscopio normale. Per molti anni,

Golgi fu il solo che con i propri allievi usava l'impregnazione cromo-argentica. Più tardi venne applicata anche da Santiago Ramón y Cajal, che si dedicò in particolare alla rete nervosa diffusa: a questo proposito, vennero messe in contrapposizione l'interpretazione di Golgi e quella del giovane ricercatore spagnolo. La rete neuronale divenne un tema fondamentale proprio perché, dopo l'attenzione ai centri operativi, si stava cercando di dare senso a una rete diffusa tra i neuroni. E la pregnanza di tale ricerca venne messa in rilievo dal premio Nobel che, nel 1906, fu dato a entrambi: al vecchio Golgi e al più giovane Ramón y Cajal, non solo per età, ma per il tempo dedicato alla descrizione della nuova visione anatomica.

La interpretazione della rete neuronale era diversa tra i due: Golgi la considerava fissa, Cajal aveva notato in particolare le strutture sinaptiche e la considerava una rete dinamica, che si modificava a seconda dell'attivazione delle giunture sinaptiche tra un neurone e l'altro. Al tempo del Nobel si erano creati i due partiti che, oggi, non esistono più in quanto si è successivamente dimostrata più corretta l'interpretazione del ricercatore spagnolo. È però indubbio che lo strumento per la nuova, e per allora straordinaria, visione del sistema nervoso, venne creato da Golgi.

17. Sigmund Freud nasce a Freiberg, in Moravia, il 6 maggio 1856 e muore a Londra il 23 settembre 1939. È un medico che si è dedicato allo studio dei disturbi mentali e ha creato la prima *anatomia della psiche*. Sui meccanismi che la governano ha ricavato una tecnica di analisi e di cura, nota come psicoanalisi.

Il padre, Jacob, era un commerciante e nel 1855 aveva sposato in terze nozze Amalie Nathanson; dal nuovo matrimonio nasce Sigmund. Nel 1859, la Germania era in una crisi della manifattura tessile, il campo di attività del padre. Seguì la decisione di cambiare città e di trasferirsi a Lipsia, subito dopo a Vienna. Qui, Sigmund ricevette la prima istruzione, nei primi anni dell'adolescenza fu un lettore attento dei Testi sacri, frequentò il Leopold-stadt Gymnasium risultando un allievo esemplare. Nel 1873, a diciassette anni, si iscrive alla Facoltà di medicina dell'Università di Vienna. Come ebbe a scrivere più tardi, era attratto dal «bisogno prepotente di capire qualcosa degli enigmi del mondo in cui viviamo e forse anche di dare un contributo alla loro soluzione».

In questa fase fu sicuramente molto interessato alle teorie di Darwin. All'università ebbe un buon rapporto con il professor Klaus, che dirigeva l'Istituto di anatomia comparata e, su suo suggerimento, frequentò l'Istituto, in cui si occupò delle gonadi delle anguille. Ma l'incontro ben più importante fu quello con Ernst Wilhelm von Brücke, direttore dell'Istituto di fisiologia dove Freud fu allievo interno dal 1876 al 1882. Anche a questo proposito dirà: «Nel laboratorio fisiologico di Brücke, trovai finalmente la calma e un completo appagamento, incontrai uomini degni di rispetto e tali da essere presi come modello».

Brücke si interessava all'indirizzo fisiologico, fondato sulla sperimentazione e su principi organicistici (materialisti) e suggerì a Freud di analizzare le caratteristiche biologiche delle cellule di Reissner, che egli aveva descritto nel midollo spinale. Fu l'allievo a mostrare che quelle cellule erano neuroni di tipo sensitivo. Così mise in evidenza l'attività che passa dalla uni alla bipolarità. Successivamente, si dedicò alle cellule nervose del gambero e ne descrisse la struttura. Questi suoi primi lavori mostrano l'indirizzo biologico verso cui si era orientato, e al contempo una grande abilità operativa e sperimentale. Tali osservazioni vennero pubblicate sul bollettino dell'Accademia delle Scienze. L'impegno da von Brücke gli servì anche per mettere in luce una mancanza di interesse per le branche della medicina, una sorta di indifferenza, che aveva un'unica eccezione nel corso di psichiatria tenuto da Theodor Meynert.

Conseguita la laurea in medicina il 31 marzo 1881, avrebbe voluto restare nell'Istituto di Brücke, ma lo dissuase lo stesso professore, ponendolo di fronte alla precaria situazione economica della famiglia. Come più tardi scrisse a questo proposito nella sua *Autobiografia*, «Seguii il suo consiglio ed entrai come aspirante nell'Ospedale generale». Compiuta questa scelta, era evidente che la sua memoria si rivolgesse alle lezioni di Meynert, per cui dal maggio al dicembre 1883, entra nella clinica. Successivamente passa nel reparto di malattie nervose, diretto da E. Scholz. Vi rimase quattordici mesi: entrato in conflitto con il direttore si trasferisce prima in oftalmologia, poi in dermatologia. Questa serie di tentativi nel cercare un'identità clinica che dominava nell'ospedale, lo conduce nel 1885 a prendere la «libera docenza» in neurologia, in cui tenne una magnifica lezione sui fasci midollari del cervello. I suoi sostenitori erano Brücke, Meynert e il clinico medico Hermann Nothnagel. Nel 1902, viene nominato professore extra ordinario. Ha un curriculum che sembra totalmente aperto a poter entrare nella corrente più forte dell'ambiente scientifico austriaco, intonato all'organismo del sistema nervoso: nel luglio del 1884 aveva preparato un saggio su *Gli effetti della cocaina come farmaco stimolante e analgesico*, particolarmente apprezzato dall'oftalmologo Karl Koller e a questo punto, il tema cocaina mostra l'orientamento terapeutico di Freud.

Avvengono, però, dei fatti rilevanti di tipo personale. Nel giugno del 1882, Freud si fidanza con Martha Bernays, di cinque anni più giovane (lui ha ventisei anni), che apparteneva a una famiglia importante: il nonno Isaac era stato rabbino capo di Amburgo. Si sposerà nel settembre del 1886. Il secondo dato personale è l'amicizia stabilita con Joseph Breuer, un noto medico viennese, che si era allontanato dall'ambito universitario preferendo una professione più redditizia. Il primo incontro era avvenuto nell'Istituto di Brücke, ma l'amicizia si protrasse sulla base di interessi comuni. Il loro rapporto scientifico era nel discutere vicendevolmente dei rispettivi casi clinici. Breuer gli raccontò il caso di una paziente isterica (Bertha Pappenheim) che nel libro scritto insieme più tardi, *Studi clinici sull'isteria*, è indicata come Anna O.

Chiese e ottenne, sempre con l'aiuto di Brücke, una borsa di studio del Ministero dell'Istruzione, in seguito alla quale Freud lasciò in maniera definitiva l'Ospedale di Vienna. Siamo nell'agosto 1885, Freud ha ventinove anni. Sull'abbandono di un luogo, in cui era noto e certamente godeva di uno stipendio, vi sono diverse motivazioni: quelle che sembrano più rilevanti, sono la percezione di un clima di antisemitismo che stava diffondendosi e la necessità di una indipendenza economica. Inoltre, grazie alla borsa di studio, sembra possibile una nuova ripartenza: sempre nel 1885, nell'ottobre, viene accettato come ospite straniero nella Clinica neurologica di Jean-Martin Charcot alla Salpêtrière di Parigi. Vi rimase fino al febbraio successivo. Charcot dimostrava l'esistenza di rapporti tra fattori psichici e genesi della malattia mentale, in particolare nell'isteria. Nelle lezioni a cui Freud poté assistere, Charcot mostrava come era possibile indurre una crisi isterica nelle pazienti. Sempre grazie alla borsa di studio, Freud si reca, dopo Parigi, nella clinica pediatrica di Berlino, dove rimase per un mese. Tornato dal viaggio, riferì quanto aveva osservato alla Società di medicina che ne fu scandalizzata, ma il pediatra Max Kassowitz gli offrì il posto di direttore del reparto neurologico dell'Istituto per le malattie dei bambini. Con probabilità, doveva aver riferito di esperienze e osservazioni in ambito pediatrico, fatte a Berlino. Freud accettò questa offerta e rimase per molti anni. Nel 1889 ritorna in Francia e, questa volta, va a Nancy alla scuola di Hippolyte Bernheim, che applicava l'ipnosi. Qui imparò che non era possibile indurla, quando il soggetto faceva resistenza.

Questa serie di eventi nella vita del medico Sigmund Freud, che appare piuttosto funambolica, ha invece tutti gli elementi per una grande svolta. Ed è così che i *pezzi* delle sue diverse esperienze si combinano, creando una nuova teoria che emerge e che caratterizzerà gli anni successivi, aprendo una via originale sia per i meccanismi che portano ai disturbi mentali, ma anche a un sistema terapeutico. Non ha più fondamento sulla fisiologia classica, poiché appartiene a un sistema nuovo che diventa la *psiche*: un vero apparato, con una struttura e una dinamica proprie. Che si tratti di una contrapposizione, lo mostrano gli stessi termini: *physis* da una parte, *psyché* dall'altra. È straordinario sottolineare che l'apparato psichico è disegnato da un Freud che, fino a quel momento, ha dedicato la sua attività ai meccanismi biologici. E proprio in questa apparente contrapposizione, si pongono la sua genialità e creatività.

In realtà l'ombra della biologia è talmente importante, che gli servirà a disegnare una teoria del funzionamento psichico, individuando funzioni legate alle istanze: l'Io, il Super-io, l'Es, e a meccanismi che mancano del substrato biologico, ma forse lo sottintendono. I meccanismi difensivi si chiamano: rimozione, spostamento, negazione, scissione... E nella costruzione di una teoria, che è nata dalla psichiatria e l'ha modificata totalmente, si può affermare paradossalmente che vi è una straordinaria coerenza. Non è una teoria di matematica pura, nasce sui pazienti mentali e il campo principe dell'analisi e della verifica è l'isteria, il capitolo più significativo di disturbi della mente, che, allora, si separavano in nevrosi e psicosi. Per capire questa contrapposizione-appartenenza si deve aggiungere un altro tassello, che riguarda le ricerche che egli compie nel 1893, di ritorno dal viaggio di studi e all'inizio del lavoro clinico privato che compie con Breuer: è lo studio sulle paralisi. E qui esce il neurologo, che sa che esistono le paralisi motorie, per lesione del sistema nervoso e della conduzione tra neuroni, e invece le paralisi motorie dell'isteria. Le prime sono irreversibili, le seconde non soltanto sono temporanee, ma è possibile – come faceva Charcot – indurle e anche risolverle, usando la parola e la relazione tra psichiatra e paziente.

La *psicoanalisi* diventa un metodo che indaga i meccanismi del sistema psichico, ma allo stesso tempo è la dimostrazione della sua validità terapeutica. C'è bisogno di una svolta e qui, il riferimento principale riporta Freud ai meccanismi ipnotici, e a un *coup de génie*: sapeva bene che il paziente, portato in stato ipnotico, riferisce episodi della propria esistenza che non riconosce quando ritorna alla coscienza vigile. Tutto questo dà un grande sostegno al punto della teoria psicoanalitica, secondo cui un'esperienza traumatica, tale da far temere la morte viene *rimossa dalla coscienza*, come difesa per poter continuare a vivere. La rimozione non è la dimenticanza che può essere riportata alla memoria, ma è uno spostamento nell'*inconscio* che diventa una sorta di torre, che non permette al pericolo rimosso di ritornare alla coscienza. Nello stesso tempo l'ipnosi diventa però un ostacolo, non tanto per svelare, ma per poter liberare il rimosso. Freud sostiene che il paziente nell'ipnosi non partecipa allo svelamento, e che per poterlo liberare occorre invece che sia presente e attivo nel suo riconoscimento. Quindi l'ipnosi non ha la capacità terapeutica, occorre invece una tecnica che, con l'aiuto dell'analista, si rivolga a un paziente, egli stesso attore, nell'aprire la porta della torre dell'inconscio.

Sono solo accenni di quello che oggi si definisce il primo Freud, poiché è indubbio che la psicoanalisi è un sistema completamente e coerentemente legato alla creatività di Freud, ma è al contempo connesso con diatribe, nate all'interno anche tra i suoi allievi e all'esterno per le resistenze del mondo accademico. Senza dimenticare la mentalità della Vienna di quel tempo e della cultura, che era dominata dalla biologia.

Per aggiungere qualche altro spunto, va ricordato che nel 1886 muore il padre, e Sigmund rileva in sé stesso una condizione nevrotica, analoga a quella che vedeva nei suoi pazienti. Un giudizio che egli esprime nella lettera del 7 luglio 1897, diretta a Fliess, come «percezione di un proprio stato nevrotico». È questa la spinta alla autoanalisi, che compie in gran parte attraverso un epistolario con Fliess, un amico otorino-laringoiatra.

Il secondo spunto è quello della sessualità infantile, e anche qui il ritorno a quelli che apparivano strani passaggi nel reparto pediatrico dell'Ospedale, con l'incarico di neurologo per molti anni, e che avranno un peso enorme. Per Freud il bambino si trova a vivere un trauma che riporta all'Edipo di Sofocle, in cui l'amore verso la madre si scontra con la presenza del padre, come un predatore che tenti di rubare l'oggetto d'amore. Ogni volta che si ricordano i grandi uomini della scienza, i grandi creativi, si ha sempre l'impressione di una storia che sembra dover generare gratificazioni e persino piacere, per la consapevolezza di un apporto che non ha certo dimensione solo personale o legata a piccoli gruppi di appartenenza, ma significative per tutta l'umanità. Ci si trova invece di fronte a una storia anche di lotte e di dolori. Ma il lavoro di Freud è talmente grande che ha aperto, sulla stessa radice, tanti altri rami, a volte derivati però da parti distocici. C'è il caso di Jung, la lotta che porta allo sviluppo della psicoanalisi junghiana che non esisterebbe senza Freud, c'è il caso di Adler, di Otto Rank... e poi c'è sempre la dimensione personale.

Gli ultimi anni di Freud sono legati a un tumore alla mascella che gli dava dolori, con gravi limitazioni alle articolazioni dell'apparato boccale, e persino al linguaggio parlato. Il secondo dramma è il nazismo: quando nel giugno del 1938 Hitler invade l'Austria, Freud che aveva resistito fino a quel momento, deve lasciare il suo studio al numero 19 della Berggasse, dove abitava dal 1891, e spostarsi a Londra, a Maresfield. Questi ultimi periodi li dedica a uno studio bellissimo sul monoteismo ebraico. È del 1939 l'uscita di *Mosè e la religione monoteistica*. Nel 1940 esce postumo il *Sommario di psicoanalisi*. Muore il 23 settembre 1939. Ha lasciato una letteratura vastissima e straordinaria, mostrando di essere anche un grandissimo scrittore.

18. Wilhelm Wundt nasce a Neckarau (Baden) il 16 agosto 1832, e muore a Grossbothen (Lipsia) il 31 agosto 1920. Rimane nella storia come il creatore del primo laboratorio di psicologia sperimentale. Aprì la dimensione scientifica della psicologia che, fino a quel momento, era associata alla filosofia. Partì dalle indagini sperimentali sui fondamenti della conoscenza: le sensazioni, le percezioni, l'appercezione.

È il quarto figlio di un pastore protestante. Nel 1851, a diciannove anni, si iscrive ai corsi di medicina all'Università di Tubinga. Vi rimane un anno e poi si trasferisce a Heidelberg, dove si laurea nel 1855. Dopo la laurea, si reca a Berlino per specializzarsi in fisiologia; qui insegnavano due grandi maestri: Emil Du Bois-Reymond e Johannes Peter Müller. Si rende conto del proprio interesse all'attività di ricerca, e decide di seguirla all'interno dell'università. Ritorna a Heidelberg, nel 1857, diventa assistente di Hermann Ludwig von Helmholtz, che aveva aperto il nuovo Istituto di fisiologia e vi rimarrà fino al 1864, tenendo anche corsi di psicologia come scienza naturale. Nel 1864 è nominato professore straordinario. Mantiene l'impegno per la fisiologia, che applica, però, alla psicologia. Nel 1873 pubblica l'opera più importante (ha quarantun anni): *Fondamenti di psicologia fisiologica*, un volume che ha avuto sei edizioni rivedute e ampliate, per poter tener conto delle progressive scoperte. L'ultima esce nel 1911. Nel 1874 insegnò a Zurigo filosofia induttiva e nel 1875 venne chiamato a occupare la cattedra di filosofia a Lipsia. Rimarrà in questa università fino al 1917, per ben quarantadue anni.

Anche Wundt, che rimarrà noto nella psicologia sperimentale, si è dedicato sia pure transitoriamente, ad ambiti diversi, dimostrando interesse per la fisiologia, ma anche per la psicologia, per la linguistica, per l'antropologia. La vastità del sapere non è mai un limite al lavoro specialistico ristretto.

La data fondamentale è quella del 1879 quando, a quarantaquattro anni, fonda il primo laboratorio di psicologia sperimentale. E l'inizio della psicologia scientifica moderna. L'istituto si ingrandisce, diventerà un luogo di riferimento per molti studenti e un modello per istituzioni accademiche di questo tipo. Le sue ricerche sono contenute nei dieci volumi della sua straordinaria *Völkerpsychologie* (*Psicologia dei popoli*), elaborata dal 1900 al 1920, che è integrata da *Probleme der Völkerpsychologie* (*Problemi della Psicologia dei popoli*) del 1911 e da *Elemente der Völkerpsychologie* (*Elementi della Psicologia dei popoli*), del 1912.

Enorme è anche la sua produzione filosofica: compone volumi su *Logik*, *Ethik*, e poi *Einleitung in die Philosophie*. Pochi giorni prima della morte, aveva completato l'ultimo suo libro, l'autobiografia: *Erlebtes und Erkanntes*. Da questa monumentale produzione si rileva la concezione che il metodo per studiare la psicologia è la fisiologia, perché permette dimostrazioni scientifiche e rigore. Fa parte, dunque, delle scienze naturali con la differenza che, mentre queste si occupano delle proprietà e delle interrelazioni tra oggetti, la psicologia si occupa dei «fatti dell'esperienza immediata in relazione al soggetto che percepisce, che esperisce, che conosce, e che agisce. Per questo, particolare importanza hanno le motivazioni, come partenza per attivare una catena di concettualizzazioni astratte, e per poter scoprire i nessi causali implicati nell'esperienza immediata». Pertanto, le connessioni causali sono per la psicologia qualitativamente diverse da quelle delle scienze naturali. Distingue infatti la psicologia dalla psicologia fisiologica. La psicologia non ha nulla a che fare con una ipotetica meccanica dei processi cerebrali; un tema questo che compete alle scienze naturali, ma la psicologia non può esservi assimilata: Wundt ritiene che possa essere *scienza a pieno titolo*.

Il laboratorio di psicologia, instaurando condizioni artificiali, rende possibile cogliere fenomeni altrimenti impossibili, e comparare osservazioni e risultati ottenuti. Teneva conto in questo ambito degli studi sulle sensazioni, che in laboratorio possono essere modificate, persino inventate, e che permettono di valutarne le connessioni causali. Per poter riportare i temi della psicologia in laboratorio, occorre ipotizzare la loro scomposizione in elementi che vanno divisi tra elementi ulteriormente riducibili e altri irriducibili. Tale elementarizzazione porta a costituire combinazioni più complesse, passando così dalle sensazioni alle percezioni e alle emozioni. Ogni elemento psichico va poi distinto per la qualità e l'intensità. Mentre le sensazioni variano in intensità, rimanendo qualitativamente omogenee, i sentimenti passano da una qualità alla sua opposta. Tali richiami servono a mostrare lo sforzo di un'analisi degli elementi fondamentali come le *sensazioni* e le *percezioni*, necessaria a costruire sistemi via via più complessi. E diventa chiaro che ci si imbatte subito nella *coscienza*, in cui è possibile evidenziare l'importanza dell'attenzione a cui compete un processo selettivo; è proprio la selezione che permette la *appercezione*, intesa come presenza simultanea o successiva.

Va sottolineato che negli anni in cui Wundt dirige il laboratorio, gli studi erano centrati sulla visione, sul colore, sulle illusioni ottiche, arrivando fino alle associazioni, mentre non avevano toccato l'indagine sperimentale dei processi psichici superiori, come il pensiero. È qui che egli incontra le difficoltà e probabilmente è a tale limite che attribuisce, come premessa generale, la dedizione alla psicologia dei popoli, ritenendo che le funzioni cosiddette «superiori» emergano dall'evoluzione sociale e culturale e che pertanto occorra rilevarle nei popoli e non negli individui. Ma questa concezione non ha trovato né condivisione né sviluppo. È comunque rimasto acceso il rapporto tra sperimentazione e psicologia, anche se la sua riduzione a biologia rimane sempre difficile. Una dimostrazione storica è proprio quella data da Freud che, dal punto di vista di Wundt, rappresenta una modalità non biologica di analisi della vita psichica. Con Wundt entra il bisogno di uniformare l'apparato psichico, secondo i dettami della scienza. Un imperativo, per non ritornare ai riduzionismi dei neuroni, ma allo stesso tempo nemmeno alle elucubrazioni di una filosofia che disegna l'uomo in maniera estranea alla natura.

19. Franz Alexander nasce a Budapest il 22 gennaio 1891 e muore a Los Angeles, naturalizzato americano, l'8 marzo 1964. Ha fondato la medicina psicosomatica, stabilendo correlazioni tra i meccanismi psichici e i disturbi riferiti sia al corpo che alla mente. Il suo primo interesse giovanile era stato l'archeologia; successivamente, con l'intenzione di dedicarsi alla matematica, andò un anno a Gottinga, dove lavoravano grandi matematici e fisici teorici. Ritornato a Budapest, scelse in modo definitivo la me-

dicina e frequentò durante gli studi universitari il laboratorio di patologia sperimentale. Poiché si era occupato di metabolismo cerebrale venne invitato dopo la laurea a coprire il posto di assistente nel laboratorio dell'Istituto di psichiatria. Trovava che la psichiatria rappresentasse una disciplina che permette di mettere insieme la dimensione scientifica con quella filosofica e umanistica. È durante questo periodo che conosce i lavori di Freud, accompagnandoli però con un iniziale scetticismo.

Alla fine della Prima guerra mondiale, a cui aveva partecipato come ufficiale medico dell'esercito ungherese, venne assunto all'Ospedale psichiatrico di Budapest. Di fronte ai casi psichiatrici provò un deciso interesse per la psicoanalisi e si trasferì a Berlino, dove era da poco nato l'Istituto di psicoanalisi. Nello stesso tempo, seguì un'analisi didattica sotto la guida di Hanns Sachs e si sentì ben presto parte del movimento. Nel 1922, ottiene il premio Freud per il miglior saggio clinico dell'anno. I suoi lavori giunsero a Freud che, in una lettera a Ferenczi, ne parla come di «uno dei più promettenti della nuova generazione di analisti». Nel 1930 viene invitato da Robert N. Hutkins, rettore dell'Università di Chicago, a coprire la cattedra di psicoanalisi: la prima in America. Trovò una generale insensibilità tra i membri della facoltà. Passò un anno a Boston, ritornò a Chicago e oltre all'insegnamento che ricopriva, fondò nel 1932 l'Istituto di psicoanalisi di Chicago, che poi diresse per venticinque anni. Ed è nell'istituto in cui si riunivano gli psichiatri, che il piano di ricerche sviluppato divenne il riferimento principale per la psichiatria americana.

Nel 1956, accettò l'incarico di direttore della Psychiatric and psychosomatic Research Division al Mount Sinai Hospital di Los Angeles, e lo mantenne fino alla morte. La stessa denominazione dell'incarico era il riconoscimento per i suoi studi, che ne hanno fatto il fondatore della *medicina psicosomatica*. Spettano a lui due principi fondamentali: quello di *analisi vettoriale* e quello di *specificità* dei conflitti psicosomatici. La più importante correlazione tra psiche e soma, la rilevò studiando l'apparato gastrointestinale. Distinse tre categorie che rappresentavano le tendenze o «vettori»: l'assumere, il trattenere, il dare. L'analisi di queste tre attitudini emotive fondamentali di un soggetto acquisiva un significato utile per la corretta diagnosi di disturbi gastrointestinali, e allo stesso tempo permetteva di dare una rappresentazione della vita interpersonale, incluse le relazioni sessuali. Osservò che alcuni disturbi erano correlati costantemente a modelli psicodinamici o a determinati complessi emotivi. Allargò l'osservazione, dimostrando che alcuni organi o sistemi organici erano più reattivi di altri a certi tipi di emozioni. E rilevò che vi erano soggetti con gli stessi conflitti psicoemotivi, che non presentavano disturbi organici. Su questa differenza, arrivò a definire la presenza di un *fattore di vulnerabilità* organo-specifico, che poteva essere congenito oppure acquisito. Si stava delineando un quadro, fatto di meccanismi che legavano la psiche agli organi somatici, superando così la storica tradizione della medicina che tendeva a tenere distinti i due mondi, ognuno con proprie leggi. A completare questo binomio aggiunse la *situazione di attacco*, data dalle condizioni esistenziali che precedevano immediatamente l'insorgenza della malattia, e che acquistavano per il paziente un particolare significato emotivo. Un principio di grande rilievo, tenendo conto che Alexander metteva in evidenza i diversi meccanismi neuro-ormonali, che diventavano i riferimenti della vulnerabilità.

La psicosomatica ha con lui raggiunto una propria identificazione, sia clinica che fisiologica, legata cioè a meccanismi ben precisi. Tutto ciò ha un valore al di fuori della psicoanalisi di cui Alexander era diventato un deciso sostenitore. E questa doppia visione lo ha portato a stabilire il principio di *flessibilità*, relativo alla modalità di condurre la tecnica freudiana. Nell'Istituto di Chicago sperimentò varie modifiche, sia sulla durata dell'analisi, sia togliendo o mantenendo il divano, e ammettendo alcune interruzioni. L'interesse per la terapia dei disturbi psicosomatici con la psicoanalisi lo portò al nuovo concetto di «esperienza emotiva correttiva», che consiste nel far rivivere in condizioni però di supporto, le stesse situazioni in precedenza risultate intollerabili. Un concetto che si trasmetteva sul tema fondamentale della relazione che in psicoanalisi è rappresentato dal transfert. Riteneva, infatti, che il transfert permettesse al paziente di acquisire sicurezza, in situazioni che venivano create nelle sedute.

Nella rivista da lui fondata, «Psychosomatic medicine», viene esplorata la genesi del trasferimento organico dei disturbi psichici. In *Psychosomatic Medicine: Its Principles and Applications* e in *Fundamentals in Psychoanalysis* è sostenuta la necessità della psicoanalisi per la terapia. Si è esplorata successivamente la possibilità di interventi di tipo diverso, ma tutto questo non influiva sul vero e significativo apporto di Alexander, relativo ai meccanismi che legano emozioni e sentimenti alla funzionalità e alla patologia del corpo. A lui spetta aver aperto una nuova via per entrare nel comportamento umano.

20. Hans Selye nasce a Vienna il 26 gennaio 1907 e muore a Montréal il 16 ottobre 1982. Al suo nome è legato il concetto di «stress», che è diventato l'origine di molti disturbi psichici definiti da disadattamento, ed è suo il termine di «sindrome di disadattamento».

Figlio unico di un noto chirurgo ungherese, la madre era austriaca. Nel 1924 Hans si iscrive alla Facoltà di medicina dell'Università tedesca di Praga. L'anno seguente, continua gli studi trasferendosi a Parigi e nel 1926 frequenta gli studi a Roma. Nel 1927 ritorna a Praga, e diventa studente interno di Arthur Biedl, un patologo sperimentale. Nel 1929 si laurea in medicina a Praga e nel 1931 raggiunge il dottorato in chimica biologica. Sempre in quell'anno, vince una borsa di perfezionamento nella ricerca della Fondazione Rockefeller e lavora per un anno alla Johns Hopkins University di Baltimora.

Nel 1932, a venticinque anni, si trasferisce a Montréal, alla McGill University e due anni dopo, diventa professore incaricato di biochimica. In questo ruolo i suoi esperimenti principali consistono nell'iniettare quotidianamente nel ratto una sostanza, rilevandone gli effetti. Egli notava alcune volte delle ulcere peptiche, oppure l'ingrossamento delle ghiandole surrenali, talora atrofia dei sistemi immunitari. Poté constatare che tali effetti li otteneva iniettando estratti ovarici e placentari. Subito pensò che, a causare i disturbi, vi fosse qualche specifico ormone a lui ancora ignoto, ma scoprì presto che i liquidi non derivanti da tessuti umani, come ad esempio la formalina, causavano la stessa reazione. È così che nel 1936 pubblicò su «Nature» un articolo intitolato: *A syndrome produced by diverse nocuous agents*. Spiegava in questo lavoro la tesi secondo cui l'organismo combatte contro diversi tipi di cause patogene, con un'unica reazione sempre identica. Il suo obiettivo, da quel momento, divenne di poter chiarire i meccanismi della *sindrome da stress*. Questa idea non veniva per lo più condivisa o al massimo lasciava indifferenti gli studiosi, a eccezione di Frederick Grant Banting, consulente del Consiglio nazionale delle ricerche del Canada, il quale, avendo il compito di visitare i laboratori universitari, si trovò ad andare spesso nel laboratorio di questo giovane ricercatore che, all'inizio, parlava di «sindrome di essere ammalati». Selye non poteva trovare un amico migliore, il suo laboratorio venne potenziato e sostenuto da fondi di ricerca.

Completamente isolato, non creduto, ma deciso, ripeteva spesso che il suo piano di studi era considerato seriamente da uno degli scopritori dell'insulina. Giunse così a delineare nella «sindrome generale da adattamento» i meccanismi messi in atto dall'organismo. Li descrisse in tre stadi: il primo, come iniziale reazione d'allarme di fronte a qualunque agente nocivo, il secondo che chiama «stadio di resistenza con funzione di adattamento», il terzo che si presenta come stadio di esaurimento, qualora l'agente nocivo agisca a lungo, causando il collasso delle difese. L'importanza straordinaria di tale sindrome è data proprio dalla scoperta di Selye, che tale modalità di difesa dell'organismo si attiva sempre, di fronte a qualsiasi agente patogeno. Inoltre, si contrapponeva al concetto dominante di una specifica difesa che aveva come causa uno specifico agente patogeno.

La nuova concezione non solo serviva a poter conoscere meglio le difese dell'organismo, ma era anche utile alla farmacologia che, da questo momento, poteva avviare una ricerca allo scopo di favorire i tre meccanismi, indipendenti dal tipo specifico di offesa ricevuta. In particolare, quelli rivolti alla fase dell'«allarme» e a quella della «resistenza». Delineò così la presenza di uno *stressor*, che produceva una risposta aspecifica dell'organismo di fronte a uno stimolo negativo.

Nel 1945, Selye lasciò la McGill University e accettò l'invito di andare all'Università di Montréal, a creare l'Istituto di medicina e chirurgia sperimentale. Cominciò a essere invitato a tutti i grandi Convegni, come segno che il suo concetto di «stress» era stato riconosciuto nella sua importanza.

Un numero rilevante di patologie è stato ricondotto all'idea generale delle reazioni tissutali aspecifiche agli insulti diretti, come se venisse colpito il milieu interiore. Per fare un esempio, hanno cambiato indirizzo terapeutico l'ipertensione, l'artrite reumatoide, le malattie a eziologia multipla, e in particolare i disturbi cardiaci. Selye aveva creato la parola «steroidi catatossici», per indicare ormoni che aiutano a liberarsi dalle sostanze tossiche, accelerando la sintesi di enzimi farmaco-metabolici, soprattutto nel fegato. Partì così la ricerca per lo studio di steroidi dell'adattamento, oppure per sostanze che favoriscono la tolleranza, sopprimendo le reazioni infiammatorie aspecifiche. A questo proposito, si sono considerati i glucocorticoidi.

Tra i suoi testi più noti c'è *The Stress of Life*, o ancora *Stress in Medicine and daily Life*. L'attenzione per lo stress, dopo la sua morte, è continuamente aumentata e tra le condizioni stressanti si sono aggiunti, come c'era da attendersi, i traumi psichici. E non contraddicono i concetti sostenuti da Selye, anche perché la psicosomatica ha posto su uno stesso piano lo *stressor* iniettabile e quello vissuto.

21. John Broadus Watson nasce a Greenville nel South Carolina il 9 gennaio 1878 e muore a Woodbury, Connecticut, il 25 set-

tembre 1958. Rimane nella storia come fondatore della Scuola comportamentista (behaviorista) in psicologia. Formulò la teoria dello stimolo-risposta come base del comportamento umano.

È cresciuto e vissuto in una zona rurale e povera della Carolina del Sud. La madre Emma Kesiah Roe, religiosa, assai rigida e proibizionista, impose una educazione severa al figlio, che si definì molto presto contro tutte le religioni, dichiarandosi ateo. Il padre era un alcolista, con problemi verso la legge. A questo clima familiare si lega probabilmente un rendimento scolastico pessimo, atteggiamenti pseudoeroici, espressi con violenza contro i propri compagni e persino verso gli insegnanti. A tredici anni, fugge dalla famiglia e va a vivere con due donne indiane. Negli anni dell'adolescenza viene arrestato due volte dalla polizia, la prima per una rissa violenta, la seconda per aver usato armi da fuoco in modo proibito. La madre per vivere con il figlio sedicenne, su suggerimento di Gordon Moore che lo aveva introdotto alla psicologia, cambiò casa per favorire un rapporto affettivo con John. Viene iscritto alla Università di Furman. Il suo comportamento mutò, e divenne uno studente brillante. Si laureò nel 1900, a ventidue anni. Nello stesso anno si iscrisse all'Università di Chicago, con l'intenzione di specializzarsi in filosofia, ma venne persuaso a studiare psicologia. Si ritrovò così a lavorare insieme a due neurologi, Henry H. Donaldson e Jacques Loeb. Nel 1903 conseguì il PhD in psicologia con la lode. La sua tesi aveva come titolo *Animal Education* e trattava il rapporto tra sviluppo mentale e cerebrale nel ratto. A Chicago il dipartimento di filosofia era guidato da John Dewey, che gli offrì un posto di assistente. La tesi rispecchiava l'interesse per quella che in seguito si chiamerà psicologia animale. Nel frattempo, incontra Mary Icks, che sposerà, una donna ricchissima che pone fine alla condizione di vera povertà, in cui egli aveva fino ad allora vissuto. Occupandosi soprattutto di psicologia, anche nel dipartimento di filosofia cominciò a criticare e ad avere dei dubbi sulla psicologia introspettiva che era allora dominante, anche se non lo fece apertamente, ben sapendo che avrebbe incontrato le resistenze dell'ambiente universitario.

Nel 1908, accettò l'incarico alla prestigiosa Johns Hopkins University di Baltimora, come professore di psicologia sperimentale e comparata. E vi rimase fino al 1920. Il suo laboratorio aveva una stretta collaborazione con la clinica psichiatrica allora diretta da Adolf Meyer. Arrivò alla Johns Hopkins avendo elaborato l'idea della psicologia animale, come modello per studiare quella umana. Lavorava in questo ambiente non più con i piccoli animali di laboratorio, ma con i primati. Sulla base di questi esperimenti, in cui molte erano le associazioni tra primati e uomo, nel 1913 pubblicò il «Manifesto del comportamentismo», *Psychology as the Behaviorist views it*, in cui si proponeva di studiare gli esseri umani in modo obiettivo, così come erano stati studiati gli animali. Di conseguenza, ci si doveva occupare delle azioni, piuttosto che dei contenuti mentali. Scriveva: «La psicologia, secondo il punto di vista dei comportamentisti, è un ramo della scienza naturale, puramente obiettivo e sperimentale. Il suo scopo teoretico è la previsione e il controllo del comportamento. Le forme di introspezione non sono parte essenziale dei suoi metodi. [...] Il comportamentista, nei suoi tentativi di fornire uno schema unitario delle reazioni animali, non riconosce alcuna linea divisoria tra l'uomo e l'animale. Il comportamento dell'uomo, pur nella sua complessità, rappresenta solo una parte del campo di indagine dei comportamentisti».

Nel 1919, sottolinea la finalità della psicologia comportamentale: «Si dovrebbe giungere alla formulazione di leggi e principi, per mezzo dei quali le azioni degli uomini possono essere controllate dalla società organizzata».

Aveva iniziato a studiare il comportamento neonatale, rilevando che nel neonato esistevano solo tre reazioni: la paura, la collera, l'amore. Siamo nel 1920. E mentre le sue indagini sui neonati stavano per raggiungere conclusioni pratiche, fu estromesso dall'università per uno scandalo provocato da una relazione di tipo erotico con una studentessa di vent'anni più giovane di lui. Seguì a questo evento il divorzio. Divenne un account executive presso un'agenzia pubblicitaria.

Dopo aver lasciato la Johns Hopkins, Watson tenne ancora lezioni per un certo periodo, scrisse libri di divulgazione sul comportamento, ma finì per essere completamente dimenticato, anche se riflessi delle sue teorie sull'educazione stimolarono la formazione di modelli educativi nuovi. È rimasto comunque, e tuttora rimane, il leader carismatico di una delle Scuole di psicologia più importanti del XX secolo. E rappresenta tuttora il metodo più utilizzato, tenendo conto che agisce rapidamente, e pertanto in antitesi al tempo necessario per l'indirizzo della psicologia introspettiva.

Ancora nel 1925, in un tentativo di difesa della propria identità scriveva: «Datemi una dozzina di neonati sani e integri e un ambiente minuziosamente determinato dove farli crescere, e assicurerò di prenderne qualcuno a casa e di farlo diventare con l'educazione uno specialista in qualsiasi campo [...] persino un mendicante o un ladro, senza riguardo al suo talento, inclinazioni, tendenze, capacità, vocazioni o alla razza dei suoi antenati». Forse qualche riferimento alla propria storia è presente.

Al di là della dimensione personale, triste e certamente faticosa, alcuni principi del controllo sperimentale dei comportamenti sono serviti al comportamentismo post-Watson per essere approfonditi e utilizzati nella terapia comportamentale. Muore nel 1958, ma delle sue pubblicazioni *Behaviorism* è del 1925, *Psychological Care of Infant and Child* del 1928. La personalità dipende per Watson dall'apprendimento di abitudini e muta velocemente quando l'organismo ha grandi capacità di assimilazione: un'idea di personalità dinamica, che ha ottenuto grande credito nella psicologia comportamentista.

22. Louis Pasteur nasce a Dole, nel Giura, il 27 dicembre 1822 e muore a Villeneuve-l'Étang, il 28 settembre 1895. È un chimico, che ha scoperto l'importanza della disposizione spaziale delle

molecole, creando il settore della stereochimica. Al di là di questa specifica scoperta, è l'uomo che ha cambiato il volto della medicina, soprattutto di quella legata alle infezioni. Dimostrò in maniera definitiva la inconsistenza della generazione spontanea e introdusse sistemi asettici, rivoluzionando quelli fino allora messi in pratica per la chirurgia e la medicina. Passando alle malattie infettive, intravide anche la possibilità della immunizzazione con il vaccino e risolse con le sue ricerche la diffusione di una malattia, allora gravissima, come la rabbia. Un uomo rivoluzionario sul tema della salute legata alle malattie infettive, che per secoli hanno colpito la specie umana.

Dole è un paese la cui attività era rivolta alle concerie, ed era questa l'attività della sua famiglia. Studiò al collegio di Arbois e poi a quello reale di Besançon, dove ottenne nel 1840 a diciotto anni il baccalaureato (diploma) in lettere. E due anni dopo, quello in scienze matematiche. Nel 1843, a ventun anni, viene ammesso all'École normale supérieure di Parigi, un istituto destinato a preparare gli insegnanti di scuola media e superiore.

Il 14 ottobre 1844, ascolta una conferenza all'Académie des sciences di Parigi sulle proprietà ottiche dell'acido tartarico e paratartarico, tenuta dallo scienziato tedesco Eilhard Mitscherlich. Una ricerca che suggeriva la possibilità che una stessa molecola si potesse presentare spazialmente, con caratteristiche diversificate in forme racemiche, attribuendo loro un'azione diversa, pur avendo la stessa composizione chimica. Pasteur fu molto colpito da questo lavoro e dopo aver ottenuto il dottorato in scienze, si dedicò a tale problema. È così che nasce lo scienziato Pasteur. È da segnalare subito che la nota con cui riferisce la propria ricerca arricchisce i risultati del professore tedesco, da cui era stato stimolato. Il suo lavoro, accettato dall'Académie, costituisce un riferimento importante per la diffusione delle ricerche scientifiche.

A seguito dei risultati all'École normale supérieure, viene nominato professore di fisica al liceo di Digione e qualche mese dopo, professore di fisica all'Università di Strasburgo. Ha ventisei anni, una collocazione importante. Il 29 maggio 1849 sposa la figlia del rettore Marie Laurent, con cui avrà cinque figli anche se, secondo la regola dominante di quel periodo, ne sopravvivranno due. In questa università, si dedica alle fermentazioni e riuscirà a dimostrare la dimensione fantasiosa della generazione spontanea.

Nel 1857, viene nominato direttore degli studi scientifici dell'École normale, da cui proveniva. Da questo momento, il suo lavoro si svolgerà a Parigi. Le sue ricerche gli permetteranno di ottenere un grande prestigio, gli vengono richieste conferenze in tutti i più prestigiosi istituti scientifici della Francia. Ma il raggiungimento più importante è la costituzione di un Laboratorio di chimica fisiologica all'interno dell'École normale. Ora, non ha più compiti didattici, si dedica solo alla ricerca.

Va ricordato che nel 1868 Pasteur viene colpito da una emiplegia sinistra, dalla quale si riprende lentamente, ma per la limitazione residua dovrà abbandonare la cattedra, che nel 1874 gli viene assegnata alla Sorbona. Nonostante questa limitazione, nel 1881 viene anche eletto membro dell'Académie française: il titolo più prestigioso per uno scienziato francese. Non ha mai interrotto la direzione del laboratorio di ricerca.

C'è ancora un passo da compiere: il 6 luglio 1885, sta dedicandosi alla rabbia, una malattia acuta che destinava alla morte chi ne veniva colpito. Viene chiamato a occuparsi di un bambino di nove anni, Joseph Meister, che ne era affetto e lo salva. La notizia è talmente rivoluzionaria da portare alla creazione dell'Istituto Pasteur di Parigi, inaugurato il 14 novembre del 1885, alla presenza del presidente della Repubblica. Nel 1887, Pasteur viene colpito una seconda volta da ictus cerebrale. Nel 1895 si ritira a Villeneuve-l'Étang, in una dépendance dell'Istituto Pasteur dove, il 28 settembre dello stesso anno, muore.

Un uomo integerrimo, dedito con impegno costante e passione ai suoi studi. Era ricordato dagli allievi come buono e generoso. Aveva un'ottima abilità nel disegno e realizzava ritratti che sono ancora conservati all'Istituto Pasteur. Non aveva una vita mondana. Coraggioso nell'assumersi rischi come la sperimentazione sul caso della rabbia, non si vantava dei suoi raggiungimenti. Era cattolico ma affermava che, mentre lavorava all'istituto lasciava la sua fede in un cassetto. Gli studi sulla stereochimica servirono a mostrare la sua profonda capacità di analisi scientifica, poiché elaborò la teoria della simmetria molecolare a fondamento del fatto che cristalli e molecole si dividono in due classi: nella prima gli oggetti posti davanti a uno specchio danno un'immagine sovrapponibile alla loro, nella seconda ne danno una che non si sovrappone. Questi ultimi non hanno un centro di simmetria e fanno deviare la luce polarizzata.

Pasteur, occupandosi del lievito, mostrò che può riprodursi su terreni di coltura artificiali e svilupparsi in assenza di ossigeno. Dimostrò in maniera semplice che le sostanze organiche imputridiscono, per la presenza di germi nell'aria. Gli studi sulla fermentazione lo portarono a dimostrare la trasformazione dell'alcol in acido acetico. Su richiesta di Napoleone III, si dedicò a studiare le diverse malattie del vino e mise a punto dei sistemi per conservarlo e trasportarlo. Ha mostrato l'importanza della fermentazione, riferita a batteri. Si occupò delle malattie a cui andavano incontro i bachi da seta, una delle attività più importanti in quel tempo. Tutto si legava a uccidere i germi nocivi con il calore e inoculare il lievito che fosse completamente puro. Questa applicazione fu utile anche per l'industria della birra.

Una delle malattie nell'allevamento del bestiame era il carbonchio, noto anche come malattia del sangue nero. Pasteur scoprì che i lombrichi riportavano alla superficie i germi della malattia, con cui le bestie venivano in contatto. Ma il dato interessante fu l'osservazione secondo cui gli animali ammalati, che guarivano, diventavano resistenti alla malattia. Da qui la prevenzione, che si otteneva, vaccinando le mandrie con germi attenuati. I polli venivano decimati dal colera aviare e anche in questo caso, per evitare le epidemie, occorreva la vaccinazione. Si giunse così all'ultimo suo grande contributo, che è quello contro la rabbia. Aveva notato al microscopio l'esistenza di un virus che agiva sul sistema nervoso, riuscì ad attenuarlo e in questo modo poté salvare uomini colpiti dalla rabbia, attraverso ferite prodotte da cani, volpi o lupi. Il procedimento per mettere a punto tutte queste scoperte, straordinarie per la medicina e la vita dell'uomo, era scientifico. Si informava attraverso la lettura di quanto si conosceva su un dato problema, poneva attenzione sulle ipotesi formulate e a questo punto, osservando i casi su cui il disturbo si era presentato, andava in laboratorio a verificare se l'ipotesi era giusta, cercandone una alternativa. In questo modo, considerava se vi fossero contraddizioni tra le idee che conducevano la ricerca e i dati che risultavano. È ritenuto un esempio straordinario, se non unico, di come in tutti gli obiettivi che si era posto, ottenne il risultato atteso.

23. Alexander Fleming nasce a Lochfield, in Scozia, il 6 agosto 1881 e muore a Londra, l'11 marzo 1955. Rimane nella storia, poiché spetta a lui nel 1928 la scoperta della penicillina, che cambia la storia dell'uomo. Basti ricordare che, per secoli, l'età particolarmente colpita dalla morte era l'infanzia e sovente la condizione mortale era legata al parto.

Figlio di un agricoltore, si trasferì a tredici anni a Londra insieme a tre fratelli e una sorella. Qui completò il curriculum della scuola superiore al Regent Street Polytechnic, e subito dopo trovò un lavoro in una compagnia di navigazione a Londra. Nel 1901, aveva vent'anni, grazie a un piccolo lascito decise di intraprendere gli studi di medicina e come studente dimostrò subito una grande capacità superando gli esami e guadagnandosi menzioni e premi.

Nel 1908 conseguì la laurea con medaglia d'oro e fu immediatamente assunto da Almroth Wright per lavorare nel suo laboratorio in qualità di batteriologo. Vi restò per tutta la vita, ottenendo dall'autorevole scienziato e filosofo stimoli al suo lavoro. Ammise che però non era affatto interessato alle sue idee filosofiche. Quel laboratorio era talmente importante da essere visitato dai maggiori studiosi di malattie infettive del tempo, da Metchnikoff a Ehrlich. L'idea fondamentale era di sviluppare nel corpo una immunità, per guarirlo da una infezione.

In una prima fase le sue pubblicazioni riguardavano la vaccinoterapia e la diagnosi sierologica della sifilide. Il luogo del lavoro era il St Mary's Hospital. Durante la Prima guerra mondiale si recava spesso a Boulogne dove si studiavano le infezioni da ferite di guerra, e assistette alla inutilità di tutti gli antisettici allora a disposizione. Si usava in particolare il fenolo che, però, distruggeva i tessuti trattati.

Nel 1922 presentò alla Royal Society una famosa relazione «su uno straordinario elemento batteriologico trovato nei tessuti e nelle secrezioni». Si trattava del lisozima, che aveva osservato la prima volta per l'azione litica del muco nasale sulle colonie batteriche poste su una piastra di coltura. Fleming cercò ostinatamente questa sostanza e la trovò in molti tessuti, ma appurò che non agiva su comuni agenti batterici come lo stafilococco o lo streptococco.

Riuscì infine a trovare una sostanza che uccideva i batteri senza danneggiare i tessuti. Nel 1928 aveva seminato e coltivato una coltura di stafilococchi e osservato nella piastra una zona lisata, disposta attorno a una muffa che, accidentalmente, aveva contaminato la piastra. Le colonie batteriche lisate erano costituite da stafilococchi patogeni e la muffa proveniva dal *Penicillium notatum*. Fleming attribuì quell'effetto a una sostanza antibatterica contenuta nella muffa. La isolò accuratamente e la fece crescere in un brodo di cultura, trovando che quella soluzione aveva un'attività antibatterica per molti tipi di batteri patogeni. Non solo, ma non esercitava lo stesso effetto litico sui tessuti e sui leucociti e, iniettata negli animali, non era tossica. A questo punto Fleming chiamò «penicillina» la sostanza attiva e cercò di concentrarla e purificarla. Si accorse però che la sostanza ottenuta era instabile e perdeva rapidamente la propria azione.

Lavorò indefessamente per dieci anni; solo nel 1939 ottenne

una concentrazione di penicillina sufficiente per un uso terapeutico. Ma a riuscirci non furono Fleming e i suoi assistenti, bensì i ricercatori di Oxford nel laboratorio di Howard Florey e di Ernst Boris Chain. Fleming seppe di questi risultati da un articolo di «Lancet» del 1940. Durante quell'anno, in piena guerra mondiale, si fecero anche sperimentazioni cliniche con la penicillina e ci si rese conto che funzionava. Bisognava produrne un'enorme quantità, ma l'Inghilterra non era in grado e Florey partì per gli Stati Uniti con questo obiettivo. I due scopritori attribuirono la scoperta a Fleming; è a questo punto che egli divenne noto e ricevette il riconoscimento che gli spettava. Nel 1943 divenne membro della Royal Society e nel 1944 ottenne il titolo di Sir. Tutti e tre insieme sono stati insigniti con il Nobel nel 1945. Nel 1948, diventa direttore dell'Istituto di microbiologia Wright-Fleming al St Mary's Hospital di Londra.

Continuò a lavorare, questa volta sulla streptomicina. E, nel 1952, in una *lecture* tenuta all'Università di Edimburgo, citò Pasteur, i cui lavori definì «fondamenti della mia ricerca». Erano passati oltre cinquant'anni dalla sua morte.

24. Edward Jenner nasce a Berkeley, in Inghilterra, il 17 maggio 1749 e muore nella stessa città il 26 gennaio 1823. Un medico, che lascia il suo nome nella storia per aver scoperto e applicato il vaccino capace di dare immunità a una delle patologie allora più diffuse: il vaiolo.

Era figlio di un parroco di campagna e dopo l'istruzione ordinaria, riuscì a laurearsi in medicina al St George's Hospital di Londra. Nel 1772, a ventitré anni, ritornò nella sua città natale come medico. Fino a questo momento, particolare era il suo interesse per la natura, a lui si deve la conoscenza del comportamento del cuculo e per questo, nel 1789, venne eletto membro della Royal Society.

Svolgeva la funzione di medico condotto, conosceva bene la convinzione popolare che chi aveva contratto il vaiolo bovino, caratterizzato dalla comparsa di pustole sui capezzoli e sulle mammelle delle mucche, non si ammalava del vaiolo umano. Era stata una giovane ragazza di campagna a dirgli con certezza, mentre le chiedeva se fosse stata colpita dal vaiolo umano, che lei non poteva prenderlo, perché aveva già avuto il vaiolo delle mucche. Jenner aveva rilevato che le forme di vaiolo erano di tre tipi: quello umano colpiva gravemente e in maniera generalizzata tutto il corpo; il vaiolo bovino colpiva le mucche da latte e contagiava i mungitori, una terza forma colpiva i cavalli. I suoi primi esperimenti si svolsero con metodi scientifici, provando in maniera sicura che il vaiolo delle vacche, che egli chiamò *variolae vaccinae*, proteggeva dal vaiolo umano, in cui si avevano manifestazioni diffuse sotto forma di pustole, che lasciavano cicatrici deformanti.

Nel maggio 1796, a quarantasette anni, inoculò nel braccio di un bambino sano di otto anni, James Phipps, il materiale prelevato da un'ulcera di vaiolo vaccino, preso dalla mano di una lattaia, Sarah Nelmes. Si sviluppò nel luogo dell'inoculazione una piccola pustola di vaiolo vaccino, e nient'altro. Successivamente, al ragazzo era stato inoculato il virus del vaiolo umano, che non aveva causato alcun effetto. Ne derivava che la modesta infezione iniziale da *variolae vaccinae* lo aveva protetto dalla grave malattia. Dopo questa prima prova, altre dieci persone che avevano in precedenza contratto vaiolo vaccino, ebbero inoculato materiale vaioloso di tipo umano. Non si ebbe alcuna reazione, confermando che l'aver contratto il vaiolo vaccino produceva una resistenza, o immunità, contro il vaiolo umano. A questo punto, Jenner promosse una seconda serie di esperimenti: la trasmissione del vaiolo vaccino in serie da un braccio all'altro di persone, a cui poi veniva inoculato il vaiolo umano. E anche in questo caso, non si ebbe alcuna reazione. Non servivano più le vacche malate, bastava la linfa che conteneva il virus e si poteva passare dall'uno all'altro. Fu da questi studi che nacque l'idea di poter rendere resistenti alla malattia. Inviò queste prime osservazioni alla Royal Society, che però vennero respinte dagli scienziati.

Ciononostante, Jenner continuò i suoi esperimenti e ne pubblicò i risultati a proprie spese in un piccolo libretto del 1798, intitolato *An Inquiry into the Causes and Effects of Variolae Vaccinae*. Una seconda edizione ampliata è del 1800, la successiva del 1801. Il significato era chiaro: è possibile eliminare la malattia del vaiolo umano, prevedendo la vaccinazione dei bambini, con il vaccino ora costituito non da materiale pustoloso, ma da una soluzione (linfa) contenente il virus del vaiolo vaccino. Tali pubblicazioni ebbero un'accoglienza che variava dall'ironia a una opposizione feroce su questioni puramente astratte, come il fatto di usare il materiale proveniente da una specie inferiore per «inquinare» una superiore.

Dopo la pubblicazione, in dieci anni i casi di vaiolo si ridussero enormemente, anche se in alcuni soggetti l'effetto non era quello atteso. Il materiale già al tempo di Jenner proveniva dalla liofilizzazione delle pustole, che portava a un liquido contenente il virus, e la diffusione di questo metodo portò alla nuova parola «vaccinazione». Si racconta che lo stesso Napoleone Bonaparte, in quegli anni, l'avesse resa obbligatoria per il suo esercito. E la diminuzione dell'effetto venne risolta con il tempo attraverso la ripetizione della vaccinazione. La sua applicazione sistematica ha eliminato la malattia e Jenner, con la diffusione di tale pratica, divenne una delle personalità a cui vennero riconosciuti grandi onori. Ricevette la laurea ad honorem da Oxford, in Inghilterra, e Harvard, negli Stati Uniti. Il re Giorgio III, il 7 marzo del 1800, volle incontrarlo.

25. Robert Koch nasce a Clausthal, in Germania, l'11 dicembre 1843 e muore a Baden-Baden il 27 maggio 1910. È un batteriologo che ha legato il suo nome alla terapia di una delle malattie più diffuse e più gravi: la tubercolosi.

Fin da giovane, si sentiva portato alla ricerca scientifica, ma poiché le condizioni economiche della famiglia erano limitate, accettò di esercitare la funzione di medico di campagna a Niemegk, un piccolo paese presso Hannover. Ad allontanare il suo desiderio, contribuì anche la guerra franco-prussiana del 1870-71, voluta da Bismarck, che lo portò sui campi di battaglia come medico. Alla fine della guerra, nel 1872, passò nel ruolo di medico della città di Wollstein, dove accanto all'attività sanitaria pratica, si dedicò ai lavori di ricerca. Si racconta che il suo ambulatorio rifletteva questa duplicità: nelle due parti divise da una tenda, l'una era per visitare i pazienti, nell'altra dominava il microscopio, un regalo della moglie, divenuto l'oggetto più significativo del suo impegno professionale. In quel periodo la gente andava dal medico soprattutto per le malattie infettive.

Koch si interessò in particolare delle infezioni a carico della milza e, a partire dal 1873, si dedicò a queste patologie, che aveva legato a spore batteriche molto resistenti. Era questo a spiegare il contagio, anche dopo lunghi periodi. Riuscì a fare la distinzione tra il bacillo, mobile, e le spore, che erano invece immobili, attraverso la cosiddetta «goccia sospesa», con cui riportò la malattia proprio alla vita di quei microrganismi. Capì la sequenza per cui i microrganismi generavano spore, da cui uscivano nuovi bacilli. Comunicò questo risultato a un grande batteriologo del tempo, Rudolf Virchow, che accolse il giovane sperimentatore a Berlino.

Passò alle infezioni che si impiantavano sulle ferite che, a quel tempo, si pensava fossero provocate da un unico agente infettivo, ma, nel 1878, Koch in un suo articolo scrisse che a ogni malattia corrisponde una particolare forma di batterio. Ed è questo che rimane immutato, quando la malattia viene trasmessa. In questo modo veniva sostenuto con chiarezza il principio della *specificità dei germi patogeni*.

Il suo nome cominciava a circolare e nel 1880, era diventato consigliere governativo per le malattie infettive. Poteva contare su due assistenti: Friedrich Loeffler e Georg Gaffky. Una delle attività, in cui il suo minuscolo laboratorio era occupato, riguardava la colorazione dei batteri che fino a quel momento venivano classificati solo con il criterio della forma. Fu la messa a punto di tale sistema che lo portò alla scoperta del bacillo della tubercolosi.

Nel 1881 incontrò Pasteur a un convegno e dopo avergli raccontato le ricerche in corso, sembra che questi con ammirazione gli avesse detto: «*C'est un grand progrès, Monsieur*». Non nacque mai un'amicizia poiché, in un successivo congresso del 1882, in cui Pasteur aveva proposto di produrre un vaccino contro le infezioni della milza partendo da germi patogeni attenuati, Koch espresse la sua contrarietà. Sembra sia sempre nel 1881 che Koch, a trentotto anni, inizia a interessarsi alla tubercolosi: ad agosto iniettò in due cavie una coltura infetta da bacilli tubercolari, ottenuti da organi di scimmia. In questo modo passava la malattia ad altri animali e poteva, attraverso il famoso metodo della colorazione, ricercare i batteri all'interno dei tessuti. Usando il blu di metilene, infatti, i bacilli si evidenziavano rispetto al materiale su cui erano insediati. A questo punto, dopo il blu di metilene, aggiungeva la colorazione acida che permetteva di evidenziare le particelle, contenute nel corpo del bacillo. È questo il metodo della doppia colorazione. Con queste condizioni, Koch, il 24 marzo del 1882, poté dimostrare durante un incontro sulla tubercolosi che si teneva alla Berliner Physiologische Gesellschaft, l'esistenza e le caratteristiche del germe patogeno, causa della malattia. Aveva dedicato sei mesi per preparare la sua relazione e il suo collaboratore Ehrlich, nelle memorie, così descrive l'effetto che quei preparati ebbero sugli studiosi: «Ognuno dei presenti era profondamente commosso e devo confessare che quella sera restò per me il più grande avvenimento scientifico della mia vita». Paul Ehrlich divenne un grande scienziato, noto per aver trovato la cura della sifilide, e meritò il Nobel nel 1908.

A questo punto, l'aspirazione di Koch era di trovare la terapia per la tubercolosi: propose la tubercolina, un estratto di bacilli tubercolari, che è però servita al massimo per fare diagnosi della patologia. Nel 1883, l'Egitto venne colpito da una grande epidemia di colera e la Germania inviò una spedizione, guidata da Koch. Ottenendo di procedere alle autopsie dei pazienti deceduti rapidamente, gli fu possibile scoprire il bacillo della malattia. Era diventato ormai lo scopritore degli agenti responsabili delle malattie allora più diffuse. Nominato nel 1882 professore di igiene all'Università di Berlino, lo diresse fino al 1891, quando passò al Preußisches Institut für Infektionskrankheiten Robert Koch. Era chiamato in tutti i Paesi, soprattutto africani e asiatici, colpiti da gravi malattie infettive, fino a diventare il grande esperto delle malattie tropicali. In Giappone, chiamato da un suo allievo, Shibasaburo Kitasato, fu ricevuto dall'imperatore e a sottolinearne il significato di sacralità, venne costruito un tempio in suo onore, nel quale si celebrano ancora riti commemorativi in ricordo di questo grande medico.

26. Albert Bruce Sabin nasce a Bialystok (Polonia) il 26 agosto 1906 e muore il 3 marzo 1993 a Washington, all'età di ottantasei anni. Il suo nome è legato agli studi sulla poliomielite e alla creazione di un vaccino orale che la previene, rendendo così possibile combattere una malattia gravissima che produce menomazioni somatiche. Era diffusa in tutto il mondo e il 2023 ha visto la vaccinazione raggiungere tutte le zone colpite, tanto da poter affermare che questa forma morbosa è stata sconfitta.

Albert Sabin raggiunge gli Stati Uniti nel febbraio del 1921, a quindici anni. Sia la famiglia materna che quella paterna vivevano da molti anni negli Stati Uniti. Frequentò le scuole superiori a Paterson, nel New Jersey. Nel 1923 si iscrisse alla New York University dove ottenne la laurea in medicina nel 1931. Le sue ricerche iniziarono già da studente, mentre era interno nel dipartimento di batteriologia. Dopo la laurea venne accolto al Bellevue Hospital di New York. Con una borsa di studio, andò a Londra al Lister Institute, centro di medicina preventiva. Fece parte anche del comitato scientifico del Rockefeller Institute for Medical Research. Da questa fase preparatoria, si delinea la sua specializzazione in microbiologia generale – di cui fu maestro sia nella parte generale sia nell'ambito dei meccanismi immunitari contro i virus – e in microbiologia applicata, dove si dedicò alle malattie ancora prive di una terapia adeguata, come l'encefalite, la meningite asettica, l'artrite e tra queste, appunto la poliomielite.

La sua lotta contro la poliomielite ebbe inizio nel 1931 e terminò nel 1961, quando il vaccino da lui creato con virus vivi e per somministrazione orale, raggiunse lo stadio di efficacia in tutto il mondo. È impressionante considerare, anche in questo caso, l'effetto delle vaccinazioni per la vita delle popolazioni, fino a poter prima programmare e poi raggiungere l'eliminazione di una malattia. Risultati che hanno un significato tale da poter difendere la ricerca e credere nella reale possibilità che muti la visione stessa dell'uomo e del mondo.

Nel 1963 Sabin ebbe l'incarico di delegato alla Conferenza delle Nazioni Unite sulle applicazioni della scienza e della tecnologia, a beneficio soprattutto delle aree sottosviluppate. Con la zolletta di zucchero inzuppata di vaccino Sabin sono stati trattati milioni di bambini in tutto il mondo e per questo, una grande parte non si è ammalata di un disturbo che rende difficile, talora impossibile, continuare a vivere.

Anche negli ultimi anni della sua vita continuò a occuparsi di malattie diffuse e ancora senza una soluzione. «Mi è parso che uno specialista in virus, come sono finito per diventare, abbia il dovere di usare le sue conoscenze per fare del bene all'umanità.» E in un'altra occasione aggiunse, rispondendo alla domanda se esista una differenza sul morire per una malattia o per un'altra: «Non dobbiamo morire in maniera troppo miserabile. La medicina deve impegnarsi perché la gente arrivata a una certa età, possa coricarsi e morire nel sonno, senza soffrire». Albert Sabin, nell'ospedale della Georgetown University di Washington, morì il 3 marzo 1993.

27. Frank Macfarlane Burnet nasce a Traralgon (in Australia) il 3 settembre 1899 e muore a Melbourne, il 31 agosto 1985. Nel campo della immunologia, si occupò della tolleranza immunitaria nell'embrione, del fenomeno della immunità alle cellule tumorali e della conseguente sorveglianza immunologica. Si lau-

rea in medicina alla Melbourne University nel 1923, va al Lister Institute di Londra per due anni, dove ottiene un PhD in batteriologia. Nel 1928 è nominato vicedirettore del Walter and Eliza Hall Institute ed è qui che svolge le proprie ricerche sui meccanismi immunitari. Diventa direttore dell'istituto nel 1944 e vi rimane per tutta la sua vita. Viene anche incaricato dell'insegnamento di patologia sperimentale a Belcourt.

A partire dal 1933, Burnet aveva posto attenzione nel valutare l'impiego di uova embrionate di gallina come mezzo per coltivare e studiare i virus e le malattie conseguenti. Si deve a lui la scoperta del virus responsabile della coriomeningite linfocitaria nei feti, senza la presenza delle lesioni caratteristiche, mentre dopo la nascita, pur essendo presente in gran quantità nei tessuti, il virus è innocuo. Il fatto curioso è che pure nel vitello il virus non produce alcun effetto nell'embrione mentre, se viene inoculato per la prima volta in un animale adulto, produce una tipica risposta immunitaria. Burnet aveva rilevato che nell'embrione manca il riconoscimento del «proprio» dal «non proprio». Ciò aprì gli esperimenti con l'embrione di pollo in cui dimostrò che, durante la vita embrionale, l'organismo sviluppa una tolleranza verso qualsiasi sostanza potenzialmente antigenica. Riuscì a provare che, se si trapiantava in un topo di ceppo A un numero di cellule di milza di un topo di ceppo B, quindi materiale della selezione clonale estraneo, il topo A tratteneva indefinitamente il trapianto cutaneo di cellule di tipo B. Nel caso vengano impiantate successivamente, vi è invece un rigetto immediato. L'interpretazione di Burnet portò alla teoria della *selezione clonale della immunità*. È evidente l'importanza dei meccanismi che portano alla tolleranza immunitaria, poiché rappresentano una via per bloccare l'azione antigenica dei virus e un'ipotesi per studiare la tolleranza delle cellule tumorali.

La teoria della selezione clonale conduce al concetto di «sorveglianza immunologica», introdotto da Burnet per postulare una capacità dell'organismo di attivare una risposta immunitaria contro cellule mutanti cancerogene, che produce antigeni nuovi. La teoria sostiene che ogni linfocita è generalmente predisposto a produrre un determinato tipo di anticorpi. Esistono pertanto linfociti clonati per rispondere ad alcuni antigeni, e non ad altri. Viene così superata l'idea che i linfociti rispondano a tutti gli antigeni. La grande intuizione di Burnet è proprio di una tolleranza immunitaria dell'organismo verso determinati antigeni, che si sviluppa durante la vita embrionale seguendo la legge della selezione clonale, in grado di promuovere la tolleranza da un lato, la difesa dall'altro con la formazione di anticorpi verso cellule tumorali, che non attivano meccanismi di rigetto.

Gli studi di Burnet rientrano nel capitolo, oggi ancor più rilevante, della patologia virale e della ricombinazione genetica con virus animale. Ma occorre ricordare la *Coxiella burnetii* (dal suo nome), riconosciuta come agente patogeno della febbre Q (che si manifesta con febbre elevata, cefalea, dolori muscolari, vomito, esantema), presente nella zecca. Ed è stato possibile isolarla, curando così questa malattia ad andamento endemico.

28. Konrad Lorenz nasce a Vienna il 7 novembre 1903 e muore nella stessa città il 27 febbraio 1989. È ricordato nella storia per i suoi studi sul comportamento animale, individuale e sociale. Lo si considera il fondatore dell'ecologia scientifica che, nella sua definizione, indica una ricerca comparata sul comportamento, con l'implicito significato che conoscere il comportamento di una specie animale, anche lontana dall'uomo, può essere utile a definire meglio gli esseri umani. Nel 1973, viene insignito del premio Nobel per la medicina per i suoi studi sulle anatre selvatiche.

Era il secondogenito di Adolf Lorenz, professore universitario di ortopedia a Vienna. Indirizzato negli studi per seguire l'attività del padre, era però particolarmente attratto dal mondo animale. Si iscrisse alla Facoltà di medicina alla Columbia University di New York, ma li proseguì a Vienna, dove ottenne la laurea nel 1928. Contemporaneamente all'impegno universitario, nella vasta proprietà agricola della casa paterna iniziò a fare osservazioni sugli animali. Si racconta che da bambino volesse diventare una civetta. Passato questo desiderio identitario, si dedicò a un pulcino di anatra e si scambiava le osservazioni con una bambina più grande di lui di tre anni, che aveva un pulcino della stessa covata. La cosa curiosa è che questa bambina diventerà sua moglie. La sposerà nel 1927. Non era ancora laureato, ma già faceva esperimenti in modo molto impegnato, raccogliendo dati che però teneva segreti. Fu la moglie a decidere di renderli pubblici, inviando il manoscritto dopo averlo sottratto al marito, all'ornitologo Oskar Heinroth. E venne pubblicato. Presa la laurea, Lorenz diventa lettore di anatomia comparata e di psicologia all'Università di Vienna; pensando di dedicarsi alla psicologia, preparava il proprio PhD sulla neuroanatomia degli uccelli. L'ottiene nel 1933, a trent'anni, e pubblica un lavoro sul volo degli uccelli.

Dal 1935 al 1940, lavorò all'Istituto di zoologia di Vienna, sempre conducendo le sue ricerche nella casa di famiglia ad Altenberg. Nel 1937 viene nominato professore di anatomia comparata e psicologia animale. I suoi interessi fondamentali erano per l'anatomia, in particolare per i rapporti tra caratteristiche anatomiche e funzioni. Capì che la funzione usciva da qualcosa di fisico, di organico, e da qui derivò l'idea che il comportamento è il risultato di un sistema strutturale che si poteva analizzare. L'altro principale interesse era l'evoluzione a cui si riferivano l'anatomia comparata e la paleontologia, mentre rimaneva pressoché ignorato l'orientamento genetico. Il terzo filone, sempre derivato dell'evoluzionismo darwiniano, era il principio dell'adattamento che egli vedeva però in maniera nuova, ampliandolo alla dimensione ecologica rispetto all'immediato effetto sulla sopravvivenza. Da questi richiami, risulta anche che la psicologia, per come era allora improntata, gli sembrava in parte astratta, in parte caotica, poiché si teneva lontana dagli studi naturalistici.

La sua posizione accademica lo aveva messo in contatto con gli studiosi del tempo e un incontro importante fu quello con Nikolaas Tinbergen, che lavorava in Olanda con direttive analoghe. Nel 1936 lo scienziato olandese andò ad Altenberg, dove lavorarono insieme per un periodo. E, forse da questo incontro, Lorenz sviluppò una particolare attenzione ai meccanismi della *domesticazione*, con un richiamo al comportamento umano. Le sue ricerche ne avevano aumentato la notorietà e gli venne offerta la cattedra di psicologia umana, all'interno del dipartimento dell'Università Albertus di Königsberg. Era tempo di guerra, Lorenz svolse il ruolo di medico sul fronte russo, dove venne fatto prigioniero e rimase per quattro anni in carcere.

Ritorna nel 1948 ad Altenberg e riprende gli studi sul comportamento animale. Nel 1950, il Max Planck Institute lo invitò a creare una divisione sul comportamento animale in Germania, nel vecchio castello di Buldern, in Vestfalia. Dal 1955 al 1958, si trasferì in Baviera all'Istituto Max Planck di fisiologia del comportamento e nel 1957 diviene professore all'Università di Monaco.

Le sue più note osservazioni portarono all'*imprinting*: studiando il comportamento alla schiusa delle uova degli anatroccoli, era stato colpito dall'istinto che li spingeva subito a seguire la madre. L'idea geniale fu di porsi la semplice domanda di che cosa poteva succedere, dividendo le uova dalla madre, dopo essere state covate e poco prima che si schiudessero. Ed era possibile promuovere molte varianti in questo esperimento: nel primo rispettare la condizione naturale, per cui gli anatroccoli sono subito in contatto con la madre, nel secondo porli invece a contatto immediato con surrogati materni. L'istinto, che si definiva «fissato» dalla natura, si mostrò invece totalmente diverso. In termini antropomorfi, non esprimeva affatto un legame materno e poté osservarlo, quando pose a sostituzione della madre un anatroccolo di legno, mosso meccanicamente dallo stesso Lorenz. Il risultato fu che gli anatroccoli del gruppo staccato dalla madre naturale, seguivano la falsa madre di legno. Ma il fatto che più lo colpì, fu quando il gruppo di anatroccoli deprivati della madre lo seguì, come se la pulsione verso la madre venisse perfettamente sostituita dall'uomo. Il gioco si faceva molto curioso: per escludere che fosse la sua individualità, Lorenz pose in quel ruolo un assistente. Avveniva lo stesso fenomeno. A questo punto, decise di provare non più sulla costituzione di due gruppi, ma tenendoli uniti, e osservando se passasse un tempo, prima che il legame con la madre si attivasse. Ed ecco l'*imprinting*: dal momento della schiusa, trascorreva un tempo, preciso per gli anatroccoli e altrettanto preciso, ma diverso, per altre specie di uccelli, in cui il legame veniva attivato con qualsiasi oggetto mobile – la madre, ma anche un'altra specie animale e persino un oggetto mobile – si presentasse. Da quel momento, il legame si fissava e attivava un comportamento definitivo. Sono note le immagini di Lorenz, seguito da animali già adulti, che avevano avuto con lui l'aggancio.

Definì «imprinting» il fatto biologico, per cui c'è una *disposizione-a* stabilire un legame che, grazie all'*imitazione* con l'oggetto mobile, serve all'apprendimento. Questo dato straordinario dà una rappresentazione del comportamento non come espressione meccanicistica, ma dipendente dall'ambiente, in cui quella disposizione, in quel preciso momento si attiva. E ciò implica che il comportamento «ereditabile» non sia lineare, ma avvenga in modo discontinuo e in relazione all'ambiente. Come prima conseguenza, se si pone l'anatroccolo in una condizione in cui, al momento della fissazione del comportamento, non è presente l'oggetto mobile, quella unità ereditabile non si attiverà. Vi saranno quindi animali che mancheranno della funzione di seguire, apprendendo come adattarsi all'ambiente.

Julian Huxley, il famoso biologo naturalista, nel 1963 scrive: «Questo concetto di *unit releaser* che agisce come stimolo chiave specifico, sbloccando un meccanismo innato geneticamente determinato, che impedisce il manifestarsi delle unità di comportamento, è il contributo più importante dell'etologia di Lorenz alla scienza del comportamento, come il concetto di gene per la genetica». Una grande scoperta, che attende ancora la possibilità di essere valutata e riportata anche per la specie umana. Lorenz va però ricordato anche per aver dedicato alcuni suoi volumi al pubblico e non solo agli specialisti, sottolineando l'importanza per la cultura, quindi per ogni persona, di poter partecipare alle scoperte raggiunte. Si tratta di un atto di civiltà, che deve essere promosso, per non chiudere gli scienziati in una dimensione ristretta, con il rischio che la scienza divenga una oscura modalità di esercizio del potere.

29. Alfred Lothar Wegener nasce a Berlino il 1° novembre 1880 e muore in Groenlandia nel 1930. Merita di essere ricordato come un grande meteorologo geofisico, per aver formulato e sostenuto la teoria della deriva dei continenti, che è alla base della conformazione dell'assetto terrestre attuale.

Nella famiglia Wegener vi era un gran numero di pastori protestanti e altrettanti studiosi di filologia classica, i cui studi avevano caratterizzato la Slesia e il Brandeburgo. Altri personaggi, sempre della famiglia, sono Alexander von Humboldt, naturalista e biografo, e Wilhelm von Humboldt, filosofo e antropologo. Alfred Lothar, figlio di un pastore protestante e insegnante di letteratura tedesca in un sobborgo di Berlino, dopo il ginnasio, si dedica allo studio dell'astronomia, ma ben presto i suoi interessi vengono rivolti alla terra. Compie numerose escursioni sulle Alpi e in particolare è attratto dagli ambienti dove dominano i ghiacci. Si laurea nel 1904 a Berlino e si rivolge subito a quella che allora si chiamava aerologia, che utilizzava palloni aerostatici, lui stesso partecipando ai voli con equipaggio, che stavano sostituendo per la meteorologia quelli che ne erano privi e andavano spesso perduti. Il fratello più giovane, Kurt, che condivideva gli interessi di Alfred, compirà con lui molte imprese e, soprattutto alla sua morte, ne continuerà i progetti.

Era il tempo in cui dominava la gara per raggiungere le alte quote nell'aeronautica e nel 1906, Alfred insieme a Kurt, compie un volo di 52 ore, che segna il record mondiale della durata. Il sogno era di raggiungere i ghiacci delle terre polari, ancora sconosciute in quel tempo. Il Polo Nord era stato esplorato da poco, nell'aprile del 1926 lo sorvola Umberto Nobile (prima lo raggiunge James Cook nel 1908 e forse Robert Peary nel 1909), il Polo Sud rimaneva ancora ignoto. Non si trattava solo di una sfida personale, era sempre più evidente che le regioni del Nord influenzavano anche quelle temperate, da qui la necessità scientifica di conoscerle. La regione più vicina al Polo era la Groenlandia. Quando, nel 1906, la Danimarca prepara una spedizione esplorativa, Wegener ne fa parte come meteorologo. L'esperienza lo portò agli studi dell'atmosfera, su cui scrive un lavoro nel 1911, *Thermodynamik der Atmosphäre*, un'opera di particolare interesse, poiché propone la teoria dei «germi di ghiaccio». Rimarrà anche per un periodo nell'osservatorio aerologico dell'America meridionale. Ma il suo sogno rimaneva senza dubbio il Polo Nord. Ne studiava le possibilità, guardando l'atlante per ore e ore.

A un certo punto, è colpito da una intuizione che spiega in una lettera indirizzata a Else Köppen: «Guardi anche lei il planisfero, non è forse vero che le coste orientali dell'America meridionale corrispondono precisamente a quelle occidentali dell'Africa, come se un tempo fossero state riunite insieme?». L'idea non era nuovissima. Nel 1858, Antonio Snider aveva tratteggiato un mappamondo, in cui l'Atlantico appare completamente chiuso, ma lo aveva posto nel contesto delle apocalissi. Come spesso accade, la stessa idea era però venuta anche a dei paleontologi, studiando la distribuzione della fauna e della flora che pareva non tenesse conto delle barriere geografiche. Per spiegare l'identità di quelle specie, si era anche pensato a uno sprofondamento di parte della terra, come vi fosse la necessità di immaginare la complementarietà tra gli opposti litorali.

Forse con ancora maggiore impatto la conformazione dei bordi continentali aveva colpito Wegener, che scrive ancora: «Nell'autunno 1911, essendomi capitata in mano una relazione su un antico collegamento tra Brasile e Africa, venni a conoscenza di dati paleontologici a me ignoti fino a quel momento». Che Brasile e Africa fossero stati un'unica terra, era un'idea sempre più fondata. Sempre Köppen lo dissuade dal comunicare una tale convinzione, poiché è difficile pensare che un continente che galleggia possa sprofondare. Il 6 e il 10 gennaio 1912, Wegener tiene due conferenze, una alla Società geologica di Francoforte, la seconda alla Società per il progresso delle scienze naturali di Marburgo, in cui presenta le prime ipotesi sulla deriva dei continenti. L'idea trova subito l'opposizione dell'ambiente accademico.

Nel 1912 ritorna in Groenlandia, con l'intenzione di attraversare la calotta di ghiaccio e, assieme a Koch, rimarranno per un anno isolati. Partiti dalla costa orientale, giungono dopo 1200 chilometri nel luglio 1913 sulla costa occidentale. Wegener ritorna in patria e sposa Else Köppen. Scoppia la Prima guerra mondiale e viene arruolato come ufficiale. Durante le assurdità della guerra, scrive un famoso volume su cui si discuterà per almeno cinquant'anni, *Die Entstehung de Kontinente und Ozeane* (*La formazione dei continenti e degli oceani*), che uscirà alla fine del conflitto.

I suoi studi e l'elaborazione della sua teoria non si fermano. Nel 1919 è chiamato a insegnare meteorologia ad Amburgo, nel 1924 all'Università di Graz alla cattedra di geofisica e meteorologia. Ai suoi scritti segue una grande discussione e vi è un sommarsi di ipotesi sulla causa della deriva dei continenti. Nel 1929, giunge alla terza edizione del volume.

La passione dei viaggi continua, e nel 1930 ritorna in Groenlandia. Questa volta, Wegener prova delle slitte a motore che aveva portato con sé, ma i motori funzionano male a quelle temperature. Doveva raggiungere, a quattrocento chilometri dalla costa occidentale due ricercatori, il meteorologo Johannes Georgi e il glaciologo Ernst Sorge, che si trovavano con un equipaggiamento in una capanna al centro della calotta a Eismitte. Sono isolati e senza viveri a sufficienza. Il 20 settembre Wegener decise di partire con tredici slitte trainate da cani, il 30 ottobre giungono a destinazione. Era accompagnato dal groenlandese Rasmus e dal glaciologo Fritz Loewe che, per un grave congelamento, subisce l'amputazione delle dita di un piede. Per non gravare sulle scarse risorse del piccolo gruppo, Wegener e Rasmus, dopo una sosta di trentasei ore, decidono di ripartire. È il 1° novembre, Wegener compie cinquant'anni. Nessuno lo vedrà più. Nel maggio dell'anno successivo, il suo corpo verrà ritrovato al chilometro 189,5 della via del ritorno.

30. Alan Mathison Turing nasce a Londra il 23 giugno del 1912 e muore a Wilmslow, vicino a Manchester, il 7 giugno 1954, all'età di quarantadue anni. Il suo nome è oggi considerato fondamento del computer digitale e di uno dei suoi attributi, l'intelligenza artificiale.

La sua formazione avvenne alla Sherborne School. Nel 1931, a diciannove anni, venne accolto al King's College di Cambridge come studente di matematica. Il suo interesse fu subito rivolto alla teoria degli automi. Ottenuta la laurea nel 1936, pubblicò *On Computable Numbers, with an Application to the Entscheidungsproblem* (*Sui numeri computabili, con una applicazione al problema della decisione*), uno studio elaborato all'età di ventiquattro anni, che rimane ancora oggi un classico per la logica matematica, la teoria della ricorsività e la teoria degli automi. Rientra nel grande tema, allora dibattuto, intorno al problema della decisione: ci si chiedeva se si potesse costruire un processo meccanico in grado di decidere se una proposizione o la sua negazione fossero dimostrabili in un sistema formale. Turing rispose dimostrandone l'impossibilità. Lo fece costruendo quell'automa teorico che è passato alla storia come «macchina di Turing». Ne derivava la dimostrazione dell'esistenza di una macchina universale, in grado di simulare il comportamento di qualsiasi altra macchina, quindi anche dell'uomo. Questa affermazione riporta alla nozione di funzione computabile e al *computer*, come macchina capace di funzioni logiche. L'interesse di queste ricerche fu tale che Turing venne invitato all'Università di Princeton, dove lavorò con Alonzo Church allo sviluppo di questo tema. A Princeton si occupò anche della teoria dei gruppi.

Nascono così l'esigenza, ma anche le basi necessarie, per creare un computer e per questo Turing è il fondatore non solo del computer digitale, ma di tutte le derivazioni possibili, in primis l'intelligenza artificiale come elaborazione di informazioni e soluzioni logiche. Nel lavoro *Proposal for development in the mathematics division of an automatic computing engine* gli aspetti teorici vengono tradotti in una macchina operativa. A Princeton conseguì il dottorato nel 1938, con una tesi di logica matematica intitolata *Systems of logic based on ordinals*. In queste citazioni è contenuto il fondamento di ciò che sta caratterizzando il XXI secolo, definito il «secolo digitale», poiché il grande personaggio è il computer che nasce con Turing, tra il 1936 e il 1940.

Turing ritornò in Inghilterra nel 1938 e riprese a lavorare al King's College. Alla dichiarazione di guerra, venne chiamato a collaborare con il Ministero degli Affari Esteri che, ben presto, si trasformò in Ministero della Guerra, diretto da Wiston Churchill. Ebbe un ruolo fondamentale nel risolvere il problema Enigma: un sistema di trasmissioni della Germania nazista che non permetteva di decriptare i messaggi inviati dallo stato maggiore sia ai sommergibili, sia agli aerei di guerra, impedendo così agli Alleati di conoscere i loro movimenti e prepararsi alla difesa. Enigma trasmetteva ordini non con un linguaggio criptico che valeva per tutte le comunicazioni, ma riusciva a usarne uno legato a ciascun ordine. La soluzione venne trovata da Turing. E permise di cambiare la strategia che non solo impediva ai comandi tedeschi di colpire sommergibili e mezzi dell'aviazione ma metteva in grado di organizzare attacchi, che mostrarono la superiorità degli inglesi. È storica la visita di Churchill alla baracca numero 8, che era la sede in cui era avvenuta la soluzione di Turing e il mutamento della strategia.

Finita la guerra, riprese il lavoro matematico applicato alla computazione e a partire dal 1949, quando venne invitato dall'Università di Manchester, continuò le sue ricerche e la sua dedizione al problema dell'intelligenza artificiale. Nel 1950 pubblica *Computing machinery and intelligence*, dove affronta il tema della somiglianza tra la logica delle macchine e quella del cervello umano, ammettendone una stretta analogia. Nel 1951, divenne membro della Royal Society di Londra.

Gli ultimi anni furono però terribili, poiché venne accusato e perseguitato: Turing ebbe una lunga relazione con Joan Clarke, ma ruppe il fidanzamento dopo averle confessato la propria omosessualità. L'omosessualità, nella grande Inghilterra, era allora considerata un reato e una degenerazione. Il 31 marzo 1952, fu arrestato per omosessualità e portato in tribunale. La sua difesa fu molto semplice: «Non scorgo nulla di male nelle mie azioni». Condannato, fu costretto a scegliere tra una pena di due anni di carcere o la castrazione chimica mediante sostanze a base di estrogeni. Accettò la seconda. I trattamenti gli procurarono un calo della libido, ginecomastia e depressione. Il 7 giugno 1954, si suicidò con il cianuro di potassio.

31. Eric Richard Kandel nasce a Vienna il 7 novembre 1929. Ha novantacinque anni. Naturalizzato americano, dal 1974 è professore prima ordinario, poi emerito, di biofisica e biochimica alla Columbia University di New York. Passerà alla storia per aver dato la prima dimostrazione di come una modificazione comportamentale si traduce in una variazione della struttura neurologica che la sovrintende. Lo ha fatto sulla aplysia: una chiocciola di mare. Per questo è stato insignito del premio Nobel per la medicina nel 2000.

Il padre Hermann appartiene a una famiglia povera di Olesko (una piccola città dell'Ucraina), la madre Charlotte Zimels proviene da una famiglia medio-borghese di Kolomyya (sempre in Ucraina). I genitori si trasferiscono a Vienna all'inizio della Prima guerra mondiale e si sposano nel 1923, dopo aver aperto un negozio di giocattoli. Nel 1924, nasce Louis, il fratello maggiore. Qui nasce Eric. Nel 1939 tutti emigrano negli Stati Uniti a causa delle leggi razziali, si trasferiscono a Brooklyn e aprono un negozio di abiti che i genitori gestiranno fino alla morte. Kandel ricorda l'anno trascorso a Vienna, quando viene occupata dal regime nazista e questa esperienza forse incide sulla scelta di occuparsi dei problemi della mente.

Si dedica inizialmente a discipline storiche e letterarie, presso l'Harvard College a New York, una sezione della più nota Università di Boston. Conosce Anne Kris, la figlia di due esuli austriaci, Marianne ed Ernst Kris, psicoanalista e collaboratore di Sigmund Freud e di sua figlia Anna. Anche Kris si era interessato a studi storici e artistici, prima di dedicarsi alla psicoanalisi. È un incontro che rafforza certamente un interesse personale, che egli non aveva ancora espresso sul piano pratico. Nel 1951, a ventidue anni, viene ammesso alla Medical School della New York University e sente una particolare attrazione verso gli aspetti biologici della mente. Sono gli anni in cui nascono le neuroscienze, che hanno come obiettivo proprio la conoscenza del cervello come fondamento delle funzioni mentali. Poiché nella New York University non vi è un centro per questo indirizzo, si iscrive alla Columbia University nel laboratorio di Harry Grundfest.

Viene spinto a occuparsi dei neuroni negli invertebrati e in particolare quelli dell'*Aplysia californica*, contenuti in gangli che hanno una dimensione relativamente molto grande. Impara le tecniche per poter attivare un singolo neurone. L'idea è sempre quella dell'animale da laboratorio, che permette di analizzare attività semplici come punto di partenza, per giungere poi alla complessità del cervello umano. Erano note le funzioni dell'ippocampo, come l'area a cui erano demandate gran parte delle funzioni della memoria. In questa struttura, esistono le cellule piramidali che sono le più grosse tra i neuroni cerebrali e su questo dato decide di volgere lo studio a neuroni analoghi che nella aplysia hanno una precisa azione. Si deve aggiungere che i neuroni, in particolare quelli dell'ippocampo, esercitano un ruolo in rapporto a specifiche funzioni e dipendono dai dendriti che si inseriscono in una ghiandola, quindi dalle connessioni.

Kandel si sposta a lavorare al National Institute of Health di Bethesda per studiare l'aplysia e si rende conto che il sistema nervoso che ne regola la vita è formato da ventimila neuroni. Si conosceva già che nel cervello umano se ne trovano ottantasei miliardi. Prende contatto con Ladislav Tauc, una delle due persone al mondo che studiava l'aplysia, e ne diventa un esperto. Nel 1960, lascia il National Institute of Health e va nei laboratori del Massachusetts Mental Health Center dell'Harvard Medical School, dove si era formato uno dei primi gruppi di neuroscienziati. È qui che compie i suoi esperimenti. Nel 1962 li continua a Parigi, dove c'è il laboratorio di Tauc. Dopo due anni, ritorna ad Harvard e realizza il suo sogno di diventare psicoanalista.

Ma il suo grande apporto scientifico si lega a un esperimento semplice e straordinario, che ha permesso di raggiungere uno dei concetti fondamentali anche per il cervello umano: ha potuto identificare i neuroni giganti dell'aplysia, che regolano la sua funzione principale di apertura e chiusura delle branchie, attraverso cui entra ossigeno nell'elementare sistema che è analogo al processo respiratorio dell'uomo. Riconosciuti i neuroni, Kandel riesce a seguire l'attività meccanica di apertura e chiusura delle branchie: si tratta di un processo ritmico, che è però possibile modificare. Attraverso stimoli esterni si crea un nuovo ritmo: con una opportuna stimolazione si produce l'apertura in un tempo che non sarebbe lo stesso senza quello stimolo e, a questo punto, applica il principio notissimo del condizionamento animale, per cui, inducendo in sequenza un'azione con lo stimolo, l'animale «apprende» a comportarsi come se lo stimolo venisse prodotto, mentre in realtà è cessato. Per abitudine si costituisce un cambiamento che, in questo caso, riguarda l'apertura e la chiusura delle branchie, l'animale ha attivato uno schema abituale di risposta, anche in assenza dello stimolo. Si tratta di un processo frequente anche nell'uomo. Ma il grande significato di questo gioco è che Kandel analizza i neuroni che mettono in atto quella funzione, e li confronta prima e dopo il condizionamento, trovandone modificata persino l'anatomia, poiché il corpo del neurone ha dimensioni aumentate. Va tenuto conto che è possibile misurarli in modo preciso.

La conclusione è che l'induzione di una variazione funzionale di un processo come quello respiratorio, espresso sulle branchie, è accompagnata da una modificazione del neurone. È la prima dimostrazione completa di un cambiamento di memoria, poiché l'abitudine va considerata come memorizzazione e attesa di uno stimolo, anche quando non viene applicato. Rientra così il rapporto tra l'ippocampo e la funzione mnemonica con i neuroni dell'aplysia. E ne deriva che il fenomeno indotto dall'abitudine come processo mnemonico comporta un cambiamento biologico dei neuroni deputati a questa funzione. È la dimostrazione della flessibilità, cioè della modificabilità, dei neuroni a seguito di un apprendimento che modifica la funzione.

Il contributo di Eric Kandel, a sostegno che i neuroni dell'aplysia sono *plastici*, è già, anche in questa specie vivente, un dato per negare la concezione che il comportamento sia riducibile a un meccanismo, per definizione, immodificabile. E il risultato, sia pure in una specie semplice rispetto all'uomo, ha un forte significato per una teoria che elabori i dati provenienti da esperimenti e osservazioni.

Da quando Golgi ha scoperto che la struttura cerebrale, i neuroni, costituiscono una *rete* in cui ogni neurone si connette ad altri, creando un sistema che, pur con aree deputate a funzioni particolari, mantiene una propria unitarietà, si è potuto osservare che esiste anche una *flessibilità* del sistema, nel senso che la connessione interneuronale permette di raggiungere delle «stazioni» attraverso percorsi differenti. Se si considera che proprio i neuroni piramidali possono ricevere le terminazioni dendritiche da diecimila neuroni diversi, si ha la visione di come quel singolo neurone piramidale possa essere diverso in funzione dell'azione svolta, attivata dagli stimoli. È questa un'altra modalità di possibile risultato flessibile. Un richiamo oggi particolarmente importante, dopo che attraverso la PET (Tomografia a emissione di positroni) e la RMN (Risonanza magnetica nucleare) si è reso possibile osservare il cervello in funzione e vedere le aree che si attivano nel corso di azioni motorie, ma anche di attività della psiche.

Un ulteriore dato si lega alla dimostrazione che una funzione psichica è in grado di promuovere una modificazione delle strutture biologiche, ad esempio uno stato depressivo incide sull'attività del sistema immunitario, che modifica le capacità difensive dell'organismo e persino la moltiplicazione cellulare. All'inizio degli anni Sessanta era stato dimostrato che modificazioni dello stato affettivo si correlavano in modo significativo allo sviluppo delle neoformazioni al seno.

Questi stimoli della ricerca hanno portato nel 1980 uno psichiatra, Vittorino Andreoli, a sostenere dapprima che la parola e le terapie relazionali come la psicoanalisi raggiungono risultati terapeutici, sovrapponibili a quelli raggiunti con molecole psicofarmacologiche che giungono in certe aree cerebrali. Ne *L'uomo folle. La terza via della psichiatria* aveva teorizzato che la parola svolge in determinate condizioni un'azione su quella attività neuronale, a cui è legato l'effetto. Quindi risultava un errore il contrapporre l'azione psicofarmacologica a quella psicoterapica.

Si aggiungeva poi la connessione con le caratteristiche ambientali. E il comportamento, inteso sia nella formulazione del pensiero che dell'affettività, è sempre l'esito di tre fattori: il primo è quello biologico che possiamo chiamare dei neuroni o di aree specializzate o della rete di interconnessione neuronale; il secondo fattore è dato dalle esperienze, viste non nell'aspetto della obiettività, ma del vissuto che è il principio primo della psiche di ciascun individuo; il terzo fattore è costituito dall'ambiente, inteso come luogo fisico e sociale in cui quel comportamento si esprime.

Nel 1984, Andreoli in *La norma e la scelta*, sottolineava in modo particolare la *plasticità* di questo sistema, legata alla modificabilità di tutti e tre i fattori. E, sia pure con un impegno diverso sosteneva che il comportamento dipende dalla *flessibilità del fattore biologico*. Una teoria che ha raggiunto una sua compiutezza, ma mancava della definizione di «campo». E il campo della psichiatria è proprio dato dai lobi frontali e da parte dei parieto-temporali, che costituiscono il «cervello plastico», l'insieme da cui emergono tutti gli aspetti che riguardano il comportamento.

Se Eric Kandel, interessato alla psichiatria, vedeva nel suo esperimento la possibilità di estendere la plasticità dei neuroni giganti dell'aplysia all'uomo, lo psichiatra de *La terza via* ha trovato nei risultati di questo esperimento un forte sostegno a un cervello plastico, come sede delle funzioni psichiche, quindi come «campo» dove trovano spazio le categorie psichiatriche.

Un altro dato in questo ideale legame con Eric Kandel è che da neurobiologo ha rinunciato a svolgere l'attività psicoanalitica e psichiatrica, Andreoli, dopo otto anni di ricerca nei laboratori delle neuroscienze, è invece passato all'attività clinica con i malati di mente. Certamente, il risultato sull'aplysia ha costituito un contributo, che avrebbe dato forza alla concezione che legava i disturbi mentali al cervello plastico.

Settembre: *Uomini della tecnica*

La scienza ha come proprio scopo la conoscenza, il sapere. Risponde a un bisogno che dalla osservazione porta alla domanda spontanea su quale sia il significato di ciò che ha colpito la propria sensorialità, ma anche la curiosità, il grande stimolo a conoscere. La tecnica è finalizzata invece all'agire, al fare. E acquista il significato di cambiare l'esistenza, di trasformare l'ambiente in cui si vive. La vita è infatti movimento e presuppone un luogo in cui poter fare. La conoscenza si svolge e si raggiunge invece all'interno della propria mente, ha una dimensione individuale, la matematica è una costruzione del pensiero.

Ritornando alla tecnica, di cui l'esempio più antico è il bastone, si rileva subito che in primo piano è l'uso che se ne fa. Da questa semplice distinzione, deriva un rilievo essenziale: la scienza come fonte di conoscenza è neutra, la tecnica come fornitrice di strumenti per l'azione ha implicito un significato etico, poiché, a seconda dell'uso, può promuovere ciò che è considerato *bene* o ciò che invece è ritenuto *male*. Se il bastone serve a raggiungere un frutto è un bene per l'alimentazione, se lo si usa per colpire una persona e provocargli dolore, diventa male. Gli esempi sono molti. Il più drammatico è sicuramente quello della fissione nucleare in grado di fornire energia per tutti gli usi che servono alla vita, ma che può anche essere impiegata per distruggere come a Hiroshima e Nagasaki, e oggi ha un potenziale che riattiva la paura dell'Apocalisse.

Dopo questa netta separazione, occorre ammettere una circolarità, perché c'è una tecnica che deriva dal sapere scientifico, ma anche e per contrapposizione, c'è una tecnica che favorisce lo sviluppo scientifico. A quest'ultimo proposito si può considerare come per il cannocchiale siano diventate costituenti essenziali le lenti di ingrandimento, che permettevano di correggere un difetto visivo, e il cannocchiale è lo strumento che è servito a Galileo per svelare il moto del pianeta terra, intorno al sole.

È dunque innegabile il legame tra scienza e tecnica. Ma non vi è dubbio che la motivazione a costruire strumenti e la creatività con cui ci si volge alla comprensione del mondo hanno due spinte differenti. Se le valutiamo nel tempo presente, è possibile mostrare che la tecnologia è finalizzata al profitto, per cui l'introduzione di uno strumento attiva un processo industriale o commerciale che lo trasforma in denaro, mentre la scienza ha motivazioni lontane dal profitto, è per questo che deve essere sostenuta da organizzazioni statali poiché rappresenta un costo, non un profitto. I vari Stati devono destinarvi una parte del Pil (Prodotto interno lordo), una parte, cioè della ricchezza di un popolo. A sostegno di questa distinzione sono i brevetti, che si possono definire progetti per costruire strumenti creati da una persona disposta a cederli a chi li possa mettere al centro di una produzione. Il brevetto viene depositato in un ufficio apposito, per garantire che chiunque dovesse realizzare quello strumento deve riconoscere un diritto a chi per primo lo ha immaginato.

Esiste una tecnologia per la civiltà, e comprende tutti gli strumenti compatibili nel loro uso al rispetto dei principi primi, che costituiscono il contenuto della civiltà. Del resto, come esiste il dualismo *bene-male*, esiste quello di *civiltà-inciviltà/barbarie*. C'è una tecnologia per la guerra che non trova spazio tra gli strumenti utili alla vita civile. Non si può certo dire che gli strumenti siano neutri: un cannone o una mitragliatrice sono «incivili», poiché il principio di civiltà risponde alla pace e nega che vi possa essere una guerra di difesa, opposta alla guerra di offesa. La guerra è segno di inciviltà. La distinzione tra il vincitore e lo sconfitto è falsa, la guerra è di per sé contro il concetto di civiltà e non la si può intendere mai come modalità di risolvere divergenze.

Se nel raccontare la scienza, si impone la dimensione degli scienziati, come i personaggi che hanno scoperto oppure inventato un sapere, per la tecnologia sono gli strumenti, le cose, i «personaggi» a cui legare un effetto che modifica non solo un singolo ma le società. Generalmente alla diffusione concorre l'impresa, come organizzazione che produce quell'oggetto, e lo commercializza sotto la spinta di un profitto.

Nella scienza, anche la storia personale di chi ha fornito un contributo è importante per l'impegno e la metodologia richiesti, i risultati della tecnica sono, invece, spesso legati a particolari circostanze, persino al caso, talora sono risposte originate alla soluzione di bisogni. È significativo ricordare l'invenzione tecnica della «farfallina» che, inserita nella scatola che conteneva il lucido per scarpe, ha facilitato un vero lavoro, quello degli sciuscià (dall'inglese *shoeshine*), che nelle strade erano pronti a lucidare rapidamente le scarpe dei passanti, avendo una cassettina su cui si poggiavano, mentre lo sciuscià apriva la scatoletta del lucido richiesto, per poi passare lo straccio e distenderlo. Era importante richiuderla subito, altrimenti la crema si induriva. La scatola doveva essere a tenuta perfetta, era difficile aprirla e la pulitura doveva essere rapida. La farfallina, con un piccolo gesto di rotazione, ha permesso un'apertura immediata. È a questo oggetto che ci si richiama, non al suo inventore, anche se viene da pensare a qualche ragazzo che viveva nelle strade d'America, lucidando scarpe. Se questo esempio rimanda in modo immediato alla creazione di uno strumento, ve ne sono altri in cui l'impegno tecnologico è ben maggiore. In questi casi è inevitabile riferirsi al tecnologo, ma anche al legame strettissimo con l'oggetto da lui introdotto. Il criterio che si impone è quello del *prima* e del *dopo* il cambiamento operato nell'ambito in una intera comunità.[41]

1. La stampa: la scrittura rimane una delle attività dell'uomo che ha permesso la trasmissione del sapere. E il riferimento va subito al papiro, su cui si potevano tracciare segni di un alfabeto, che si componeva poi in parole. Dal foglio di papiro si passa alla penna, proveniente da un uccello di discrete dimensioni, la cui punta si intingeva nel calamaio. Strumenti che venivano presi dalla natura. Anche l'inchiostro proveniva da estratti di radici, oppure da animali, come il caso della seppia. Nei monasteri oppure nelle corti imperiali esisteva la classe molto importante degli amanuensi, che copiavano a mano documenti o Testi sacri. Nel Quattrocento tutto questo diventa ricordo storico, poiché nasce la stampa a caratteri mobili e fusi. Nuovi strumenti che ci portano al nome di Johannes Gutenberg.

Era nato a Magonza intorno al 1400, e morì nella stessa città nel 1468. A Magonza, aveva realizzato la possibilità di stampare il libro più significativo, la Bibbia. Un vero miracolo. Venne stampata su due colonne, ognuna costituita da 42 righe, e formata da due volumi, uno di 324 e l'altro di 317 pagine. Per realizzarla, Gutenberg usava 290 caratteri diversi e ogni carattere era intagliato e poi colato. Oltre ai caratteri, incise anche dei segni di collegamento tra le lettere. Ciascun carattere doveva essere accostato lateralmente, mantenendo una spaziatura tra le lettere. La Bibbia fu stampata in 180 copie, di cui 35 esemplari erano su pergamena, gli altri su carta. Ogni carattere partiva da un punzone, intagliato in metallo temperato, che mostrava la lettera in rilievo, specularmente invertita. Dal punzone si stampavano matrici in rame, che venivano poi riempite con una lega di piombo colato, e si otteneva così un bastoncino di piombo che lasciava impressa sulla carta la stampa di una lettera. Unendo i caratteri

[41] Le fonti da cui derivano le maggiori informazioni sono *Scienziati e tecnologi contemporanei*, Mondadori, Milano 1974; e *Scienziati e Tecnologi dall'origine al 1875*, Mondadori, Milano 1975.

uno accanto all'altro si ottenevano le parole, poi le righe, e infine una pagina o gabbia, tenuta insieme da una cordicella.

Gutenberg inventò anche l'inchiostro per stampa, che doveva essere oleoso. Una volta impostata la pagina, occorreva un torchio che aveva come modello il torchio da vino: era formato da una lastra che poteva essere pressata per lasciare la stampa. La Bibbia di Gutenberg venne iniziata nel 1452 e terminata nell'agosto del 1456. Occupò più di tre anni di lavoro.

Il padre di Johannes, Friele, apparteneva alla corporazione dei coniatori (che esigeva un'appartenenza alla nobiltà), era quindi esperto di «punzoni» per l'oreficeria. Il figlio ne trasse dunque un insegnamento di base e continuò a sviluppare il progetto, nel sogno di stampare la Bibbia, provando l'adeguatezza degli strumenti attraverso la stampa di qualche foglio su entrambi i lati. A lui si attribuisce un calendario astronomico del 1448.

Per affrontare finalmente l'opera, aveva bisogno di denaro e per organizzare l'officina ottenne ottocento fiorini da Johannes Fust, un cittadino di Magonza. La somma si mostrò ben presto insufficiente e Gutenberg richiese un altro prestito di ulteriori ottocento fiorini. A questo punto Fust diventò socio dell'impresa, lui metteva il capitale e Gutenberg la propria attività pratica. Nacquero dei dissidi, Fust citò Gutenberg che, in tribunale, venne condannato a rimborsare il capitale e gli interessi: un dramma per Gutenberg, in quanto l'officina passò in possesso a Fust. La Bibbia era però già in stato di avanzamento, infatti il documento che dà le notizie di questo processo riporta la data del 6 novembre 1455. La pubblicazione terminò l'anno successivo. È dunque probabile che Fust agì inimicandosi Gutenberg, quando ormai l'opera era realizzata. E il merito sicuramente spetta a Johannes Gutenberg.

2. La lampadina: il buio aveva una dimensione del tutto diversa dal tempo presente. La notte, senza la luce delle lontane stelle, rendeva la terra avvolta di buio nel senso che non si riusciva a percepire una persona, nemmeno a pochi centimetri di distan-

za. E così avveniva per gli animali. Circolare per le strade di notte era praticamente impossibile, a meno di non portare con sé una «lampada» e si trattava di uno strumento rettangolare, con le pareti di vetro, al cui interno vi era un contenitore di olio che, bruciando lentamente, produceva una piccola fiammella. Era questa la lampada a olio. Esisteva poi la bugia, che era invece aperta e serviva per leggere, appoggiandola sul tavolo. Nelle case, la luce della notte proveniva dal focolare.

Ci si rende conto che la mitologia del fuoco come simbolo della vita, era associata a moltissime funzioni: per scaldare un ambiente, per cuocere i cibi, per radunare i familiari che potevano percepirsi come gruppo, ma anche per svolgere attività, impossibili al buio. Si trattava di una luce che proveniva dalla legna o dal carbone, ma un focolare non era mobile. Ed ecco allora le lampade a olio e le candele, costruite con la cera. Il grande sogno era di poter vedere anche la notte, come quegli animali che la zoologia descriveva dotati di questa straordinaria capacità. Durante le ore di luce l'uomo poteva far valere le cosiddette capacità superiori, ma di notte avvertiva di valere meno di una civetta o di un gufo e ne provava il fascino. Non è strano che venissero ritenuti sacri, come creature che talora riportavano al cielo, talaltra all'inferno.

Finalmente un uomo di nome Thomas Edison inventò la lampadina. E se non cambiò il mondo, certo cambiò la notte. Nasce l'11 febbraio 1846, in una città dell'Ohio, negli Stati Uniti, che porta il nome di Milan, e muore nel New Jersey, a Orange, il 18 ottobre 1931. È un inventore, separato decisamente dalla figura dello scienziato. Durante la sua esistenza, ha depositato oltre mille brevetti, il che significa aver avuto la percezione di essere riuscito a progettare molti strumenti che prima non esistevano. Tra le invenzioni che hanno avuto un grande peso sull'esistenza dell'uomo, si pone in primis la lampadina elettrica incandescente.

Il padre Samuel era un commerciante canadese di prodotti per l'agricoltura, Thomas si era iscritto alla scuola media, ma dopo pochi mesi l'abbandona per totale disinteresse, occupando invece il tempo in ricerche sulla chimica e sulla elettricità. Organizzava piccoli laboratori, in cui sperimentava con risultati che, talora, erano veri disastri, ma vi si dedicava con passione anche perché dall'età di dodici anni una ipoacusia che progressivamente si acuì, gli rendeva più difficili i rapporti sociali. Fu assunto a sedici anni come telegrafista in una piccola società, assorbita poi dalla ben più vasta Western Union, in cui anch'egli venne a trovarsi. Il presidente Marshall Lefferts, venuto a conoscenza delle invenzioni di Edison per migliorare i procedimenti elettrici, gli offrì quarantamila dollari per entrarne in possesso. Fu questo il grande stimolo a costruire un vero laboratorio, dove inventò dispositivi telegrafici, la carta paraffinata... mostrando che l'invenzione appariva quasi un gioco.

A ventisei anni, si sposò e, imparando a vendere le sue invenzioni, acquistò un terreno nel New Jersey. Qui, nel 1877, inventò il microfono connesso al fonografo: si trattava di un semplice cilindro, avvolto di carta stagnola, che veniva fatto girare mediante una manovella. E lo brevettò. Si era anche preso il compito di risolvere il problema della luce elettrica. Già era stata inventata dall'americano Charles F. Brush l'illuminazione ad arco, che però era troppo forte per gli interni, addirittura violenta, e rispondeva solo a bisogni industriali. Si trattava di suddividere la luce elettrica, Edison pensò di risolvere il problema inviando la corrente attraverso un filo carbonizzato di elevata resistenza, fece quindi esperimenti con trucioli di legno, fibre di noci di cocco, sughero, persino con peli di barba. Alla fine, trovò che i migliori risultati si ottenevano con fibre di bambù. Costruì la lampadina con queste fibre e, con l'appoggio del banchiere John P. Morgan, mise in commercio i primi esemplari e sviluppò impianti per la loro costruzione e alimentazione: erano lampadine a corrente continua. Entrarono in funzione a Londra e a New York nel 1882. L'anno successivo scoprì l'emissione di elettroni da parte di un catodo caldo, ancora nota come «effetto Edison», gettò le basi per le valvole termoelettriche. E divenne talmente utile, che il banchiere Morgan costituì su tale lampadina la General Electric. Ma le invenzioni di Edison continuarono su altri campi.

Indubbiamente fu un inventore geniale, ma negli ultimi periodi della sua vita, era diventato troppo sicuro di sé e investì molto denaro per diffondere le nuove invenzioni che, per lo più, fallirono. Una delle ultime riguardava l'edilizia e l'uso del calcestruzzo. Le fibre di bambù delle prime lampadine vennero in seguito sostituite con fibre di tungsteno da William V. Coolidge. E sono ancora in uso.

3. La pila elettrica: la lampadina è forse la rappresentazione tecnologica di una stella che si osservi nel buio della notte. E quando si accende il firmamento, l'immagine è quella di un infinito numero di lampadine, attaccate in cielo per illuminare la terra. Nei confronti della lampada a olio, anche si immaginasse quella magica di Aladino, si tratta di una rivoluzione. Ma le lampadine mancavano della mobilità, avendo bisogno dell'elettricità generata nelle centrali, mentre la «centrale» della lampada a olio era l'olio, necessario per alimentarla. Inoltre, le lampadine, posizionate anche lungo le strade, non avevano l'intensità per poter svolgere le funzioni prima svolte dai lampioni a olio. Occorreva raggiungere anche per le lampadine una autonomia di movimento. Ed è Alessandro Volta, a rimanere nella storia, per avere inventato la pila, la cui efficace definizione è proprio di una «piccola centrale elettrica, tascabile».

Nasce a Como il 18 febbraio del 1740 e muore nella stessa città, il 5 maggio 1827. È il sesto dei sette figli di Filippo e Maddalena dei conti Inzaghi. Sembrava fin dai primi anni avere le caratteristiche di un bambino ritardato: il segno che più colpiva era che riuscì a parlare solo a sette anni. La famiglia gli impartì un'istruzione regolare: a quindici anni frequentava la scuola dei gesuiti di Como, appariva socievole e al corso di filosofia mostrava un tale ingegno che cercarono di indirizzarlo alla vocazione ecclesiastica, senza però riuscirvi. Era invece attratto dalla natura e dalle scienze naturali, ben presto si *appassionò* proprio agli studi sulla elettricità e sulle ipotesi che si facevano intorno alla natura del fuoco elettrico.

Aveva costruito in casa un vero gabinetto di fisica, in cui si evidenziava l'interesse per gli strumenti, unito a una grande abilità manuale ed era in contatto con Giovanni Battista Beccaria, uno dei maggiori studiosi di elettricità. Questo rapporto fu sicuramente di stimolo ai suoi interessi, ma Volta dimostrava chiaramente anche le proprie concezioni. Il tema era molto dibattuto e negli ambiti più diversi, si discuteva persino sull'esistenza di una elettricità nel corpo umano. Dimostrazione che divenne chiara nel 1791, con l'esperimento di Luigi Galvani sulla rana che, appena morta e scorticata, guizzava come fosse scossa da convulsioni tetaniche, bastava toccare con un conduttore metallico da un lato i nervi lombari, e dall'altro i muscoli di una gamba.

Nel 1775, Volta inventò l'elettroforo, una macchina a capacità elettrostatica, che si diffuse dandogli fama internazionale, tanto da ottenere vantaggi economici che gli consentirono di continuare le proprie ricerche. Come riflesso di questa notorietà, ebbe la nomina per l'insegnamento di fisica nelle scuole pubbliche di Como. Insegnò per tre anni fino al 1778, quando lo chiamarono all'Università di Pavia. Vi rimase per il resto della sua vita. In quegli anni si cercava in Italia un gas infiammabile, sulla scorta di osservazioni che lo individuavano nel terreno. Venne trovato soprattutto nelle zone paludose. È il gas oggi chiamato metano, di cui allora non si sapeva nulla. Fu proprio Alessandro Volta a sostenere che avesse un'origine organica ma, ciò che era ancor più interessante proveniva dai suoi studi sulla infiammabilità. Ne provocava l'accensione con scintille elettriche, perseguendo il progetto di costruire una lampada «perpetua».

Volta prese contatto con altri inventori e la direzione era sempre quella di condensare l'elettricità per poterla utilizzare secondo i bisogni. Nel 1780, costruì un dispositivo con due piatti metallici separati da uno strato isolante, sostenuto da due manici isolanti. Era questo un oggetto portatile, che veniva caricato di elettricità nei piatti metallici. Trovò anche il sistema per misurare la quantità di elettricità contenuta, persino quella dell'aria o atmosferica, per l'aria inventò un elettrometro a fiamma che venne usato da tutti gli studiosi. Mentre aveva una grande conoscenza dei risultati sperimentali che via via otteneva, mancava di tutto il bagaglio teorico, elaborato dagli scienziati.

Con lo scoppio della Rivoluzione francese, le sue ricerche rallentarono. È il periodo in cui si innamora della soprano Marianna Paris, che non riuscì a sposare per l'opposizione della famiglia, in particolare del fratello Luigi, arcidiacono. Nel 1794 sposò invece Maria Teresa Alonsa Peregrini e dal matrimonio nacquero tre figli. Da questi richiami, risulta che Volta mostrava una capacità enorme di lavorare per l'elettricità ed era in grado di mostrarne gli effetti. All'Università di Pavia, l'Istituto di fisica si era trasformato in un vero teatro, dove gli effetti dell'elettricità dell'aria, di quella corporea, si trasformavano in scariche elettriche, in fiamme.

Si arriva così alla pila, in cui sfugge il processo mentale di una ipotesi che diventa esperimento, secondo l'attesa di una verifica. Anche in questo caso, in una «memoria», viene reso noto che cosa specificamente Volta aveva fatto praticamente: una «memoria» confusa, che testimonia un lavoro lungo, facendo riferimento all'organo elettrico di alcuni pesci che egli avrebbe tentato di rifare; altre volte si riferisce alle bottiglie di Leida, che rappresentavano la possibilità di contenere staticamente una capacità elettrica elevata. Considerando la pila come sorgente di elettricità a forte intensità, risulta costituita fondamentalmente da una colonna di elementi sovrapposti, in modo che a un disco di zinco se ne alterni uno di rame, con sopra uno strato di feltro o di cartone, imbevuto di acqua salata, che è un buon conduttore. Collegando gli estremi superiori o inferiori della pila per mezzo di un conduttore elettrico, si crea un circuito in cui passa corrente continua. L'energia si sviluppa dalle reazioni fra i metalli e la soluzione elettrolitica. Significa poter utilizzare un generatore di corrente continua e trasportabile, che permette quindi di accendere una lampadina, rispondendo a esigenze che le centrali elettriche, pur creando forti intensità di corrente, non mettevano a disposizione. Sia pure con piccole variazioni di materiali, le pile sono sempre più indispensabili e non sono che modifiche di quella inventata da Alessandro Volta.

La prima pila è stata costruita nel 1799. L'invenzione venne annunciata in una lettera rivolta a Joseph Banks, presidente della Royal Society di Londra il 20 marzo 1800; il 7 novembre 1801 Volta ne illustrò il funzionamento all'Institut de France, a Parigi, di fronte a Napoleone Bonaparte.

4. Alfabeto Morse. I giovani del tempo presente appartengono a una generazione definita anche età del «tempo reale», per esprimere che tutto accade al presente, nell'immediato. Tale percezione del tempo non si lega solo a chi vive nello stesso ambito, con la facilità quindi di ascoltare e parlare per la reciproca presenza. L'immediato si estende anche alle distanze remote, in quanto vengono cancellate da rapidissimi sistemi di comunicazione. Sono giovani che, pertanto, ignorano che cosa sia l'attesa, il desiderio non corrisposto di poter dire una parola, dare una notizia, che si vorrebbe venisse conosciuta subito.

La lettera era l'espressione di una comunicazione, di una notizia, di un sentimento, che veniva spedita e attraverso un sistema postale, doveva essere consegnata nel luogo in cui il destinatario o destinataria viveva. Ed era abituale attendere una risposta, che capovolgeva la condizione in quanto, dopo aver spedito una lettera, se ne aspettava un'altra che doveva giungere dal destinatario della prima, subito si sarebbe voluto trasmettere le proprie reazioni, ma al desiderio si frapponeva la distanza. Il bisogno di avvicinare le persone lontane è sempre stato forte, anche se sembrava impossibile. C'è stato un tempo in cui sono esistiti i «piccioni viaggiatori», che portavano un biglietto legato a una zampa. Si è creato il sistema delle Poste, che richiede tempo per soddisfare questo bisogno di comunicazione. Vi sono storie, in cui le lettere venivano affidate agli angeli custodi; in altri casi si avevano delle percezioni, dei presentimenti e per molti secoli si è attribuita ai sogni la funzione di messaggeri.

Su questo tema, si inserisce un nome: Samuel Finley Morse, che inventò il telegrafo elettrico, capace di trasmettere dei segnali, da interpretare secondo un vocabolario che da lui prese il nome di «alfabeto Morse». Samuel nasce a Charlestown nel Massachusetts, il 27 aprile 1791 e muore a New York, il 2 aprile 1872. Era figlio di un pastore congregazionalista, si dedicò attivamente agli studi e si laureò in arte alla Yale University. Componeva ritratti, cercando di rappresentare personalità di rilievo, ma senza guadagnare, per cui ha vissuto alcuni anni ricorrendo a prestiti.

Si recò in Europa, che era la terra degli artisti e fu durante il viaggio di ritorno che assistette a esperimenti sull'elettricità, condotti a bordo della nave. Concepì l'idea di inviare informazioni, usando l'elettricità che si trasferiva attraverso i fili elettrici. Il primo compito era quello di tradurre le lettere dell'alfabeto in segnali elettrici. A questo punto, cominciò a pensare all'apparecchio che doveva poterli allo stesso tempo inviare e ricevere.

Era diventato un insegnante di pittura e grazie ad alcuni consigli tecnici, ma soprattutto mantenendo i rapporti con un suo studente, Alfred Vail, il cui padre possedeva una ferrovia, riuscì a costruire il telegrafo. L'alfabeto c'era, c'erano gli strumenti che permettevano di produrre dei segnali che, combinati, esprimevano delle parole, mancava la linea elettrica attraverso cui doveva transitare il suono. Riuscì a ottenere dal Congresso degli Stati Uniti trentamila dollari a questo scopo. Voleva realizzare una linea sotterranea ma, proprio mentre questo esperimento non riusciva, venne a conoscenza che in Europa si stava studiando lo stesso problema e si erano ottenute linee elettriche usando un filo metallico scoperto, teso su pali. Anche negli Stati Uniti se ne costruì un'aerea, da Washington a Baltimora. La linea era quella di tipo europeo, ma la differenza stava nel sistema telegrafico. In Europa era formato da indicatori rotanti, a codice di cinque elementi, che inviavano contemporaneamente con cinque circuiti elettrici segnali distinti, provocando lo spostamento di cinque aghi, calamitati in un senso o nell'altro a seconda della polarità che dipendeva dal codice trasmesso. In quello di Morse, la trasmissione consisteva nell'invio di impulsi di corrente, corrispondenti al segnale del codice che si doveva trasmettere, e nella ricezione un elettromagnete comandava una scrivente che tracciava il segnale trasmesso su un nastro di carta. Tale sistema risultò talmente semplice e più pratico, da soppiantare i criteri del sistema europeo.

Il grande successo inorgoglì talmente l'inventore, che diventò arrogante, irascibile, vanitoso. Negava di avere avuto un qualsiasi suggerimento da persone conosciute, prese posizioni razziste durante la guerra civile, approvava la schiavitù. Ma il suo telegrafo elettrico aveva preso un'identità propria e a Morse procurò ricchezza e onore.

5. Il telefono di Bell: trasmettere i messaggi sia pure criptati rappresenta un grande sviluppo nelle comunicazioni, ma è facile immaginare che, raggiunto questo obiettivo, ci si interrogasse se non fosse possibile parlare e farsi sentire in un luogo lontano. È indubbio che la voce trasmette non solo notizie e dati, ma si colgono nello stesso momento le emozioni e i sentimenti di chi parla e di chi ascolta. Basta osservare il regno animale, per accorgersi di quanto sia importante trasmettere la voce a distanza. Del resto, il tono della voce tiene conto proprio della distanza e passa una grande differenza tra sussurrare e urlare. Gli uccelli, attraverso il cinguettio, comunicano contenuti che l'uomo non conosce ancora: possono segnalare un predatore, ma anche un gioco per entrare in sintonia con uno o più simili.

Nella seconda metà dell'Ottocento erano probabilmente molti coloro che immaginavano di parlare con una persona lontana come fosse vicina. E non solo a immaginarne la possibilità, ma a inventare lo strumento idoneo è stato Alexander Graham Bell. Nasce a Edimburgo il 3 marzo del 1847 e muore a Baddeck in Canada, il 2 agosto del 1922. A lui spetta il merito di aver messo le fondamenta per lo sviluppo e la distribuzione di una nuova via di comunicazione: la telefonia.

Il padre era un insegnante di dizione, che si occupava di come si pronunciano correttamente le parole, e anche Alexander seguì una istruzione che prolungava l'attività del padre e addirittura quella del nonno. Divenne insegnante di pronuncia e dizione. Quando venne a conoscenza delle ricerche di von Helmholtz sulla natura del suono pensò subito alla trasmissione elettrica della voce umana.

Nel 1870, a ventitré anni, emigrò in Canada e insegnò agli indiani Mohawk un sistema di simboli fonetici che il padre aveva già chiamato «parola visibile». Ottenne dei risultati significativi tanto da essere invitato dal Board of Education di Boston a insegnare ai sordomuti. Si spostò in quella città ma, contemporaneamente alla scuola, lavorava nella soffitta della sua abitazione al numero 109 di Court Street, a Boston.

Il progetto era di costruire un telefono musicale, con cui poter trasmettere tanti messaggi quante sono le note del pianoforte. Vi era compresa l'idea che un telegrafo di tale variabilità potesse trasmettere un discorso articolato. L'avvocato Gardiner G. Hubbard, di cui Bell sposerà nel 1877 la figlia sordomuta, gli presterà il denaro necessario a questo scopo. Nei suoi esperimenti lo seguiva un assistente, Thomas A. Watson. Dopo dieci mesi di lavoro, Bell aveva inventato uno strumento che pensò di brevettare. Gli fu consigliato di arricchirlo di prove sperimentali prima di presentarlo e, tornato a Boston, Bell e il suo assistente fecero installare cavi elettrici per due rampe di scale fino al pianterreno del Williams Electrical Shop. Il 10 marzo 1876, Watson, che era al pianterreno, udì Bell al secondo piano, dire: «Signor Watson, venga qui per favore, ho bisogno di lei».

Il 10 giugno 1876 all'inaugurazione della Centennial International Exhibition di Philadelphia, Bell presentò l'apparecchio chiamato «telefono». Molti poterono assistere alla conversazione che Bell tenne a distanza, recitando alcuni brani di Shakespeare.

Venne fondata la Bell Telephone Association che, tra difficoltà e l'aggiunta di invenzioni ausiliarie, divenne la Bell Company. Alexander Bell si arricchì, acquistò una tenuta in Nuova Scozia dove allevò pecore dedicando la propria ricerca all'aiuto dei sordi.

È curioso che una grande differenza tra scienza e tecnica appaia anche dai luoghi in cui la tecnica nasce: nel caso di Bell, in una soffitta, la scienza invece si sviluppa ordinariamente nelle università. Tuttavia Bell nel 1883 fondò «Science», l'organo dell'American Association for the Advancement of Science. Per questo, dopo aver sostenuto che talora la tecnica nasce dalla scienza, bisogna aggiungere che dalla tecnica possono uscire stimoli, idee per la scienza. E una rivista ne è il tramite.

6. Il telefono di Meucci: talora le idee sembrano girare, acquistare una dimensione non più individuale ma appartenere a molti. In alcuni, però, passano da idee a progetti, che riescono a trasformare le idee in fatti. Si potrebbe pensare a una trasmissione, che opera quasi via etere, per cui in luoghi diversi più persone lavorano a uno stesso progetto senza essere tra loro collegati. Può capitare che un certo signore, Antonio Meucci, concepisca uno strumento che finisce per essere realizzato da un altro signore, Alexander Bell. Non si conoscono e non sono in una competizione consapevole.

Antonio Meucci nasce a Firenze il 13 aprile 1808 e muore a Long Island, New York, il 18 ottobre 1889. Il modello di apparecchio telefonico che egli inventa risale al 1856, vent'anni prima della domanda di brevetto avanzata da Bell il 14 febbraio del 1876. Meucci era di umilissime origini, faceva l'esattore dei dazi alle porte di Firenze. Non aveva fatto alcuno studio regolare, ma era stato colpito dagli studi di Galvani sulla elettricità della famosa rana. Aveva sposato una sarta di abiti per teatro, Ester Mochi, ma per le sue idee liberali e repubblicane dovette lasciare il granducato di Toscana. Emigrò a Cuba, dove lavorò come meccanico teatrale, e nel 1850 si stabilì a New York dove aprì una fabbrica di candele.

Mise a punto un modello di apparecchio telefonico nel 1856, ma vi pensava già da molto tempo e nel 1857 confidava a un amico fidato che «l'invenzione consisteva in un diaframma vibrante e in un magnete elettrizzato da un filo a spirale che lo avvolge. Il diaframma vibrando [...] altera la corrente del magnete. Queste alterazioni di corrente, trasmettendosi all'altro capo del filo, imprimono analoghe vibrazioni al diaframma ricevente, riproducendo la parola». Si tratta di un vero progetto, ma la totale mancanza di mezzi, la sua identità di italiano immigrato, sono gravi ostacoli ad andar oltre l'idea. Chiese a un amico che ritornava in Italia, Enrico Bendelari, di cercare qualche ricco italiano disposto a sostenere la possibilità di trasferire l'idea in progetto.

Meucci per vivere dovette chiedere l'elemosina agli altri immigrati italiani. Rimase ustionato quando scoppiò la caldaia di un ferry boat dove si trovava, e su cui morirono cento persone. Rimase a letto immobile per sei mesi, sua moglie vendette tutti i suoi strumenti telefonici per sei dollari.

Nel 1871 decise di brevettare la sua invenzione, ma il legale a cui si era rivolto voleva duecentocinquanta dollari, per preparare i documenti. Meucci poteva raccoglierne forse venti. Aveva presentato solo un avviso. Lo rinnovò per due anni, facendosi prestare i dieci dollari necessari. Andò da Edward B. Grant, allora vicepresidente dell'American District Telegraph Company di New York, pregandolo di poter utilizzare le sue linee per gli esperimenti che avrebbe finalmente dovuto fare. Grant si fece dare tutti i dati, poi rifiutò di occuparsene. Meucci seppe del successo di Bell e propose il suo modello alla Globe Company, concorrente della Bell Company. Si giunse a una causa in tribunale e il 19 luglio 1887 il giudice Wallace diede ragione a Bell, con una sentenza in cui veniva negata l'attribuzione di brevetto ai documenti ufficiali. Meucci avrebbe inventato il telefono, ma non quello elettrico. Vi fu un ricorso alla sentenza nel 1889, ma Meucci morì in quello stesso anno. E la Corte Suprema archiviò la causa nel 1891. I documenti e i disegni rimasti sono testimonianza che aveva concepito il telefono elettrico esattamente come venne poi realizzato da Bell.

Un caso che dimostra come oltre alla forza delle idee, alla capacità tecnica di costruire gli strumenti, sia essenziale anche la fortuna: un componente che, già dalla mitologia, era rappresentata come una dea con gli occhi bendati. Sta di fatto che era nato il telefono elettrico, in cui la voce correva sui fili conduttori di elettricità.

7. Il telefono senza fili di Marconi: l'insoddisfazione è una caratteristica non solo di un uomo ma della specie umana. È difficile definirla un vizio o una virtù, un difetto o un pregio. È una pulsione che tende a rendere la vita più agevole, a migliorare l'adattamento nell'ambiente, naturale o artificiale (delle società storiche). La telefonia elettrica ha avvicinato le persone lontane che potevano reciprocamente ascoltare la loro voce, ha cambiato persino la dimensione dello spazio poiché dava l'impressione di essere vicini al proprio figlio che invece era a una distanza impercorribile, se affrontata a piedi, ma anche con mezzi veloci.

Il telefono ha una storia che vede, appena raggiunto un obiettivo, aprirsene subito uno di nuovo. Ed ecco l'idea di un telefono senza fili che significava annullare l'idea di spazio. Si poteva inviare la propria voce all'altro capo del mondo. E a compiere questa impresa che, a una prima valutazione, sembrava appartenere alle fiabe, è un uomo di nome Guglielmo Marconi.

Nasce a Bologna il 25 aprile 1874 e muore a Roma il 20 luglio 1937. Il padre Giuseppe era un proprietario terriero, la madre Annie Jameson era irlandese. Non era tanto interessato agli studi, ebbe l'istruzione elementare in casa, poi frequentò a Firenze un istituto tecnico privato senza conseguire il diploma. Si racconta che nell'estate 1894, aveva quindi vent'anni, si trovasse nel biellese, al santuario di Oropa, quando gli venne la prima idea di una trasmissione a distanza di segnali, mediante le onde elettromagnetiche. Doveva ignorare che esistevano già dei precedenti su tale tema.

Marconi si ritirò a Pontecchio, vicino a Bologna, nella villa Grifone di proprietà del padre, per fare esperimenti sulle onde elettromagnetiche. Creò un laboratorio e ottenne risultati che certo non collimavano con l'impressione, avuta dai precedenti, e a lui sconosciuti, sperimentatori. Riusciva a trasmettere ma a piccole distanze, per poterla aumentare costruì un circuito collegando una sfera a un oscillatore e a una lastra metallica, sospesa in aria a dei pali di legno. Posizionò un rivelatore della stessa struttura, usata per trasmettere. A nessuno è chiaro come sia derivato questo sistema, si crede che gli inventori seguano una logica, mentre talora amano solo provare.

Nel settembre 1885, riuscì a inviare segnali elettromagnetici tra villa Grifone e una località distante un chilometro e mezzo, situata dietro una collina. La madre di Marconi ebbe subito la convinzione che quell'evento fosse molto importante, e nel 1896 accompagnò il figlio a Londra per chiedere il brevetto per la scoperta. Con tale garanzia, era possibile cominciare ufficialmente gli esperimenti e nel 1897 riuscì a mandare messaggi a una quindicina di chilometri attraverso il canale di Bristol. L'aveva realizzata alla Wireless Telegraph and Signal Company, ma capendo la potenzialità di quella realizzazione trasformò la società in Marconi's Wireless Telegraph Company. Contemporaneamente fece conoscere la scoperta ai grandi Paesi del mondo.

Il 12 dicembre 1901 riuscì a collegare Poldhu, in Inghilterra, con Saint John a Terranova attraverso l'Atlantico, con onde lunghe 1500 metri. L'esperimento dimostrava che la curvatura della terra non impediva la trasmissione dei segnali. Scoprì inoltre che nell'atmosfera esiste uno strato di gas fortemente ionizzato, che funziona da specchio riflettente verso la terra delle radiazioni elettromagnetiche, provenienti dalla stazione emittente. Questo strato era già stato scoperto da un fisico inglese, Oliver Heaviside. Subito si crearono stazioni radio telegrafiche a terra, mentre Marconi si occupava di applicare le apparecchiature sulle navi e in particolare sui transatlantici che collegavano l'Europa all'America. Nel 1909, grazie alla radio di bordo venne compiuto il primo salvataggio marittimo dei passeggeri naufragati a causa della collisione nell'Atlantico tra la *Florida* e la *Republic*. Il 14 aprile 1912 lo strumento di Marconi permise di salvare parte dei passeggeri del *Titanic*, affondato per avere sbattuto contro un iceberg. Nel 1927, dall'Inghilterra si poteva comunicare con l'Australia a più di ventimila chilometri di distanza.

Marconi ricevette un numero enorme di munificenze. Nel 1935 fu creata per lui una cattedra di onde elettromagnetiche all'Università di Roma, ma cominciò a soffrire di disturbi cardiaci che lo condussero a morte il 20 luglio del 1937. Naturalmente incominciarono le polemiche sulla priorità dell'invenzione. Marconi aveva una modestissima formazione culturale, una scarsa conoscenza della fisica e ignorava totalmente la matematica. Ma ciò che serve all'inventore è qualcosa di diverso, sono più importanti l'istinto e una grande stima di sé.

8. Dalla turca al water. Il metabolismo del corpo umano prevede l'introduzione di cibi come fonte di energia e l'eliminazione di scorie che rappresentano l'insieme di ciò che, ingerito, non è stato assimilato. L'alimentazione rappresenta il primo imperativo della sopravvivenza: viene istintivamente cercata fin dalla nascita nel bambino che si attacca al seno materno, allo stesso tempo promuove l'eliminazione di materiali fisiologici solidi e liquidi. Per questo la società ha inventato dei luoghi per alimentarsi e altri per eliminare feci e urina. Anche questa necessità esistenziale è stata oggetto di invenzione di strumenti, che hanno caratterizzato delle epoche.

Nel Medioevo gli escrementi erano raccolti in vasi di coccio e vuotati direttamente dalle finestre, trasformando le strade in quello che oggi chiamiamo sistema fognario. A Venezia, anche durante il governo della Serenissima, che aveva raggiunto uno straordinario sviluppo economico, grazie soprattutto alle conquiste per mare, nei palazzi cinque e seicenteschi erano previste delle cabine che sporgevano come una veranda sui canali, e il cui pavimento era fornito di un foro che serviva per eliminare il materiale fisiologico dentro le acque. Alla sinistra e alla destra, questa piccola struttura aveva due finestrine che permettevano di controllare il passaggio delle gondole, rendendo possibile una sorta di non facile sincronia. Nella grande dimora di Luigi XIV, a Versailles, una delle più ricche sia per l'architettura che per le opere d'arte, non vi erano luoghi dediti a queste funzioni. Viene costruita da Luigi XIV che vive tra il 1638 e il 1715, e muore proprio a Versailles. Era abitudine delle donne patrizie di disporre di un servo, il cui compito era di portare un vaso entro cui si potevano raccogliere gli escrementi e che poi provvedeva a vuotarlo. Si giunse alla identificazione nella città e nelle abitazioni di un luogo apposito a questo bisogno. Uno spazio caratterizzato da un foro nel pavimento entro cui raccogliere il materiale escreto e per centrarlo con precisione, si potesse assumere una posizione comoda, con le differenze richieste dal genere maschile e femminile.

Nel mondo romano antico esistevano strutture comuni, aggregate sovente a luoghi pubblici come le terme. Servizi collettivi, che non richiedevano ancora la dimensione del privato. Solo successivamente si arriverà a questo, e la grande invenzione è il water che, avendo cambiato materiali e forme, risponde alle esigenze fisiologiche ma soprattutto igieniche. Uno strumento di igiene, quindi di civiltà.

Spetta a John Harrington, figlioccio della regina d'Inghilterra, l'invenzione del water che era stato collocato in un piccolo ambiente chiamato *water close* (ripostiglio per l'acqua). L'acronimo WC indica appunto l'ambiente e il vaso che permette la comodità di poter espletare da seduti le eliminazioni dei residui alimentari. John Harrington era poeta, scrittore, e giornalista inglese noto anche per aver tradotto l'*Orlando furioso* di Ludovico Ariosto. Nasce a Kellstone il 4 agosto 1561 e muore nella stessa città il 20 novembre 1612.

In precedenza, si era diffusa in Europa «la turca», che non ammetteva questo vantaggio, in quanto richiedeva una posizione accovacciata, senza potersi appoggiare. Il *water close* aveva però bisogno di un'ulteriore invenzione, e questa volta occorre ricordare il nome di Alexander Cummings. Era un orologiaio scozzese, un raffinato, il quale nel 1775 aggiunse al *water close* di Harrington un sifone, che può essere semplificato come un'ansa nella stretta del tubo di eliminazione, posizionato prima dell'andamento diretto al deposito. Anticipa il tubo di scarico e poiché faceva decorrere l'acqua, aveva il potere di mantenerlo sempre riempito d'acqua. L'acqua vi rimane, assolvendo al compito essenziale di impedire gli spiacevoli odori delle emissioni, che tendono sempre a portarsi in alto. A questo sistema con il tempo si aggiunsero modelli sempre più efficienti: dapprima l'acqua veniva versata nel vaso, successivamente è tenuta dentro una cassetta, da cui viene fatta cadere.

Ed è un esempio di come la tecnologia si applichi ai bisogni dell'esistenza, cercando di darvi risposta, nel modo più efficiente possibile. La scienza, invece, segue il corso delle idee e sovente si allontana dal mondo concreto, finendo per creare, come nella matematica, mondi nuovi.

9. La fotografia. La memoria è una delle facoltà della mente, capace di fissare le immagini, le idee, persino le relazioni affettive. E così, pur essendo lontane, due persone possono avere l'impressione di trovarsi ancora l'una vicino all'altra, grazie alle immagini che il ricordo suscita su chi si trova lontano. Deve essere molto antica l'idea di poter aiutare la memoria, avendo una immagine stampata. Ed è probabile che il ritratto prodotto dai pittori risponda a questo desiderio, in particolare per quando una persona non c'è più ed è impossibile rivederla direttamente. Allora poter avere un suo ritratto, lo fa sentire presente. Questa tecnica era diffusa tra le persone importanti, per i re, per i principi della Chiesa. Esistono ritratti così straordinari da occupare oggi le sale dei musei. Nel Rinascimento nasce la figura del pittore di corte che doveva «fissare» per sempre la figura del re, dei componenti la sua famiglia.

Questo bisogno, profondamente umano, è avvertito anche dalle persone semplici che sentono la mancanza non di personaggi che rappresentano il potere, ma degli affetti, che sono propri di tutti gli uomini. Sono esistiti anche i pittori di strada, capaci con quattro segni ad acquerello su un foglio di rappresentare i tratti del volto di una persona, ma non si poteva pretendere che fossero riportati precisamente quei segni distintivi, su cui si era proiettata una storia d'amore. Occorreva Louis-Jacques-Mandé Daguerre, l'inventore della fotografia.

Ha realizzato uno strumento, chiamato in onore del suo nome «dagherrotipo», capace di fissare le immagini su un supporto sensibile, in grado di riprodurre l'immagine propria o quella delle persone a cui si vuol bene.

Daguerre nasce a Cormeilles-en-Parisis, il 18 novembre 1787 e muore a Bry-sur-Marne il 10 luglio 1851. Fin dall'infanzia rivela un grande talento artistico, tanto che a soli tredici anni entra come disegnatore in uno studio di architettura. Successivamente, dal disegno passò alla pittura. Amava dipingere paesaggi, ma inventava anche scene per opere teatrali, che rappresentava nei dettagli, per poi riportarli a livello scenografico. Proprio nel teatro inventa uno strumento efficace, sostituendo le scene con veri panorami mobili, che davano allo spettatore l'illusione della realtà. Lo chiamò «diorama» e consisteva in quadri differenti che ruotavano in successione mostrando scene in movimento. La tecnica era semplice, poiché dipingeva i due quadri su uno schermo trasparente e alternando l'illuminazione e facendoli muovere, dava l'illusione del cambiamento.

Fu però il dagherrotipo a raggiungere un'incredibile fortuna. Si doveva fissare su una lastra sensibile un'immagine che entrava su una lente nella camera oscura: si trattava di una scatola, che da un lato aveva una lente su cui si riduceva l'immagine e dall'altra una lastra sensibilizzata, che riportava l'immagine capovolta sulla lastra. Nel 1835, scoprì che la sensibilità era data da una placca iodata che si fissava attraverso vapori di mercurio. I vapori si depositavano in forma di particelle sulla placca solo nelle zone che erano state esposte alla luce. Sulla lastra vi erano dunque zone nere e zone brillanti, che riportavano l'immagine positiva con incredibile precisione. Una volta apparsa l'immagine, Daguerre immergeva la lastra in una soluzione di cloruro di sodio e l'immagine rimaneva così fissata. Per rendere lo strumento commerciale, lo presentò all'Accademia delle scienze e ottenne persino il benestare alla sua vendita.

Come era da aspettarsi, poiché questa tecnica rispondeva al bisogno di possedere immagini che avevano la forza degli affetti, si diffuse a Parigi la dagherrotipomania. Lo strumento era pesante e costoso, i tempi di esposizione lunghi soprattutto per i ritratti, ma ormai l'invenzione della fotografia era nata, e tutto ciò che seguì ha avuto il senso della miniaturizzazione e della sostituzione con materiali più leggeri e meno costosi.

10. Il mappamondo. Erano da poco incominciati i grandi viaggi. Dall'Europa partivano le navi verso i nuovi mondi, alla scoperta delle terre lontane. I viaggi si trasformavano sempre in una carta, chiamata «geografica» che, a poco a poco, veniva riempita di nomi, si segnavano i fiumi, le caratteristiche del terreno, dalle foreste ai deserti, alle montagne. Era nato un nuovo mestiere: il geografo, il cartografo, fino a indicare chi poteva rappresentare il cosmo.

E a dare una dignità a questa nuova attività, fondandola su una dimensione razionale, è Gerardo Mercatore, il cui vero nome è però Gerhard Kremer. Nasce nelle Fiandre Orientali, a Rupelmonde, il 5 marzo 1512, e muore a Duisburg il 2 dicembre 1594.

Per la rappresentazione del mondo, che com'è noto ha forma sferica, non è sufficiente un foglio di carta; più indicata è una sfera che possa anche girare perché, in tal modo, si avvicina a una dimensione più reale. Vi sono Paesi in un punto della sfera e altri che si posizionano dall'altra parte, la terra viene così distinta in emisferi orientale e occidentale e anche in emisferi del nord e del sud.

Mercatore studiò all'Università di Lovanio e, nel 1532, ottenne il titolo di *magister* di filosofia e matematica. Imparò i principi della cartografia e della cosmografia, tra le sue costruzioni vi sono proprio un globo della terra e uno del cielo. Le rappresentazioni presero il suo nome, a lui spetta anche il merito di essersi liberato nella cosmologia dall'influenza di Tolomeo. Fondò una casa cartografica a Lovanio in cui lavoravano tutti, dai figli ai generi, e venivano prodotti globi terrestri e globi celesti.

Il tema della terra e del cielo divenne parte della conoscenza e un po' anche della fantasia. Ma era pericoloso occuparsene, in quanto era implicata anche la Chiesa, che lo perseguì per eresia. Sosteneva di costruire le carte sui principi della matematica, quindi con la precisione necessaria, poiché erano destinate ai viaggi. Aveva iniziato una cartografia sistematica, incisa sul rame. Compose una carta delle Fiandre (*exactissima Flandriae descriptio*), che aveva corretto gli errori della precedente. Giunse a dare la rappresentazione del mondo in due emisferi. Nel 1541 produsse un famoso e accurato globo terrestre, dedicato a Nicolas Perrenot, padre del cardinale di Granvelle. Nel 1551, il globo più noto fatto di cristallo con le costellazioni incise a diamante contenente all'interno un globo terrestre ligneo, venne da lui presentato a Carlo V, che gli diede la propria protezione.

La sua è una vita passata tra la costruzione di tavole geografiche, che andavano dall'*Orbis terrae compendiosa descriptio* del 1587[42] fino a descrizioni regionali: un'opera talmente precisa e diffusa, da comporre un Atlante. Cercava di tenere il passo con i grandi viaggi e le scoperte di quel tempo. Rispondeva del resto alle richieste di naviganti che avevano bisogno di progettare i propri viaggi in un mondo rappresentato e non immaginato. I principi matematici, alla base delle sue proiezioni e rappresentazioni, li tenne nascosti per tutta la vita. Furono divulgati nel 1599 in un trattato dal titolo *Certain errors in navigation*, pubblica-

[42] È il compendio del primo trattato del 1569: *Nova et aucta orbis terrae descriptio ad usum navigatium emendata accomodata.*

to dall'inglese Edward Wright. Nel 1590 a seguito di un ictus rimase paralizzato nella parte sinistra del corpo. Alla sua morte a Duisburg, era ricco e molto rispettato. Famoso in tutto il mondo, fu sepolto nella chiesa del Salvatore.

11. Cinematografo. Si è studiato il fenomeno dei bisogni nell'uomo e si è chiarito che, risoltone uno, immediatamente ne entra sulla scena psicologica un altro, che è individuale ma anche dell'intera società. Se guardiamo alle immagini, il bisogno di possedere il ritratto di una persona lontana o scomparsa ha portato alla fotografia, successivamente è circolato il desiderio, oltre che di guardare il viso o la figura, di vederla in una forma vitale, in movimento, anche se non era intorno a noi.

A passare dall'immagine fissa a una mobile, con i connotati dunque dell'esistenza, che è movimento, hanno pensato i due fratelli Auguste e Louis Jean Lumière. Il più anziano, Auguste, nasce il 20 ottobre 1862 a Besançon e muore a Lione l'11 aprile 1954. Il secondo, Louis Jean, nasce sempre a Besançon due anni dopo, il 5 ottobre 1864, e muore prima del fratello a Bandol il 6 giugno del 1948. Entrambi inventori, noti per aver realizzato un apparecchio che poteva riprendere e proiettare immagini fotografiche, fissate su un nastro sensibile. Riporta alla fotografia, questa volta in un insieme di più immagini in sequenza: hanno chiamato questo strumento «cinematografo».

Il padre, Antoine, gestiva una bottega di fotografo nell'alta Savoia. Rimasto orfano, a quattordici anni era andato a Parigi per apprendere il mestiere di pittore di insegne. Il figlio Louis Jean aveva frequentato la scuola della Martinière in cui aveva seguito i corsi di chimica e si deve a lui l'invenzione di un sistema di lastre fotografiche alla gelatina di bromuro d'argento, che il padre giudicò più utili per il suo lavoro di fotografo. Le trovò anzi così interessanti, che pensò di produrle e venderle anche agli altri fotografi, fondando la Société Antoine Lumière et ses fils. Il figlio maggiore, Auguste, aveva collaborato con il fratello per mettere a punto le lastre fotografiche, che fecero la fortuna della società, ma poi seguì gli studi di medicina.

Nel 1894, Louis Lumière aveva trent'anni e venne a sapere che era stato presentato uno strumento, il «cinetoscopio», che permetteva di vedere in un oculare le scene registrate. Pensando che sarebbe stato meglio proiettare quelle immagini su uno schermo, decise di studiare il problema. Auguste si unì al fratello e proposero un prototipo che fu realizzato dal capomeccanico Moisson, dell'officina di Monplaisir. Il 13 febbraio 1895 fu depositato il brevetto per un apparecchio di proiezione delle «cronofotografie», un termine che in *crono* (tempo) indica appunto la successione delle immagini. Il 22 marzo del 1895, a conclusione di una conferenza sull'industria fotografica, Louis Jean presentò l'invenzione. Era presente anche Jules Carpentier, un costruttore di apparecchiature elettriche che, in accordo con i Lumière, si impegnò a costruire l'apparecchio. Auguste si era invece dedicato ai sistemi di sviluppo delle fotografie in serie. Era diventato medico e, anche in questo campo, lasciò la sua impronta di inventore: scoprì preziose sostanze medicamentose, propose la vaccinazione gastrointestinale.

I due fratelli rimasero insieme nel lavoro fino a che Louis Jean andò a vivere a Parigi, ma anche separatamente continuarono a inventare qualche strumento. Nel 1915, fu la volta del riscaldatore catalitico a schiuma di platino, che serviva all'aviazione, e più tardi dobbiamo anche ai Lumière l'invenzione dell'altoparlante. La grande impresa resta comunque il cinematografo. Vi fu un giubileo per celebrare nel 1935 il quarantesimo anniversario della nascita del cinema. Louis Lumière divenne membro dell'Accademia delle scienze, il fratello Auguste dell'Accademia di medicina.

12. La televisione. Seguendo la scala dei bisogni di Maslow, diventa ormai scontata la tappa che segue il cinematografo. A rappresentarla si pone il nome di John Logie Baird. Nasce a Helensburgh il 13 agosto 1888 e muore a Bexhill-on-Sea il 14 giugno

1946. Passerà alla storia come colui che ha dato la prima dimostrazione della trasmissione televisiva.

Dopo gli studi di ingegneria elettronica all'Università di Glasgow, Baird trovò lavoro presso la Clyde Electric Power Company, che lasciò presto per problemi di salute. Tentò per due volte di impiantare una propria impresa, ma non ebbe successo per le condizioni di salute peggiorate. Gli vennero consigliati riposo e tranquillità in una località marina e andò a vivere a Hastings. Qui, si dedicò totalmente agli esperimenti sulla trasmissione a distanza delle immagini. Risultava evidente che era questa la tappa necessaria per passare dal cinematografo alla televisione, che doveva da uno studio inviare le immagini su apparecchi di ricezione lontani.

L'elemento principale del suo primo sistema trasmittente era il disco rotante, inventato nel 1884 da Paul Nipkow, che poteva scandire una immagine secondo linee parallele molto ravvicinate. Era questo l'apparecchio emittente, ma anche il ricevente era costituito dallo stesso disco e per Baird si poneva il problema di sincronizzare la rotazione dei due dischi. Nel 1923, riuscì a riprodurre in un circuito chiuso un'immagine in bianco e nero, due anni dopo riuscì a trasmettere i movimenti di una marionetta e nel 1926, a Londra, diede la prima dimostrazione di un vero apparato televisivo, riprendendo una figura umana. Nel 1927 riuscì a inviare immagini da Londra a Glasgow attraverso un cavo telefonico. Nel 1928, effettuò un collegamento diretto con la nave *Berengaria*, in navigazione nel mezzo dell'Atlantico. L'evento ebbe una risonanza straordinaria. La BBC gli consentì di usare le sue attrezzature e, attraverso un ponte radio, fu possibile inviare le immagini di persone intervistate a Londra e seguirle a New York. Non solo, mentre fino a quel momento le immagini erano illuminate in modo artificiale, riuscì a fare riprese in luce naturale. Il sistema funzionava magnificamente e a questo punto, era facile applicare delle modifiche che ne arricchivano la qualità. Fu la volta dell'invio di immagini colorate. Il 30 settembre 1929, la BBC realizzò il suo primo programma televisivo.

Risolto il problema della corrispondenza tra immagini, bisognava aggiungervi quella tra il video e il sonoro. Nel sistema ricevente le immagini avevano raggiunto la grandezza di 4x2 pollici (10x5 centimetri), nel 1932 sì passo a 9x4 pollici (23x10 centimetri), ma più si allargava l'immagine, più scadente era il risultato. Ciononostante, la BBC usò le apparecchiature di Baird per trasmissioni televisive regolari che tra il 1932 e il 1935 avevano luogo quattro volte la settimana. Nel 1935, la Corona inglese decise di sostenere la trasmissione ad alta definizione e, a questo punto, vi erano i fondi per l'ulteriore sviluppo. La società di Baird collaborò con quella di Marconi.

Per ottenere le dimensioni dello schermo tali da fornire immagini di qualità, le apparecchiature diventarono enormi. Nel 1937, la BBC adottò la scansione a raggi catodici, ma Baird se ne staccò e proseguì le sue indagini in altra direzione, anche se sempre collegate alla televisione. Nel 1939 riuscì a produrre la televisione a colori naturali. Non aveva però le capacità dell'uomo d'affari e non seppe trattare in modo adeguato con la BBC, che a un certo punto lo tradì. Continuò con difficoltà a sviluppare una televisione sempre più affascinante, anche se la società concorrente era diventata la Marconi.

Un nuovo bisogno era stato soddisfatto, l'impressione della gente era di poter avere un cinematografo a casa. A poco a poco non raccontò più storie inventate, ma trasmetteva ciò che accadeva in tutto il mondo. Si stava intanto avvicinando la Seconda guerra mondiale, la diffusione della televisione riprese nel dopoguerra. In Italia entrò nelle case nel 1952.

13. Il violino di Stradivari. Il primo violino con tutte le sue caratteristiche risale al 1570. È quello di Andrea Amati, che dà inizio alla Scuola cremonese di liutai, in cui si contano nomi famosi come Stradivari e Guarneri del Gesù. La storia del violino si lega a quella della viola, del violoncello e del contrabbasso, una vera famiglia di strumenti a corde e ad arco. La sua variazione è non nella forma, ma nella dimensione della cassa di risonanza

ed è motivata per offrire l'estensione più acuta rispetto agli altri componenti, poiché il violino copre dal sol al do. Se in un confronto con la voce umana, il violino occupa il posto del soprano, il contrabbasso riporta al basso. È costituito da un corpo di legno d'acero e di abete stagionato, verniciato a olio con elementi diversi per il piano armonico superiore rispetto al fondo armonico, e ancora diverso per le fasce che uniscono i due piani (il ponticello). Ci sono poi l'anima, il manico, le corde... Le corde tese sono quattro, accordate in sol, re, la, mi, poste in vibrazione con l'archetto e talvolta pizzicate con le dita. Il manico si tiene con la mano sinistra, appoggiando la cassa tra la mano sinistra e il mento. I primi violini apparvero verso la metà del Cinquecento. Ed è una discussione infinita a chi spetti la primogenitura, di sicuro è un italiano.

Con Amati incomincia la Scuola cremonese, che attribuisce al violino le qualità che si riflettono sulla qualità del suono. Sono brevi e incompleti richiami *anatomici* per riferirsi al numero di componenti, alla diversità dei pezzi che costituiscono l'unità del violino, e rendono evidente come sia proprio questa complessità a rendere possibili variazioni nei materiali di costruzione, tali da farne un nome che può essere declinato in molti significati. E la diversificazione giunge a vere «stranezze», persino liturgie operative. La cosiddetta «vernice» è un segreto dei liutai che nessuno può conoscere. Dello Stradivari che ha raggiunto il più alto livello di qualità, non è nota ancora, e si ritiene che già questo solo componente contribuisca in grande misura al suo valore sonoro.

A Stradivari si attribuiscono 1116 strumenti, di cui 960 violini. Si calcola che ne esistano ancora 650, sopravvissuti a oggi, e di questi, 400 sono violini e godono certamente della invenzione di una formula particolare. Un elemento minimo rispetto al legno utilizzato, ma serve ad assicurare la continuità della cassa armonica, poiché ricopre anche il legno che va giustapposto e, per quello del piano armonico, si tratta di uno strato sottilissimo. I legni usati sono l'acero e l'abete, la cui necessità di stagionatura ha un'enorme varietà di interpretazioni. La principale fonte è legata a un bosco, quello di Paneveggio, che si trova nei pressi del passo Rolle, sulle Dolomiti trentine. Ogni botanico potrebbe raccontare però che, già in natura, la crescita varia in rapporto a condizioni differenti tra una pianta e un'altra. E la stagionatura non si riferisce solo al tempo in cui il legno d'acero o d'abete sarà usato per la costruzione, ma anche a dove è tenuto. Un periodo è certamente di immersione nell'acqua e, a questo punto, contano anche le caratteristiche del mezzo. Generalmente è stabilito che debba essere acqua corrente, ma la composizione di un'acqua di fiume o di un torrente varia. Qualche liutaio ha posto il proprio laboratorio lungo un torrente, per poter monitorare la qualità del legno mentre è immerso.

E si potrebbe continuare a inserire variabili per ogni piccolo componente dell'insieme che forma un violino e non si arriverebbe mai alla fine. Per esprimere in maniera forse più che scientifica, magica, la storia di un violino è utile ricordare che domina il principio secondo cui, per raggiungere la massima espressività, un violino deve essere usato e quanto migliore è il risultato sonoro, maggiore sarà la sua crescita. L'altro principio è che una volta che sia stato portato all'espressione più raffinata, generalmente misurata nella interpretazione delle opere di Paganini, occorre mantenerla. Ecco allora che viene in mente il Museo del violino a Cremona, in cui sono conservati alcuni straordinari Stradivari e viene dato compito a un professionista di violino di alta qualità di recarsi ogni giorno al museo e di suonare per mezz'ora i violini, tenuti nella teca a temperatura costante e a un grado di umidità, che viene scelto per mantenerlo nel tempo. A questo punto, si capisce che Stradivari non è stato un inventore nel senso letterale del termine, ma un costruttore, che ha saputo arricchire la musica sinfonica o le composizioni per violino solo, perché l'espressione sonora degli Stradivari è risultata, dopo alcuni secoli, insuperabile.

Antonio Stradivari nasce a Cremona, in una data incerta compresa tra il 1643 e il 1649 e muore sempre a Cremona il 18 dicembre 1737. Il padre si chiamava Alessandro. Il nome della madre non è chiaro, la tradizione parla di Anna Moroni, andata in sposa a un Alessandro Stradivari, noto però nel 1630, quindi prima della nascita di Antonio. Di sicuro esiste un'etichetta su un violino con la scritta «*Antonius Stradivarius cremonensis, alumnus Nicolai Amati, faciebat anno 1666*». Poiché negli Stradivari successivi viene sempre scritto: «*Antonius cremonensis faciebat*» senza citare il maestro, si pensa non sia corretta l'affiliazione, che era forse servita al giovane, all'inizio dell'attività, ma successivamente l'avesse tolta o su richiesta dello stesso Amati o perché aveva già acquistato riconoscimenti personali. È certo che le due tecniche erano diverse.

Ben presto Nicola Amati, ma soprattutto il figlio Girolamo, che ereditò la bottega (Nicola Amati muore nel 1684), ottenne progressivamente un numero di ordini inferiori rispetto a Stradivari. La vernice color miele di Amati era diversa da quella degli Stradivari, che ne avevano uno arancio-bruno, così le effe erano più accentuate, la tavola armonica aveva curvature più forti e anche le dimensioni erano mutate. Sul mercato entra poi Andrea Guarneri del Gesù, e successivamente il figlio Giuseppe.

Nel 1698 Antonio Stradivari perde la prima moglie, Francesca Tiraboschi, e l'anno successivo, sposa Maria Zambelli Costa, dalla quale avrà cinque figli. Due entrarono nella bottega. Alcuni violini portano l'etichetta *sub disciplina Stradivarii*, indicandone una costruzione sotto la supervisione del padre. Il ventennio tra il 1700 e il 1720 è definito il suo «periodo d'oro». Antonio Stradivari lavorò fino agli ultimi giorni della sua vita e morì all'età presunta di novantatré anni. Venne sepolto nella basilica di San Domenico, all'interno della cappella del Rosario. Nel 1869 la chiesa e il monastero annesso vennero abbattuti, oggi sostituiti dai giardini pubblici di piazza Roma dove si trova una semplice lapide funebre.

Recentemente un gruppo di ricercatori dell'Università di Cambridge, nel tentativo di determinare il contenuto della famosa vernice, avrebbero trovato che il segreto è dato da ceneri vulcaniche della regione cremonese, che entrano nella preparazione di Antonio Stradivari. Secondo un team dell'università del Texas, le vernici sarebbero arricchite da cristalli minerali microscopici: ne sono stati individuati ventidue. A questo si legherebbe l'ipotesi che Stradivari usasse due applicazioni, quindi due strati diversi. Altri studi si sono rivolti al legno e alle muffe che conteneva, attribuendovi persino effetti sonori. Ma il mistero di ogni innovatore di strumenti, soprattutto la fantasia che li ha guidati, continua ad avvolgere la creatività umana.

14. La macchina da scrivere. La scrittura è diventata con il passare del tempo sempre più importante. Non aveva più l'unica funzione di stendere dei documenti o copiarli come gli amanuensi, ma di far conoscere le proprie idee e i propri scritti. A questo rispondevano gli strumenti di stampa. Era sempre più necessario applicarla al quotidiano: messaggi, contratti, accordi non potevano essere lasciati alla parola orale. Trasformati in scrittura, rappresentavano una prova che rimaneva. Ogni persona ha una propria calligrafia, varia dunque nella forma, tant'è che esiste una disciplina, la grafologia, che considera il modo di scrivere una caratteristica di ciascuna personalità. Ci sono scritture chiare, altre che diventa difficile interpretare.

Era sorta l'utilità, se non la necessità, di poter scrivere a macchina. A questo proposito, per risolvere il problema ci si rivolse con successo a Camillo Olivetti. Che si trattasse di un inventore, lo si vedeva dall'aver egli creato anche strumenti di misura. Era un ingegnere. Nasce a Ivrea il 13 agosto 1868 e muore a Biella il 4 dicembre del 1943. La famiglia possedeva delle terre, ma Camillo rimase orfano di padre a un anno di età. La madre era Elvira Sacerdoti, una donna di grande cultura, ma di scarsa attitudine a educare i figli, troppo rigida e autoritaria. Si racconta che Camillo fosse piuttosto inquieto e ribelle. Il 24 dicembre 1891, a ventiquattro anni, si laureò al Politecnico di Torino e dopo la laurea si recò a Londra, dove lavorò come semplice operaio e imparò la lingua inglese. Un'esperienza che costituì la base di un viaggio in America, che fece con il fisico Galileo Ferraris in occasione del Congresso internazionale sull'elettricità del 1893. In quel viaggio conobbe Edison e decise di iscriversi alla Stanford University a Palo Alto, in California. Tornato in Italia, aprì una fabbrica di strumenti elettrici di misura, che non andò bene.

La sua grande idea risale al 1908: aveva quarant'anni quando fondò a Ivrea la prima fabbrica italiana per macchine da scrivere. L'idea e il progetto erano suoi. Disegnava i pezzi, li dava al capo degli operai per realizzarli. Una volta costruita la sua prima macchina da scrivere, ritornò in America per visitare la Underwood, dove facevano macchine, però diversamente strutturate. Ritornato dal viaggio, ideò il modello M1, il primo della serie. Ne seguirono altri che si caratterizzavano per innovazioni tecniche, sempre migliorative. Nel 1931 produsse la M40, che venne costruita in serie; aveva raggiunto un tale livello di precisione e di qualità, da ottenere un grande successo. Sposato con Luisa Revel, una valdese, fu anche il primo della sua famiglia a non sposare un'ebrea. Più tardi si convertì al cristianesimo protestante. Lascia al figlio Adriano un'azienda ormai colosso: nel 1933 era passata a cinquantacinquemila dipendenti, mentre quando era stata aperta ne aveva quaranta. Lasciò l'azienda e si dedicò alle letture di argomento sociale, perseguendo idee socialiste. Con il nazionalsocialismo tedesco e la guerra agli ebrei, si ritirò in una casa di contadini a Pollone, vicino a Biella, qui si ammalò gravemente e morì all'ospedale di Biella.

Adriano Olivetti, uomo illuminato, sviluppò le idee del padre, innovando sempre più la macchina da scrivere. La Lettera 22 è oggi ricordata come un capolavoro della tecnologia in questo settore, poiché risolveva l'esigenza di trasformare la macchina da scrivere in un formato portatile. Fu altrettanto illuminato anche sul piano delle idee sociali per la gestione dell'azienda, su principi di uno stile relazionale e culturale, tali da farlo risultare ancora dopo tanti anni una figura esemplare e unica.

15. La macchina da cucire. Se la scienza nasce sulle idee e sulla curiosità intellettuale, la tecnologia ha un senso pratico, si applica sempre a un problema: la si può definire come risposta a un bisogno per rendere meno faticosa la vita. La fatica dell'uomo e della donna sono sempre state distinte, in quanto la società era improntata a una divisione dei loro compiti sul piano sociale. Appartiene alla fine del Novecento e all'inizio del XXI secolo, l'impegno a superare tale distinzione tra i generi. Nella storia è dunque possibile identificare un periodo in cui la tecnologia si applica ai problemi del genere femminile.

Uno dei protagonisti è Isaac Merritt Singer, che è passato alla storia per aver costruito una macchina per cucire, non solo capace di oscurare i tentativi precedenti, ma rifinita con una qualità tale, che la fece diffondere ovunque. Era nato a Pittstown, vicino a New York, il 27 ottobre 1811 e morì in Inghilterra, a Torquay, il 23 luglio 1875. Se per unire due lembi di tessuto si usava un ago con una cruna, in cui veniva inserito il filo e si passava l'ago da un margine all'altro, con la macchina da cucire questa operazione manuale veniva compiuta da uno strumento meccanico azionato a mano attraverso un volano, che faceva compiere all'ago un movimento verticale. Isaac Singer era povero e per molti anni, dovette vivere di espedienti, cambiando spesso lavoro. Trovandosi a Boston in un negozio di oggetti meccanici, concepì l'idea di costruire una macchina per cucire, portando una serie di innovazioni a quella di Elias Howe il quale, a propria volta, aveva tenuto presente il modello senza successo di Walter Hunt, che risaliva al 1845.

Nel 1849, Howe fece causa a Singer, poiché riconosceva lo stesso principio. La questione davanti al giudice permise di distinguere il principio che è un'idea, dalle innovazioni create da Singer e riportabili a pezzi meccanici, senza i quali non sarebbe stata riconoscibile. Per evitare comunque la controversia che avrebbe interrotto il successo commerciale, si arrivò a un accordo, per cui si riconosceva una piccola percentuale, da pagare a Howe per ogni macchina prodotta. Singer aveva anche grandi doti commerciali, tanto da aver inserito il dilazionamento dei pagamenti, per poter vendere di più. E così, oltre a vendere una macchina innovativa e di qualità, diffuse anche un procedimento nei pagamenti, che venne applicato poi in tutto il mondo.

16. Il motore a scoppio. Tutte le invenzioni, e quindi ogni strumento, richiedono capacità inventiva, ma non vi è dubbio che il saper immaginare un oggetto che non c'è, porre in atto un'azione per realizzarlo, che implica disegnarlo, costruirlo, e alla fine dimostrare che è in grado di svolgere meccanicamente una funzione, può acquistare nella storia un significato particolare. E in alcuni casi, giunge a mettere a soqquadro un'intera società. È questo il caso del motore a scoppio. A inventarlo sono stati due italiani.

Il primo si chiama Eugenio Barsanti. Nasce a Pietrasanta il 12 ottobre 1821 e muore a Liegi, in Belgio, il 19 aprile del 1864. Inizia una scuola all'Istituto civico delle Scuole Pie, gestite dai padri scolopi, sempre a Pietrasanta. Poiché la dote principale era la sua fede religiosa, viene trasferito per il noviziato nel collegio di San Michele a Volterra. Ha una grande capacità di imparare, ma anche di comunicare e già a vent'anni, viene nominato nel collegio professore di filosofia, di fisica e di matematica. Amava molto costruire, una sorta di istinto artigianale e di creatività ne favoriva la tendenza. Nel 1843, aveva ventidue anni, gli venne l'idea di creare una forza motrice usando un miscuglio di idrogeno e aria che veniva fatto esplodere, attraverso una scintilla elettrica. È questo un documento scritto di pugno da padre Barsanti, che vestiva l'abito degli scolopi e così era chiamato dai suoi allievi. Il documento riferisce: «Padre Eugenio Barsanti aveva ripetutamente osservato che l'apparecchio subiva al momento dell'esplosione un riscaldamento, tanto maggiore quanto più fortemente era calcato il turacciolo. E che questo riscaldamento giungeva al maximum, allorché il turacciolo stesso veniva così fortemente calcato che l'esplosione della mescolanza non valesse a cacciarlo via. Da queste osservazioni, padre Barsanti deduceva che la forza esplosiva dei miscugli composti di idrogeno e di aria non era così violenta come l'avrebbe fatto supporre il rumore che si ode, quando il turacciolo viene slanciato e che si poteva regolarne gli effetti dinamici, obbligandolo a trasformarsi in parte o totalmente in calorico». È la descrizione del concetto di «equivalenza tra energia termica ed energia meccanica». Padre Barsanti cercava di costruire un apparecchio per graduare il fenomeno e valutare gli effetti sulla violenza della esplosione, sottraendo calore.

Esperimenti che fece nel 1849 con il secondo personaggio che entra in questa avventura: Felice Matteucci. Nasce a Lucca il 12 febbraio 1808 e muore a Capannori, il 13 settembre 1886. È un ingegnere che Barsanti incontra a Firenze, dove era stato inviato a insegnare fisica al collegio di San Giovannino. Era chiaro a Barsanti il problema da risolvere: inventare un meccanismo capace non solo di rinnovare con la voluta frequenza e quantità l'introduzione, l'accensione del miscuglio «tonante», ma di effettuare con lo stesso ritmo lo scarico dei prodotti di combustione, facendo in modo che lo stantuffo potesse spingersi verso l'alto sotto l'effetto della esplosione.

Assieme a Matteucci, viene realizzata la macchina: il primo modello del *motore a scoppio*. La realizzazione viene comunicata all'Accademia dei Georgofili, a Firenze, il 5 giugno 1853. Ottennero il brevetto britannico nel 1854. Come accade sempre, la nascita del motore era nell'aria. Ci si accorse quindi di altri brevetti depositati. Seguendo il brevetto, alla fonderia di Pietro Benini, viene costruito un motore di otto cavalli, riportando esattamente le caratteristiche del disegno. Undici anni dopo, viene prodotto un modello tedesco che porta il nome di Nikolaus Otto ed Eugen Langen, con i quali rimane la discussione della primogenitura, sebbene il loro motore sia decisamente distanziato nel tempo. Nel 1856, c'è la notizia che un motore Barsanti funzionava presso le officine della stazione Maria Antonia di Firenze, per azionare un trapano. È il primo esempio di applicazione del motore a scoppio, in macchine utensili. Incoraggiati da questo risultato, cominciano i perfezionamenti che dovevano garantire non vi fossero esplosioni troppo violente. Nasce così un secondo brevetto, che porta anche il nome di Giovanni Battista Babacci. La costruzione viene fatta dalle Officine Escher-Wyss di Zurigo. Molte richieste e un grande successo. In questo terzo modello, il cilindro veniva munito di una camicia d'acqua che ne garantiva il raffreddamento. Mentre si seguiva questo processo di miglioramento, in Francia si parlava di un concorrente: il motore Lenoir. Subito padre Barsanti fece pubblicare tutti gli atti e i disegni che dimostravano le caratteristiche del motore. Si costituì una commissione che metteva a confronto i due motori, dimostrando che «il professore delle Scuole Pie fece fare un passo innanzi al suo motore, giacché il consumo del gas infiammabile era ridotto alla quinta parte di quello richiesto dal motore Lenoir».

Matteucci si ammalò durante un viaggio a Parigi per il rinnovo dei brevetti scaduti. Padre Barsanti, esaurito nel fisico e quasi cieco, partì per Liegi nel marzo 1864, accompagnato da due amici allo scopo di mostrare il prototipo, che era il modello da seguire dalle Officine Cockerill. Venne approvato e funzionava in maniera straordinaria. Quando il successo stava per arrivare, padre Barsanti venne colto da una febbre infettiva e tra il 18 e il 19 aprile moriva a soli quarantatré anni. La concorrenza è sempre una vera lotta. Otto e Lange ebbero sul mercato un successo maggiore, ma nella storia della tecnologia *conta chi è arrivato per primo*. Non si devono discutere le idee, ma la realizzazione e gli strumenti. Talora nemmeno gli uffici brevetti aiutano al giusto riconoscimento.

17. Locomotiva a vapore: una volta inventato il motore a scoppio, ne discendono tutte le applicazioni possibili. Viene subito in mente l'automobile, ma anche la moto, che rappresentano due estensioni, la prima della carrozza tirata da cavalli, la seconda della bicicletta attivata dalla forza muscolare degli arti inferiori. Ed è talmente forte l'associazione, che la potenza del motore si misura in cavalli. Il fascino dell'automobile si lega soprattutto

alla forma che subisce con il tempo modificazioni aerodinamiche, per rispondere a criteri di comodità e di bellezza. Successivamente, poiché i motori raggiungono velocità ben più accentuate, l'aerodinamica finisce per avere importanza nel ridurre l'impatto tra l'abitacolo e la resistenza dell'aria quando, come nella Formula Uno, si deve essere all'altezza di competizioni estreme. Più curiosa è l'applicazione del motore a un mezzo di trasporto pubblico che, nell'Ottocento, acquista una grande importanza: il riferimento va alle ferrovie, su cui corrono i treni.

«Ferrovia» è un termine che unisce due parole, nel significato di via sul ferro, quindi sulle rotaie. Del treno, la parte che più richiamava fascino era la locomotiva, nel suo procedere sbuffando con nuvole di vapore. In questo caso la locomotiva non è scontata. A pensarci e a costruirle per primo, è August Borsig. Si tratta di un oggetto voluminoso, un elemento che porta ad associare l'inventore a una vera organizzazione per poterlo produrre. Sovente l'inventore ha bisogno di un'altra specificazione che è quella di industriale, poiché l'organizzazione deve prevedere luoghi di dimensioni del tutto particolari. Per questo Borsig è contemporaneamente l'inventore ma anche l'industriale che trasforma l'idea in un oggetto.

Nasce a Breslau, in Slesia, il 23 giugno 1804 e muore a Berlino il 6 luglio 1854. La sua famiglia era di origine contadina e August era stato indirizzato al mestiere di carpentiere. Le scuole che ha frequentato si chiamavano professionali, perché lo studente, una volta preso il diploma, era in grado di lavorare, di fare. Frequentò la Kunst-Gewerbeschule, nella sua città natale. Uno dei suoi insegnanti gli fece ottenere una borsa di studio, constatando la sua abilità e passione per la meccanica. Andò a Berlino ai corsi tenuti al Gewerbe Institut. Il governo prussiano del tempo promuoveva intensamente la scelta di giovani con queste attribuzioni. Terminata la scuola nel 1825, a ventun anni, viene assunto in una fabbrica di macchine, la Egells, da cui uscirono tecnici di rilievo. Borsig venne mandato nella fonderia. Nel 1837 decise di crearne una e la diresse. Arrivarono le prime commesse, tra cui la costruzione di una macchina a vapore per una fontana a zampilli nel parco di Sanssouci, a Potsdam.

Ma l'idea che attirava la sua attenzione era rivolta alle locomotive, un fascino che si notava già nei bambini, quando era annunciato il loro arrivo da un segnale inconfondibile. Borsig consegnò la prima nel 1841 e già nel 1854 ne aveva costruite cinquecento. Riuscì a battere la concorrenza inglese, tanto da rimanere l'unico fornitore delle ferrovie prussiane. La fabbrica si ampliò e giunse ad avere duemila dipendenti. Acquistò una miniera di carbone, che era il carburante delle prime locomotive. Nella sua fabbrica di Berlino, si formarono molti giovani ingegneri. Inserì anche il figlio Albert e il successo fu tale che venne conferito alla famiglia il titolo nobiliare per i meriti acquisiti nella tecnologia tedesca. È rimasto nella storia anche per i propulsori a vapore.

18. Il motore a scoppio può essere opportunamente riportato alla rivoluzione che nella storia lontana dell'antropologia ha avuto la ruota, costituendo una vera e propria protesi ai limiti della forza umana. Una pietra posta su un carrello a ruote non solo si riesce a spostarla ma riduce il suo peso enormemente. Il motore a scoppio ha rappresentato un'altra protesi contro il limite non solo della forza, ma anche della velocità. Sia le automobili sia i treni hanno via via raggiunto capacità impressionanti.

Il motore a scoppio è costituito da una camera, per quanto piccola, in cui avviene una esplosione propulsiva e non distruttiva. Ciò significa produrre rumore. E date le molteplici applicazioni in cui una forza aumentata aiuta il limite umano, il livello di rumore è sempre più aumentato fino a far parlare di primo *inquinante* dell'ambiente. Non tanto per quest'ultimo effetto, ma per aumentare la potenza (misurata in cavalli) del motore, limitando il combustibile che deve esplodere, è nata la corsa a modificare il motore in modo da ottenere lo stesso effetto con un risparmio di carburante. Le vie possibili sono molte, ma è indubbio che la più significativa l'ha percorsa Rudolf Diesel, creando un motore con significative differenze rispetto a quello a scoppio, tanto da aver avuto bisogno di un nuovo nome, appunto «motore diesel». Furono questi gli obiettivi che si propose di realizzare. Ideò e costruì un motore a combustione con l'iniezione del carburante e accensione per compressione. Non c'era più bisogno della scintilla, ma lo scoppio di entità minore avveniva comprimendo il carburante. Riuscì così a ottenere un rendimento più alto rispetto al motore a scoppio.

Rudolf Diesel nasce a Parigi il 18 marzo 1858 e muore suicida nel Canale della Manica, buttandosi – questa è l'ipotesi più accreditata – da una nave il 29 settembre 1913. Il padre, un rilegatore di libri, si era trasferito da Augusta a Parigi. Allo scoppio della guerra franco-prussiana, dovette recarsi nel 1870 a Londra. Le condizioni economiche difficili della famiglia spinsero a mandare Rudolf all'età di undici anni ad Augusta, dove poteva avere una buona istruzione scolastica. Nel 1875 si iscrisse alla Tecnische Hochschule di Monaco di Baviera, e si laureò in ingegneria meccanica nel 1879.

Fin dagli studi si era occupato del problema di migliorare il rendimento delle motrici termiche (a vapore, a gas, ad aria calda). Prima di tutto cercò di usare un vapore diverso, l'ammoniaca ad alta pressione, ma non funzionava. Rimase però con la convinzione che il gas usato, per aumentare il rendimento, dovesse essere altamente compresso. Ciò non era possibile con la miscela di gas e aria, poiché non se ne poteva controllare l'autoaccensione. L'idea vincente fu di comprimere l'aria senza mescolarla al carburante allo stato liquido o gassoso, e di introdurre il carburante, solo nel momento della massima pressione. Il carburante doveva essere dosato in modo che né la temperatura né la pressione aumentassero.

Nel 1890, si trasferì a Berlino, dal momento che in Francia i prodotti di origine tedesca non erano, dopo la guerra, sostenuti, con la determinazione a costruire il suo motore. Si associò a un'azienda che gli aveva dato credito. Egli comunque volle possedere prima il brevetto, a cui era attaccato il progetto originale. Nel 1893 pubblicò un lavoro in cui divulgava i suoi propositi e le sue teorie. Gli esperimenti iniziarono nel luglio del 1893 e all'inizio del 1894, il motore funzionava. Usò prima la benzina poi il petrolio, ma fu con il gasolio che ottenne i risultati sperati. Nel 1895 il nuovo motore sperimentale era pronto. Aveva precisato che l'aria compressa doveva essere iniettata a 40 atmosfere e il suo procedimento aveva un rendimento maggiore del 26,2 per cento. Nel 1898 era già popolare. Lo si poteva definire un motore ad alta pressione, con iniezione del carburante. Diesel diventò ricco. Nel 1899 trascorse un periodo in sanatorio ma ne uscì bene. A questo punto, si rivolge ad altri campi, con altri brevetti. Cominciò a lavorare in proprio, mentre i motori diesel erano costruiti ormai da altre fabbriche.

Gli ultimi anni di vita furono travagliati: da un lato il grande successo raggiunto e il confronto con una sorta di inattività del presente, temeva che il suo onore venisse intaccato, era diventato ansioso, pieno di sospetti, aveva idee persecutorie che andavano di pari passo con la diminuzione dei suoi averi. Nel settembre 1913, mentre si recava a Londra, Diesel scomparve durante la traversata tra Anversa e Harwich. Il suo cadavere venne ripescato e tutto lasciava immaginare il suicidio.

19. Le navi. Anche le navi sono uno strumento, che ha scopi precisi. Ma la dimensione di questo oggetto tecnologico è difficilmente rapportabile a un solo inventore, e prevede una organizzazione, un'industria, che si occupi dei diversi passaggi. La nave ha dimensioni che riportano ai cantieri navali. In una estrema schematizzazione, si può ridurre al motore e a una cabina, che deve permettere, a seconda dello scopo della nave, una attività che passa dai bisogni di un cargo, a quelli di una nave da crociera turistica, con il compito di trasformare il viaggio in una elegante e piacevole esperienza.

Per la tecnologia navale, la storia propone come esemplare William Francis Gibb. Nasce a Philadelphia, in Pennsylvania, il

24 agosto 1886 e muore a New York nel 1967. È considerato un grande progettista e costruttore navale. Rinnovò la flotta mercantile degli Stati Uniti e costruì navi che hanno influenzato anche le altre nazioni. Si laurea alla Columbia University di New York, nel 1913. La sua attenzione prima e gli studi dopo erano concentrati sulle grandi imbarcazioni.

Nel 1922, aveva trentasei anni, riceve dal governo degli Stati Uniti l'incarico di ripristinare alcune navi con l'intenzione di modernizzare tutte le linee americane mercantili. Era il tempo in cui si doveva passare dai vecchi transatlantici a navi capaci di imprese diverse.

Aprì l'era del trasporto «multi-impegno». Il primo intervento andava alla sala motori e vi erano due possibilità: da una parte il motore a vapore, dall'altra una turbina a vapore. La sua attenzione andò a questa seconda opportunità, tenendo conto della velocità a cui poteva giungere e l'ottimo rendimento termico, con un ingombro diminuito. Il problema era di poter controllare la velocità elevata del motore. E Gibbs riuscì a farlo, con un riduttore di velocità a ingranaggi, che consentiva un impiego più razionale. Propose quindi e adottò un motore con turbina a vapore, ad alta pressione e ad alta temperatura, riuscendo a crearne di piccole dimensioni. Si dedicò dunque alla progettazione e all'approvvigionamento dei dispositivi e dei materiali necessari. Progettò rompighiaccio, dovette occuparsi della Marina militare. Per questo era necessario creare una impresa. Nacque così la Gibbs and Cox Company, che progettò cinquemila navi, il 60 per cento del fabbisogno degli Stati Uniti.

L'obiettivo era sempre quello di allestire delle navi, che egli chiamava «supernavi», dove applicare le tecniche d'avanguardia, curate nei minimi particolari e nelle diverse funzioni a cui dovevano rispondere. La denominazione *super* non andava rapportata solo alle dimensioni, ma alla capacità di facili trasformazioni, in grado di rispondere alla fretta che sempre più stava caratterizzando il settore. A indicare il tipo di attenzione, per diminuire il peso decise che le lamiere dello scafo non venissero bullonate, ma saldate e, per gli stessi motivi, usava leghe di alluminio. Fu il primo a dare risposte tecniche al bisogno della sicurezza, a partire dai danneggiamenti. L'apparato motore era dotato di una protezione subacquea. Inoltre, era riuscito a razionalizzare i consumi del carburante, per permettere lunghi viaggi senza rifornimento. Il modello forse più avanzato fu la nave battezzata *United States*, varata nel 1952, con una stazza lorda di 53.330 tonnellate, in grado di trasportare 1666 passeggeri. La *United States* compì la traversata dell'Atlantico di andata e ritorno, a una media di 35,05 nodi, cioè circa 65 chilometri all'ora, che rimase a lungo il record di velocità.

20. Gli aerei. Gli aerei sono oggetti ora diventati mezzi così diffusi, da aver perduto il fascino di quando si giunse per la prima volta ad attraversare l'Atlantico: un'impresa che sembrava impossibile. Ora, con i low-cost, sono diventati quasi banali. Data la loro complessità e la loro dimensione, si tende a distinguere una progettazione dalla costruzione, ma storicamente ha dominato il concetto di «tecnologia», nel significato di fare, non di ideare.

L'esempio nel nostro Paese è un grande progettista, ma anche costruttore, Giovanni Caproni. Nasce a Massone d'Arco, in provincia di Trento, il 3 luglio del 1886 e muore a Roma il 27 ottobre del 1957. Proviene da una famiglia di piccoli possidenti, il padre era geometra, noto in Trentino per aver realizzato molte costruzioni civili. Giovanni, compiuti gli studi superiori, si iscrisse all'età di diciassette anni al Politecnico di Monaco di Baviera e ottenne il titolo di ingegnere civile nel 1907. L'anno successivo, seguì un corso di specializzazione all'Istituto Montefiori di Liegi e cominciò a interessarsi dell'aviazione, stimolato anche dall'aver ascoltato e conosciuto a Parigi i pionieri del volo. Nel 1908, a ventidue anni, progettò un aliante biplano che venne costruito nelle Ardenne, con la collaborazione di un compagno di studi, l'ingegner Coanda.

Tornato in Trentino, costruì con mezzi di fortuna il suo primo velivolo nel cortile di casa. Poiché non vi era un terreno adatto per provarne il volo, chiese di poter utilizzare una zona di brughiera vicino a Gallarate, la Malpensa, adibita a esercitazioni di cavalleria. Il 5 maggio 1910, comincia il montaggio del primo biplano a motore. Come pilota, fu scelto un operaio che era anche autista: Ugo Tabacchi che, il 27 maggio 1910, compì il primo volo, sia personale che del velivolo. L'atterraggio distrusse l'aeroplano, lasciando indenne il pilota. Il 12 agosto 1910, un'altra prova andò invece bene. Caproni dovette trasferirsi su un terreno a Vizzola Ticino, poiché quell'area della Malpensa venne usata dall'esercito. Il 30 gennaio 1912, i monoplani di Giovanni Caproni, da lui progettati e costruiti, conquistavano i primati mondiali di velocità e si imposero anche sulla distanza, raggiungendo le tre ore di volo. È a questo punto che Caproni inventa e brevetta un'elica a passo variabile e progetta i primi plurimotore: il collaudo del primo trimotore avviene nel 1914.

Questi risultati avevano colpito gli altri Paesi e vennero applicati anche in Francia e in Inghilterra. I triplani Caproni, così vennero chiamati, ottennero un grande successo. Si era nel periodo della guerra e trovarono anche questo impiego, che è sempre un'anomalia, poiché la guerra è follia.

Ma per Caproni, ogni modello costruito era lo stimolo a nuove invenzioni, e i suoi brevetti furono molto numerosi. Inventò il contagiri, il dispositivo per regolare la carburazione dei motori, usando un compressore che manteneva costante il rapporto benzina-aria nella miscela, anche alle alte quote dove l'aria è più rarefatta. Vi aggiunse uno specifico dispositivo, capace di regolare la pressione inviata al carburatore.

Caproni pensava alla fine della guerra, e progettò per la pace il più grande aeroplano del mondo: il Noviplano Caproni 60, per cento passeggeri, con nove piani alari e otto motori da 400 cavalli ciascuno. Costruì successivamente un aereo gigante, il Caproni 90, a sei motori da 1000 cavalli l'uno, e con 46,70 metri di apertura alare. Il 22 febbraio 1930 batté sei primati mondiali di altezza e durata. Nel 1938, gli aeroplani Caproni erano i migliori del mondo. Divenne un partner di società internazionali e nel 1940 progettò e produsse il secondo velivolo a reazione. Siamo alla Seconda guerra mondiale e ritornò l'incubo della guerra e l'importanza degli aerei da guerra. Alla data del 26 aprile 1945, la Caproni era in grado di realizzare un idrovolante transoceanico di grandi dimensioni: il Caproni 8000.

Nel periodo del fascismo, Caproni protesse i dipendenti ricercati dalla polizia di regime. Venne accusato di collaborazionismo e, per due anni, estromesso dalla sua azienda.

La sua resistenza fisica era diminuita e il 27 ottobre 1957 muore d'infarto.

21. Il trapianto cardiaco umano. La medicina è una scienza avanzata, e deve diventarlo sempre di più, nell'orientamento che qualsiasi intervento terapeutico o preventivo poggi su dati e ricerche, valutate con la metodologia propria del progresso scientifico. Al contempo bisogna ammettere che, per l'esercizio di una medicina moderna, oltre al medico sono necessari gli ambienti sanitari, gli ospedali, una organizzazione infermieristica, in grado di compiere esami attraverso strumenti e somministrare terapie che si avvalgono di tecniche chirurgiche e di sostanze chimiche, i farmaci. Per questo, il tema della tecnologia è di grande significato e può riguardare compiti medici essenziali, ma anche sistemi per operazioni sicure e al contempo rapide. Esiste pertanto una tecnologia sanitaria che riguarda molti capitoli: basterebbe citare l'invenzione del respiratore, la somministrazione di farmaci attraverso la fleboclisi, l'apparecchio per misurare la pressione del sangue. Si possono poi aggiungere le manovre da pronto intervento, che hanno visto l'introduzione del massaggio cardiaco, della respirazione bocca a bocca. Gli strumenti chirurgici si legano tutti a una invenzione, anche se non fanno storia. Nella ostetricia, vi sono tecniche per favorire o per accelerare il parto. Alcune manovre sono considerate ordinarie nella storia della medicina,

altre sono diventate capitoli straordinari proprio in riferimento alla tecnologia, più che al contenuto scientifico.

Di grandissima portata storica nella terapia medica è l'esempio del dottor Christiaan Neethling Barnard, il chirurgo che ha realizzato il primo trapianto cardiaco umano. Che si tratti di un inventore tecnologico, lo si vede anche dalla sua dedizione a varie costruzioni: le protesi valvolari cardiache, il progetto di trapianti polmonari, la costruzione di cuori artificiali.

Nasce a Beaufort West, in Sudafrica, l'8 novembre 1922 e muore il 2 settembre 2001, a Cipro. Si laurea alla Medical School dell'Università di Cape Town, nel 1946. All'inizio si dedicò alla medicina generale, ma ben presto si volge alla chirurgia, ottiene una borsa di studio per l'Università del Minnesota, dove si forma in tale ambito dal 1956 al 1958. All'interno di questa specialità, avverte un particolare interesse per la chirurgia cardiaca.

Nel 1958, ritorna all'Università di Cape Town, lavora al Groote Schuur Hospital, svolgendo ricerca chirurgica sotto il professor Jannie H. Louw. Su sua iniziativa, partono a Cape Town gli interventi a cuore aperto, con bypass cardiopolmonari. Nel 1961, è nominato responsabile della chirurgia cardiotoracica. Con questo incarico, sovrintende e svolge un'attività chirurgica che gli consente di giungere alla convinzione che il trapianto cardiaco, nei casi in cui la terapia medica sia inefficace, rappresenta l'unica possibilità per salvare una vita.

Dopo una grande esperienza sugli interventi valvolari, sulla trasposizione di grossi vasi, il 3 dicembre 1967 effettuò con successo il primo trapianto cardiaco umano al Groote Schuur Hospital. Una straordinaria avventura, che lo portò successivamente a volgere il suo interesse sui problemi del rigetto del cuore innestato, per perfezionare la tecnica. La sua attenzione si legò all'innesto di lembi di valvole mitraliche, ottenuti da diversi tipi di animale, a sostegno dell'ipotesi di poter trapiantare nell'uomo cuori di animali che siano tenuti in vita dopo l'asportazione. Riuscì a calcolare che i cuori hanno le caratteristiche per essere trapiantati anche otto ore dopo il prelievo. Si occupò dei rischi di tromboembolia. Ha iniettato per la prima volta in un cavallo siero antilinfocitario, preso dal dotto toracico di un babbuino. Seguirono molti casi di trapianto cardiaco umano.

Dopo l'intervento del 3 dicembre del 1967, divenne notissimo e ricevette attestati di merito. Risulta indimenticabile quel giorno del 3 dicembre. Il giorno antecedente perdono la vita in un incidente d'auto la signora Myrtle Ann Darvall e la figlia Denise, una ragazza di venticinque anni, in stato di morte cerebrale a causa delle ferite riportate. Barnard parla con il padre di Denise, che dà il suo consenso per il trapianto. Quel giorno, vi era in cura nell'ospedale un uomo di cinquantaquattro anni, Louis Washkansky, un lituano che soffriva di un inguaribile male cardiaco e di diabete. L'intervento è condotto da Barnard, assistito dal fratello Marnis e da una équipe di una trentina di persone. Dopo nove ore in sala chirurgica, il cuore della defunta Denise Darvall viene impiantato nel petto di Washkansky e funziona regolarmente. È una pietra miliare, anche se rimaneva la necessità di dedicarsi al problema del rigetto. La tecnica chirurgica aveva funzionato.

22. Le pasticche sottocute. Gli uomini di scienza si contraddistinguono da quelli della tecnica, non solo per i risultati che caratterizzano i lavori degli uni e degli altri, ma per l'ambiente in cui operano. Generalmente i primi vivono in ambienti accademici universitari o in istituti che si chiamano scientifici, dal momento che soprattutto negli anni recenti la ricerca scientifica coinvolge più persone, équipe in cui interagiscono. I tecnologi spesso sono singoli e al di fuori di istituzioni specifiche. Vi è anche l'idea che i ricercatori in ambiti come le scienze matematiche si riferiscano a dimensioni astratte, mentre la tecnologia richiede praticità. Sono alcune delle differenze che permettono di distinguere i ricercatori della scienza e quelli della tecnologia. Ciò non impedisce di rilevare delle eccezioni, con esempi di tecnici che passano a dare contributi importanti alla scienza, e viceversa scienziati che al contempo lasciano traccia come tecnologi.

George Widmer Thorn è un interessante esempio di quest'ultimo genere. Si tratta di un medico che ha dimostrato l'importanza clinica dell'estratto di corteccia surrenale, tanto da poterla somministrare per alcuni disturbi, e in alcuni casi di continuare il trattamento a lungo termine, e a questi scopi ha introdotto una tecnica che divenne in seguito utile anche in molti altri casi. Abitualmente le pasticche si assumono per via orale, ma il dottor Thorn decide di impiantarle sottocute. Nell'estratto di corteccia surrenale un fattore importante è un ormone. In questo caso, la pillola posta sottocute libera l'ormone lentamente, permettendo un effetto per un anno intero.

Thorn studiò nel College di Wooster, in Ohio, si laureò in medicina all'Università di Buffalo nel 1929, un medico di grande capacità clinica, ma con uno speciale interesse per la ricerca sul malato. Un'attività scientifica che lo portò a dirigere il dipartimento di medicina del Peter Banks Brigham, un ospedale che è parte dell'Università di Harvard.

Si interessò in particolare delle ghiandole surrenali, si era scoperto in quel periodo che secernono ormoni di grande importanza come l'adrenalina e i corticoidi, in particolare l'aldosterone, che controlla la pressione arteriosa e la concentrazione di sale e di potassio nell'organismo. L'estratto di corteccia surrenale contiene dunque un insieme di ormoni essenziali al funzionamento dell'organismo, un'insufficienza cronica della secrezione delle ghiandole surrenali causa il morbo di Addison, una condizione patologica, che spesso portava all'exitus. Da qui l'ipotesi di ottenere l'ormone e poterlo iniettare per mantenerne i livelli nella dose fisiologica. Per salvare la vita di questi pazienti, occorreva disporre di notevoli quantità di ormoni da somministrare; ben presto ci si accorse che gli ormoni non erano implicati solo nel morbo di Addison ma erano necessari in tutte le condizioni di insufficienza cortico-surrenale.

Da quel momento, spesso collaborando con altri ricercatori, si dedicò al fine di ottenere un ormone che potesse essere somministrato. Giunse a riconoscere che una sostanza sintetizzata in laboratorio, l'acetato dell'11-desossicorticosterone, funzionava nell'uomo in maniera straordinaria. E in precedenza aver provato la stessa sostanza in animali di laboratorio, a cui erano state asportate le ghiandole surrenali.

Risolto il problema della quantità con cui si chiudeva la dimensione scientifica, bisognava cercare una tecnica che permettesse di non tenere continuamente in ospedale i pazienti, ma di sostituire la corteccia ipofunzionante con un deposito di 11-desossicorticosterone, lentamente liberato in modo da consentire una autonomia di lunga durata. Occorreva preparare delle pillole dotate di un alto contenuto di ormone sintetico, dopo aver determinato il ritmo di liberazione, tale da mantenere costanti i livelli di glicemia e quelli pressori. Nel 1940, riuscì a ottenere pillole che contenevano 85 mg di corticosterone e 33 mg di cortisone. Cercando di risolvere questo problema, fu anche in grado di distinguere una insufficienza surrenalica primaria, dovuta cioè a una patologia del surrene, da una insufficienza secondaria, causata dal funzionamento dell'ipofisi a cui spetta il compito di stimolare il surrene. Ma senza l'*inserimento sottocute* di pillole che rilasciavano in maniera continua e costante l'ormone, nonostante le conoscenze scientifiche non vi sarebbe stato alcun risultato terapeutico: è la nascita dei *farmaci depot*, grazie a una tecnica che permette un effetto a lungo termine, fino a quando il deposito non si sia consumato.

Tutti i rami della medicina, laddove è possibile applicarla, hanno risentito di questa tecnica. E tra questi, anche la psichiatria, dimostrando come evitare la somministrazione, quotidiana o di più volte al giorno, abbia anche di per sé un effetto psichico positivo, e dunque terapeutico, poiché impedisce la percezione di essere colpiti da una malattia cronica e insanabile.

23. Il corpo trasparente. Una vera rivoluzione tecnologica per la medicina si lega a una scoperta fatta da un fisico: i raggi X, che hanno permesso di compiere nuove analisi degli organi interni e

in particolare della struttura ossea, che caratterizza l'anatomia umana, e a cui si lega la postura propria dell'Homo: «erectus».

Il fisico che diede un così potente contributo alla medicina è Wilhelm Conrad Röntgen. Nasce a Lennep, in Germania, il 27 marzo 1845 e muore a Monaco di Baviera, il 20 febbraio 1923. Il padre Friedrich è un fabbricante e mercante di stoffe. Alla ricerca di prospettive migliori per i propri affari lascia la Germania e va nei Paesi Bassi, quando il figlio aveva tre anni. Si stabilì ad Apeldoorn, dove Wilhelm frequentò le scuole primarie e secondarie. Nel 1863, entra in un istituto che formava tecnici per l'industria, ma ne venne allontanato per motivi banali. Si iscrisse così al Politecnico di Zurigo nel 1865. Dopo tre anni, nel 1868 si diplomò in ingegneria. L'istituto non conferiva il dottorato, ma lo preparò con uno dei professori del Politecnico, August Kundt, con una tesi sulle proprietà fisiche dei gas. Nel 1870, Kundt venne nominato professore di fisica a Würzburg, e portò con sé come suo assistente Röntgen.

Nel 1872, Röntgen si sposò con Anna Bertha Ludwig, che gestiva un ristorante. Qualche anno dopo divenne professore di matematica e fisica alla scuola di agricoltura di Hohenheim. Ma non poteva continuare le sue ricerche e Kundt favorì la sua collocazione a Strasburgo, dove fu nominato professore di fisica teorica. Finalmente riuscì a dedicarsi con continuità alla ricerca, produsse pubblicazioni su vari argomenti, inventando apparecchi come un barometro aneroide, e uno specchio per leggere le pressioni.

Nel 1888, fu chiamato a Wurzburg per succedere al direttore dell'Istituto di fisica ed è in questa sede, con un titolo di prestigio come direttore che, la sera dell'8 novembre 1895, nel suo laboratorio fece la grande scoperta dei raggi X, che si chiameranno «raggi Röntgen». Ed è indubbio che questa scoperta costituisce la prima tappa per la successiva scoperta della radioattività. Si occupava dei fenomeni connessi alla scarica elettrica nei gas rarefatti e scoprì che i raggi catodici, colpendo l'anodo, emettevano una radiazione penetrante: i raggi X. Una osservazione che venne applicata per ottenere immagini, quali la prima radiografia delle ossa della mano di sua moglie l'8 novembre 1895. L'applicazione venne poi estesa a tutto il corpo umano.

A seguito della scoperta dei raggi X, nel 1900 diventa direttore dell'Istituto di fisica di Monaco ma, sembra un paradosso, non si interessò più delle ricerche con i raggi X, che venivano applicate in molte aree, compresa la cristallografia. Passò a dedicarsi ai fenomeni piezoelettrici dei cristalli. Nel 1919 muore la moglie, da cui non ebbe figli; nel 1920 lasciò la cattedra e dopo tre anni morì a Monaco all'età di settantotto anni. Ottenne molti riconoscimenti e nel 1901, il premio Nobel per la fisica. È l'anno in cui inizia l'assegnazione dei Nobel, e a Röntgen è toccato il merito di aprire la serie.

24. Uno strumento a macchie di inchiostro. La tecnologia produce generalmente oggetti o strumenti, intesi nella loro costituzione fisica materiale. Talvolta, diventa prodotto della tecnica anche un foglio di carta, su cui vi siano impresse macchie di inchiostro. Non si tratta di una fase preparatoria di un utensile che poi diventa oggetto, è proprio quel foglio con una dimensione ben precisa il prodotto della tecnologia. E lo esprime in maniera evidente Hermann Rorschach, uno psichiatra che ha inventato un test (che porta il suo nome), straordinariamente utile poiché i pazienti, osservando le dieci «macchie» di inchiostro, ciascuna su un cartoncino, vi proiettano dei significati che aiutano a comprendere non solo i tipi di personalità, ma anche la psicopatologia.

Rorschach nasce a Zurigo l'8 novembre 1884 e muore a Herisau (Svizzera) il 2 aprile 1922, a trentotto anni. Dopo la laurea in medicina, si dedica alla psichiatria e lavora in alcuni ospedali psichiatrici della Svizzera fino a diventare «aiuto» nel manicomio di Herisau. Una breve storia della sua vita riporta al 1922, in cui pubblica l'opera *Psychodiagnostik*, che conteneva la descrizione del metodo e dei risultati raggiunti da un test somministrato su 405 soggetti, tra normali e malati di mente.

Il test è composto di dieci tavole, su ciascuna delle quali è riportata una macchia di inchiostro simmetrica. Cinque tavole sono monocromatiche, due bicolori, tre colorate. Herrmann ha indicato l'ordine di presentazione, la persona testata può usare un tempo senza limiti, per rispondere alla domanda a che cosa «assomigli», a proprio giudizio, la figura della tavola. L'intendimento di Rorschach era di studiare i tempi di reazione del soggetto e successivamente l'interpretazione di ciascuna macchia, considerata intera o nei dettagli. Non vi sono risposte giuste o sbagliate ma, dalla rapidità di risposta e dall'interpretazione, è possibile ottenere un profilo di personalità, che va divisa tra il *pensiero*, l'*affettività* e il *rapporto sociale*. In un'analisi sistematica osservò che, pur con l'importanza della soggettività, vi erano delle interpretazioni più frequenti, che permettevano di siglare le risposte. Si accorse che non erano risposte casuali, ma che contenevano elementi che si presentavano proprio nella percezione delle macchie contenute nelle tavole. Era inoltre possibile una siglatura, che definiva ambiti per ciascuna macchia. Le tavole erano ottenute mettendo dell'inchiostro, neutro o colorato, e piegando il foglio per ottenerne la divisione simmetrica in due parti.

L'utilizzo di disegni ambigui si può far risalire addirittura a Leonardo, quando invitava a osservare delle macchie di umidità su una parete. Una esperienza più vicina a Rorschach era quella di Justinus Kerner, un medico che aveva pubblicato un libro di poesie, ognuna delle quali era ispirata a una macchia di inchiostro. Esistevano altre tipologie di test, come quello per misurare il quoziente di intelligenza di Alfred Binet, uno psicologo francese.

Le tavole di Rorschach avevano però un diverso significato, e meritano anche la particolare denominazione di «test proiettivo», nel significato preciso della psicoanalisi freudiana, di un meccanismo con cui il soggetto proietta elementi che appartengono alla propria interiorità su persone o oggetti esterni. Non si chiedeva nel test di Rorschach che cosa fosse rappresentato nelle tavole, ma che cosa il soggetto percepiva, sia emozionalmente che nel pensiero e nell'aspetto relazionale. Il termine «proiettivo» non era certo nuovo al giovane Hermann, poiché era stato vicepresidente della Società svizzera di psicoanalisi. Morì poco dopo la pubblicazione, che non suscitò molto interesse, né da parte degli psichiatri né degli psicoanalisti.

Come sistema per siglare aveva anche proposto tre categorie analitiche: *localizzazione*, *determinazione*, *contenuto*, che riteneva corrispondessero alle principali istanze psichiche. La localizzazione la chiamava anche modalità di apprensione. I determinanti comprendevano i fattori, stimolo della risposta. La forma divenne l'espressione della capacità di controllo dell'apparato razionale sulla vita affettiva, il colore serviva per l'affettività. I contenuti riportavano agli interessi del soggetto. La pubblicazione di *Psychodiagnostik* aveva il compito di promuovere una maggiore estensione della applicazione e l'approfondimento.

Rorschach ha lanciato un sasso, costruendo uno strumento per analizzare meglio le personalità e non vi è dubbio che il contesto più ricco forse era quello di Sigmund Freud, che aveva addirittura proposto un'analisi anatomica e poi funzionale dell'apparato psichico. Più di una opposizione, il test ottenne una immediata freddezza, mentre negli anni successivi alla morte, lo strumento di Rorschach ebbe un uso e una diffusione crescenti. In un volume, *Psychoanalytic Interpretation in Rorschach Testing*, del 1951, Schafer ne affronta il contributo alla luce della psicoanalisi, mostrando un grande apprezzamento e ampliandone il significato. È tuttora il test proiettivo più noto e più usato poiché, pur passando attraverso una siglatura, sfugge alle semplificazioni e ai riduzionismi.

25. I container. La tecnologia mantiene una straordinaria capacità non solo di risolvere i problemi di piccole dimensioni, ma si mostra capace di vere rivoluzioni. E la cosa più sorprendente è che grandi effetti si possono legare a semplici, e persino elementari, idee tecnologiche.

Un esempio straordinario si associa al nome di Malcolm McLean. Si racconta che, mentre sedeva sul suo camion, in attesa che la merce che consegnava fosse portata a bordo della nave, si rese conto che sarebbe stato preferibile caricare l'intero corpo del camion, piuttosto che stivarne il carico. E mentre aspettava, gli venne l'idea di un'attrezzatura che consentisse di caricare le merci, senza doverle più muovere fino a destinazione. Nasce così l'idea del *container*, in italiano «contenitore», che si riduce a una grande scatola metallica modulare, da riempire di qualsiasi contenuto e trasportare via terra e poi via mare, e di nuovo sulla strada, senza dover caricarne e scaricarne ogni volta il contenuto. L'idea venne alla mente di quel camionista nel 1956 e fin dagli anni Sessanta trasformò il campo del trasporto marittimo che si era ampliato moltissimo, in particolare tra America ed Europa. Il risultato dimostrò che il carico raggiungeva la destinazione senza essere danneggiato o manomesso e che era più facile la gestione logistica e aumentare la velocità di imbarco e sbarco.

I container giunsero a una dimensione standard, che permetteva di organizzare anche i trasporti su rotaia, su camion, prevedendo dei sistemi di carico modulari identici, ovunque giungessero. Alcuni vennero chiamati «casse mobili»: erano le stesse scatole fornite di quattro gambe estraibili, incorporate nel telaio in modo che potessero rimanere ferme o nelle zone di carico e scarico oppure nei magazzini, in attesa di essere dirette al luogo di destinazione. Le grandi scatole furono riconoscibili ben presto a seconda degli spedizionieri, erano chiuse in maniera perfetta e grazie alla struttura metallica assicuravano quantomeno la difficoltà di essere aperte.

Il container usato è il tipo ISO (International Organization for Standardization), un parallelepipedo le cui dimensioni furono stabilite nel 1967: larghezza di 8 piedi (2,44 metri), altezza di 8,6 piedi (2,62 metri) e lunghezza standard di 20-40 piedi (6,1-12,2 metri). Ogni container è di norma registrato e numerato, e quindi riconoscibile. Questa tecnica è di tale successo da aver generato le navi portacontainer. Si sono creati i mezzi di trasporto, dai carrelli elevatori alle gru, per il loro movimento. Vi sono vagoni e autocarri adatti a sistemare geometricamente i container, e le banchine dei porti sono ora caratterizzate dai container, in attesa di essere imbarcati. Non c'è più un signor Malcolm McLean che deve attendere con grande pazienza e consumo di tempo, che equivale a costi, che gli scaricatori vuotino pezzo per pezzo il contenuto del camion e ancora, pezzo per pezzo, lo stivino nella nave. Persino le variazioni atmosferiche, il freddo delle zone artiche e il caldo dei tropici, finiscono per non incidere più sui tempi di trasporto. Anche un camionista passa alla storia come grande inventore tecnologico.

26. Un dirigibile al Polo Nord. Gli aerei hanno cambiato la percezione del tempo. Se si considera che Jules Verne, nella sua immaginazione, meditava di compiere il giro del mondo in ottanta giorni, il confronto di oggi è con aerei di linea turistici che hanno la possibilità di compierlo in ventiquattr'ore o con i supersonici, per cui bastano poche ore. E se, come ha insegnato Einstein, il tempo va legato allo spazio, ne deriva che la terra è diventata più piccola, che la distanza tra le coste dell'Europa e quelle delle Americhe è vissuta come enormemente ridotta. Probabilmente c'è già qualcuno che pensa di percorrerla a nuoto, come si trattasse del canale della Manica. I francesi avevano costruito il Concorde, che il 2 marzo 1969 aveva attraversato l'Atlantico da Parigi a New York in poco meno di tre ore, a una velocità di 2179 chilometri all'ora. Del resto, anche le distanze tra i pianeti del sistema solare è diminuita e l'uomo sembra voler correre sempre di più.

Ecco perché, questa volta, viene voglia di ricordare un mezzo di trasporto che, rispetto alla tendenza dominante, andava e va, piano. E rende così possibile osservare una quantità di particolari, che non si vedono nelle grandi velocità. Diventa degno di ricordo Umberto Nobile che, come costruttore e pilota, ha progettato e realizzato un dirigibile dal nome *Norge*, che ha permesso di esplorare il Polo Nord.

Nasce a Lauro, in provincia di Avellino, il 21 gennaio 1885, e muore a Roma il 30 luglio 1978. Frequentò a Napoli il liceo classico Giambattista Vico, poi il Politecnico dove si laureerà in ingegneria. Ben presto venne attratto dall'aeronautica ed entrò nel genio militare. Così non solo guardava gli aerei, ma ha cominciato a viverli e, come militare, venne inviato al centro di costruzione aeronautica. La sua attrazione si posò sui dirigibili. Il primo che venne costruito permetteva un carico di 1500 chilogrammi e raggiungeva la velocità di 91 chilometri all'ora. Divenne uno specialista di questo mezzo e riuscì a introdurre modificazioni che li trasformò al punto da avere caratteristiche così diverse, che rappresentavano un capitolo nuovo. Nel 1919, a trentaquattro anni, assunse la direzione dello stabilimento.

I primi tre dirigibili, che costruì entro il 1921, avevano raddoppiato le caratteristiche di questo strumento, che volava lento nel cielo. Ma a dimostrarne il significato, va ricordato che nel 1924 pensò di impiegarlo per una spedizione polare. Si associò a un uomo straordinario, Roald Amundsen, passato alla storia come l'uomo che ha raggiunto il Polo Sud. Si proposero di esplorare la regione che da Point Barrow comprende le coste settentrionali dell'Alaska. Nobile, per le conoscenze di progettazione, ne inventò uno che fosse adatto a quell'impresa. Ridusse rispetto ai precedenti le dimensioni e il peso della cabina di comando, e irrobustì la cupola di prua, per adattarla all'ormeggio in un luogo ghiacciato. Per questo scopo, lavorò in Norvegia per studiare i materiali che impedissero il formarsi del ghiaccio sulla superficie esterna. La spedizione si realizzò nel maggio 1926 e batteva bandiera norvegese, ma il comandante era Nobile, l'equipaggio composto da sei italiani e cinque norvegesi. Al Polo vennero lasciate la bandiera norvegese, quella americana e quella italiana. Il dirigibile esplorò quella rotta sconosciuta e atterrò a Teller, dopo centosettanta ore di volo. Si scoprì il mare polare che, per la prima volta, era stato attraversato dall'uomo.

Venne subito l'idea di una seconda spedizione, arricchendo il dirigibile di strumenti scientifici e, a poco a poco, il misterioso Polo Nord venne conosciuto. Le avventure hanno un fascino, sono sempre imprese che richiedono tecniche via via più avanzate, ma gli imprevisti fanno parte di quella voglia di conoscere che Dante, con grande sensibilità poetica, mette in bocca a Ulisse: «Fatti non foste a viver come bruti, / ma per seguir virtute e canoscenza». Il 23 maggio 1928 il piano aveva come meta il Polo Nord: alcuni uomini avrebbero dovuto scendere per esplorarlo ed eseguire rilievi oceanografici e misure sul magnetismo. Il dirigibile partì alle 04.28, arrivò verso mezzanotte, ma non poté atterrare a causa del forte vento. Era necessario ritornare e, per ventotto ore consecutive, sono le parole di Umberto Nobile «il dirigibile lottò contro il forte vento contrario, contro le bufere di neve e le incrostazioni di ghiaccio». All'improvviso, alle 10.30 del 25 maggio, per cause rimaste ignote, si appesantì fortemente. Due o tre minuti dopo, si schiantò sul ghiaccio. Qui comincia una cronaca triste, che riguarda la sopravvivenza dei naufraghi nella tenda rossa, i soccorsi, il sacrificio di Roald Amundsen, il fortunato ritrovamento. Nobile ne scrisse in un libro, che fa onore all'Italia e alla tecnologia: *L'Italia al Polo Nord.*

27. Il microscopio elettronico. Se potessimo immaginare un giorno di festa per tutti gli uomini della ricerca, dovremmo stabilire il 7 aprile 1931, e commemorarlo ogni anno per ricordare la costruzione del microscopio elettronico. Assieme al microscopio, si dovrebbe ricordare Ernst Ruska, l'uomo che ha inventato le lenti elettroniche a deflessione magnetica, che hanno raggiunto il potere risolutivo mille volte superiore al microscopio ottico.

Ruska nasce a Heidelberg il 25 dicembre 1906, e muore a Berlino Ovest, il 27 maggio 1988. Quintogenito di sette figli, il padre si occupava di filologia e di storia orientale. Studiò elettrotecnica al Politecnico di Monaco e successivamente dal 1925 al 1933, in quello di Berlino. Entrò in un gruppo di ricerca sui raggi elettronici, che si attivavano in un campo magnetico all'interno di una bobina, percorsa da corrente elettrica. Riuscì a ottenere le immagini di diaframmi attraversati da elettroni: immagini con differenti ingrandimenti. In questo campo, Ruska eseguì la prima ripresa fotografica dell'immagine di una rete metallica attraversata da un fascio di elettroni, la cui sorgente derivava da un catodo freddo. L'immagine era focalizzata su uno schermo luminescente, mediante due lenti magnetiche. Era il 7 aprile del 1931. Ed era la prima realizzazione di un microscopio, fondato sui principi dell'ottica elettronica.

Nel 1932, Ruska stabilì il potere risolutivo di un microscopio elettronico: poteva essere spinto fino a consentire l'osservazione di oggetti dell'ordine delle dimensioni dell'atomo. Da questo momento Ruska, che era un fisico, cercò progressivamente di aumentare la capacità risolutiva e, dal 1934 al 1936, studiò tutti i componenti del sistema, ma nello stesso tempo, come sempre accade nella tecnologia, desiderava che quello strumento potesse essere prodotto commercialmente, e ne venissero diffuse le proprietà. L'obiettivo primario era la medicina, il campo in cui la microscopia ottica aveva permesso di scoprire i batteri.

Il fratello Helmut era studente di medicina; insieme riuscirono a convincere la Siemens-Halske di Berlino a varare il programma. A capo era lo stesso Ruska; alla fine del 1939 venne prodotto il primo microscopio elettronico commerciale anche se, per raggiungere la perfezione che oggi lo caratterizza, furono necessari molti aggiustamenti operati dallo stesso inventore. Nel 1955, Ruska passa a dirigere l'Istituto per la microscopia elettronica, alla Max-Planck-Gesellschaft di Berlino, nata su sua iniziativa. Già nel 1933, aveva compreso che l'immagine con i contrasti di intensità non è dovuta all'assorbimento di elettroni, bensì alla diffusione all'interno del preparato che si osservava. E questo permetteva di pensare, come poi si dimostrò, che i preparati non venissero danneggiati dagli elettroni. A questo punto, occorreva affrontare i temi dei materiali e del processo di costruzione, per rendere gli apparecchi meno costosi.

La medicina, per citare la microscopia elettronica al servizio della salute, ha compiuto «balzi» di conoscenze che, senza il microscopio elettronico, sarebbero ancora parte del mistero.

28. I bellissimi ponti, sospesi su cavi di acciaio. Un ambito in cui la tecnologia ha dato un enorme contributo è quello della viabilità, su due grandi capitoli: i ponti e i sottopassaggi autostradali. Per riferirci alle autostrade, il sempre più intenso traffico ha richiesto che auto e mezzi pesanti potessero contare su corsie più ampie e numerose, sia in una direzione che in quella opposta. Per molto tempo, il limite nel rispondere a tale necessità era dato dai sottopassaggi, in cui l'arco aveva bisogno di pilastri di sostegno, che non permettevano di coprire ampiezze oltre le due corsie, venendo così interrotti da grossi pilastri che, oltre a limitare lo spazio di circolazione, rappresentavano degli ostacoli pericolosi.

Quando è stato possibile costruire ponti ad arcate molto lunghe, le autostrade hanno cambiato dimensioni e livelli di sicurezza. I primi grandi esempi sono rappresentati dalle autostrade americane, dove passavano auto di grandi dimensioni e di elevata cilindrata.

Un problema analogo e forse di maggiore importanza era quello dei ponti su fiumi, la cui ampiezza era legata alla loro portata e al passaggio di imbarcazioni, e in molti casi di navi da trasporto, che richiedono scafi di grande potenza. Un ulteriore aspetto era quello dei punti d'appoggio, per cui, in questi casi, si doveva tener conto dell'acqua che, oltre a scorrere nel bacino, tendeva a impregnare la terra limitrofa.

A risolvere questo problema, in una città come New York, attraversata dall'Hudson, è stato un ingegnere tecnico che ha saputo risolvere tutte le richieste, da quelle di stabilità agli archi, e anche all'aerodinamica. Il ponte sul fiume Harlem nel punto in cui affluisce nell'Hudson, il Triborough Bridge, è costruito da David Barnard Steinman. Nasce a New York l'11 giugno 1886, e muore nella stessa città, il 21 agosto 1960. Figlio di un operaio tedesco immigrato negli Stati Uniti, Steinman è cresciuto nei quartieri popolari, e i suoi giochi si svolgevano avendo davanti il ponte di Brooklyn. Studiò al City College e si laureò in ingegneria nel 1909, con una tesi che può essere definita il programma di tutta la sua esistenza: *The Design of the Harry Hudson Memorial Bridge as a Steel Arch* (*Disegno del ponte in memoria di Henry Hudson come arco di acciaio*). Vent'anni dopo, vinse l'appalto per quello che è oggi l'Hudson Bridge sul fiume omonimo.

Entrò in collaborazione con Holton B. Robinson e nel 1917, progettarono insieme il ponte di Florianópolis in Brasile, che risultò per l'epoca il ponte sospeso più lungo del mondo. Era fondamentalmente costruito con travatura rigida e cavi d'acciaio ad alta resistenza. Con il 1923, progettando e costruendo sempre ponti, proseguì da solo l'attività e nel corso della sua vita arrivò a costruirne oltre quattrocento: tra essi il ponte di Mackinac, nel Michigan; i ponti Triborough e Henry Hudson, a New York; il ponte Harbour di Sydney in Australia con la direzione esecutiva di John Bradfield.

Non solo i suoi criteri tecnologici raggiunsero capacità di realizzare ponti ad arco sempre più lungo, ma ne curò anche l'estetica, dimostrando come la soluzione dei bisogni del traffico non deve rappresentare un'occasione per deturpare il paesaggio. L'aspetto estetico, che si può chiamare aerodinamico, mescolava inoltre la ricerca di una soluzione per la spinta del vento sulle strutture. E prima di Steinman, non erano mancati i disastri, dovuti al crollo di ponti sotto le sferzate atmosferiche. Aveva iniziato uno studio tecnico sperimentale con l'intendimento di raggiungere delle formule che fossero utili a vedere la stabilità di un progetto e verificare il grado di rigidità richiesta da un ponte sospeso. Iniziò con esperimenti su modelli a forme semicircolari, montati da due molle leggere. Sottoponeva tali modelli all'azione del vento, studiando gli spostamenti e le vibrazioni che talora giungevano a oscillazioni violente. Passava poi a modelli di ampiezza maggiore. E scoprì che l'oscillazione non era uniforme su tutta la larghezza, e che occorreva un certo tempo perché il flusso del vento percorresse l'ampiezza completa di un ponte. Le vibrazioni variano, inoltre, a seconda del tipo di struttura. Per studiare le cosiddette «oscillazioni torcenti», giunse alla necessità di conoscere una determinata sezione del ponte che, oltre che dalla sua forma, dipende dalla velocità del vento. Studiò la stabilità dei modelli nella galleria del vento e riuscì a stabilire formule che, per la velocità critica del vento e le oscillazioni verticali e torsionali da lui rilevate, permettevano di calcolare le ampiezze limite, entro cui la struttura poteva rispondere.

Nel 1950, pubblicò un volume nato dalle sue prove tecniche dal titolo: *Suspension Bridges: the Aerodynamic Problem and its Solution*. Il punto decisivo si riferiva alla progettazione delle sezioni trasversali dei ponti. Con questo sistema, da allora e in molte nazioni, in particolare in Giappone e in Cina, si sono raggiunti risultati straordinari. I ponti sospesi su cavi d'acciaio hanno superato quelli in cemento armato.

29. I tubi d'acciaio senza saldature. Non ce ne rendiamo conto, ma sotto i nostri piedi, ovunque ci muoviamo in città o in campagna, calpestiamo nel sottosuolo una enorme quantità di tubi. Considerando solo quelli che trasportano l'acqua e la fanno giungere ai rubinetti delle nostre case, il sistema richiede, per una media città, qualche milione di chilometri di tubature. Quelle dell'acqua compiono magari lo stesso percorso, ma la distribuzione del gas richiede tubi diversi, caratteristiche e diametro differenti, relative al contenuto e alla portata. Di diametro inferiore ma di numero superiore, sono le vie per i fili elettrici che vanno sistemati all'interno di tubi appositi. All'opposto, di dimensione maggiori sono quelli che raccolgono le acque nere, che costituiscono il sistema fognario, essenziale all'igiene. Da questo parziale richiamo all'importanza dei tubi nella nostra quotidianità, emerge l'importanza del settore e forse, contrariamente alla nostra percezione, la complessità tecnica che si associa a questo oggetto tecnologico. Per una dimostrazione relativa soltanto ai tubi d'acciaio, il richiamo va a Max e Reinhardt Mannesmann, passati alla storia come gli inventori del tubo d'acciaio senza saldatura. Una invenzione, che è alla base non solo dello sviluppo enorme dell'industria tedesca dell'acciaio, ma anche di una rivo-

luzione che i tubi hanno portato nella tecnologia dell'Ottocento. Max Mannesmann nasce a Remscheid il 30 dicembre 1861 e muore ad Aquisgrana, il 5 marzo 1915. Reinhardt, fratello maggiore, nasce nella stessa città il 13 maggio 1856 e muore qui, il 20 febbraio 1922. Il loro padre possedeva una fabbrica di lime, fondata nel 1796. Pensò di mandare i figli a studiare al Politecnico e dopo aver ottenuto la laurea, farli entrare nella fabbrica con uno spirito diverso da quello paterno. Se egli era un esecutore, i due figli diventano degli inventori.

Il primo risultato, di cui fecero registrare il brevetto, fu il procedimento di laminazione obliqua: si curò di questo aspetto burocratico Fritz Koegel, che aveva studiato filosofia ed era un seguace di Nietzsche. I due fratelli erano più interessati agli esperimenti e, poiché la laminazione permetteva di trasformare i tombini d'acciaio in corpi cavi e quindi anche in tubi senza saldature, avevano bisogno di disporre di un macchinario che permettesse di svolgere questa operazione, rispetto a quella fino a quel momento possibile. Nacque così la seconda domanda di brevetto. Le risposte furono positive per entrambe le registrazioni.

Il primo tubo venne fabbricato nell'agosto del 1885. Il processo di laminazione obliqua è rimasto immutato: tutto partiva da un lingotto tondo o poligonale, che veniva riscaldato alla temperatura di laminazione in un fondo girevole. I lingotti tondi venivano forati nel laminatoio obliquo, assumendo la forma di un corpo con pareti di grosso spessore. Il laminatoio obliquo è costituito da due cilindri azionati nel medesimo senso di rotazione, i cui assi sono inclinati verso l'asse orizzontale del materiale da laminare. Il lingotto viene spinto nella parte conica d'entrata tra i cilindri, che imprimono al pezzo un movimento elicoidale d'avanzamento, mentre una spinta effettua la laminazione.

Il procedimento ebbe un risultato straordinario e l'invenzione dei fratelli Mannesmann interessò con particolare rilievo la stampa. La dimostrazione fu che i grandi industriali iniziarono a interessarsi a quel procedimento e ad applicarlo. Per farlo però, dovevano pagare i diritti ai fratelli Mannesmann, che riuscirono così, nel 1890, a fondare la Deutsch-Österreichische Mannesmannröhren-Werke. L'azienda, a partire dal 1891, dovette risolvere un problema che rendeva il metodo con effetto diverso, quando la laminazione obliqua era applicata a tubi di acciaio a parete sottile. Inventarono un nuovo sistema, che lo risolse. Veniva compiuta la laminazione con il sistema abituale e successivamente si allungava il tubo, ottenendone le dimensioni volute.

Nel 1893, a seguito di dissensi nel consiglio di amministrazione, i due fratelli vennero coinvolti in una controversia legale, e pensarono che fosse il caso di occuparsi di settori diversi. Reinhardt passò alla produzione di luce a incandescenza a gas, e fu un successo. Max inventò un brevetto per la costruzione di case, con lastre di cemento che venivano montate, ma non diede altrettanti frutti.

È straordinario notare come l'innovazione e la creatività tecnologica rappresentino una vera pulsione, che è indubbiamente al di sopra del tema che si affronta in quel dato momento. Per questo, può venire applicata in ambiti differenti. Il «mestiere» è inventare. E l'applicazione di questa dote può, entro certi limiti, saltare da un campo all'altro, in cui si avverta la possibilità di apportare dei miglioramenti.

Dopo la morte di Max nel 1915, Reinhardt assunse la direzione di un'impresa che costruì le prime case a pannelli. Intanto i tubi d'acciaio senza saldature e con laminatoio obliquo venivano prodotti da altri, rispettando il nome Mannesmann.

30. Il telefonino. Lo sviluppo della trasmissione radio senza fili, *wireless*, aveva implicita la possibilità di dare a ciascuno un apparecchio radiotrasmittente e ricevente. Non vi era necessità di scoperte che promuovessero questo fenomeno di diffusione, serviva però una tecnologia in grado di miniaturizzare gli apparecchi radiofonici che dovevano inserirsi in una rete di telecomunicazioni. Occorreva, dunque, iniziare a mettere a punto questa possibilità, già insita nel sapere scientifico della trasmissione delle voci e delle immagini.

Nel 1957, l'ingegnere sovietico Leonid Ivanovič Kuprijanovič aveva brevettato un dispositivo per la chiamata e la commutazione dei canali di comunicazioni radiofoniche, che chiamò radiotelefono LK-1. L'apparecchio era dotato di un numero proprio, e poteva collegarsi via radio alla rete telefonica attraverso un sistema di stazioni radiofoniche automatiche, che permettevano le comunicazioni in un raggio di venti-trenta chilometri. Questo progetto fu subito abbandonato, soprattutto per il costo della installazione delle stazioni radiofoniche.

Nel 1973, se ne occupò una società: la Motorola, il cui direttore della ricerca, Martin Cooper, riprese l'idea implicita nella scoperta della radiotelefonia tentata da Kuprijanovič, e inventò il primo telefono cellulare. Fece la prima telefonata il 3 aprile 1973, parlando con Joel S. Engel, il capo della ricerca al Bell Labs. Lo strumento usato pesava quindici chilogrammi, aveva una carica di trenta minuti, occorrevano dieci ore per ricaricarlo e funzionava solo in poche zone.

Cooper è figlio di Arthur Kuperman e di Mary Bassoski, immigrati ebrei ucraini. Nasce a Chicago il 26 dicembre 1928. Ha ricevuto la laurea in ingegneria elettronica nel 1950 e il master nel 1957 all'Illinois Institute of Technology. Si occupò sempre delle innovazioni tecnologiche nel campo della comunicazione. Registrò il brevetto il 17 ottobre 1973, dopo il successo della telefonata con il prototipo del primo telefono cellulare. Da questa data alla produzione di un modello commerciale, sono passati dieci anni e, sotto il logo Motorola, l'apparecchio costava quattromila dollari. Era partita comunque la sfida che doveva risolvere sia la dimensione del telefono cellulare, ma soprattutto il problema della carica, usando accumulatori in miniatura.

Il grande salto tecnologico, che segnò il successo del telefonino, avviene quando si passa dal segnale analogico a quello digitale, poiché oltre alla chiamata vocale permetteva di aggiungere una serie di altre capacità, come l'uso di messaggi scritti, gli SMS, la registrazione e visualizzazioni di foto e filmati, che potevano essere inviati. E soprattutto, permetteva di navigare su Internet. Si giunge alla possibilità di inserire le mail, attraverso il computer digitale.

Dal 1973 si susseguono una serie di generazioni di telefonini, che rendono possibili sempre maggiori servizi, pur con dimensioni ridotte. Si giunse a visionare il segnale televisivo di alcune emittenti. Lo schermo divenne sempre più sottile, vi si inserirono delle fotocamere, si arrivò anche a dotare l'apparecchio di una tastiera, microfoni, altoparlanti, navigatori satellitari, le famose mappe che guidano nella ricerca di indirizzi stradali, il GPS. Si aggiungono il touch screening e una serie sconfinata di software. Nel 2005, un Motorola costava 250 dollari. Il telefonino non rispondeva solo alle esigenze della telefonia, di inviare e ricevere la voce, aveva incorporato tutta la tecnologia del computer digitale, ma da questo momento diventa lo smartphone. Alla Motorola si aggiunsero concorrenti per un mercato che ha portato questo strumento, definito ormai una protesi dell'uomo, a caratteristiche talmente differenti da quelle della storia della tecnologia, da dover distinguere le protesi delle funzioni corporee da quelle per le funzioni mentali.

Oggi, lo smartphone rappresenta il più popolare strumento tecnologico, mostra di rispondere ai bisogni tanto da aver generato l'*angoscia da telefonino*, che scatta drammaticamente di fronte a una dimenticanza, alla perdita oppure alla incapacità di riaccenderlo, temendo che sia morto. La differenza e anche la novità di questo strumento, è di saper risolvere i bisogni e al contempo di crearne di nuovi, garantendo di poterli risolvere. È talmente radicato il suo uso, da vederlo sempre più riempito di messaggi pubblicitari, che vengono in gran parte tolti dalle vie tradizionali della carta stampata e delle televisioni di uso domestico. Dentro il telefonino è stata spostata gran parte della memoria dei numeri e delle immagini. Ormai il telefonino è sempre acceso, lo sguardo si fissa su una delle tante immagini che sono sempre più individualizzate, poiché al telefonino si riferiscono anche software propri dell'intelligenza artificiale. Occorre conoscere gli SMS, le notizie dell'ultimo momento. È il sostenitore principale di una *vita in tempo reale*, che significa attenta solo al presente, all'attimo che si consuma e che può voler dire perdita di una occasione favorevole.

Uno strumento che ha cambiato non solo i ritmi esistenziali, ma la stessa percezione del mondo, poiché dentro il telefonino esistono mondi virtuali contrapposti al mondo concreto. A indicare i ruoli che il telefonino ha nell'esistenza umana, basti ricordare che in alcune grandi città si stanno creando percorsi per camminare, potendo guardare il telefonino, con una diminuita attenzione verso tutto ciò che si muove dentro il traffico pedonale e meccanizzato. È anche difficile definirlo, poiché non è certamente più solo un erogatore di servizi operativi, ma trasmette notizie audio e video, richiedendo dunque l'uso della vista, e quindi distogliendola dalle persone in carne e ossa, che condividono il cammino. È diventato uno strumento esistenziale. Il mondo adolescenziale, oggi, gioca sui social network e si sta riducendo la sessualità ai canali specializzati per soddisfare quelle che venivano definite le pulsioni dell'eros e dei legami affettivi. Non ultima è la dimensione economica: è vero che lo strumento è a portata di tutti, ma occorre pagare i servizi interni.

Ritorna pressante il tema generale che è proprio della tecnologia, nel senso che, se la scienza è conoscenza e il sapere non è né buono né cattivo, gli strumenti tecnologici a seconda del loro uso possono invece diventare «buoni» o «cattivi». E lo smartphone, allo stato attuale, è buono e al contempo cattivo. Da elogiare e da condannare.

Ottobre: *I versi dei Salmi*

Il critico biblico Thomas Kelly Cheyne (1841-1915) aveva parlato di «salteri nel salterio», cioè di mini-collezioni di Salmi, sbocciate e rielaborate sotto l'impulso delle varie riforme religiose di Israele. Il salterio è «un microcosmo di tutto l'Antico Testamento» (H. McKeating), la più vasta antologia di forme letterarie dell'intera Bibbia, davvero un microcosmo redazionale, letterario, musicale, storico e teologico di quasi un millennio, dagli antichi inni cananei, forse del XII secolo a.C. (il salmo 28(29) ad esempio), sino a composizioni dell'epoca di Maccabeo (II secolo a.C.). Il punto di partenza è l'esistenza di collezioni singole, equivalenti a gruppi autonomi, riuniti successivamente tra loro. Segue un'altra divisione, in tre collezioni maggiori: una elohista e due jahviste, individuate dall'uso diverso dei nomi divini. Infine, i 150 Salmi vengono distribuiti in cinque «libri»: il primo 1-40; il secondo 41-71; il terzo 72-88; il quarto 89-105; il quinto 106-150 e la divisione è indicata chiaramente da una speciale dossologia, annessa all'ultimo salmo, dei primi quattro libri («*Benedetto il Signore...*»), mentre nel quinto libro può essere rappresentata dal Salmo 150. Tale suddivisione, molto probabilmente, è anteriore al III secolo a.C. ed è stata determinata nel processo di canonizzazione dei Testi sacri e dal parallelismo, solo formale ma non di contenuto, con il Pentateuco di Mosè.

Relativamente alla numerazione tra la Bibbia ebraica (masoretica) e quella dei LXX (in greco), va segnalato che, salvo i primi otto e gli ultimi tre, che hanno identica numerazione, il Testo masoretico (TM) enumera i Salmi con una unità in più rispetto ai LXX e ciò dipende dal fatto che, dove il TM ha due Salmi (9-10 e 114-115), il greco ne ha uno solo (9 e 113) e dove il TM ne ha uno (116 e 147), il greco ne ha due (114-115 e 146-147).

Nella prefazione al suo commento ai Salmi Calvino scrive: «Sono solito definire questo libro un'anatomia di tutte le parti dell'anima, perché non c'è sentimento nell'uomo che non sia rappresentato come in uno specchio. Anzi, per meglio dire, lo Spirito Santo ha messo qui, al vivo, tutti i dolori, tristezze, timori, dubbi, speranze, preoccupazioni, perplessità, fino alle più confuse emozioni da cui l'animo degli uomini è abitualmente agitato» (ed. Meyrueis, Paris 1854, p. VI). Atanasio scriveva che nei salmi «come in uno specchio, ritroviamo anche il nostro volto» (Lettera a Marcellino *Sull'uso dei Salmi nella preghiera*, 12).

«Il salterio narra la storia di tutti ed è anche infaticabile e penetrante ambasciatore della parola di Dio presso i popoli della terra» (A. Chouraqui).

«Non permettere che la tua parola sia nella mia vita come un santuario che una grata separa dalla casa e dalla strada» (P. Evdokimov). Questa invocazione del noto teologo e mistico russo esprime idealmente il nesso tra Salmi e vita, tra liturgia ed esistenza. Kierkegaard usava questa immagine: nel salterio, i due mondi incompatibili del divino e dell'umano entrano in collisione, non per un'esplosione ma per un abbraccio e un dialogo.

Sono cenni storici per mostrare come i versi che compongono il libro dei Salmi possano essere letti in sequenze e in contesti differenti. La mia percezione generale è che si possano vedere come la vera ricchezza poetica prima, e nella interpretazione storica poi. Devo ammettere di aver trovato le vicende storiche del popolo ebraico in questa parte dell'Antico Testamento, come un limite alla forma poetica, poiché la finalità del contenuto didascalico sembra togliere forza ai versi nel grande significato poetico e nella bellezza dei versi. Ne bastano alcuni, per mostrarne il valore anche per la poetica contemporanea e per l'apporto che sanno ancora dare sul piano emotivo ed esistenziale. Da qui l'idea di togliere tutti i riferimenti della storia ebraica. Meglio, forse, dire che abbiamo scelto la poesia pura. E devo ammettere che è servito a mettere in luce, ancor più, la grandezza poetica e umana di questa produzione.

Dopo aver riportato alcune considerazioni, che mi pare permettessero questo mio «eretico» modo di leggere i Salmi, ho scandito nei differenti giorni di questo mese alcuni Salmi «ridotti», permettendo in questo mese di entrare nella poesia che è certo la forma di letteratura più pura e, come a me piace dire, più espressiva della nostra civiltà.[43]

1. Beato l'uomo che non entra nel consiglio dei malvagi,
   non resta nella via dei peccatori
   e non siede in compagnia degli arroganti. (Sal 1, 1)
   Fino a quando, voi uomini, [...]
   amerete cose vane e cercherete la menzogna? (Sal 4, 3)
   Sono stremato dai miei lamenti,
   ogni notte inondo di pianto il mio giaciglio,
   bagno di lacrime il mio letto.
   I miei occhi nel dolore si consumano,
   invecchiano fra tante mie afflizioni.
   Via da me, voi tutti che fate il male. (Sal 6, 7-9)

2. Ecco, il malvagio concepisce ingiustizia,
   è gravido di cattiveria, partorisce menzogna.
   Egli scava un pozzo profondo
   e cade nella fossa che ha fatto;

[43] L'edizione usata e quella della CEI 2008, ma aggiungo l'indicazione di alcuni testi che mi sono parsi sostenere questa mia licenza: L. Monti, *I salmi: preghiera e vita*, Edizioni Qiqajon, Monastero di Bose, Magnano 2018; *Salterio di Bose*, Edizioni Qiqajon, Monastero di Bose, Magnano 2008; C.M. Martini, *Il desiderio di Dio. Pregare i Salmi*, ITL Libri, Centro Ambrosiano, Milano 2018.

la sua cattiveria ricade sul suo capo,
la sua violenza gli piomba sulla testa. (Sal 7, 15-17)
Con arroganza il malvagio perseguita il povero:
cadano nelle
insidie che hanno tramato!
Il malvagio si vanta dei suoi desideri,
l'avido benedice sé stesso [...]
Le sue vie vanno sempre a buon fine, [...]
con un soffio spazza via i suoi avversari.
Egli pensa: «Non sarò mai scosso,
vivrò sempre senza sventure».
Di spergiuri, di frodi e d'inganni ha piena la bocca,
sulla sua lingua sono cattiveria e prepotenza.
Sta in agguato dietro le siepi,
dai nascondigli uccide l'innocente.
I suoi occhi spiano il misero,
sta in agguato di nascosto come un leone nel covo.
Sta in agguato per ghermire il povero,
ghermisce il povero attirandolo nella rete.
Si piega e si acquatta,
cadono i miseri sotto i suoi artigli. (Sal 9(10), 23-24, 26-31)
Ecco, i malvagi tendono l'arco,
aggiustano la freccia sulla corda
per colpire nell'ombra i retti di cuore.
Quando sono scosse le fondamenta,
il giusto che cosa può fare? (Sal 10(11), 2-3)

3. Non c'è più un uomo giusto;
sono scomparsi i fedeli tra i figli dell'uomo.
Si dicono menzogne l'uno all'altro,
labbra adulatrici parlano con cuore doppio [...]
attorno si aggirano i malvagi
e cresce la corruzione in mezzo agli uomini. (Sal 11(12), 2-3, 9)
Fino a quando nell'anima mia addenserò pensieri,
tristezza nel mio cuore tutto il giorno?

Fino a quando su di me prevarrà il mio nemico? (Sal 12(13), 3)
Sono tutti traviati, tutti corrotti;
non c'è chi agisca bene, neppure uno. (Sal 13(14), 3)
Colui che cammina senza colpa,
pratica la giustizia e dice la verità che ha nel cuore,
non sparge calunnie con la sua lingua,
non fa danno al suo prossimo
e non lancia insulti al suo vicino.
Ai suoi occhi è spregevole il malvagio [...]
Anche se ha giurato a proprio danno,
mantiene la parola;
non presta il suo denaro a usura
e non accetta doni contro l'innocente.
Colui che agisce in questo modo
resterà saldo per sempre. (Sal 14(15), 2-5)
[...] La mia bocca non si è resa colpevole,
secondo l'agire degli uomini [...]
Il loro animo è insensibile,
le loro bocche parlano con arroganza.
Eccoli: avanzano, mi circondano,
puntano gli occhi per gettarmi a terra,
simili a un leone che brama la preda,
a un leoncello che si apposta in agguato. (Sal 16(17), 3-4, 10-12)
Mi circondavano flutti di morte,
mi travolgevano torrenti infernali;
già mi avvolgevano i lacci degli inferi,
già mi stringevano agguati mortali [...]
i miei piedi non hanno vacillato.
Ho inseguito i miei nemici e li ho raggiunti,
non sono tornato senza averli annientati.
Li ho colpiti e non si sono rialzati,
sono caduti sotto i miei piedi. (Sal 17(18), 5-6, 37-39)

4. Le inavvertenze, chi le discerne? (Sal 18(19), 13)
Ma io sono un verme e non un uomo,

rifiuto degli uomini, disprezzato dalla gente.
Si fanno beffe di me quelli che mi vedono,
storcono le labbra, scuotono il capo [...]
l'angoscia è vicina e non c'è chi mi aiuti.
Io sono come acqua versata,
sono slogate tutte le mie ossa.
Il mio cuore è come cera,
si scioglie in mezzo alle mie viscere. (Sal 21(22), 7, 8-15)
Mi proteggano integrità e rettitudine. (Sal 24(25), 21)
Non siedo con gli uomini falsi
e non vado con gli ipocriti;
odio la banda dei malfattori
e non siedo con i malvagi. (Sal 25(26), 4-5)

5. Se contro di me si accampa un esercito,
il mio cuore non teme;
se contro di me si scatena una guerra,
anche allora ho fiducia [...]
E ora rialzo la testa
sui nemici che mi circondano [...]
Mio padre e mia madre mi hanno abbandonato [...]
Contro di me si sono alzati falsi testimoni
che soffiano violenza. (Sal 26(27), 3, 6-12)
[...] Parlano di pace al loro prossimo,
ma hanno la malizia nel cuore. (Sal 27(28), 3)
Alla sera ospite è il pianto
e al mattino la gioia.
Ho detto, nella mia sicurezza:
«Mai potrò vacillare!». (Sal 29(30), 6)

6. [...] Sono nell'affanno;
per il pianto si consumano i miei occhi,
la mia gola e le mie viscere.
Si logora nel dolore la mia vita,
i miei anni passano nel gemito;
inaridisce per la pena il mio vigore

e si consumano le mie ossa.
Sono il rifiuto dei miei nemici
e persino dei miei vicini,
il terrore dei miei conoscenti;
chi mi vede per strada mi sfugge.
Sono come un morto, lontano dal cuore;
sono come un coccio da gettare.
Ascolto la calunnia di molti: «Terrore all'intorno!»,
quando insieme contro di me congiurano,
tramano per togliermi la vita.
Tacciano le labbra bugiarde,
che dicono insolenze contro il giusto
con orgoglio e disprezzo [...]
Lontano dagli intrighi degli uomini [...]
lontano dai litigi delle lingue. (Sal 30(31), 10-14, 19, 21)
Tacevo e si logoravano le mie ossa,
mentre ruggivo tutto il giorno [...]
Come nell'arsura estiva si inaridiva il mio vigore [...]
Non ho coperto la mia colpa.
«Non siate privi d'intelligenza come il cavallo e come il mulo:
la loro foga si piega con il morso e le briglie,
se no, a te non si avvicinano.» (Sal 31(32), 3-5, 9)

7. Chi è l'uomo che desidera la vita
e ama i giorni in cui vedere il bene?
Custodisci la lingua dal male,
le labbra da parole di menzogna.
Sta' lontano dal male e fa' il bene,
cerca e persegui la pace [...]
Il male fa morire il malvagio
e chi odia il giusto sarà condannato. (Sal 33(34), 13-15, 22)
Siano svergognati e confusi
quanti attentano alla mia vita;
retrocedano e siano umiliati
quanti tramano la mia sventura.

Siano come pula al vento [...]
Poiché senza motivo mi hanno teso una rete,
senza motivo mi hanno scavato una fossa [...]
Sorgevano testimoni violenti,
mi interrogavano su ciò che ignoravo,
mi rendevano male per bene:
una desolazione per l'anima mia.
Ma io, quand'erano malati, vestivo di sacco,
mi affliggevo col digiuno,
la mia preghiera riecheggiava nel mio petto.
Accorrevo come per un amico, come per un mio fratello,
mi prostravo nel dolore come in lutto per la madre.
Ma essi godono della mia caduta, si radunano,
si radunano contro di me per colpirmi di sorpresa.
Mi dilaniano di continuo,
mi mettono alla prova, mi coprono di scherni;
contro di me digrignano i loro denti [...]
Non esultino su di me i nemici bugiardi,
non strizzino l'occhio quelli che, senza motivo, mi odiano.
Poiché essi non parlano di pace;
contro gente pacifica tramano inganni.
Spalancano contro di me la loro bocca;
dicono: «Bene! I nostri occhi hanno visto!» [...]
Non pensino in cuor loro: «È ciò che volevamo!».
Non dicano: «Lo abbiamo divorato!».
Sia svergognato e confuso chi gode della mia rovina,
sia coperto di vergogna e disonore chi mi insulta. (Sal 34(35), 4-7, 11-16, 19-21, 25-26)

8. [Il malvagio] ... s'illude con sé stesso, davanti ai suoi occhi,
nel non trovare la sua colpa e odiarla.
Le sue parole sono cattiveria e inganno,
rifiuta di capire, di compiere il bene.
Trama cattiveria nel suo letto,
si ostina su vie non buone,

non respinge il male [...]
Non mi raggiunga il piede dei superbi
e non mi scacci la mano dei malvagi. (Sal 35(36), 3-5, 12)
Non irritarti a causa dei malvagi,
non invidiare i malfattori.
Come l'erba presto appassiranno;
come il verde del prato avvizziranno [...]
non irritarti per chi ha successo,
per l'uomo che trama insidie.
Desisti dall'ira e deponi lo sdegno,
non irritarti: non ne verrebbe che male [...]
Ancora un poco e il malvagio scompare:
cerchi il suo posto, ma lui non c'è più.
I poveri invece avranno in eredità la terra
e godranno di una grande pace [...]
I malvagi sfoderano la spada e tendono l'arco
per abbattere il povero e il misero,
per uccidere chi cammina onestamente.
Ma la loro spada penetrerà nel loro cuore
e i loro archi saranno spezzati.
È meglio il poco del giusto
che la grande abbondanza dei malvagi [...]
Il malvagio prende in prestito e non restituisce,
ma il giusto ha compassione e dà in dono [...]
Sono stato fanciullo e ora sono vecchio:
non ho mai visto il giusto abbandonato
né i suoi figli mendicare il pane;
ogni giorno egli ha compassione e dà in prestito,
e la sua stirpe sarà benedetta.
Sta' lontano dal male e fa' il bene
e avrai sempre una casa [...]
I giusti avranno in eredità la terra
e vi abiteranno per sempre.
La bocca del giusto medita la sapienza

e la sua lingua esprime il diritto [...]
Il malvagio spia il giusto
e cerca di farlo morire [...]
Ho visto un malvagio trionfante,
gagliardo come cedro verdeggiante;
sono ripassato ed ecco non c'era più,
l'ho cercato e non si è più trovato.
Osserva l'integro, guarda l'uomo retto:
perché avrà una discendenza l'uomo di pace. (Sal 36(37), 1-2, 7-8, 10-11, 14-16, 21, 25-27, 29-30, 32, 35-37)

9. Le mie colpe hanno superato il mio capo,
sono un carico per me troppo pesante.
Fetide e purulente sono le mie piaghe
a causa della mia stoltezza.
Sono tutto curvo e accasciato,
triste mi aggiro tutto il giorno.
Sono tutti infiammati i miei fianchi,
nella mia carne non c'è più nulla di sano.
Sfinito e avvilito all'estremo,
ruggisco per il fremito del mio cuore [...]
Palpita il mio cuore, le forze mi abbandonano,
non mi resta neppure la luce degli occhi.
I miei amici e i miei compagni
si scostano dalle mie piaghe,
i miei vicini stanno a distanza.
Tendono agguati quelli che attentano alla mia vita,
quelli che cercano la mia rovina tramano insidie
e tutto il giorno studiano inganni.
Io come un sordo non ascolto
e come un muto non apro la bocca;
sono come un uomo che non sente
e non vuole rispondere [...]
Avevo detto: «Non ridano di me!
Quando il mio piede vacilla,

non si facciano grandi su di me!».
Ecco, io sto per cadere
e ho sempre dinanzi la mia pena.
Ecco, io confesso la mia colpa,
sono in ansia per il mio peccato.
I miei nemici sono vivi e forti,
troppi mi odiano senza motivo:
mi rendono male per bene,
mi accusano perché cerco il bene. (Sal 37(38), 5-9, 11-15, 17-21)
Ho detto: «Vigilerò sulla mia condotta
per non peccare con la mia lingua;
metterò il morso alla mia bocca
finché ho davanti il malvagio».
Ammutolito, in silenzio,
tacevo, ma a nulla serviva,
e più acuta si faceva la mia sofferenza.
Mi ardeva il cuore nel petto;
al ripensarci è divampato il fuoco [...]
Ecco, di pochi palmi hai fatto i miei giorni,
è un nulla per te la durata della mia vita.
Sì, è solo un soffio ogni uomo che vive.
Sì, è come un'ombra l'uomo che passa.
Sì, come un soffio si affanna,
accumula e non sa chi raccolga [...]
Sì, ogni uomo non è che un soffio. (Sal 38(39), 2-4, 6-7, 12)

10. [...] Mi circondano mali senza numero,
le mie colpe mi opprimono e non riesco più a vedere:
sono più dei capelli del mio capo,
il mio cuore viene meno [...]
Siano svergognati e confusi
quanti cercano di togliermi la vita.
Retrocedano, coperti d'infamia,
quanti godono della mia rovina.
Se ne tornino indietro pieni di vergogna

quelli che mi dicono: «Ti sta bene!» [...]
Ma io sono povero e bisognoso. (Sal 39(40), 13, 15-16, 18)
Beato l'uomo che ha cura del debole [...]
I miei nemici mi augurano il male:
«Quando morirà e perirà il suo nome?».
Chi viene a visitarmi dice il falso,
il suo cuore cova cattiveria
e, uscito fuori, sparla.
Tutti insieme, quelli che mi odiano
contro di me tramano malefici,
hanno per me pensieri maligni:
«Lo ha colpito una malattia infernale;
dal letto dove è steso non potrà più rialzarsi».
Anche l'amico in cui confidavo,
che con me divideva il pane,
contro di me alza il suo piede. (Sal 40(41), 1, 6-10)
Le lacrime sono il mio pane
giorno e notte [...]
Perché ti rattristi, anima mia,
perché ti agiti in me? [...]
In me si rattrista l'anima mia [...]
«Perché triste me ne vado,
oppresso dal nemico?» [...]
Perché ti rattristi, anima mia,
perché ti agiti in me? (Sal 41(42), 4, 6, 7, 10, 12)
Il mio disonore mi sta sempre davanti
e la vergogna copre il mio volto,
per la voce di chi insulta e bestemmia
davanti al nemico e al vendicatore [...]
La nostra gola è immersa nella polvere,
il nostro ventre è incollato al suolo. (Sal 43(44), 16-17, 26)
Ascoltate questo, popoli tutti,
porgete l'orecchio, voi tutti abitanti del mondo,
voi, gente del popolo e nobili,

ricchi e poveri insieme.
La mia bocca dice cose sapienti,
il mio cuore medita con discernimento.
Porgerò l'orecchio a un proverbio,
esporrò sulla cetra il mio enigma.
Perché dovrò temere nei giorni del male,
quando mi circonda la malizia
di quelli che mi fanno inciampare?
Essi confidano nella loro forza,
si vantano della loro grande ricchezza.
Certo, l'uomo non può riscattare sé stesso [...]
Troppo caro sarebbe il riscatto di una vita:
non sarà mai sufficiente
per vivere senza fine
e non vedere la fossa.
Vedrai infatti morire i sapienti;
periranno insieme lo stolto e l'insensato
e lasceranno ad altri le loro ricchezze.
Il sepolcro sarà loro eterna dimora,
loro tenda di generazione in generazione:
eppure a terre hanno dato il proprio nome.
Ma nella prosperità l'uomo non dura:
è simile alle bestie che muoiono.
Questa è la via di chi confida in sé stesso,
la fine di chi si compiace dei propri discorsi.
Come pecore sono destinati agli inferi,
sarà loro pastore la morte;
scenderanno a precipizio nel sepolcro,
svanirà di loro ogni traccia,
gli inferi saranno la loro dimora [...]
Non temere se un uomo arricchisce,
se aumenta la gloria della sua casa.
Quando muore, infatti, con sé non porta nulla
né scende con lui la sua gloria.

Anche se da vivo benediceva sé stesso:
«Si congratuleranno, perché ti è andata bene»,
andrà con la generazione dei suoi padri,
che non vedranno mai più la luce.
Nella prosperità l'uomo non comprende,
è simile alle bestie che muoiono. (Sal 48(49), 2-15, 17-21)
Sì, le mie iniquità io le riconosco,
il mio peccato mi sta sempre dinanzi. (Sal 50(51), 5)
Perché ti vanti del male, o prepotente? [...]
Tu escogiti insidie; o artefice d'inganni!
Tu ami il male invece del bene,
la menzogna invece della giustizia.
Tu ami ogni parola che distrugge,
o lingua d'inganno. (Sal 51(52), 3, 4-6)
Sono tutti traviati, tutti corrotti;
non c'è chi agisca bene, neppure uno. (Sal 52(53), 4)

11. [...] Stranieri contro di me sono insorti
e prepotenti insidiano la mia vita. (Sal 53(54), 5)
[...] Mi agito ansioso e sono sconvolto
dalle grida del nemico, dall'oppressione del malvagio.
Mi rovesciano addosso cattiveria
e con ira mi aggrediscono.
Dentro di me si stringe il mio cuore,
piombano su di me terrori di morte.
Mi invadono timore e tremore
e mi ricopre lo sgomento.
Dico: «Chi mi darà ali come di colomba
per volare e trovare riposo?
Ecco, errando, fuggirei lontano,
abiterei nel deserto.
In fretta raggiungerei un riparo
dalla furia del vento, dalla bufera» [...]
Ho visto nella città violenza e discordia:
giorno e notte fanno la ronda sulle sue mura;

in mezzo a essa cattiveria e dolore,
in mezzo a essa insidia,
e non cessano nelle sue piazze sopruso e inganno.
Se mi avesse insultato un nemico,
l'avrei sopportato;
se fosse insorto contro di me un avversario,
da lui mi sarei nascosto.
Ma tu, mio compagno,
mio intimo amico,
legato a me da dolce confidenza! [...]
il male è nelle loro case e nel loro cuore [...]
sono tanti i miei avversari [...]
Ognuno ha steso la mano contro i suoi amici,
violando i suoi patti.
Più untuosa del burro è la sua bocca,
ma nel cuore ha la guerra;
più fluide dell'olio le sue parole,
ma sono pugnali sguainati. (Sal 54(55), 3-9, 10-15, 16, 19, 21-22)

12. [...] Un uomo mi perseguita,
un aggressore tutto il giorno mi opprime.
Tutto il giorno mi perseguitano i miei nemici,
numerosi sono quelli che dall'alto mi combattono [...]
che cosa potrà farmi un essere di carne?
Travisano tutto il giorno le mie parole,
ogni loro progetto su di me è per il male.
Congiurano, tendono insidie,
spiano i miei passi, per attentare alla mia vita [...]
che cosa potrà farmi un uomo? (Sal 55(56), 2-3, 5-7, 12)
In mezzo a leoni devo coricarmi,
infiammati di rabbia contro gli uomini!
I loro denti sono lance e frecce,
la loro lingua è spada affilata [...]
Hanno teso una rete ai miei piedi,
hanno piegato il mio collo,

hanno scavato davanti a me una fossa,
ma dentro vi sono caduti.
Saldo è il mio cuore [...]
Svegliati, mio cuore. (Sal 56(57), 5, 7, 8, 9)
Rendete veramente giustizia, o potenti,
giudicate con equità gli uomini?
No! Voi commettete iniquità con il cuore,
sulla terra le vostre mani soppesano violenza.
Sono traviati i malvagi fin dal seno materno,
sono pervertiti dalla nascita i mentitori.
Sono velenosi come un serpente,
come una vipera sorda che si tura le orecchie,
che non segue la voce degli incantatori,
del mago abile nei sortilegi [...]
Si dissolvano come acqua che scorre,
come erba calpestata inaridiscano. (Sal 57(58), 2-6, 8)
Ecco, insidiano la mia vita,
contro di me congiurano i potenti [...]
Ritornano a sera e ringhiano come cani,
si aggirano per la città.
Eccoli, la bava alla bocca;
le loro labbra sono spade.
Dicono: «Chi ci ascolta?» [...]
Peccato della loro bocca è la parola delle loro labbra;
essi cadono nel laccio del loro orgoglio,
per le bestemmie e le menzogne che pronunciano [...]
Ritornano a sera e ringhiano come cani,
si aggirano per la città;
ecco, vagano in cerca di cibo,
ringhiano se non possono saziarsi. (Sal 58(59), 4, 7-8, 13, 15-16)

13. Chi mi condurrà alla città fortificata? [...]
vana è la salvezza dell'uomo. (Sal 59(60), 11, 13)
Fino a quando vi scaglierete contro un uomo,
per abbatterlo tutti insieme

come un muro cadente,
come un recinto che crolla?
Tramano solo di precipitarlo dall'alto,
godono della menzogna.
Con la bocca benedicono,
nel loro intimo maledicono [...]
Sì, sono un soffio i figli di Adamo,
una menzogna tutti gli uomini:
tutti insieme, posti sulla bilancia,
sono più lievi di un soffio.
Non confidate nella violenza,
non illudetevi della rapina;
alla ricchezza, anche se abbonda,
non attaccate il cuore. (Sal 61(62), 4-5, 10-11)
[...] ai mentitori verrà chiusa la bocca. (Sal 62(63),12)
Affilano la loro lingua come spada,
scagliano come frecce parole amare
per colpire di nascosto l'innocente;
lo colpiscono all'improvviso e non hanno timore.
Si ostinano a fare il male,
progettano di nascondere tranelli;
dicono: «Chi potrà vederli?».
Tramano delitti,
attuano le trame che hanno ordito;
l'intimo dell'uomo e il suo cuore: un abisso! [...]
La loro stessa lingua li manderà in rovina,
chiunque, al vederli, scuoterà la testa. (Sal 63(64), 4-7, 9)

14. Stillano i pascoli del deserto
e le colline si cingono di esultanza.
I prati si coprono di greggi,
le valli si ammantano di messi:
gridano e cantano di gioia! (Sal 64(65), 13-14)
Se nel mio cuore avessi cercato il male [...] (Sal 65(66), 18)
Affondo in un abisso di fango,
non ho nessun sostegno;

sono caduto in acque profonde
e la corrente mi travolge.
Sono sfinito dal gridare,
la mia gola è riarsa [...]
Sono più numerosi dei capelli del mio capo
quelli che mi odiano senza ragione.
Sono potenti quelli che mi vogliono distruggere,
i miei nemici bugiardi:
quanto non ho rubato, dovrei forse restituirlo? [...]
la vergogna mi copre la faccia;
sono diventato un estraneo ai miei fratelli,
uno straniero per i figli di mia madre [...]
Piangevo su di me nel digiuno,
ma sono stato insultato.
Ho indossato come vestito un sacco
e sono diventato per loro oggetto di scherno.
Sparlavano di me quanti sedevano alla porta,
gli ubriachi mi deridevano [...]
che io sia liberato dai miei nemici e dalle acque profonde.
Non mi travolga la corrente,
l'abisso non mi sommerga,
la fossa non chiuda su di me la sua bocca [...]
L'insulto ha spezzato il mio cuore
e mi sento venir meno.
Mi aspettavo compassione, ma invano,
consolatori, ma non ne ho trovati.
Mi hanno messo veleno nel cibo
e quando avevo sete mi hanno dato aceto.
La loro tavola sia per loro una trappola,
un'insidia i loro banchetti.
Si offuschino i loro occhi e più non vedano:
sfibra i loro fianchi per sempre [...]
Io sono povero e sofferente. (Sal 68(69), 3-4, 5, 8J-9, 11-13,
15-16, 21-24, 30)

15. Siano svergognati e confusi
quanti attentano alla mia vita.
Retrocedano, coperti d'infamia,
quanti godono della mia rovina.
Se ne tornino indietro pieni di vergogna
quelli che mi dicono: «Ti sta bene!» [...]
io sono povero e bisognoso. (Sal 69(70), 3-4, 6)
Contro di me parlano i miei nemici,
coloro che mi spiano congiurano insieme [...]
Siano svergognati e annientati quanti mi accusano,
siano coperti di insulti e d'infamia
quanti cercano la mia rovina.
Io, invece, continuo a sperare. (Sal 70(71), 10, 13-14)
Le montagne portino pace al popolo
e le colline giustizia [...]
Abbondi il frumento nel paese,
ondeggi sulle cime dei monti. (Sal 71(72), 3, 16)

16. Ma io per poco non inciampavo,
quasi vacillavano i miei passi,
perché ho invidiato i prepotenti,
vedendo il successo dei malvagi.
Fino alla morte infatti non hanno sofferenze
e ben pasciuto è il loro ventre.
Non si trovano mai nell'affanno dei mortali
e non sono colpiti come gli altri uomini.
Dell'orgoglio si fanno una collana
e indossano come abito la violenza.
I loro occhi sporgono dal grasso,
dal loro cuore escono follie.
Scherniscono e parlano con malizia,
parlano dall'alto con prepotenza.
Aprono la loro bocca fino al cielo
e la loro lingua percorre la terra [...]
Ecco, così sono i malvagi:

sempre al sicuro, ammassano ricchezze.
Invano dunque ho conservato puro il mio cuore,
e ho lavato nell'innocenza le mie mani!
Perché sono colpito tutto il giorno
e fin dal mattino sono castigato? [...]
Riflettevo per comprendere questo
ma fu una fatica ai miei occhi [...]
Quando era amareggiato il mio cuore
e i miei reni trafitti dal dolore,
io ero insensato e non capivo [...]
Vengono meno la mia carne e il mio cuore. (Sal 72(73), 2-9, 12-14, 16, 21-22, 26)

17. [...] Gli angoli della terra sono covi di violenza.
L'oppresso non ritorni confuso. (Sal 73(74), 20-21)
[...] sono turbato e incapace di parlare.
Ripenso ai giorni passati,
ricordo gli anni lontani.
Un canto nella notte mi ritorna nel cuore:
medito e il mio spirito si va interrogando. (Sal 76(77), 5-7)
[...] generazione ribelle e ostinata,
generazione dal cuore incostante [...]
voltarono le spalle nel giorno della battaglia. (Sal 77(78), 8, 9)
Siamo divenuti il disprezzo dei nostri vicini,
lo scherno e la derisione di chi ci sta intorno. (Sal 78(79), 4)
«Fino a quando emetterete sentenze ingiuste
e sosterrete la parte dei malvagi?
Difendete il debole e l'orfano,
al povero e al misero fate giustizia!
Salvate il debole e l'indigente,
liberatelo dalla mano dei malvagi!»
Non capiscono, non vogliono intendere,
camminano nelle tenebre;
vacillano tutte le fondamenta della terra.
«[...] ma certo morirete come ogni uomo,
cadrete come tutti i potenti.» (Sal 81(82), 2-4, 5, 7)

18. Anche il passero trova una casa
e la rondine il nido
dove porre i suoi piccoli [...]
Passando per la valle del pianto
la cambia in una sorgente [...]
Cresce lungo il cammino il suo vigore. (Sal 83(84), 4, 7-8)
Amore e verità s'incontreranno,
giustizia e pace si baceranno. (Sal 84(85), 11)
Io sono sazio di sventure,
la mia vita è sull'orlo degli inferi.
Sono annoverato fra quelli che scendono nella fossa,
sono come un uomo ormai senza forze [...]
Sono prigioniero senza scampo,
si consumano i miei occhi nel patire [...]
Sin dall'infanzia sono povero e vicino alla morte. (Sal 87(88), 4-5, 9-10, 16)

19. [...] consumiamo i nostri anni come un soffio.
Gli anni della nostra vita sono settanta,
ottanta per i più robusti,
e il loro agitarsi è fatica e delusione;
passano presto e noi voliamo via. (Sal 89(90), 9-10)
Non temerai il terrore della notte
né la freccia che vola di giorno,
la peste che vaga nelle tenebre,
lo sterminio che devasta a mezzogiorno.
Mille cadranno al tuo fianco
e diecimila alla tua destra,
ma nulla ti potrà colpire.
Basterà che tu apra gli occhi
e vedrai la ricompensa dei malvagi! (Sal 90(91), 5-8)
[...] fino a quando i malvagi trionferanno?
Sparleranno, diranno insolenze,
si vanteranno tutti i malfattori? [...]
Intendete, ignoranti del popolo:

stolti, quando diventerete saggi? [...]
Chi sorgerà per me contro i malvagi?
Chi si alzerà con me contro i malfattori? (Sal 93(94), 3-4, 8, 16)
Risuoni il mare e quanto racchiude,
il mondo e i suoi abitanti.
I fiumi battano le mani,
esultino insieme le montagne. (Sal 97(98), 7-8)
Non sopporterò davanti ai miei occhi azioni malvagie,
detesto chi compie delitti: non mi starà vicino.
Lontano da me il cuore perverso,
il malvagio non lo voglio conoscere [...]
Chi ha occhio altero e cuore superbo
non lo potrò sopportare [...]
Chi dice menzogne
non starà alla mia presenza. (Sal 100(101), 3-4, 5, 7)

20. Svaniscono in fumo i miei giorni
e come brace ardono le mie ossa.
Falciato come erba, inaridisce il mio cuore;
dimentico di mangiare il mio pane.
A forza di gridare il mio lamento
mi si attacca la pelle alle ossa.
Sono come la civetta del deserto,
sono come il gufo delle rovine.
Resto a vegliare:
sono come un passero
solitario sopra il tetto.
Tutto il giorno mi insultano i miei nemici,
furenti imprecano contro di me.
Cenere mangio come fosse pane,
alla mia bevanda mescolo il pianto [...]
I miei giorni declinano come ombra
e io come erba inaridisco. (Sal 101(102), 4-10, 12)
L'uomo: come l'erba sono i suoi giorni!
Come un fiore di campo, così egli fiorisce.

Se un vento lo investe, non è più,
né più lo riconosce la sua dimora. (Sal 102(103), 15-16)

21. [...] vino che allieta il cuore dell'uomo,
olio che fa brillare il suo volto
e pane che sostiene il suo cuore [...]
Allora l'uomo esce per il suo lavoro,
per la sua fatica fino a sera [...]
Ecco il mare spazioso e vasto:
là rettili e pesci senza numero,
animali piccoli e grandi. (Sal 103(104), 15, 23, 25)
Beati coloro che osservano il diritto
e agiscono con giustizia in ogni tempo [...]
Abbiamo peccato con i nostri padri,
delitti e malvagità abbiamo commesso. (Sal 105(106) 3, 6)
Alcuni vagavano nel deserto su strade perdute,
senza trovare una città in cui abitare.
Erano affamati e assetati,
veniva meno la loro vita [...]
stolti per la loro condotta ribelle,
soffrivano per le loro colpe;
rifiutavano ogni sorta di cibo
e già toccavano le soglie della morte [...]
Ondeggiavano e barcollavano come ubriachi:
tutta la loro abilità era svanita [...]
La tempesta fu ridotta al silenzio,
tacquero le onde del mare. (Sal 106(107), 4-5, 17-18, 27, 29)

22. Saldo è il mio cuore [...]
Chi mi condurrà alla città fortificata [...]? (Sal 107(108), 2, 11)
Contro di me si sono aperte
la bocca malvagia e la bocca ingannatrice,
e mi parlano con lingua bugiarda.
Parole di odio mi circondano,
mi aggrediscono senza motivo.
In cambio del mio amore mi muovono accuse,

io invece sono in preghiera.
Mi rendono male per bene
e odio in cambio del mio amore [...]
Si è avvolto di maledizione come di una veste:
è penetrata come acqua nel suo intimo
e come olio nelle sue ossa. (Sal 108(109), 2-5, 18)

23. Io sono povero e misero,
dentro di me il mio cuore è ferito.
Come ombra che declina me ne vado,
scacciato via come una locusta.
Le mie ginocchia vacillano per il digiuno,
scarno è il mio corpo e dimagrito.
Sono diventato per loro oggetto di scherno:
quando mi vedono, scuotono il capo. (Sal 108(109), 22-25)
Lungo il cammino si disseta al torrente,
perciò solleva alta la testa. (Sal 109(110),7)
Felice l'uomo pietoso che dà in prestito,
amministra i suoi beni con giustizia.
Egli non vacillerà in eterno:
eterno sarà il ricordo del giusto.
Cattive notizie non avrà da temere,
saldo è il suo cuore [...]
Sicuro è il suo cuore, non teme,
finché non vedrà la rovina dei suoi nemici.
Egli dona largamente ai poveri,
la sua giustizia rimane per sempre,
la sua fronte s'innalza nella gloria. (Sal 111(112), 5-9)

24. Mi stringevano funi di morte,
ero preso nei lacci degli inferi,
ero preso da tristezza e angoscia. (Sal 114(116),B3)
Ho detto con sgomento:
«Ogni uomo è bugiardo». (Sal 115(116), 11)
La pietra scartata dai costruttori
è divenuta la pietra d'angolo. (Sal 117(118), 22)

Forestiero sono qui sulla terra [...]
La mia vita è incollata alla polvere [...]
Io piango lacrime di tristezza [...]
Gli orgogliosi mi insultano aspramente [...]
Mi ha invaso il furore contro i malvagi [...]
I lacci dei malvagi mi hanno avvolto
Prima di essere umiliato andavo errando [...]
Gli orgogliosi mi hanno coperto di menzogne [...]
Si vergognino gli orgogliosi che mi opprimono con menzogne [...]
Io sono come un otre esposto al fumo [...]
Mi hanno scavato fosse gli orgogliosi [...]
Per poco non mi hanno fatto sparire dalla terra [...]
I malvagi sperano di rovinarmi [...]
Di ogni cosa perfetta ho visto il confine [...]
Tengo lontani i miei piedi da ogni cattivo sentiero [...]
La mia vita è sempre in pericolo [...]
Allontanatevi da me, o malvagi [...]
Ho agito secondo giudizio e giustizia [...]
non mi opprimano gli orgogliosi [...]
Io sono piccolo e disprezzato [...]
Angoscia e affanno mi hanno colto [...]
Molti mi perseguitano e mi affliggono [...]
I potenti mi perseguitano senza motivo [...]
Odio la menzogna e la detesto [...]
Mi sono perso come pecora smarrita. (Sal 118(119), 19, 25, 28, 51, 53, 61, 67, 69, 78, 83, 85, 87, 95-96, 101, 109, 115, 121-122, 141, 143, 157, 161, 163, 176)

25. Troppo tempo ho abitato
con chi detesta la pace.
Io sono per la pace,
ma essi, appena parlo,
sono per la guerra. (Sal 119(120), 6-7)

26. Alzo gli occhi verso i monti:
da dove mi verrà l'aiuto? (Sal 120(121), 1)

Per i miei fratelli e i miei amici
io dirò: «Su te sia pace!». (Sal 121(122), 8)
Siamo già troppo sazi di disprezzo,
troppo sazi noi siamo dello scherno dei gaudenti,
del disprezzo dei superbi. (Sal 122(123), 3-4)
Allora la nostra bocca si riempì di sorriso,
la nostra lingua di gioia [...]
eravamo pieni di gioia.
Chi semina nelle lacrime
mieterà nella gioia.
Nell'andare, se ne va piangendo,
portando la semente da gettare,
ma nel tornare, viene con gioia,
portando i suoi covoni (Sal 125(126), 2, 3, 5-6)

27. Come frecce in mano a un guerriero
sono i figli avuti in giovinezza.
Beato l'uomo che ne ha piena la faretra. (Sal 126(127), 4-5)
Della fatica delle tue mani ti nutrirai,
sarai felice e avrai ogni bene.
La tua sposa come vite feconda
nell'intimità della tua casa;
i tuoi figli come virgulti d'ulivo
intorno alla tua mensa [...]
Possa tu vedere i figli dei tuoi figli! (Sal 127(128), 2-3, 6)
Quanto mi hanno perseguitato fin dalla giovinezza,
ma su di me non hanno prevalso! (Sal 128(129), 2)

28. [...] Non si esalta il mio cuore
né i miei occhi guardano in alto;
non vado cercando cose grandi
né meraviglie più alte di me.
Io invece resto quieto e sereno:
come un bimbo svezzato in braccio a sua madre,
come un bimbo svezzato è in me l'anima mia. (Sal 130(131), 1-2)

29. Ecco, com'è bello e com'è dolce
che i fratelli vivano insieme! (Sal 132(133), 1)
Lungo i fiumi di Babilonia,
là sedevamo e piangevamo
ricordandoci di Sion.
Ai salici di quella terra
appendemmo le nostre cetre,
perché là ci chiedevano parole di canto
coloro che ci avevano deportato,
allegre canzoni, i nostri oppressori:
«Cantateci canti di Sion!». (Sal 136(137), 1-3)
[...] quelli che tramano cose malvagie nel cuore
e ogni giorno scatenano guerre.
Aguzzano la lingua come serpenti,
veleno di vipera è sotto le loro labbra [...]
essi tramano per farmi cadere.
I superbi hanno nascosto lacci e funi,
hanno teso una rete sul mio sentiero
e contro di me hanno preparato agguati [...]
L'uomo maldicente non duri sulla terra,
il male insegua l'uomo violento fino alla rovina. (Sal 139(140), 3-4, 5-6, 12)

30. Mi percuota il giusto e il fedele mi corregga,
l'olio del malvagio non profumi la mia testa,
tra le loro malvagità continui la mia preghiera [...]
I malvagi cadano insieme nelle loro reti,
mentre io, incolume, passerò oltre. (Sal 140(141), 5, 10)
[...] sul sentiero dove cammino
mi hanno teso un laccio.
Guarda a destra e vedi:
nessuno mi riconosce.
Non c'è per me via di scampo,
nessuno ha cura della mia vita. (Sal 141(142), 4-5)

Il nemico mi perseguita,
calpesta a terra la mia vita;
mi ha fatto abitare in luoghi tenebrosi
come i morti da gran tempo.
In me viene meno il respiro,
dentro di me si raggela il mio cuore. (Sal 142(143), 3-4)

31. L'uomo è come un soffio,
i suoi giorni come ombra che passa [...]
I nostri figli siano come piante,
cresciute bene fin dalla loro giovinezza;
le nostre figlie come colonne d'angolo,
scolpite per adornare un palazzo.
I nostri granai siano pieni,
traboccanti di frutti d'ogni specie.
Siano a migliaia le nostre greggi,
a miriadi nelle nostre campagne;
siano carichi i nostri buoi.
Nessuna breccia, nessuna fuga,
nessun gemito nelle nostre piazze.
Beato il popolo che possiede questi beni. (Sal 143(144), 4, 12-15)
Non confidate nei potenti,
in un uomo che non può salvare.
Esala lo spirito e ritorna alla terra:
in quel giorno svaniscono tutti i suoi disegni. (Sal 145(146), 3-4)

Novembre: *Il libro dei Proverbi*

Il significato della parola «proverbio» deriva da *pro* e *verbum*. Si tratta di un breve detto, che esprime in modo incisivo un pensiero, che ha il senso di insegnare a vivere. E vale per tutti, indipendentemente dalla posizione sociale, dal genere. Sembra una maniera sbrigativa, ma esprime in realtà una lunga esperienza e più che al sapere, riporta al buon senso. L'intendimento è quello di insegnare e aiutare. La contrapposizione che domina è tra il «saggio» e lo «stolto», non inteso in senso morale, ma come visione contrapposta del mondo. Certamente, trattandosi di uno dei libri della Bibbia si avverte l'ombra della trascendenza, di un Dio che è anche Creatore e quindi conosce bene che il saggio interpreta la vita nel suo vero significato, mentre lo stolto guarda l'immediato, ciò che gli appare pieno di senso per la terra, senza guardare al futuro.

Si tratta di una sapienza stringata, sbrigativa, ma incisa nella roccia che si mostra, osservando la natura, come qualcosa di stabile, di immutabile o quantomeno di resistente. Il proverbio non è una lezione, è una affermazione che non ha bisogno dell'autorità. Tant'è che i proverbi non sono riferiti a Dio, hanno proprio la dimensione umana. Per questo anche lo stile è semplice e il linguaggio popolare. La sua forza sta proprio nel *verbum*, la parola che vale per tutti. Non si toccano principi astratti ma le condizioni esistenziali. Si potrebbe dire che i proverbi riguardano il quotidiano. C'è quello che insegna come alimentarsi e si riferisce al bere, al vino. Dà l'immagine di chi è un amico. Un quotidiano che pesca comunque all'interno dei grandi principi della saggezza, della sapienza, e non di ciò che appare in superficie. Si potrebbe pertanto dire che rappresentano regole minime, che si riflettono nell'uomo come fossero «iscritti» dentro la carne. Non vi è dubbio che il libro risente della cultura del tempo, e della storia di un popolo che risulta scelto da Dio. Ma, con poche eccezioni, sono di una straordinaria attualità.

La scelta all'interno di un libro sacro, suona come un arbitrio poiché ogni versetto va riferito al contesto. Due temi in modo deliberato non ho riportato: la visione della donna e l'uso della frusta come segno del potere paterno nell'educazione. Il libro è costituito da trentuno capitoli.[44]

1. Figlio mio, ascolta i consigli di tuo padre,
e non disprezzare gli insegnamenti di tua madre [...]
Figlio mio, se la gente perversa,
vuol trascinarti al male, tu non andare!
Se ti dicono: «Vieni con noi,
appostiamoci per assalire l'onesto,
tendiamo insidie all'innocente [...]
Troveremo abbastanza
d'ogni cosa pregiata, di beni preziosi
e ne riempiremo le nostre dimore» [...]
Figlio mio, non seguirli sulla loro via,
allontana i tuoi passi da quel cammino,
perché i loro piedi sono pronti al male [...]
La sapienza grida per le vie,
sulle pubbliche piazze leva la voce [...]

[44] Abbiamo fatto riferimento alla Sacra Bibbia delle Edizioni Paoline, Roma 1964.

fino a quando o superficiali amerete le sciocchezze,
i beffardi si diletteranno dello scherno
e gli stolti sdegneranno la sapienza?
Date ascolto alle mie esortazioni
Io effonderò su di voi il mio spirito
per farvi conoscere la mia dottrina [...]
Quanti disprezzeranno la mia sapienza
e non vollero saperne del timore di Dio,
né si curarono dei miei consigli [...]
mangeranno i frutti dei loro errori
e saranno saziati dai vani progetti [...]
Ma chi ascolta vivrà nella pace
e sicuro, senza temere la sventura.

2. Figlio mio, se tu accoglierai le mie parole,
e custodirai dentro di te i miei principi,
tendendo il tuo orecchio alla sapienza,
e aprendo il cuore alla prudenza;
se ti sforzi di penetrarla con l'intelletto e di conoscerla [...]
Allora comprenderai il timore del Signore
e giungerai a conoscere Iddio
e il Signore ti darà la sapienza [...]
Allora capirai che cosa significhi la giustizia e la probità,
la rettitudine e ogni via che conduce al bene.
Quando la sapienza entrerà nel tuo cuore
allora la prudenza veglierà su di te
e ti farà da guardia la discrezione,
per tenerti lontano dalle vie del male,
dall'uomo che nutre perversi disegni,
da quanti, abbandonati i retti sentieri,
corrono per vie tenebrose.
Essi provano piacere nel fare il male
e gioiscono nella perversità [...]
Così camminerai sulla via dei buoni
e seguirai le orme dei giusti;

poiché i retti di cuore abiteranno la terra
e gli uomini integri riavranno la loro dimora;
ma i malvagi saranno sradicati da quella,
e gli empi ne verranno scacciati.

3. Figlio mio, non sdegnare che Dio ti ammonisca,
né ti rincresca la Sua correzione,
perché il Signore corregge chi ama,
come un padre agisce con il figlio più caro.
Felice l'uomo che ha trovato la Sapienza,
colui che ha acquistato la conoscenza;
perché l'averla raggiunta
è ben più che guadagnar dell'argento,
e l'averla trovata vale più che acquistare dell'oro [...]
Figlio mio, conserva i consigli e la prudenza [...]
Allora andrai sicuro per la tua strada,
il tuo piede non inciamperà.
Non negare un beneficio a chi lo chiede,
quando sei in grado di farlo [...]
Non tramare alcun male contro il tuo prossimo,
mentre egli vive in piena fiducia con te [...]
Non questionare con nessuno senza motivo,
quando altri non ti fa nulla di male.
Non invidiare il trionfo del prepotente,
né seguire alcune delle sue vie,
perché i perversi sono l'abominio di Dio,
mentre i giusti sono suoi confidenti [...]
La benedizione di Dio
riposa sulla dimora dell'uomo.
Della gente beffarda egli si beffa,
agli umili invece concede le grazie.
La gloria è parte dei saggi,
e l'ignominia la sorte degli stolti.

4. Principio di saggezza: credi alla sua necessità
a costo di quanto possiedi procura di acquistarlo.

Tienila in grande stima, ed ella ti esalterà,
sarà il tuo onore, se la abbraccerai.
Ti porrà in capo un diadema di grazia,
e ti cingerà d'una corona di gloria [...]
Non seguire la strada degli empi
né tenere la vita dei malvagi.
Evitala, non ci andare,
allontanatene e passa oltre.
Ché quelli non vanno a dormire contenti,
se non hanno fatto del male,
non prendono sonno,
se non hanno abbattuto qualcuno;
mangiano il pane del loro delitto,
e bevono il vino della violenza.
La via dei giusti è come la luce dell'alba,
che va crescendo fino a giorno perfetto;
il cammino degli empi è come il buio;
essi non sanno in che cosa si imbattono [...]
Più di tutto veglia sul tuo cuore,
perché da quello sgorga la vita.
Preserva la tua bocca da ogni menzogna,
e bandisci ogni inganno dalle tue labbra [...]
Misura dove metti i piedi,
e siano sicure tutte le tue vie.
Non deviare né a destra né a sinistra,
ma tieni i tuoi passi lontani dal male.

5. Miele stilla le labbra della donna perduta,
e più carezzevole dell'olio è la sua parola;
ma poi ti diventa più amara dell'assenzio,
e come spada a doppio taglio ferisce.
I suoi piedi vanno verso la morte,
i suoi passi son diretti al sepolcro.
Invece di camminare nella via della vita,
va errando incerta e non sa dove giunga [...]

Lungi da lei stiano i tuoi passi,
né ti avvicinare alla porta di casa sua [...]
Bevi l'acqua della tua cisterna,
è quella che sgorga dal pozzo, ch'è tuo.
Devono forse spandersi fuori le tue fonti
e per le pubbliche piazze i tuoi rivi? [...]
Sia benedetta la tua sorgente!
Trova la gioia nella donna della tua giovinezza!
Amabile cerva e graziosa gazzella,
che in ogni tempo ti affascina il suo incanto
e sempre ti inebriano i suoi casti amori!
Perché perderti dietro un'estranea
e stringerti al cuore una sconosciuta?
Dio osserva la condotta dell'uomo,
e sorveglia tutti i suoi passi.
L'empio rimane prigioniero delle sue stesse colpe,
ed è preso al laccio dei suoi peccati.
Egli morirà per mancanza di disciplina,
e perirà per la sua grande insipienza.

6. Va' a vedere la formica, o pigro!
mira quello che fa e diventa saggio [...]
Il birbone, l'uomo perverso, cammina,
ha la scaltrezza sulle labbra, ammicca con gli occhi,
parla con i piedi, fa segni con le dita;
mentre nel cuore cova cattivi disegni,
e di continuo suscita discordie.
Per questo improvvisa piomberà su di lui la rovina,
e subitanea sarà la sua caduta senza rimedio [...]
Per preservarti da donna legata a marito,
e dalle lusinghe di quella perduta,
non si accenda il tuo cuore alla sua bellezza,
nel lasciarti sedurre dai suoi carezzevoli sguardi [...]
È mai possibile mettersi il fuoco in grembo
e non bruciarsi le vesti?

Tal è colui che vuol godere la donna del prossimo:
chiunque la tocca non rimarrà senza danno [...]
Non raccoglierà che battiture e infamia,
la sua vergogna non sarà mai cancellata;
perché la gelosia accende il furore nel cuore del marito
e non perdonerà nel dì della vendetta.

7. Ama quale unica tua la sua conoscenza,
per preservarti dalla donna estranea,
dalla sconosciuta che ha dolci parole [...]
Al crepuscolo sul tramonto del giorno,
sul far della notte nell'oscurità,
ecco gli va incontro una donna
dall'aspetto di sgualdrina, con intenti cattivi [...]
È persona audace e provocante,
non sa tenere i piedi in terra.
Ecco, lo prende e lo bacia [...]
«Vieni, inebriamoci di amore fino all'aurora,
e godiamoci le delizie del piacere!
Mio marito non è a casa,
è partito per un lungo viaggio:
ha preso con sé molto denaro,
non tornerà che alla luna piena.»
Col moltiplicar le parole, essa lo seduce,
con le sue lusinghe lo trascina,
ed egli turbato, la segue,
come un bue condotto al macello,
come cervo caduto nel laccio,
finché una saetta gli penetra il fegato,
come un uccello che si getta nella rete,
e non sa che vi perde la vita.
Or dunque, figlio mio, ascolta,
non sviare il tuo cuore dietro tal donna,
né ti smarrire per i suoi sentieri,
perché molti sono stati trafitti da lei

e numerose sono le vittime sue.
La sua casa è la via del sepolcro
e la discesa verso il soggiorno dei morti.

8. O inesperti imparate la prudenza,
e voi insensati, diventate ragionevoli.
Io, la sapienza, abito con la prudenza,
e possiedo la scienza più perfetta.
Il timor di Dio e l'odio del male.
Perciò detesto la superbia e l'arroganza
la mala condotta e la bocca perversa [...]
Mie sono l'intelligenza e la forza [...]
Io amo quelli che amano me,
e chi mi cerca con cura, mi troverà.
Stanno con me benessere e gloria,
ricchezze stabili e giustizia [...]
Io cammino nelle vie della giustizia
per i sentieri dell'equità;
largisco i miei beni a quelli che mi amano
e riempio i loro tesori [...]
Da tutta l'eternità io fui costituita
in principio prima dell'origine della terra.
Quando l'abisso ancor non esisteva, io fui concepita,
quando ancor non zampillavano le fonti.
Quando stabiliva i cieli, io ero presente,
quando tracciava un cerchio sulla faccia dell'abisso [...]
Felice l'uomo che mi dà ascolto,
e veglia alle mie porte ogni giorno,
vigilando alla soglia di casa mia!
Chi ha trovato me ha trovato la vita,
e ottiene il favore del Signore;
chi invece mi offende, ferisce sé stesso,
e chiunque odia me ha scelto la morte.

9. La sapienza si è costruita la casa,
vi ha drizzato le sue sette colonne,

ha ucciso i suoi animali ingrassati,
tiene pronto il suo vino,
ha imbandito la sua mensa.
Poi ha inviato le sue ancelle a rivolgere,
dai punti più alti della città questo invito:
«Chi è semplice entri qui»,
a quelli ancora inesperti dico:
«Venite, mangiate il mio pane,
bevete il mio vino che ho preparato per voi.
Lasciate le fanciullaggini e vivrete.
Camminate rettamente
per la via della conoscenza di Dio».
Chi ammonisce il decisore se ne attira lo scherno,
e chi rimprovera l'empio se ne guadagna l'insulto.
Non riprendete l'arrogante, ti prenderà in avversione;
correggi il savio e ti amerà.
Dà consigli al savio e lo diverrà ancor più,
istruisci il giusto e crescerà nel sapere.
Fondamento della sapienza è il timor di Dio
e conoscere il Signore è l'intelligenza.
Per mezzo mio si moltiplicano i tuoi giorni
e crescono i tuoi anni di vita.
Se tu sei savio è tutto al tuo vantaggio,
se sei decisore tu solo ne subirai la pena.

10. Chi agisce in schiettezza cammina sicuro,
ma chi sceglie vie storte è presto scoperto.
Chi non corregge per debolezza danneggia;
chi riprende con franchezza dona tranquillità.
Le parole del giusto sono fonte di vita,
ma la bocca dell'empio è sorgente di ingiustizia.
L'odio suscita contese,
la carità invece copre ogni fallo.
Sulle labbra del savio trovi la sapienza
sulla schiena dello stolto trovi il bastone [...]

Chi accetta la correzione è sulla via della vita;
chi disprezza l'ammonimento va fuori strada [...]
Le labbra sincere spengono l'odio
ma chi diffonde calunnie è uno stolto.
Chi parla molto, non va immune da falli;
è quindi prudente chi frena la lingua [...]
Lo stolto prova piacere nell'abbandonarsi al peccato,
come il saggio gusta la gioia nel coltivar la sapienza.
All'empio accadrà quello che teme,
il giusto otterrà quello che desidera [...]
L'attesa dei giusti termina nella gioia,
ma la speme degli empi finisce in delusione.
Il giusto non vacillerà mai,
gli empi invece non dureranno a lungo sulla terra [...]
La bocca dell'empio spande cose perverse.

11. Dietro la superbia arriva l'umiliazione,
con gli umili invece sta la sapienza.
I giusti son guidati dalla loro integrità
e i perfidi vanno in rovina per la loro malizia [...]
La benedizione degli onesti edifica la città,
ma la bocca dei malvagi la demolisce.
Chi è poco saggio, disprezza il suo prossimo,
ma l'uomo prudente sa tacere.
Il chiacchierone svela i segreti,
ma l'uomo fidato li tiene celati [...]
L'uomo generoso fa del bene a sé stesso,
il duro di cuore strazia la propria carne,
l'empio fa guadagni fallaci,
ma chi semina la giustizia ha una mercede sicura [...]
Il malvagio, o presto o tardi, non rimarrà impunito.
Ma la posterità dei giusti sarà benedetta [...]
la persona benefica prospera,
e chi largheggia con larghezza riceve [...]
Chi confida nelle proprie ricchezze cadrà

ma i giusti verdeggeranno con rami frondosi.
Chi mette la discordia in casa sua,
erediterà il vento [...]
il frutto della giustizia è albero di vita,
e saggio è colui che si conquista i cuori.
Se il giusto riceve qui in terra la sua punizione,
quanto più l'empio e il peccatore!

12. Chi ama la disciplina, ama la scienza [...]
L'uomo è stimato secondo la sua prudenza,
ma la persona sleale cadrà nel disprezzo.
Un uomo comune che basti a sé stesso,
val più di un borioso che manca di pane.
Il giusto pensa pure ai bisogni del suo bestiame,
ma le viscere dei malvagi sono crudeli.
Chi coltiva il suo terreno con cura avrà pane in abbondanza,
ma chi si perde in inutili ciarle è uno stolto [...]
Coi savi discorsi della bocca l'uomo si nutre di bene,
ma ciascuno sarà retribuito secondo l'opera delle sue mani.
Lo stolto giudica buona la sua condotta,
il savio invece ascolta le correzioni.
Lo stolto manifesta subito la sua collera,
l'uomo accorto dissimula l'offesa.
Dire la verità è proclamare ciò che è giusto,
ma testimoniare il falso è menzogna [...]
Il giusto non si turba per eventi funesti,
gli empi invece son pieni d'affanno [...]
L'uomo prudente non vanta il suo sapere,
il cuore degli stolti propaga le sue sciocchezze [...]
L'angoscia deprime il cuore dell'uomo,
mentre una buona parola lo riconforta [...]
La miglior ricchezza dell'uomo è la diligenza.

13. Un figlio savio ama sentirsi correggere,
il fatuo invece sprezza l'ammonizione [...]
Il desiderio degli operosi sarà saziato,

il giusto detesta la parola menzognera,
ma l'empio semina calunnie e disonore [...]
Vi è chi prende la posa del ricco e non ha niente,
vi è chi fa il povero eppur possiede grandi ricchezze [...]
La luce dei giusti brilla gioiosa,
la stella dei malvagi declina e tramonta.
L'orgoglioso non suscita che contese
ma la sapienza sta con gli umili.
Ricchezza acquistata alla svelta svanisce,
ammassata a poco a poco si accresce.
Speranza differita fa languire il cuore,
desiderio soddisfatto ridona la vita [...]
L'uomo accorto agisce con riflessione,
lo stolto fa sfoggio della sua insipienza.
Un cattivo messaggero provoca sciagura,
l'inviato fedele porta la pace [...]
Va' coi saggi, diverrai saggio,
chi frequenta gli stolti, diventa lor pari [...]
L'uomo dabbene lascia l'eredità ai suoi discendenti,
e la ricchezza del peccatore passa nelle mani del giusto.
Abbondanti frutti dà il podere dissodato dai poveri;
e altri, sebbene ricchi, per la propria ingiustizia periscono.

14. Un teste sincero afferma il vero,
quello falso proferisce menzogna.
Il superbo cerca la sapienza, ma non la trova,
invece la scienza è facile per chi è prudente.
Stai lontano dall'uomo stolto,
in lui non troverai sapienti discorsi.
La scienza del saggio sta nel conoscere la propria via,
la follia degli stolti consiste nell'essere ingannati [...]
L'inesperto crede a quanto si dice,
ma il prudente bada ai suoi passi.
Il saggio conosce la forza del male e lo schiva,
lo stolto ci si lancia dentro e si crede sicuro.

La persona irosa commette sciocchezze,
ma l'uomo riflessivo sa essere paziente.
Gli stolti si fan belli della loro follia,
i prudenti s'adornano di una corona di scienza [...]
Chi è longanime dimostra gran senno,
chi è pronto alla collera fa molte pazzie.
Un animo calmo è la vita del corpo,
ma la passione è carie delle ossa!
Chi opprime il povero offende il Creatore,
chi ha pietà del mendico onora Dio [...]
La giustizia rende un popolo grande,
il vizio lo conduce alla decadenza.

15. Una risposta dolce placa l'ira,
una parola pungente eccita la collera
La lingua dei savi sparge dottrina,
la bocca degli stolti erutta spropositi [...]
Il linguaggio mite è sorgente di bene,
l'asprezza di parola è ferita al cuore.
Lo stolto disprezza la correzione del padre,
ma chi tiene conto degli ammonimenti opera da saggio.
In casa del giusto c'è grande abbondanza,
nei guadagni dell'empio, si prepara il dissesto.
Le labbra dei saggi diffondono scienza;
non così è del cuor degli stolti [...]
Meglio avere poco e goderlo nel timor di Dio,
che possedere un gran tesoro nell'inquietudine.
Meglio un piatto di verdure condito d'affetto,
che un bue grasso con contorno di odio.
L'uomo iracondo suscita liti,
il mansueto pacifica le contese.
Il cammino del pigro è cosparso di spine,
la vita dei laboriosi è una strada spaziosa.
Un figlio savio è la gioia del padre,
un figlio stolto fa vergogna alla madre.

La stoltezza piace a chi è privo di senno,
ma l'uomo sapiente segue deciso la sua via.
I progetti scelti senza discussione falliscono.

16. Acquistar la sapienza è meglio che possedere dell'oro,
ottener la conoscenza di Dio è ben più che aver dell'argento.
La via dei giusti è schivare il male,
chi veglia sulla propria condotta si conserva la vita.
L'orgoglio è nunzio di non lontana rovina,
l'alterigia fa presagir la caduta.
Meglio essere umile coi piccoli,
che dividere la preda coi superbi.
Chi considera la parola ne avrà bene,
e felice si confida nel Signore.
Un animo savio è proclamato intelligente,
e soavità di linguaggio rende più efficace la dottrina.
Sorgente di vita è la saggezza per chi la possiede,
castigo degli stolti è la loro stoltezza [...]
L'uomo iniquo si scava la fossa,
e sulle sue labbra vi è come una fiamma di fuoco.
L'uomo perverso semina dovunque litigi,
e il delatore getta discordia tra gli amici.
Il violento seduce il prossimo,
e lo trascina per vie non buone.
Chi tien gli occhi fissi, macchina inganni;
chi preme le labbra ha già commesso il male.
Gloriosa corona è la veneranda canizie.

17. Meglio un boccone di pan secco mangiato in pace,
che una casa piena di carni sacrificate e di contese [...]
Il cattivo dà retta alle labbra che sparlano,
e il bugiardo presta orecchio alla lingua maligna.
Chi deride un povero insulta il Creatore,
e chi gode del male altrui non rimarrà impunito [...]
L'allegria del cuore è medicina del corpo,
lo spirito afflitto secca le ossa.

Il giudice corrotto accetta regali sotto il mantello
per mutare il corso della giustizia.
Il saggio tiene i suoi occhi rivolti alla sapienza,
ma lo sguardo dello stolto vaga fino alle estremità della terra [...]
Non è già bene imporre un'ammenda a chi ha ragione,
ma più inganno ancora è colpire gli onesti contro giustizia.
Chi misura le sue parole possiede la scienza,
ed è uomo giudizioso chi è calmo di spirito.
Anche uno stolto, se tace, passa per saggio,
ed è creduto intelligente, se tiene chiuse le labbra.

18. Chi vive isolato segue i suoi gusti,
e si irrita contro ogni consiglio.
Lo sciocco non ama riflettere,
gli basta propagare le sue follie.
Dietro l'empietà arriva pure il disprezzo,
e col disonore si accompagna la vergogna [...]
Chi è negligente nel suo lavoro
è fratello del dissipatore [...]
Il cuore dell'uomo prima si insuperbisce e poi cade,
ma alla umiliazione, segue la gloria.
Chi risponde prima di aver capito,
manifesta stoltezza a propria confusione.
Uno spirito forte sostiene l'uomo nelle sue attenzioni,
ma uno spirito abbattuto chi lo sosterrà?
La mente retta desidera la conoscenza,
e l'orecchio dei saggi cerca la scienza.
Il regalo vi apre tutte le porte,
e vi introduce alla presenza dei grandi [...]
L'uomo si nutre dei frutti di sua bocca,
e dei prodotti delle sue labbra si sazia.
Morte e vita sono il potere della lingua:
quale uso ne fai, tale frutto ne cogli.
Chi trova una donna buona, ha trovato la fortuna,
ha ottenuto un gran dono da Dio.
Il povero parla supplicando,

il ricco risponde con durezza.
Ci sono amici che servono per compagnia
mentre altri vi amano più di un fratello.

19. La stoltezza dell'uomo gli attira sventura,
ed egli poi se la prende con Dio.
La ricchezza moltiplica gli amici,
ma il povero è abbandonato anche dall'amico che ha [...]
L'uomo generoso ha molti che gli fanno la corte,
e del munifico sono tutti amici [...]
Il povero è fastidioso persino ai fratelli
quanto più lo eviteranno i suoi conoscenti! [...]
Chi acquista saggezza sa amare sé stesso,
chi agisce con prudenza, trova felicità.
Il falso teste non resterà impunito
e chi propaga menzogna perirà [...]
La pigrizia fa cadere nel torpore,
e la persona indolente patirà la fame [...]
Chi fa la carità al povero impresta a Dio,
e Dio ricompenserà la sua opera buona [...]
L'uomo violento deve subirne la pena:
se tu lo esenti, accresci il suo difetto.
Ascolta il consiglio e accetta la correzione,
per essere saggio nell'avvenire [...]
L'attrattiva d'un uomo è la sua bontà,
è meglio un povero che un bugiardo [...]
Il pigro tuffa la mano nel piatto,
ma poi gli pesa riportarla alla bocca [...]
Chi spoglia il padre e caccia la madre,
è un figlio infame e degenerato.
Un teste perverso si prende gioco della giustizia;
la bocca degli empi sostiene l'iniquità.

20. Arroganza vi è nel vino, insolenza nel liquore:
chi ne va brillo, non dimostra saggezza [...]
Vanto di un saggio è schivar le contese,

ma qualsiasi stolto sa fare litigi.
Fin dal primo autunno il pigro non ara,
poi alla mietitura cerca la messe, ma non ne trova.
Il consiglio nel cuore umano è come acqua profonda,
ma l'uomo accorto la sa attingere.
Molti a gara si proclamano amici,
ma una persona fidata chi la troverà?
Il giusto che tiene condotta illibata,
rende felici i suoi figli dopo di lui [...]
Doppio peso e doppia misura
sono un orrore davanti a Dio [...]
Non amar il sonno, se no impoverirai,
apri gli occhi e avrai pane a volontà [...]
Vi è l'oro e vi sono perle in abbondanza,
ma l'oggetto più prezioso son le labbra sapienti [...]
Dolce è per l'uomo il pane della frode,
ma poi hai la bocca piena di sabbia [...]
Il chiacchierone non mantiene i segreti:
a chi parla troppo non far complimenti.
Doppio peso è un abominio presso Dio,
bilancia falsa non è buona cosa.
Il Signore dirige i passi dell'uomo,
altrimenti l'uomo come potrebbe conoscere il suo cammino?

21. Praticar la carità e la giustizia
è più gradito a Dio che ricever sacrifici [...]
I tesori ammassati con le menzogne
sono fumo effimero di chi cerca la morte.
Le angherie degli empi sono la loro rovina,
perché si rifiutano di praticare la giustizia.
La via del perverso è tortuosa,
retto invece è l'agire dell'innocente.
Meglio abitare in un angolo di soffitta
che vivere in una comoda casa con una donna bisbetica [...]
Chi fa il sordo al grido del povero,

quando sarà lui a chiamare, non avrà risposta.
Un regalo in segreto placa la collera,
un dono sotto il mantello calma il furore.
Per il giusto è una gioia che giustizia si compia,
ma per i malfattori è il terrore [...]
Chi ama i lauti conviti finirà in miseria,
né sarà ricco, chi ama vino e profumi [...]
Chi pratica giustizia e misericordia incontrerà vita e gloria [...]
I desideri del pigro lo fanno morire,
perché le sue mani ricusano il lavoro.
Tutti i giorni l'empio non fa che volere,
mentre il giusto non rifiuta di dare.
Abominio è il sacrificio dei malvagi,
specie se è offerto con cattiva intenzione [...]
L'uomo cattivo può atteggiarsi a sicuro,
ma il retto veglia sulla sua condotta.
L'anima dell'uomo è la lampada del Signore.

22. Il buon nome vale più che grandi ricchezze,
la stima, più che l'oro e l'argento.
Ricco e povero si incontrano:
tutti e due li ha fatti il Signore.
L'accorto scorge il pericolo e si mette al sicuro,
gli inesperti non ne fan caso e ne pagano le spese.
Premio della modestia è il timor di Dio,
agiatezza, onore e vita.
Di spine e lacci è piena la via del perverso:
chi ha cura di sé ne sta lontano.
Abitua il fanciullo alla buona condotta
e pur invecchiando, non l'abbandonerà.
Il ricco padroneggia il povero
e il debitore è schiavo del creditore.
Chi semina iniquità, raccoglie sventura
e tutta la sua fatica finisce in niente.
L'uomo caritatevole sarà benedetto,

perché dà al povero del proprio pane [...]
Caccia via lo schernitore, e la contesa sarà finita,
litigi e ingiurie si calmeranno [...]
Non derubare il povero perché è povero,
e non opprimere il debole in tribunale [...]
Dio ne prende le difese.
Non far lega con chi è collerico
e non ti accompagnare con l'iracondo,
per non imitare i suoi modi,
né rischiare di perdere la tua vita.

23. Non affannarti per arricchire.
rinuncia al guadagno di male acquisto;
appena ci posi su gli occhi e già non è più,
perché sa mettere le ali, come aquila che si leva in alto nel cielo.
Non mangiare il pane del malevolo,
e non bramare i suoi cibi squisiti,
perché egli è molto egoista.
Con la bocca ti dirà: «Mangia e bevi»
ma il suo cuore non è con te.
Il boccone mangiato lo rigetterai appena inghiottito,
e avrai sprecato le tue belle parole adulatrici.
Non parlare alle orecchie dello stolto
perché disprezzerà la saggezza dei tuoi discorsi [...]
Ascolta, figlio mio, sii saggio
e indirizza il tuo cuore sulla retta via.
Non andare col debitore e nemmeno con i crapuloni,
perché il bevitore e il mangiatore impoveriscono,
e chi ama dormire veste di cenci.
Ascolta tuo padre che ti ha dato la vita,
non disprezzare tua madre quando sarà nella vecchiaia [...]
Non fissare il vino: come rosseggia!
come spumeggia nel bicchiere!
va giù che è un piacere!
Ma alla fine morde come un serpente
e punge come un aspide.

24. Non invidiare i malvagi,
non desiderare la loro compagnia,
perché dentro di sé meditano violenza,
e le loro labbra non parlano che di male.
Con la sapienza si edifica la casa,
e con la prudenza si consolida;
con la scienza si riempiono le camere
d'ogni bene prezioso e gradito.
Il saggio vale più del forte,
e l'uomo di scienza più del vigoroso [...]
Troppo sublime è la sapienza per lo stolto,
egli non sa aprire bocca dove si trattano i pubblici affari.
Chi pensa solo a far del male,
si chiama artefice di intrighi [...]
Non gioire per la sventura del tuo nemico,
non rallegrarti in cuor tuo quando ne viene colpito [...]
Non indignarti contro il malvagio,
e non invidiare il perverso,
ché l'empio non avrà un avvenire felice,
e la sua stella volgerà ben presto al tramonto.
Passa vicino al podere d'un pigro
presso il vigneto d'uno privo di senno:
ecco, vi erano cresciute le ortiche,
i cardi selvatici coprivano il suolo
e il recinto di pietre era crollato.
A quello spettacolo io ho riflettuto,
e da quanto ho osservato, imparai la lezione.

25. Non pavoneggiarti davanti al potente [...]
Trovando del miele, mangiane solo quanto ti basta,
non riempirti bene per poi rigettarlo.
Entra di rado nella casa del tuo vicino,
perché, annoiato di te, non ti prenda in avversione.
Una mazza, una spada, un'acuta saetta,
tal è il delatore del prossimo con false accuse.

Dente cariato e piede che scivola,
è lo sleale di cui uno si fida, nella propria sventura [...]
Cantar canzoni a un cuore afflitto,
è come spargere aceto su una piaga.
Se il tuo nemico ha fame, sostentalo,
se ha sete, dagli da bere:
tu lo fai vergognare e l'induci a pentirsi,
e Dio te ne renderà merito.
Il vento di tramontana porta la pioggia,
la lingua che calunnia fa i volti crucciati.
Meglio alloggiare nell'angolo di una soffitta,
che abitar la comoda casa con una donna rissosa.
Qual acqua fresca a chi arde di sete,
tale la buona notizia che vien da lontano.
Sorgente torbida e fonte inquinata,
tale è il giusto che frena davanti al malvagio.
Non va bene mangiar troppo miele
né lasciarsi sedurre da parole di lode.

26. Come non conviene la neve d'estate
o la pioggia alla mietitura
così non s'addice l'onore allo stolto.
Come un passerotto che fugge, una rondine che vola,
tale è l'imprecazione non meritata:
non raggiunge lo scopo.
Chi rende onore allo sciocco
è come colui che lega il sasso alla fionda [...]
Il pigro tuffa la mano nel piatto,
ma poi gli pesa riportarla alla bocca [...]
È prendere un cane per le orecchie,
immischiarsi in un litigio altrui.
Se manca la legna, il fuoco s'estingue,
se tace il linguacciuto, la contesa si placa.
Carbone sulle braci e legna sul fuoco,
tal è il litigante per eccitare la rissa [...]

L'odiatore presenta la maschera, non i propositi,
ma nel suo interno cova il tradimento:
anche se fa la voce mielata, non ti fidar,
perché sette abominazioni si porta nel cuore.
L'odio potrà nascondersi dietro la simulazione,
ma la sua malizia si svelerà in pubblico
Chi scava la fossa vi casca dentro,
e chi rotola un masso, gli viene addosso.
La lingua bugiarda fa molte vittime,
la bocca adulatrice causa rovine.

27. Non ti vantare del domani
perché non sai che cosa ti porti.
Ricevi lodi ma da un altro, non dalla tua bocca,
da uno estraneo, non dalle tue labbra [...]
Meglio una riprensione aperta,
che un amore muto [...]
Meglio un amico vicino,
che un fratello lontano [...]
Il ferro si aguzza col ferro,
e l'uomo si affina a contatto dell'uomo [...]
Come un monte non è uguale all'altro,
così differiscono i cuori degli uomini.
L'abisso e l'inferno non sono mai pieni
e gli occhi dell'uomo non sono mai sazi.
Ciò che il crogiolo è per l'argento e il fornello per l'oro,
sono le lodi per l'uomo.
Allo stolto, quand'anche lo pestassi nel mortaio,
non toglieresti la sua follia.
Bada bene al tuo gregge
e attendi con cura le tue mandrie,
perché la ricchezza non è eterna,
e la fortuna non sempre si può trasmettere ai figli.
Quando si è falciato il fieno, riverdeggia il prato
e si son raccolte le erbe dei monti,

allora tu hai agnelli per rivestirti,
capretti per comperarti il campo,
latte di capra abbondante per il tuo vitto.

28. Il malvagio fugge senza che nessuno l'insegua:
mentre il giusto ha la sicurezza di un leone [...]
Un uomo perverso che opprime i poveri,
è diluvio devastatore che priva del pane.
Chi trascura la legge loda l'empio [...]
I malvagi non comprendono la giustizia [...]
Meglio un povero di condotta illibata,
che un ricco di perversi costumi [...]
Chi svia i buoni per una cattiva strada,
cade nel suo stesso tranello [...]
Quando trionfano i giusti è una grande festa,
quando prevalgono i cattivi, ognuno si nasconde.
Chi copre i suoi errori non potrà aver bene,
ma chi li confessa e li emenda otterrà misericordia [...]
Chi si comporta da integro sarà salvo,
ma chi tiene vie tortuose, in qualcuna cadrà [...]
La persona leale è ricolma di benedizioni
ma chi si affanna per arricchire non sarà senza colpa [...]
L'uomo avaro corre dietro alle ricchezze
e non sa che lo attende la miseria.
Chi corregge qualcuno ne godrà il favore
più di chi lo tratta con parole di lode [...]
Chi dona al povero non patirà strettezze,
chi chiude gli occhi per non vederlo sarà maledetto.

29. Quando comandano i giusti, il popolo vive felice
quando imperano i tristi, il popolo geme [...]
Il re con la giustizia fa prosperare lo Stato,
ma il principe che impone troppi tributi lo manda in rovina.
Chi va adulando il suo prossimo
gli tende un laccio ai suoi piedi [...]
Il giusto comprende i diritti dei poveri,

ma l'empio non se ne interessa affatto [...]
Il savio che disputa con lo stolto,
sia che strepiti, o rida, non verrà a capo di nulla [...]
Lo stolto dà libero sfogo alla sua collera,
ma il saggio la frena e la calma.
Quando un superiore dà ascolto a rapporti menzogneri,
tutti i suoi figli diventeranno cattivi [...]
Molti cercano il favore del principe,
ma da Dio dipende la giustizia d'ognuno.
Il re che rende giustizia al popolo umile
stabilisce il suo trono su base incrollabile [...]
L'uomo collerico fa nascere contese
e l'impulsivo moltiplica i suoi falli.
L'orgoglio dell'uomo provoca umiliazioni;
chi invece si umilia viene onorato.
Il complice del ladro odia sé stesso,
poiché ode la maledizione e non fa nessuna denunzia [...]
Per i giusti è un abominio l'uomo iniquo,
per il malvagio è un orrore l'uomo retto.

30\. Tieni lontano da me falsità e menzogna [...]
Vi è una genia che maledice suo padre,
e non benedice la madre;
una genia che si pretende pura,
ma non s'è lavata dalle sue brutture:
una genia dagli occhi alteri
e dalle palpebre accigliate;
una genia di cui sono spade i denti
e coltelli le mascelle;
pronta a far sparire i deboli dalla terra,
a divorare i poveri in mezzo agli uomini [...]
Vi son tre cose per me misteriose,
anzi, quattro, che non posso intendere:
come l'aquila si levi nel cielo,
come la serpe corra sulla roccia,

come la nave cammini in mezzo al mare,
come l'uomo si formi nel seno materno.
Tale è la condotta della donna adultera:
pecca, poi si asciuga la bocca e dice:
«Non ho fatto niente di male!» [...]
Quattro cose son tanto piccole sulla terra,
eppur s'ammirano tra le più sagge:
le formiche, popolo senza forza,
ma che si procura il vitto nell'estate;
gli iraci, timidi animaletti,
ma che si fan la tana nella roccia;
le cavallette, senza re,
ma che avanzano in schiere ordinate;
la lucertola che si prende con le mani,
eppure penetra nei palazzi del re.

Dicembre: *Educazione*

1. I principi della civiltà sono parte ed espressione dell'*uomo in quanto umano* e hanno pertanto una estensione universale. Le regole della educazione appartengono invece alla società, e ciascuna è distinguibile per storia, tradizione e cultura, l'una dall'altra. Viene pertanto sottolineata la distinzione tra *società* e *civiltà*. Un comportamento potrebbe essere considerato in un tipo di società bene educato, e male in un'altra. La civiltà come rappresentazione dell'*esserci*, l'educazione come l'*essere-in* quella data società.

2. L'educazione è l'insieme dei gesti che hanno il senso della singola presenza di un individuo nell'insieme della società. Deve pertanto tendere a una adeguatezza dell'*io* in relazione al *noi*, secondo un equilibrio che renda possibile l'identità personale e allo stesso tempo l'appartenenza all'insieme. Un equilibrio tra i bisogni del singolo e quelli dell'intero gruppo comunitario.

«Equilibrio» è un termine all'antitesi di contrapposizione. Non esiste contrapposizione tra io e noi, l'educazione viene trasmessa per evitarla. In molte società si è definita un'area esistenziale a prevalenza individuale, rispetto a un'altra che considera prevalente il bene dell'insieme. Deve essere tuttavia considerato che non esiste un privato assoluto, distinto da una dimensione sociale che nega l'individualità.

3. L'educazione deve tendere quindi all'*inserimento dell'io nel noi*. Un processo che Darwin aveva chiamato adattamento. Il termine inglese da lui usato, *fitness*, contiene un significato non di accettazione passiva, ma di protagonismo. Nella traduzione più letterale, significa entrare in un luogo che è necessario per esprimersi e dove ciascuno si senta parte dell'insieme, e allo stesso tempo avverta il desiderio di diventare utile al gruppo (società) di appartenenza.

4. La presentazione al tempio sociale avviene attraverso il corpo. È la componente visibile, fisica, dell'uomo. Esiste anche quella psichica che è data dal pensiero, dalle emozioni e dai sentimenti. Questa parte viene comunicata in modo diverso e non è immediata. Diventa altrettanto importante del corpo, quando l'uomo nella società stabilisce contatti e relazioni.

Il corpo nella società richiede delle modalità fondamentali: l'igiene che si traduce in un presentarsi in modo che le sensazioni prodotte siano gradevoli. Fin da questa prima regola pratica dell'educazione, si sottolineano le differenze tra le società. È evidente che nel racconto sinottico dell'educazione in questa descrizione, il riferimento è alla società europea, ma più precisamente a quella del nostro Paese. Il corpo, visto dall'altro e in una più ampia estensione dal gruppo sociale, viene ridotto alla sensorialità, composta da vista, olfatto e tatto. Un corpo pulito non emana odori, non colpisce negativamente la vista, non deve produrre rumori e al tatto deve risultare piacevole. L'igiene deve rispettare i sensi. Non c'è bisogno di una teoria per sostenerlo: è sufficiente ricordare esperienze in cui l'altro da sé puzzava, produceva rumori e risultava sgradevole allo sguardo. È un tema di grande rilevanza, poiché aiuta a capire l'equilibrio tra io e noi. Quindi per convincersi dell'importanza del corpo, basta ricordare un incontro con una persona sensorialmente priva di igiene personale.

Oltre alla sensorialità, il corpo trasmette una percezione: si tratta di una lettura che uno ha dell'altro, che proviene dall'insieme e in questo caso si va oltre il corpo, e si viene colpiti dalla persona. Se la sensorialità deriva dall'altro, la percezione è contemporaneamente un ricevere, ma anche una valutazione. Nella persona c'è il corpo, ma anche la maniera in cui lo si mostra.

5. La prima decorazione del corpo naturale è data dall'abito. Vi è una educazione che riguarda proprio il modo di vestire. È chiaro che lo stile varia molto a seconda delle età, e anche per i modelli che la società suggerisce. E non sempre in nome di uno stile che fa risaltare la persona, ma per profitti legati alle mode. L'abito non deve nascondere il corpo, ma aggiungervi l'eleganza. Sulla base di questa regola, si possono rilevare molte anomalie nell'educazione all'abito: per l'età è anomalo vedere un vecchio che indossa abiti della moda giovanile, per quanto riguarda il genere risulta anomalo che una donna indossi l'abito maschile, nascondendo le caratteristiche della propria identità somatica. Vi sono anomalie in cui l'abito è usato per esporre e non per coprire una parte del corpo. In questi casi, non riguardano la persona ma i diversi sensi, a partire dalla vista in primis, la cui attenzione viene fissata su una parte.

Si sostiene che i monaci abbiano contribuito al rapporto fra abito e persona, scegliendo la tunica per nascondere il corpo, a significare che non è il riferimento, il senso profondo dell'esistenza umana. Forse ancor prima del monachesimo, sono stati i soldati a vestirsi per combattere «corpo a corpo».

La persona è un arricchimento del corpo e bisogna considerare che uno dei contenuti di questa dimensione dell'uomo e della donna è il *segreto*, che non si associa solo al nascondere, ma all'attivare l'attenzione, al richiamare la voglia di scoprire. Il fascino delle persone contiene sempre un mistero, è la condizione antitetica alla modalità di usare l'abito per attirare verso un organo. In questo caso viene tradito il segreto. Bisogna tenere conto della differenza tra il corpo *nudo* e quello *denudato*. Nel primo caso tutto si limita ai sensi, nel secondo viene riportato alla relazione, a un incontro, a un'azione.

6. La sessualità è un aspetto straordinario del corpo maschile e femminile, ma è altrettanto straordinario considerarla come ele-

mento costitutivo della persona. Il piacere non è riducibile a sensorialità, coinvolge il desiderio, l'immaginazione. E come esercizio di insieme, il piacere non è mai riducibile al proprio corpo, è sempre una relazione tra persone, attratte dal corpo dell'uno e dall'immaginare i corpi insieme.

Si è tanto insistito sull'educazione sessuale, ma si sono messi al centro gli organi, mentre la sessualità è gestita dai *desideri*, che appartengono a un processo mentale e riguardano le persone. Si deve educare, non alla sessualità d'*organo*, ma alla *relazione*, che contempla il legame tra i corpi e la partecipazione, come processo tra due esseri umani che tendono a condividere l'esistenza. L'unica modalità per parlare degli organi è di partire dalla relazione interumana, da una attrazione declinata con comportamenti che possono assumere molte rappresentazioni. La sessualità è parte di un legame affettivo, non riducibile a gesti, ed è solo nell'amore che gli organi acquistano una funzione straordinaria.

7. Il secondo componente costitutivo di una persona è la psiche, che si differenzia dal corpo anche se esprime le funzioni che emergono dal cervello che, a tutti gli effetti, è corpo. La psiche ha funzioni decisionali e schematicamente, le possiamo distinguere da quelle del movimento, che spetta alla struttura corporea. Anche per la psiche si parla di igiene: l'igiene mentale. È esperienza comune che si può comandare al corpo: se si attraversa la strada, è la psiche che dà i comandi per il momento di farlo, in quanto a lei spetta la considerazione di possibili eventi, parte di una funzione critica insita nel prevedere. Un semplice esempio che mette in risalto l'importanza delle funzioni psichiche è data dalla decisione che ha il senso di una *scelta* tra due alternative, e la capacità di *previsione* di ciò che può accadere nell'azione. Un bambino di due o tre anni nell'attraversare la strada può decidere se farlo oppure no, ma non sa immaginare le possibili conseguenze, almeno fino a che non ha appreso.

L'apprendimento è un'altra funzione della psiche, e già si può delineare una concezione della realtà della psiche, come guida alla meccanica del corpo. Educare significa anche stabilire un legame tra psiche e corpo, con una correlazione che pone prima la valutazione, quindi la decisione per svolgere un gesto o un comportamento. E che si tratti di uno schema fondamentale per esistere, lo si deduce dal fatto che attraversare quella strada senza aver deciso di farlo, potrebbe significare venire coinvolti in un incidente che può togliere la vita. Sono funzioni che fanno parte del sistema difensivo, rivolto a evitare i pericoli. Se non li si rileva e non si attivassero sistemi di difesa, la vita non sarebbe possibile. A dimostrarlo è la paura, intesa come percezione di un pericolo, per cui si attivano meccanismi di controllo allo scopo di disporre a una decisione, idonea a vincerlo. E deve attivarsi una collaborazione tra psiche e corpo, seguendo un ordine e una gerarchia, che pone come primo livello la valutazione e la scelta, rispetto all'azione.

Educare la psiche significa dunque rendersi conto dell'importanza delle funzioni mentali per imparare a riconoscere i pericoli e decidere di evitarli. Sembrano considerazioni persino banali, ma la cronaca di vita quotidiana è riempita di casi in cui si è agito senza alcuna previsione dei possibili pericoli. Casi in cui si è attraversata la strada senza seguire le regole di massima sicurezza, incidenti mortali per non aver seguito le regole nella guida degli autoveicoli nel traffico stradale. Questi sono esempi di igiene psichica, che prevedono di imparare e quindi applicare ciò che si è appreso.

8. La passione è una componente della psiche. E questa volta, non ha una dimensione generale come negli esempi precedenti, ma è personale. Rappresenta una via principale, da seguire nel processo educativo. Riguarda non tanto le azioni quanto lo stile nel compierle, esprime la spinta, il fascino di dedicarsi in particolare a un ambito, rispetto a tutti gli altri.

Occorre ricercare, fin dalle prime età dell'infanzia, la presenza di una o più passioni. Va sottolineato che anche nel caso di più interessi coesistenti, è sempre possibile avvertire un qualche segnale che porti ad attribuire questa definizione a una attività esclusiva. Il gusto di disegnare è per alcuni una passione che esprime anche l'abilità a rappresentare con una matita e un foglio di carta degli oggetti, persino dei ritratti. Il riferimento va a Leonardo da Vinci che, fin da ragazzo, nel rappresentare i cavalli li sapeva animare al punto che sembravano muoversi. Per alcuni muovere la matita su un foglio non produce nulla, se non dei segni privi di significato e non potranno mai dedicarsi al disegno con passione. In quanto individuali gli esempi potrebbero farsi sconfinati: c'è la passione per il gioco del calcio e in questo caso il Leonardo da Vinci potrebbe chiamarsi Diego Maradona, che assumeva una dimensione ben diversa quando calciava il pallone. C'è la passione per gli esperimenti, come si vedesse il mondo fatto di segreti che occorre scoprire, quasi ci si trovasse di fronte a un pacco-regalo che attiva la voglia di aprirlo. C'è la passione dell'osservare incantati il cielo, come fosse parte di un mondo fantastico, o altre espressioni della natura per conoscerle meglio. Le passioni possono durare tutta la vita o modificarsi con l'aumentare la conoscenza del mondo.

La scuola può aprire capitoli nuovi, far scoprire la passione per qualche materia di studio, c'è chi si dedica volentieri alla geografia, chi alla matematica. Si distingue una fase della crescita in cui ci si proietta nelle professioni e di nuovo, occorre scoprire la propria passione. Importante è che la passione nasca dal mondo psichico, non da valutazioni dell'importanza sociale di un'attività, rispetto a un'altra. La passione è significativa se trova le radici dentro di sé, allora diventa un principio ordinatore, che spinge a una vera dedizione verso ciò che appassiona.

9. La funzione più preziosa della psiche è la creatività. È bellissimo il salto che avviene, dopo essersi dedicati a conoscere ciò che esiste, nell'immaginare di costruire ciò che non c'è. È la sfida più grande, poiché può riguardare il desiderio di creare persino un mondo migliore, e questa funzione non riguarda solo le cose ma anche il proprio essere. Immaginare di diventare miglio-

ri, di acquisire la capacità di passare da come si è a come si vorrebbe essere. Con la creatività si può diventare il proprio ideale. Due funzioni meravigliose della psiche, *immaginare* e *creare*, senza le quali non sarebbe possibile raccontare la storia dell'uomo: ai fatti storici bisogna aggiungere le fiabe, i miti, le utopie, e persino il mondo della trascendenza, che va oltre la terra. L'immaginazione è una straordinaria capacità della specie umana. Tutte le altre sono chiuse dentro il concreto, il reale. L'uomo è fatto anche di sogni. Certo l'immaginazione non è sempre colorata di azzurro, c'è anche il buio o il drago con le sette teste che non esiste e non è mai esistito. Alla nostra immaginazione si lega una grande libertà.

10. La coscienza esprime la consapevolezza del proprio essere-nel-mondo. Un livello di coscienza esiste anche per le altre specie viventi, probabilmente legato all'esperienza che porta a nutrirsi. Ma è indubbio che il livello a cui è giunta la specie umana, la renda una caratteristica distintiva.

Immanuel Kant l'ha tradotta nell'espressione «Io penso», passando dall'esperienza corporea a una puramente psichica, come il pensiero. È certo, comunque, che esprime la individualità dell'io, la consapevolezza non di un altro da sé, ma del proprio esserci. Se tipico dell'umano è il pensare, la consapevolezza si esprime nel dubbio. Per l'essere, il dubbio è *perché essere*, quando si riferisce al pensiero il dubbio è *che cosa* o *perché* io penso.

È affascinante legare il pensiero al dubbio, altrettanto lo è ammettere che la funzione del pensare non cancella il dubbio. Molti sono stati, nella storia, i tentativi di sostenere che il pensiero cancella il dubbio e giunge alla verità, che equivale a non avere più dubbio alcuno. Ma questo risultato non si è mai ottenuto. Persino la verità della scienza – che si riteneva seguisse un metodo per rispondere ai dubbi in modo definitivo – è oggi un dogma crollato, giungendo ad ammettere che, se il dubbio porta a pensare, il pensiero genera a propria volta dubbi. Il riferimento andava soprattutto al pensiero razionale, che procede secondo criteri logici controllati, ma proprio gli studi della matematica, il campo dove la ragione segue la logica pura, hanno dimostrato che ogni conclusione contiene sempre un'aporia. È uno dei limiti che meglio definiscono l'umano, posto tra il bisogno di conoscenza e la constatazione di incontrare, nello stesso tempo, il mistero. Risolvere un dubbio genera un altro dubbio che riporta al mistero. A dimostrare che la condizione umana è strutturalmente imperfetta, cerca risposte che rimandano sempre, attraverso nuove domande, a un dubbio. Si può quindi affermare che il pensiero produce sapere e dubbio.

11. Il mistero appartiene alle funzioni psichiche. Potremmo definirlo un meccanismo di difesa, poiché rende possibile vivere nel mondo con la percezione di dover sempre ignorare qualcosa. In questi termini, il mistero diventa una *risposta*, in quanto contiene un sapere che non appartiene all'esperienza umana. Del resto, come potrebbe la psiche rispondere a un dubbio che si lega alla propria dimensione: un insieme, cioè, di funzioni che emergono da un organo (il cervello), costituito di cellule particolari, ma che strutturalmente hanno le caratteristiche di qualsiasi altro organo del corpo umano?

La condizione umana è dunque insoddisfacente, imperfetta, può giungere a risposte che non escludono altre risposte, e che rimandano sempre all'interno del mistero. Senza la dimensione del mistero, la psiche crollerebbe, in quanto la paura dell'ignoto immobilizzerebbe, porterebbe a definire l'uomo un insignificante, un nulla. E chi dedica la propria vita a dare risposte a quesiti che sono insiti nelle grandi professioni, ha la consapevolezza di apprendere sempre qualcosa di relativo che rimanda al mistero, che è *la risposta ai limiti della conoscenza umana*.

Se l'uomo mancasse di tale dimensione e ritenesse di avere la verità, perderebbe la dimensione dell'umano. L'uomo della verità appartiene alla più grande patologia della psiche: la paranoia, che descrive la determinazione a voler dominare e possedere il mondo, ritenendosi perfetti e dotati di una potenza che prevale su ogni altro. La verità assoluta toglierebbe persino il senso dell'esistere.

12. L'amore è il legame che si attiva tra due persone, in cui ognuno risponde ai bisogni che l'altro ha di aiuto. È una relazione di reciprocità, in cui l'altro ha lo stesso valore del proprio essere. Ciascuno ha bisogno dell'altro e in questa unione si sperimenta la gioia di vivere, che non ha nulla in comune con la verità, ma si fonda su un'altra, fondamentale, funzione della psiche: la certezza.

La verità fa parte del pensiero; la certezza è un implicito o un derivato della affettività, che non segue logiche se non quelle dell'esperienza e della verifica, momento per momento, e si ancora alla presenza dell'altro. Il sentimento genera l'unione e risponde ai desideri, ai bisogni essenziali; non ha nulla a che fare con il pensiero, perché è una condizione in cui non si percepisce il dubbio. La certezza è dunque un vissuto, non un dimostrato. Ed è stupendo che il legame d'amore entri nell'esistenza, che è fatta di concretezza. C'è bisogno di amare per vivere. Il pensiero è astratto, così come lo è il dubbio. I sentimenti sono concreti, anzi iperconcreti.

13. La gioia non appartiene al singolo, all'io, ma è espressione del noi e in particolare di quella unione esistenziale, che si chiama amore. La condizione di un insieme svela alcuni straordinari aspetti della psiche. Il più significativo è la *bellezza*. Taluni pensano che si tratti di una dimensione del pensiero: è un errore, appartiene ai legami, all'affettività. La gioia è tale da modificare il vissuto di sé e del mondo, in cui ci si trova a vivere. La bellezza non è un canone dell'estetica, ma una esperienza, una visione che arricchisce la persona che si ama, diventa una qualità dell'amore. Uno stato dell'essere, capace di trasformare tutto ciò che ci circonda; si sente di vivere una metamorfosi, che si può definire serenità, voglia di vivere, di fare del bene. Si vede il mondo in armonia o quantomeno si vorrebbe lo fosse. Bisogna educare all'amore, a questa esperienza che fa scoprire la certezza.

Ecco perché questo legame è fuori dal tempo, e non può essere misurato nel tempo. L'uomo non può raggiungere la verità, ma la certezza, che è propria dei legami affettivi. Non è possibile trovare l'antinomia dell'amore, non lo può essere l'odio, l'unica espressione adeguata in tal senso è la morte. È questa una delle ipotesi sull'etimologia della parola «amor[t]e», formata da un *alfa* privativo, mancanza, di morte. L'amore è possibile a qualsiasi persona, uomo e donna, in tutte le età. Ed è questo il segreto e il fine dell'avventura umana nel mondo.

14. Sono sempre stato attratto dal monastero. Ne ho visitati molti ma non mi sono mai fermato a lungo, nemmeno in quelli pieni di storia e di bellezza. Mi hanno sempre portato a due riflessioni. La prima è che io amo l'uomo, e non saprei scappare dal mondo, dove il legame d'amore non va ridotto alla coppia, ma si estende ai figli, ai padri, alle madri, alla comunità. La seconda è che, se un monaco rimane chiuso in una cella per un tempo che sembra addirittura fermarsi, deve aver trovato in quel piccolo mondo un grande amore.

In un monastero il pensiero non conta, tutto è esperienza di un legame concreto, che dà certezza. Se il teologo dalla cattedra di qualche Pontificia università dimostra Dio con gli strumenti logici, il monaco in quella cella, dove si può solo inginocchiare, deve aver trovato Dio per vivere. È l'unica possibilità perché rimanga uomo e non folle. L'amore coinvolge l'uomo tutto intero e un Dio che deve pertanto saper apprezzare le storie meravigliose del monachesimo. Allora quella piccola cella diventa sconfinata. Amo troppo l'uomo, per aver voglia di incontrare dentro una cella, Dio.

15. Il luogo dove emerge la psiche è sempre il cervello, in cui si produce anche il pensiero. E tra le due regioni esiste una correlazione e una sintonia. Se si vive il sentimento della gioia, è altamente probabile che anche i pensieri siano indirizzati verso la costruttività; se si è dominati dal timore o dalla malinconia, il pensiero sembra avvolgersi sugli aspetti difficili della vita.

Il pessimismo o l'ottimismo certamente risentono della condizione affettiva e queste due modulazioni esistenziali trovano espressioni diverse. È necessario avere consapevolezza della variazione, proprio perché la visione dell'altro e dell'ambiente in cui si vive non esprime il *come è* veramente l'altro o il mondo, ma è la conseguenza di *come appare*. Se noi indossiamo occhiali con lenti molto scure, percepiamo ciò che ci circonda in modo diverso dal caso in cui indossassimo lenti molto chiare o colorate. La diversità rimanda agli occhiali, non incide sulla realtà. Dopo questa semplice osservazione, occorre aggiungere che ciò che conta è il vissuto in quel momento. La psiche risente dei vissuti e si accorge che una identica realtà trasmette sensazioni e spinge a comportamenti, che sono contraddittori, come fossero due cose diverse. Si può mostrare questa differenza persino sul criterio della bellezza, che porta talora ad avere una percezione di straordinarietà, tanto da generare piacere, rispetto a una variazione opposta che fa avvertire solo il brutto e tende a rifiutarlo. Se non avessimo cognizione di questa variabilità, finiremmo per costruire e poi distruggere, per sentirci attratti e invece successivamente rifiutare, all'interno del medesimo legame. Si tratta di un'altra caratteristica della imperfezione e della variabilità della specie umana. E in un certo senso riporta al dubbio, questa volta affettivo.

La massima di Socrate sul «Conosci te stesso», non ha il significato della coscienza intesa come «io penso», ma è un invito a conoscere la propria variabilità. L'uomo non è un oggetto che, misurato, presenta sempre le stesse caratteristiche come avesse la consistenza di una pietra; l'uomo è una realtà che risente di molte variabili e se si tiene conto di questa condizione umana, ne deriva l'importanza del controllo di sé, che invita alla prudenza e alla pazienza. È un errore ritenerle virtù, più semplice è considerarle funzioni della psiche che aiutano a vivere, poiché nella pazienza ci si accorge che si erano indossati occhiali che spingevano a vedere un comportamento nemico, da riportare non all'altro, ma a una variabile personale di quel momento. Ne consegue che conoscere sé stessi, equivale a trovarsi di fronte all'incostanza e alla mutevolezza. Si tratta di una caratteristica dell'umano, da cui trarre un grande insegnamento: quello che rende ciascuno di noi responsabile della costruzione della nostra piccola storia. Un robot non varia, proprio per questo non può nemmeno conoscere la grandezza delle funzioni umane, come quelle dei legami.

16. Stabilire delle relazioni è una funzione necessaria a vivere. E per questo è stata sottolineata l'importanza del *noi*. Abbiamo ritrovato l'insieme anche in scelte che, come per il monaco e l'eremita, sembrano ridursi a uno stare sempre con sé stessi. Il monaco che etimologicamente riporta al singolo (da *monos*) e altrettanto l'eremita, che intende nascondersi o nel deserto o in una grotta di montagna, rappresentano una scelta in cui il distacco dalle cose del mondo è condizione per legarsi a Dio in una relazione esclusiva e totale.

La relazione non significa soltanto incontro, ma legame e comporta che l'*uno diventi specchio dell'altro*, finendo per mettere in rilievo delle differenze che sono ciò che più attrae, dal momento che la relazione non è una somma, ma una combinazione. Se una persona trovasse incontrando l'altro, una copia di sé, non vi sarebbe la possibilità di costruire insieme una novità, una composizione. E se si osservano le specie dei viventi ci si accorge che l'incontro, guidato dagli istinti per generare una nuova vita, prevede l'unione di due generi: il maschile e il femminile.

Anche sul piano umano domina il richiamo alla diversità. È una considerazione che definiamo positiva, anche se presenta allo stesso tempo delle difficoltà, dei contrasti. Da una parte c'è il desiderio di compiere una determinata azione, ma si scontra con un desiderio differente. Una diversità che paradossalmente non rappresenta un fatto negativo, poiché superandola, arricchisce la relazione. Il conflitto è quindi parte della relazione, occorre averne consapevolezza per non considerarlo unicamente ostacolo. Nel risolverlo, si possono fare emergere gli aspetti di positività, ci si può trovare di fronte a resistenze, ma comprenderne l'origine aiuta a superarle. Se mancasse la disposizione a risolvere gli aspetti conflittuali, non si potrebbe nemmeno parlare di insieme. La situazione porterebbe all'imposizione di una personalità sull'altra e la dinamica diventerebbe quella dell'esercizio di un potere che promuove gratificazione in uno, ma frustrazione nell'altro. L'idea che nelle relazioni affettive domini strutturalmente l'accordo, non tiene conto dell'insieme. È proprio l'ambito dell'affettività che deve suggerire l'atteggiamento della *combinazione*, togliendo di mezzo il potere e proponendo il fare insieme.

17. Nel confronto interpersonale, qualunque sia la motivazione iniziale si è portati ad attivare due possibili atteggiamenti: quello del *comprendere* o quello del *giudicare*. Il rilievo delle differenze può stimolare un confronto di valore, che diventa giudizio, quando si presuppone che ciò che l'altro ha compiuto non potrebbe mai accadere a sé stessi e si dà allora alla differenza la dimensione del giusto o sbagliato, del bene o del male, arrivando a ritenere negativo ciò che l'altro ha compiuto, e positivo il proprio comportamento, che non solo non ha realizzato la stessa operazione, ma ne avrebbe compiuto una contrapposta.

Nel caso della comprensione l'atteggiamento è, invece, quello di mettersi nei panni dell'altro, facilitando in questo modo la possibilità di comprendere il perché abbia compiuto quell'azione, che appare lontana e impossibile a sé. Comprendere vuole significare proprio «andare verso», cercare un senso che non si è colto, pensare che, forse, se ci si trovasse in quelle stesse condizioni psichiche, quel gesto potrebbe diventare «possibile», a sé. Una persona che, giustamente, sia contro l'uso della violenza, se comprende che l'altro, la usa per il dolore di una perdita subita e frutto di violenza, continua a ritenere giusto non usarla, ma sarebbe meno severo nel considerare quella situazione. È indubbio che l'atteggiamento della comprensione corrisponde all'umanesimo.

Nel giudizio, e nel conseguente rifiuto di avere rapporti, esiste una grande probabilità di errore. Nell'atteggiamento comprensivo non ci si ferma a valutare un'azione ma si tende a un esame dei meccanismi che hanno condotto a quel gesto. È questa la differenza tra chi giudica e chi vuole comprendere: uno si ferma all'azione, l'altro vuole entrare *dentro* una persona. Da una parte, nel giudizio la si allontana automaticamente e si applica la pena, dall'altra si cercano le motivazioni, la possibilità di dare un sostegno, non il rifiuto. Ciò vale anche per comportamenti violenti, assumendo il principio che deriva da molte osservazioni: *per comprendere un gesto violento, bisogna conoscere la paura di chi lo compie.*

18. Non è possibile l'educazione senza applicare la comprensione, poiché l'oggetto dell'educazione è la persona. Ed è necessario svelare i motivi dei comportamenti errati, allo scopo di aiutare a risolverli. Il giudizio è, per definizione, antieducativo. Bisogna tener conto che l'educazione si inserisce nel cosiddetto «periodo della crescita», durante il quale è da escludere come principio il giudizio e la pena che vi è connessa, come misura della condanna. Condannare è antitetico a educare. Tali affermazioni tengono lontana l'educazione dalla giustizia.

19. Si tende a porre un netto divario tra le *leggi*, che vengono emanate in un certo momento storico e che hanno come obiettivo l'ordinamento di una comunità, e la *morale* costituita da leggi, che non sono variabili con i tempi e con gli uomini, ma naturali. Durante il periodo della filosofia della natura, Kant che ne era il maggior sostenitore, ha espresso questo principio in una massima che ha voluto venisse incisa come sua pietra tombale: «La legge morale dentro di me, il cielo stellato sopra di me». Sintetizza così due grandi riferimenti. Molti, e io stesso, crediamo che la legge morale venga dagli uomini *appresa*, che non abbia nulla né di genetico, né di divino. Anche le norme morali rispondono al potere.

A Kant, si contrappone nell'Ottocento Friedrich Nietzsche, che sostiene la doppia morale: quella che segue il potente e quella che va imposta al popolo e che mai sarebbe accettata dal Superuomo. I principi dell'umanesimo non prevedono mai la pena, poiché andrebbe contro il principio primo, che è quello del rispetto di tutti gli uomini e della loro uguaglianza. Sarebbe una contraddizione ammettere l'uomo che giudica l'uomo. La legislazione e l'etica hanno lo stesso significato, cambia semplicemente la figura del legislatore: uno che dà pene temporanee che riguardano l'esistenza, l'altro che in nome di Dio si arroga il potere di condannare in eterno. Né l'una né l'altra servono a educare. A questo scopo, l'unica legge è quella dell'amore.

La legge morale e le leggi che variano nel tempo sono ritenute necessarie per la vita di comunità, per regolare una società che Platone chiamava *polis*. Le leggi vanno rispettate e chi non le rispetta, va punito. Ma il giudizio si rivolge sempre a una azione e mai alla persona umana. Se si osserva il Codice penale italiano, ma anche quello di altri Paesi, ci si rende conto che è precisamente indicata l'azione e la pena che vi corrisponde, con una sanzione specifica per quell'azione. L'uomo non è punibile in quanto persona, significherebbe penalizzare l'esistenza.

20. Siamo giunti al terzo fattore del comportamento. Il primo è dato dal corpo in una dimensione tipicamente individuale, legata a un codice genetico che identifica precisamente l'individuo. Il secondo è la psiche e tra le sue funzioni quella che più colpisce è di stabilire relazioni, creando delle unità sovraindividuali (come in una relazione di coppia, i cui componenti fanno esperienza di gradi diversi di combinazione). Il terzo è la società che esprime un ambito in cui i legami sovraindividuali si ampliano fino a giungere a una rete di collegamento, anche con coloro con i quali non si è mai stabilito un rapporto diretto.

Nell'ambito della educazione abbiamo seguito questa tripartizione. A un'igiene della propria corporeità, si accompagna un'igiene della relazione, in particolare quella d'amore che è la più intima e paradossalmente la più complessa. Ora tocca all'educazione sociale, il cui riferimento è non a una persona, ma alla comunità. Anche in questo caso, il termine «igiene» potrà sembrare inadatto, ma non fuori luogo, poiché esistono regole da seguire per la costruzione di una buona società. Il termine «igiene» richiama proprio la salute e implica dei comportamenti che prevengono quelle manifestazioni sociali, che rendono i luoghi di comunità poco attraenti e persino pericolosi. La centralità è il comportamento, non le ideologie sociali che, per esprimersi in formule ideali, perdono di vista le piccole cose concrete dell'educazione. Talora sono così piccole da definirle formali, ma non si tratta di decorazioni, poiché l'educazione è fatta anche di formalità.

21. La nostra è la società del rumore. Vi sono tante fonti che lo generano. L'invenzione del motore a scoppio ha portato servigi all'*Homo faber*, ma ha prodotto il più grande inquinante dell'atmosfera. Ed è la fonte su cui l'educazione può portare miglioramenti incredibili perché, ancor più della fonte dei motori, l'uomo è il massimo generatore di rumori.

La voce è uno strumento di comunicazione straordinario, ma occorre usarla a modo. Osservando in una piazza un piccolo gruppo che chiacchiera, o dentro un locale pubblico, si assiste a un vero agone, in cui tutti vogliono parlare nello stesso momento, poiché ritengono che ciò che devono dire sia di gran lunga più interessante di quanto sta per dire l'altro. E tale percezione porta inevitabilmente tutti a parlare con una modulazione di voce che deve imporsi sulle altre, ed essendo questa l'intenzione di tutti, ne esce un urlo a più voci, in cui l'uno non capisce che cosa stia dicendo l'altro, anche perché è attento solo a quanto dice egli stesso. Il risultato è che tutti sono convinti di aver detto cose importanti, ma in realtà nessuno le ha ascoltate, anche perché il rumore è tale da assordare. Le persone che sono nella stessa piazza, ma non fanno parte del gruppo, si trovano nell'impossibilità di comunicare e vengono sottoposte a una vera intossicazione di parole ma, essendo parte della stessa comunità, ritengono doveroso protestare per quel modo invadente di voler rendere partecipi tutti di un urlo incomprensibile. E per giusta protesta, non trovano altro che mettersi a urlare, così da costringere il gruppo originale, impegnato nella discussione interna, ad aumentare ancora di un poco il tono della voce.

Educare a evitare la rumorosità è semplice e trova fondamento sulla distinzione tra parlare e ascoltare: due funzioni che non possono coesistere. Regola dell'educazione è dunque ascoltare se uno parla, e questo consente un tono di voce gradevole; dopo un attento ascolto si prende la parola e chi aveva parlato, ascolta.

Evidentemente c'è maggior gusto, nella nostra società, nel parlare, rispetto all'ascolto. Bisogna, però, sottolineare che apprendere e imparare presuppongono l'ascolto. Se nel gruppo si trova chi vuol sempre parlare, bisogna spostarsi un po' più in là nella piazza, evidenziando che quel «signore» non ha alcun interesse ad ascoltare e che, pertanto, gli altri non sono necessari. Il dramma accade quando tutti vogliono parlare e non ascoltare, il gruppo finisce allora per disperdersi e trasformarsi in tante unità, che urlano ancora più forte, perché hanno bisogno di farsi sentire.

L'igiene sociale suggerisce che vi sia la tendenza a ritenere l'altro meritevole di essere ascoltato, in tal modo, non si dimentica che l'ascolto è la via maestra per imparare, persino dagli stolti. Ci si rende almeno conto di tentare di diventare saggi.

22. Bisogna vincere la tentazione di ritenere che il silenzio sia la contrapposizione del parlare. Il silenzio è un parlare continuo con sé stessi o con un essere, che non c'è in quel momento o che non c'è affatto. Nella psiche si è attivato uno straordinario meccanismo, che vede la traduzione delle idee silenziose nel linguaggio parlato. E così il pensiero si trasferisce in parole. Il silenzio non è mutismo, ma un dialogo con sé stessi, oppure un monologo, in cui si parla per ascoltarsi. Il legame tra idea e linguaggio è sorprendente, poiché può stupire lo stesso ascoltatore di sé stesso, che si trova di fronte a pensieri della cui esistenza, fino a quel momento, era ignaro. Il silenzio è un dialogo, poiché si apprende il manifestarsi delle idee attraverso il linguaggio. E questo dimostra la grandezza della parola ed è comprensibile l'affermazione, che il possesso di un vocabolario ampio permette di capire e di trasmettere meglio i propri pensieri.

Ecco l'importanza nell'educazione di insegnare la nostra straordinaria lingua ed ecco il dramma del verificare che oggi si fatica a leggere la letteratura del passato, perché molti termini sono stati cancellati dal nostro vocabolario personale. Di fronte a tale difficoltà, si legge sempre di meno e si usa la voce solo per urlare, per dare un segnale di esserci, allo stesso modo per cui un cane abbaia e un uccello cinguetta. È stato ampiamente dimostrato che il rumore impedisce di pensare, ma al contempo si è scoperto che si sta perdendo questa funzione, proprio per l'impoverimento espressivo. Non è possibile parlare di educazione, se non si insegna in profondità la nostra lingua, che è uno strumento per il piacere di capire. Il mezzo di comunicazione sociale si è ridotto a un'immagine che urla. Si è creduto di educare aumentando l'insegnamento delle lingue straniere, giungendo a creare facoltà universitarie che, in Italia, usano la lingua anglosassone come tramite più idoneo al sapere.

23. La società è un teatro in cui ognuno passa da dietro il sipario in scena. Da un ruolo privato ad assumere quello dell'attore. Ognuno ha propri desideri, vissuti, idee, ma sulla scena deve seguire il copione che nell'insieme descrive la commedia, raccontata quel giorno. Ognuno vive esprimendo dei linguaggi, in teatro non si usa solo la parola, ci si racconta anche attraverso la mimica che usa i muscoli del viso, le caratteristiche del volto, la postura del corpo. Un vecchio che si regge su un bastone racconta addirittura una storia, richiama il passato. Una donna gravida parla, senza usare il linguaggio verbale. Vi sono attori che si sono affermati per il silenzio e riescono a dare l'impressione che il silenzio persino urli. Conta anche l'abito, che parla con i suoi colori, le sue fattezze. Un vecchio che chiede l'elemosina, in quella mano tesa racconta di una solitudine. In un teatro antico si vedeva sovente un uomo che si tirava dietro una grande cassa di legno, un organetto che cantava. E per animarlo, quell'uomo girava una manovella e la musica alzava il tono, sembrava fosse lui ad animare quel ritmo, che toglieva i pensieri dalla testa. La musica è un linguaggio, nasce dalla voce che si fa canto. Solo più tardi si sono aggiunti gli strumenti che sovrappongono tonalità diffe-

renti. Il pianto è un linguaggio che acquista significati diversi, se si tratta di un bambino oppure di un uomo, che racconta in scena di non avere più alcun ruolo sociale.

I vissuti si esprimono attraverso i linguaggi. E talvolta è impossibile tacere. Una persona malinconica vorrebbe mostrarsi allegra, ma nel tentativo di farlo, appare ancor di più la sua tristezza. La società mette in scena un copione che va rispettato, poiché racconta la vita di una collettività fatta di molti individui, talora troppi. Ma è come se dovesse avere un corpo unico, una psiche collettiva, un comportamento che deve seguire con ordine un proprio percorso. L'attore impersona la società, non l'individuo. Ecco perché, talvolta, alcuni devono svolgere funzioni, ruoli, che non si fondano né sui desideri, né sulla passione. Ma il termine sociale è «doveri». Il teatro racconta le vicende, rappresenta la cronaca di un intero gruppo, e la regia non permette di rappresentarsi al di fuori del copione. È questa la società.

Costruire un buon attore sociale, educarlo, adattarlo, richiede prima di tutto di conoscere bene il copione, persino le tappe della sua composizione. Se non si vede l'insieme, si finisce per comportarsi sul palcoscenico in modo anomalo, ridicolo, come si fosse in un altro teatro, in un altro mondo, fuori della realtà concreta e della legge che il regista deve seguire per rappresentarla. Si diventa «fuorilegge» e si è buttati via. Un tempo, gli esuli erano persone cacciate dalla città, venivano definiti alieni, folli. Occorre conoscere che sulla scena si descrive un luogo, non fatto a misura di ciascuno, perché risponda ai bisogni comuni. In teatro, un attore non può occuparsi solo della propria parte, deve conoscere il contesto. Educare alla vita sociale, presuppone di conoscere la società in cui si vive e tenere conto di tutto quello che proviene dall'analisi della propria realtà concreta, che è fatta di corpo, di una psiche individuale animata dai desideri e dalla immaginazione.

La società non si occupa delle aspettative del singolo, ignora persino chi egli sia, si riduce a membro della società. Sembra un'offesa, invece per la vita comune che vuol dire insieme, le eccezioni, i narcisismi, gli egocentrismi, il fare ciò che piace, non trovano spazio. L'educazione è un'operazione affinché l'individuo si prepari a un compito sociale. Il disagio del singolo nella società è un vissuto normale, perché implica che si avverta la differenza rispetto alla norma, e pertanto, occorre essere adeguati, compatibili con la società, e un «impossibile» non può venire accettato.

24. Esistono dei modi per rendere la società meno insopportabile. Prima di richiamarli occorre fare un esercizio in modo che ognuno riesca a immaginare cosa sarebbe la vita del singolo, al di fuori della società o con una comunità senza regole. Nel copione della rappresentazione teatrale, anche se non in primo piano si rilevano i «servizi», intesi come bisogni, che possono essere di tutti, ma che hanno la necessità dell'altro. Sono *bisogni della comunità.*

Nel conflitto tra individuo e società, occorre immaginare i bisogni possibili di ciascuno. E valutare se la risposta rientri nelle capacità individuali o se invece derivi necessariamente solo da una organizzazione sovraindividuale. Si compilano due liste tra bisogni e luoghi, modalità per soddisfarli. È un esercizio difficile, perché nessuno desidera immaginare un bisogno nel momento in cui non lo si prova, ed è per questo che si è più portati a considerare i limiti che la società impone sui desideri. Ma cosa farebbe una persona con un bisogno che richiede un servizio organizzato ed efficiente, ma non lo trova? La società diventa insopportabile. Si distingue una macrosocietà, divisibile in microsocietà. Allora si incontra la famiglia, poi la scuola nelle varie distinzioni, poi il luogo del lavoro, i teatrini del gioco, quelli del tempo libero... Per ciascuno, occorre elencare da una parte la dimensione individuale, dall'altra la struttura specifica.

Nella famiglia, la regola dominante nel copione è l'amore. Ci si può chiedere come sarebbe la propria dimensione di bambino, di adolescente, di donna o di uomo, nei confronti di una logica di gruppo in cui ciascuno deve dare risposte agli altri, per poterne ottenere per sé, secondo una simmetria che è insita all'amore per cui non è possibile essere amati, se non si esprime il proprio amore a chi ti ama. Nella scuola il termine più adeguato non è l'amore, ma la serietà, che è il fondamento dell'insegnare. È chiaro che un insegnante privo di questa caratteristica non costruisce la scuola, ma allo stesso tempo, se un allievo non mostra serietà, perché trasforma quel luogo nella dimensione del proprio piacere, e non segue le regole, apporta un danno, dello stesso tipo di quello dell'insegnante. Ci si accorge che certe richieste possono essere per alcuni pesanti, ma che, nell'accettarle, si ottengono benefici individuali che derivano dalla loro applicazione. Nel compiere questa duplice valutazione, ci si rende conto di essere attori protagonisti per un risultato che è la rappresentazione, il copione di quel teatro. Naturalmente ve ne sono altri per i quali compiere la stessa analisi, che è la sola a poter dare una rappresentazione dei «servizi».

25. In una commedia, ma non dobbiamo dimenticare che talora si rappresenta una tragedia, entrano in scena molti attori, ognuno con una parte e un ruolo che va rispettato, per non creare confusione e rendere addirittura impossibile parlare di un'opera teatrale. In un certo periodo del teatro italiano, il copione prevedeva delle parti fisse, in cui ci si atteneva a un testo scritto e delle libere aggiunte, in cui si improvvisava, sottolineando aspetti che il copione non aveva previsto. Anche in queste libere integrazioni, si richiedeva però una coerenza con il proprio ruolo, e sarebbe stato un errore occupare il ruolo di altri. Pure in questa varietà di figure, vi sono dei modi di muoversi, di recitare, di porsi sulla scena, che hanno esigenze comuni.

Per ritornare alla scuola, dove vi sono insegnanti di molte materie, l'importante è che il contenuto della lezione sia esposto con chiarezza, che l'insegnante si dedichi con serietà, senza distrarsi. Deve usare una forma nell'abbigliamento, in quanto si trova in una classe, non al bar. Si potrebbero chiamare le «belle maniere», intese come uno stile di essere e di comportarsi. Nell'antico detto «l'abito non fa il monaco», si esprime un errore, poiché quella tonaca serve prima di tutto a indicare la scelta compiuta, uno stile di vita. Nel processo educativo, le belle maniere indicano che si può compiere la stessa funzione, nello stesso luogo, usando *belle* oppure all'opposto, *brutte* maniere. In entrambi i casi si esegue la stessa azione, ma il clima è totalmente diverso. E sul piano delle relazioni umane, si descrivono però due modi di essere e di presentare la propria persona.

È un richiamo che vuole riportare all'umanesimo. Un uomo può coprire diversi ruoli sociali, ma in questa grande variabilità rimane uomo, persona. In una società si deve tener conto non solo di ciò che si fa, ma del *come* lo si svolge, acquisendo qualità che appartengono alla forma, a quella di un vaso che contenga l'acqua da bere. Si può trattare di un recipiente di vetro, realizzato da un maestro soffiatore di Murano, o addirittura di un vaso minoico dell'antica Grecia. Una società dalle belle maniere.

26. La gentilezza è forse l'aspetto formale socialmente più utile, poiché esprime il bisogno di tranquillità, di pace, invita ad assumere quel ritmo che sembra dare importanza più al come fare, rispetto al quanto si potrebbe fare. Dante esprime da grande poeta la gentilezza. «Tanto gentile e tanto onesta pare / la donna mia, quand'ella altrui saluta / ch'ogni lingua deven tremando muta, / e li occhi no l'ardiscon di guardare.» Il semplice gesto di salutare esprime una interiorità che non spinge a parlare, anzi vien voglia di abbassare il capo. E sottolinea non ciò che avverte quella donna ma ciò che induce negli altri.

Talmente ricca è la gentilezza, che non è facile trovarne l'antitesi, un insieme di piccole qualità. Certo si distacca dalla superbia, che è un sentimento che si impone e allora gli occhi si spalancano, perché presi dalla paura. Appare un richiamo a una qualità che non costa nulla, ma produce effetti sociali che rendono consapevoli di quanto l'uomo, la donna, trasmettono per il semplice fatto di esserci. La gentilezza non si lega alle caratteristiche anatomiche, ma si volge all'interiorità, che rende non belli, ma gradevoli. La gentilezza appartiene all'umano. Quindi a tutti i generi, e a tutte le età.

27. La pazienza è un'arte di vivere, poiché esprime la capacità di attendere, la fiducia nel tempo che passa, come a sostenere che l'attimo presente non è in sé concluso, ma subito vi è un altro attimo e poi un altro ancora... Le metamorfosi avvengono un momento dopo. La pazienza si fonda sulla convinzione che l'uomo non tiene in mano né le proprie sorti né quelle del mondo. E sa che il tempo è, invece, un grande saggio che sa disporre le cose in modo diverso da quello temuto, ma bisogna avere pazienza. Del resto, l'esistenza è il susseguirsi lento di attimi che mutano.

Insegnare la pazienza, in una società che sembra vivere l'ultimo momento dell'esistenza. Il saggio giunge, nella vecchiaia, a limitare l'agire e aspetta che sia il tempo a farlo. Allora si siede sulla sponda di un torrente, e si meraviglia di quante cose avvengono nella natura, senza affanno. La corsa impedisce di sentire il profumo di un fiore.

28. Oggi vi è una ricerca spasmodica della novità e non solo la si ricerca nel mondo, ma deve rappresentare anche il proprio cambiamento, mettere in evidenza a tutti i costi l'originalità, la stranezza. Inconsapevolmente si distrugge la coerenza, eppure ciò che caratterizza la natura è proprio la ripetizione. E tutto sembra in armonia, proprio per il ripetersi che produce serenità. Ci si è convinti che il cambiamento, il mutare, siano delle grandi doti per non stancare, per non stancarsi. Mentre è proprio l'uguale a costruire una identità, e l'uomo non si distingue per le mutazioni, ma per tutto ciò che ripetendosi lo caratterizza.

La musica è un linguaggio straordinario, ogni compositore esprime una creatività che è, al contempo, stabilità, un insieme variegato di poche note, analogamente alla letteratura che si fonda sulle lettere dell'alfabeto, fissato per ogni lingua. La coerenza non è immobilità, ma è porre in azione gli elementi che costituiscono ogni individuo. Bisogna insegnare che la coerenza è necessaria, per poter creare. La creatività è un rimescolare gli stessi componenti. Un pittore, con la stessa tavolozza e con una tela bianca, compone e crea la bellezza che non stanca mai. Senza coerenza, ci si immerge nel caos, ci si disperde, e senza identità non è nemmeno possibile immaginare. La diversità si regge sulla costanza e sulla coerenza. Esempi di grandi pittori, che hanno dipinto per tutta la vita una bottiglia, magari ponendola insieme ad altre bottiglie.

L'antico gesto della semina che riporta al contadino ha prodotto cibo, e quindi vita. Guai se quel gesto venisse interrotto, alla ricerca di originalità. Il seme sarebbe potuto cadere sulla roccia. Le funzioni del nostro corpo si ripetono identiche per tutta la vita e quando succede qualche trasformazione, il risultato più frequente è quello di una malattia. Sul piano psicologico la coerenza è il rispetto dei principi primi, che non sono né legiferabili né modificabili, e ciò permette la civiltà. Bisogna insegnare che, solo nella coerenza, si generano l'originalità e la creatività.

29. La scienza geometrica e matematica nasce con uno strumento capace di misurare. Il metro permette di attribuire a una retta la sua lunghezza precisa, e per garantirlo è conservato un metro campione, composto di un metallo che non può modificarsi per nessun motivo e rimane sempre di quella precisa lunghezza. È sulla base di questo riferimento, che si è potuta calcolare la distanza tra i pianeti, tra la terra e la luna.

Occorre usare il termine «misura» anche per la psiche, per tutti gli atteggiamenti, desideri, comportamenti, che è in grado di attivare e controllare. Allora, acquista significato affermare che quella persona, quel vecchio, è un uomo misurato che usa, cioè, sempre, per abitudine, le distanze e sa mantenerle. È importante misurare, poiché significa evitare gli eccessi, sia in senso maggiorativo che diminutivo. Avere misura, significa porre attenzione all'insieme e dunque all'altro, poiché le distanze relazionali permettono di mantenere salda la propria posizione. Avere misura significa non considerare solo la propria dimensione, ma aver capito che un insieme riguarda tutti coloro che ne fanno parte.

E anche nei comportamenti interpersonali, occorre tener conto proprio di una geometria. Nell'abbraccio tra due persone la distanza è zero, i due corpi si adagiano, si stringono l'uno sull'altro. Incontrando per la prima volta una persona, bisogna però mantenere la distanza e non si tratta solo di un optional, serve per poterla vedere, per tratteggiarne le espressioni del viso, per ascoltare ciò che ci dirà. Vi è persino una scienza, la prossemica, che studia le distanze che nella stessa circostanza si usano, e variano da una popolazione rispetto a un'altra, o nello stesso individuo a seconda dei suoi stati d'animo.

Aver misura, significa prima di tutto rispettare l'altro. Misura vuol dire anche usare, nel rivolgersi a una persona sconosciuta, il lei e non il tu, sono due misure e si può esagerare in un senso o nell'altro. Senza misura, le relazioni diventano difficili, poiché passano i limiti. È una bellissima espressione che serve a definire come, attorno alla propria fisicità, vi sia un cuscinetto d'aria che appartiene a ciascuno e che bisogna rispettare. È un cuscinetto di difesa, l'espressione del *Noli me tangere* sottolinea proprio questo rispetto dei limiti. Non si può usare la misura che è adatta a un amico, con il preside della tua scuola. La misura non è dunque un modo di comportarsi banale, ma esprime il rispetto verso di sé e verso gli altri. Il linguaggio tra amici non si può usare con il proprio padre o con l'insegnante.

Mi affascina l'*uomo di misura*. Una metafora la immagino nell'*Uomo vitruviano*, il grande architetto dell'antichità che l'aveva misurato mostrando che si inseriva perfettamente dentro un cerchio. Il riferimento a Vitruvio lo dobbiamo a Leonardo da Vinci, che lo ha disegnato e interpretato.

30. È difficile incontrare una persona che si accetti per come è, per quello che rappresenta. Gli adolescenti tutti non si piacciono né fisicamente né per caratteristiche che definiscono la propria personalità. E in particolare, sono scontenti dei luoghi che frequentano, dalla famiglia alla scuola, alle loro stesse scelte.

Viene in mente una grande caratteristica dell'educazione che si chiama «semplicità». Non è facile definirla, ma tutto rimanda al significato dell'uomo e della vita in sé, per il fatto di esistere invece che non-essere affatto, per la considerazione di quel che si ha e che può sempre essere considerato poco. La vita è una grande avventura e qualsiasi evento, di fronte al non-esserci, è espressione di gioia. Semplicità vuol dire accettarsi, sapendo che non si può definire l'esistenza per come si è svolta, che continua nel tempo e può diventare più serena di quanto non sia accaduto fino a quel momento. La semplicità deve frenare le interpretazioni, le insoddisfazioni, sapendo che l'umano è al di sopra di quanto avviene nelle altre specie.

Non siamo macchine programmate per compiere in maniera precisa ciò che siamo destinati a fare. L'imperfezione dell'umano ne indica la grandezza. Domina oggi l'idea di sostituire ciò che si è, seguendo un progetto di metamorfosi, di sostituzione di ciò che, fisicamente o psichicamente, non piace. Semplicità significa accettare di essere una espressione della natura, e non il risultato artificioso della chirurgia estetica o di gesti eroici. È contraddittorio legarsi con un animale, un cane, un gatto, un uccello, e denigrare invece la propria natura, che è altrettanto ricca, anzi di più di qualsiasi animale da compagnia. Si ricorda un tempo, in cui la terra veniva considerata una dea, la Natura, e oggi osserviamo che l'uomo vuol essere tecnologico, *aumentato*. Al semplice si contrappone il complicato, giungendo persino a ibridi, a stravolgimenti che hanno dimenticato il proprio volto, coperto sempre da una maschera. Tante maschere, in funzione delle occasioni. Il complicato è una costruzione della psiche che si può smontare. L'educazione è possibile, perché la psiche può essere *plasmata*.

31. La parola «futuro» e il suo significato è la condizione necessaria a ogni processo educativo. Educare significa preparare-a e non sarebbe nemmeno possibile ipotizzare una preparazione, senza un tempo in cui la si compie. È utile meditare il significato di questa parola, per avere una visione che *permetta domani, di essere diversi da come ci si sente o si crede di essere oggi*. Il futuro

è il motore dell'esistenza. Senza futuro, non è possibile nemmeno il desiderio, che si può definire come capacità di vedersi diversi e in un mondo migliore, nel tempo che verrà.

Ora che sei giunto alla fine di questo libro, sia seguendo il tuo stile di lettura continua, sia invece seguendo il ritmo proprio di un Breviario, devi soltanto domani ripartire dall'inizio, ricordando che c'è un tempo lineare (*Chrónos*) con un inizio e una fine e un tempo che ritorna (*Kairós*) che si esprime con le stagioni che liturgicamente dopo il freddo dell'inverno porta la primavera, e poi l'estate, l'autunno e di nuovo il freddo dell'inverno. Un tempo in cui ciò che è terminato riporta a ciò che ora ricomincia.

È questa una sequenza che non finisce mai, poiché si svolge in un continuo ritorno.

È questo il tempo della vita. Il segreto è l'attesa.

E io credo fermamente che riusciremo a respirare l'aria della nostra grande civiltà, dell'umano.

Questo libro è stampato fabbricato da Grafica Veneta S.p.A.
con un processo di stampa e rilegatura certificato 100% carbon neutral
in accordo con PAS 2060 BSI

Finito di stampare nel mese di luglio 2025
per conto di RCS MediaGroup S.p.A.
da Grafica Veneta S.p.A., via Malcanton 2, Trebaseleghe (PD)
Printed in Italy